谨以此书

献给我慈爱的父母亲

经院哲学与宗教文化研究丛书

《托马斯·阿奎那自然法思想研究》，刘素民著，已出

《阿奎那自然神学思想研究》，翟志宏著，已出

《阿奎那存在论研究——对波埃修<七公理论>的超越》，
董尚文著，已出

《阿奎那人学思想研究》，白虹著，已出

《阿奎那变质说研究》，濮荣健著，已出

《吉尔松哲学研究》，车桂著，已出

《阿奎那情感理论研究》，黄超著，即出

《自由之三维：力量、爱与正义——莱·尼布尔政治神学研究》，
方永著，即出

《神仙与阴阳——<淮南子>神仙道家思想研究》，
李建光著，即出

经院哲学与宗教文化研究丛书

段德智 总主编

A Study on Etienne Gilson's Philosophy

吉尔松哲学研究

车 桂 著

人民出版社

总　序

段德智

《经院哲学与宗教文化研究丛书》已经开始面世了。在其面世之际或面世之初，我作为该丛书的主编和策划者之一，有责任向读者交代一下我们主编这套丛书的初衷，即我们为何要策划编辑出版这样一套丛书以及我们关于这套丛书的一些具体设想。

《经院哲学与宗教文化研究丛书》虽然从字面上看蕴涵两个部分，但是，按照我们的设想，"经院哲学"毕竟是其主体部分。从这个意义上讲，"我们为何要主编这样一套丛书"便可以化约为我们为何要研究和阐释经院哲学这样一个问题。那么，我们为什么要研究和阐释经院哲学呢？诚然，我们之所以要研究和阐释经院哲学是具有多方面的原因的，例如，有社会方面的原因，也有我们个人学术经历方面的原因，但是，最根本的原因却在于作为我们研究对象的经院哲学本身的本质规定性，在于它的学术价值和学术地位。具体说来，就在于，在我们看来，经院哲学是一门比较纯粹的学问，是作为哲学的哲学，是一种指向性极强的形而上学和生存论，是一种与宗教文化和世俗文化密切相关的哲学，是一种在西方哲学发展史上享有崇高历史地位的哲学。

第一，在我们看来，经院哲学是一门比较纯粹的学问，是哲学。经院哲学虽然与基督宗教神学相关，但是，就其基本内涵和学术取向看，经院哲学，顾名思义，其所意指的无非是经院里的哲学，学院里的哲学，学者们的哲学。"经院哲学"这个词在英文中为"scholasticism"，在德文中为"Scholastik"，在法文中为"philosophie scolastique"，而它们的源头又都可以一直上溯到希腊词"schoolastikós"，而这一希腊词主要意指的即是一种为学问而学问的比较纯粹的学术探究。此外，希腊词"schoolastikós"还有一个意思，这就是它也可以用来意指以上述学术态度和学术立场治学的学者。在拉丁文中，"scholasticus"作为经院哲学的一个近义词，其基本内涵即为"学者"、"文人"。其意思与杜甫"士子甘旨阙，不知道里寒"(《别董颋》)一句中的"士子"以及吴敬梓的《儒林外史》书名中的"儒"字的含义大体相当。再者，从这些词的词根(scho-)看，这些词除内蕴有学问、学习、学术探究外，还都内蕴有学校、学院、大学的意思。例如，英文"scholasticism"除与意指"学问"、"学识"的"scholarship"同源外，还显然与"school"(学校)同源。而在拉丁文中，"schola"的基本含义即为"学校"、"学舍"、"讲堂"、"教室"，与我国古代的"书院"大体相当。因此，经院哲学其实是一种学校里的哲学，大学里的哲学，当然，从历史上看，首先当是巴黎大学、牛津大学和剑桥大学里的哲学。因此之故，即使"打算穿七里长靴尽速跨过"中世纪的黑格尔在《哲学史讲演录》中在谈到经院哲学与教父哲学的区别时，也曾经强调指出：能够成为经院哲学载体或主体的不是具有圣职的“教父”，而是有学问的能够“科学地成体系地”讲授哲学和神学的“博士”、“教师”和“学者”(scholasticus)。他还进而明确指出：“经院哲学是这个时期的主要人物。它是欧洲中世纪的西欧哲学。”①而意大利来华的传教士艾儒略(Julius Aleni，1582—1648 年)在《西学凡》中不仅将哲学(Philosophia)译做“理科”或“理学”，而且还明确地将“理学”解释为“义理之大学”和“格物穷理之学”。即使基督宗教神学(Cheologie)，也被他译做“道科”或“道学”，理解成“总括人学之精”的学问。②

第二，在我们看来，经院哲学的长处不仅在于它是一种比较纯粹的哲学，而且还在于它是一种指向性极强的形而上学。按照黑格尔的说法，经院哲学家，作为哲学家，其根本努力就在于“把基督宗教教会的教义建筑在形而上学的基础上”。③这是一件经院哲学家当时不能不做的事情。在基督宗教神学在当时的意识形态中处于“万流归宗”的地位的情势下，经院哲学家只有两种选择：一种是放弃职守，如是，他也就因此不复为哲学家；另一种是接受“任务”。然而，一旦他接受为基督宗教神学做哲学论证的“任务”，他也就必须站到形上学的平台上开展工作。因为基督教教义和神学，归根到底是一种关于上帝的学说，一种关于终极实存的学说，一种关于使万物

① 参见黑格尔：《哲学史讲演录》第 3 卷，贺麟、王太庆译，商务印书馆 1981 年版(下同)，第 268、278、268 页。

② 参见艾儒略：《西学凡》，见李之藻编：《天学初函》(一)，(台湾)学生书局 1965 年版(下同)，第 50 页。

③ 黑格尔：《哲学史讲演录》第 3 卷，第 289 页。

之存在得以存在的纯粹存在的学说。因此，黑格尔强调说："这样的神学家只能是哲学家。关于上帝的科学唯有哲学"，唯有形而上学。[①] 在一定意义上，我们可以说，把人类的思维水平提升到形而上学的层次上来，是中世纪经院哲学的一项巨大贡献。艾儒略在《西学凡》中将经院哲学称做"超出生死之学"，[②]来华传教士利类思（Pudovicus Buglio，1606—1682年）将经院哲学称做"最贵且要"的"天学"，[③]台湾新士林哲学强调经院哲学乃"超越智慧"。所有这些都可以看做经院哲学形而上学性质的印证。形而上学乃哲学的"硬核"和"纵深维度"，是任何哲学体系都不可或缺的东西。尽管在西方哲学史上，从古希腊罗马时代的智者派和皮浪主义，到中世纪的唯名论，再到近现代的经验主义、实证主义、逻辑经验主义，一直绵延有"拒斥形而上学"的理论思潮，但是，从整个哲学史来看，最后遭到拒斥的不是形而上学，而是那些拒斥形而上学的上述哲学流派。"从这个意义上讲"，对以形而上学为其主体内容的"经院哲学和学院哲学的研究"是"具有永恒意义的，只要哲学存在一天，学院哲学或作为学院哲学的经院哲学就应当存在一天，因为对学院哲学或作为学院哲学的经院哲学的研究的意义因此就永远会有专属于它自身的面向未来而在的载体。"[④]就此而言，人们关于经院哲学或托马斯·阿奎那的哲学为"永

---

① 黑格尔：《哲学史讲演录》第3卷，第280页。

② 参见艾儒略：《西学凡》，见李之藻编：《天学初函》（一），第49页。

③ 参见利类思："《超性学要》自序"，圣托马斯：《超性学要》"超性学要自序"，利类思译，上海土山湾印书馆1930年版（下同），第3页。

④ 段德智：《试论经院哲学的学院性质及其学术地位》，载许志伟主编：《基督教思想评论》，上海人民出版社2007年版（下同），第8页。

恒哲学”(philosophia perennis)的说法,如果撇开其宗教立场和神学意蕴,也是不无道理的。

第三,经院哲学不仅是一种指向性极强的形而上学,而且还是一种指向性极强的生存论。毋庸讳言,宗教神学是人异化或对象化的产物,但是,在这种异化或对象化的背后还有一个更深层次的问题,这就是人何以要将自己异化或对象化出去的问题,这就是我们通常所说的宗教神学之谜的谜底问题。费尔巴哈曾经深刻地指出:“神学之秘密是人本学。”①蒂利希也从人学的立场出发,指出:“神学的对象,是引起我们的终极关切的问题。”②恩格斯的答案更为简洁。他说:宗教之谜的谜底不是别的,就是“神是人”。③ 然而,无论是费尔巴哈和蒂利希的答案,还是恩格斯的答案,似乎都尚未完全回答了我们的问题。因为他们的答案所回答的只是一个“是什么”,尚不是我们所要求的“为什么”。“因此,当我们说过‘神是人’之后,我们还必须进而说‘人是神’。唯其如此,我们才可以说是解读了宗教的秘密,给出了宗教之谜的谜底。”④这就是说,人类之所以要造出一个个神,乃是为了使他们自己成为神,使他们自己像神那样生活。一句话,宗教神学和宗教哲学的问题,说到底,是一个生存论问题。就经院哲学来说,事情

---

① 费尔巴哈:《基督教的本质》,荣震华译,商务印书馆 1984 年版(下同),第 5 页。

② 蒂利希:《系统神学》第 1 卷,芝加哥大学出版社 1951 年版(下同),第 12 页。

③ 恩格斯:《英国状况(评托马斯·卡莱尔的〈过去和现在〉)》,见《马克思恩格斯全集》第 1 卷,人民出版社 1956 年版(下同),第 651 页。

④ 段德智:《宗教概论》,人民出版社 2005 年版(下同),第 252 页。

也是如此。如果说在希腊哲学里，根本无所谓“人本思想”，而只有“魂本思想”的话，那么在经院哲学里，则出现了“全整的人（既有灵魂也有身体的人）”的概念。如果说在希腊哲学里，只有抽象的人的概念或人的“类”概念的话，在经院哲学里，则出现了“个体的人”的概念。如果说在苏格拉底那里，“认识你自己”、“照顾你自己的灵魂”还是少数知识分子精英的事情的话，那么，在中世纪的经院哲学里，则成了普通民众的事情。还有，如果说在古希腊哲学里，“存在”只不过是一种“理念”或“通种”的问题，而在中世纪的经院哲学里，“存在”便开始演变成了一种“生存活动”。总之，在经院哲学这里，人的问题或人的生存问题，不再是哲学予以说明的一个问题，而是成了整个哲学的归宿问题。① 艾儒略在谈到经院哲学的功用时，强调说：研究和掌握经院哲学不仅旨在“知万有之始终、人类之本向、生死之大事”，而且还旨在“格物穷理，则于人全，而于天近”②。利类思则从“天学”与“人学”相互渗透、相互贯通的高度，充分肯认了经院哲学的人学意义：“非人学，天学无先资；非天学，人学无归宿。必也两学先后连贯，乃为有成也。”③我国著名学者徐光启在谈到经院哲学时，也突出地强调了它的生存论意义，说经院哲学是“事天爱

---

① 参见段德智：《试论经院哲学的学院性质及其学术地位》，载许志伟主编：《基督教思想评论》，第11—13页。

② 艾儒略：《西学凡》，见李之藻编：《天学初函》（一），第50、31页。

③ 利类思：“《超性学要》自序”，圣托马斯：《超性学要》“超性学要自序”，第3页。

人之说，格物穷理之论，治国平天下之术”。① 与徐光启相一致，李之藻也把经院哲学视为“存心养性之学”和“救心之药”。② 这些都是很有见地的。

第四，经院哲学不仅是一种指向性极强的形而上学和生存论，而且还是一种与宗教文化和世俗文化关系密切的哲学。宗教既然为人类文化的“硬核”和“深层维度”，它与人类社会和人类文化的各个层面的广泛联系也就是一件非常自然的事情了。马克思在《〈黑格尔法哲学批判〉导言》中称宗教为世俗世界或世俗文化的“总理论”、“包罗万象的纲领”和“具有通俗形式的逻辑”，即是谓此。③ 这种情况在中世纪欧洲差不多被发挥到了极致，以至于在谈到基督宗教及其神学在中世纪欧洲的整个社会文化大系统中的“万流归宗”的地位时，恩格斯强调说：“中世纪把意识形态的其他一切形式——哲学、政治、法学，都合并到神学中，使它们成为神学中的科目”，“中世纪的历史只知道一种形式的意识形态，即宗教和神学”。④

第五，作为学院哲学的中世纪经院哲学是西方哲学史上一个极其重要的发展阶段。作为学院哲学的经院哲学虽然有古典经院哲学和新经院哲学之分，但是，其“轴心时代”无疑

---

① 徐光启：《辨学章疏》，见《徐光启集》下册，上海古籍出版社 1984 年版(下同)，第 434 页。

② 李之藻：《天主实义序》、《畸人十篇序》，朱维铮主编：《利玛窦中文著译集》，复旦大学出版社 2001 年版(下同)，第 100、502 页。

③ 马克思：《〈黑格尔法哲学批判〉导言》，《马克思恩格斯选集》第 1 卷，人民出版社 1995 年版(下同)，第 1 页。

④ 恩格斯：《路德维希·费尔巴哈和德国古典哲学的终结》，《马克思恩格斯选集》第 4 卷，人民出版社 1995 年版(下同)，第 255、235 页。

是中世纪。而中世纪经院哲学不仅是西方哲学发展史上的一个阶段,而且是其一个极其重要的发展阶段。说它是西方哲学发展史上一个极其重要的发展阶段乃是出于下面两个理由的考虑。首先,是就中世纪经院哲学本身的特殊规定性而言的。哲学,作为一种特殊的意识形态,与其他人文科学和社会科学的根本区别,在于它对终极实存的特别关注,在于它的超越性和形而上学性,在于它的"一切皆一"、"一即一切"的意识。在通常情况下,由于人们为身边的俗物所累,很难进入这样一种超越的意境,用柏拉图的话说,就是我们很难完成"哲学的排练"(即"死亡的排练")。而经院哲学的根本特征恰恰在于其对终极实存或终极存在的特别关注,在于它的超越性和形而上学性,在于它对"一切皆一"和"一即一切"的无保留的强调。从这个意义上讲,中世纪经院哲学是训练人类哲学思维的最好的课堂或最好的课堂之一,对于人的形上思维的成长和形而上学的进步无疑有非常积极的影响。尽管人们往往将中世纪经院哲学仅仅理解为"历史"和"过去",但是,一如吉尔松所强调指出的,它至今"依然活着","我们可以假定它还会长久地继续鼓舞形而上学"。① 其次,是就中世纪经院哲学作为西方哲学发展史中的一个环节而言的。黑格尔曾经把哲学史理解成"一道洪流",理解成一个包含诸阶段于自身内的一个"在发展中的系统"。② 卢汶高等哲学研究所首任所

① 吉尔松:《中世纪哲学精神》,沈清松译,(台湾)商务印书馆 2001 年版(下同),第 14 页。

② 参见黑格尔:《哲学史讲演录》第 1 卷,贺麟、王太庆译,商务印书馆 1981 年版(下同),第 8、33 页。

长麦西埃(Desire Mercier,1851—1926年)说:“哲学是在历史进程里时代相连的努力所生成的果实。”①中世纪经院哲学作为西方哲学发展史中的一个环节,一方面是古希腊罗马哲学的承续者、丰富者、革新者和赋予意义者,另一方面又是近现代西方哲学的资源、助产者和开启者。中世纪经院哲学的这样一种双重身份是可以从许多方面看出来的。例如,中世纪经院哲学在人学和存在论方面强调人的全整性和个体性,并把存在理解成一种创造性的生存活动,一方面是对古希腊罗马时代的“魂本思想”和“逻各斯主义”的继承和超越,另一方面又构成了近现代人学思想和存在主义思想的先声和一个理论源头。② 再如,中世纪经院哲学的注重广延和运动的物质观一方面是对古希腊罗马哲学消极被动的物质观的扬弃和超越,另一方面又是近现代物质观的先声和一个理论源头。③中世纪经院哲学与西方哲学史上其他历史阶段的哲学形态一样,也具有明显的两重性,即:一方面具有时代的局限性,有其“过去”的一面;另一方面也有其“不死”的一面,也有其“超时代”的一面。

这些就是我们编辑出版这套丛书的主要缘由。

那么,关于这套丛书,我们究竟有一些什么样的具体打算呢?

---

① 转引自赵敦华:《基督教哲学1500年》,人民出版社1994年版(下同),第4页。

② 参见段德智:《试论经院哲学的学院性质及其学术地位》,载许志伟主编:《基督教思想评论》,第11—13页。

③ 参见赵敦华:《基督教哲学1500年》,第470、388页。

在我国,对于中世纪经院哲学的介绍、思考和研究工作,可以一直上溯到明末清初。那时候,不仅一些有学养的来华传教士,如利玛窦(Matteo Ricci,1552—1610年)、艾儒略、毕方济(Franciscus Sambiasi,1582—1649年)和利类思等,对之做了大量的介绍和研究工作;而且一些著名的华人学者,如李之藻和徐光启等,也对之做了大量的介绍和研究工作。但是,在此后开展的洋务运动、维新运动、新文化运动、抗日战争等事关中国命运和前途的各项政治运动和社会变革中,尽管在这期间康有为等也曾提出过“建立宗教论”的主张,梁启超甚至强调过“天下无无教而立国者”,但是,由于当时我国的志士仁人所关注的主要是器皿层面和制度层面的问题,甚至是民族的存亡问题,故而尽管西学在这个时期有了相当规模的“东渐”,而对作为学院哲学的经院哲学却几乎无人问津。这种状况至20世纪下半叶才有所改变。一些先知先觉者,如大陆学者车铭州、张尚仁、傅乐安、赵敦华、唐逸,台湾学者罗光、邬昆如、黎建球、沈清松、高凌霞、张振东、潘小慧、傅佩荣等,香港学者谢扶雅等,“继”中国经院哲学研究之“绝学”,在复兴这项哲学事业方面分别作出了程度不同的贡献。但是,至今我国在经院哲学的研究无论从规模上还是从水平上都与我们的大国地位极不相称。而且,在这些介绍、思考和研究中,一部分学者或是过多地倚重宗教神学层面,或是基本上着眼于历史层面和文化层面,或是基本上满足于外在审视和通俗介绍,且相当一部分学者对西方中世纪经院哲学原典又缺乏必要的了解和研究。在这种情势下,除了少数几本著作外,大多数相关著作往往缺乏应有的学术立场和必要的理论深度。

鉴此,编辑出版一套基于原典翻译和研究的注重学术品位和理论深度的经院哲学著作,在我们看来,就是一件对于振兴我国经院哲学研究再适合不过的事情了。

关于这套丛书,我们的具体设想主要在下述几个方面:

第一,我们打算走学术化的研究路子,走"哲学研究"的路子。诚然,无论从宗教神学的角度,还是从历史层面和文化层面,来思考和研究中世纪经院哲学,都是有益的和必要的。但是,我们认为学术著作的生命线在学术和思想本身,唯有走学术化的研究路子、走"哲学研究"的路子才是提升我国经院哲学研究水平的根本途径。黑格尔在《哲学史讲演录》中不仅区分了哲学与宗教、哲学与其他科学知识,而且还区分了哲学与"通俗哲学"。① 罗素在《对莱布尼茨哲学的批评性解释》的"第一版序"中也明确地区分了哲学史的"历史"研究方式和"哲学"研究方式,宣称:"哲学史作为一项学术研究,可以设置两种稍有差异的目标,其中第一种主要是历史的,而第二种则主要是哲学的。由于这个缘故,就很容易出现这样一种现象,即在我们寻找哲学'的'历史的地方,我们却相反地发现了历史'和'哲学。"②事实上,当我们宣称经院哲学是一门比较纯粹的学问、学院哲学和学者的哲学时,我们就是在宣示我们这样的一种意向和决心。黑格尔说:"思想必须独立,必须达到自由的存在,必须从自然事物里摆脱出来,并且必须从感性直观里超拔出来。思想既然是自由的,则它必须深入

① 参见黑格尔:《哲学史讲演录》第1卷,第91—93页。

② 罗素:《对莱布尼茨哲学的批评性解释》,段德智、张传有、陈家琪译,陈修斋、段德智校,商务印书馆2000年版(下同),第21页。

自身,因而达到自由的意识。"①亚里士多德断言"理性的沉思生活"乃"人的最完满的幸福"。它给出的理由是,这样一种生活"既有较高的严肃的价值","又不以本身之外的任何目的为目标,并且具有它自己本身所特有的愉快(这种愉快增强了活动),而且自足性、悠闲自适、持久不倦(在对于人是可能的限度内)和其他被赋予最幸福的人的一切属性"。② 我等既然生活在尘世,受物所累,在所难免,但是,既然这种"沉思生活"值得憧憬,我等自当勉之。

第二,与此相适应,我们将着眼于经院哲学的超越性,着眼于经院哲学的形而上学性质,着眼于经院哲学的存在论和实体学说。毫无疑问,"宗教文化"也是我们这套丛书的一项内容,我们不仅要深入研究经院哲学的自然哲学、心灵哲学、认识论、道德伦理、人学思想、自然法理论、正义学说、公平价格理论、美学思想等,而且还要研究中世纪的与宗教相关的政治、经济、科学技术、文学、艺术、风俗习惯等。但是,在所有这些研究中,一方面,我们将首先致力于经院哲学的形而上学研究,致力于经院哲学的存在论和实体学说的研究;另一方面,我们又将努力从形而上学和本体论的高度来审视经院哲学的其他内容和宗教文化的各个层面。在我们看来,唯其如此,方能保证我们这套丛书的理论深度和学术品位,才能昭示出中世纪经院哲学既区别于古希腊罗马哲学也区别于西方近现代

① 黑格尔:《哲学史讲演录》第1卷,第93页。

② 亚里士多德:《尼各马可伦理学》第10卷第7章,北京大学哲学系外国哲学史教研室:《古希腊罗马哲学》,商务印书馆1982年版,第327页。

哲学的特殊本质。像罗素那样,把中世纪经院哲学简单地等同于古希腊罗马哲学,把中世纪经院哲学简单地视为古希腊罗马哲学与基督宗教神学的结合的看法,我们是不能苟同的。而致力于中世纪经院哲学的形而上学研究,致力于对其存在论和实体学说的研究正是对这样一种错误看法的一服消毒剂。①

第三,强调原典的研读和研究、强调研究和著述以原典的翻译和研究为基础也是我们的一个根本性的指导思想。既然在我们看来,我国近半个世纪中世纪经院哲学研究的一个根本缺陷即在于缺乏坚实的文本基础或原典基础,则我们之注重原典的研读和研究,强调研究和著述须以原典的翻译和研究为基础就是一件再自然不过的事情了。黑格尔在谈到治哲学史的秘诀时,曾强调指出:“从原始史料去研究哲学史。”②至于翻译的重要性,也一向受到硕学之士的强调。明末学者徐光启就曾发出过“欲求超胜,必须会通;会通之前,必须翻译”的呼吁。③ 梁启超更从“强国”的高度来审视“翻译”问题,说:“国家欲自强,以多译西书为本。”④梁启超的这句话固然有点高谈阔论,但是,倘若把翻译视为振兴我国经院哲学研究的“第一事”,倒是一点也不为过的。我们注重原典的翻译和研究,注重尊重文本,这并不意味着我们将拘泥于文字考

---

① 参见段德智:《阿奎那的本质学说对亚里士多德的超越及其意义》,《哲学研究》2006 年第 4 期。

② 参见黑格尔:《哲学史讲演录》第 1 卷,第 110 页。

③ 徐光启:《历史总目表》,见《徐光启集》下册,第 374 页。

④ 梁启超:“西学书目表序列”,《饮冰室合集》文集之一,中华书局 1989 年版,第 122 页。

据，正相反，我们也同样注重对文本作出现代性的诠释。我们所强调的只不过是一种尊重文本的伽达默尔式的“视域融合”罢了。

第四，我们将把对托马斯·阿奎那的研究作为我们的一个重点。我们这样做，不仅仅是因为托马斯·阿奎那是中世纪经院哲学的主要代表人物，也不仅仅是因为托马斯·阿奎那是中世纪经院哲学家中最具影响力的人物，是一个在西方思想史上堪与苏格拉底、柏拉图、亚里士多德、笛卡儿、牛顿、康德、达尔文、马克思、麦克斯韦、霍金、尼采相媲美的世界历史性人物，而且还因为他的哲学思想在中世纪经院哲学中最为丰富，也最见学理性和系统性，是中世纪经院哲学的集大成者。利类思在其“《超性学要》自序”中，曾经称赞托马斯的著作“义据宏深，旨归精确。自后学天学者，悉禀仰焉。……学者推为群学之折中，诸理之正鹄，百学之领袖，万圣之师资。岂不然哉！”①毫无疑问，在我们这套丛书中，我们将尽力推出一系列阐述中世纪经院哲学的其他代表人物和中世纪经院哲学发展过程、发展规律和历史影响的专著，但是，无论如何，托马斯·阿奎那经院哲学思想的研究都是我们的一个重点。我们这样做不仅是想借此把中世纪经院哲学的最壮观的一幕呈现给读者，在中世纪经院哲学的研究中发现“哲学”，而且还想借此为我们对中世纪经院哲学的其他代表人物的阐述提供一个坐标或参照框架。换言之，在我们看来，唯其如此，才能

① 利类思：“《超性学要》自序”，圣托马斯：《超性学要》“超性学要自序”，第3页。

够使我们的整个中世纪经院哲学的研究整体上达到更高的水平。

第五,西方中世纪经院哲学与中国中世纪"书院哲学"的比较研究,也当是本套丛书的一项内容。按照一些史学家(如朱维铮)的观点,中国也有自己的"中世纪",既然如此,中国也当有自己的中世纪经院哲学,其中最典型的莫过于"书院哲学"了。这就向我们提出了一个如何对中西中世纪经院哲学进行比较研究的问题,换言之,这也就是所谓"会通中西"的问题。既然我们身为中国学者,既然我们是在中国国土上从事中世纪经院哲学研究,我们就不能不考虑这种比较研究或中西会通问题。明末徐光启就曾强调指出:"欲超前胜,必须会通。"①清末维新学者梁启超也从"治国"和"救亡"的高度强调了"会通"的必要性。他指出:"舍西学而言中学者,其中学必为无用;舍中学而言西学者,其西学必为无本。无用无本,皆不足以治天下,虽庠序如林,逢掖如鲫,适以蠹国,无救危亡。"②虽然梁启超关于"本"、"用"的说法未必精当,但是他强调"会通"的初衷却是楚楚可见的。"会通"是不可能靠简单的"对照"和"比附"就能成就的,不仅需要很好的学养,而且还需要下很大的工夫。否则,不仅"视域融合"将成为一句空话,甚至连"时间间距"和"空间间距"的隔障也难以破除。

第六,还有一个学术国际化的问题。马克思在其博士论

---

① 徐光启:《辨学章疏》,见《徐光启集》下册,第433页。

② 梁启超:《〈西学书目表〉后序》,《梁启超全集》第1册,北京出版社1999年版,第86页。

文中就曾经提出过"哲学的世界化"问题。① 时至今日,我们已经进入了"全球化"时代,"哲学的世界化"的任务就更加迫切了。若要在中世纪经院哲学的研究中担当这样一个任务,至少有两个方面的工作要做。这里首先有一个知识结构和理论视野问题,它要求我们在研究工作中尽可能多地了解和借鉴国际学术界在这一领域中的优秀成果,尽可能地同这一领域世界顶尖级的专家学者形成一种积极的对话态势。其次,在作者队伍方面,尽管我们将以国内学者或大陆学者为主,但是我们也将尽可能多地吸收像圣路易斯大学讲席教授埃利奥诺·斯敦普(Eleonore Stump)和哈佛大学中国历史和哲学教授杜维明这样一些世界顶尖级学者参加。相信我们的这些努力会对提升本套丛书的学术质量产生积极的影响。

我是1963年进入大学开始学习哲学的。正是因为我对信仰问题有着一种好奇或诧异,这推动我对宗教信仰问题进行哲学的思考,推动我创办了武汉大学宗教学系,组建了阿奎那与中世纪思想研究中心(后更名为武汉大学基督宗教与宗教文化研究中心),推动我去翻译杜维明先生的《论儒学的宗教性》,去组织翻译托马斯·阿奎那的《神学大全》、《反异教大全》和《论存在者与本质》,并因此而逐步萌生了主编一套关于中世纪经院哲学丛书的念头。2005年,当我把我的这个念头和相关设想告诉人民出版社洪琼先生的时候,出乎意料地得到了他的极其热烈的回应。说实话,他当时所表现出来

① 马克思:《德谟克利特的自然哲学与伊壁鸠鲁的自然哲学的差别》,《马克思恩格斯全集》第40卷,人民出版社1982年版(下同),第135页。

的学术热情、使命意识和乐观情绪，不仅使我平添了几分信心，而且还颇有几分遇到知音的感觉。应该说，我们这套丛书之能够成功推出，与他的积极投入是分不开的。因此，在我们这套丛书面世之际，如果有什么人需要感谢的话，那么，我首先应当感谢的就是洪琼先生。

我还应当特别感谢我们刚刚提到的著名的阿奎那专家埃利奥普·斯敦普教授，多年来她不仅多次到我们学校进行中世纪经院哲学讲演，而且还将他的老师诺曼·克雷茨曼(Norman Kretzmann)的数千册图书悉数捐赠给了我们。她对我们武汉大学基督宗教和宗教文化研究中心的无私帮助，对我们中世纪经院哲学研究工作的充分肯定，是并且将继续是我们中世纪经院哲学研究的一个重要助力。台湾辅仁大学哲学系的高凌霞教授受美国天主教大学荣誉教授乔治·弗兰西斯·麦克莱恩(George Frances Mclean)的委托年复一年地奔波于海峡两岸，为我们的经院哲学研究和教学工作作出了令人瞩目的贡献。此外，德国柏林自由大学的哲学教授威廉·施米特·比格曼(Wilhelm Schmidt Biggermann)，加拿大不列颠哥伦比亚大学维真学院的许志伟教授，香港中文大学崇基学院神学院的卢龙光院长，台湾辅仁大学的黎建球校长和该校哲学系的潘小慧主任、香港浸会大学基督教研究中心的江丕盛主任，中国神学研究院的周永健院长和余达心院长也都曾高度评价了我们的经院哲学研究，并给予了我们多方面的支持和帮助。大陆学者如北京大学的赵敦华教授、靳希平教授、张志刚教授，中国人民大学的李秋零教授，山东大学的傅有德教授，浙江大学的王志成教授，中国社会科学院的李景源先生、李河先生、霍桂桓先生、孔明安先生、卓新平先生、辛岩先生，商务印书馆的狄玉明先生、徐奕春先生、朱泱先生和陈小文先生，人民出版社的陈亚明女士、方国根先生等也都对我们的中世纪经院哲学研究工作给予了极大的关注、支持和帮助。我谨在此一并予以致谢！

我国古代著名的诗人陶渊明在读过《山海经》后曾写过一首催人奋进、感人肺腑的诗："精卫衔微木，将以填沧海。刑天舞干戚，猛志固常在。同物既无虑，化去不复悔。徒设往昔心，良辰讵可待！"无疑，他的这首诗向我们提出了一个值得深思的问题，这就是：我们如何在持守精卫、刑天的"勇猛凌厉之志"的同时又能使我们的"往昔心"不至于"徒设"？我们的应对措施主要有两条。首先，我们必须看到，尽管中世纪经院哲学研究具有上述诸多重大意义，但是它毕竟只是一种哲学形态，而且还是一种我们几乎不可能指望其成为一门"显学"的哲学形态。自西方中世纪经院哲学东渐以来，它虽然也曾受到过国人的重视，但是，它却从来不曾成为一门显学，而且，在洋务运动、维新运动和五四运动和文化革命运动中，它甚至几乎为国人所忘却。因此，尽管我们对振兴我国经院哲学研究心存希望并决心为之奋斗，但是我们也绝不会因此而奢望它在我国成为一门显学。其次，我们清醒地看到，振兴我国经院哲学研究是一项巨大的学术工程：不仅需要社会各方面的鼎力相助，而且也需要几代人坚韧不拔的努力。就我们而言，倘若借这套丛书能为这样一种振兴稍尽绵薄，对我国学术事业的繁荣和发展稍尽绵薄，也就至幸、至足了。仅此而已！仅此而已！

是为序。

2007年2月3日初稿

2007年11月3日修订稿

于武昌珞珈山南麓

目　录

序

新托马斯主义不仅是当代西方世界一个重要的神学派别，而且也是当代西方世界一个重要的哲学派别。从当代西方哲学思潮的角度看，其最重要的代表人物有马里坦(1882—1973)、吉尔松(1884—1978)和卡尔·拉纳(1904—1984)等。长期以来，我国哲学界比较偏重对马里坦和卡尔·拉纳的研究，不仅发表了一系列有一定理论深度的相关学术论文，甚至还出版了相关专著。相形之下，对吉尔松的研究则比较冷清。不要说出版相关专著，即使相关论文，也可谓凤毛麟角。车桂副教授的《吉尔松哲学研究》，作为我国哲学界推出的第一本全面系统介绍和阐述吉尔松哲学体系的学术专著，在一定意义上，弥补了这一缺憾。

事实上，吉尔松作为新托马斯主义阵营中的核心人物之一，在一些事关新托马斯主义全局的重大问题上，担当了一个无可替代的理论角色，作出了无与伦比的理论贡献。

吉尔松的理论贡献首先表现在他对基督宗教哲学概念合法性的认真辩护和系统论证上。在西方历史上，基督宗教哲学向来是个饱受争议的概念。早在3世纪之初，早期拉丁教士德尔图良(145—220)就诘问道："耶路撒冷和雅典有什么关系?""基督徒和哲学家有什么关系?"①这种抗议的声音一千多年来始终没有停止过。至17世纪,法国科学家和哲学家帕斯卡尔(1623—1662)呼吁在"基督宗教的上帝"与"哲学家的上帝"之间明确划界,宣称:"基督徒的上帝并不单纯是个创造几何学真理与元素秩序的上帝;那是异教徒与伊壁鸠鲁的立场。……但亚伯拉罕的上帝、以撒的上帝、雅各的上帝、基督徒的上帝,乃是一个仁爱与慰藉的上帝;那是一个充满了为他所领有的人的灵魂与内心的上帝,那是一个使他们衷心感到自己的可悲以及他的无限仁慈的上帝!"②其实,即使在吉尔松时代,否认基督宗教哲学可能性和合法性的也大有人在。德国哲学家海德格尔1927年在图宾根的一篇题为"现象学与神学"的演讲中就断然否定了基督宗教哲学的可能性。他无所踌躇地写道:"并没有诸如一种基督宗教哲学这样的东西,这绝对是一个'棘手的问题'。但也决没有什么新康德主义神学、价值哲学的神学、现象学的神学等,正如决没有一种现象学的数学。"③其后,海德格尔在《形而上学导论》中更其尖刻地断言:"一门'基督宗教哲学'(christliche Philosophie)是一种木制的铁器(ein hölzernes Eisen),是一套误解。"④更为严重

---

① Cf. The Ante Nicene Fathers, III, ed. by A. Roberts and J. Donaldon, Buffolo, 1885, p. 51. 也请参见赵敦华:《基督教哲学1500年》,人民出版社1994年版,第105页。

② 帕斯卡尔:《思想录》,何兆武译,商务印书馆1985年版,第250页。

③ 海德格尔:《现象学与神学》,《海德格尔选集》下卷,孙周兴选编,上海三联书店1996年版,第733页。

④ Martin Heidegger, *Einführung in die Metaphysik*, Tübingen: Niemeyer, 1987, p. 6.

的是:不仅当代无神论哲学家质疑“基督宗教哲学”概念的合法性,而且即使在托马斯主义阵营内部否定“基督宗教哲学”概念合法性的也不乏其人。例如,吉尔松的法国同胞埃米尔·伯里埃(1876—1952)就曾于1928年做过一个题为“有基督宗教哲学吗”的专题演讲。按照伯里埃的说法,基督宗教哲学概念无非具有三种可能的含义,这就是:它或是可能意指符合基督宗教教义的哲学,或是可能意指与基督宗教有内在联系,或是可能意指具有基督宗教信仰的人从事哲学。但无论它意指何种含义,都不可能导致基督宗教哲学概念的合法性。因为当基督宗教哲学意指符合基督宗教教义的哲学时,这样的哲学只能是一种神学;当它意指其与基督宗教有内在联系时,历史上与基督宗教有内在联系的哲学从来就不曾存在过,因为无论是奥古斯丁的哲学还是托马斯的哲学同基督宗教的联系都是外在的;当它意指具有基督宗教信仰的人从事哲学时,鉴于哲学家的个人信仰与他的理性思维并不是一回事,则这样一种情况便与基督宗教哲学的存在毫不相干,“正如不能说基督宗教数学、基督宗教物理学一样,也不能谈什么基督宗教哲学”。①

如果基督宗教哲学概念是一种“木制的铁器”,缺乏合法性,则无论是作为中世纪基督宗教哲学形态的托马斯主义和中世纪经院哲学,还是作为当代基督宗教哲学形态的新托马斯主义和新经院哲学的合法性就都成了问题。正因为如此,

---

① Cf. Émile Brehier, “Y-a-t'il une philosophie chrétienne?” in *Revue de Metaphsique et de Morale*, 1931(38), pp. 131-162.

吉尔松在《中世纪哲学精神》、《中世纪基督宗教哲学史》和《圣托马斯·阿奎那的基督宗教哲学》等著作中不厌其烦地对基督宗教哲学概念的合法性作了一系列认真的辩护和系统的论证。在吉尔松看来，既然凡否认基督宗教哲学概念合法性的人都以强调理性哲学与神学、理性与信仰的差异性和对立性为口实，则他就必须从论证基督宗教信仰与哲学理性的兼容性和一致性入手对基督宗教概念的合法性进行辩护。吉尔松认为，基督宗教信仰与哲学理性之间确实存在着一定的差异性，但它们之间的这样一种差异性并不妨碍它们之间的兼容性和一致性。这里的根本问题是一个哲学观的问题。伯里埃等学者之所以否定基督宗教哲学的合法性，从学理层面看，最根本的即在于他们仅仅从知识论的立场而不能进一步从人生观和救赎论的立场来审视哲学。倘若我们能够从救赎论的立场来审视哲学，我们便能即刻看出基督宗教信仰与哲学理性的兼容性和一致性了。吉尔松强调指出：哲学不只是"一种科学"、"一种知识"，而且还是"一种生活"、"一种实践"。他写道："柏拉图在《斐多篇》、亚里士多德在《尼各马可伦理学》中，都认为哲学虽然本质上是一种科学，但并非只是一种科学，它同时还是一种生活（a life）。"①如果从生活或实践的立场看问题，我们就会发现哲学理性本身有其不充分性，而这种不充分性又根源于它的不完满性。为了克服哲学理性的这样一种不完满性，它就需要接受某种超自然的东西或启

① E. Gilson, *The Spirit of Medieval Philosophy*, tr. by A. H. C. Downes, New York: Charles Scribners's Sons, 1940, p. 28.

示的东西，亦即基督宗教信仰，以便从中获得救赎的真理、实现人生的终极圆满。由此看来，“这样的信仰也并不违背我们的理性，毋宁说，对不可理解的东西的信仰赋予理性知识完善(perfection)和圆满(consummation)。”①托马斯在《神学大全》中所谓“神恩并不破坏自然，而是要使之完满(gratia non tollat naturam, sed perficiat)”，②即是谓此。

此外，哲学不仅是一种“关于生活”的科学，而且也是一种“关于真理”的科学。如果说从哲学是一种关于生活的科学的观点出发，我们推证出来的只是基督宗教信仰与哲学理性之间的“外在的和简单的一致”(an exterior and simple accord)的话，则从哲学是一种关于真理的科学的观点出发，我们就能推证出来基督宗教信仰与哲学理性之间的“自然的和内在的一致”(a natural and internal accord)。这是因为真理有两种：一种是理性真理，另一种是启示真理。理性真理是我们凭借我们的自然理性从上帝的受造物出发获得的真理。而启示真理则是直接来自万物源泉和所有真理源泉的上帝的真理。相形之下，启示真理是更为根本的真理，也是哲学追求的终极真理。一如托马斯所强调指出的：“第一哲学乃关于真理的科学，然而，不是关于任何一条真理的科学，而是关于那条作为所有真理之源的真理，即那条适合于构成万物借以存在的第一原则的真理。”③既然追求终极真理是哲学的根本使

① E. Gilson, *The Christian Philosophy of St. Thomas Aquinas*, tr. by L. K. Shook, Indiana: University of Notre Dame Press, 2002, p. 17.

② Thomae de Aquino, *Summa Theologiae*, Ia, Q. 1, a. 8.

③ Thomae de Aquino, *Summa Contra Gentiles*, I, cap. 1, 5.

命，既然理性真理与启示真理归根到底是同源的，则"我们也就必须承认在信仰和真理之间不可能存在有任何矛盾。只有假的东西才能够与真的东西相矛盾。在真的信仰和真的知识之间必定存在有一种自然的一致"。① 而这种出自理性真理和启示真理同源性的证明，在吉尔松看来，是对基督宗教信仰与哲学理性一致性的"一种纯粹哲学的推证"(a purely philosophical demonstration)。② 吉尔松因此非常重视基督宗教哲学家"转识成智"和"转智成识"的理论功夫。他强调指出："信仰的真理，努力自行转换为理解的真理，这才真正是基督徒智慧的生命。从这种努力所产生的理性真理体系，就是基督宗教哲学。所以，基督宗教哲学的内容，就是通过理性自启示那里获得的帮助，所发现的理性真理之体系。"③毋庸讳言，无论是马里坦还是拉纳都曾讨论过"基督宗教哲学"的合法性问题。但马里坦试图通过区分"哲学性质"和"哲学状态"来为基督宗教哲学概念的合法性辩护，未免把复杂的问题简单化了。④ 而拉纳既然宣布"宗教哲学……将永远是一种基础神学的人类学"，⑤则他就在事实上对基督宗教哲学采取了一种取消主义的立场。因此，在当代托马斯主义者中，真正担当起对基督宗教哲学概念合法性作有力辩护和系统论证责任

---

① E. Gilson, *The Christian Philosophy of St. Thomas Aquinas*, p. 18.

② E. Gilson, *The Christian Philosophy of St. Thomas Aquinas*, p. 18.

③ E. Gilson, *The Spirit of Medieval Philosophy*, pp. 34–35.

④ See Jacques Maritain, *An Essay on Christian Philosophy*, New York: Philosophical Library, 1955, p. 30.

⑤ 拉纳:《圣言的倾听者——论一种宗教哲学的基础》，朱雁冰译，三联书店 2003 年版，第 196 页。

的则是吉尔松。而他对基督宗教哲学概念的这样一种论证和辩护不仅是对以托马斯为代表的中世纪经院哲学的一种论证和辩护，而且也是对现代新托马斯主义或新经院哲学的一种论证和辩护，其学术价值，尤其是其对基督宗教哲学和新托马斯主义的学术价值是不言而喻的。

吉尔松所作出的另一项特殊贡献在于他对中世纪基督宗教哲学"原创性"的充分肯定。毋庸讳言，无论是马里坦还是拉纳都对中世纪基督宗教哲学持肯定的立场，但他们两个作为哲学家，其兴趣似乎主要地不是在于对中世纪基督宗教哲学本身的考察和阐述，而是在于中世纪基督宗教哲学的"现代化"。就马里坦而言，他的基本目标无非在于以公认的托马斯哲学的基本原理为逻辑前提，针对流行的"以人为中心的人道主义"，构建出一个"以神为中心的全整的人道主义"哲学体系。就拉纳而言，他的宗教哲学的基本目标，不是别的，而是以康德的先验认识论和海德格尔的基础本体论充实和改造托马斯的形而上学，"设计出一种'基础神学的'人类学"①。作为中世纪哲学史家的吉尔松则不同，虽然他充满了哲学智慧，虽然他也不乏时代的眼光，但他的主要兴趣却几乎始终在于对托马斯哲学思想和中世纪哲学思想本身及其现时代意义的深度开掘，始终在于对中世纪基督宗教哲学"原创性"的"肯定"和"阐扬"。中世纪经院哲学的存在及其原创性问题长期以来一直是个备受争议的问题。黑格尔有"经院哲

① 拉纳:《圣言的倾听者——论一种宗教哲学的基础》，朱雁冰译，三联书店2003年版，第196页。

学本质上就是神学”的说法。① 哈姆林(1856—1907)则有“在哲学上,古代人之后就是笛卡尔,差不多可以说,在这之间只是一片空白”的说法。② 此外,还有中世纪“只有片片断断的希腊思想”(shreds of Greek thought)以及中世纪经院哲学只是“希腊哲学史的一类附录”(a sort of appendix to the history of Greek philosophy)的说法。③ 吉尔松不仅依据雄辩的史料论证了中世纪基督宗教哲学的存在,而且还论证和强调了中世纪基督宗教哲学的“内在价值”、“原创性”和它对古代希腊哲学的超越性。吉尔松在《中世纪哲学精神》中曾经以存在与本质的关系为例,来解说中世纪基督宗教哲学对于古代希腊哲学的原创性和超越性。吉尔松承认“基督宗教哲学家受柏拉图和亚里士多德的启发,引用他们的原则”,但是,在任何意义上,都不意味着中世纪基督宗教哲学缺乏“批判精神”和“创新精神”;正相反,中世纪基督宗教哲学家虽然引用希腊哲学家的原则,“但却从其中提出柏拉图和亚里士多德连做梦都没有梦见过的结论,而且是他们的系统中根本不可能具有地位的结论,倘若强行安插进去,势必会因此而毁灭整个系统。”吉尔松例证说:“尤其是本质与存在的著名区分,无论采取任何意义,这个区别对于基督宗教哲学家都是必

① 参见黑格尔:《哲学史讲演录》第3卷,贺麟、王太庆译,商务印书馆1981年版,第279页。

② See O. Hamelin, *Le Systéme de Descartes*, Paris: F. Alan, 1921, p. 15.

③ Cf. E. Gilson, *The Spirit of Medieval Philosophy*, p. 2; E. Gilson, *History of Christian Philosophy in the Middle Ages*, New York: Random House, 1955, p. 542.

要的，但在亚里士多德的哲学中，却无法想见这种区别。”①在《中世纪基督宗教哲学史》中，吉尔松断言：中世纪并非“一个哲学停滞和萧条的漫长时期”，而是一个具有“内在价值”和“惊人财富”的哲学发展时期，它馈赠给人类三种“纯粹的哲学立场”：奥古斯丁的方法论，司各脱的形而上学本质论和托马斯的形而上学存在论，赋予西方哲学以“新的生命”②。吉尔松认为发现和肯认中世纪基督宗教哲学的“原创性”和“内在价值”不仅对于理解和把握中世纪基督宗教哲学形态的实在性具有重大意义，而且对于理解整个西方哲学史的“连续性”（continuity）和“可理解性”（intelligibility）以及近现代哲学的精神实质和“实际面貌”都有不可估量的意义。③

在对吉尔松关于中世纪基督宗教哲学的原创性的论证中，有一点值得特别予以注意，这就是他对中世纪基督宗教哲学原创性的强调是与他对基督宗教的积极的哲学功能的强调紧密联系在一起的。吉尔松反对将基督宗教哲学称做“关于宗教的哲学”（a philosophy of religion），而主张将其称做“宗教性的哲学”（a religious philosophy）④。这是因为在吉尔松看来，基督宗教信仰与哲学理性之间不仅存在有“兼容性”和“内在的一致性”，而且还存在有一种相互推动和相互发明的

---

① E. Gilson, *The Spirit of Medieval Philosophy*, pp. 409–410.

② E. Gilson, *History of Christian Philosophy in the Middle Ages*, pp. 544–545.

③ See E. Gilson, *History of Christian Philosophy in the Middle Ages*, p. 542; E. Gilson, *The Spirit of Medieval Philosophy*, p. 18.

④ E. Gilson, *History of Christian Philosophy in the Middle Ages*, p. 5.

"动力学"的关系，而在这种相互推动和相互发明的动力学的关系中，基督宗教信仰往往发挥更为根本、更为原始的作用和功能。这就是吉尔松所谓的"神学秩序优先性原则"。我们有两种不同的认识秩序：一种是"从被造之物上升到上帝"的认识秩序，亦即"哲学的秩序"；另一种是"从上帝下降到被造之物"的认识秩序，亦即"神学的秩序"。既然"神学所遵循的是一种就其本身而言更完善的秩序，因为它以上帝的知识为开端，而上帝在认识自己时也就认识了其余的一切东西"①，则神学的秩序优先于哲学的秩序也就是一件非常自然的事情了。在吉尔松看来，中世纪基督宗教哲学之所以具有原创性，之所以能够超越古代希腊哲学实现西方哲学的重大变革，最根本的正在于它切实贯彻了神学秩序优先性原则，一方面坚持转识成智，另一方面又坚持转智成识，藉启示真理来推进和促成理性真理或哲学真理。吉尔松强调说：正是由于宗教信仰的召唤，正是由于"这两种不同思想秩序的结盟"，"才赋予哲学以新的生命，并且产生出积极的哲学成果"。② 这就把基督宗教及其信仰对西方哲学的提升作用和铸造功能以一种托马斯主义的语言清楚不过地表达出来了。在人类历史上，宗教作为社会系统中的一个子系统，其存在与发展一方面总是受到社会母系统及其他社会子系统的制约，另一方面又总是对社会母系统及其他社会子系统的存在和发展发生这样那样的影响，对作为社会诸子系统之一的哲学的存在和发展产生

① E. Gilson, *The Christian Philosophy of St. Thomas Aquinas*, p. 21.

② E. Gilson, *History of Christian Philosophy in the Middle Ages*, p. 545.

这样那样的影响。从这个意义上讲，吉尔松对基督宗教及其信仰的哲学功能的肯定和强调，尽管也具有某种护教学的色彩，但却内蕴有一种普遍的宗教学意义。

吉尔松所作出的第三项特殊贡献在于他对托马斯的哲学，特别是对托马斯的存在观作出了深度挖掘和系统阐释。如果说作为哲学家的马里坦和拉纳的工作中心主要在于托马斯的"现代化"，那么，我们就可以说作为哲学史家的吉尔松的工作中心则主要在于现代化的"托马斯"。也就是说，吉尔松的工作中心主要在于用现当代哲学眼光审视和重新评估中世纪的托马斯。吉尔松不仅著有《圣托马斯·阿奎那的基督宗教哲学》专著，而且即使在他的其他著作中，托马斯都是其永远的基础和参照体系。用"言必称托马斯"来述说吉尔松是一点也不过分的。如果对于托马斯来说，哲学家就是亚里士多德，那么，对于吉尔松来说，基督宗教哲学家就是托马斯。吉尔松对托马斯称赞倍加。为了突出和强调托马斯在西方基督宗教哲学史上的独特地位和恒久价值，吉尔松在《圣托马斯·阿奎那基督宗教哲学》中甚至断言："只有一个托马斯·阿奎那。""托马斯·阿奎那的形而上学基本主张依旧远远领先于被认为是我们时代最先进的思想。就托马斯而言，我不是说他过去是正确的(he was right)，而是说他现在是正确的或他永远是正确的(he is right)。"①在《中世纪基督宗教哲学史》中，吉尔松宣称："从大约 1270 年以来，特别是从 13 世纪末以来，要解释中世纪大师们的哲学或神学立场而不考虑托

① E. Gilson, *The Christian Philosophy of St. Thomas Aquinas*, pp. vii–viii.

马斯主义是完全不可能的。"①他到处强调托马斯哲学的"原创性"和理论"深度",宣称托马斯的哲学既不是对亚里士多德的"重复",也不是对古代希腊哲学片段的"拼凑"。吉尔松一再地强调托马斯作为形而上学革命家的历史地位,断言:托马斯不是以"进化的方式"(by way of evolution),而是以"革命的方式"(by way of revolution)继承包括亚里士多德主义在内的西方形而上学遗产的。② 他特别强调托马斯存在论的理论价值,宣称:"作为哲学,托马斯主义本质上是一种形而上学。它是对作为形而上学第一原则,即'存在'的形而上学解释历史上的一场革命(a revolution)。"③这场革命的本质在于:"存在"在托马斯这里不再像在古代希腊哲学家那里,只是一个思辨概念或逻辑范畴,而是成了"一个不定式"(to be,to exist),成了"存在活动"(the act of being),成了"纯粹的存在活动"(the pure act of existing),成了万物得以存在的存在活动。④ 存在问题因此也就成了"解释实在的'硬核'(the very core)",⑤成了形而上学的"第一原则"(the first principle),⑥成了哲学

① Etienne Gilson, *History of Christian Philosophy in the Middle Ages*, p. 361.

② See Etienne Gilson, *History of Christian Philosophy in the Middle Ages*, p. 365.

③ See Etienne Gilson, *History of Christian Philosophy in the Middle Ages*, p. 365.

④ See E. Gilson, *The Christian Philosophy of St. Thomas Aquinas*, pp. 29, vii, 44.

⑤ See E. Gilson, *The Christian Philosophy of St. Thomas Aquinas*, p. vii.

⑥ Etienne Gilson, *History of Christian Philosophy in the Middle Ages*, p. 365.

或形而上学的“拱顶石”(keystone),成了形而上学得以存在的“根据”。[1] 而形而上学也因此而成了“关于存在之为存在的形而上学”(the metaphysics of being as being)。[2] 应该说,经吉尔松阐明的托马斯的这样一种形而上学存在观不仅在从笛卡尔到黑格尔的近代形而上学的发展中没有得到充分的理解和吸收,而且即使在从尼采到海德格尔再到马里坦和拉纳的现当代形而上学的发展中也同样是需要认真咀嚼、不断品味的。有史料称,有“我国康德哲学研究先驱”声誉的王国维在《静安文集》自序中曾说他是通过阅读叔本华逐渐读懂康德的。[3] 同样,我们也完全有理由说,阅读吉尔松既是我们走向托马斯的一条便捷的途径,也是我们了解托马斯的一扇明亮的窗口。

车桂副教授的这部专著以阐述吉尔松哲学的核心概念“基督宗教哲学精神”的基本内涵和历史依据入手,在对吉尔松的本体论思想,即他的存在论和创造学说作出较为系统、较为深入阐释的基础上,依次分述了吉尔松的人类学、位格论、认识论、伦理学和目的论。这部著作的优点主要有下述几点:(1)作者对吉尔松哲学的真髓,亦即所谓吉尔松“基督宗教哲学精神”有一种深度的把捉和历史的了解;(2)作者对于吉尔松的“托马斯情结”给予了高度的重视和充分的展示;(3)作者特别注意昭示吉尔松哲学的超越意境和形上意蕴,不仅以

---

① E. Gilson, *The Christian Philosophy of St. Thomas Aquinas*, pp. 444, 29.

② E. Gilson, *The Christian Philosophy of St. Thomas Aquinas*, p. 44.

③ 参见丁东红:《百年康德哲学研究在中国》,《世界哲学》2009 年第 4 期。

两个整章的篇幅阐述了吉尔松的存在学说和创造学说,而且在阐述吉尔松哲学的其他环节时也十分注意从这一理论高地予以俯瞰,从而保证了整部著作的理论深度;(4)本著比较充分地注意到了作为哲学家和哲学史家的吉尔松的哲学体系的整全性,几乎囊括了他的哲学体系的各个重要层面的内容。所有这些都不仅表明作者对吉尔松的哲学著作和哲学思想有一种较为本真、较为深入的了解和理解,而且也表明作者具有较为浓重的形而上学兴趣和较强的驾驭哲学史料的能力。这是值得鼓励并且令人欣慰的。然而,由于在本著的作者与本著的研究对象——吉尔松哲学以及作为本著研究对象的研究对象——中世纪基督宗教哲学,特别是托马斯的哲学之间存在有难以完全消除的巨大的空间间距和时间间距,尽管作者处处都在尽力进入吉尔松的哲学语境,进入吉尔松哲学的幽深之处,但作者对吉尔松哲学的某些个别环节的理解和阐述似乎仍有不尽深刻、不尽完善、有待改进之处。尽管如此,该著作者作为我国哲学界第一个全面、系统阐述吉尔松哲学体系的学者,其筚路蓝缕之功还是值得引以为豪的。

是为序。

段德智

2012年6月于武昌珞珈山南麓

前　言

法国哲学家吉尔松(Etienne Henri Gilson,1884—1978)1884 年 6 月 13 日生于巴黎,早年在法国索邦受到优良的古典学术教育。吉尔松 1913 年以笛卡儿哲学研究获得博士学位和大学教席(the University of Lille),这时期转向托马斯哲学研究。吉尔松毕生经历两次世界大战,对于 20 世纪著名而卓越的基督教存在主义哲学家加百列·马塞尔(Gabriel Marcel)具有深邃理解和崇高评价。吉尔松认为马塞尔堪称 20 世纪时代精神处境中真实的哲学家:马塞尔阐述的存在的形而上学真相和人类存在的生存论真相,奠基于马塞尔自己卓越而深邃的生命深度。吉尔松在中世纪基督教经院哲学的研究中致力于阐述欧洲哲学史中上帝观念的兴衰,充分意识到自己阐述的中世纪基督教经院哲学和马塞尔阐述的基督教存在主义之间先验一致的真理道路。对于马塞尔而言,人是天路历程的旅行者,从这个可见世界走向一个不可见的世界。在现实的尘世生活中,人似乎孤独地生活在荒谬的吊诡处境中。作为位格存在者的人,渴望自己不再孤独,不再荒谬、不再绝望,于是从心灵深处发出“我需要你”的呼声,这是天路历程中孤独而绝望的人向绝对者发出的真实呼声。马塞尔卓越地指出，一旦天路历程中孤独而绝望的人在这样的真实呼声中向绝对者开放自己，就会获得永不孤独的生命，就是享有上帝的生命，获得存在的真实归宿。在这个意义上，马塞尔阐述的基督教存在主义经验是吉尔松阐述的中世纪基督教哲学精神的天然盟友。

第一次世界大战期间，吉尔松在法国从军并经历战俘生涯。吉尔松在军中阅读随身携带的波那文都著作，在战俘营中向狱友学习语言并研究中世纪哲学。吉尔松在战后恢复学术生涯，毕生致力于中世纪基督教哲学研究，尤其致力于研究中世纪基督教哲学大师奥古斯丁、伯尔纳、托马斯、波那文都和司各脱的中世纪基督教学说，精辟阐述中世纪基督教经院哲学的形而上学蓝图和中世纪哲学精神。吉尔松曾担任里尔大学教授、斯特拉斯堡大学、巴黎大学教授、法兰西学术院哲学系主任和法国科学院院士等，获得欧洲诸多著名古老学府的荣誉博士学位，成为国际著名的中世纪哲学史权威，被称为20世纪屈指可数的托马斯学派哲学家。吉尔松1929年在加拿大多伦多大学讲学期间，和圣巴西尔（St. Basil）共同创立著名的多伦多中世纪哲学研究所并亲自担任所长，长期往返于巴黎大学和多伦多大学两地之间，致力于中世纪经院哲学的教学、研究和著述，在中世纪经院哲学史和托马斯形而上学存在论的研究领域贡献卓著。吉尔松1978年9月19日以95岁高龄安然辞世。在法国默伦（Melun）公墓，吉尔松安详地栖息在挚爱的妻子身旁。

吉尔松毕生著作等身，其重要的学术著作有：《托马斯主义》（1919）、《中世纪哲学研究》（1921）、《中世纪哲学》（两卷本)(1922)、《圣波那文都哲学》(1924)、《圣托马斯·阿奎那》(1925)、《圣奥古斯丁导论》(1929)、《中世纪哲学精神》(1932)、《圣伯尔纳的神秘主义神学》(1934)、《基督教与哲学》(1936)、《哲学经验的同一性》(1937)、《中世纪的理性和启示》(1938)、《托马斯主义的实在论与知识批判》(1939)、《上帝和哲学》(1941)、《灵修神学及其历史》(1943)、《存在与本质》(1948)、《存在和诸哲学家》(1949)、《邓·司各脱:基本观点导论》(1952)、《上帝之城的嬗变》(1952)、《中世纪基督教哲学史》(1955)、《圣托马斯·阿奎那的基督教哲学》(1956)、《哲学与神学》(1960)《基督教哲学导论》(1960)、《存在与上帝》(1962)、《语言学与哲学》(1969)等。① 根据吉尔松传记作者的研究,吉尔松毕生出版的学术作品达935种,其中包括哲学专题研究、编辑著作、系列丛书编辑、论文集、学术论文和著作序言,包括吉尔松作为公共知识分子的哲学著述和反复再版的哲学著作。

作为国际著名的中世纪基督教经院哲学史权威,吉尔松毕生致力于中世纪基督教经院哲学研究,致力于阐述中世纪基督教经院哲学的形而上学根基,阐述托马斯的形而上学存在论,阐述中世纪基督教经院哲学的形而上学思想蓝图——中世纪基督教经院哲学的存在论、创造论、天意观、人类学、位格论、认识论、自由学说、伦理学、自然哲学和历史哲学,深刻揭示中世纪哲学精神。对于吉尔松而言,托马斯阐述的形而

① See Lawrence K. Shook, *Étienne Gilson*, Toronto: Pontifical Institute of Mediaeval Studies, 1984.

上学存在论是欧洲哲学史上最卓越的形而上学。托马斯的形而上学存在论超越柏拉图和亚里士多德对于存在的理解，超越欧洲哲学史上形而上学的本质论，奠定作为中世纪基督教经院哲学形而上学的存在论。对于托马斯而言，作为存在的存在是作为存在自身的存在行动（the act of being/esse：to be），这是托马斯形而上学存在论的核心。在这个意义上，托马斯的形而上学存在论是中世纪基督教经院哲学固有的形而上学，托马斯的形而上学存在论比20世纪的哲学更为具有开拓性和前瞻性。对于吉尔松而言，托马斯的存在形而上学具有“永恒哲学”的真理涵义，这不是说托马斯自己意味着永恒真理，而是说托马斯将自己的形而上学存在论奠基在作为基督教神圣启示原理的永恒真理中。托马斯的形而上学存在论是中世纪经院哲学独特的形而上学原理的根基和源泉。在这个意义上，托马斯的存在形而上学是无与伦比的永恒哲学。①

吉尔松运用的“中世纪”概念，是哲学史意义上比较宽泛的中世纪概念，指从公元2世纪的殉道者查士丁（Justin Martyr）到库撒的尼古拉（Nicholas of Cues）的中世纪基督教哲学。对于中世纪基督教哲学家而言，形而上学沉思的恒久主题是圣经启示的基督教神圣原理，毋宁说，是圣经启示的基督教的上帝。圣经启示的基督教神圣原理，首先意味着一种生命方式，同时是中世纪基督教经院哲学形而上学沉思的思想源泉。中世纪的基督教哲学诞生于基督教神圣启示原理和希

① See Etienne Gilson, *The Christian Philosophy of St. Thomas Aquinas*, New York：Random House，1956，foreword.

腊形而上学的首次相遇，使欧洲哲学进入漫长而卓越的中世纪时期。① 中世纪基督教经院哲学继承并超越以巴门尼德、柏拉图、亚里士多德和普罗提诺为典范的希腊形而上学，以教父哲学尤其是奥古斯丁学说为典范，中世纪基督教经院哲学的先驱安瑟伦揭开序幕，经历伯尔纳、波那文都等思想大师，在托马斯学说中达到鼎盛时期。在托马斯的中世纪基督教经院哲学中，自然神学和启示神学获得相辅相成而相得益彰的神圣和谐。在这个意义上，托马斯哲学是“黎明前的破晓星”，照亮作为神圣科学的中世纪基督教经院哲学的形而上学道路。托马斯的《神学大全》和《反异教大全》成为中世纪基督教经院哲学的经典著作。经过天才横溢的司各脱哲学的基本观念和思维范式，中世纪基督教经院哲学依然成为近代哲学的形而上学沉思的活水源泉。②

吉尔松1913年出版《笛卡尔思想中的自由与神学》（*La Liberté chez Descartes et la Théologie*），1930年出版《中世纪思想在笛卡儿思想体系中的地位研究》（*Études sur le rôle de la pensée médiévale dans la formation du système cartésien*），通过笛

① See Etienne Gilson, *History of Christian Philosophy in the Middle Ages*, New York: Random House, 1955, pp. 3-6.

② See Etienne Gilson, *The Spirit of Medieval Philosophy*, New York: Charles Scribner's Sons, 1940, pp. 13-15. 吉尔松：《中世纪哲学精神》，沈清松译，台湾国立编译馆主译，台湾商务印书馆2001年版，第10—12页。吉尔松的世界名著《中世纪哲学精神》（Etienne Gilson, *L' Esprit de la philosophie médiévale*, Paris: Joseph Vrin Publishers, 1932）在1936年首次出版英文版，在1987年首次由台湾国立编译馆出版中文版，由现在加拿大多伦多大学的著名学者沈清松教授翻译。《中世纪哲学精神》的中译本，在2001年再度由台湾商务印书馆出版，在2008年由上海人民出版社出版。

卡儿哲学研究揭示中世纪基督教哲学精神对于近代哲学的深刻影响。对于吉尔松而言，笛卡儿《形而上学沉思录》的书名，就是在其中证明上帝存在和灵魂不朽。笛卡儿的自由学说，渊源于中世纪基督教哲学家奥古斯丁关于“神圣恩典和自由选择”之间深刻关系的精湛研究。① 在这个意义上，“神圣恩典和自由选择”的哲学论题，是中世纪基督教哲学的经典论题。吉尔松指出，整个笛卡儿哲学体系奠基在一个全能上帝的观念上。这位上帝是自身存在而永恒存在的上帝，从虚无中创造宇宙并藉助持续创造保存宇宙。笛卡儿的若干形而上学结论具有真实意义，完全奠基于托马斯的存在形而上学。在这个意义上，笛卡儿的形而上学论述是对于中世纪基督教经院哲学的形而上学的修订。对于吉尔松而言，关于上帝存在的形而上学论题，托马斯哲学已经给出深刻答案。离开中世纪基督教经院哲学的形而上学存在论传统，作为近代哲学开端的笛卡儿形而上学是无法存在的。对于吉尔松而言，欧洲哲学史是卓越的哲学家在历史进程中的世代延续。中世纪基督教经院哲学犹如欧洲哲学历史中的“储水池”，希腊形而上学流入中世纪基督教哲学，近代哲学的形而上学从中世纪基督教哲学中涌流出来，中世纪基督教经院哲学奠定着欧洲哲学固有而深刻的连续性和同一性。在这个意义上，中世纪基督教经院哲学的形而上学论题，对于现代哲学家仍然具有卓越而深刻的现实意义。

吉尔松指出，在近代哲学“理性法庭”的哲学史观中，西

① See Augustine, *On Nature and Grace*.

方思想的历史发展可以区分为三个主要的哲学发展时期。第一,作为"希腊神迹"的希腊哲学时代,是人类思想的黄金时代,意味着纯粹理性知识的奇迹般的凯旋。第二,作为"黑暗时代"的中世纪,因为从基督教的诞生到文艺复兴的黎明降临,自然理性的正常运用被对于作为基督教启示的绝对真理的盲目信仰阻碍着,哲学于是成为基督教神学的婢女,直到15 世纪末,人文主义、科学主义和宗教改革带来纯粹理性沉思的新时代,毋宁说,就是作为启蒙运动的近代哲学的新纪元。① 吉尔松指出,启蒙运动带来的哲学史观包含着对于欧洲哲学历史进程的基本误解。第一,对于希腊哲学精神的过度简化的理解。第二,对于中世纪基督教哲学精神的完全无知。第三,对于近代哲学的形而上学渊源的误解。② 吉尔松指出,启蒙运动的理性法庭带来的哲学史观的基本错误在于近代哲学对于形而上学基本原理的错误理解。毋宁说,启蒙运动的理性法庭带来的哲学史观的基本错误在于近代哲学对于人类知识基本原理的错误理解。③

中世纪基督教经院哲学研究在 20 世纪开始复兴,基督教哲学家致力于在 20 世纪的时代精神处境中按照天使博士托马斯的思想重建基督教哲学。20 世纪的基督教哲学家致力于探索中世纪基督教经院哲学心灵的经验和观念,揭示出中

① See Etienne Gilson, *Reason and Revelation in the Middle Ages*, New York: Charles Scribner's Sons, 1938, pp. 3-4.

② See Etienne Gilson, *Reason and Revelation in the Middle Ages*, p. 4.

③ See Etienne Gilson, *The Unity of Philosophical Experience*, New York: Charles Scribner's Sons, 1937, p. 316.

世纪基督教经院哲学意味着哲学和神学甚至文学艺术的辉煌时代，中世纪基督教经院哲学意味着欧洲哲学的鼎盛时代。比利时卢汶大学的高等哲学研究所在复兴中世纪基督教经院哲学方面作出卓越贡献。在现代科学和哲学思潮崭新成果的激励下，基督教哲学家致力于运用近代哲学和现代科学的崭新成果阐述托马斯的形而上学、认识论和伦理学，中世纪基督教经院哲学在20世纪的时代精神处境中再度崛起。20世纪的基督教哲学家不仅深入研究奥古斯丁、托马斯、波那文都、司各脱等卓越的中世纪基督教哲学家，而且深入研究康德哲学、黑格尔哲学、存在主义、现象学和诠释学，对于近代哲学和现代科学的崭新成果进行深刻的形而上学理解、融合和拓展，形成新经院哲学诞生的契机，根据托马斯学说重建以上帝为主题、以启示为前设、以圣经为根基的基督教哲学。在这个意义上，基督教哲学在2000年的基督教思想发展历史中可以说经历了三个时期，呈现出三种基督教哲学形态。

基督教哲学的第一种形态，就是公元2—5世纪以奥古斯丁为典范的教父哲学。吉尔松指出，奥古斯丁哲学可以被理解为“皈依的形而上学”。奥古斯丁的基督教哲学是从救赎神学走向创造神学的基督教形而上学，是从作为救赎者的上帝走向作为创造者的上帝的基督教形而上学。在这个意义上，奥古斯丁的基督教神学是真正的十字架神学。离开基督耶稣的十字架，离开基督耶稣的神圣救赎，离开使徒保罗的新约神学，奥古斯丁的基督教哲学是无法理解的。在这个意义上，离开奥古斯丁的《忏悔录》、《论三位一体》和《上帝之城》,中世纪基督教哲学是无法设想的。[①] 对于奥古斯丁而言,基督教哲学的形而上学开端是作为特殊启示的基督教神圣启示原理,而不是基督教哲学家的纯粹理性沉思。在这个意义上,基督教哲学始于对于基督教神圣启示原理的信仰行动而转向"信仰寻求理解"的殚精竭虑的精神历程。在这个意义上,奥古斯丁阐述的"信仰寻求理解"的基督教认识论原则,开辟着欧洲中世纪基督教哲学历史的新纪元。[②]

基督教哲学的第二种形态,就是11—15世纪以托马斯为典范的中世纪基督教经院哲学。对于托马斯的基督教经院哲学而言,自然和超自然是两个不同的实在领域,在这个意义上,基督教经院哲学命题和基督教经院神学命题是迥然不同而相得益彰的真理命题。对于托马斯而言,从基督教神圣启示原理而来的超自然神学真理和从基督教哲学家理性沉思而来的形而上学真理,都是从上帝而来的真理。在这个意义上,吉尔松卓越地指出,从上帝而来的超自然启示之光和从上帝而来的纯粹理性之光,这两道光明彼此汇合的时刻,作为基督教神圣启示奥秘的超自然真理就转化为一种清澈透明的形而上学理解,这就是中世纪基督教经院哲学的神圣真理深刻拓展的时刻,就是成为奥古斯丁、安瑟伦、托马斯、波那文都这些卓越而深刻的中世纪基督教哲学家动人回忆的历史时刻。[③]

---

① See Etienne Gilson, *The Christian Philosophy of St. Augustine*, New York: Random House, 1960, p. ix.

② See Etienne Gilson, *Reason and Revelation in the Middle Ages*, New York: Charles Scribner's Sons, 1938, pp. 16-22.

③ See Etienne Gilson, *The Spirit of Medieval Philosophy*, 1936, p. 41;吉尔松:《中世纪哲学精神》,沈清松译,台湾商务印书馆2001年版,第33页。

在这个意义上,基督教神圣启示原理和基督教哲学家殚精竭虑的理性沉思在中世纪基督教哲学中获得深刻契合和神圣和谐,因为基督教神圣启示原理和基督教哲学家殚精竭虑的理性沉思出于相同的神圣真理源泉。超自然的基督教神圣启示原理和基督教哲学家殚精竭虑的理性沉思归根结底是同一的真理。托马斯关于基督教神圣启示原理和基督教哲学家理性沉思的神圣和谐原理,即托马斯关于神学真理和哲学真理的神圣和谐原理,是托马斯对于中世纪基督教经院哲学的卓越贡献。①

基督教哲学的第三种形态,就是20世纪崛起的新经院哲学。新经院哲学是对于中世纪经院哲学的时代阐述,即在20世纪的时代精神处境中对于中世纪哲学精神的阐述。毋宁说,新经院哲学就是根据托马斯哲学在20世纪的时代精神处境中重建基督教哲学,新经院哲学就是根据托马斯哲学在启蒙运动以降的时代精神处境中重建基督教哲学。新经院哲学的基本论题依然是基督教神圣启示原理和基督教哲学家殚精竭虑的理性沉思在基督教哲学中的真实结合,是基督教神圣启示原理和基督教哲学家殚精竭虑的理性沉思在20世纪的时代精神处境中的真实结合,而托马斯的基督教哲学恰恰是基督教神圣启示原理和基督教哲学家殚精竭虑的理性沉思完满结合的卓越典范。20世纪新经院哲学著名的学者有比利时卢汶大学的曼尔西埃(C. Mercier)、法国哲学家马利坦(J. Maritain)、法国哲学家吉尔松(E. H. Gilson)、瑞士哲学家鲍亨

① See Etienne Gilson, *Reason and Revelation in the Middle Ages*, p. 99.

斯基（I. M. Bochenski）、比利时卢汶大学的马雷夏尔（J. Marechal）、英国哲学史家柯普斯顿（F. C. Copleston）、美国天主教哲学学会主席赖思高（F. J. Lesco）和德国天主教思想家拉纳（K. Rahner）等。在托马斯学派在20世纪的时代精神处境中的现代拓展中，吉尔松、马利坦、卡尔·拉纳和获得维特根斯坦语言哲学激励的托马斯学派对于基督教哲学的贡献是特别值得重视的。

法国哲学家马利坦（J. Maritain）是20世纪著名的托马斯学派哲学家，毕生致力于揭示作为永恒哲学的托马斯形而上学，从本体论、认识论、伦理学等方面深刻阐述托马斯学说。马利坦的存在形而上学把“作为存在的存在”理解为本质、实体和实在的先验同一。对于马利坦而言，存在（Existence）和本质（Essence）是两个无法分离的形而上学概念，两者共同构成一个同一的概念。这个同一概念由存在（Existence）和本质（Essence）构成，却是单纯的概念，就是作为类比概念的存在（Being）概念。① 在这个意义上，对于被创造的存在者自身中存在和本质的形而上学区分的反思，可以导致对于作为自身存在而永恒存在的存在自身（Being）的神圣存在（Existence）的形而上学反思，就是对于自身存在而永恒存在的上帝的形而上学反思。马利坦坚持运用托马斯的位格（person）概念来理解人的先验本质，把按照上帝神圣形象创造的人理解作为神圣位格（person）的存在者，把社会理解为奠基于位格存在者的神圣团契（fellowship of persons）。马利坦从托马斯的位

① See Jacque Maritian, *Existence and the Existent*, New York, 1948, p. 24.

格(person)概念开始,阐述托马斯形而上学中基督教位格论和完整的人道主义。托马斯形而上学中蕴涵着以上帝为中心的人道主义,就是完整的人道主义。中世纪基督教经院哲学以上帝为中心的完整的人道主义同时揭示出人的崇高和渺小、尊贵和悲惨,同时揭示出作为位格存在者的人在创造、堕落和救赎的神圣历史中的形而上学命运。

卡尔·拉纳(Karl Rahner,1904—1984)是20世纪卓越的天主教神学家,先验神学大师,德国明斯特大学教义学、教义史和基督教哲学教授。除16卷《神学论集》(德文版)外,卡尔·拉纳的经典著作有《世界中的精神》、《圣言的倾听者》、《基督信仰基础教程》和《论三位一体》等。卡尔·拉纳早年致力于托马斯知识论的先验形而上学研究,把自己的先验认识论规定为"关于对启示之顺从能力的本体论"。卡尔·拉纳先验认识论的基本论题是"上帝启示何以可能"这一基督教神学的古老问题。比利时卢汶大学马雷夏尔(Pere Marechal)教授在《形而上学的出发点》①一书中,运用康德先验哲学的思路和术语阐述托马斯中世纪基督教经院哲学的知识论原理,阐述托马斯知识论中主动理智的形而上学涵义。马雷夏尔致力于证明,倘若哲学家接受康德哲学的出发点和方法,结果就是必然超越康德的先验认识论结论而走进真正的形而上学。对于卡尔·拉纳而言,在康德《纯粹理性批判》之后阐释基督教认识论的基本论题,意味着通过本体论和人

① See *A Marechal Reader*, ed. and tran. by Joseph Donceel, New York: Herder & Herder, 1970.

类学的基本规范来揭示上帝与此在之间的先验认识论关联。在《圣言的倾听者》[1]中，卡尔·拉纳提出关于存在的本体论的三个基本命题和关于此在的基础神学人类学的三个基本命题，把启示神学规定为神圣奥秘的启示和倾听，以形而上学的先验人类学诠释圣经的人类学命题和托马斯的知识形而上学。卡尔·拉纳的经典著作《圣言的倾听者》揭示出卡尔·拉纳先验认识论创造性的形而上学架构和恢弘的形而上学视野。

20 世纪的语言哲学对于新托马斯学派的现代拓展也具有可观的推动作用。维特根斯坦的语言哲学激励着新托马斯学派的哲学家深度研究托马斯的语言哲学，天主教学者观察到存在着一个从维特根斯坦语言哲学获得思想源泉的托马斯学派。托马斯在《神学大全》第 1 题中引用《何西阿书》："我已晓谕众先知，并且加增默示，藉先知设立比喻"，阐述作为神圣科学真理权威的圣经书卷确实运用隐喻语言，例如，耶和华是我的磐石。托马斯揭示出神圣科学中语言的类比性，例如上帝的存在和太阳的存在。托马斯揭示出圣经经文可以蕴涵着四种涵义，就是经文的历史涵义，经文的道德涵义，经文的属灵涵义，经文的末世涵义。在基督教圣经诠释学的历史中，亚历山大学派和安提阿学派之间存在着深刻分歧，就是对于经文字面涵义的诠释学立场。维特根斯坦揭示出语言对于阐述实在的限度，在语言无法揭示实在的时候，哲学家必须沉

① See Karl Rahner, *Hearers of the Word*, New York: Herder and Herder, Inc, 1969.

默。在这个意义上，哲学需要诗歌。在无法言说的神秘中，基督教哲学家经历实在的真实和深邃。在语言经历自己阐述实在的限度时，沉默和音乐就成为更丰富更深邃更华美的语言。在这个意义上，托马斯的语言哲学依然是现代托马斯学派圣经诠释学的思想源泉。①

吉尔松对于作为中世纪基督教经院哲学的时代阐述的新经院哲学崛起的贡献是卓越的。吉尔松对于中世纪基督教哲学的研究博大精深，这里枚举一二，见其精神。查士丁(Justin)被认为是基督教哲学的第一人，是最早把基督教学说和希腊哲学结合起来的护教士。吉尔松以查士丁为典范，揭示出中世纪基督教哲学的认识论意义在于作为寻求真理的哲学家的终极真理源泉。查士丁在《与犹太人推芬的对话》中，详尽记载自己成为基督教哲学家的心路历程。查士丁认为哲学的目的在于帮助哲学家认识上帝。查士丁先后在斯多葛学派、逍遥学派、毕达哥拉斯学派和柏拉图学派中寻求真理，在柏拉图哲学中渐渐成长，渴望在其中认识上帝，直到遇见一位可敬的老者。这位老者向查士丁提出有关上帝和灵魂的问题，使查士丁意识到自己置身在奇怪的矛盾中。查士丁向这位老者询问何以对于上帝和灵魂知道得这么多，这位老者回答说：在上古之时，远在这些……哲学家之前，世上活着一些快乐、正直而且蒙上帝眷爱的人，他们藉着圣灵说话，并预言许多事情，不久都真实发生。我们称他们为先知。……他们

---

① See McCabe Herbert, *On Aquinas*, Continuum, London and New York, 2008.

的作品依然流通，而那些诚心阅读的人，便会获得益处，并且获得哲学家应该具备的知识。他们并不从事证明的工作，因为他们在一切证明之上，堪作真理的见证。说到这里，查士丁心里突然燃烧起来，说："这一切盘旋在我的脑海中，在我看来，这似乎是唯一肯定而真实的哲学。我正是如此和因此而成为一个哲学家的。"吉尔松指出，"我正是如此和因此而成为一个哲学家的"，这个心路历程说明了基督教哲学的真理本质。在查士丁的时代，基督教哲学的基本要素已经具备，基督教哲学家以超越哲学的信仰方式获得哲学真理。

吉尔松在《圣奥古斯丁导论》中指出，奥古斯丁的基督教学说，从其获得基督教神圣启示原理的深刻根源，到其完整基督教学说的结构细节，都取决于这样一个基本事实：奥古斯丁皈依的基督教经验。吉尔松提出的观点是：奥古斯丁的哲学在根本上是一个"皈依的形而上学"。对于奥古斯丁，困难不在于认识自由和恩典的内在关系，而在于如何把这个皈依的形而上学和《出埃及记》中存在的形而上学结合起来，因为在基督教学说中，皈依的形而上学就是存在的形而上学。对于哲学家而言，从存在的形而上学到皈依的形而上学易，从皈依的形而上学到存在的形而上学难。奥古斯丁的全部努力就在于完成这个艰难的学术使命。奥古斯丁《忏悔录》最后三卷的意义和重要性全在于从皈依的形而上学转入存在的形而上学。奥古斯丁在《忏悔录》的前 10 卷深刻揭示出人类心灵的形而上学奥秘：人类本性中的一种需要，唯独上帝可以添满。奥古斯丁在《忏悔录》的最后三卷诠释创造观念和存在的形而上学，深刻阐述"上帝的荣耀"的主题，使皈依的形而上学和存在的形而上学融合为一个完整的形而上学。对于奥古斯丁而言,认识自己和认识上帝是密切关联的:我的悲惨和我的伟大一起赞扬上帝的荣耀。

安瑟伦对于基督教经院哲学的独特贡献在于提出上帝存在的本体论证明的论证形式。甚至那些否定基督教思想有任何原创性的哲学家,也对于安瑟伦证明有赞许的保留。安瑟伦关于上帝存在的本体论证明,在欧洲哲学史上以各种不同的方式,一而再、再而三地重现在笛卡儿、马勒伯朗士、莱布尼兹、斯宾诺莎甚至黑格尔的哲学中。吉尔松提出的问题是:为什么在希腊哲学中,基督教哲学家找不到安瑟伦本体论证明的任何痕迹呢? 因为不把上帝和存在认为同一的希腊哲学家,绝对无法梦想到从上帝的观念演绎出上帝的存在。当一位像安瑟伦这样的基督教哲学家自问上帝是否存在时,他所问的问题就是:存在自身是否存在。除非在基督教的观点之下,上帝不存在的无法设想性是没有意义的。因为在基督教启示中,上帝就是存在自身,上帝和存在是同一的。安瑟伦本体论证明的意义在于指出,上帝作为必然存在者,其内在必然性甚至会呈现在人类心灵对于上帝所形成的观念中。对于吉尔松而言,安瑟伦论证的未完成性在于没有指出,“肯定上帝的必然性”预设了“上帝存在”,作为肯定上帝必然性的唯一充足理由。

吉尔松对于圣伯尔纳(St. Bernard de Chartres)独有情钟。吉尔松在 1928 年以 44 岁的年龄,在有两个女儿之后获得一个儿子,儿子的名字就是伯尔纳(Bernard)。伯尔纳对于中世纪基督教哲学的独特贡献在于建立一个完整的基督教的爱的学说，并且默默实行，不是坐而空谈。吉尔松说，再没有比这更高尚的智慧了。伯尔纳在《论上帝之爱》中指出，人类爱的目的，就是爱的原因。心灵追求幸福，上帝常在我们之前迈出第一步。心灵渴望上帝，上帝推动心灵渴望，两者同时而发。在这个意义上，心灵对于上帝的爱的原因在于上帝自己，因为上帝在创造我们的时候，同时创造了我们的爱。上帝愿意人用爱来寻找上帝，使人可以拥有上帝。寻找，就会找到。因为除非人已经找到上帝，人不会去寻找。帕斯卡在《思想录》中重复着伯尔纳的这句话："安慰你自己吧！倘若你不是已经找到我，就不会寻找我。"倘若用形而上学的语言来表达伯尔纳阐述的中世纪基督教经院哲学的爱的涵义，就是使徒约翰的宣称："上帝是爱。"（约一 4:8）上帝的爱是上帝作为存在自身至高的自由和满溢的丰盈。上帝就是上帝的爱，上帝推动人类心灵去寻求上帝，享有上帝，在爱上帝之中真正地爱自己。伯尔纳在《雅歌讲道集》中指出：我们爱，因为上帝先爱我们。

作为中世纪卓越的神学大师，波那文都的天赋是令人惊叹的。吉尔松指出，波那文都不仅是神秘主义历史上的卓越人物，也是一位哲学家。透过波那文都著作记载的形而上学讨论，成为中世纪哲学史的重要部分。波那文都推崇真正的形而上学：形而上学讨论流溢、原型以及存在者的深奥本质和终极鹄的，即在精神之光的照耀下返回高处。如此，哲学家才是真正的形而上学者。吉尔松对波那文都颇有微词：倘若波那文都对于基督教启示和理性完美结合的艰难性有充分的理解，他在神学和形而上学"这两项学问上令人侧目的成就，将更为卓越”。基督教启示和理性的完美结合是如此艰难，神学家常常不堪忍受这种艰难而以言简意赅的方式阐述神学难题。在这种艰难时世中，神学家锲而不舍地阐述真理的核心信息而忽略真理的完整结构。吉尔松不无遗憾地感叹：波那文都凝神于恩典之光而忽略对于自然之光的充分阐述。关于恩典和自由的同一性，波那文都凝神于恩典论而忽略对于自由涵义的充分阐述；关于因果律，波那文都凝神于创造论而忽略对于存在秩序的充分阐述；关于认识的起源，波那文都凝神于光照论而忽略对于理性禀赋的充分阐述。波那文都的形而上学是以基督教神学的柏拉图主义扬弃亚里士多德。在波那文都之后，法兰西斯会的司各脱和奥卡采取意志论的神学陈述，恐怕是波那文都始料不及的。

司各脱阐明，理智的首要对象是作为存在的存在。形而上学研究作为存在的存在，包括对于无限存在和有限存在的研究，因此包含着关于上帝的知识。司各脱关于上帝存在的证明奠基于对于存在概念的分析。只有一位上帝，上帝就是存在自身，这是中世纪全部基督教哲学的基石，这块基石是摩西奠定的。吉尔松指出，倘若哲学家希望理解这一点的重要性，最简捷的方法就是阅读司各脱《论第一原理》的前几行：“啊！我主，我的上帝，当摩西问你，最真实的导师，他应该用什么名字来向以色列人称呼你，你深知他们会死的悟性会怎样理解，而向他们启示你慈祥的名字，你回答说：我是自有永有的。可见你是真正的存在，完全的存在。我相信这点，倘若可能，我也会理解这点。啊！我主，请帮助我，从你所称呼你自己的存在开始，按照我所禀赋的理性能力，去理解你的真相。”吉尔松指出，司各脱的这段文字所以是无与伦比地充实而重要，因为司各脱如此就设定了基督教哲学的真正方法，以及其他真理所从出的第一真理。司各脱运用奥古斯丁和安瑟伦“信仰寻求理解”的原则，在形而上学的开端，就对于上帝启示的真实性作出一种信仰的行动。信仰之后，哲学立刻开始。任何人藉着信仰确认上帝是存在自身，立刻可以藉着理性看出来上帝只能是真实的存在，完全的存在。对于司各脱而言，既然理智的首要对象是存在，理智对于以完满的光明所肯定的无限存在及其存在是毋庸置疑的。司各脱关于上帝存在的本体论证明，在基督教哲学史上占有非常重要的地位，因为司各脱的本体论证明直接建立在存在的观念之上。

吉尔松毕生致力于阐述作为永恒哲学的托马斯哲学，宣称托马斯是中世纪基督教经院哲学的典范，因为托马斯的存在形而上学是基督教的形而上学。在《存在和诸哲学家》①中，吉尔松阐述欧洲哲学史上晦涩而艰深的形而上学问题：何谓存在。吉尔松指出，根据哲学家对于存在论题的解答，欧洲哲学史上存在着四大家族：柏拉图家族、亚里士多德家族、阿维森那家族和圣托马斯·阿奎那家族。柏拉图理念论阐述的超越存在是真实的存在，“如其所是”的存在，作为存在的存在。从普罗提诺到爱克哈特，对于柏拉图学派的哲学家而言，存在是作为存在的自身同一性。对于亚里士多德而言，存在的真实名称是实体，实体是作为本质的形式。从阿维洛伊到

① See Etienne Gilson, *Being and Some Philosophers*, Toronto: Pontifical Institute of Mediaeval Studies, 1952.

布拉邦的西格尔,对于亚里士多德学派的哲学家而言,存在的第一要义不是作为存在行动的存在,而是作为存在本质的实体。把存在理解为作为本质的实体,是亚里士多德形而上学的基本原则。阿维森那的形而上学以存在自身为研究对象,心灵的纯粹直观是对于存在的直观。阿维森那将存在自身和在者区分开来,把在者理解为存在和本质的结合,而必然存在的在者是作为存在自身的上帝以及藉助上帝的必然性而必然存在的在者。倘若形而上学就是获得存在的可理解性,形而上学的对象必须是可理解的实在,作为存在的存在必然被化约为作为本质的理念:存在即本质。吉尔松指出,从阿维森那到司各脱,经过苏阿雷兹到沃尔夫、康德和黑格尔,甚至到克尔凯郭尔,阿维森那形而上学的本质主义成为欧洲哲学的主要疾病。形而上学的第四家族是堪称为中世纪哲学精神的托马斯的存在学说。对于托马斯而言,作为存在行动的存在是上帝在自我彰显中的唯一命名。存在存在,因为上帝存在。上帝存在,因为上帝就是存在自身。① 作为存在行动的存在自身,是真正的存在和完满的存在。托马斯的存在学说,是形而上学领域中实在论对于观念论的扬弃。在这个意义上,吉尔松把托马斯的存在学说理解为"形而上学历史上的一场革命"②。吉尔松深刻阐述作为托马斯形而上学的存在学说:作为存在行动的存在自身,是形而上学的首要原理。吉尔松在65 岁高龄出版的这部阐述形而上学首要原理的经典著作,为

---

① See Thomas Aquinas, *Summa Theologica*, I:13:11.

② Etienne Gilson, *History of Christian Philosophy in the Middle Ages*, p. 365.

吉尔松获得20世纪屈指可数的基督教哲学家的卓越地位。

吉尔松宣称自己是20世纪基督教哲学家的第一人，在对于中世纪基督教哲学史的研究基础上，以对于中世纪基督教经院哲学的"实验研究"方法，致力于勾勒中世纪基督教经院哲学的哲学纲要。吉尔松深深感叹，中世纪基督教经院哲学的形而上学主题是何等伟大，中世纪基督教经院哲学的形而上学论题是何等艰深，中世纪基督教经院哲学的思想是何等深邃，中世纪基督教经院哲学的核心观念对于欧洲哲学历史进程的影响是何等深远，中世纪基督教经院哲学的形而上学论题对于现代基督教哲学的复兴是何等重要，中世纪基督教经院哲学揭示出的生命奥秘对于20世纪存在主义揭示的人类生存处境是何等珍贵，中世纪基督教经院哲学阐述的目的论和幸福论对于已经迷失在科学技术洪流中的现代人心灵是何等奇妙的安慰，中世纪基督教经院哲学阐述的神圣历史哲学对于20世纪的基督教哲学家深刻而准确地把握自己的时代精神是何等深邃的鼓励。吉尔松在自己的世界名著《中世纪哲学精神》中运用对于中世纪基督教经院哲学的"实验研究"方法，详尽而完整地阐述中世纪基督教经院哲学的基本论题，卓越而深刻地阐述"基督教哲学"的真实涵义。

对于吉尔松而言，中世纪基督教经院哲学卓越而独特的学术渊源，在于中世纪基督教经院哲学从基督教神圣启示原理获得自己的形而上学原理，形成自己气度恢弘而博大精深的基督教形而上学哲学思想大厦。作为国际公认的中世纪基督教经院哲学史权威，吉尔松卓越而深刻地指出，持续存在于现代基督教哲学和古典希腊哲学之间，就是绚烂辉煌的中世纪基督教经院哲学。欧洲哲学历史发展进程的基本事实在于,基督教神圣启示原理的普世性理解,已经深刻地改变了哲学家形而上学理性沉思的必要条件。毋宁说,基督教神圣启示原理的普世性理解,已经深刻地改变了哲学家形而上学理性沉思的思想素材。吉尔松以哲学家一以贯之的犀利风格说,只要基督教哲学家一日拥有基督教神圣启示原理,如何可能在从事形而上学哲学沉思时装作从未听闻基督教神圣启示原理呢?比如说,只要恒切寻求终极真理的哲学家奥古斯丁一日拥有基督教神圣启示原理,如何可能在从事形而上学哲学沉思时装作从未听闻基督教神圣启示原理呢?柏拉图和亚里士多德的错误,就是纯粹理性必然陷入的错误。倘若任何哲学家坚持纯粹理性的认识论原则,就必然再度陷入希腊哲学的错误,甚至陷入比希腊哲学更糟糕的错误。在这个意义上,奥古斯丁深刻阐述的“信仰寻求理解”的基督教认识论原理,是中世纪基督教经院哲学的认识论原理,同样是现代基督教哲学的认识论原理。

在吉尔松《中世纪哲学精神》完整阐述的中世纪基督教经院哲学的形而上学思想纲要中,作为基督教神圣启示原理的存在观念和创造观念是中世纪基督教经院哲学的形而上学开端。对于巴门尼德而言,存在存在而非存在不存在,因为逻各斯如是说。对于中世纪基督教经院哲学而言,存在存在而非存在不存在,因为中世纪基督教经院哲学的上帝就是作为存在的存在自身。中世纪基督教经院哲学的上帝在向摩西启示自己奇妙名字时宣称自己就是:“我是我所是。”毋宁说,中世纪基督教经院哲学的上帝的名字就是“我是”——“I

Exist”。中世纪基督教经院哲学的上帝是绝对而永恒的无限存在(Being),是作为绝对存在的神圣位格(Person)。在这个意义上,中世纪基督教经院哲学的上帝自己的永恒存在,就是中世纪基督教经院哲学形而上学存在论的首要原理。吉尔松在《哲学经验的同一性》和《存在和诸哲学家》两部著作中详尽阐述中世纪基督教经院哲学形而上学的首要原理,同样需要成为现代基督教哲学形而上学的首要原理。中世纪基督教经院哲学的创造观念,固然是作为基督教神圣启示原理的神圣奥秘,同时是基督教哲学家殚精竭虑的理性沉思对于巴门尼德“存在存在的斯芬克斯之谜”的唯一可能的形而上学答案。

中世纪基督教经院哲学以柏拉图和亚里士多德的形而上学论题为起点,在基督教神圣启示原理中创造着柏拉图和亚里士多德连梦都未曾梦想过的形而上学思想大厦。中世纪基督教经院哲学家唇边常常挂着柏拉图和亚里士多德的名字,用柏拉图和亚里士多德的名义说出柏拉图和亚里士多德未曾说出的形而上学奥秘。在这个意义上,中世纪基督教经院哲学不是作为希腊哲学史的历史研究,而是作为中世纪基督教神圣启示原理的哲学研究。中世纪基督教经院哲学唯一可能的哲学开端就是希腊哲学,中世纪基督教经院哲学却不可能以希腊哲学为满足。中世纪基督教经院哲学以基督教神圣启示原理使希腊哲学在中世纪基督教经院哲学中获得新生,获得青春,获得生机。中世纪基督教经院哲学家相信哲学作为人类形而上学理性沉思的崇高事业必须在世代相续的耐心经营中缓慢进步。中世纪基督教经院哲学家必须秉承希腊先驱,才能启迪后世哲学。圣伯尔纳高度评价希腊哲学对于中世纪基督教经院哲学卓越而深远的历史贡献:“我们就像矮子骑在巨人的肩上。我们比古人看得更多更远,那不是因为我们的眼光锐利,不是由于我们的身材高大,而只是因为古人把他们的眼光和高度,借给我们。”在这个意义上,吉尔松坚持宣称,欧洲哲学历史上存在着三位卓越的形而上学家,就是柏拉图、亚里士多德和圣托马斯·阿奎那。

近代哲学家设法从作为中世纪基督教神圣启示原理形而上学阐述的经院哲学中摆脱出来,要求哲学沉思的自主性,甚至把基督教规范为纯粹理性范围内的基督教。吉尔松对于笛卡儿哲学的深刻研究揭示出近代哲学形而上学的主要观点是如何奠基于中世纪基督教经院哲学形而上学的基本原理。吉尔松《中世纪哲学精神》阐述的中世纪基督教经院哲学史观在于:中世纪的基督教世界深刻改变着欧洲哲学的历史进程。中世纪基督教神圣启示原理藉着信仰的认识论维度为中世纪基督教哲学家形而上学的理性沉思开辟着一个人类纯粹理性自身尚未发现的实在领域。对于吉尔松而言,基督教神圣启示原理永远不可能全部成为哲学沉思的思想素材,上帝在向人类启示自己的时候依然保持自身是一个超越基督教哲学家形而上学理性沉思的神圣奥秘。中世纪基督教经院哲学形而上学理性沉思的哲学目标,不在于把作为基督教神圣启示原理的神圣奥秘理性化,而在于藉着因为对于基督教神圣启示原理的信仰而接触神圣奥秘的理性沉思把对于神圣实在的理解理性化。在这个意义上,中世纪基督教经院哲学享有不尽不竭的神圣奥秘。毋宁说,由于中世纪基督教经院哲学的形而上学理性沉思，由于对于基督教神圣启示原理的信仰而接触到神圣奥秘，使得中世纪基督教经院哲学和中世纪基督教神圣启示原理一样享有不尽不竭的神圣奥秘。

吉尔松毕生的中世纪基督教经院哲学研究生涯可以说是始于托马斯的经院哲学而终于托马斯的经院哲学。就中世纪基督教经院哲学的形而上学而言，托马斯的卓越贡献在于把作为存在的存在理解为上帝自己的存在行动以及宇宙万物在上帝的创造行动中获得的存在行动。在这个意义上，托马斯把希腊哲学的形而上学本质论转变为中世纪基督教经院哲学形而上学的存在论。吉尔松深深感叹说，托马斯对于中世纪基督教经院哲学形而上学的革命性贡献，在托马斯逝世之时就已经被遗忘。在这个意义上，吉尔松自己的形而上学著作《存在和诸哲学家》就是要扬弃希腊哲学的形而上学本质论，复兴托马斯深刻阐述的中世纪基督教经院哲学形而上学的存在论。就中世纪基督教经院哲学的认识论而言，托马斯的卓越贡献在于揭示出作为上帝普世性启示的形而上学先验原理和作为上帝特殊启示的基督教神圣启示原理之间的深刻契合和神圣和谐。吉尔松自己的基督教认识论著作《中世纪的理性和启示》就是要扬弃启蒙运动以降的理性哲学法庭，复兴托马斯阐述的基督教神圣启示原理和基督教哲学家理性沉思之间的深刻契合和神圣和谐原理。就中世纪基督教经院哲学的人性论而言，托马斯的卓越贡献在于揭示出作为上帝普世性恩典的先验本性和作为上帝特殊恩典的救赎奥秘之间的深刻契合和神圣和谐，揭示出神圣科学的实践目标是人的永恒幸福。吉尔松关于马塞尔存在哲学和托马斯存在哲学的专题研究，揭示出马塞尔基督教的存在主义和托马斯基督教的救赎奥秘两者的内在关联。对于吉尔松而言，托马斯的中世纪基督教经院哲学现在是、过去是、永远是作为基督教永恒真理形而上学阐述的基督教哲学的思想典范。

1936年9月，吉尔松在哈佛大学举行关于中世纪基督教经院哲学普世性思想意义的专题讲座《中世纪哲学的普世性及其现代价值》。吉尔松指出，中世纪基督教经院哲学思想意义的普世性奠基于中世纪基督教经院哲学的四个形而上学根基。第一，作为中世纪基督教经院哲学理智生活的殚精竭虑的理性沉思；第二，中世纪基督教经院哲学的形而上学实在论；第三，中世纪基督教经院哲学阐述的位格论；第四，中世纪基督教经院哲学对于普世真理自身权利的哲学追求。对于吉尔松而言，基督教哲学的复兴意味着基督教哲学必须回到中世纪基督教经院哲学的形而上学根基。现代基督教哲学家必须藉助中世纪基督教经院哲学享有的真理和方法，藉助理智的、实在论的、位格的、普世的知识理解作为永恒真理的基督教神圣启示原理，以及作为基督教神圣启示原理形而上学阐述的基督教哲学。对于吉尔松而言，中世纪基督教经院哲学的普世性真理的永恒价值奠基于中世纪基督教经院哲学“完整的理性主义”，中世纪基督教经院哲学的形而上学存在论，中世纪基督教经院哲学的位格学说，以及中世纪基督教经院哲学的自由学说。

加拿大多伦多大学沈清松教授20世纪70年代在比利时卢汶大学高等哲学研究所攻读博士学位期间获得周克勤教授的邀请翻译吉尔松的世界名著《中世纪哲学精神》，于1977

年完成中译本的翻译。沈清松教授在吉尔松《中世纪哲学精神》中译本序言中指出，由于近代哲学狭隘的理性范式的缺陷和衰微，中世纪基督教哲学精神已经在20世纪新托马斯哲学的时代思潮中再现，而且有助于提供人类精神在历史道路中寻找未来路向的珍贵路标。哲学家逐渐认识到，深入研究中世纪基督教的教父哲学和经院哲学，有助于现代人深层认识欧洲哲学博大精深的珍贵宝藏，深层认识欧洲哲学中世纪基督教学说鼎盛时期的珍贵遗产，深层认识欧洲哲学深邃辉煌的形而上学底蕴。中世纪基督教经院哲学，秉承柏拉图和亚里士多德已经综合完成的希腊哲学的形而上学思想，继承奥古斯丁博大精深的教父哲学，由经院哲学的第一人安瑟伦揭开序幕，历经伯尔纳、波那文都等思想大师，在13世纪的托马斯哲学中达到辉煌的鼎盛时期。托马斯的中世纪经院哲学揭示出基督教神圣启示原理和希腊哲学形而上学论题的深刻契合和神圣和谐，在形而上学、认识论和人性论领域都有卓越而深邃的创造性，揭示出卓越而深邃的中世纪哲学精神。

第一，中世纪基督教经院哲学有自己坚实的形而上学存在论基础。对于中世纪基督教经院哲学形而上学的存在论而言，有形无形的宇宙万物都是存在者（being），存在行动（existence）是一切存在者的存在活动。存在者是存在活动的主体，存在行动是主体的存在活动。存在行动（existence）和存在者（being）两者密切相关而有深刻差异，就是存在者自身中的本体论差异（ontoligical difference）。对于有形无形的宇宙万物而言，存在者（being）自身中存在着本质（essence）和存在（existence）之间的形而上学差异。在这个意义，阿维森那把宇宙万物作为存在者(being)的存在(existence)理解为发生在本质(essence)上的偶性。毋宁说,宇宙万物作为存在者的存在(existence)只能出于上帝从虚无中的创造。托马斯的存在形而上学揭示出,对于有形无形的宇宙万物而言,存在者(being)自身中存在着本质(essence)和存在(existence)之间的形而上学差异。对于作为创造者的上帝而言,存在者(Being)自身的神圣本质(Essence)和神圣存在(Existence)具有先验内在的同一性,因为上帝的神圣本质就是上帝的神圣存在。上帝向摩西亲自启示自己的名字,就是YHWH——我是我所是,我是自身存在而永恒存在的存在者。上帝藉着超自然的启示而彰显于圣经中,进入上帝选民的神圣历史中;上帝藉着普世先验的自然启示而彰显于各民族的历史文化和经典文献显示出来的人类寻求终极真理的心路历程中。以柏拉图和亚里士多德为鼎盛时期的希腊哲学就是这方面的卓越典范。

第二,中世纪基督教经院哲学有自己对于宇宙历程的永恒实在和时间之流的深邃理解:作为永恒实在的存在自身奥妙无穷的神圣创造赋予有形无形的宇宙万物以现实存在,并藉着创造者自己的神圣眷顾使宇宙万物在奔腾不羁的时间之流中日新月异、日新又新。在这个意义上,理念乃是上帝永恒思想自身的本质,可以被作为存在者的宇宙万物分享的存在形式;质料是上帝从虚无中在时间中所创造的,作为宇宙万物的底基;形式和质料都是出于上帝从虚无中的完美创造,藉着上帝的神圣创造而形成各种作为存在者的个体。宇宙万物不仅是形式和质料的结合,而且是本质和存在的结合,由此构成宇宙万物的偶性,消逝在奔腾不羁的时间之流的变迁中。作为存在自身的上帝自己的创造行动连接着永恒和时间,提供“存在和虚无”的形而上学问题最彻底的解决。上帝从虚无中的神圣创造行动不是一劳永逸的工程,而是伴随着上帝自己对于宇宙万物持续不断、日新月异的神圣眷顾历程。作为按照上帝神圣形象创造的位格存在者,人参与上帝这种持续的创造行动,作为上帝尊贵荣耀的助手,作为宇宙万物的园丁,可谓“赞天地之化育、与天地参”。

第三,中世纪基督教经院哲学对于有形无形的宇宙万物的神圣和谐,有自己的深刻见解:宇宙万物都是因为上帝藉着圣道(圣言)从虚无中的神圣创造而获得自身的现实存在,上帝藉以创造宇宙万物的圣道存在于宇宙万物中,有形无形的宇宙万物在上帝神圣创造的先验恩典中各自有道。在这个意义上,作为存在者的宇宙万物拥有一位作为创造者的天父,有形无形的宇宙万物都是手足同胞。在这个意义上,圣法兰西斯称太阳为弟兄,月亮为姐妹。日月星辰齐声述说上帝创造的荣耀。在这个意义上,作为存在者的宇宙万物都是上帝的神圣肖像。在这个意义上,有形无形的宇宙万物在上帝创造的神圣恩典中享有平等权利。宇宙万物在存在论上的平等不是平面的平等,而是有深度的平等。宇宙万物在存在的完美程度上,越是实现高度的完美,就越是成为上帝的神圣肖像。在上帝创造的宇宙万物中,人是上帝的神圣形象,人是尊贵荣耀的上帝形象,人是宇宙万物之灵,人是宇宙万物的园丁,人是宇宙间美丽动人的花朵。在这个意义上,人的先验本质是上帝的神圣形象,人的存在鹄的就是在真实的生命历程中实现上帝的神圣形象。

第四,中世纪基督教经院哲学有自己卓越而独特的人类学和位格论。中世纪基督教经院哲学以上帝按照自己的神圣形象创造人为基督教人类学形而上学的存在论开端,认为人有理智,可以推展科学知识;人有自由意志,可以实现道德理想;人有爱德,可以仁民爱物,共同结合于上帝创造的原始爱情中;人有诸才性之和谐,可以从事艺术创造,援天地之美以达万物之理。在这个意义上,按照上帝神圣形象创造的人是一个位格(person),是拥有智慧、情感、意志的位格存在者,是拥有智慧、情感、意志的理性存在者,是拥有智慧、情感、意志的自由存在者,是拥有智慧、情感、意志的形而上学存在者,是拥有智慧、情感、意志的属灵存在者,是拥有智慧、情感、意志的寻求上帝的存在者,是拥有智慧、情感、意志的可以认识上帝的存在者。在这个意义上,位格(person)观念是基督教神圣启示原理留给人类最深厚的精神遗产,在中世纪基督教经院哲学中获得最严格最清楚的阐述。在这个意义上,法国哲学家马利坦"完整的人道主义"就是对于中世纪基督教经院哲学的位格观念的深刻阐述,就是对于奠基于神圣位格观念的基督教人道主义的深刻阐述。

第五,中世纪基督教经院哲学有自己卓越而独特的神圣历史哲学和基督教文化哲学。对于中世纪基督教经院哲学而言,历史是价值创造的历程,文化是价值创造的结晶,历史和文化,都是上帝在神圣创造中启示的圣道的展现和分享,同时指点回归上帝圣道的历史道路。在这个意义上,回归上帝圣道就是回到作为神圣创造的存在自身的完美肖像。对于中世纪基督教经院哲学而言，基督教神圣历史哲学的经典著作是奥古斯丁的《上帝之城》。离开奥古斯丁的《上帝之城》，中世纪基督教经院哲学的神圣历史哲学是无法设想的。奥古斯丁的《上帝之城》揭示出神圣历史的开端和归宿，揭示出神圣历史的主宰，揭示出神圣历史的戏剧性，揭示出作为基督教神学美德的永恒盼望的神学根基。中世纪基督教经院哲学"信仰寻求理解"的认识论原则，奠定着基督教文化的深层底蕴。托马斯阐述的基督教神圣启示原理和基督教哲学家殚精竭虑的理性沉思之间的深刻契合和神圣和谐原理，揭示出基督教哲学的真实涵义，揭示出基督教文化的深邃智慧，揭示出中世纪基督教经院哲学的神圣奥秘，揭示出中世纪哲学精神的永恒价值。在这个意义上，吉尔松宣称，托马斯阐述的存在哲学，托马斯阐述的形而上学存在论，托马斯阐述的中世纪基督教经院哲学现在是、过去是、永远是基督教哲学的卓越典范。

第六，中世纪基督教经院哲学享有独一无二的基督教经验，就是作为基督教神圣奥秘的上帝经验，就是上帝、宇宙万物和人类之间的一种亲密而紧张的关系。人是有限的存在者，却根源于上帝的无限存在而迈向上帝的无限存在，但人并不消失在无限之中，而是享有自身自由而独立的本体论地位。作为创造者的上帝是超越宇宙万物的超越性的上帝，同时是内在于宇宙万物的作为"以马内利"的上帝。作为创造者的上帝不因为自身的超越性而贬低宇宙万物，作为"以马内利"的上帝不因为自身的内在性而使宇宙万物丧失自由而独立的本体论地位。作为创造者的上帝以无限的慈爱眷顾宇宙万物，成全宇宙万物。作为创造者的上帝以无限的慈爱眷顾按照自己的神圣形象创造的人类,在神圣救赎历史中和人类缔结神圣契约,以道成肉身的上帝自己担负人类在亚当里的罪孽,以真理的圣灵作人类心灵的保惠师,以神圣救赎的荣耀福音为赋予万族万邦万国万民的祝福,以新天新地为神圣救赎历史的终极鹄的。在这个意义上,中世纪基督教经院哲学的上帝是超越性的上帝,同时是内在性的上帝。在这个意义上,中世纪基督教经院哲学的上帝就是亚伯拉罕的上帝、以撒的上帝、雅各的上帝。

第一章

吉尔松的经院哲学

20世纪美国哲学界如此高度评价卓越的基督教哲学家吉尔松:由于吉尔松介绍中世纪哲学史,基督教哲学家得以认识中世纪基督教哲学的卓越成就。吉尔松毕生致力于中世纪经院哲学史研究,阐述中世纪经院哲学的基本观念,揭示中世纪形而上学存在论的首要原理,揭示作为基督教哲学的中世纪哲学精神。吉尔松特别推崇中世纪托马斯的基督教经院哲学,把托马斯的经院哲学理解为对于基督教神圣启示原理的形而上学阐述的"永恒哲学"。吉尔松毕生致力于中世纪哲学史研究,阐述"基督教哲学"的真实内涵,指出"基督教哲学"的真实内涵就是启示和理性的深刻契合。启示和理性来源于相同的神圣根源,一旦启示真理被哲学家的理性沉思所领悟,基督教哲学就诞生而形成。吉尔松同时秉承奥古斯丁学说,主张基督教哲学命题应该纳入基督教神学之中。作为中世纪哲学史权威和新经院哲学的卓越典范,吉尔松在自己的鼎盛作《中世纪哲学精神》的结语,以自己对于中世纪经院哲学的深刻理解和对于中世纪哲学精神的深刻信念激励20世纪的基督教哲学家:"真理永远年轻,希望真理亦保持我们的心灵永远充满青春活力，充满对于未来的盼望，以及迈进未来的勇气。”①

第一节 基督教哲学的涵义

作为20世纪卓越的新经院哲学家，吉尔松毕生的哲学著述在于藉助对于中世纪经院哲学史的深湛研究，阐述作为基督教哲学的中世纪哲学精神。在1931—1932年间，吉尔松应邀在苏格兰复原教背景的阿贝丁大学（University of Aberdeen）著名的关于自然神学的吉福特讲座（Gifford Lectures）发表题为“中世纪哲学及其现代意义”的系列讲演。这个由20篇讲演构成的吉福特讲演的基本论题，就是“勾勒出中世纪哲学精神所在”②。尽管深刻阐述在欧洲哲学传统中极其深邃而恢弘的中世纪哲学精神实在是一件相当艰巨的工作，吉尔松却“毅然接受”。尝试阐述中世纪哲学精神，似乎就是对于中世纪哲学存在或不存在的证明。毋宁说，就是对于基督教哲学存在或不存在的证明。对于吉尔松而言，中世纪哲学是运用希腊哲学传统，从中发掘出真正属于基督教的世界观。在这个意义上，中世纪的经院哲学犹如基督教思想巍峨雄伟的大教堂。吉尔松在这个系列讲座中，运用哲学史的方法，阐述中世纪哲学精神。这个系列讲演在1932年以

① Etienne Gilson, *The Spirit of Medieval Philosophy*, p. 426. 吉尔松：《中世纪哲学精神》，沈清松译，台湾商务印书馆2001年版，第386页。

② Etienne Gilson, *The Spirit of Medieval Philosophy*, preface. 吉尔松：《中世纪哲学精神》，沈清松译，台湾商务印书馆2001年版，原作者序。

法文出版,就是吉尔松的鼎盛作品和世界名著《中世纪哲学精神》。①

中世纪哲学精神,何以成为吉福特讲座的哲学论题?在托马斯的经院哲学中,神圣启示和理性沉思实现着完满而深邃的结合,启示神学和形而上学的和谐原理也获得深刻而清晰的阐述。对于托马斯而言,上帝在自身之中是终极地可认识的。被造的智慧存在者在蒙福状态中可以看见上帝的神圣本质。被造的智慧存在者的终极幸福在于看见上帝的本质,因为被造的智慧存在者之存在的幸福只能从存在的源泉获得。看见上帝的神圣本质,必须藉助荣耀的光照,以增强被造的智慧存在者对于神圣本质的理解力。被造的智慧存在者无法藉助感官视觉看见上帝的本质,无法藉助天赋能力看见上帝的本质——唯独藉助神圣恩典,可以看见上帝的神圣本质。在荣耀的光照中,上帝将自身与被造的智慧存在者结合,使上帝的神圣本质对于被造的智慧存在者成为可理解的。那些更爱慕上帝、更渴慕上帝,因此拥有更多荣耀光照的人,将更圆满地看见上帝的本质。所有看见上帝本质的人都享有永生,而那些更圆满地看见上帝本质的人,将拥有更辉煌的荣耀冠冕。被造的智慧存在者无法获得关于上帝本质固有的圆满知识模式,在这个意义上,被造的智慧存在者不可能理解上帝。即使在看见上帝本质的状态中,被造的智慧存在者无法在上帝之中知道上帝确实知道的一切。被造的智慧存在者无法圆

① See Etienne Gilson, *L' Esprit de la philosophie médiévale*, Paris: Joseph Vrin Publishers, 1932.

满地看见上帝，无法在上帝之中圆满地看见所有事物。看见上帝神圣本质的人，藉助呈现在被造的智慧存在者面前的神圣本质，在上帝之中看见自己所看见的事物。看见上帝本质的人，藉助上帝的神圣本质在上帝之中同时看见所看见的所有事物，而不是藉助事物自身肖像逐渐地看见所有事物。在今生，灵魂只能认识那些在质料之中拥有形式的有形事物，无法获得最高的可理解对象——神圣本质，无法藉助天赋理性看见上帝的本质。人类的天赋知识只能达到感官事物可以引导的程度，无法看见上帝的本质。人类的天赋理性只能以如此的方式认识上帝：上帝是否存在；上帝作为所有事物的原因；上帝不同于创造物。藉助恩典的荣耀光照，被造的智慧存在者的理解力获得增强，同时以超自然的方式在想象力中形成的形象可以比那些从感官事物中自然获得的形象更好地表达神圣事物，犹如呈现在先知异象中的情形。藉助神圣恩典，被造的智慧存在者可以获得更圆满更高级的上帝知识。①

然而，即使在中世纪经院哲学的鼎盛时期，基督教神学中始终存在着启示和理性分道扬镳的倾向，毋宁说，存在着启示神学与形而上学分道扬镳的倾向。哲学沉思独立于启示神学的倾向，启示神学拒绝哲学运思的倾向，都是对于中世纪哲学精神的否定。被称做“经院哲学之父”的安瑟伦把奥古斯丁阐述的基督教认识论清楚地表述为“信仰寻求理解”（Fides

① See Thomas Aquinas, *Summa Theologica*, New York: Cambridge University Press, 2006, Ia: 12.

quaerens intellectum)，即“信仰，然后理解”。安瑟伦《宣讲》的著名开篇如此说：“主啊，我并不求达到你的崇高顶点，因为我的理解力根本无法和你的崇高相比拟，我完全没有如此做的能力。但我渴望能够理解你的那个为我所信所爱的真理，因为我决不是理解了才信仰，而是信仰了才理解；因为我相信：除非我相信，我决不会理解。”①发生在圣伯纳德(Bernard of Clairvaux)和彼得·阿伯拉德(Peter Abalard)之间的著名冲突是关于基督教认识论的典型争论。被称为“高卢的苏格拉底”和“逍遥派”的阿伯拉德宣称，对于他的学生而言，除非首先理解，他们无法相信任何真理：“若不首先理解，没有任何东西可以被相信。”②阿伯拉德宣称自己是活在这个世界上的唯一哲学家。阿伯拉德提出的认识论原则和安瑟伦阐述的认识论原则恰恰相反。

在托马斯之后，奥卡的哲学目标在于取消作为普遍实在的共相。奥卡对于共相的实在性提出的诘难“对于后世的中世纪哲学甚至近代哲学具有惊人的重要性”。③ 奥卡以词项逻辑取消了共相的指称功能，以唯名论取消了共相的实在性，把经验直观和逻辑自明性作为知识的两项标准，以“经济思维原则”取消作为普遍实在的共相：“若无必要，切勿增设实体。”奥卡剃刀的锋芒直指柏拉图的理念论，奥卡“是一位地

---

① St. Anselem, *Proslogion*, I.

② Abalard, *The Letters of Abalard and Heloise*, Peuguin Books, 1974, p. 78.

③ Etienne Gilson, *The Unity of Philosophical Experience*, p. 68.

地道道反对柏拉图的人"。[1] 取消柏拉图的理念论,是奥卡哲学的全部真相。亚里士多德把个体视为第一实体而把属和种视为第二实体,奥卡仍要向亚里士多德宣战。对于奥卡而言,真实的实在是个体:"他下决心把实在论连根拔除;即使那种实在论是出于上帝的意念。"[2]奥卡以"经济思维原则"从神学中驱逐形而上学。奥卡取消作为普遍实在的共相,取消作为创世原型的神圣逻各斯,取消神学与形而上学相结合的真实契机。奥卡摧毁了以神圣逻各斯为基石的神学传统,摧毁了"信仰寻求理解"的神学原则,摧毁了关于上帝和世界的全部形而上学。奥卡哲学标志着经院哲学鼎盛时代的终结:"理性形而上学死于非命。"[3]经院哲学从此支离破碎,关于存在的形而上学实在论悄然隐遁。吉尔松在《中世纪的理性和启示》[4]一书中详尽论述中世纪基督教的经院哲学中,尤其是在托马斯的基督教哲学中神圣启示和理性沉思的和谐原理。对于吉尔松而言,中世纪基督教的经院哲学家总是同时拥有作为客观原理的神圣启示和作为哲学智慧的理性沉思。[5]

在20世纪的基督教学术界,中世纪哲学是否存在,甚至"基督教哲学"这一概念是否具有存在价值,再度成为争论的课题。1931年3月21日,在法国哲学协会的学术会议上,哲学家对于"基督教哲学"的概念的合理性进行激烈辩论。在

---

① Etienne Gilson, *The Unity of Philosophical Experience*, p. 68.

② Etienne Gilson, *The Unity of Philosophical Experience*, p. 74.

③ Etienne Gilson, *The Unity of Philosophical Experience*, p. 118.

④ See Etienne Gilson, *Reason and Revelation in the Middle Ages*.

⑤ See Etienne Gilson, *Reason and Revelation in the Middle Ages*, p. 99.

这场哲学辩论中，吉尔松和马利坦坚持“基督教哲学”的概念是真实而合理的，布雷耶尔(Bréhier)和布伦施维格(Brunschvicg)则否认“基督教哲学”概念的真实性。这场哲学辩论使吉尔松更加确信基督教哲学运思的重要意义。吉尔松开始意识到，只有基督教哲学化的行动，才可以实现真正的哲学。在这场争论发生之前，吉尔松已经开始在苏格兰阿贝丁大学讨论经院哲学性质的吉福特讲座。在这场关于“基督教哲学”概念涵义的争论之后，吉尔松在 1931 年 5 月到 1932 年 6 月之间继续吉福特讲座的讲演。苏格兰的阿贝丁大学是一所新教背景的基督教大学。吉尔松认识到，对于“基督教哲学”概念的理解和新教神学思想具有密切关联。因此，吉尔松开始研究新教神学，包括马丁·路德、约翰·加尔文和卡尔·巴特。1934 年，卡尔·巴特对于吉尔松的相关观点作出回应。对于吉尔松而言，倘若否定中世纪哲学的存在，基督教哲学的概念就成为不可能。吉尔松面对的两个基本论题是：第一，哲学家是否能够形成“基督教哲学”这个概念。第二，中世纪哲学，即使有自己的卓越典范，是否确实表达欧洲哲学史的历史真相。吉尔松这里所阐述的中世纪哲学，就是穿越希腊哲学而加以利用，从中发掘真正属于基督教的世界观，发掘中世纪哲学所隐含的创造精神。对于吉尔松而言，这是两个彼此相关的哲学论题，必须用研究中世纪哲学史的方法来阐述，在中世纪哲学的初生状态，考察基督教学说和希腊哲学的契合。在这个意义上，阐述中世纪哲学精神，就是对于中世纪哲学确实存在的证明。毋宁说，阐述中世纪哲学精神，就是对于“基督教哲学”确实存在的证明，就是对于“基督教哲学”概念的合理性的证明。① 正是在20世纪“基督教哲学”遭到质疑的时代精神处境中,吉尔松开始自己漫长而卓越的哲学旅程。

一、基督教哲学如何可能

作为中世纪经院哲学史权威和新经院哲学家,吉尔松面对的基本问题,就是基督教哲学在20世纪的时代精神处境中如何可能。基督教哲学如何可能,这并不是一个崭新问题;毋宁说,基督教哲学如何可能,这是一个历久弥新的问题。基督教哲学如何可能,这是一个和基督教神学同样古老的问题。因为基督教教会诞生在希腊罗马世界,基督教学说始终生存在希腊罗马文化的的汪洋大海中。毋宁说,基督教启示发生在希腊哲学的语境之中。基督教教会是普世性的教会,基督教启示是普世性的启示。基督教的福音属于所有人——先是犹太人,后是希腊人。在这个意义上,基督教学说和希腊哲学的关系问题,即雅典和耶路撒冷的关系问题,在早期教会已经成为基督教神学家必须面对的现实问题。即使在20世纪,基督教信息的本质是什么?基督教学说中启示传统和希腊文明的关系,始终是引起争论的基本问题。针对哈纳克(Adolf Harnack)在《基督教的本质》中对于“逻各斯—基督论”的诠释,吉尔松指出:基督教启示的真实信息是基督教学说的神学沉思和哲学沉思的无穷源泉。对于吉尔松而言,不是希腊哲

① See Etienne Gilson, *The Spirit of Medieval Philosophy*, preface. 吉尔松:《中世纪哲学精神》,沈清松译,台湾商务印书馆2001年版,原作者序。

学赋予基督教信息以生命活力，而是基督教的启示信息赋予希腊哲学以持久的生命力。①

著名拉丁教父德尔图良在《异端准则》中最早提出雅典和耶路撒冷的精辟对照，揭示希腊哲学和基督教学说在基本原理上的根本对峙："雅典和耶路撒冷之间有什么关系？学院和教会之间有何相通之处？"②德尔图良的著名宣称渊源于使徒保罗的新约书信："你们和不信的原不相配，不要同负一轭。"对于德尔图良而言，雅典和耶路撒冷意味着两种迥然不同的智慧，这两种智慧在根本原理上是不可调和的。全部关于人类救赎的基督教真理唯独来源于上帝自己的神圣启示，而希腊哲学对于基督教信息只意味着绊脚石。因此，德尔图良拒绝希腊哲学进入基督教学说，拒绝运用希腊哲学阐述基督教学说的奥秘。早期希腊护教者查士丁等珍惜而尊重希腊哲学的思想遗产，援引希腊哲学阐述基督教福音，指出基督教学说既是对于希腊哲学的保存，亦是对于希腊哲学的拓展。亚历山大学派的希腊教父致力于基督教学说和希腊哲学的融合，运用雅典哲学家特有的学院派运思方式阐述基督教学说。最卓越的拉丁教父奥古斯丁炉火纯青地运用新柏拉图哲学阐述基督教学说，成为教父哲学的集大成者。在中世纪，托马斯运用亚里士多德哲学阐述基督教学说而获得无与伦比的形而上学成就，托马斯的经院哲学在跌宕起伏的教会历史中始终

---

① See Etienne Gilson, *History of Christian Philosophy in the Middle Ages*, pp. 5–6.

② Tertullian, *On Prescription against Heretics*, 7. See Etienne Gilson, *History of Christian Philosophy in the Middle Ages*, pp. 44–45.

是基督教哲学的中流砥柱。

在 20 世纪的时代精神处境中,基督教哲学如何可能的问题再度引起争议。在基督教神学领域和现代哲学领域都有强烈的声音,拒绝基督教启示和哲学运思的结合,否认基督教哲学的可能性,毋宁说,否认基督教学说的哲学形态。否定基督教哲学的现代学者认为,即使不依赖启示,哲学家同样可以运用理性沉思建立自己的哲学。哲学家可以是基督徒,但基督徒的哲学不意味着基督教哲学。哲学既然是人类研究和知识的独立领域,哲学家有自己的研究对象和研究方法,哲学就不可能是基督教的。在这个意义上,中世纪哲学不是基督教哲学,而是摆脱基督教的哲学。对于中世纪经院哲学家而言,特别是对于托马斯而言,神学就是基督教学说,哲学就是亚里士多德学说,问题仅仅在于如何调和这两种学说。黑格尔以"穿七里长靴尽速跨越这一时期"的方式处理中世纪经院哲学的理性主义哲学立场,深刻影响着当代哲学家的哲学史研究。在 20 世纪的时代精神处境中,甚至中世纪哲学是否存在亦被质疑。①

吉尔松毕生的哲学生涯,就是藉助对于中世纪经院哲学的精湛研究,呈现中世纪经院哲学的历史面貌,阐述中世纪经院哲学的基本问题,揭示中世纪经院哲学的基本精神,指出中世纪经院哲学在欧洲哲学历史中的独特地位和卓越贡献。对于吉尔松而言,从殉道者查士丁到库撒的尼古拉,历经 1500

① See Etienne Gilson, *The Spirit of Medieval Philosophy*, pp. 1-4. 吉尔松:《中世纪哲学精神》,沈清松译,台湾商务印书馆 2001 年版,第 1—3 页。

年的中世纪哲学就是中世纪的基督教哲学，基督教哲学的真实涵义就是基督教启示的理性阐述。基督教哲学家必须坦白承认，唯有启示和理性的内在关系，才足以赋予基督教哲学以意义。而且这个意义必须予以精确界定。① 中世纪经院哲学和基督教学说固有而深刻的内在关系揭示出，基督教启示赋予中世纪经院哲学崭新的内涵。正是因为基督教启示的光照、激励和推动，中世纪的基督教哲学家炉火纯青地运用理性沉思，获得关于上帝、宇宙、灵魂以及神圣历史的深邃智慧。中世纪经院哲学的卓越成就——存在论、创造论、宇宙观、人类学、灵魂学说、伦理学，历史哲学——都是基督教学说和希腊哲学深刻契合而产生的崭新成果。毋宁说，中世纪经院哲学的卓越成就是藉助希腊哲学的形而上学论题和运思艺术阐述真正的基督教学说，在这个意义上，中世纪经院哲学就是基督教学说的形而上学陈述，就是中世纪的基督教哲学。在这个意义上，基督教哲学的基本源泉就是圣经启示和希腊哲学，基督教哲学的形成和阐述就是基督教学说和希腊哲学在可能论题上和可能限度中的完美融合。关于基督教哲学对于希腊哲学的超越和扬弃，吉尔松指出：基督教哲学史学者的基本立场不否定希腊哲学在基督教哲学的形成和解释中所起的重要作用。基督教哲学史学者强调，如此形成和解释的基督教哲学总是维持着基督教学说的真正教导，并通过基督教神学传统留给欧洲哲学史。根据这个吉尔松的观点，

① See Etienne Gilson, *The Spirit of Medieval Philosophy*, p. 35. 吉尔松：《中世纪哲学精神》，沈清松译，台湾商务印书馆 2001 年版，第 29 页。

没有任何希腊哲学观念在确切的哲学意义上变成基督教信仰自身的构成要素。①

中世纪关于基督教哲学的一般理解，可以安瑟伦和波那文都为卓越典范，中世纪经院哲学家只愿意承认自己出于奥古斯丁哲学门下，哲学家当然承认纯粹理性运作的真实意义——在柏拉图和亚里士多德之后，没有任何哲学家会否认纯粹理性的真实运作。问题不在于纯粹理性的真实运作，而在于基督教哲学家从事理性沉思所必须的现实条件。吉尔松深刻而卓越地指出："在我们现代人和希腊人之间，早已经介入基督教信仰，而且基督教信仰的介入也已经深刻地改变了哲学家理性工作的必要条件，这也是一个事实。只要哲学家一日已经拥有启示，如何可能在进行哲学沉思时，装作未曾听闻启示一般呢？柏拉图和亚里士多德的错误，正是纯粹理性所陷入的错误，而且，任何哲学倘若自满自足，都会再度陷入这些错误，或陷入更糟糕的错误。所以，从今以后，唯一安全的方法就是把基督教启示当做哲学家的向导，而且努力去理解基督教启示的内容——这种对于基督教启示内容的理解就是哲学本身。信仰寻求理解（Fides quaerens intellectum）：这是一切中世纪哲学沉思的基本原则。"②吉尔松的这段陈述深刻揭示出欧洲哲学史的三个基本事实。第一，柏拉图和亚里士多德是人类文明历史上卓越的哲学家，却未曾获得基督教

① See Etienne Gilson, *History of Christian Philosophy in the Middle Ages*, p. 5.

② Etienne Gilson, *The Spirit of Medieval Philosophy*, p. 5. 吉尔松：《中世纪哲学精神》，沈清松译，台湾商务印书馆 2001 年版，第 4 页。

启示。柏拉图和亚里士多德通过理性沉思获得的真理，是上帝的普世性启示，包含形而上学的一元论原则和普世而先验的伦理原则。在这个意义上，柏拉图和亚里士多德确实是人类思想的佼佼者。第二，柏拉图和亚里士多德因为缺乏上帝的特殊启示，所以无法获得基督教学说所拥有的上帝观念和创造观念，无法获得深刻而真实的存在观念，无法深入存在的神圣奥秘。柏拉图和亚里士多德在认识论领域的缺乏，就是纯粹理性在认识论领域的缺乏。柏拉图和亚里士多德在寻求真理道路上的失败，标志着纯粹理性的必然失败。倘若近代哲学家拒绝基督教的启示信息而回到柏拉图和亚里士多德，拒绝中世纪基督教的经院哲学而回到希腊哲学，那意味着在欧洲哲学史进程中的历史性倒退。第三，基督教哲学和希腊哲学的本质区别在于基督教哲学是“信仰寻求理解”的精神历程，基督教哲学家在基督教启示的光照中殚精竭虑地沉思。中世纪的基督教哲学家理性沉思的现实条件就是基督教启示和福音信息。中世纪基督教的经院哲学家理性沉思的目标，就是在圣经启示的光照中殚精竭虑地理解启示真理，精辟而深刻地阐述启示真理。在这个意义上，奥古斯丁阐述的“信仰寻求，理解找到”①的基督教认识论原理，是中世纪基督教神学的认识论原理，也是中世纪基督教哲学的认识论原理。在托马斯阐述的基督教学说中，基督教神学和形而上学是“信仰寻求理解”的两门殊途同归的神圣科学。②

① Augustine, *The Trinity*, New York: New City Press, 1991, 15: 2.

② See Thomas Aquinas, *Summa Theologica*, Ia: 12.

对于那些否认“基督教哲学”的哲学家而言，托马斯哲学与亚里士多德哲学之间不存在任何实质性区别。托马斯的哲学原则就是亚里士多德的哲学原则。毋宁说，托马斯的哲学原则是一个对于启示——无论基督教启示还是犹太教启示——完全无知的哲学原则。倘若托马斯哲学采用了亚里士多德的学说，同时把亚里士多德学说纯净化而完整化，倘若托马斯哲学使亚里士多德哲学更加精确，那不是诉诸信仰，只是把已经隐含在亚里士多德哲学前提中的结论演绎出来。托马斯的哲学成就只是作出比亚里士多德自己所能够作出的更正确更完整的哲学演绎而已。从哲学观念的观点看，托马斯哲学只是对于亚里士多德哲学合理的修订补充而已。托马斯不需要为了使亚里士多德哲学成为真理而为亚里士多德施礼，正如托马斯不需要为了和亚里士多德谈论哲学而为亚里士多德施礼。在这个意义上，“哲学的讨论是在人与人之间进行的，而不是在人与基督徒之间进行的。”①对于托马斯哲学的这种哲学诠释是把基督教启示和理性沉思完全区分开来，否认基督教启示对于理性沉思的真实影响，否定基督教学说对于哲学沉思的历史进展有深刻影响，否定基督教哲学的概念和基督教哲学的存在。

对于否认“基督教哲学”的这些现代学者而言，第一，哲学涉及上帝的普世性启示而不涉及上帝的特殊启示。第二，作为上帝的普世性启示，哲学是根据第一原理通过纯粹理性

① Etienne Gilson, *The Spirit of Medieval Philosophy*, p. 8. 吉尔松:《中世纪哲学精神》，沈清松译，台湾商务印书馆 2001 年版，第 6 页。

获得的。在这个意义上，哲学真理可以属于全人类。哲学和基督教学说不存在必然关系。第三，哲学家在获得特殊启示之余，应该继续停留在普世性启示中。倘若诉诸特殊启示，哲学家立刻进入神学或护教学。这是一个非常有趣的问题，就是在基督教学说中，基督教神学和基督教哲学的区分和结合的问题。对于否认“基督教哲学”的这些现代学者而言，像奥古斯丁、安瑟伦和波那文都这些诉诸启示的基督教思想家，是把自己关闭在神学之中。对于否认“基督教哲学”的这些现代学者而言，或者是启示，或者是理性——或者是基督教学说，或者是哲学，两者没有彼此结合的途径。只要把启示和理性完全分离开来，把哲学交给理性沉思，把基督教学说交给启示真理，岂不是两全其美？对于吉尔松而言，基督教启示和哲学沉思在基督教哲学中的真实契合，与其说是“基督教哲学”的观念问题，毋宁说是中世纪经院哲学的事实问题，是中世纪基督教的经院哲学的历史本身呈现出来的事实问题。毋宁说，“基督教哲学”的观念问题，“基督教哲学”的方法问题，“基督教哲学”的真理问题，“基督教哲学”的意义问题，必须用亲自研究中世纪基督教的经院哲学史的方法来解决。

基督教学说对于启示奥秘的阐述具有深邃的存在深度，正如使徒保罗阐述的基督教认识论原理：“在完全的人中，我们也讲智慧。”基督教学说的深邃智慧是从前所隐藏的上帝奥秘，是“永古隐藏不言的奥秘”，是如今在基督耶稣里“显明出来”的奥秘。护教者查士丁在皈依基督教之前在希腊哲学中追寻真理，坚信哲学的使命就是探求神圣真理。查士丁终于在基督教学说中找到寻觅已久的神圣真理，把基督教学说理解为哲学本身。查士丁发现只有这个哲学才是可靠而有益的,"我正是如此和因此而成为一个哲学家。"①基督教学说和希腊哲学都是追求真理的精神历程,希腊哲学半途而废,基督教学说获得真理。查士丁第一次明确提出基督教哲学的概念。早期教父援引希腊哲学阐述基督教学说,指出基督教学说蕴涵着希腊哲学的形而上学真理,同时是对于希腊哲学的超越和扬弃。《约翰福音》序言所阐述的上帝观念和创造观念是何等深邃,约翰书信所揭示的"爱的奥秘"是何等深邃。使徒保罗的《罗马书》对于人类存在的悲剧性处境的揭示,对于救赎奥秘的神学陈述,奥古斯丁对于保罗神学的理解和诠释,其神学真理的深邃性是令人震撼的。福音书对于基督的位格和作为的叙述,耶稣对于天国奥秘的教导,基督教神学的犹太根源……在这些深刻而基本的论题上,基督教的启示真理迥然不同于希腊哲学。吉尔松指出,基督教启示"一旦播入适当的土壤,就可以产生丰硕的哲学果实"。② 正如托马斯在《神学大全》中明确阐述的,基督教学说从肇始就具有理论科学和实践科学的双重身份。③ 吉尔松指出,即使基督教哲学家的思辩只有神圣启示的维度,神圣启示对于哲学沉思的演进依然具有重要影响。

基督教哲学得以奠基的两个基本认识论原则在于:第一,

---

① Etienne Gilson, *History of Christian Philosophy in the Middle Ages*, p. 12.

② Etienne Gilson, *The Spirit of Medieval Philosophy*, p. 11. 吉尔松:《中世纪哲学精神》,沈清松译,台湾商务印书馆2001年版,第9页。

③ See Thomas Aquinas, *Summa Theologica*, Ia:1:4.

信仰和理性是两种彼此区分的认识能力，即使是奥古斯丁自己也承认信仰和理性之间的必然分际；第二，对于基督教哲学家而言，基督教固有的启示信息是哲学家理性运思的现实条件或必然条件，即使是托马斯哲学也承认基督教启示对于理性沉思的先决条件。基督教哲学的根基，就是基督教哲学家的理性运思的现实条件。在这个意义上，基督教哲学家所运用的理性，不是纯粹理性——事实上，从来就没有纯粹理性，任何哲学家所运用的理性都不是纯粹理性——而是在启示光照中的理性。吉尔松深刻而卓越地提出自己振聋发聩的基督教哲学史观："由于基督信仰的媒介，基督教哲学向人类心灵揭开往昔连梦都未曾梦想过的诸般真理维度，因而改变了哲学史的进程！"①吉尔松指出，倘若纯粹哲学中有任何观念获得基督教学说的启迪，倘若基督教启示的某些神圣奥秘转入形而上学领域，倘若笛卡儿、马勒伯朗士、莱布尼兹这些近代哲学家的哲学沉思离开中世纪基督教经院哲学的影响就完全无法理解，倘若中世纪基督教的经院哲学对于近代哲学的形而上学沉思的深刻影响是欧洲哲学史的基本事实，"基督教哲学"的概念就不可能不拥有真实意义。

毋庸置疑，作为欧洲哲学史的基本事实，中世纪基督教的经院哲学培育着近代哲学的形而上学。基督教对于"启示和理性"的理解，基督教对于存在本质的理解，基督教对于人类尊严的理解，基督教对于"自由和异化"的理解，基督教对于

---

① Etienne Gilson, *The Spirit of Medieval Philosophy*, p. 12. 吉尔松：《中世纪哲学精神》，沈清松译，台湾商务印书馆 2001 年版，第 9 页。

伦理根基的理解,基督教对于语言本质的理解,基督教对于历史目的的理解,对于近代形而上学具有深刻的影响。倘若离开奥古斯丁、波那文都、托马斯、司各脱这些创造性的卓越思想家拓展出来的中世纪基督教的经院哲学,笛卡儿、斯宾诺莎、莱布尼兹、康德、谢林、黑格尔这些近代哲学家奋力解决上帝、宇宙和灵魂问题的努力就是匪夷所思的。欧洲哲学史不是像黑格尔所理解的希腊哲学和近代哲学之间的跳跃式连接,而是卓越的哲学家在整个欧洲历史进程中的世代延续。在这个意义上,中世纪基督教的经院哲学是欧洲哲学的精神枢纽,希腊哲学的精神遗产在中世纪基督教的经院哲学中得以保存,近代哲学从中世纪基督教的经院哲学获得形而上学论题和哲学观念的思想源泉。在这个意义上,欧洲哲学并没有在中世纪的基督教智慧中失去生命力和创造性,中世纪不是现代理性主义哲学通常所理解的欧洲哲学的"黑暗时代"或"野蛮时代",而是欧洲哲学的鼎盛时代。研究中世纪哲学不是浪费现代哲学家的时间和生命,因为恰恰是具有极其卓越的生命力和创造性的"说不尽的中世纪哲学",即中世纪基督教文本浩繁而博大精深的经院哲学奠定着欧洲哲学固有而深刻的连续性和同一性。

吉尔松援引莱辛(Lessing)的深刻论断:伟大的基督教真理就其作为启示而言都不是理性的,但基督教真理既然已经被启示,就可能成为可理解的理性真理。吉尔松卓越地指出,在基督教学说中,不是所有启示真理都可以转换成为合理性的哲学真理,因为不是所有启示真理都可以成为哲学沉思的论题。然而,若干启示真理可以在基督教哲学家殚精竭虑的沉思默想中转换成为合理性的哲学真理，这部分哲学真理就是基督教哲学的沉思领域。基督教的启示真理在哲学家殚精竭虑的沉思默想中转换为可理解的哲学真理。基督教的启示真理何以形成哲学真理，这就是吉尔松所阐述的中世纪基督教哲学的真理和方法。在莱辛这个深刻的论断中蕴涵着整个基督教哲学论题的深刻涵义。吉尔松的鼎盛作品和世界名著《中世纪哲学精神》就是“勾勒中世纪哲学精神所在”，为“基督教哲学如何可能”这个 20 世纪的哲学课题提出解答。这个哲学课题就是：对于基督教哲学家而言，基督教哲学的涵义何在？毋宁说，倘若基督教哲学家在圣经启示和基督福音中寻找形而上学真理的源泉，“可以获得何种学术上的益处？”①

二、哲学家的思想源泉

对于吉尔松而言，基督教启示和哲学沉思在基督教哲学中的真实契合，与其说是“基督教哲学”的观念问题，毋宁说是中世纪基督教经院哲学的事实问题，是中世纪基督教的经院哲学的历史本身呈现出来的事实问题。“基督教哲学”如何可能——这个哲学论题已经阐述清楚，吉尔松指出，最简单的研究方式就是去探索哲学史上如此显著事实的原因：“何以许多精通古典学术而博学深思的学者，竟突然下定决心要成为基督徒。”②在早期教父时代，许多著名的希腊教父和拉

① See Etienne Gilson, *The Spirit of Medieval Philosophy*, p. 19. 吉尔松：《中世纪哲学精神》，沈清松译，台湾商务印书馆 2001 年版，第 14 页。

② Etienne Gilson, *The Spirit of Medieval Philosophy*, p. 20. 吉尔松：《中世纪哲学精神》，沈清松译，台湾商务印书馆 2001 年版，第 17 页。

丁教父都是在寻求哲学真理的中年时期皈依基督教的。这种哲学家的皈依现象发生于所有时代，即使在吉尔松自己的时代，也有许多哲学家因为寻求哲学真理而转向基督信仰，如此为形而上学的存在问题和生命奥秘的问题找到比在哲学本身中所寻得者更为令人满意的答案。研究这些哲学家追求真理的精神历程，是非常有趣的哲学史课题。倘若哲学家希望客观地理解这种生命现象，最智慧的方法就是回到基督教哲学诞生的根源之处。倘若从圣经启示而来的基督教学说确实曾经帮助哲学家找到关于存在奥秘和生命奥秘的真理，使哲学家找到比在哲学本身中所发现者更为合理的形而上学真理，那么基督教学说如何成为追求终极真理的哲学家的帮助，这些帮助的真相就清晰地呈现出基督教哲学的本质。故此，吉尔松将目光转向第一批成为基督徒的哲学家，向这些哲学家询问：身为哲学家，皈依基督教而在学术上获得什么益处？

吉尔松指出，倘若对这个论题做一个真正令人满意的讨论，必须一直追溯，甚至不能止于最早的基督教哲学家。吉尔松所提出的最早的见证人，并不是一位基督教哲学家，却深刻影响着基督教观念的整个历史演进。吉尔松所提出的第一个卓越的见证人，当然就是使徒保罗。使徒保罗皈依基督教的经历是非常戏剧性的，是使徒保罗追求终极真理的精神历程中的转折点和里程碑。毋庸置疑，使徒保罗的新约书信奠定了基督教哲学完整事业的基本原则，而后世的基督教思想家大致上仅仅是从使徒保罗阐述的基督教原则中演绎出必然的基督教结论而已。根据使徒保罗的宣称，作为基督教启示的真理信息是生命奥秘，而不是一种哲学。使徒保罗宣称，他自己所知道所传讲的纯粹是耶稣基督被钉十字架，以及罪人因基督耶稣的奇妙恩典而获得救赎，这救赎是上帝在神圣历史中所预定的神圣旨意。在这个意义上，要谈论一种保罗哲学是荒谬的。使徒保罗所阐述的基督教真理，既不是任何哲学之外的另一种哲学，亦不是取代任何哲学的哲学，而是超越所有哲学而使基督教哲学家省却"寻找一种哲学"之麻烦的基督教真理。在这个意义上，基督教学说是获得救恩的途径，既区别于系统知识，更超越所有系统知识。吉尔松指出，从来没有任何人比使徒保罗自己更能领悟到基督教学说超越任何哲学知识的真理特征。①

正如使徒保罗在新约书信中所深刻阐述的，新约启示的奠定，是普世性的基督教会的房角石，同时是作为一块在犹太文化和希腊文化之间的绊脚石。使徒保罗宣称"我不以福音为耻"，因为当时的犹太文化和希腊文化都以福音为耻。在新约时代，犹太人通过严格遵行摩西律法并通过顺服那位在荣耀的神迹中彰显自己权能的上帝旨意而寻求救赎；希腊人则是通过意志之正直的自然理性之光所获得的确实性而寻求救赎。在这个意义上，基督教的新约启示给犹太人和希腊人所提供的是什么呢？因为相信被钉十字架的基督而获得救恩——对于那些寻求荣耀记号的犹太人而言，基督的十字架是一种羞耻，基督教所给予犹太人的，是羞辱上帝的亵渎；对于那些追寻睿智的希腊人而言，基督的十字架是一种愚拙，基

---

① See Etienne Gilson, *The Spirit of Medieval Philosophy*, p. 21. 吉尔松：《中世纪哲学精神》，沈清松译，台湾商务印书馆2001年版，第18页。

督教所给予以希利尼人为典范的外邦人的，是一位被钉死在十字架上且从死里复活来拯救世人的“神—人”(God-man)的愚拙。使徒保罗指出，基督教启示所揭示的不是“世上的智慧”，而是关于基督耶稣那惨不忍睹而深不可测的奥秘：“因为十字架的道理，在那灭亡的人为愚拙；在我们得救的人，却为上帝的大能。就如经上所记：我要灭绝智慧人的智慧，废弃聪明人的聪明。智慧人在哪里？文士在哪里？这世上的辩士在哪里？上帝岂不是叫这世上的智慧变成愚拙吗？世人凭自己的智慧，既不认识上帝，上帝就乐意用人所当做愚拙的道理拯救那些信的人；这就是上帝的智慧了。犹太人是要神迹，希腊人是求智慧，我们却是传钉在十字架的基督，在犹太人为绊脚石，在外邦人为愚拙；但在那蒙召的，无论是犹太人、希腊人，基督总为上帝的能力，上帝的智慧。因上帝的愚拙总比人智慧，上帝的软弱总比人强壮。”

使徒保罗在新约书信中所阐述的是清楚明确而具有决定性意义的基督教认识论原理。新约启示的基督耶稣的福音不是一种希腊哲学沉思意义上的智慧，而是一种作为上帝慈悲怜悯的救恩。同时，在宣称作为“世上的智慧”的希腊哲学的“愚拙”之际，使徒保罗指出另一种智慧，就是基督耶稣的神圣位格。基督耶稣的神圣位格，是基督教启示的核心信息。在新约时代，基督耶稣成为犹太人的绊脚石，因为犹太人未能认识基督耶稣的神圣位格；基督耶稣成为希腊人的绊脚石，因为希腊人未能认识基督耶稣的神圣位格。对于托马斯而言，智慧不是哲学，甚至不是基督教神学。就其真实完满的涵义而言，智慧就是基督。像毕达哥拉斯这样的希腊哲学家并没有称哲学为智慧，真正的哲学家只是爱智慧而寻求智慧的人。托马斯自己是一个爱智慧而寻求智慧的哲学家。然而，根据使徒保罗在新约书信中的宣称，智慧就是基督。① 这个意义上，使徒保罗在新约书信中深刻阐述的基督教认识论的真正鹄的，是扬弃似是而非的希腊智慧，而为似非而是的基督教智慧开辟道路。因此，根据使徒保罗在新约书信中的阐述，与其说福音是救恩而不是智慧，毋宁说，保罗所阐述的救恩奥秘是真实的智慧，而救恩奥秘之所以是真实的智慧，只因为这是救恩奥秘。② 倘若哲学家确认使徒保罗在新约书信深刻阐述的基督教认识论原理，那么基督教哲学的问题在原则上已经获得解决。根据使徒保罗在新约书信中阐述的基督教认识论原理，所有基督教哲学家共同持守的圣经真理就是：相信基督耶稣即获得智慧。至少在这种意义下，就对于救恩的益处而言，基督信仰确实省去灵魂对于哲学的需求。

吉尔松指出，倘若哲学家拥有宗教真理，便同时拥有科学艺术和哲学的基本真理。科学艺术和哲学本身固然是非常宝贵的，然而，当哲学家寻求宗教真理的时候，科学艺术和哲学真理就流为末节。倘若这一切是确实的，倘若拥有宗教真理就拥有科学艺术哲学的完整真理，"信仰自身独立于哲学智慧"这种认识论原则不仅不会削弱哲学，而且可以在另一种意义上成为进行哲学沉思的最佳途径。在皈依基督教的希腊

---

① See Etienne Gilson, *Wisdom and Love in Saint Thomas Aquinas*, Milwaukee: Marquette University Press, 1951, pp. 25-26.

② See Etienne Gilson, *The Spirit of Medieval Philosophy*, p. 22. 吉尔松：《中世纪哲学精神》，沈清松译，台湾商务印书馆 2001 年版，第 19 页。

哲学家身上，这种基督教的认识论原则彰显得尤其显著。吉尔松提出古老而卓越的基督教哲学家典范，就是殉道者查士丁(St. Justin)。① 查士丁在《与特利福的对话》中，就自己作为哲学家而皈依基督的心灵历程给读者提供了一篇生动翔实的叙述。在查士丁的心目中，哲学的目标就是把哲学家引导到"与神合一"的生命境界。查士丁曾经在斯多葛学派、逍遥学派、毕达哥拉斯学派和柏拉图学派之中寻求真理，并且确信：窥见神明，这正是柏拉图哲学的目标。② 直到遇见一位非常可尊敬的老者，查士丁的哲学探索是顺利的。这位可尊敬的老者向查士丁提出关于上帝、灵魂本性和死后灵魂的命运问题，查士丁根据柏拉图学说回答，这位老者指出查士丁是如何陷入奇怪的矛盾之中。查士丁惊愕于这位老者的深邃智慧，向这位老者询问他何以对于生命奥秘知道得这么多，这位老者回答说："在上古之时，远在这些虚妄的哲学家之前，世上活着一些快乐、公义而且蒙受上帝眷顾的人，他们藉着圣灵说话，并且预言许多事情，这些预言不久都真实发生。我们称这些藉着圣灵说话的人为先知……先知的作品依然流通，而那些真诚阅读的人便会收获良多，并且获得哲学家所应该拥有的知识。认识上帝的人们并不从事证明工作；因为他们在一切证明之上，堪作真理的见证。"③毋宁说，神圣真理不是来源于哲学家，而是来源于圣经启示。这位老者说到这里，查士

---

① See Etienne Gilson, *The Spirit of Medieval Philosophy*, p. 23. 吉尔松：《中世纪哲学精神》，沈清松译，台湾商务印书馆 2001 年版，第 20 页。

② See Justin, *Dialogue with Trypho*, II:6.

③ Justin, *Dialogue with Trypho*, VII.

丁的内心突然燃烧起来。查士丁说:"这一切盘旋在我脑海里,在我看来,这似乎是唯一确定并且有益的哲学。我正是如此和因此而成为一个哲学家的。"①

"我正是如此和因此而成为一个哲学家的。"吉尔松指出,查士丁这句宣称的重要性无论如何都不会被过分估量。在某种意义上,哲学家查士丁戏剧性的皈依经历可以说是基督教历史上的里程碑,犹如使徒保罗著名的戏剧性皈依经历。早期基督教护教者雅典那哥拉斯、爱伦纽、亚历山大的克雷芒都是在如此相同的意义上以哲学家自居。吉尔松之所以详细叙述哲学家查士丁的皈依经历,因为早在第二世纪,所有那些对于解决基督教哲学问题不可或缺的因素,都已经被清楚地探询。哲学家凭藉理性的力量寻找真理而陷入失望之中;基督信仰把真理赐予哲学家,哲学家接受了。哲学家发觉自己所接受的启示真理,竟然同时满足哲学的理性。吉尔松指出,哲学家查士丁的皈依经历是非常富于教导性的,因为查士丁的皈依经历引申出甚至查士丁自己也无法忽视的基督教认识论问题。在基督教学说中,哲学家除了获得启示真理之外,同时以超越哲学的方式获得哲学真理。圣经启示将神圣秩序带给迷茫无助的纯粹理性。在第二世纪,正是基督教的启示真理为哲学家提供最佳的哲学答案。真实的理性真理在基督教启示中,而不是在哲学家的沉思中。对于哲学家查士丁而言,他恰恰是在成为基督徒的瞬间获得真实的哲学智慧。② 哲学

① Justin, *Dialogue with Trypho*, II:6.

② See Etienne Gilson, *History of Christian Philosophy in the Middle Ages*, pp. 12–13.

家勇敢无畏地宣称，在许多错误之外，尚有许多真理。哲学家无疑只拥有真理的片段。然而，哲学家究竟如何能够知道这许多呢？犹太人斐洛提出的解答对于基督教具有巨大的影响力。斐洛的答案非常简单，这也是斐洛成功的原因。斐洛说：为什么不设法从“希伯来圣经在年代上早于希腊哲学”这件事上去思考呢？于是有人提议说，希腊哲学在某种程度上得益于希伯来圣经，希腊哲学所教导的真理部分来自希伯来圣经，其中却混淆着许多哲学家自己的错误。①

查士丁提出的解答更为深刻，甚至可以在保罗书信中找到查士丁观点的胚芽。使徒保罗虽然揭示希腊智慧的虚妄，却从未谴责理性本身。使徒保罗承认，即使是外邦哲学，对于上帝亦有某种自然认识。使徒保罗承认，上帝永恒的权能和神性，可以从受造物身上彰显出来。（罗 1:19—20）新约圣经的这个论断隐含着希腊智慧认识上帝的可能性，同时奠定自然神学的基础，因而自然神学后来得以在基督教中兴盛起来。从奥古斯丁到笛卡儿，没有一个哲学家不引用这段经文。使徒保罗宣称，外邦人没有犹太人的律法，外邦人的先天良知就是自己的律法，因为在审判的日子，外邦人的良知会控告他们，或为他们辩护。在这个意义上，使徒保罗揭示出先验道德律的普遍存在。毋宁说，外邦人对于作为上帝创造恩典的道德律同样拥有先验认识。对于使徒保罗而言，外邦人在创造恩典中获得关于上帝存在和道德良知的普世性先验启示，这

① See Etienne Gilson, *The Spirit of Medieval Philosophy*, p. 25. 吉尔松：《中世纪哲学精神》，沈清松译，台湾商务印书馆 2001 年版，第 21 页。

种先验启示足以谴责故意不认识上帝而陷在愚拙和罪恶之中的外邦人。上帝在创造恩典中的普世性先验启示,“叫人无可推诿”(罗 1:20)。查士丁殚精竭虑地思索的问题是:上帝赐予人类理性对于真理和良善的先验认识,和福音所赐予的新约启示之间有什么关系?毋宁说,上帝在原初创造中的普世性启示和上帝在救赎历史里的特殊启示之间有什么关系?查士丁确信在道成肉身之前,上帝在创造恩典中的普世性先验启示,已经普施万邦,即犹太人和外邦人。从基督徒哲学家确认上帝普世性的先验启示的决定性时刻开始,基督教学说就承担起人类文明历史的全部责任。倘若邪恶是违背逻各斯,善行就是出于逻各斯的帮助。既然逻各斯就是上帝的真道,逻各斯就是基督,按照定义,一切真理都是属于基督的。在这个意义上,一切堪称为善者,都是属于基督教的。[①] 吉尔松指出,“基督教人道主义”之永恒宪章,早在第二世纪便已经确切表述出来。[②] 确切地说,哲学家说出的任何真理片段,都是属于上帝。昔日哲学家沉思中的逻各斯种子,今日已经透过新约启示完整地彰显给我们。[③] 按照使徒保罗的阐述,基督信仰不需要哲学,圣经启示取代哲学,因为圣经启示实现而成全了哲学真理。现在问题已经被翻转过来:倘若哲学真理只是基督教真理的前兆,那么,一个基督徒因为是基督徒,便拥有哲学中过去和将来的所有真理。毋宁说,最有益的哲

① See Justin, *2nd Apology*, XIII.

② See Etienne Gilson, *History of Christian Philosophy in the Middle Ages*, p. 14.

③ See Justin, *2nd Apology*, X and XIII.

学立场不是哲学家的立场,而是基督教学说的立场。①

基督教真理的卓越之处在于基督教不是真理的抽象知识,而是救恩的有效途径。对于柏拉图和亚里士多德而言,哲学本质上是科学,但哲学不仅是科学,而且是一种生活。基督教真理以超越真理拓展自然真理,有上帝的恩典可以凭藉,作为理解真理而实现善行的不竭不尽的力量源泉,一方面是理论,一方面是实践,毋宁说,基督教真理是一种拥有实践品格的理论。对于基督教真理的这种理解,形成使徒保罗关于罪恶、救赎和恩典的基督教道理的核心。愿意行善是一回事,拥有行善的力量是另一回事。在心灵中的上帝律法是一回事,在肉体中的罪恶律法是另一回事。谁能使上帝的律法真实成就善行?唯有上帝自己,透过基督耶稣的恩典,才能成就。基督教哲学家非常熟悉使徒保罗在《罗马书》中阐述的这个道理,但基督教哲学家时常忘记,使徒保罗阐述的这个道理正是奥古斯丁作品的核心,也是全部基督教真理的核心。② 吉尔松指出,基督教真理在根本上是一种救恩途径。所以,皈依基督教真理,就是进入救恩之途。基督教的救恩奥秘在奥古斯丁的《忏悔录》中阐述得最为深刻清楚。对于奥古斯丁而言,新柏拉图主义的最严重错误就是无视"罪恶"和"从罪恶中获得拯救的恩典"这两方面道理。在这个意义上,基督教学说的奥秘在于藉助基督耶稣的恩典,拯救世人脱离罪恶,赐予世

① See Etienne Gilson, *The Spirit of Medieval Philosophy*, p. 28. 吉尔松:《中世纪哲学精神》,沈清松译,台湾商务印书馆 2001 年版,第 23 页。

② See Etienne Gilson, *The Spirit of Medieval Philosophy*, p. 29. 吉尔松:《中世纪哲学精神》,沈清松译,台湾商务印书馆 2001 年版,第 24 页。

人行善的智慧和力量。真正帮助奥古斯丁实现皈依的，是阅读保罗书信和圣灵的直接启示。奥古斯丁说："上帝的律法使我获得自由，从罪恶和死亡的律法中拯救我。"这不是哲学沉思的理智真理，奥古斯丁著名的花园经历，是一个灵魂的痛苦搏斗，是一个活生生的生命。

关于希腊哲学，拉克当秋（Lactantius）这位基督徒相信在苏格拉底、柏拉图、塞涅卡中有许多卓越真理，但他认为每位哲学家都只把握到一些片段的真理而已，倘若把这些真理重新组合，才可以重建全体。特殊真理包含在全体之中。[①] 倘若有人可以把哲学家中四处分散的片段收集起来，纳入一个学说体系之中，庶乎可以获得全体真理；但是问题在于：倘若不是预先认识完整的真理，没有人能够在各种哲学系统中分辨真伪，倘若没有上帝赐予启示，毋宁说，除非首先凭藉信仰而接受启示，没有人能够预先认识完整真理。可见，拉克当秋已经设想到一种真正的哲学，这种哲学是建立在信德基础上的一种哲学综合。一方面，有纯粹的哲学家，藉助纯粹理性而发现真理，一切辛劳只能把握到一点真理的片段，而全体真理则依旧潜藏在一堆矛盾错误下面，哲学家无力排乱解纷。另一方面，有基督教哲学家，信仰提供基督教哲学家一个准绳、判断规范、分辨与选择的原则，使哲学家可以排除错误，拯救理性真理。唯独创造者可以认识，这是拉克当秋之言。上帝创造一切，因此认识一切。上帝既然屈尊来教导我们，我们应当仔细倾听。在没有导航而四处流浪的理性之犹疑和有启示

① See Lactantius, *Institutiones*, VII:7:7.

指导的理性确定性之间，两者择一，拉克当秋毫不犹豫地选择后者。在他之后的奥古斯丁亦毫不犹豫地选择后者。[1] 对于拉克当秋而言，基督教学说的卓越性在于神圣启示和哲学智慧的完美结合。[2]

基督教哲学家可以看到，相同的经验不断重现，直到中世纪的基督教思想家用抽象公式予以表述。甚至在近代，依然被许多思想家重新发现。奥古斯丁年轻时曾沉浸在摩尼教之中，与摩尼教决裂以后沉浸在西塞罗的怀疑论中，脱离西塞罗的怀疑论以后则沉浸在普罗提诺的新柏拉图主义之中。奥古斯丁最后发现，新柏拉图主义的全部真理，都已经包含在圣经之中。圣经中有许多真理，都是普罗提诺所见不到的。奥古斯丁用纯粹理性所寻求不到的哲学真理，却由基督信仰赐予奥古斯丁。雅典智慧把那些实际上并不确定的真理保留给知识分子中的精英之士，圣经启示却把确凿而完整的真理赐予全世界的人。[3] 当年轻的奥古斯丁作为基督教的皈依者在新柏拉图哲学中解读出《约翰福音》宣告的上帝、基督和创造的基督教概念时，希腊哲学和基督教启示之间划时代的完美契合就已经发生。[4] 在这个意义上，基督教哲学家可以准确无误地把奥古斯丁的全部基督教经验综合在奥古斯丁一本著作

---

① See Etienne Gilson, *The Spirit of Medieval Philosophy*, p. 32. 吉尔松：《中世纪哲学精神》，沈清松译，台湾商务印书馆2001年版，第26页。

② See Etienne Gilson, *History of Christian Philosophy in the Middle Ages*, p. 51.

③ See Hyppolitus, *Against the Greet and Plato*: *or on the Universe*.

④ See Etienne Gilson, *God and Philosophy*, London: Yale University Press, 1941, pp. 44-49.

的书名中——《论信仰的益处》，即使为着肯定理性的合理亦然。奥古斯丁反复重复先知以赛亚的宣称："没有信仰，就没有理解"。"信仰寻求理解"这个经典基督教的认识论原则恰恰表达出奥古斯丁自己的皈依经验，而安瑟伦，则只藉哲学家的理性来定义信仰的益处，并未增加理性以外的任何益处。①

在这个意义上，被称作"经院哲学之父"的安瑟伦的基督教学说可以被理解为基督教神学的理性沉思的典范。基督教哲学家只要回想一下，在安瑟伦《独语》的序言，安瑟伦表示自己愿意接受学生真挚的恳切请求，以理性沉思的方式进行写作，不运用圣经权威而运用理性沉思的方法——神圣真理唯一的自然之光，不藉助启示而运用清晰的笔调和平实的论证就可以证明为真实的研究方法来沉思上帝的神圣存在和神圣本质。安瑟伦甚至把理性沉思的方法运用在神学家认为理性无法理解的真理领域，例如三位一体和道成肉身的神圣奥秘。安瑟伦的《上帝何以化身为人》的神学论述是基督教神学历史上划时代的救赎论陈述。另一方面，用确定的形式阐述信仰优先于理解的奥古斯丁传统的基督教认识论原理的第一人，也是安瑟伦。因为倘若理性是合乎理性的，理性将以合理的方式满足自己，因而基督教哲学家只有一条坦途，就是检验基督教信仰的合理性。信仰就其作为信仰而言，是自足的。但信仰渴望理解自己的真理内涵。信仰不依赖理性的证据，信仰产生理性的证据。安瑟伦已经告诉读者，《独语——论

① See Etienne Gilson, *The Spirit of Medieval Philosophy*, p. 33. 吉尔松：《中世纪哲学精神》，沈清松译，台湾商务印书馆 2001 年版，第 27 页。

上帝的本质》原来的书名是《信仰之理性根据的沉思》，而安瑟伦《祷词》的原来书名恰恰是那著名的基督教认识论原理：《信仰寻求理解》。再没有任何语言更能准确表达安瑟伦的基督教认识论原理，因为安瑟伦不是为了寻求理解以便相信，而是为了寻求信仰以便理解。① 安瑟伦甚至说，这种信仰对于理解的优先性本身，便是安瑟伦在理解以前就已经相信的，而安瑟伦之所以相信，正是为了获得理解。圣经权威不恰恰也这样说：没有信仰，就没有理解吗？②

吉尔松最后引用梅德比朗(Maine de Biran)《内心日记》的最后几句话，仿佛是圣经独白："真正的信徒在自己内心经验到所谓恩典的果效，在某种观念或信心、盼望和挚爱的神学美德的理解行动中获得灵魂的安息和平安，一切哲学系统无法解决的问题，他都能藉此恩典而满足心灵，对此，我们不可能否认，真正的信徒的灵魂状态给他安慰、赐他幸福，对于真正的信徒的生命经验，我们不可能去争论，也不可能看不出真正的信徒的内心或他的信仰都是基础稳固的。"③对于基督徒而言，纯粹理性无法满足理性，这是一个事实；而哲学家为了哲学的益处而成为基督徒，也不是只在公元 2 世纪才发生的事。奥古斯丁和安瑟伦的"信仰寻求理解"，呼应着梅德比朗的"理智寻求透过信仰而理解"。这是说，"我一选择，感觉就

① See Etienne Gilson, *History of Christian Philosophy in the Middle Ages*, p. 129.

② See Etienne Gilson, *The Spirit of Medieval Philosophy*, p. 34. 吉尔松：《中世纪哲学精神》，沈清松译，台湾商务印书馆 2001 年版，第 27 页。

③ Maine De Biran, *Sa vie et ses pensees*, E. Naville, Paris, 1857, p. 405.

给了我。我一呼求,作为智慧的上帝就来到我心中。”吉尔松已经给出作为中世纪哲学精神的基督教认识论结论。何谓基督教哲学——信仰的真理在基督教哲学家殚精竭虑的沉思默想中自由转换为可理解的真理,这是基督徒智慧的真实生命。在这种从信仰真理到理解真理的自由转换中所呈现的基督教自身的理性真理的巍峨大厦,就是吉尔松所理解的基督教哲学。在这个意义上,基督教哲学的真实涵义,就是透过理性沉思从基督教启示真理那里获得的帮助所发现的理性真理的巍峨雄伟的大教堂。①

三、启示与理性的深刻契合

吉尔松指出,倘若“基督教哲学”这个概念拥有积极的涵义,哲学家必须坦白承认:唯有启示和理性的内在关系,足以赋予基督教哲学确实的意义。② 在这个意义上,“基督教哲学”概念的涵义必须予以精确的界定。没有人主张:信仰是一种高于理性知识的更高级知识。毋宁说,信仰是知识的一种替代。倘若用信仰替代知识是可能的,那也常常是为了理性自身的积极益处。对于中世纪的基督教思想家而言,传统知识形态的基督教认识论秩序是:首先是信仰,然后是理解,最高的知识形态是“面对面”地观看上帝。安瑟伦如此写道:“在信仰和‘面对面’的观看之间,对于信仰的理解提供我们

---

① See Etienne Gilson, *The Spirit of Medieval Philosophy*, p. 35. 吉尔松:《中世纪哲学精神》,沈清松译,台湾商务印书馆 2001 年版,第 28 页。

② See Etienne Gilson, *The Spirit of Medieval Philosophy*, p. 35. 吉尔松:《中世纪哲学精神》,沈清松译,台湾商务印书馆 2001 年版,第 29 页。

今生以居间的知识。"①神学虽然是一种知识,神学的目标不在于将神学原理所奠基的信仰转换为理解,这样做乃是毁灭了神学的恰当对象。另一方面,基督教哲学和基督教神学一样,不会尝试把信仰转换为知识。基督教哲学所关心的,是在自己藉助信仰而相信为真理的基本命题中,是否有一些信仰命题可以藉助理性来理解为哲学真理?倘若一个基督徒仍然把自己的确信奠基在信仰所获得的信念上,他只是一个信徒,尚未进入哲学之门。倘若这位基督徒在这些信念中发现有一些信念可以成为知识的对象,他就成为一个哲学家。倘若这位信徒的这些崭新的哲学洞见是出于基督教信仰,那么他就成为基督教哲学家。② 毋宁说,基督教哲学家的理性沉思在于实现从信仰真理到哲学真理的知识论的内在转化。在这个意义上,基督教神学的认识论奥秘"信仰寻求理解"的涵义始昭然若揭。在这个意义上,信仰真理,是基督教哲学的形成和理解的现实条件。基督教哲学的沉思目标,不在于单纯的信仰陈述,而在于殚精竭虑地在理性沉思上的竭尽努力,直到如此获得的光明可以引导读者共同起而探索其真理根源,获得同样的真理光明。

真正的基督教哲学,一方面保持启示和理性在基督教认识论形式上的差异;另一方面视基督教启示是"理性沉思不可或缺的援助"。基督教哲学的认识论原理,相应于具体的

---

① Anselm, *De fide Trinitatis*, Praef.

② See Etienne Gilson, *The Spirit of Medieval Philosophy*, p. 36. 吉尔松:《中世纪哲学精神》,沈清松译,台湾商务印书馆 2001 年版,第 29 页。

历史真相，要求哲学史研究来加以描述。因为有基督教的存在，因为基督教学说而得以存在的哲学，因为基督教信仰而获得存在的哲学，即基督教哲学。基督教哲学有如下的共同特征：基督教哲学家在诸般哲学问题中，有所选择。基督教哲学家和其他哲学家一样，有全权从事全部哲学问题。但事实上，基督教哲学家唯独或特别对于那些影响信仰生命的哲学论题感到兴趣。其余问题，对于奥古斯丁、伯尔纳和波那文都而言，只是“虚荣的好奇”。即使像托马斯这样的基督教哲学家，学术兴趣甚至遍及全部哲学领域，但基督教哲学家真正富有创造力的作品，都在相当有限的范围中。吉尔松指出，再没有比这更为自然的事了。基督教哲学教导哲学家的，既然只是对于救恩而必要的真理，其影响力只能及于哲学中有关上帝的存在和本质、灵魂的源起、本性和命运的基本论题。

许多世纪以来，基督教哲学的传统教导在于“智慧在于认识上帝和认识自己——灵魂从对于自身的认识飞跃到对于上帝的认识”。基督教哲学家可以从这些传统教导中认出奥古斯丁的著名祷告：“使我认识自己，使我认识你！”[①]奥古斯丁宣称：“我渴望认识上帝和灵魂”[②]——奥古斯丁毕生关注的基本主题是上帝和灵魂，毋宁说，是上帝和灵魂的关系。奥古斯丁在《忏悔录》中如此说：“我的主，天主，请因你的慈爱告诉我，你和我有什么关系。请告诉我的灵魂说：‘我是你的救援。’请你说，让我听到。我的心倾听着，请你启示我心灵

① Augustine, *The Soliloquies of Saint Augustine*, New York: Cosmopolitan Science & Art Service Co., Inc., 1943, II:1:1.

② Augustine, *The Soliloquies of Saint Augustine*, I:2:7.

的耳朵,请你对我说:'我是你的救援。'我要跟着这声音奔驰,我要抓住你。请你不要对我掩住你的面容。让我死,为了不死,为了瞻仰你的圣容。"①在奥古斯丁的基督教认识论中,"认识你自己"的苏格拉底哲学传统和"认识耶和华是智慧的开端"的希伯来圣经传统获得完美结合。奥古斯丁藉助认识自己来深化对于上帝神圣位格的认识,藉助认识上帝来深化对于灵魂本性和命运的认识。关于上帝和作为受造存在的灵魂的关系,托马斯指出:"在圣经的教义中,上帝和受造者不是同等重要的。主要的是上帝,而受造者的重要性是因为受造者来自上帝或成全上帝的美意。"②托马斯以自己的方式提出这个基督教哲学论题,并且将这个真正的基督教哲学目标付诸实践。托马斯真正的卓越之处,不在于托马斯对于亚里士多德的评注和诠释,而在于托马斯超越和扬弃亚里士多德的那些天才横溢的哲学观点。这些卓越的哲学观点多数谈论的是上帝和灵魂以及上帝和灵魂两者的关系。托马斯哲学中最深刻的哲学观点能够脱离其所酝酿而出的神学园地,而这些哲学观点都是首先在神学的怀抱中诞生的。换言之,基督信仰对于名副其实的基督教哲学家有一种化繁为简的简约意义,而基督教哲学家的创造性亦特别发挥在直接接受信仰影响的哲学领域。毋宁说,基督教哲学家的创造性特别发挥在关于上帝和灵魂、灵魂和上帝的关系这些基本主题上。③

---

① Augustine, *Confessions*, Oxford: Oxford University Press, 1992, I:5.

② Thomas Aquinas, *Summa Theologica*, Ia:1:3.

③ See Etienne Gilson, *The Spirit of Medieval Philosophy*, p. 38. 吉尔松:《中世纪哲学精神》,沈清松译,台湾商务印书馆 2001 年版,第 31 页。

根据“信仰可以泯除虚妄的好奇”的事实，基督教启示对于基督教哲学的影响，在于简化哲学的建构工程。从任何基督徒的观点来看，纯粹好奇的哲学家所从事的是渺无终极的事。把一切知识都当做自己的园地，把一切实体都放在自己的园地，却没有一个对象使哲学家有资格说：一旦认识这个对象，便可以转化其余一切知识。实在界浩瀚无涯，基督教哲学家只选择上帝和灵魂的关系为其中心题材，于是基督教哲学家便有一指涉之固定核心，帮助哲学家裁决万物，将万物井然有序地纳入自己哲学思想的统一性中。因为这个缘故，在基督教哲学家中常有强烈的系统化倾向：基督教哲学家采纳的素材较少，同时基督教哲学家拥有整个系统所需要的必然核心。基督教哲学家具有完成系统所需要的必要素材，即使在自然哲学方面亦如此。不仅奥古斯丁学派如此确信，托马斯在《反异教大全》中把教父们在这个论题上的全部教导，给出一个出色的概述。托马斯追问：“上帝是否会启示给理性事实上可以接近的哲学真理呢？”托马斯回答说：“是的”，只要对于这些真理的认识，对于救恩而言是必要的。否则，这些真理及其所依赖的救恩，都将成为少数知识精英的特权，而大多数人类将会因为缺乏哲学天赋或没有时间研究哲学或没有兴趣研究哲学而被排除在救恩之外。托马斯又说：即使有能力获得哲学智慧者，也只能辛劳追求经年累月殚精竭虑地思考而得之，但仍有终其大半生而一无所知的危险。于是托马斯问道：“倘若人类对于上帝的认识仅仅依靠人类理性，那么人类将生活在怎样的状态中？”回答是：“在最大的无知的黑暗中。”人类理智在今世的软弱，倘若没有信仰的辅助，则某些人所认为清楚明确者,对于他人而言则可能是极端可疑的。从此便兴起哲学领域里的冲突,因而在那些外行人中引起普遍的怀疑主义。为克服这种理性的自相残害,哲学家需要神圣启示的辅助,而信仰所提供给哲学家的,正是理性所需要的神圣辅助。托马斯像在他之前的奥古斯丁和安瑟伦一样,把基督教哲学家的理性沉思置于"指导人最初步伐的信仰"和"来世福视中完全的认识"两者中间。像基督教传统中的著名教父一样,托马斯认为,人应当首先向全知的上帝学习,然后才有希望完全认识上帝。信仰牵着哲学家的手,仿佛生命旅程的向导,在寻求真理的艰辛历程中带领哲学家行走到正确的道路上。[①] 当哲学家在哲学错误中需要保护的时候,信仰亦伴随着基督教哲学家。

托马斯关于基督教哲学认识论的阐述尚未道尽人类理性在自然神学领域所能达到的全部成果,然而上述描述却是出自基督教哲学家中最重视理性沉思的那一位。哲学家跟随信仰向导的时候,不会失去理性所清楚要求,多少年来辛勤反省所获得的各种必要的辨析。就哲学自身而言,一种真正的哲学真理出于哲学的合理性而且仅仅出于哲学的合理性。这一点是毋庸置疑的,安瑟伦甚至奥古斯丁都会第一个站出来承认。然而,倘若离开启示的帮助,这种真正哲学的建构亦无法达成。启示是理性不可或缺的精神援助。从基督教哲学家的观点来看,这一点同样是确实无疑的。就这一点而言,托马斯同样予以首肯。如此,基督教哲学的问题便获得一种积极的

① See Thomas Aquinas, *De Veritate*, XIV:10.

意义。抽象的哲学固然不会阐述一种基督教学说。现在的问题是:倘若哲学家阐述一种基督教学说,是否与哲学漠不相干?尤其可以追问:在欧洲哲学的历史上是否曾经有过哲学家同时是基督徒,姑且不论其哲学系统纯粹理性方面的结构如何,我们今日是否可以辨认出来,哲学家的基督信仰对于哲学家沉思方式有何影响?这个假设既然已经成为事实,基督教哲学家的信仰对于哲学家沉思方式的影响就是中世纪哲学史的基本课题。在这个意义上,奥古斯丁、安瑟伦和托马斯对于自己作为基督教哲学家的所作所为,都有真正的自我意识。基督教哲学家姑且承认:当奥古斯丁、安瑟伦和托马斯谈到神圣启示对于理性沉思的恩典和援助时,这些卓越的基督教哲学家心里所想到的,是对于信仰和理性两道光明会聚的重要时刻的一种动人回忆——在那些动人的瞬间,作为神圣奥秘的信仰在顷刻之间奇妙地转化为清晰透明的理解。① 毋宁说,在那些基督信仰和理性沉思两道光明相会聚的动人瞬间,基督教的启示真理在顷刻之间奇妙地转化为作为基督教哲学的理性真理。倘若哲学家推进得更远而追问一下,当奥古斯丁、安瑟伦和托马斯这些卓越的基督教哲学家认为自己仅仅是忠实于柏拉图哲学或亚里士多德哲学之际,可能尚未意识到自己已经完成的卓越辉煌的创造性思想。事实上,奥古斯丁、安瑟伦和托马斯所深刻阐述的基督教哲学比自己所意识到的更富原创性。在这个意义上,在中世纪哲学史中阐述基

① See Etienne Gilson, *The Spirit of Medieval Philosophy*, p. 41. 吉尔松:《中世纪哲学精神》,沈清松译,台湾商务印书馆 2001 年版,第 33 页。

督教学说中的启示真理对于中世纪的形而上学发展所带来的真实影响，就是用中世纪哲学史的实验方法阐述基督教哲学的实在性。这项中世纪哲学史研究的工程非常浩瀚而充满探险精神，这就是吉尔松作为国际著名的中世纪哲学史权威的鼎盛作品和世界名著《中世纪哲学精神》的哲学鹄的。

第二节　教父哲学的典范

基督教哲学家在谈论基本的基督教论题时，发现几乎没有任何崭新的论题，基本的基督教论题在中世纪基督教哲学史中都曾经被详尽讨论。基督教哲学具有悠远而深厚的学术传承，谈论基督教哲学必须置身于基督教哲学史之中，尤其是教父哲学和中世纪经院哲学的历史之中，领悟历史上卓越的基督教哲学家研究基督教核心论题的方法和结论。在这个意义上，从事中世纪基督教哲学史研究，就包含着一种愿意尊重传统的哲学态度，包含着愿意尊重流传至今而历久弥新的中世纪基督教哲学遗产的哲学态度。现代基督教哲学家要在自己时代的精神处境中承担追求真理的责任，就必须和中世纪历史上卓越的基督教哲学家共同承担创造阐述基督教哲学的责任。在这个意义上，查士丁、奥古斯丁、安瑟伦、托马斯、波那文都、司各脱和所有卓越的基督教哲学家都未曾消逝。这些中世纪历史上卓越的基督教哲学家依然活着，仍然说话，要求今日的基督教哲学家倾听，如同倾听活着的声音。这些卓越的中世纪基督教哲学家与今日的基督教哲学家一同活在基督教哲学深邃而神圣的永恒真理中。在基督教哲学史上，教父时代是一个极富创造性而激励人心的时代。教父时代的重要性，在于教父哲学家详尽阐述若干关键的基督教论题，例如向犹太人阐述基督教信仰的犹太根源，向希腊哲学家和罗马帝国阐述基督教学说的形而上学奥秘和基督教崇高的道德原理。希腊教父和拉丁教父各有著名的"四大博士"。希腊教父的"四大博士"是格列高利、巴兹尔、约翰·克里索斯顿和亚他那修，拉丁教父的"四大博士"是安布罗西、哲罗姆、奥古斯丁和大格列高利。关于在基督教哲学中基督教学说和希腊哲学之间的相互关系，具有典范性的三种基督教诠释学视野，或者说，具有典范性的三种基督教诠释学观点，分别是查士丁、德尔图良和奥古斯丁。

一、基督教与希腊哲学

查士丁是公元2世纪卓越而著名的希腊护教者，是最早把基督教学说和希腊哲学结合起来的希腊护教者，因此研究早期中世纪基督教哲学的学者认为查士丁的基督教学说是基督教哲学的真正开端。查士丁在罗马皇帝奥勒留时期殉道，被称为殉道者查士丁。在查士丁生活的公元2世纪，基督教学说受到犹太人和希腊哲学家的激烈反对。犹太人认为基督教学说拒绝摩西律法的神圣权威，拿撒勒人耶稣不是弥赛亚，使徒保罗是摩西律法和犹太教的背弃者。希腊哲学家认为希腊哲学是在清除了神人同形同性的神话以后才获得对于上帝的真实知识，逻各斯是纯粹的精神实体。基督教的上帝观念，尤其是基督教道成肉身的逻各斯学说是对于希腊哲学的上帝观念的倒退。查士丁著名的护教著作是《与犹太人蒂尔弗的对话》(*Dialog with Trypho the Jew*)和《护教学》(*Apologies*)。这两部卓越的护教著作显然具有不同的论述风格。《对话》是针对犹太人所珍惜的律法传统,在其中叙述自己从希腊哲学转向基督教学说的亲身经历:“我发现只有这个哲学才是可靠而有益的,我因此而成为哲学家。”①《护教学》是针对希腊哲学家所珍惜的思辨形而上学,在其中指出基督教学说是希腊哲学的真正归宿:“基督是上帝的独生子,是上帝的道,是各个种族的人共同拥有的。”②查士丁在148—161年间,在罗马用希腊文写作两篇为基督教学说辩护的著作《护教学》,确认基督教学说和希腊哲学之间存在着深刻关联,不遗余力地为基督教学说辩护。查士丁在《护教学》中阐述的基本论点是上帝在基督降世以前,已经把上帝逻各斯的种子散播在整个世界之中。因此,希腊哲学无论如何不完全,都能够指向基督。在这个意义上,基督教学说的卓越真理可以潜在地呈现于希腊哲学的卓越著作中。“所有被哲学家正确说出的真理,都是属于我们基督徒的。”③

查士丁确信,道成肉身是上帝在永恒里预定的救赎旨意,发生在世界历史中的特定时刻。在基督耶稣道成肉身之前,在新约时代开始之前,在基督耶稣的福音来临之前,上帝在整个世界中散播上帝的神圣逻各斯的种子。上帝的逻各斯种子是普世性的。上帝的逻各斯种子是什么?上帝的逻各斯种子是上帝在所有的时代和所有的地方,向所有人启示关于自己

① Justin, *Dialogue with Trypho the Jew*, 8.

② Justin, *I Apology*, 40.

③ Justin, *II Apology*, 10.

的信息，是上帝在宇宙万物、世界历史和人类心灵中向所有人启示关于自己的信息。毋宁说，上帝的逻各斯种子就是上帝的普世性启示。上帝的普世性启示主要存在于三个领域，就是宇宙万物、世界历史和人类心灵。使徒保罗在《罗马书》中指出上帝在宇宙万物中的自我启示："自从造天地以来，上帝的永能和神性是明明可知的，虽是眼不能见，但藉着所造之物，就可以晓得，叫人无可推诿。"上帝在自己所创造的宇宙万物中，留下自己的踪迹。基督教哲学家经常把上帝的普世性启示和宇宙万物令人赞叹的奥秘联想在一起，宇宙万物的奇妙美丽似乎向人指示，有一位全能的智慧者设计并创造这个充满奥秘的宇宙。观赏落日余辉的美丽或者研究生命的奇妙奥秘，都使人置身于彰显上帝的奇妙证据中。普世性启示的第二个领域是世界历史。常常被引证为上帝在世界历史中的自我彰显的典型例子是以色列民族特殊的历史命运。这个小小的民族在天下万国中抛来抛去，经历多少世纪的颠沛流离而依然存活。倘若上帝运行在世界历史中并使历史朝向某种预定目标前进，世界历史会以某种方式彰显出上帝自己的作为。普世性启示的第三个领域是人类心灵。在所有文化、所有时代和所有地方，人类心灵中都存在着普世而先验的上帝观念，这是普世性的宗教意识的先验根据。或者这种宗教意识已经遭到扭曲和损毁，但这种普世而先验的上帝观念依然运行在人类经验中。同时，在所有文化、所有时代和所有地方，人类心灵中都存在着普世而先验的道德良知，这是普世性的全球伦理的先验根据。或者这种道德良知已经遭到扭曲和损毁，但这种普世而先验的道德良知即所谓先天道德命令依然运行在人类经验中。

查士丁在《护教学》中指出：基督教哲学家知道基督是上帝的独生子，基督教哲学家宣告基督是上帝的神圣逻各斯，基督作为上帝的神圣逻各斯是所有种族的人共同拥有的。查士丁在这里揭示的，是新约恩典的普世性。基督耶稣降世带来的神圣恩典，是为万族、万邦、万国、万民而预备的，是为全人类预备的。尽管新约的恩典是普世性的，是赐给万族、万邦、万国、万民的，但赐予新约恩典的唯一途径是圣经启示和基督耶稣。在这个意义上，新约恩典被称做特殊恩典，即普世性的特殊恩典。新约恩典的普世性在于新约恩典是为全人类预备的，新约恩典的特殊性在于新约恩典唯独来源于圣经启示和基督耶稣，唯独赐给相信的人。查士丁甚至确信，就算人尚未认识上帝，凡按照内心潜在的逻各斯种子生活的，都合乎上帝的旨意，例如苏格拉底、赫拉克利特，及希腊人中像他们一样的人。① 第一，基督降生之前，希腊哲学家没有机会听闻福音。第二，基督降生之前，外邦人与基督无关，在以色列国民之外，在所应许的诸约上是局外人，没有指望，没有上帝。以色列选民所拥有的儿子名分、荣耀、诸约、律法、礼仪、应许都和外邦人无关。第三，基督降生之前，外邦人唯独拥有的就是道德良知。倘若基督降生之前的外邦人遵循良知而生活，就是遵循上帝的旨意而生活。这些遵循良知而生活的外邦人，如同遵行律法而生活的犹太人，都是合乎上帝旨意的。

查士丁确信，无论是犹太律法还是希腊哲学，无论是以色列选民获得的特殊启示还是普世性的逻各斯种子，在任何地

---

① See Justin, *I Apology*, 40.

方存在着任何精辟的言论，都是因为作者对于上帝的神圣逻各斯的某些方面有所领悟而获得的真理洞见。这种对于神圣逻各斯的真理洞见虽然不完全、不清晰、不深刻，却是从上帝的神圣逻各斯的真理和恩典而来，而且指向上帝的神圣逻各斯的真理和恩典。然而，因为以色列选民和希腊哲学家尚未真正认识神圣逻各斯，尚未真正认识基督教福音中的基督耶稣，因此在寻找神圣真理的历程中常常陷入自相矛盾中，常常陷入失败和迷茫之中。在这个意义上，查士丁宣称：在真正的基督教学说之外，任何作者有警世良言，都是属于基督教学说的真理。① 基督教哲学家的敬拜和挚爱完全属于上帝，因此属于基督——上帝自己的神圣逻各斯。毋庸置疑，真理和恩典唯独来自上帝自己，来自上帝自己的神圣逻各斯。基督来自上帝，来自上帝的神圣逻各斯，基督就是上帝自己的神圣逻各斯，基督就是上帝自己的神圣位格，基督就是上帝自己。上帝是自有永有的上帝，是无限超越的上帝，是至高无上的上帝。这位自有永有而无限超越的上帝，为拯救世人的缘故而道成肉身——降世为人，为要担负世人的苦难，为世人带来灵魂的医治。查士丁确信："那光是真光，照亮一切生在世上的人。"（约1:9）所有的古代作者都能够由于上帝的普世性恩典而隐约看见上帝的真理，因为神圣逻各斯的真理种子已经扎根在古代作者心里。神圣逻各斯的真理种子及生命，乃是按照各人所能够理解和容纳的程度赐予各人，神圣逻各斯的种

① See Etienne Gilson, *History of Christian Philosophy in the Middle Ages*, pp. 11-14.

子与神圣逻各斯本身并不相同。神圣逻各斯的真理种子虽然埋藏在古代作者的思想中,唯独基督教哲学家按照上帝的特殊恩典,在已经道成肉身的基督耶稣中领受上帝的神圣逻各斯本身。在这个意义上,唯独基督教哲学家可以根据已经在基督耶稣身上启示自己的神圣逻各斯本身,再度发现而确认犹太律法和希腊哲学中神圣逻各斯种子的真理内涵。[①] 对于查士丁而言,希腊哲学需要基督教启示的光照,哲学家在基督教启示中获得自己在哲学中无法获得的哲学真理。查士丁自己则运用哲学家的思维范式阐述上帝的话语。

亚历山大学派的基督教哲学家克雷芒早年是异教徒和哲学家,曾游历希腊、意大利、埃及和巴勒斯坦寻求真理,最后师从亚历山大教理学校首任校长潘陀纽斯(Pantaenus)而皈依基督教,并接任亚历山大教理学校的校长,主要著作是《劝勉希腊人》、《训导者》和《克雷芒杂记》等。在《劝勉希腊人》中,克雷芒主要揭露希腊罗马宗教的偶像崇拜和祭祀仪式的荒诞,认为希腊哲学家虽然无法摆脱希腊罗马的偶像崇拜,“却有真理的梦想”,这种真理的梦想就是希腊哲学家形而上学沉思中的一元论原则。克雷芒认为希腊哲学中的片段真理来自希伯来宗教的智慧,而基督教学说正是希伯来智慧的发扬光大,上帝启示给以色列选民的希伯来智慧已经由基督耶稣完全揭示出来。克雷芒在 8 卷本的《克雷芒杂记》[②](克雷芒关于真正哲学的思辨笔记的杂录辑)中详尽论述基督教学

① See Justin, *II Apology*, 13.

② See Clement, *Stromata*.

说和希腊哲学的关系，认为上帝赐给希腊人哲学智慧，是为了准备希腊哲学家的心灵以迎接基督的降临，犹如上帝赐给以色列选民以摩西律法，是为了准备以色列选民的心灵以迎接弥赛亚的降临。希腊哲学不是从上帝而来的直接启示，却是上帝启示的预备。克雷芒宣称：上帝赐下哲学给希腊人，为要准备好希腊人以迎接基督的降临，犹如上帝赐下摩西律法给犹太人，以迎接基督的降临。希腊哲学不能等同于圣经启示，但希腊哲学不仅是查士丁所理解的神圣逻各斯种子，而且是神圣逻各斯的道路。克雷芒确信：在基督降临之前，希腊人必须要有哲学才能够学习上帝的公义。希腊哲学藉着示范，帮助人在信心上预做操练，为相信真正的神圣逻各斯做好准备。倘若基督教哲学家将万事（无论是希腊哲学的或基督教学说的）都归因于上帝的眷顾，“你就坦然行路，不致碰脚”（箴3：23）。因为上帝是存在和真理的源泉，有些真理直接来自上帝（如旧约和新约），有些真理间接来自上帝（如哲学）。可能上帝首先并直接地将哲学赐给希腊人，直到基督亲自呼召希腊人的时候为止。因为哲学正如同教师一样，将希腊人带到基督面前，犹如摩西律法将希伯来人带到基督面前。希腊哲学是一种真理的准备，为希腊哲学家铺平道路，直到在基督里得以完全为止。克雷芒认为真正的基督教智慧包括开端、道路和归宿。基督教智慧的开端是对于上帝的信仰，道路是关于上帝的知识，归宿是对于上帝的爱。基督教智慧的真实传统是对于上帝的爱：“知识加诸信仰，爱加诸知识，传统加诸爱。”①

① Clement, *Stromata*, 2:17.

德尔图良(Tertullian)是与克雷芒同时期的拉丁教父,是第一位拉丁教父,对西方教会具有深远的影响,被称为拉丁神学之父。德尔图良维护新旧约之间的合一性和整体性,反击马吉安异端,并为三位一体的教义奠定基础。德尔图良极力反对引用圣经之外的资源来建立基督教学说或为基督教辩护。德尔图良在早期教会中坚持主张圣经启示的自身完备性,拒绝藉助外邦哲学即雅典学院获得关于上帝的真理,新约使徒是基督教真理的唯一权威:基督教来自使徒,使徒来自基督,基督来自上帝。独一从上帝而来的完备启示,完完全全地存在于圣经之中,存在于教会的神圣传统中。德尔图良关于基督教真理规范的准确表述就是:圣经正典无所不备,足够有余。在这个意义上,德尔图良极力强调基督教学说的圣经基础,指出雅典和耶路撒冷之间的分际,拒绝希腊哲学闯入基督教神学领域。对于德尔图良而言,希腊哲学只是异教徒的哲学智慧,基督教哲学家在基督教学说中运用希腊哲学,必然导致神学异端。德尔图良在《异端准则》里提出著名的雅典和耶路撒冷的精辟对照,以揭示希腊哲学和基督教信仰的启示之间的严峻对立。德尔图良在《异端准则》中提及的学院,不是指学术世界,而是专指在雅典的柏拉图学院。德尔图良宣称,希腊哲学所提供的是现世智慧的素材,希腊哲学家却大胆地声称自己是神圣自然和上帝作为的诠释者。早期教会面对的异端学说常常以希腊哲学作为自己对抗基督教学说的理论武器。德尔图良举例说明,关于基督教学说的上帝观念、三位一体、圣经权威、灵魂不朽和身体复活等方面的论题,早期基督教的神学异端总是从希腊哲学家获得思想源泉。德尔图良说："罪恶来自何处？为何如此？人性来自何处？如何而来？"在这些关于人类命运的基本论题上神学异端和希腊哲学观点一致。德尔图良发出著名的诘问："雅典和耶路撒冷之间有何相通之处？学院和教会之间有何相通之处？"①事实上，德尔图良的著名诘问来自使徒保罗在新约书信中的相同诘问："你们和不信的原不相配，不要同负一轭。义和不义有什么相交呢？光明和黑暗有什么相通呢？基督和彼列有什么相和呢？信主的和不信主的有什么相干呢？上帝的殿和偶像有什么相同呢？"（林后 6:14—16）德尔图良说，基督教信仰的体系来自上帝的智慧，追求真理的人必须用单纯的心寻求上帝。那些追求"斯多亚化"、"柏拉图化"或是"辩证法的"基督教的哲学家在德尔图良眼中是等而下之。在这个意义上，德尔图良取消了基督教学说和希腊哲学相结合的可能性，毋宁说，取消了基督教学说以希腊哲学形态而存在的可能性。对于德尔图良而言，基督教学说是关于救恩的奥秘，基督徒拥有耶稣基督而不再需要奇异的探询。基督徒在福音以外，别无探索。基督徒相信基督而不再需要其他信念。除了"没有其他必须相信的真理"以外，基督徒无须相信其他真理："你所要寻找的是基督的教导。当你尚未寻见时，当然要继续寻找，直到寻见为止。但是，当你已经相信时，你已经成功地寻见。……信仰阻止你进一步拖延寻找和寻见。你寻找的结果决定着寻找的限度。"②

倘若德尔图良把基督教学说理解为救恩的神圣奥秘，对

① Tertullian, *De praescriptione haereticorum*, 7.

② Tertullian, *De praescriptione haereticorum*, 7.

于基督教启示的这种表述是无懈可击的。倘若德尔图良把基督教学说理解为关于救恩的神圣科学，对于基督教启示的这种表述就必然在基督教思想家中引起分歧和争论。事实上，德尔图良关于“雅典和耶路撒冷”彼此对峙的经典表述，已经成为基督教哲学史上的典型公案。著名俄罗斯基督教哲学家列夫·舍斯托夫在20世纪30年代以法文出版的关于基督教哲学认识论的经典著作的书名就是《雅典和耶路撒冷》(1938)。舍斯托夫心目中的“耶路撒冷”，就是整本圣经彰显的作为救恩奥秘的基督耶稣，是超理性的启示真理，是真正的基督教哲学，是争取原初自由的“心灵的伟大的和最后的斗争”，是思维的“第二维度”。舍斯托夫《雅典和耶路撒冷》的第三篇《论中世纪哲学》，就是应《哲学评论》之约在1935年2月专门为吉尔松的《中世纪哲学精神》一书所写的长篇书评，以《雅典和耶路撒冷》为题目而发表，并因此而赢得“独特的哲学家”的称号。著名俄罗斯哲学家别尔嘉耶夫在纪念舍斯托夫的文章中说：“舍斯托夫是这样一位哲学家，他以自己的全部存在进行哲学思考，对他而言，哲学不是学院派事业，而是生死事业。……舍斯托夫的哲学属于存在哲学的类型，这种哲学类型。那认识过程同人的整个命运联系起来，认为存在的奥秘只有在人的生存中才能认识。”

作为基督教历史上最卓越的教父哲学家，奥古斯丁从柏拉图哲学转向基督教学说的心路历程就是基督教历史上著名的“花园奇迹”。① 在奥古斯丁的时代，哲学被理解为关于幸

① See Augustine, *Confessions*, 8:7.

福的生活指南。在这个意义上，奥古斯丁把基督教学说理解为“真正的哲学”，因为基督教学说提供了获得幸福生活的唯一正确途径。奥古斯丁在《论幸福生活》中把自己转向基督教学说的行动称做“到达哲学的天堂”。奥古斯丁认为，希腊哲学和作为真正哲学的基督教学说都以幸福为目标，但两者对于幸福的理解不同，达到幸福的途径不同。希腊哲学家以人类智慧为幸福，却找不到灵魂的真正幸福。“即使具有极高才智和充裕时间的少数人精通深刻学问，哲学家只能研究灵魂不朽，而无法找到灵魂的、可靠的、真正的幸福。”①基督教学说以上帝的智慧为幸福，只有认识上帝智慧而实践上帝智慧的人才可能获得幸福。上帝的智慧已经铭刻在圣经中，圣经作者才是哲学家、圣者、先知、使徒和教师。基督教学说所理解的幸福的真正含义在于人和上帝之间相契合的位格关系。奥古斯丁指出，希腊哲学家只承认现世的幸福，把来世理解为不可知或不确定的命运。基督教学说的实践目标是人的永恒幸福，而永恒幸福只能实现在来世中。在这个意义上，基督教学说和希腊哲学的区别不是宗教和哲学的区别，而是永恒哲学和现世哲学的区别。使徒保罗在新约书信中所拒绝的是现世哲学，而不是哲学本身。奥古斯丁在《基督教教义》中探讨基督教学说与希腊哲学之间的关系。奥古斯丁以以色列选民出埃及的历史为典范，主张基督教学说没有理由拒绝来自希腊哲学中吸取属于上帝的普世性真理，用以作为阐述基督教奥秘的途径。正如以色列选民携带埃及的财宝而离开埃

---

① Augustine, *The Trinity*, 13:9:12.

及的辖制，基督教哲学家可以携带希腊哲学智慧的珍宝而弃绝希腊哲学中的谬误。奥古斯丁自己运用柏拉图的理念论，阐述基督教的光照论。真光照亮世上的人（约 1:9），就是上帝将先验真理铭刻在人类的心灵深处。①

奥古斯丁在《基督教教义》中指出，倘若那些被称为哲学家的人，特别是柏拉图学派的哲学家曾经说过任何真理，是与基督教启示的信仰相符合的，基督教哲学家不应该加以否定，而应该取为己用，在基督教学说之中阐述这些属于上帝的普世真理，因为知道希腊哲学家是间接而非法地拥有这些知识的。奥古斯丁说，埃及人崇拜偶像并奴役以色列选民，以色列选民憎恶偶像和奴役而逃离埃及。埃及人同时拥有金器银器和衣裳，以色列先祖离开埃及时，却遵循上帝的指示将埃及财宝一同带出，为的是更加善用埃及财宝而建造上帝的会幕（出 3:21—22，12:35—36）。在相同的意义上，异教徒的哲学智慧并非完全是错误和迷信，其中亦包含某些出色的教导适合基督教真理运用，此外，亦包含一些出色的道德原则。事实上，希腊哲学家的智慧中还包含某些敬拜一神的真理，即形而上学的一元论原则。这些出色的道德原则和形而上学的一元论原则可以算是希腊哲学家的金器银器，但这些弥足珍贵的哲学智慧不是希腊哲学家发明的，而是哲学家从上帝恩典的宝藏中发掘出来的。② 奥古斯丁指出，作为上帝普世性恩典的真理宝藏散布在整个世界，犹如查士丁所说的神圣逻各斯

① See Augustine, *On Christian Doctrine* II:32.

② See Augustine, *On Christian Doctrine* II:11.

种子散播在整个世界。基督教学说如何善用这些来源于希腊哲学的智慧,奥古斯丁提出三个基本的认识论原则。第一,存在于希腊哲学中的真理,是来源于上帝普世性恩典的宝藏,犹如散播在整个世界的逻各斯种子。第二,这些来源于上帝普世性恩典的哲学智慧因为世人误入歧途,敬拜邪灵而受到玷污。例如亚里士多德形而上学的一元论原则受到亚里士多德自己多神崇拜生活的玷污。第三,基督教哲学家应当将这些作为上帝普世性恩典的真理与其恶劣环境加以区分,将希腊哲学中这些作为上帝普世性恩典的真理发掘出来,加以妥善使用,藉以阐述作为真正哲学的基督教学说。在这个意义上,奥古斯丁鼓励基督教哲学家从上帝的普世性启示中获得智慧源泉,藉以阐述作为特殊启示的基督教学说。奥古斯丁说:基督教学者中间有许多善良忠心的人,他们做过什么事呢?试看那位雄辩的教师、蒙福的殉道者居普良(Cyprian)带了何等丰富的金器银器和衣裳离开埃及!试看拉克当秋(Lactantius)带了多少的财富出来!更遑论马留(Marius)、维克多修道派(Victorinus)、俄皮达徒(Optatus)、波提亚的希拉流(Hilary of Poitiers),以及那些仍然在世的人!试看希腊人得到了多少智慧!在这一切以先,上帝最忠心的仆人摩西都有相同的经历,即藉助异教智慧成就上帝的旨意,圣经说摩西"学了埃及人一切的学问"。(徒 7:22)①对于奥古斯丁而言,基督教哲学和希腊哲学的关系是永恒哲学和现世哲学的关系,是真正哲学和现世哲学的关系,因为现世哲学无法达到永

① See Augustine, *On Christian Doctrine* II:11.

恒真理,不是真正的哲学。基督教哲学是永恒哲学,是关于永恒的上帝存在的哲学,是关于人的永恒命运的哲学,是真正的哲学。

二、永恒哲学与现世哲学

德尔图良是第一位拉丁教父,以揭示雅典和耶路撒冷的对峙立场而闻名。德尔图良的文化处境与查士丁不同,当时教会面对的异端是诺斯替主义。① 对于德尔图良而言,希腊哲学是和基督教学说格格不入的异教徒智慧,是异端学说的思想武器,是基督教学说的绊脚石。德尔图良援引使徒保罗《歌罗西书》的观点,指出基督教哲学家必须谨慎自己避免现世智慧的"掳掠"。就新约时期基督教的文化处境而言,使徒保罗这里所指的异端主要是渊源于希腊哲学的诺斯替主义,保罗把这些从希腊哲学的现世智慧而来的异端学说称做"人间的遗传"和"世上的小学"。在这个意义上,基督教学说是从上帝的直接启示而来的神圣智慧,是超越人类理性的神圣智慧,是超越希腊哲学的神圣智慧。在这个意义上,基督教学说具有希腊形而上学和自然理性无法企及的超自然维度,具有希腊哲学和现世智慧无法企及的超自然真理。在这个意义上,基督教学说具有希腊形而上学的自然理性无法企及的信仰维度。使徒保罗在新约书信中深刻阐述基督教学说固有的超自然信仰的维度:"因为十字架的道理,在那灭亡的人为愚

① See Etienne Gilson, *History of Christian Philosophy in the Middle Ages*, p. 44.

拙；在我们得救的人，却为上帝的大能。就如经上所记：我要灭绝智慧人的智慧，废弃聪明人的聪明。智慧人在哪里？文士在哪里？这世上的辩士在哪里？上帝岂不是叫这世上的智慧变成愚拙吗？世人凭自己的智慧，即不认识上帝，上帝就乐意用人所当做愚拙的道理拯救那些相信的人；这就是上帝的智慧了。犹太人是要神迹，希腊人是要智慧，我们却是传钉在十字架的基督，在犹太人为绊脚石，在外邦人为愚拙；但在那蒙召的，无论是犹太人、希腊人，基督总为上帝的能力，上帝的智慧。"（林前1：18—24）

针对那些为基督被钉死在十字架上而感到羞耻的人，德尔图良在《论基督的肉身》一书中说："上帝之子被钉在十字架上，我不感到羞耻，因为人必须为之感到羞耻。上帝之子死了，这是完全可信的，因为这是荒谬的。上帝之子被埋葬又复活了，这一事实是确实的，因为这是不可能的。"①德尔图良在这段文字中所深刻阐述的是基督教福音的核心奥秘，所深刻阐述的基督教认识论原理在于基督教学说的超自然性。第一，基督耶稣是上帝的独生子，却被钉死在十字架上，在世人眼中是奇耻大辱，在上帝的眼中却是基督的荣耀。第二，上帝的独生子被钉死在十字架上，在世人眼中是荒诞不经，在上帝眼中却是神圣救赎历史的核心事件。第三，上帝的独生子第三日从死里复活，在世人眼里是匪夷所思，在上帝眼里却是确凿无疑的事实，同样是神圣救赎历史的核心事件。德尔图良的真正意图在于指出，基督教学说的真理根基是上帝的真正

---

① Tertullian, *On the Flesh of Christ*, 15.

启示,即使这些启示太奇妙,超越纯粹理性的理解能力。在这个意义上,对于神圣启示的信仰比理性沉思更为确凿。像被钉十字架的上帝这样的信仰对象是超越纯粹理性的理解能力的。① 德尔图良对于三位一体论和基督论的神学阐述极其卓越,是基督教学说的珍贵遗产。德尔图良是拉丁神学的鼻祖,是奥古斯丁之前西方教会最伟大的神学家。

吉尔松在关于中世纪基督教哲学认识论的经典著作《中世纪的理性和启示》一书中指出,德尔图良所阐述的基督教认识论奥秘就是唯独信仰(Faith Alone)。在2000年的基督教历史中,以德尔图良的基督教认识论原理为典范的历代基督教神学家所坚持的原则就是:唯独信心、唯独恩典、唯独基督、唯独圣经、唯独上帝的荣耀。上帝在基督里的救恩是超越理性的神圣奥秘,对于基督教的神圣启示而言,希腊哲学不是真理同盟,而毋宁说是绊脚石。在三位一体、道成肉身、原罪和救赎、律法和恩典这些基督教的启示真理上,希腊哲学家是完全盲目的。正如使徒保罗所说:"世人凭自己的智慧既不认识上帝,上帝就乐意用世人当做愚拙的道理拯救那些相信的人;这就是上帝的智慧了。"(林前1:21)在这个意义上,正如殉道者查士丁所宣称的,基督徒拥有唯一真实的哲学,就是基督教启示。在关于救恩的神圣奥秘上,圣经启示是必要而自足的基督教真理。吉尔松指出,在2000年基督教神学历史上所有的重要时期,特别是在基督教固有的启示真理遭遇异

---

① See Etienne Gilson, *History of Christian Philosophy in the Middle Ages*, p.45.

端学说严重侵袭的重要时期，德尔图良所阐述的基督教认识论原则总是显示出自己固执坚持的护教立场。事实上，德尔图良自己就是在面对诺斯替主义异端的严重侵袭的时刻，提出“雅典和耶路撒冷”尖锐对峙的护教立场。吉尔松把这些著名的神学家归入基督教历史上的德尔图良家族（spiritual family）。[①]

亚历山大的基督教要理学派原先是为外邦和犹太基督徒设立的，后来发展成为训练基督徒教师和学者的神学院，在第3—4世纪成为基督教神学中心，首位校长是皈依基督教的斯多葛派哲学家潘陀纽斯（Pantaenus）。亚历山大学派的基督教学说继承犹太人斐洛的神学方法，致力于发掘基督教学说和希腊哲学的一致性。克雷芒和奥里根都给予希腊哲学极高的评价，一方面把希腊哲学理解为基督教学说的预备，另一方面把希腊哲学理解为深刻领悟基督教学说的途径。因此，克雷芒和奥里根致力于以希腊哲学阐述基督教学说，并以基督教学说为最高等的哲学或真正的哲学。在这个意义上，亚历山大学者把基督教的信仰和基督教的智慧加以区分。基督教的信仰指相信启示事实的单纯信心，是一种对于获得救恩而言已经足够的信心。基督教的智慧指对于启示奥秘获得更深刻的洞察。信心必须先于对于启示奥秘的深邃智慧，而对于启示奥秘的深邃智慧使信心得以完备。信心和智慧的对象都是上帝的神圣逻各斯，神圣逻各斯是亚历山大基督教哲学家

① See Etienne Gilson, *Reason and Revelation in the Middle Ages*, pp. 5-15.

思辨的中心。神圣逻各斯是上帝的神圣智慧,是上帝创造宇宙万物的神圣智慧,是上帝统摄宇宙万物的神圣智慧。神圣逻各斯是上帝的自我彰显,是自我彰显的上帝。在这个意义上,上帝的独生子道成肉身之前,神圣逻各斯的种子就已经散播在整个世界。因此,希腊哲学中蕴涵着在基督教学说中彰显出来的真理,是为基督教真理做准备的。作为所有真理和理性的颠峰的上帝的神圣逻各斯在基督里成为肉身。因此,基督教学说是真正的哲学和绝对的哲学。克雷芒确信,在真正的基督教学说中,信仰是知识的第一原则,是超越自然理性而具有真理确定性的毋庸置疑的第一原则。在真正的基督教学说中,信仰先于知识,信仰高于知识,信仰是知识的准则。克雷芒《劝勉希腊人》的基本论题是劝勉外邦人离弃多神崇拜而归信基督教。

奥里根是第3世纪卓越的基督教哲学家,为东方基督教思想发展奠定了重要基础。奥里根的主要著作是《论第一原理》和《反塞尔修斯》。《论第一原理》是基督教历史上最早的系统基督教学说,致力于神学和哲学的融合,共四卷。在《论第一原理》中,奥里根首先引用教会教导、信仰准则和圣经根据,接着才陈述自己的基督教学说结论。第一卷论述上帝、逻各斯、圣灵、理性和天使;第二卷论述世界和人、道成肉身、灵魂、身体复活和审判;第三卷论述自由意志以及罪和救赎;第四卷论述圣经的神圣性和圣经解释学。尽管奥里根的神学陈述中存在着许多明显的谬误,如普救论等,但奥里根的三位一体学说、圣灵论、基督位格说、永生论和道成肉身说等仍然对于后世基督教学说具有深刻影响,并且奥里根对于基督教学说的系统陈述是对于诺斯替异端的致命驳斥。奥里根的《反塞尔修斯》是对于塞尔修斯《真逻各斯》一书的反驳，这部著名的护教作品是基督教学说和希腊哲学的全面交锋。塞尔修斯是站在柏拉图主义的立场上批评基督教的，在这个意义的，奥里根和塞尔修斯之间的争论毋宁说是基督教的柏拉图主义和希腊哲学的柏拉图主义之间的争论。塞尔修斯所谓的真逻各斯指哲学思辨才可以达到的神圣理性，如善的理念、世界起源和灵魂不朽，而指责基督教学说承袭犹太人传统，是愚拙而无知的宗教。塞尔修斯特别拒绝道成肉身、十字架和复活，拒绝基督教学说所阐述的基督耶稣的位格和作为。奥里根反驳塞尔修斯的重要论辩是：希腊哲学所能达到的逻各斯只是人的智慧，而基督教学说所阐述的神圣逻各斯是上帝的智慧。上帝的智慧高于人的智慧，正如使徒保罗所说的："因为十字架的道理，在那灭亡的人为愚拙；在我们得救的人，却为上帝的大能。"哲学智慧对于基督教启示不是必要的，所以耶稣拣选的使徒是渔夫而不是哲学家。真正的基督徒就是真正的哲学家，而且基督徒的智慧胜于哲学家的智慧。基督信仰为基督徒带来美德，基督徒勇敢、节制、公义的生活，是哲学家梦寐以求的生活。塞尔修斯嘲笑耶稣出身卑微，奥里根指出，耶稣出身的卑微正是神圣救赎历史的奇妙奥秘。塞尔修斯这样的柏拉图哲学家如此抨击基督教，恰恰说明基督教的圣经启示中隐藏着外邦人尚未理解的神圣真理："在那些看到圣经高贵特性的人眼里，先知们预言的秘密包含着比塞尔修斯所敬仰的柏拉图著作更值得敬重的东西。"①

① Origen, *Against Celsus*, 6:18.

在悠久漫长的基督教哲学史中,奥古斯丁堪称卓越而深邃的基督教思想家。即使在托马斯成为教会导师的历史时期,奥古斯丁的神学影响依然是深刻而卓越的。奥古斯丁皈依基督教的心路历程详尽记载在《忏悔录》中。奥古斯丁为选择真理道路而殚精竭虑地沉思默想时,为"此时此刻结束自己的罪恶史"带着满腹辛酸而不胜呜咽时,在米兰花园里突然听见仿佛孩子的声音反复唱着:"拿着,读吧！拿着,读吧!"奥古斯丁确信这是来自上帝的命令,拿起新约使徒书信读到《罗马书》那决定性的经节:"不可荒宴醉酒;不可好色邪荡;不可争竞嫉妒。总要披戴主耶稣基督,不要为肉体安排,去放纵私欲。"(罗 13:14)奥古斯丁不需要再读下去。读完这一节,奥古斯丁心里那日渐微弱的异教思想便被连根拔起。一道确信的光芒照射进入奥古斯丁的心灵深处,所有怀疑的阴霾顿时烟消云散。① 从此,奥古斯丁以卓越的激情和深湛的智慧致力于阐述基督教学说,继承早期教会的神学遗产而成为教父哲学的集大成者。奥古斯丁的基督教学说凝神于"认识自己"和"认识上帝"的基本主题,藉助认识灵魂而认识上帝,藉助认识上帝而认识灵魂,在上帝和灵魂的内在关系中阐述基督教的上帝论、创造论、三位一体论、基督论、原罪论、恩典论、预定论、自由学说和历史哲学。奥古斯丁的基督教学说经由"经院哲学之父"安瑟伦而进入中世纪经院哲学。

吉尔松在《中世纪的理性和启示》中指出,在中世纪的基督教哲学中,启示和理性之间深刻契合的早期范式,是奥古斯

① See Augustine, *Confessions*, 8:12.

丁所阐述的“信仰寻求理解”的基督教认识论原理，这也是吉尔松自己作为20世纪卓越而深刻的著名基督教哲学家毕生著述所持守、所阐述的基督教认识论的首要原理，这恰恰是吉尔松所阐述的中世纪哲学精神所在。在使徒保罗《罗马书》的神学陈述中，即使外邦人亦有能力获得关于上帝存在的自然知识：“上帝的永能和神性是明明可知的，虽是眼不能见，但藉着所造之物就可以晓得，叫人无可推诿。”在使徒约翰《约翰福音》的神学陈述中，上帝的启示真理是赐给全人类的：“那光是真光，照亮一切生在世上的人。”早期希腊教父查士丁、克雷芒和奥里根都在基督教学说中致力于启示真理和理性沉思的完美结合，奥古斯丁则是教父哲学的卓越而深刻的集大成者。对于奥古斯丁而言，基督教学说的真理开端是神圣启示，而不是理性沉思。基督教真理始于对于神圣启示的信仰而转向“信仰寻求理解”的精神历程。吉尔松卓越而深刻地指出，奥古斯丁以“信仰寻求理解”的基督教认识论原则，开辟西方基督教思想史的新纪元。①

神圣启示成为理性沉思的必要开端，这是希腊哲学家闻所未闻的。对于希腊文明而言，哲学是宗教思想的最高形态。事实上，黑格尔在自己的宗教哲学中宣称哲学是宗教思想的最高形态，这只意味着近代哲学的认识论原则从中世纪文明回到希腊文明而已。在奥古斯丁的基督教学说中，对于启示真理的信仰行动和对于启示真理的理性沉思是迥然不同而相互契合的认识论维度。奥古斯丁所阐述的“信仰所寻求的理

① See Etienne Gilson, *Reason and Revelation in the Middle Ages*, p. 17.

解”,就是理性的自然之光进入神圣启示的超自然奥秘。在这个意义上,理解是信仰的奖赏(reward)。不是理解寻求信仰,而是信仰寻求理解。除非信仰,对于启示的理解是不可能的。① 救恩的奥秘就是认识上帝:“认识你独一的真神,认识你所差来的基督耶稣,这就是永生。”(约17:3)认识上帝是从接受启示开始的,对于启示奥秘的沉思和理解是基督教哲学家毕生的心路历程。信仰寻求理解,就是启示真理在殚精竭虑的沉思默想中在某种程度上转换为理性真理的心路历程。在这个意义上,奥古斯丁的基督教学说深刻改变着希腊人关于哲学智慧的观念。希腊哲学家爱智慧而无法获得智慧,基督教哲学家直接从启示获得智慧,基督教哲学家直接从启示获得理性沉思的真理源泉和思想指南。

奥古斯丁奠定的中世纪基督教哲学的认识论原则是:离开信仰,对于基督教启示的理解是不可能的。吉尔松指出,对于奥古斯丁学派的基督教哲学家而言,基督教启示的神圣内涵是完全相同的,“信仰寻求理解”的认识论原则是完全相同的,但基督教哲学家对于启示内涵的理解模式却是不尽相同的。对于奥古斯丁而言,理解启示信息的可能形式是基督教学说对于柏拉图哲学的重新诠释。例如,奥古斯丁对于肉体和灵魂关系的理解,对于理性知识的理解,毋宁说,是对于基督教启示奥秘的柏拉图式理解。作为经院哲学之父的安瑟伦重新阐述奥古斯丁“信仰寻求理解”的基督教认识论原则。但是,安瑟伦自己没有奥古斯丁的“皈依的形而上学”,没有

① See Etienne Gilson, *Reason and Revelation in the Middle Ages*, p. 19.

奥古斯丁时代的柏拉图范式。在安瑟伦自己的时代精神处境中，理性知识意味着逻辑知识，科学规范意味着逻辑学规范。在这样的时代精神处境中，安瑟伦所寻求对于神圣信仰奥秘的理解，是对于基督教启示的逻辑学证明，就是安瑟伦关于上帝存在的本体论证明。安瑟伦自己甚至把同样的逻辑学方法运用于对于三位一体和道成肉身的论述。事实上，奥古斯丁自己从未梦想过安瑟伦运用的逻辑学论证。吉尔松指出，奥古斯丁哲学所阐述的神圣启示和理解沉思的深刻契合，始终开拓着基督教智慧的无限空间，不断获得对于神圣启示奥秘的深刻洞见。在这个意义上，吉尔松把中世纪哲学史上的奥古斯丁学派的基督教神学家和基督教哲学家称做中世纪哲学历史中的第二家族——“奥古斯丁家族”（the Augustinian family）。①

奥古斯丁所阐述的“信仰寻求理解”的基督教认识论原理经由安瑟伦的精辟阐述而成为中世纪基督教的经院哲学的认识论典范，同时成为托马斯基督教哲学认识论的基本思想源泉。托马斯在自己的哲学著述中始终继承以奥古斯丁为卓越典范的基督教哲学的认识论原理。托马斯在《神学大全》中精辟而深刻地阐述奥古斯丁学说的基督教认识论原理。奥古斯丁充分利用柏拉图学派的哲学智慧——每当奥古斯丁在柏拉图学派哲学家的教导中发现任何真理以及和基督教信仰相一致的学说，奥古斯丁首先宣称外邦哲学家是非法地（unjust）拥有这些真理——奥古斯丁说，这些真理不是哲学家自

① See Etienne Gilson, *Reason and Revelation in the Middle Ages*, p. 16.

己发明的，而是哲学家从上帝恩典的宝藏中发掘出来的，上帝恩典的宝藏遍布全世界并且受到玷污。奥古斯丁将哲学家说出的这些真理发掘出来，谨慎而妥善地运用柏拉图哲学以帮助阐述基督教学说。每当奥古斯丁发现柏拉图学派哲学家的教导中任何和基督教信仰相违背的学说，奥古斯丁就修订柏拉图哲学以阐述基督教学说。① 根据托马斯对于奥古斯丁基督教哲学认识论的深刻阐述，在奥古斯丁的基督教学说中，基督教哲学和柏拉图哲学之间的关系同时存在着认同、分离和转换三种基本模式。

奥古斯丁经由新柏拉图哲学而进入基督教学说，对于柏拉图哲学的卓越洞见和先天缺陷都有深刻的理解。第一，在柏拉图哲学之中，确实包含着和基督教学说相一致的教导，比如一元论的形而上学原则和某些高尚的道德学说。奥古斯丁对于柏拉图哲学中这些和基督教学说一致的部分，采取认同的方法。在这个意义上，奥古斯丁和查士丁、克雷芒和奥里根同样致力于阐述基督教学说和希腊哲学的共同根源。根据护教者查士丁的理解，一元论的形而上学原则和某些高尚的道德学说是上帝蕴藏在希腊哲学家观念中的逻各斯种子。根据亚历山大学派克雷芒的理解，上帝蕴藏在希腊哲学家观念中的逻各斯种子是预备希腊人的心灵准备迎接基督的降临。第二，在柏拉图哲学之中，确实存在着和基督教学说相违背的教导，比如质料的原初性，质料是恶的原因，《蒂迈欧篇》关于起源的学说等。奥古斯丁对于柏拉图哲学中这些和基督教学说

① See Thomas Aquinas, *Summa Theologica*, Ia:84:5.

相违背的部分，采取分离的方法。在这个意义上，奥古斯丁和德尔图良同样致力于阐述基督教学说超越希腊哲学并且和希腊哲学无法通约的卓越而神圣的真理特征。根据德尔图良的基督教认识论原理，基督教学说有自己的真理源泉，有自己的真理论题，有自己的真理规范，这些都是希腊哲学无法企及的。正是在这个意义上，德尔图良宣称，就基督教学说的真理准则而言，雅典和耶路撒冷之间存在着无法通约的惊人鸿沟，柏拉图学院和基督教会之间存在着无法通约的惊人鸿沟。事实上，奥里根在《反塞尔修斯》中同样深刻而精辟地阐述着德尔图良的基督教认识论原理：在旧约先知的预言中包含着比柏拉图哲学中更值得敬重的东西。第三，一旦发现柏拉图哲学中那些和基督教学说相违背的教导，奥古斯丁毫不犹豫地放弃柏拉图哲学而根据圣经启示阐述基督教学说。奥古斯丁关于《创世记》的注释就是根据圣经清楚明确的神圣启示，阐述上帝的创造是从无到有的创造，而不存在所谓“原初质料”。奥古斯丁关于《罗马书》的注释就是根据圣经清楚明确的神圣启示，阐述人类的堕落是由于亚当犯罪的缘故，而不是由于“身体的邪恶”。奥古斯丁关于《出埃及记》的注释就是根据圣经清楚明确的神圣启示，阐述上帝是自身存在而永恒存在的神圣存在和神圣位格，而不是所谓“善的理念”。奥古斯丁所阐述的基督教柏拉图主义已经不是希腊哲学的柏拉图主义，在这个意义上，奥古斯丁的基督教哲学可以说是对于柏拉图哲学的转化。

三、基督教哲学的普世性

早期教父哲学在阐述基督教学说时，面对着犹太人的律法主义而需要澄清基督教启示和犹太教传统的关系,面对着从希腊哲学而来的诺斯替主义而需要澄清基督教启示和希腊哲学的关系。正如使徒保罗所宣称的:基督耶稣的福音是上帝的权能,要拯救一切相信的,先是犹太人,后是希腊人。希腊人在这里是外邦人的典范,代表全部外邦人。犹太人和外邦人在基督里同归于一,就是基督福音的普世性。早期教父爱伦纽在五卷本的神学著作《驳异端》中宣称:"全世界的公教会只有一个相同的信仰。"[①]基督教学说不是像犹太教那样单单属于上帝的以色列选民,而是属于万族、万邦、万国、万民中所有相信的人。在上帝拣选亚伯拉罕之前,亚伯拉罕的父亲在大河那边侍奉别神。犹太人始终生活在四围列国的多神崇拜的环境之中。以色列选民在万民面前的责任就是归耶和华做祭司的国度和圣洁的国民,作耶和华的见证。基督耶稣道成肉身,被钉十字架而复活升天,基督教同样诞生在罗马帝国的多神崇拜的环境之中。基督的门徒同样是被拣选的族类,基督教在万民面前的责任同样是做有君尊的祭司和圣洁的国度,作基督的见证。基督教信仰虽然是来自上帝独一无二的启示,基督教会始终生活在外邦人之中,置身于罗马帝国的宗教环境中,犹如以色列选民始终生活在外邦人之中,置身于四围列国的宗教环境中。不同种族的人成为邻舍,不同文化的人成为邻舍,不同宗教的人成为邻舍,在如此显著而深刻的文化冲突的生存环境中,基督教学说必须阐述的基本论题是:第一,全人类彼此相爱而合一的共同基础——上帝创造的

---

① Irenaeus, *Contra Haereses*, I:10:2-3.

普世性;第二,基督教哲学的普世性——上帝救赎的普世性。

全世界不同种族不同文化不同宗教的人成为邻舍,彼此相爱并合而为一,因为世人拥有同一位上帝。只有一位上帝,就是"父和全宇宙的创造主"。① 上帝从一个血脉造出世上万族的人,住在全地上,并且预先确定世人的年限和所居住的疆界,要叫世人寻求上帝。万族、万邦、万国、万民都有同样的起源、本性和命运,因为上帝按照自己的神圣形象创造了人,上帝按照自己的神圣旨意与人缔结圣约,上帝按照自己的神圣智慧引导人进入世界历史的终极目标。上帝的眷顾和保守,上帝的慈悲和良善,上帝的救恩计划,都是为了所有的人而设立,先是犹太人,后是外邦人。上帝在宇宙万物中显出慈悲怜悯的证据,就是常施恩惠,从天降雨,赏赐丰年,叫世人饮食饱足,满心喜乐。上帝按照世人的行为报应各人,凡恒心行善、寻求荣耀尊贵和永恒幸福的,就以永生报应世人。上帝爱世人,甚至赐下自己的独生子,叫一切相信的人获得永生,因为上帝愿意万人得救,明白真道。到上帝预定的日期满足,所有蒙上帝拣选的人都会聚集在圣城中,就是上帝的城邑,那里有上帝的宝座,有新约的中保基督耶稣,有千万的天使,有旧约、新约的全部圣徒。在圣城中有上帝的荣耀光照,所有的人都行在上帝的光中。因为同一位上帝的创造和眷顾,因为同一位上帝的主权和慈悲,因为同一位上帝的怜恤和拯救,万族、万邦、万国、万民在上帝面前都是手足同胞,先是犹太人,后是外邦人——这是人类自由尊严和平等博爱的形而上学根基。

① Clement, *Stromata*, 6:15:128.

《约翰福音》序言宣称:"太初有道,道与神同在,道就是神。……生命在他里面,这生命就是人的光。"上帝藉着自己的独生子基督耶稣赐予人类的生命就是救恩,就是"道路、真理、生命",这从上帝而来的救恩是普世性的。所有人都是按照上帝的神圣形象创造的智慧存在者,从上帝而来的"那光是真光,照亮一切生在世上的人"。① 上帝在基督里预备的救恩是普世性的,这不意味着所有人都接受从上帝而来的救恩:"光照在黑暗中,黑暗却不接受光。"奥古斯丁说:不是所有人都可以接受从上帝而来的真光。世人无法看见从上帝而来的真光,犹如行走在阳光下的盲人无法看见太阳,无法看见阳光下的真实世界。世人所需要的是打开心灵的眼睛,看见从上帝而来的真光,看见从上帝而来的真理,看见从上帝而来的智慧,看见从上帝而来的救恩。② 自从上帝创造宇宙万物以来,"上帝的永能和神性是明明可知的,虽是眼不能见,但藉着所造之物就可以晓得,叫人无可推诿。"但已经陷在罪孽中的世人"故意不认识上帝",上帝就任凭世人陷在心灵的黑暗中。因为世人在亚当里已经堕落,因为世人在亚当里陷在心灵的黑暗中,因为世人在亚当里无法认识上帝,所以上帝藉着道成肉身的基督赐下救恩,上帝在基督里预备的救恩是普世性的。③

按照上帝的神圣形象创造的人,是位格的存在者,是理性

---

① Augustine, *On the Gospel According to St. John*, Peabody: Hendrickson Publishers, Inc. ,2004, I:18.

② See Augustine, *On the Gospel According to St. John*, I:19.

③ See Augustine, *On the Gospel According to St. John*, II:8.

的存在者,是智慧的存在者,是自由的存在者,是形而上学的存在者,是属灵的存在者,是渴慕真理的存在者。世人在生命旅途中无法解释人类存在的斯芬克斯之谜,因此在世界文明中殚精竭虑地寻求答案。隐藏在人类心灵深处的问题,今昔如一而历久弥新:人是什么?生命的意义及目的是什么?何谓正直?何谓罪恶?苦难源自何处?苦难有何意义?如何才能找到真正的快乐?如何才能获得永恒幸福?死亡的瞬间发生什么?有没有死后生命?什么是审判?死后有何奖赏?最终极的奥秘是世人无法解释的人类全部存在所包含的奥秘——人类灵魂的根源和归宿:人类源自何处?归往何方?自有人类历史以来,万族、万邦、万国、万民的人都感受到某种隐藏的力量,那是隐藏在宇宙万物和生命现象背后的高于人类自身的力量。希腊哲学家甚至拥有对于一种至高存在者的认识,甚至认识到一位天父的存在。这种认识及信念,产生一种充满超越意识的思考方式。希腊哲学家或多或少都在尝试寻求上帝,在柏拉图和亚里士多德哲学中所发现的形而上学原理,拥有更加明确的语言回答这些问题。基督教学说并不排斥希腊哲学中所包含的任何真实而神圣的东西。基督教学说尊重希腊哲学的精神遗产,尽管柏拉图和亚里士多德哲学的宇宙观、人生观和伦理学与基督教不尽相同,仍然彰显出一丝启迪的真理之光,因为"世人凭自己的智慧不认识上帝"(林前1:21)。基督教学说所阐述的超自然启示是:基督是道路、真理、生命。[1] 藉着基督,上帝叫世人与自己和好,世人因

① See Augustine, *On the Gospel According to St. John*, LXIX:1-4.

此获得完满的恩典、真理和永恒幸福。在这个意义上，教父哲学家对于在柏拉图和亚里士多德哲学中已经存在的形而上学真理和道德真理予以充分尊重、承认、保护和阐述，在此基础上阐述基督教学说，以基督教学说实现或成全作为普世性启示的希腊哲学。在这个意义上，基督教哲学属于希腊人，属于外邦人，属于万族、万邦、万国、万民。基督教哲学是属于万族、万邦、万国、万民的普世性哲学。

教父哲学家必须阐述的基本神学论题就是基督教的犹太根源，就是将新约信徒与作为亚伯拉罕骨肉的犹太人联系在一起的属灵关系。对于独一的上帝、全能的父和创造者的信仰，是基督教和犹太教的共同信仰。基督教从犹太教继承了圣经的神圣默示的观念。查士丁对犹太人阐述基督教的弥赛亚就是犹太教上帝预定旨意的应验："圣经属于我们的成分，远超过属于你们的成分，因为我们顺服圣经，而你们读圣经却不理解其真正含义。"①教父哲学殚精竭虑地阐明：在上帝的救恩计划中，新约信徒的拣选和信心渊源于以色列列祖亚伯拉罕、摩西和先知。所有忠于基督的人、在基督里有信心的新约信徒都是亚伯拉罕信心的后裔，在上帝对于亚伯拉罕的呼召和应许中有份。上帝带领以色列选民出埃及而离开为奴之家，其中也充满奥秘地预示着基督耶稣十字架的救恩。当上帝在自己无限的慈悲中与以色列选民缔结神圣契约时，新约信徒也在普世性的亚伯拉罕之约中领受旧约奥秘的恩典。基督教会作为外邦人的野橄榄被接在橄榄树上，一同得着永远

① Justin, *Dialogue with Trypho the Jew*, 29.

的亚伯拉罕之约的橄榄根的肥汁,得着犹太人的神学遗产和属灵祝福。在新约救赎中,基督是犹太人和外邦人的和睦,藉着基督的十字架,使犹太人和外邦人在基督里合而为一。使徒保罗如此阐述犹太人的选民身份:他们是以色列人;那儿子的名分、荣耀、诸约、律法、礼仪、应许都是他们的。列祖就是他们的祖宗,按肉体说,基督也是从以色列选民出来的。基督教会的基石是使徒,使徒是犹太人的后裔,向普世宣扬基督福音的早期门徒也是犹太人的后裔。新约圣经指出,以色列选民没有认出上帝差遣弥赛亚降临的历史时刻,大部分的犹太人没有接受福音。恰恰是犹太人拒绝基督,拒绝福音,抵挡基督福音的传播。纵然如此,使徒保罗指出:因着列祖的缘故,以色列选民依然是上帝所眷爱的,因为上帝没有收回自己赐下的恩赐,没有改变自己的拣选。基督教会与旧约先知和新约使徒共同等候基督再来的时刻,那时先知和使徒要同心合意地呼求上帝,犹太人和外邦人要肩并肩地事奉上帝。犹太人和外邦人要一同欢乐,万族、万邦、万国、万民都要仰望亚伯拉罕、以撒、雅各的上帝。在这个意义上,哲学家的上帝,就是亚伯拉罕的上帝,以撒的上帝,雅各的上帝。①

基督徒与犹太人有如此相同而深邃的属灵遗产,教父哲学家藉助希伯来圣经的深刻研究和属灵诠释,向犹太人阐述基督教的核心信仰,鼓励基督徒和犹太人在希伯来圣经的新约诠释的基础上互相理解、彼此认同。针对犹太人对于耶稣

① See Etienne Gilson, *God and Philosophy*, p. 144.

的弥赛亚身份的困惑，查士丁宣称："我们怎能相信被钉十字架的人是永生上帝的独生子，并且要审判万民？岂不是我们有基督降世以前的见证，以及我们看到这些见证完全成全？"①基督降世以前的见证，特别指希伯来圣经中律法书、先知书和诗篇的弥赛亚预言。基督教会是上帝的选民，包括在基督里的犹太人和外邦人。基督的福音赐给一切相信的，先是犹太人，后是外邦人。希伯来圣经是犹太人和基督徒的共同遗产，是犹太教和基督教的共同遗产。摩西五经、先知书和诗篇都记载着关于拿撒勒人耶稣的弥赛亚预言。在这个意义上，旧约圣经是新约奥秘的应许，新约救赎是旧约预言的应验。教父哲学家殚精竭虑地阐明，旧约圣经和新约圣经出于一位相同的作者，就是圣灵。基督教阐述的神学奥秘，是基督耶稣出于无限的慈悲，为了担负世人的罪孽而被钉死在十字架上，为的是让犹太人和外邦人都能够在基督里得到救恩。教父哲学家的核心信息是：基督耶稣的十字架是上帝对于世人的爱，是所有恩典和真理的源泉。护教者查士丁针对犹太人而写的著名护教著作《与犹太人蒂尔弗的对话》显示出希腊哲学家查士丁对于希伯来圣经的深邃理解。犹太人蒂尔弗表示自己无法接受基督教的两个缘故：第一，基督徒不遵行摩西律法；第二，基督徒把耶稣作为上帝来敬拜。查士丁以希伯来圣经为基础，向蒂尔弗解释摩西律法和先知预言如何在基督身上成全。第一，福音成就律法——律法是训蒙的师傅，引导犹太人到基督面前，使犹太人因信称义；第二，拿撒勒人耶

① Justin, *I Apology*, 53.

稣就是摩西五经、先知书和诗篇所预言的弥赛亚。对于当时的犹太人而言,查士丁的《与犹太人蒂尔弗的对话》是一部具有说服力的基督教作品。① 旧约圣经和新约圣经被同一位圣灵默示,正如奥古斯丁所说:"新约在旧约中隐藏,旧约在新约中彰显。"②尽管犹太人尚未认识福音,犹太人所敬拜的上帝是独一的上帝、永活的上帝,实际存在的慈悲的全能的创造宇宙万物的主,向人说话的上帝。犹太人极力毫无保留地服从上帝的旨意,正如亚伯拉罕服从上帝的旨意一样,犹太人渴望与亚伯拉罕的信心认同。犹太人遵行律法,追求圣洁生活、敬拜上帝、等候弥赛亚降临和以色列复兴的日子。使徒保罗在《罗马书》中指出,外邦人的数目添满,于是以色列全家都要得救。对于教父哲学家而言,所有的人都是按照上帝的神圣形象所创造的,都是基督耶稣十字架的宝血所救赎的。上帝的创造恩典和救赎恩典普及万邦,普及万族、万邦、万国、万民。在这个意义上,基督耶稣带来的新约是普世性的,基督耶稣带来的祝福是普世性的。基督教所理解的博爱意味着必须藉着上帝的慈爱用手足之情来恩待所有人,先是犹太人,后是外邦人:"我们爱,因为上帝先爱我们。"③

在教父哲学中,研究者可以观察到基督教文化与非基督教文化之间的复杂关系。关于基督教哲学范式与非基督教文化的关系,核心课题是福音与文化的关系,现代基督教学者提

---

① See Justin, *Dialogue with Trypho the Jew*.

② Augustine, *Quaest, in help*. 2. Q. 73.

③ Augustine, *On the Epistle of John*, HomilyIX:1-11.

出五个模式去诠释基督与文化的关系。① 第一,在文化之中的基督(Christ of culture)。第二,在文化之上的基督(Christ above culture)。这两个模式基本上是和非基督教文化相认同的模式,即寻找基督教真理与非基督教文化的接触点,承认基督教学说和非基督教文化之间的矛盾而致力于寻找获得基督教真理的共同基础。事实上,这个共同基础就是作为上帝普世性恩典的先验启示——先验的上帝观念和先验的道德良知。第三,与文化相对峙的基督(Christ against culture);第四,与文化彼此吊诡的基督(Christ and culture in paradox)。这两个模式基本上是和非基督教文化相分离的模式,即致力于阐述基督教真理超越而扬弃非基督教文化的独特本质,即上帝在新旧约圣经和基督耶稣里的特殊启示,阐述基督教特殊启示的超越原则和真理结构,拒绝与非基督教文化妥协,而持守基督教的基本原理。第五,作为文化转化者的基督(Christ the transformer of culture)。这种转化模式基本上是藉助基督教学说深刻改变非基督教文化,将非基督教文化转变为基督教文化。奥古斯丁对于柏拉图哲学的运用——包括认同和分离的双重模式,就把基督教启示降临之前的柏拉图哲学转变为基督教的柏拉图哲学。托马斯对于亚里士多德哲学的运用——包括认同和分离的双重模式,同样把基督教启示降临之前的亚里士多德哲学转变为基督教的亚里士多德哲学。这种转变的奥秘,就是基督教学说的特殊启示成就希腊

---

① See Richard Niebuhr, *Christ and Culture*, New York: Harper & Brother, 1956.

哲学中的普世性启示。基督教学说自身固有的普世性,使得基督教学说藉助福音而转化希腊哲学,带来教父哲学和中世纪经院哲学的辉煌时期。基督教福音在于宣布救恩的降临。希腊哲学经由基督徒的沉思而获得延续,恰恰因为这些沉思者是基督徒。基督教的福音并未带来新的哲学,基督教的福音使哲学家成为新人。福音带来的新生命必定带来哲学的新生,在这个意义上,哲学的新生奠基于哲学家的新生。吉尔松指出,在早期基督教历史中,老树似乎注入新血而滋发新绿,因为有新的信仰带来激励的缘故。而在早期基督教,这新血常常是像殉道者查士丁这样的基督徒的生命。教父哲学家不需要在希腊哲学里寻找自己信仰生活的奥秘,却使自己的信仰生活贡献于哲学沉思并提供哲学沉思的源泉。在这个意义上,中世纪经院哲学家只是继续教父哲学家已经开始的工作,使之臻于完善而已。①

第三节　托马斯的永恒哲学

在《神学大全》第1卷第1题,托马斯开宗明义提出关于上帝的神圣科学认识论的基本论题:关于上帝的神圣科学如何可能。托马斯详尽论述神圣科学存在的意义、神圣科学的知识源泉、神圣科学的卓越地位和神圣科学的对象领域。托马斯指出,因为上帝的神圣奥秘超越理性沉思的认识领域,上

① See Etienne Gilson, *The Spirit of Medieval Philosophy*, p. 419. 吉尔松:《中世纪哲学精神》,沈清松译,台湾商务印书馆2001年版,第381页。

帝为人类设定的生命目标超越理性沉思的认识领域，为了人类救恩的缘故，在作为哲学的自然神学之外，需要从上帝启示而来的神圣科学。神圣科学在理论上和实践上都是所有科学中最卓越最尊贵的。神圣科学的知识源泉是确凿可靠的，神圣科学的崇高论题超越人类理性的认识领域，神圣科学的实践目标是人的永恒幸福。神圣科学以上帝为认识对象，在上帝的神圣作为和启示言辞中认识上帝，在与上帝的关系中理解全部存在和人类的历史命运。神圣科学在上帝启示和理性沉思相得益彰的和谐中阐述上帝彰显的神圣奥秘，在启示神学和自然神学相得益彰的和谐中阐述上帝彰显的神圣奥秘。上帝启示和理性沉思相辅相成而相得益彰的完美结合，恰恰是吉尔松所阐述的中世纪哲学精神。

一、神圣科学的源泉

托马斯首先阐述的认识论论题是神圣科学的存在意义。神圣科学的认识论论题是："在哲学研究之外，是否需要其他学问？"①托马斯关于神圣科学存在意义的认识论论题是针对中世纪基督教学术界存在着以亚里士多德哲学取代传统基督教神学的倾向而提出的。一方面，有些哲学家认为，哲学家不应当尝试研究超越理性认识能力的对象，毋宁说，哲学家应当放弃研究那些超越人类理性认识能力的对象。事实上，这就是后来康德在《纯粹理性批判》中所表述的不可知论。另一方面，当时亚里士多德学派的哲学家确信哲学研究有能力认

① Thomas Aquinas, *Summa Theologica*, Ia:1:1.

识实在界的所有对象。即使上帝本身,也在哲学研究的领域中。亚里士多德正是在这个意义上把神学理解为第一哲学或哲学的部分。① 在这个意义上,在哲学之外,不再需要任何神圣科学。事实上,这就是后来黑格尔在《逻辑学》中所表述的理性主义的基督教哲学。托马斯在《神学大全》的认识论陈述中提出和亚里士多德哲学完全不同的见解。托马斯指出哲学研究本身无力把握关于上帝的神圣奥秘,而人类为了救恩的缘故却需要对于上帝的确凿知识。

上帝的神圣奥秘启示在圣经书卷中。托马斯援引《提摩太后书》关于圣经书卷的神圣起源和神圣本质的论述:“圣经都是上帝所默示的,于教训、督责、使人归正、教导人学义都是有益的。”(提后 3:16)圣经都是上帝的默示,是从上帝而来的神圣启示,是关于上帝的神圣奥秘。托马斯指出,上帝所默示的圣经启示并不属于作为理性沉思的哲学领域,是从上帝而来的神圣启示,是超越哲学沉思的神圣启示,而哲学真理只是奠基于人类理性的。在这个意义上,在哲学研究之外,需要一种关于上帝的神圣科学,这种神圣科学来源于上帝启示,是上帝亲自默示的确凿知识。托马斯指出,为着人类幸福即救恩的缘故,关于上帝的神圣科学所需要的学问包括上帝启示的神圣奥秘,以及作为理性沉思的哲学研究。毋宁说,在自然神学之外,需要启示神学。托马斯深刻揭示出的最基本的人类生命处境是,上帝为人类设立的生命目标超越纯粹理性可以把握的领域。正如先知以赛亚所说:上帝为依靠自己的百姓

① See Aristotle, *Metaphysics*, VI, I, 1026a19.

所行的奇事，上帝为依靠自己的百姓所设立的生命目标，是人未曾耳闻、未曾眼见的。（赛64:4）倘若中世纪经院哲学家象先知以赛亚那样确信，上帝为人类设立的生命目标超越哲学家沉思可及的领域，在哲学研究之外，藉助上帝的神圣启示而获得超越哲学沉思的神圣真理，对于人类的幸福是不可或缺而意义非凡的，因为哲学研究的理性沉思无法把握而指向上帝为人类设立的生命目标。

即使在理性沉思可以探索的关于上帝的基督教真理领域，从上帝而来的超自然启示的神圣教导仍然是必要的。关于上帝的理性沉思的哲学真理只是为少数精英所预备的，即使哲学家经历漫长艰辛的理性探索，哲学真理依然伴随着许多错误。关于上帝的哲学真理固然可以作为基督教信仰的预备，人类的真实幸福在于对于上帝的认识，关于上帝的神圣真理乃是在上帝之中。神圣真理的意义在于人类的救恩，而神圣真理的源泉是关于神圣奥秘的神圣启示。托马斯关于神圣科学的认识论结论是：为了人类救恩的缘故，在理性沉思的哲学研究之外，藉助上帝启示获得的神圣科学是必要的。基督教必须坚持从上帝启示而来的神圣教导，而神圣启示超越理性沉思的科学发现。上帝的神圣奥秘固然超乎纯粹理性的认识能力，人固然无法藉助理性探究上帝的神圣奥秘。在这个意义上，理性应当限制自己涉猎人类知识的至高领域。然而，既然上帝的神圣奥秘已经由上帝启示出来，关于上帝的神圣真理就必定能够藉助信仰而为人所领受，哲学家应当凭藉信心迎接这些神圣真理。传道书指出：在人类自身的理解之上，将有许多奥秘显明给你。

在这个意义上，神圣科学必定揭示"许多人类不能理解的事"，神圣科学恰恰是这样一种揭示神圣奥秘的科学。对于托马斯而言，科学领域的区分不在于研究对象的区分，而在于研究方法的区分。在对于上帝的认识中，哲学和神圣科学的区分是根据认识方式的不同而决定的。托马斯举例阐述不同科学如何运用不同的认识方式研究相同的认识对象。例如天文学家和物理学家都能够证明相同的结论，如地球是圆的。但是，天文学家运用数学方法进行研究，或者说天文学家根本不专注于研究直观现象，而物理学家则对直观现象进行考察。作为基督教研究的哲学和神学都是对于神圣真理的探索，哲学依靠自然理性之光，神学依靠神圣启示之光即超自然的恩典之光。在科学分类上，作为神圣教导的神学(theologia)，作为基督教神圣科学的启示神学，区别于作为哲学的自然神学。尽管如此，作为哲学的自然神学依然是基督教的神圣科学自身拥有的一部分。①

托马斯接着论述，在什么意义上，神圣科学是一门科学。对于很多哲学家而言，从上帝启示而来的神圣科学似乎并非科学(scientia)。因为科学必须奠基于自明的原理。但是，神圣科学却是奠基于并非自明的信条。作为神圣科学原理的这些基督教信条并不是人人都认同的，正如《帖撒罗尼迦后书》所说："不是人人都有信德的。"(帖后3:2)倘若神圣科学的原理不具有普世性，神圣科学并非科学。再者，科学不是讨论个别事件的，科学探讨普遍必然的客观原理。但是，神圣科学

① See Thomas Aquinas, *Summa Theologica*, Ia:1:1.

却讨论个别事件和选民历史,诸如亚伯拉罕、以撒、雅各等人的生平事迹。在这个意义上,神圣科学并非科学。另一方面,奥古斯丁在《论三位一体》中宣称:"唯有藉这门科学,信仰才得以萌生、培育、保护,并臻于坚强。"①神圣科学的职责在于使最强健的信仰成为最健康的信仰,这些职责首先属于神圣科学。在这个意义上,神圣科学是科学。然而,哲学家必须牢牢记住:根据科学原理的认识源泉,存在着两种科学。有些科学是从藉助人的理智的自然之光所获得的原理出发的,如算术、几何学,等等。而另一些科学是从藉助一门更高级的科学的光照即启示之光所获得的原理出发的。例如,透视学是从藉几何学奠定的原理出发的,音乐是从藉算术奠定的原理出发的。同样,神圣科学之所以是科学,乃是因为神圣科学是从藉一门更高级的科学,即关于上帝和天国蒙福者(beatorum)所分享的超自然恩典的光照所建立起来的原理出发的。因此,正如音乐家以数学家教授给自己的原理为权威,神圣科学以上帝启示给自己的原理为权威。托马斯指出,任何科学的原理,或者其本身是自明的,或者是可以从一门更高级的科学演绎出来的。正如已经阐述的那样,神圣科学从更高级的科学结论获得自己的原理。神圣科学之所以叙述个别事件,主要并不是因为神圣科学特别关心这些个别事件,而是把圣经记载的这些生命经历作为我们的生命典范(一如在道德科学中那样),同时宣告圣经作者的神圣权威。藉助这些圣经作者,神圣启示得以彰显给我们,从这些圣经作者而来的神圣启

① Augustine, *The Trinity*, 14:7.

示是圣经或神圣科学的根基。[1]

托马斯接着讨论,在什么意义上,神圣科学是单一的科学。对于一些哲学家而言,神圣科学似乎不止是一门科学(una scientia)。按照亚里士多德的理解,"科学只讨论一类题材"(subiecti)。[2] 神圣科学同时讨论创造者和受造物两类对象,这两类对象不能够归于同类题材,因此,神圣科学并不止是一门科学。再者,在受造物之中,神圣科学讨论天使、人类和有形万物,这些题材分属于不同的哲学学科。因此,神圣科学不可能只是一门科学。另一方面,圣经讲到神圣科学时却把神圣科学看做一门科学:"智慧叫人明白神圣的事。"托马斯的结论是:神圣科学是单一的科学。能力(potentiae)与习性(habitus)的统一性应当从其对象方面来考察,这里要考察的不是对象的质料方面,而是对象借以成为其所是的形式性。圣经根据神圣启示看待事物,从获得上帝启示的形式性方面来考虑事物,凡上帝启示的事物便都分享这门神圣科学的对象的形式性,从而也就包括在那作为单一科学的神圣科学里。神圣科学并不是对上帝和受造物一视同仁的,上帝是神圣科学的首要原理。神圣科学探讨受造物,由于上帝是受造物的根源和鹄的。神圣科学的统一性并不会因此而受到影响。没有任何东西能够阻止较低的能力由于归属一种较高等级的能力的事物而形成不同的种类。因为较高等级的能力是从更加普遍的形式方面来考察这些对象的。那些构成不同哲学科学

---

① See Thomas Aquinas, *Summa Theologica*, Ia:1:2.

② Aristotle, *Posterior Analytics*, I,28,87a38.

的对象的事物可以由这门神圣科学从一个方面予以考察,也就是就对象之能够包括在启示之中而予以考察。神圣科学在神圣启示领域藉助相同的焦点整合并勾勒不同哲学科学,因此,就实际果效而言,神圣科学仿佛是上帝自己的知识铭刻在人类心灵里面的印记,上帝如此铭刻在人类心灵里面的神圣印记是所有存在的简单图景。①

二、神圣科学的地位

神圣科学是从上帝启示而来的关于上帝的科学。那么,神圣科学是一门理论科学,还是一门实践科学?对于一些哲学家而言,神圣学问似乎是一门实践科学(scientia practica)。按照亚里士多德的说法,"实践科学的目标在于行动。"②神圣科学对于人的要求恰恰是行动。正如《雅各书》所说:"你们要行道,不要单单听道。"(雅 1:22)所以,神圣科学是一门实践科学。再者,神圣科学包含旧约和新约两部分。律法属于道德科学(scientiam moralem),而道德科学为实践科学。所以,神圣科学为一门实践科学。另一方面,凡实践科学都同人的行动相关。例如,道德科学关涉人的行为(actibus),犹如建筑学关涉建筑活动。但是,神圣科学的主要论题是上帝自己,上帝创造了人,人是上帝的作品。在这个意义上,神圣科学不是一门实践科学,而是一门理论科学。托马斯的结论是:神圣科学是单一完整的科学,却可以扩展到属于不同哲学科学的

---

① See Thomas Aquinas, *Summa Theologica*, Ia:1:3.

② Aristotle, *Metaphysics*, II, I, 993b21.

事物上面。因为神圣科学在所有事物中所考察的都是同一个形式，神圣科学在事物能够藉助上帝光照而被认识这个意义上考察事物。尽管在哲学科学中一门是理论的，而另一门是实践的，但神圣学问则包括理论和实践两者。因为上帝是在完整的知识中认识自己和自己的创造物这样两个方面。在实践和理论两个方面，神圣科学与其说是实践科学，毋宁说是理论科学。神圣科学的理论品格远远超越其实践品格，因为神圣科学的基本论题是上帝，是神圣实在的本质而不是人类在其中的行动。尽管神圣科学实际上也关涉人的行为，但这只是为了使人获得关于上帝的完满知识，而人的永恒幸福（beatitudo）正是奠基于关于上帝的完满知识。仅仅在这个意义上，神圣科学关涉道德神学所阐述的人类行动。①

托马斯接着阐述，神圣科学何以比其他科学更尊贵。对于一些哲学家而言，神圣科学似乎并不比其他科学更尊贵（dignior）。对于这些哲学家而言，科学的尊贵性取决于作为科学根基的首要原理的确实性。其他科学的原理是毋庸置疑的，因而似乎比神圣科学更为确实。因为神圣科学的原理即信条，是能够遭遇怀疑的。因此，其他科学似乎更尊贵。再者，较低级的科学的标志就在于自身对于高级科学的依赖，例如音乐依赖于算术。但是，神圣科学却是从哲学学科那里得到援助的。因为哲罗姆（Hieronymus）在其《致伟大演说家书》中就已经注意到："古代神学家的著作中充满了哲学家的学说和意见，以至于使你不知道其中究竟什么东西更值得赞

① See Thomas Aquinas, *Summa Theologica*, Ia:1:4.

赏:是神学家的世俗学问呢还是神学家的圣经科学呢?”毋宁说,神圣科学运用哲学,所以,神圣科学低于哲学。另一方面,圣经把其他科学称做神圣智慧的使女。《箴言》说:“智慧打发使女出去,自己在城中至高处呼叫。”智慧邀请世人来到自己的城堡,离弃愚蒙而得以存活,走上光明的道路。(箴言9:3)托马斯的结论是:神圣科学既是理论科学亦是实践科学,神圣科学超越所有其他科学,无论是理论科学还是实践科学。

通常,哲学家说一门理论科学比另一门理论科学尊贵,或者指这门科学具有更高的确实性,或者指这门科学对象具有更高的价值。而神圣科学在这两个方面都超出其他理论科学。说神圣科学有更高的确实性,因为其他科学都是从人类理性的自然之光获得自己的确实性,而人类理性是会犯错误的。而神圣科学却是从神圣知识的光照获得自己的确实性,而神圣知识的光照是不可能出错的。说神圣科学的对象具有更高的价值,乃是因为神圣科学把人类对于真理的探索引向理性无法企及的崇高领域,而其他科学所考察的只是那些为人类理性可以把握的东西。对于实践科学而言,其中一门实践科学之所以比另一门实践科学尊贵,乃是因为尊贵的实践科学用来达到更进一步的目的。例如,政治学之所以比军事学尊贵,乃是因为军队的善应当以国家的善为归宿。但是,神圣科学的目的,就其为实践科学而言,乃在于人的永恒幸福,而每一门实践科学也都是以此作为自己的终极目的(ultimum finem)的。因此,在理论上和实践上,神圣科学显然都比其他科学更尊贵。

托马斯指出,往往出现这样的情况:一件其本身更为确实的存在，由于人类理智的软弱，而被人类视为具有较少的确实性：人类理智“为皎然可见的自然对象而晕脑，犹如猫头鹰的眼睛为太阳的光线所闪耀那样”。① 因此，怀疑信仰原理的情形之所以发生，不是由于这些真理的不确实性，而是由于人类理解力软弱的缘故。不过，对于最尊贵的存在，人类可能获得的哪怕是最微不足道的知识，也比人类对于较低级的存在所获得的最确实的知识更有价值，也更值得期盼。在某种意义上，也可以说神圣科学是依赖哲学的。但是，这倒不是因为神圣科学似乎需要哲学，而只是为了把神圣科学的论题阐述得更清楚明白而已。因为神圣科学的原理并不是从其他科学领受而来的，而是直接从上帝那里获得的，是经由上帝在圣经中的启示而获得的。因此，神圣科学之依赖其他科学，并不是把其他科学作为更为高级的科学加以依赖的，而是把其他科学作为比较低级的科学即作为使女加以运用的；正如高级科学利用从属科学为自己提供材料，政治学运用军事学为自己提供材料一样。因此，神圣科学运用哲学它并不是由于神圣科学自身的缺陷或不足，而是由于人类理智的缺陷。从上帝启示而来的神圣科学是自身完备的。神圣科学运用哲学，因为人类更容易为自己通过自然理性（人类通过自然理性而达到其他科学）所认知的真理所引导而进入超越理性的神圣真理，诸如神圣科学的各项学说。②

托马斯接着阐述，在什么意义上，神圣科学是智慧。对于

① Aristotle, *Metaphysics*, II, I, 993b9.

② See Thomas Aquinas, *Summa Theologica*, Ia:1:5.

某些哲学家而言，神圣科学似乎不是一种智慧（sapientia）。因为凡是从自身之外转借原则的学说概不配被称做智慧，因为"凡有智慧的人总是指导别人，而不为别人所指导"。[①] 但是，神圣科学的原理是从自身之外转借而来的，即从上帝启示而来。所以，神圣科学不是一种智慧。再者，证明其他科学的原理是智慧的一项内容。因此，智慧被称作首席科学或科学之首。亚里士多德在《伦理学》第6卷中已经清楚地阐述这一点。然而，神圣科学并没有证明其他科学的原理。因此，神圣科学不是一种智慧。再者，神圣科学是经由探究而获得的，而智慧却是由于上帝圣灵的浇灌（infusionem）而获得的。正因为如此，智慧才被视为圣灵的恩赐，犹如先知以赛亚所宣称圣灵的诸般恩赐。（耶和华的灵必住在他身上，就是使他有智慧和聪明的灵，谋略和能力的灵，知识和敬畏耶和华的灵。）因此，神圣科学同智慧不是一回事。另一方面，《申命记》写道："这就是以色列选民在万民眼前的智慧、聪明。"（申4:6）

托马斯的结论是：神圣科学是超乎所有人类智慧之上的智慧，不是只在一个方面或一个角度才如此，而是绝对如此。因为既然筹划和决断乃有智慧的人行事的一部分，既然较低等级的事情应当根据较高的原理作出决断，那种在某一方面考察最高原因的人就可以说是在这一方面有智慧的人了。因此，在建筑活动中，房屋形式的设计师，相对于那些加工整理木料和准备石料的工人，就可以说是有智慧者和建筑师。正

① Aristotle, *Metaphysics*, I, 2, 982a28.

如《哥林多前书》所言:“我好像一个有智慧的建筑师,奠立好了根基。”(林前3:10)而且,在整个人类生活领域,聪明(prudens)的人便被称作有智慧的人。有智慧的人总是使自己的行为符合适当的目的。故而《箴言》说:“明哲人以智慧为乐。”(箴10:23)所以,那种绝对关心整个宇宙最高原因即上帝的人是所有被视为有智慧的人中最有智慧的。因此,智慧被理解为是关于上帝奥秘的知识①,正如奥古斯丁在《论三位一体》第12卷中曾经说过的那样。然而,神圣科学最完满地讨论了被视为最高原因的上帝。而上帝被视为最高原因,不仅就上帝可以经由被造物被认识而言是如此,哲学家们就曾经是藉着受造物认识上帝的,正如《罗马书》所说:“上帝的事情,人所能知道的,原显明在人心,因为上帝已经给他们显明。”(罗1:19)而且由于唯独上帝认识自己,上帝向人披露自己,上帝与人分享自己的神圣奥秘。因此,神圣学问被称作最高等级的智慧。

托马斯接着提出三点推论。第一,神圣科学不是从人的任何知识获得自己的原理,而是从上帝的知识获得自己的原理。而我们的所有知识,都是经由作为最高智慧(summa sapientia)的上帝的知识而得到规范的。第二,其他科学的原理,或者是自明的和无法证明的,或者是通过某些其他科学藉助自然理性(rationem naturalem)获得证明的。但是,神圣科学的特殊性在于,神圣科学所特有的知识是经由启示获得的,而不是经由自然理性获得的。所以,神圣科学并不证明其他

---

① See Augustine, *The Trinity*, 12:14.

科学的原理，却可以很好地判断其他科学。在其他科学里所发现的无论什么同神圣科学的任何真理相反的东西都必定被宣称为荒谬。正如《哥林多后书》所指出的："我们争战的兵器本不是属血气的，乃是在上帝面前有能力，可以攻破各样的营垒，将各样的计谋，各样拦阻人认识上帝的那些自高之事，一概攻破了，又将人所有的心意夺回，使他都顺服基督。"（林后 10:4—5）第三，既然判断从属于智慧，而判断神圣事物有两种方式，相应地也就存在着两种智慧。

托马斯在这里举例说明判断的两种方式。例如，在道德判断方面，我们可以藉助道德倾向（inclinationis）进行道德判断，凡有德性的人都能够正确地判断那些同自己倾向所趋的德性相关的事情。在这个意义上，正如我们在《伦理学》里所看到的，有德性的人就是人类行为的尺度和准则。① 另一方面，我们又可以藉知识进行判断，犹如凡在道德科学上有学问的人都能够正确地判断道德行为一样，尽管他自己可能没有什么德性。根据相同的意义上，判断上帝事物的第一种方式属于圣灵恩赐一类智慧。因为，按照《哥林多前书》的说法，"属灵的人能看透万事。"（林前 2:3）而且，狄奥尼修斯在《论神的名称》中也说："海罗塞斯获得教育，不是靠单纯学习，而是藉体验上帝的事物。"②在这个意义上，第一种智慧来自经历上帝的神圣存在的直接经验，而不仅是对于神圣科学的学习。然而，神圣科学属于判断的第二种方式，因为神圣科学是

---

① See Aristotle, *Ethics*, X:5; Aristotle, *Metaphysics*, X, 10, 1176a17.

② Dionysius, *De Divinis Nominibus*, II:9.

经过研究获得的，尽管神圣科学的原理也是唯独通过启示才可以获得。①

三、神圣科学的对象

托马斯接着阐述，在什么意义上，上帝是神圣科学的对象。对于某些哲学家而言，上帝似乎不是神圣科学的对象（subiectum）。按照亚里士多德的说法，在所有科学中，研究对象是什么都是已经预设的。② 但是，神圣科学却并没有预设上帝是什么。大马士革的约翰在《论正统信仰》说："上帝是什么，是不能言说的。"③所以，上帝并不构成神圣科学的对象。再者，任何科学中所能获得的任何结论必定包括在科学的对象中。但是在《圣经》里，我们获得的结论却不仅同上帝相关，而且同许多其他事物相关，诸如受造物和人类道德。所以，上帝不是神圣科学的对象。另一方面，科学的对象是其主要研究的对象。但是，神圣科学所研究的主要对象是上帝，正因为神圣科学主要研究的是神（上帝），故而被称做神学。所以，上帝是神圣科学的对象。托马斯的结论是：上帝是神圣科学的对象。在神圣科学中，所有的论题都从上帝的方面来研究的。神圣科学的研究对象或者是上帝本身，或者是以上帝为根源和鹄的的受造物。由此便可得出结论说：上帝确实是神圣科学的对象。

即使从神圣科学的原理看，即从信条看，这一点也是很清

① See Thomas Aquinas, *Summa Theologica*, Ia:1:6.

② See Aristotle, *Posterior Analytics*, I, 4, 71a13.

③ John Damascene, *De Fide orthodoxa*, I:4.

楚的。因为所谓信仰即是关于上帝的信仰。这些原理的对象同整个科学的对象是相同的对象。因为整个科学实际上都包含在自身的这些原理之中。然而,有些人只关注神圣科学所研究的事物,而不关注神圣科学是从什么层面来研究这些事物的,从而断言神圣科学的对象是在上帝之外的某些事物:或者是事物和神迹,或者是救赎工程,或者是整个基督,即基督的头和肢体。诚然,我们在神圣科学中也研究所有这些事物,但只是在这些事物与上帝的关系中研究这些事物。托马斯的两点论述是:第一,作为有限的智慧存在者,尽管我们无法根据定义如其所是地认识上帝,在神圣科学中,我们却能够根据上帝在自然领域和恩典领域的作为所产生的结果取代定义,来研究神圣科学所讨论的与上帝相关的所有事物。即使在某些哲学科学中,当我们从结果推论出关于原因的某些真相时,也是用结果来取代其原因的定义的。第二,神圣科学获得的所有结论都是在上帝的论题中获得理解的,是以与上帝相关联的方式获得理解的。①

托马斯接着阐述,在什么意义上,神圣科学是论证性的科学。对于某些哲学家而言,神圣科学似乎不是论证性的科学(argumentativa)。安布罗斯在《论公教信仰》第1卷第13章中说:"在寻求信仰时,必须把论证搁置起来。"②神圣科学特别寻求的恰恰是信仰。因此,《约翰福音》说:"但记这些事,是叫你们信。"(约20:31)所以,神圣科学不是论证性的科学。

① See Thomas Aquinas, *Summa Theologica*, Ia:1:7.

② Ambrose, *De fide Catholica*, I:13.

再者，倘若神圣科学是论证性的科学，神圣科学的论证或者是根据权威，或者是根据理性。倘若根据权威，似乎与神圣科学的尊严不相称。因为按照波爱修在《论题的分类》第1卷中的说法，根据权威的证据是所有证据中最薄弱的。① 倘若根据理性，这就与神圣科学的目标不相称。因为，按照格列高利在《福音书注》第2卷一篇布道词中的说法："信仰若以人类理性所提供的经验为依据，便无任何功绩可言。"②可见，神圣科学并不是论证性的科学。另一方面看，《提多书》在谈到教会领袖时指出，教会领袖应该"坚守所教真实的道理，就能将纯正的教训劝化人，又能把争辩的人驳倒了"。（多1:9）

托马斯的结论是：其他科学并不是藉助论证来获得自己的原理，而是根据这些原理推证这些科学中的其余真理。同样，神圣科学也不是藉助论证来获得自己作为信条的原理，而是根据这些原理去推论进深的知识，正如使徒保罗在《哥林多前书》那样，从基督的复活推论所有圣徒的复活。（林前15:12）必须注意的是：就哲学科学而言，那些低级的科学既不能证实自己的原理，也不能同那些否定这些原理的论敌进行论辩，而是把这些论辩交给较高级的科学。这些科学中最高级的科学即形而上学，却能够同那些否定其原理的人进行争辩，只要双方存在某些共同点。如果双方完全没有共同点，即使对方的理性论证可以推翻，任何论辩都是不可能的。托马斯的结论是，没有更高的科学可以在圣经之上，必须与否定

① See Boethius, *In Topicis Ciceronis* I: PL64, II66.

② Gregory, *In Evang.* II: 26.

圣经原理的对手争辩。圣经论证的根基是奠基于启示的真理。圣经能够同任何否认自己原理的人进行论辩,倘若对手至少承认某些通过上帝启示所获得的真理。倘若神圣科学与异端争辩,这些真理是对手所承认的。圣经论证诉诸神圣科学与异端共同接受的圣经文本,运用共同承认的圣经文本中某些信条反对那些拒绝其他信条的异端。然而,倘若神圣科学的论敌完全不相信上帝的启示,信仰命题就没有理性论证的可能性,这时神圣科学可以做的全部工作就是解决那些神圣科学的对手可能提出的反对信仰的难题。既然信仰奠基于确凿可靠的真理,真理的对立面是无法获得真实证明的,所有反对信仰的阐述证据(probationes)不可能成为证明(demonstrationes),只是可以拒绝的争辩(argumenta)。

托马斯接着论述说,尽管人类的理性论证无法证明我们根据信仰获得的真理,神圣科学却可以从事藉助信仰命题推论其他真理的工作。藉助权威的论证是最适合从启示获得自身原理的神圣科学的方法。神圣科学必须接受那些领受启示的圣经作者的权威。依靠权威丝毫无损于神圣科学的尊严。因为虽然诉诸人类理性的论证是最软弱的,从权威而来诉诸上帝启示的论证却是最有说服力的。神圣科学同样运用人类理性,不是运用理性证明信仰(因为这样的论证就取消了信仰的价值),而是运用理性上神圣科学的道理获得某种程度的阐述。因为恩典不是弃绝自然,而是成全自然。在这个意义上,信仰不是弃绝理性,而是成全理性。圣经启示不是弃绝基督教哲学,而是成全基督教哲学。所以自然理性应当降服信仰,犹如意志的自然倾向应当降服于上帝的慈爱。

使徒保罗在《哥林多后书》说，“将各样的计谋，各样拦阻人认识上帝的那些自高之事，一概攻破了，又将人所有的心意夺回，使他都顺服基督。”（林后10:5）因此，神圣科学在一些问题上使用能够藉助理性沉思领悟某些真理的哲学家的权威，例如使徒保罗在《使徒行传》援引诗人阿拉塔的话说：“就如你们作诗的，有人说：‘我们也是上帝所生的。’”（徒17:28）神圣科学运用这些权威仅仅提供外在的或然的论证。神圣科学的真实权威是圣经正典，神圣科学以确信的力量使用圣经权威。在圣经权威之外，神圣科学拥有的适合权威，就是教会博士（doctorum ecclesiae）。与圣经权威相比较，教会博士不是终极权威。基督教信仰奠基于从新约使徒和旧约先知这些圣经作者而来的启示，而不是奠基于一个启示。倘若启示在圣经中，圣经启示就可以赐给任何其他教师。奥古斯丁在给耶柔米的书信中指出，唯独圣经书卷是基督教真理的终极权威，而其他作者所表述的只是关于真理的个人见解。奥古斯丁在《书信集》第82卷第1章中给耶柔米的信中说：“我只对于那些我称做真正作品的圣经书卷保持这样一种敬意，以致相信书卷作者在写作的时候无论如何都不会出错。但是，对于我所阅读过的其他作者著作中的任何内容，我不仅仅由于他们曾经这样思考和写作而断言其内容是真实的，无论这些作者可能是如何圣洁和博学。”①

对于托马斯而言，哲学对于神圣科学具有三个方面的建设性贡献。第一，哲学可以论证信仰的前兆，如上帝存在，上

① Thomas Aquinas, *Summa Theologica*, Ia:1:8; Augustine, *Epist.* 82:I.

帝是一。第二,哲学可以成为信仰的类比语言,如奥古斯丁在《论三位一体》中运用哲学家学说中的类似点阐述三位一体的神圣奥秘。第三,哲学可以驳斥违反信仰的学说,揭示其错误。哲学的建设性贡献在于论证、阐述和维护信仰,在这个意义上,托马斯与奥古斯丁、安瑟伦的立场是一脉相承的。托马斯神圣科学认识论的基本目标,在于确立哲学与神学相辅相成而相得益彰的和谐原理。在托马斯的著述中可以区分自然神学和启示神学,启示神学的论题无法诉诸理性,只能诉诸启示。在这个意义上,理性和信仰的区分,不是哲学和神学的区分,而是自然神学和启示神学的区分。对于托马斯而言,信仰和理性在神圣科学中是相辅相成而相得益彰的。就认识论的真实秩序而言,信仰超越理性,唯独信仰可以接触从上帝的直接启示而来的神圣奥秘,从上帝启示而来的神圣奥秘是纯粹理性无法测度的。

神圣科学固然是理性的研究,神圣科学运用理性沉思,在从上帝启示获得的确凿知识基础上建造真理,殚精竭虑地理解启示真理的蕴涵,将启示知识转换为理性真理。基督教哲学和启示神学共同引导人类心灵认识上帝。在这个意义上,托马斯所奠定的是完整而坚固的基督教哲学。吉尔松指出,以托马斯为典范的中世纪基督教学说仿佛当时遍布欧洲高耸入云的大教堂,中世纪经院哲学是基督教思想的大教堂。① 圣洁华美而气度恢弘的大教堂崇高奇妙的结构巍峨耸立,纯

---

① See Etienne Gilson, *The Spirit of Medieval Philosophy*, preface. 吉尔松:《中世纪哲学精神》,沈清松译,台湾商务印书馆 2001 年版,原作者序。

粹理性只能叹为观止。尽管基督教的神圣奥秘远远超过纯粹理性能够理解的,但基督教神学在表述自己的神圣奥秘时可以使用世人所理解而可以说明论题的语言,就是哲学语言。犹如奥古斯丁使用柏拉图的哲学语言,托马斯使用亚里士多德的哲学语言阐述基督教学说的神圣奥秘。托马斯所阐述的神学和哲学相辅相成而相得益彰的和谐原理,揭示出超自然的上帝启示给哲学家的理性沉思带来的尊严、深度和根基,揭示出哲学真理和神学真理在上帝神圣启示中的同一性。托马斯在《神学大全》中所阐述的神学和哲学在作为基督教学说的神圣科学中相辅相成而相得益彰的和谐原理,就是中世纪哲学的精髓和奥秘所在,就是吉尔松所阐述的中世纪哲学精神。

吉尔松在《中世纪的理性和启示》中指出,不是所有神圣启示都可以被人类理性所理解——像三位一体、道成肉身这样的神圣奥秘是完全超越人类理性的,这是中世纪基督教神学的言说领域。另外,不是所有神圣启示都无法被人类理性所理解——像上帝存在和道德良知这样的神圣奥秘就是人类理性可以理解的,对于这些可理解的神圣奥秘的理性沉思是中世纪基督教哲学的言说领域。托马斯对于中世纪基督教哲学认识论原理的卓越贡献就在于,托马斯竭力尝试以神学语言谈论神学问题,以形而上学语言谈论形而上学问题。毋宁说,托马斯竭力尝试以神学家的方式阐述神学论题,以哲学家的方式阐述哲学论题。① 托马斯卓越而深刻地揭示出寻求神

① See Etienne Gilson, *Reason and Revelation in the Middle Ages*, p. 61.

圣真理的心灵自身中信仰和理性的认识论意义区分:“对于同一位认识者而言,一个相同的认识对象不可能同时既是信仰的对象,又是可看见的对象……在相同的意义上,对于同一位认识者而言,同一个真理对象不可能同时既是科学的对象,又是信仰的对象。”毋宁说,对于同一位认识者而言,一个真理对象不可能同时是信仰的对象,又是理性沉思的对象。①

吉尔松指出,托马斯这里所深刻揭示的中世纪基督教哲学自身中启示和理性的认识论意义区分,在某种意义上,可以被理解为欧洲中世纪基督教哲学思想史上的“里程碑”。② 毋宁说,托马斯所深刻揭示的中世纪基督教哲学自身中启示和理性的认识论意义区分,是欧洲中世纪基督教哲学自身认识论学说史上的里程碑。托马斯的基督教认识论学说不仅融合了德尔图良和奥古斯丁所阐述的基督教认识论学说,而且拓展着基督教学说的言说方式——在基督教神学的言说方式之外,存在着形而上学的言说方式。在这个意义上,吉尔松把中世纪的托马斯学派称为中世纪基督教哲学史上的第三家族——“托马斯家族”。③ 对于吉尔松而言,中世纪基督教哲学史上只有一位托马斯,就是无与伦比的中世纪基督教哲学家托马斯。无与伦比的中世纪基督教哲学家托马斯是“天使博士”,是“哲学导师”,是欧洲中世纪基督教思想史上的“经院哲学之王”。在《圣托马斯·阿奎那基督教哲学》的前言

① See Etienne Gilson, *Reason and Revelation in the Middle Ages*, p. 74.
② See Etienne Gilson, *Reason and Revelation in the Middle Ages*, p. 74.
③ See Etienne Gilson, *Reason and Revelation in the Middle Ages*, p. 81.

中,吉尔松精辟地阐述自己中世纪基督教经院哲学历史的“研究结论”——托马斯所阐述的形而上学真理,是穿越“时间之流”的永恒哲学。①

① See Etienne Gilson, *The Christian Philosophy of St. Thomas Aquinas*, New York: Random House, 1956, forward, p. viii.

第二章

吉尔松的存在论

由于吉尔松、马利坦等现代托马斯学派哲学家的卓越成就,中世纪哲学精神在20世纪的人类精神处境中呈现出崛起复兴的哲学景观。中世纪基督教的经院哲学继承巴门尼德、柏拉图和亚里士多德的古典形而上学,将希伯来圣经启示的存在观念作为中世纪基督教哲学的形而上学沉思的开端,拓展出中世纪经院哲学无与伦比的超越希腊形而上学的存在论,彰显出上帝作为自身存在而永恒存在的存在奥秘,为中世纪经院哲学的创造学说、宇宙论、人类学、位格论、知识论、自由学说、伦理学和历史哲学奠定着坚固而深刻的形而上学根基,拓展出中世纪经院哲学完整而深刻的人道主义。中世纪基督教的经院哲学固有而深刻的存在论,是对存在自身的颂赞,是对于宇宙和生命的颂赞,是对于人类尊严的颂赞,是对于创造宇宙万物的神圣存在自身的颂赞。对于以托马斯为典范的中世纪基督教的经院哲学的存在论而言,存在的基本涵义是存在者的存在行动,存在者是存在行动的主体。宇宙万物作为存在者而获得存在,是出于自身存在而永恒存在的上帝创造的自由行动:“上帝藉着从虚无之中的创造赋予宇宙万物以存在。”①

上帝是无限完满的存在者，在宇宙万物、人类灵魂和世界历史中彰显自己的神圣存在和神圣创造，并藉着圣经启示和基督耶稣彰显自己的神圣位格和神圣救赎。在这个意义上，中世纪基督教的经院哲学的存在论，是中世纪基督教形而上学完整学说的根基、源泉和鹄的，是中世纪基督教的经院哲学家对于巴门尼德关于存在的斯芬克斯之谜给出的形而上学谜底。吉尔松指出，中世纪基督教的经院哲学家对于巴门尼德关于存在存在的斯芬克斯之谜给出的形而上学谜底，是希腊哲学家连梦都未曾梦想过的。② 在柏拉图理念论的形而上学论述中，虽然可以分解出一种很强的一元论倾向，柏拉图自己从来未曾真正达到一神论的存在论结论。亚里士多德哲学的形而上学论述，情形亦然。吉尔松指出，当希腊哲学家在形而上学沉思中思考存在的奥秘时，犹太人已经认识的真实的上帝，这位上帝为存在存在的斯芬克斯之谜提出卓越的终极性解答。这位真实的上帝亲自向犹太人启示自己，亲自向摩西启示自己的名字，阐述自己的神圣本性——就是上帝在自我彰显中的唯一命名。这位亲自向犹太人启示自己的上帝，就是亚伯拉罕的上帝、以撒的上帝、雅各的上帝，就是基督徒的上帝。这位亲自向犹太人启示自己的上帝的首要特征，就是

① Thomas Aquinas, *Summa Theologica*, Ia:45:2.

② See Etienne Gilson, *The Spirit of Medieval Philosophy*, p. 46. 吉尔松：《中世纪哲学精神》，沈清松译，台湾商务印书馆2001年版，第40页。

上帝的无与伦比的神圣存在,就是上帝自身的独一性。①

作为横亘在希腊哲学和近代哲学之间漫长15世纪的中世纪基督教哲学,中世纪经院哲学独特的思想魅力和深刻的历史影响是无与伦比的。黑格尔以"穿七里长靴尽速跨越这一时期"的哲学史观,20世纪的新经院哲学家已经完全扬弃。在欧洲中世纪经院哲学的历史进程中,希腊哲学和基督教学说如此长期的对话和交融已经深刻地改变了希腊哲学尤其是形而上学的概念和旨趣。吉尔松在《中世纪哲学精神》中卓越而深刻地指出:由于信仰的媒介,基督教启示向哲学家的理性沉思拓展出纯粹理性从前梦都未曾梦见的实在领域,"因而改变了哲学史的进程!"②中世纪基督教的经院哲学家固然从柏拉图和亚里士多德哲学获得思想启迪,运用柏拉图和亚里士多德的形而上学原则,经院哲学家唇边常挂着柏拉图和亚里士多德的名字,以柏拉图和亚里士多德的名义提出柏拉图和亚里士多德未曾说过甚至未曾梦想过的在希腊哲学中完全无法获得地位的中世纪基督教经院哲学的思想结论。在这个意义上,中世纪基督教的经院哲学是欧洲哲学史上充满创造激情和创造精神的鼎盛时期。

作为从神圣启示而来的形而上学真理,基督教学说对于所有哲学,甚至特殊的基督教哲学形态都具有绝对超越的特征。毋宁说,基督教哲学是基督教智慧的哲学形态。中世纪

① See Etienne Gilson, *God and Philosophy*, London: Yale University Press, 1941, p. 38.

② Etienne Gilson, *The Spirit of Medieval Philosophy*, p. 12. 吉尔松:《中世纪哲学精神》,沈清松译,台湾商务印书馆2001年版,第9页。

基督教的经院哲学家既精通基督教真理，亦擅长哲学运思，毅然地追踪希腊哲学的思想线索，成功地予以拓展。基督教的神圣启示信息是中世纪基督教经院学者神学沉思和哲学沉思的浩瀚深邃的思想源泉，基督教的神圣启示信息使希腊哲学得以在欧洲哲学史中继续存在。① 吉尔松指出，只要"对于近代哲学史匆匆一瞥"②，就可以看出基督教的神圣启示真理对于欧洲哲学史进程的影响是何等深刻。近代哲学从中世纪基督教的经院哲学获得的精神遗产比近代哲学家自己所承认的程度更加浩瀚深邃。事实上，上帝存在、灵魂不朽、自由意志、神圣历史……这些中世纪基督教经院哲学的精神遗产培育着近代古典形而上学。倘若哲学家不理解从奥古斯丁、托马斯到库萨的尼古拉如此历史悠久的卓越而深邃的中世纪基督教经院哲学传统，近代哲学家笛卡儿、斯宾诺莎、莱布尼茨，德国古典哲学家康德、费希特、谢林、黑格尔殚精竭虑地解决上帝、宇宙、灵魂问题的努力就是匪夷所思的。

在近代哲学和德国古典哲学的时代洪流中，作为中世纪哲学典范的托马斯哲学以卓越而深湛的思想深度在 20 世纪开始复兴。托马斯的存在学说，成为基督教哲学在 20 世纪的时代精神处境中得以更新、突破和复兴的思想源泉。20 世纪新托马斯哲学的思想创造，在于从奥古斯丁、托马斯、波那文都等卓越的中世纪经院哲学家获得智慧源泉，同时与康德哲

① See Etienne Gilson, *History of Christian Philosophy in the Middle Ages*, New York: Random House, 1955, p. 6.

② Etienne Gilson, *The Spirit of Medieval Philosophy*, p. 12. 吉尔松：《中世纪哲学精神》，沈清松译，台湾商务印书馆 2001 年版，第 9 页。

学、黑格尔哲学、马塞尔哲学、现象学和诠释学等思想交融，从事鉴别、融合和拓展的哲学创造。新托马斯哲学致力于以中世纪哲学的基督教学说阐释现代科学精神和生存经验，整合科学主义和人本主义的哲学诉求，以现代哲学语言阐述基督教信息而解决时代难题，把现时代的精神文明奠基于基督教学说。托马斯哲学的卓越性，在于托马斯关于全部现实的形而上学视野。吉尔松指出，欧洲哲学史上存在着三位卓越的形而上学家：柏拉图、亚里士多德和托马斯。托马斯形而上学的存在论，是吉尔松深刻阐述的中世纪哲学精神得以超越希腊哲学的形而上学奥秘：形而上学的首要原理是作为存在行动的存在自身。① 托马斯形而上学的存在论，成为沟通基督教启示和科学精神的哲学桥梁。在这个意义上，回到托马斯，意味着回到欧洲哲学史上卓越的哲学典范。吉尔松指出，中世纪哲学关于信仰和理性的论题、关于上帝存在和灵魂不朽等形而上学论题的探索，对于现代哲学依然具有挑战性。

第一节　中世纪的上帝观念

由于基督教学说独特而卓越的上帝观念，中世纪基督教的经院哲学赋予形而上学的存在观念以崭新而深湛的确凿性。基督教学说独特而卓越的上帝观念，是中世纪经院哲学的形而上学基石，是中世纪经院哲学的形而上学开端、论题和

---

① See Etienne Gilson, *Being and Some Philosophers*, Toronto: Pontifical Institute of Mediaeval Studies, 1952, pp. 170－171.

鹄的，是中世纪基督教的形而上学存在论超越希腊形而上学观念论的真理磐石。倘若说巴门尼德提出“存在存在而非存在不存在”的形而上学论题而揭开希腊哲学形而上学的新纪元，中世纪基督教经院哲学的形而上学沉思是从希伯来圣经《出埃及记》所记载的上帝在自我彰显中的唯一命名雅威（YHWH）即“我是我所是”（I am who I am, I will be who I will be）开始的。托马斯在《神学大全》中卓越地指出，上帝是超越人类语言的神圣奥秘，上帝在自我彰显中的唯一命名“我是我所是”是最适合上帝的名称。上帝是作为存在的存在自身，是自身存在而永恒存在的神圣存在，上帝的本质就是上帝的存在。① 雅威（YHWH）的神学含义指独一的上帝，自存的上帝，创造的上帝和永恒的上帝。巴门尼德提出“存在存在”的斯芬克斯之谜，基督教启示出上帝在自我彰显中的唯一命名“我是我所是”——上帝是自身存在而永恒存在的神圣存在，两者显示出希腊形而上学和基督教启示的上帝论之间的巨大差异，毋宁说，这是所谓希腊精神和希伯来精神之间的巨大差异。

吉尔松卓越地指出，巴门尼德、柏拉图和亚里士多德的古典形而上学提出“存在存在”的斯芬克斯之谜，而希伯来圣经已经将上帝自己启示出来。这位上帝，不是哲学家的发现，而是亲自向以色列选民启示自己的上帝，是亲自向先知摩西启示自己名字的上帝。在这个意义上，任何哲学家，任何寻求世界存在的第一原理的哲学家，都应该把向犹太人启示自己的

---

① See Thomas Aquinas, *Summa Theologica*, Ia:13:11.

上帝认定为真实的上帝，把真实的上帝理解为世界存在的第一原理。① 基督教学说所理解的希伯来精神，不是单纯地指犹太人或以色列选民的希伯来信仰，而是指希伯来圣经所彰显和隐含着的作为旧约新约的完整的神圣启示。在这个意义上，和希腊精神相对照的希伯来精神，在基督耶稣道成肉身成就十字架救赎作为的新约时代，指普世教会所持守的作为亚伯拉罕信心后裔的基督信仰，同时意味着普世教会的基督信仰的犹太根源。基督教的上帝观念，是中世纪基督教的经院哲学形而上学存在论的基石，是中世纪基督教的经院哲学形而上学存在论的开端、论题和鹄的，是中世纪基督教的经院哲学精神的精髓和奥秘所在。吉尔松在论述中世纪经院哲学的存在论根基时提出的深刻而卓越的形而上学存在论论题是：作为中世纪基督教经院哲学全部形而上学的基石，基督教的上帝观念是如何构想的。②

一、我是我所是

在《神学大全》的开端，托马斯已经深刻阐明，神圣科学的唯一主题是基督教信仰的上帝。根据否定神学的立场，人类有限的语言无法言说上帝的神圣本质，人类有限的智慧无法如其所是地认识上帝，但圣经始终谈论上帝，神学家必须谈论上帝，神圣科学必须谈论上帝。神圣科学必须谈论上帝，托

① See Etienne Gilson, *God and Philosophy*, London: Yale University Press, 1941, pp. 38–39.

② See Etienne Gilson, *The Spirit of Medieval Philosophy*, p. 42. 吉尔松：《中世纪哲学精神》，沈清松译，台湾商务印书馆 2001 年版，第 37 页。

马斯明确指出必须谈论上帝的神学根据:唯独上帝自己是神圣科学的真实主题。托马斯说:“我们必须坚持,上帝是神圣科学的主题。”①神圣科学的所有论题都是关于上帝自己的论题——或者是上帝自己,或者是以上帝为存在根源和存在鹄的的受造存在。托马斯强调指出,神圣科学的对象是上帝自己。上帝自己作为神圣科学的真实对象,也可以从下述事实中显明出来:神圣科学的第一原理是信仰命题,而信仰是关于上帝的信仰。在这个意义上,神圣科学第一原理的基本主题和神圣科学的完整展开是同一件事,因为在神圣科学的第一原理中实际上包含着神圣科学的完整结构。托马斯的两点推论是:第一,人类有限的智慧固然无法如其所是地认识上帝自身,神圣科学不是运用上帝的定义,而是运用上帝在自然领域和超自然领域神圣作为的恩典印记谈论关于上帝的真理。第二,圣经的所有论题,因为和上帝相关联,已经包含在上帝的主题中。在这个意义上,神圣科学的唯一主题,就是在圣经中向人类启示自己的上帝。

中世纪基督教经院哲学的形而上学存在论的逻辑开端,是基督教的上帝在向以色列先知摩西启示自己时的唯一命名:“我是我所是。”在圣经中,基督教信仰的上帝有许多名称,如全能者、至高者、以色列的圣者、亚伯拉罕的上帝、以撒的上帝和雅各的上帝。上帝在自我彰显中的唯一命名,就是作为存在的存在自身(Being)。基督教的上帝的恰当名称,就是作为存在的存在自身(Being)。毋宁说,只有一个存在者真

① Thomas Aquinas, *Summa Theologica*, Ia:1:7.

正堪当上帝的名称,基督教坚持把上帝的名称保留给这位独一的存在者。① 只有一位上帝,上帝的真正名称就是作为存在的存在自身(Being),这是基督教神学的首要原则,是作为基督信仰的犹太根源的基本原则,是作为基督教学说的哲学形态的中世纪经院哲学的形而上学存在论的基本原则,是作为中世纪哲学精神的基本原则。上帝在自我彰显中的唯一命名是存在(Being),是作为存在的存在,是作为存在根基的存在,是作为存在自身的存在,是作为存在行动的存在。与巴门尼德所沉思的存在不同,基督教的上帝是作为神圣位格的存在。作为神圣位格的上帝,是拥有智慧、情感和意志的生命主体,是宇宙万物的创造者,是在创造和救赎的行动中与人相遇的上帝,是藉助言说和行动与人建立位格关系的上帝。根据基督教的神圣科学,基督教的上帝首先是作为创造者的上帝。

中世纪基督教经院哲学的形而上学存在论的基石,就是基督教的上帝观念,是希伯来圣经《出埃及记》所启示的上帝观念:只有一位上帝,这位独一的上帝是位格性的上帝,是作为创造者的上帝,是作为救赎者的上帝,是亲自和以色列选民立约的上帝。吉尔松提出石破天惊的存在论问题:基督教神学的上帝观念,基督教一神论(Monotheism)的上帝观念是不是取自希腊文化传统呢?② 倘若哲学家考察中世纪基督教的经院哲学中希腊精神和希伯来精神的内在契合,这实在是一

---

① See Etienne Gilson, *The Spirit of Medieval Philosophy*, p. 43. 吉尔松:《中世纪哲学精神》,沈清松译,台湾商务印书馆 2001 年版,第 38 页。

② See Etienne Gilson, *The Spirit of Medieval Philosophy*, p. 43. 吉尔松:《中世纪哲学精神》,沈清松译,台湾商务印书馆 2001 年版,第 37 页。

个决定性的存在论论题。中世纪基督教经院哲学史中原初而核心的事实真相在于，凡是完全接受一神论原则的哲学真理学说，例如在基督教学说领域，这个一神论原则立刻在完整的形而上学真理结构中获得核心地位，成为整个哲学体系中一切原则的原则，成为整个哲学体系的首要原则。尼西亚信经的第一原则就是：独一的上帝，全能的父，创造天地和有形无形万物的主。基督教的一神论原则是教会和异端之间的分界线。基督教的上帝的独一性，基督教的一神论原则，就是希伯来圣经中以色列选民的恭听篇："以色列啊，你要听！耶和华——我们的上帝，是独一的主。"①

从希伯来圣经启示而来的一神论原则，是中世纪基督教经院哲学形而上学存在论的首要原则，是中世纪基督教经院哲学完整的形而上学学说体系的首要原则。基督教的上帝观念，基督教学说的首要原则确实是出于神圣实在的真相，因为倘若确实有一位上帝，而且只有一位上帝，那么其余所有万物的存在必然最终指涉上帝。吉尔松精辟而卓越地指出，置身于诸神崇拜的古典希腊宗教文明中，没有任何希腊哲学学说曾经把上帝的名称唯独保留给一位独一的存在者，而使整个宇宙结构围绕这个独一上帝的观念来推演。尽管巴门尼德、柏拉图和亚里士多德的形而上学沉思具有明确的一元论原则，这个形而上学的一元论原则却迥然不同于中世纪基督教的经院哲学形而上学的一神论原则。毋庸置疑，置身于诸神崇拜的古典希腊宗教文明中的希腊哲学无法真正成功地把握

---

① Etienne Gilson, *God and Philosophy*, p. 38.

这个真实的一神论原则,即基督教经院哲学形而上学存在论的一神论观念。基督教一神论的原则虽然只是一个原则,唯一真实的中世纪基督教经院哲学的形而上学原则,却未曾在希腊哲学家的思想中扮演原则的角色。①

对于以圣经启示为基督教神圣科学真理源泉的中世纪经院哲学家而言,一神论的上帝观念是基督教神圣科学的原则问题:或者只有一位上帝,或者有许多上帝,两者之间不存在任何中间道路。正如早期教父在希腊哲学的语境中所竭力阐述的:古典基督教信条使徒信经或尼西亚信经开宗明义宣告信仰一位上帝,就是创造宇宙万物的上帝。一神论的观念奠基于以色列选民的希伯来圣经,而呈现在早期教父的基督教学说中。在福音书中,耶稣指出的第一诫命恰恰是犹太人的恭听篇。只有一位上帝,就是创造宇宙万物的上帝,就是以色列选民的上帝,就是亚伯拉罕的上帝、以撒的上帝和雅各的上帝,就是在荆棘火焰中向摩西启示自己名字的上帝,就是律法和先知所宣告的上帝。这位独一的上帝,是宇宙万物的创造者,是宇宙万物存在的根源和归宿,是宇宙万物和人类历史的主宰。早期教父尚未像中世纪经院哲学家那样成为深思熟虑的神学家,教父们却完全确信基督教的一神论是教会和异端的分水岭:或者只有一位上帝,这位上帝按照自己的旨意创造宇宙万物;或者有等级分明的许多造物主——倘若如此,哲学家必须承认其中没有一个是上帝。正是在这个意义上,哲学

① See Etienne Gilson, *The Spirit of Medieval Philosophy*, p. 43. 吉尔松:《中世纪哲学精神》,沈清松译,台湾商务印书馆 2001 年版,第 38 页。

家可以理解吉尔松所阐述的深刻而卓越的哲学史观点：当以圣经启示为神圣科学真理源泉的基督教学说进入中世纪哲学的时候，基督教的上帝观念同时进入欧洲哲学史而深刻改变着哲学史的历史进程。①

倘若像早期基督教的教父哲学家确信的那样，圣经启示的一神论的上帝观念是教会和异教的分水岭，卓越的古典希腊哲学家是否成功地把握一神论的原则呢？吉尔松指出，倘若哲学家集中注意力在目前要解决的问题上，答案是不容置疑的。一方面，卓越的希腊哲学家确实藉助哲学的理性沉思而殚精竭虑地阐述形而上学的一元论原则，如巴门尼德的存在，柏拉图善的理念，亚里士多德的第一推动者，普罗提诺的太一，都是卓越的形而上学的一元论原则。在这个意义上，古典希腊哲学的一元论原则可以说是基督教的上帝观念的天然盟友，对于基督教上帝的哲学观念作出毋庸置疑的思想贡献，例如奥古斯丁就是通过新柏拉图哲学而走进基督教真理。另一方面，作为置身于诸神崇拜的希腊宗教的生存论处境的希腊人，卓越的希腊哲学家从来没有泯除宗教信仰上的多神论，甚至梦都未曾梦想过要泯除宗教信仰上的多神论。倘若希腊哲学家曾经提及一位伟大的神明存在，那无非是说这位神明是诸神中的最高者。就真实的上帝观念而言，多元的诸神始终是希腊哲学家的宗教信条，卓越的希腊哲学家从未成功地超出多神崇拜的宗教境界。对于柏拉图而言，神性不是单单

① See Etienne Gilson, *The Spirit of Medieval Philosophy*, p. 45. 吉尔松：《中世纪哲学精神》，沈清松译，台湾商务印书馆 2001 年版，第 39 页。

属于一位上帝，而是属于多元的诸神，甚至属于一切存在者。即使柏拉图曾经提及作为宇宙原因的“一个神明”的观念，这位神明并不是完美的最高存在，无法与可理解的“善的理念”相匹敌，通常与神明家族中的诸神相提并论。对于亚里士多德而言，多神崇拜俨然构成这位哲学家自己现实的宗教生活。

吉尔松提出亚里士多德生平事迹中的若干记载，揭示这位卓越的希腊哲学家心中真实的上帝观念。亚里士多德曾在遗嘱中交代，应该把他母亲的像献给戴米特（Demeter），而且亚里士多德曾向诸神许愿，应在斯塔吉拉（Stagira）竖立两个大理石像，一个石像献给宙斯神（Zeus Soter），另一个石像献给雅典女神（Athene Soteira）。像亚里士多德这样卓越而深邃的希腊哲学家，当然尚未摆脱希腊宗教多神崇拜的桎梏。吉尔松深深感叹：真正叫人惊讶的是，亚里士多德在一元论的形而上学沉思的正途上前进了这么远，居然没有贯彻到底。事实上，亚里士多德的一元论半途而废。① 亚里士多德在《物理学》中一段著名文字中提到不被动的主动者、独立的纯粹现实、思想的思想。吉尔松指出，亚里士多德所谓不被动的主动者，作为独立永恒不变的实体，与圣经启示的犹太教和基督教的上帝观念存在着何等惊人的天渊之别。亚里士多德说：“我们不该忽视这个问题：我们必须假定或者有一个这样的实体，或者不只一个；而且，倘若是第二个假设，到底有多少个?”接下去，亚里士多德就开始按照天文学原理来计算，以

① See Etienne Gilson, *The Spirit of Medieval Philosophy*, p. 45. 吉尔松：《中世纪哲学精神》，沈清松译，台湾商务印书馆 2001 年版，第 39 页。

便决定,在第一主动者之下,应该有 49 或 55 个其他主动者,同样独立永恒而不被动。第一个不被动的主动者虽然独居首位,却不是独一的不被动的主动者。毋宁说,对于亚里士多德而言,不是只有一位上帝。何况,即使只有两位,已经足以证明:虽然以第一思想为优先,但亚里士多德心里仍然保留着多神论思想。①

吉尔松提出自己深刻而卓越的哲学史结论:希腊形而上学,即使就其卓越的哲学家而言,仍然未曾达到这个真理——希伯来圣经所宣告的毫无证明痕迹的启示话语,就是犹太人的恭听篇:"以色列啊,你要听! 耶和华——我们的上帝,是独一的主。"希伯来圣经关于独一上帝作为创造者的一神论宣告是如此重要,希伯来圣经所记载的以色列历史就是对于这个犹太人的一神论宣告的神学阐述和历史诠释。关于作为创造者的独一上帝的这个神学宣告,对于当时获得神圣启示的以色列选民的思想,或者没有像今天启示给一位深思熟虑的中世纪基督教经院哲学家的思想那样拥有完满而清楚的形而上学意义。以色列选民或者在颠沛流离的艰辛历史中,对于希伯来圣经所启示的一神论及其丰富而深邃的神学意义逐渐获得清楚而深刻的领悟。即使希伯来神学在这一基本真理上进步缓慢,早在基督教学说继承希伯来圣经浩瀚而深邃的神学遗产之前,这一神学进展已经完成。先知以赛亚如此宣告:"耶和华——以色列的君,以色列的救赎主——万军之耶

---

① See Etienne Gilson, *The Spirit of Medieval Philosophy*, p. 46. 吉尔松:《中世纪哲学精神》,沈清松译,台湾商务印书馆 2001 年版,第 40 页。

和华如此说:我是首先的,我是末后的;除我以外再没有真神。"文士目击耶稣的智慧而询问:"诫命中哪是第一要紧的呢?"耶稣立刻用希伯来圣经一神论的宣告即犹太人的恭听篇来回答,仿佛全部神圣真理都奠基于此:"第一要紧的就是说:'以色列啊,你要听!耶和华——我们的上帝是独一的主。'"①

二、独一的上帝

尼西亚信经开宗明义宣告:"我信独一上帝,全能的父,创造天地和有形无形万物的主。"这是基督教的核心信仰,同样是无与伦比的理性真理。只要存在一位上帝,这位上帝就是唯一的上帝。在近代形而上学中,这种古典基督教的一神论原理已经被确信为是清晰明确的哲学原则,没有近代哲学家费尽周折去寻求一神论原理的理性证明。吉尔松卓越地指出,对于近代形而上学如此清楚明确的基督教的上帝观念,希腊哲学家尚未思及。希腊哲学家从未确切知道宇宙间究竟有多少神明,因为希腊哲学家从来没有获得清楚明确的上帝观念。倘若哲学家拥有清楚明确的上帝观念,就不可能承认存在着一位以上的上帝。希腊哲学家却把诸神分品秩排列,把希腊神话的诸神隶属于形而上学的诸神,把形而上学的诸神隶属于一位至高神明,希腊哲学家完全无法像希伯来圣经那样把唯一而永恒的神圣本质唯独保留给无与伦比的至高者,

① Etienne Gilson, *The Spirit of Medieval Philosophy*, p. 46. 吉尔松:《中世纪哲学精神》,沈清松译,台湾商务印书馆 2001 年版,第 40 页。

独一的上帝。作为20世纪卓越的托马斯学派哲学家，吉尔松深刻而精辟地指出，没有一个像亚里士多德那样为宙斯(Zeus)和戴米特(Demeter)建造雕像的希腊哲学家，可以达到基督教学说中作为存在自身(Being)的上帝观念。

早期教会的教父哲学家将基督教独一的上帝信仰确认为基督教的基本信条，因为这是上帝自己在希伯来圣经中亲自启示的信仰奥秘，同时是确凿可靠的存在形而上学的理性原则，是位居所有珍贵理性真理之首位的理性真理。针对将基督教奥秘理性化的诺斯替哲学，爱伦纽在《驳异端》中指出：根据新约使徒宣扬的福音，只有一位上帝，就是按照自己的旨意从虚无中(ex nihilo)创造天地和其中万物的上帝。旧约和新约是一本完整的圣经，圣经启示的是同一位上帝，这位上帝是唯一的上帝，唯一的创造者，唯一的父，唯一的主，就是那位律法和先知所宣告的无与伦比的上帝。上帝是宇宙万物的来源，是宇宙万物的归宿，藉着宇宙万物彰显自己的存在。[1] 吉尔松卓越地指出，作为欧洲哲学史的基本事实，基督教的上帝观念已经永久性地进入中世纪基督教经院哲学的存在形而上学领域，却不是藉着中世纪哲学家理性沉思的途径而进入中世纪经院哲学的存在形而上学。毋庸置疑，基督教的上帝观念藉着上帝圣言，即藉着希伯来圣经的启示言辞而进入中世纪基督教经院哲学的存在形而上学，圣经启示的信仰奥秘经过中世纪基督教经院哲学家殚精竭虑的沉思默想而转换为形而上学存在论的理性真理。吉尔松卓越地指出，作为基督教

---

① See Irenaeus, *Contra Haereses*, II:9:1.

神圣启示的信仰奥秘在中世纪基督教经院哲学家殚精竭虑的沉思默想中转换成确凿可靠的理性真理的形而上学历程,对于欧洲哲学精神的发展具有决定性的深刻影响。①

吉尔松卓越地指出,与巴门尼德、柏拉图、亚里士多德以及普罗提诺这些卓越的希腊哲学家艰辛而缥缈的形而上学沉思比较起来,希伯来圣经的启示方法显得多么直截了当!圣经启示的神圣奥秘又是何等令人惊愕!在荆棘火焰中蒙上帝呼召的以色列先知摩西为了认识上帝而直接转向上帝自己。摩西直接询问上帝的名字,上帝的答案竟然是这般直爽:“我是我所是。你要对以色列人这样说:‘那自有者打发我到你们这里来。’”(出3:14)上帝在自我彰显中的唯一命名就是“我是我所是”——我是自有永有的,我是自有者,我是自身存在而永恒存在的神圣存在——宇宙万物的创造者。上帝给先知摩西的直接回答没有任何形而上学的暗示,唯独有上帝自己的启示话语,而希伯来圣经的《出埃及记》从此奠定着中世纪基督教经院哲学的形而上学原则。作为中世纪基督教哲学的形而上学从此一劳永逸地理解,上帝的适当名字就是存在自身(Being),上帝在自我彰显中的唯一命名就是存在自身。对于波那文都而言,上帝在自我彰显中的唯一命名直接指称上帝的本质②,因为上帝的本质就是上帝的存在,上帝的本质就是作为存在自身的存在行动,因为上帝的本质与上帝

---

① See Etienne Gilson, *The Spirit of Medieval Philosophy*, p. 47. 吉尔松:《中世纪哲学精神》,沈清松译,台湾商务印书馆2001年版,第42页。

② See Etienne Gilson, *The Spirit of Medieval Philosophy*, p. 51. 吉尔松:《中世纪哲学精神》,沈清松译,台湾商务印书馆2001年版,第44页。

的存在是同一的，而且存在和本质唯独在上帝自身中是同一的。

吉尔松指出，中世纪基督教经院哲学家并未主张《出埃及记》的这段记载就是在神圣启示中对于上帝自己的形而上学定义。即使《出埃及记》的启示言辞不是存在的形而上学，中世纪基督教经院哲学却拥有属于《出埃及记》的存在形而上学。《出埃及记》的存在形而上学首先由基督教的教父哲学拓展出来，中世纪基督教经院哲学只是追随并拓展教父哲学《出埃及记》的存在形而上学而已。作为中世纪基督教经院哲学史上卓越而深刻的形而上学家，托马斯在《神学大全》中直接引用《出埃及记》这段记载，宣称在上帝的所有名字之中，只有一个名字确实适合上帝自己，就是"我是我所是"（I am who I am，I will be who I will be）——作为自身存在而永恒存在的存在自身（Being）。[1] 独一的上帝，就是作为存在的存在自身——基督教启示的一神论原则蕴藏着无穷的形而上学宝藏。中世纪基督教经院哲学形而上学的全部研究都只是对于这个基督教学说的一神论原则的形而上学结论的哲学研究。只有一位上帝，这位上帝就是作为存在的存在自身（Being），这是中世纪基督教经院哲学的形而上学基石。吉尔松卓越地指出，中世纪基督教经院哲学的形而上学基石的奠基者，不是希腊哲学家柏拉图或亚里士多德，而是以色列的先知摩西。[2]

① See Thomas Aquinas, *Summa Theologica*, Ia:13:11.

② See Etienne Gilson, *The Spirit of Medieval Philosophy*, p. 51. 吉尔松：《中世纪哲学精神》，沈清松译，台湾商务印书馆2001年版，第44页。

奥古斯丁在《论三位一体》中开宗明义地宣称，上帝在圣经中的启示方法适应着作为被创造的智慧存在者的人的理解力，因此圣经常常运用人类的有限智慧可以理解的淳朴语言和日常观念来阐述神圣实在界的深奥真相。圣灵所默示的圣经，习惯于把发生在受造界中的平凡道理作为"孩子玩具"，吸引世人——这些属灵"患者"的注意力，帮助在亚当里已经堕落的世人逐步地竭力追求"上面的事"而离开"下面的事"。因为人类理解力的软弱，圣经很少使用那些完全属于上帝而在受造界完全找不到类比的神圣真相来谈论上帝，这样独特的例子就是上帝对摩西的启示："'我是我所是'（我是自身存在而永恒存在的存在自身）。……你要对以色列人这样说：'那自存者打发我到你们这里来。'"（出 3:14）奥古斯丁说，存在一词的意义，用在上帝身上具有一种特殊的意义，那是和用在受造界迥然不同的意义。① 上帝作为"我是我所是"，作为自身存在而永恒存在的的存在主体，就是作为存在的存在自身，作为存在根源的存在自身，作为永恒存在的存在自身，作为无限存在的存在自身，作为神圣存在的存在自身，作为完满存在的存在自身，作为终极存在的存在自身。作为"我是我所是"的存在，就是作为创造者的存在自身，作为宇宙主宰的存在自身，作为全能者的存在自身。作为"我是我所是"的上帝藉着从虚无中的神圣创造使万物获得存在，上帝是昔在、今在、永在的全能者。奥古斯丁引用《诗篇》说："你要将天地更换，天地就都改变了；唯有你永不改变。"

---

① See Augustine, *The Trinity*, 1:2.

关于上帝在自我彰显中的唯一命名，托马斯在《神学大全》中提出的神学语言论题是："我是我所是"是否最适合上帝的名称？① 托马斯说：基督教哲学家在《出埃及记》中读到，当摩西询问上帝："他们若问我说：'他叫什么名字？'我要对他们说什么呢？"上帝回答说："我是我所是。"上帝对摩西说："你要对以色列人这样说：'那自有的打发我到你们这里来。'"因此，"我是我所是"即"自有者"是最适合上帝的名称。托马斯提出三个理由阐述"我是我所是"是最适合上帝的名称。第一，因为这个名称的意义，"我是我所是"是最适合上帝的名称。"我是我所是"即"自存者"这个名称不是指涉上帝的任何特殊本质，而是指涉作为存在行动的存在自身。因为上帝的存在就是上帝的本质，而且唯独上帝的存在是上帝的本质，所以存在自身这个名称特别适合于上帝，因为名称的意义就是所命名者的本质。第二，因为这个名称的普遍性，"我是我所是"是最适合上帝的名称。上帝的其他名称缺乏如此的普遍性，或者增加某些意义上的细微差异以限制和确定其原初意义。托马斯指出，在今生我们的心智无法如其所是地把握上帝的本质，我们用来思考上帝的任何方式都无法如其所是地理解上帝。因此，上帝的名称越少确定性，越普遍而单纯，越适合于上帝。这就是为什么说在上帝所有的名称之中，"我是我所是"是上帝的第一个名称。因为上帝在自身之中理解一切，上帝拥有自身的存在犹如拥有浩瀚无垠的存在海洋。"我是我所是"这个名称不是表达存在者存在的某

① See Thomas Aquinas, *Summa Theologica*, Ia:13:11.

些特殊方面，而是作为存在的无限海洋而伫立着向所有存在敞开自己。第三，因为这个名称的时态，“我是我所是”是最适合上帝的名称。“我是我所是”所宣告的是现在时态的存在，因为特别适合于上帝。因为上帝的存在不是过去的存在，不是将来的存在，而是现在的存在。正如奥古斯丁所说的那样，上帝的存在是永恒的现在。因此，“我是我所是”即“自存者”甚至比上帝这个名称更适合于上帝，因为这个名称的意义指称上帝的神圣本质，这个名称的普遍性指称上帝的无限性，这个名称的时态指称上帝的永恒性。因为作为存在行动的存在自身是上帝的神圣本质，而受造界唯独从自身存在而永恒存在的上帝获得存在，因此最适合上帝的名称是“我是我所是”即“自存者”。①

吉尔松卓越而深刻地指出，倘若基督教哲学家渴望理解作为中世纪基督教经院哲学的形而上学基石的存在原理的重要性，最简捷的方法就是去阅读斯各脱（John Duns Scotus，1266—1308）《论第一原理》（*De Primo Principio*）的开篇祷文：“啊！我主，我上帝，当摩西询问你，最真实的导师，他应该用什么名字来向以色列选民称呼你，你深知以色列选民会死的理性会如何理解，而向摩西展示你至福的名字，你回答摩西说：‘我是自有永有的。’我相信这点，倘若可能，我也会理解这点。啊！我主，请帮助我，从你所称呼你自己的存在开始，按照我所禀赋的理性能力，去领悟你的真相。”吉尔松指出，司各脱这篇祷文内涵的深邃和意义是无与伦比的，因为这篇

① Thomas Aquinas，*Summa Theologica*，Ia：13：11.

祷文一次永远地奠定着中世纪基督教经院哲学的真正方法，以及中世纪基督教经院哲学的完整真理所从出的第一真理。[1] 毋宁说，奥古斯丁所阐述的“信仰寻求理解”的基督教认识论原则，就是中世纪基督教经院哲学形而上学的真理和方法。

司各脱炉火纯青地运用奥古斯丁和安瑟伦所阐述的“信仰寻求理解”的基督教认识论原则，从作为中世纪基督教的经院哲学根基的形而上学沉思的开端，就对于上帝启示言辞的真实性作出信仰的行动。正如早期护教者雅典那哥拉斯所说的那样，中世纪基督教哲学家“只愿意在上帝的学校中学习认识上帝”。倘若说，作为被创造的智慧存在者，人的先验本质是圣言的倾听者[2]，那么，中世纪基督教的经院哲学家就是上帝启示言辞完美的倾听者，卓越的基督教哲学家只能是上帝启示言辞完美的倾听者。吉尔松指出，基督教哲学家并不是理性和最高存在之间的媒介。然而，跟随着对于上帝启示言辞的信仰行动，基督教哲学立刻开始——这是作为中世纪基督教经院哲学根基的形而上学的认识论奥秘。任何基督教哲学家藉着信仰而相信上帝是存在自身，立刻可以藉助理性看出来：上帝只能是完全的存在，真实的存在。毋宁说，信仰真理在圣灵的光照中在中世纪基督教哲学家殚精竭虑的形而上学沉思中自由而完美地转换为作为中世纪存在形而上学

---

① See Etienne Gilson, *The Spirit of Medieval Philosophy*, p. 52. 吉尔松：《中世纪哲学精神》，沈清松译，台湾商务印书馆 2001 年版，第 45 页。

② See Karl Rahner, *Hearers of the Word*, New York: Herder and Herder, 1969, p. 68.

的理性真理。在这个意义上，作为中世纪基督教经院哲学根基的形而上学结论已经隐含在圣经启示的前提中。①

吉尔松指出，尽管在语言上，存在概念是所有哲学概念中最普遍最抽象的概念，但上帝在自我彰显中的唯一命名“我是我所是”这个存在观念所指称的完全不是普遍而抽象的概念。以抽象的存在概念向摩西启示自己的上帝不是要摩西把上帝理解为一个抽象概念，也不是要摩西把上帝理解为一个以概念为内涵的存在者。向摩西启示自己名字的上帝是神圣而无限的位格存在者，是宇宙万物的创造者，是和亚当缔结圣约的上帝，是和挪亚缔结圣约的上帝，是和亚伯拉罕缔结圣约的上帝，是亚伯拉罕的上帝、以撒的上帝和雅各的上帝，是和以色列选民缔结圣约的上帝。上帝的神圣存在超越一切感觉而且超越一切概念的判断，肯定上帝自己是绝对的存在行动的纯粹实现性。上帝的存在在现实性上在所有方面都超越上帝的观念。作为存在的存在自身，作为上帝存在行动的存在自身包含着所有存在的充足理由。上帝在作为被创造的有限智慧存在者的人类面前隐藏自己的神性存在，但自我隐藏的上帝自身超越的敞开性，上帝神性存在的自我彰显是一道光芒，照耀着人类追寻真理的心灵。在这个意义上，上帝自身最高的隐蔽性正是心灵之光。② 人类有限的心灵以概念性思维来萦绕上帝的单纯性，从不同的角度认识上帝，用各种不同的观点阐述上帝无限浩瀚的深邃完满。倘若人类心灵殚精竭虑

① See Etienne Gilson, *The Spirit of Medieval Philosophy*, p. 52. 吉尔松：《中世纪哲学精神》，沈清松译，台湾商务印书馆 2001 年版，第 45 页。

② See Bonaventure, *Itinerarium mentis in Deum*, V:4.

地渴望如其所是地表达上帝自己，卓越的神学家只能同奥古斯丁一起重复上帝自己向摩西所启示的存在观念："我是我所是"——上帝就是存在自身。在中世纪基督教经院哲学对于存在观念的形而上学沉思中，作为存在自身的上帝是完善的存在，是无限的存在。①

作为完善的存在，上帝作为纯粹完满地存在自身由于完满的实现性而秉有绝对的自足存在。上帝是存在自身，上帝是绝对地藉自己而存在的完全独立的存在。上帝的神圣本质就是上帝的神圣存在。上帝的神圣本质就是上帝自己作为存在行动的存在自身。上帝的神圣本质是上帝的神圣存在，上帝的神圣本质指称上帝作为存在自身所藉以是其所是的完满的实现性。如同存在的行动奠定存在的主体，上帝的存在奠定上帝的本质。耶柔米说上帝是自己的根源，上帝完满地存在自身已经包含着绝对的完善。上帝的绝对完善就是上帝的绝对存在，上帝的绝对存在就是上帝的绝对完善。上帝是存在自身，在上帝自身中已经实现着存在的完善。上帝是完全实现、完全满盈状态下的纯粹存在。在这个意义上，上帝的完善就是存在的完善。吉尔松深刻地指出，正是上帝存在的完善性范畴使得中世纪的基督教哲学区别于古希腊的柏拉图哲学。对于柏拉图而言，最高的理念是善的理念（the Idea of Good）。善的理念之所以作为一切存在的根源，因为善的理念是一切可理解性的根源。在这个意义上，柏拉图理念论以

---

① See Etienne Gilson, *The Spirit of Medieval Philosophy*, p. 53. 吉尔松：《中世纪哲学精神》，沈清松译，台湾商务印书馆 2001 年版，第 46 页。

善的理念为优先,而将存在隶属于善的理念之下。与柏拉图理念论相反,中世纪基督教的经院哲学由于《出埃及记》"我是我所是"的存在观念的深刻启迪,把存在理解为优先范畴,而把善的理念隶属于存在之下。在这个意义上,基督教的上帝是作为存在的存在自身的完善。中世纪基督教的经院哲学不是宣称:上帝存在,因为上帝完善。中世纪基督教的经院哲学宣称:上帝完善,因为上帝存在。吉尔松卓越地指出,中世纪基督教的经院哲学与柏拉图哲学关于存在和善的本体论秩序的这个基本区别,在源起上看来似乎细微而微妙,甚至几乎不易察觉。然而,关于存在和善的本体论秩序的基本区别是中世纪基督教的经院哲学和希腊哲学之间最深刻的差别,这个深刻差别势必带来惊人的哲学后果。① 吉尔松在日后的哲学著述中深刻指出:中世纪基督教的经院哲学与柏拉图哲学之间的根本差别——最原初最基本最深刻而确实在哲学史上带来惊人后果的差别,就是古典形而上学领域中中世纪基督教的经院哲学的存在论与柏拉图哲学的本质论之间的深刻差别。

三、存在的第一原则

对于托马斯而言,上帝是完善的存在,因为上帝是存在的第一原则,是全部存在的第一原则。存在的第一原则必定是最现实的,因而是最完善的。完善性意味着存在,因为作为存

---

① See Etienne Gilson, *The Spirit of Medieval Philosophy*, p. 55. 吉尔松:《中世纪哲学精神》,沈清松译,台湾商务印书馆 2001 年版,第 47 页。

在行动的神圣存在是上帝的神圣本质,上帝的神圣本质就是上帝的神圣存在。① 上帝是完善的神圣存在,作为纯粹而完满的存在行动,上帝是全部存在的完善性的神圣源泉。作为存在行动的存在是所有存在者中最完善的,因为和所有潜在的存在者相比较,正是藉助存在行动,存在者被创造为现实。因为除非作为存在行动的存在,存在者无法拥有现实性。"因此,唯独作为存在行动的存在是使所有存在者,甚至存在者的形式现实化的东西。"②上帝是纯粹存在,因此上帝是完善的。上帝的完善性彰显着上帝自身的神圣本质,而且包含着所有受造存在者的完善性。上帝的完善性意味着普遍的完善性,所有在受造存在者中存在的完善特性都以一种卓越的方式存在于上帝之中。上帝是万物存在的原因,万物的完善性必然以一种更卓越的方式首先存在于上帝之中。另外,上帝是存在自身,是绝对的存在自身。作为存在自身的上帝在自身中必然包含着整个存在的完善性。对于托马斯而言,所有受造存在者的完善性都包含在存在自身的完善性之中。严格说来,任何存在者之所以是完善的,因为存在者以某种方式而存在。在这个意义上,所有存在者的完善性都包含在上帝自身的存在之中。③ 由于宇宙万物中所有的完善性都包含在作为存在根源的上帝之中,在宇宙万物和上帝之间就拥有一种类比或分有的关系:"受造存在者就其作为存在者而言,与

① See Thomas Aquinas, *Summa Theologica*, Ia:3:4.

② Thomas Aquinas, *Summa Theologica*, Ia:4:1.

③ Thomas Aquinas, *Summa Theologica*, Ia:4:2.

作为所有存在的第一原则和普遍原则的上帝相类似。”①

对于托马斯而言,存在是善的第一原则。存在者的完善性在于存在者所实现的现实性:“正是存在使存在者成为现实的。”②正如奥古斯丁所宣称的那样:“因为我们存在,所以我们是善的。”③托马斯指出:即使在观念上,存在的观念亦优先于善的观念。托马斯说:“在观念上优先的东西,就是首先被理性所拥有的东西。首先被理性所拥有的东西是存在,因为唯独当存在者在现实中,存在者才是可认识的。因此,存在是理性的固有对象,存在是首先可理解的东西,犹如声音是首先可听见的东西。因此,在观念中,存在优先于善。”④托马斯所深刻阐述的基督教认识论奥秘在于:人类心灵最基本的直观,是对于存在的直观。吉尔松卓越地指出,上帝作为自身存在的存在行动以一种永恒神圣而完满实现的方式,临现在人类心灵中。上帝作为存在自身必然是永恒的,因为上帝的神圣存在就是上帝的神圣本质。上帝作为存在自身必然是不变的,因为上帝是无限完满的存在自身,任何变化必然摧毁上帝的神圣本质和无限完满。上帝是永恒宁静的存在者,犹如神圣存在的浩瀚海洋,完整地呈现在自己面前。上帝由于存在而完满,上帝是存在完满的实现和满盈,上帝是存在的无限性。对于托马斯而言,存在优先于善——在存在自身中完满

① See Thomas Aquinas, *Summa Theologica*, Ia:4:3.

② Thomas Aquinas, *Summa Theologica*, Ia:5:1.

③ Augustine, *De Doctrina Christiana*, I:32. Thomas Aquinas, *Summa Theologica*, Ia:5:1.

④ Thomas Aquinas, *Summa Theologica*, Ia:5:2.

的实现和满盈，就是上帝作为存在自身的完善性和无限性。①

在这个意义上，作为存在自身的上帝，作为存在根基的上帝，作为存在行动的上帝，作为存在源泉的上帝——作为存在行动的存在自身，作为创造者的上帝，永远在人类心灵的概念把握之外。吉尔松指出，人类心灵所能运用的上帝观念，每当试图运用在作为创造者的上帝身上，没有不失败的。人类心灵所能运用的所有上帝观念都无法把握上帝的神圣存在，无法把握上帝的神圣本质，无法把握上帝的神圣奥秘。上帝的神圣存在在一切上帝观念之上，在一切上帝名称之上。上帝的神圣本质在一切上帝观念之上，在一切上帝名称之上。上帝的神圣奥秘在一切上帝观念之上，在一切上帝名称之上。在这个意义上，上帝的恰当名称就是上帝。基督教神学承认存在着一个圣言而且只存在着一个圣言，就是上帝在神圣历史中的启示言辞。有限的人类语言，只能表达那作为"超越本质"的上帝存在的神圣奥秘于某些本质之中。甚至所有的上帝观念，只能是对于上帝自己的有限表达。在这个意义上，上帝的基本特征就是上帝的无限性。在存在自身(Being)之外，只有无限观念可以清楚地把作为存在自身的上帝从人类心灵所拥有的任何上帝观念之中区分开来。②

吉尔松指出，对于上帝的无限性的理解是中世纪基督教经院哲学家的共同遗产，而司各脱的存在形而上学把基督教

---

① See Etienne Gilson, *The Spirit of Medieval Philosophy*, p. 56. 吉尔松：《中世纪哲学精神》，沈清松译，台湾商务印书馆2001年版，第47—48页。

② See Etienne Gilson, *The Spirit of Medieval Philosophy*, p. 56. 吉尔松：《中世纪哲学精神》，沈清松译，台湾商务印书馆2001年版，第48页。

的上帝的无限性阐述得最为清楚。司各脱指出,中世纪基督教的经院哲学家殚精竭虑地运用理性沉思"证明上帝存在",事实上,这只是"证明一个无限存在的存在"。毋宁说,除非中世纪基督教经院哲学家首先证明一个无限存在的存在,基督教哲学家就无法证明上帝存在。司各脱从存在的观念开始,证明作为形而上学的第一哲学必须肯定第一存在者;根据第一存在者是自身存在的根源这个基本事实,司各脱推论出:第一存在者必然存在。司各脱进而阐述这个第一必然存在者的属性,指出第一必然存在者是秉有睿智和意志的绝对存在,第一必然存在者的睿智拥有无限,而且既然第一必然存在者的睿智就是第一必然存在者的神圣本质,第一必然存在者的神圣本质亦拥有无限。在这个意义上,第一必然存在者是无限的存在。第一必然存在者首先在认识论上为无限者,第一必然存在者的神圣本质亦因此为无限者。对于司各脱而言,论证第一必然存在者是无限存在,乃是论证人类心灵所能设想的最完美概念,就是人类心灵对于上帝可能拥有的最完美概念。①

对于中世纪基督教的经院哲学家而言,原初而基本的现象学事实是:有一位自身存在而永恒存在的神圣存在者,就是第一必然存在者。第一必然存在者超越赫拉克利特所阐述的充满生命力的现实中的动态——奔腾不羁的时间之流,同时超越巴门尼德所阐述的完善实现的形式上的静态——永恒不变的存在自身。纯粹存在的基本特征是实现和完善,是在纯

① See Duns Scotus, *Opus Oxoniense*, lib. I: dist. 2. Q1, 2, sect. 2, a. 2, n. 2; Etienne Gilson, *The Spirit of Medieval Philosophy*, p. 57. 吉尔松:《中世纪哲学精神》,沈清松译,台湾商务印书馆 2001 年版,第 49 页。

粹存在的完满中彰显出的实现和完善。吉尔松指出，尽管托马斯使用亚里士多德的哲学语言谈论上帝，托马斯的基督教经院哲学和亚里士多德哲学之间存在着相当的距离。对于亚里士多德哲学而言，纯粹实现仅仅是思想领域的纯粹实现。对于托马斯的基督教经院哲学而言，纯粹实现是在存在领域的纯粹实现。纯粹存在是无限的存在，同时是完善的存在。对于亚里士多德哲学而言，"无限不是在其外别无他物者，而是在其外恒常有其他物者。"对于托马斯的基督教经院哲学而言，上帝的无限恰恰是在上帝之外别无他物者。上帝的真实名称是存在自身，托马斯运用亚里士多德的哲学语言阐述上帝的无限存在。因为上帝是纯粹形式或纯粹实现，所以上帝是无限存在。托马斯所阐述的上帝作为存在自身的吊诡性论题是：恰恰是不指称任何形式的纯粹存在赋予纯粹形式以积极的无限性。形式本身是完善和完整的原理。上帝在自我彰显中的唯一命名是作为存在的存在自身，因为存在不指称任何形式。同时，唯有在纯粹形式即纯粹实现就是存在自身时，存在自身的实现性的满盈才赋予纯粹形式以积极的无限性，就是上帝自己"在自身之外别无其他存在"的无限性，这样的无限性恰恰是亚里士多德完全不知道的无限性。在这个意义上，上帝就其作为存在自身的纯粹形式而言，本质上就是无限的。①

倘若哲学家深刻反省中世纪基督教经院哲学的存在观念的形而上学意义，可以清楚看出：中世纪基督教经院哲学的存

① See Etienne Gilson, *The Spirit of Medieval Philosophy*, p. 58. 吉尔松：《中世纪哲学精神》，沈清松译，台湾商务印书馆 2001 年版，第 50 页。

在观念势必产生一种崭新的关于上帝存在的证明，这就是作为“经院哲学之父”的安瑟伦首先表述的关于上帝存在的本体论证明。吉尔松指出，自中世纪基督教经院哲学以降，安瑟伦所表述的关于上帝存在的本体论证明以各种不同方式，一而再、再而三地重现在笛卡儿、马勒伯朗士、莱布尼兹、斯宾诺莎，甚至黑格尔的哲学论证中。另一方面，安瑟伦所阐述的关于上帝存在的本体论证明，卓越的希腊哲学家巴门尼德、柏拉图和亚里士多德甚至“连梦都未曾梦见过”①。吉尔松提出的哲学论题在于：安瑟伦所阐述的关于上帝存在的本体论证明，为什么卓越的希腊哲学家甚至连梦都未曾梦见过？为什么中世纪基督教经院哲学以降的基督教哲学家如此自然地确认安瑟伦关于上帝存在的本体论证明，并且卓越的基督教哲学家一而再、再而三地重复这个上帝存在的本体论论证？这是欧洲哲学史上尚未有哲学家问及的基本问题，吉尔松提出这个问题的基本答案。像巴门尼德、柏拉图和亚里士多德这些卓越的希腊哲学家，未曾把上帝和存在视为同一，因此绝对无法梦想到可以从上帝的观念推论出上帝的存在。对于巴门尼德、柏拉图和亚里士多德这些卓越的希腊哲学家而言，存在纯粹是一个形而上学范畴，与希腊哲学家自己现实生命中的宗教经验无关。正如吉尔松在亚里士多德生平事迹中所揭示的那样，亚里士多德自己宗教经验中真实的神明依然是多元的神性存在，即诸神的存在。由于希腊宗教生活中多神崇拜的

① Etienne Gilson, *The Spirit of Medieval Philosophy*, p. 59. 吉尔松：《中世纪哲学精神》，沈清松译，台湾商务印书馆 2001 年版，第 50 页。

缘故，希腊哲学家从未把存在自身(Being)的绝对意义唯独保留给一位独一的上帝。在这个意义上，希腊哲学无法确实把握中世纪基督教经院哲学的一神论原理。

第二节 安瑟伦的本体论证明

教父哲学和中世纪经院哲学卓越而特殊的形而上学遗产在于：对于基督教哲学家而言，上帝是存在自身，存在自身是上帝——上帝与存在是先验同一的，上帝的真实名称就是存在自身。与希腊形而上学迥然不同的地方在于，当像经院哲学奠基者安瑟伦这样卓越的基督教哲学家殚精竭虑地沉思上帝存在的形而上学论题时，基督教哲学家所沉思的形而上学论题是：存在自身是否存在。对于中世纪基督教的经院哲学家而言，上帝是存在自身。倘若基督教哲学家否定上帝存在，就是肯定存在自身不存在，这是匪夷所思的。安瑟伦为那些默想上帝而沉思信仰的基督教哲学家殚精竭虑地寻找以逻辑推论要求的简洁性和必然性成立的关于上帝存在的先验而充足的直接论证，完全必然的论证。安瑟伦《宣讲》开篇说："主啊！我并不奢想可以洞察你的崇高，因为我无法使我的理解力和你的崇高相比拟。但是，我渴望在某种程度上理解你的真理，我的心相信并爱着这真理。我不是寻求理解以便相信；相反，我相信以便理解。因为我深信：除非我相信，我无法理解。"①安瑟伦关于上帝存在的本体论证明，是中世纪基督教经院哲学家形

① Anselm, *Proslogion*: *Fides quaerens intellectum*, Cap. I.

而上学沉思的命题阐述：上帝的本质必然包含着上帝的存在。

安瑟伦关于上帝存在的本体论证明以普遍而先验的上帝观念为出发点，藉助对于上帝观念的先验分析而阐述上帝必然存在的真理。在安瑟伦所阐述的关于上帝存在的本体论证明中，作为论证前提的是已经被理解的上帝观念——上帝是可以设想的无与伦比的存在者；作为论证结论的是上帝观念所指称对象的真实性——可以设想的无与伦比的存在者无疑不仅存在于观念中，而且存在于现实中。① 毋庸置疑，安瑟伦上帝存在的本体论论证的前提和结论都是已经被理解的上帝观念——可以设想的无与伦比的存在者，安瑟伦上帝存在的本体论论证的推论是对于已经被理解的上帝观念所蕴涵的深邃内涵的拓展和阐述——上帝的神圣本质必然包含着上帝的神圣存在，可以设想的无与伦比的存在者的观念的完满性不仅在于其观念内涵，而且在于其现实存在。毋宁说，上帝的先验观念必然推论出上帝的现实存在。

一、信仰寻求理解

吉尔松指出，安瑟伦关于上帝存在的本体论证明在中世纪哲学史上具有深刻的影响，基督教哲学家倘若详尽分析，未必发现这个逻辑论证步骤清楚、意义明确。除非在基督教信仰的领域中，上帝不存在的不可设想性是没有意义的。安瑟伦所阐述的无与伦比的上帝观念所指涉的真实对象，是基督教信仰的上帝。中世纪基督教经院哲学的形而上学沉思，奠

① See Anselm, *Proslogion*: *Fides quaerens intellectum*, Cap. II.

基于《出埃及记》中上帝对于摩西的启示,奠基于上帝在自我彰显中的唯一命名。中世纪基督教的经院哲学把上帝和存在直接设想为同一,上帝是存在自身,存在自身是上帝。倘若基督教哲学家同时沉思上帝而沉思上帝不存在,必然立刻陷入矛盾之中。① 在这个意义上,安瑟伦关于上帝存在的本体论证明从上帝的先验观念推论出上帝的必然存在,恰恰是奥古斯丁所阐述的"信仰寻求理解"的基督教哲学的认识论典范。吉尔松指出,安瑟伦关于上帝存在的本体论证明的重要意义在于,有一存在者,其内在必然性甚至呈现在人类心灵对于这个存在者所形成的观念中。上帝必然存在于自身之中,甚至在我们的思想中,上帝都不能不存在。② 安瑟伦关于上帝存在的本体论证明所未曾完成的部分在于,安瑟伦未曾指出,肯定上帝的必然存在,并不构成上帝存在的演绎论证,而是构成上帝存在的归纳论证的基础。在这个意义上,安瑟伦从上帝的先验观念推论出上帝必然存在的先验分析,不能构成上帝存在的证明,只是可能的上帝存在证明的原始资料。中世纪基督教经院哲学家已经指出,安瑟伦肯定上帝的必然性预设着上帝存在,作为肯定上帝必然性的唯一充足理由。安瑟伦自己却未曾明确指出自己关于上帝存在的本体论证明已经预设上帝存在。③

---

① See Etienne Gilson, *The Spirit of Medieval Philosophy*, p. 59. 吉尔松:《中世纪哲学精神》,沈清松译,台湾商务印书馆 2001 年版,第 51 页。

② See Anselm, *Proslogion*: *Fides quaerens intellectum*, Cap. IV.

③ See Etienne Gilson, *The Spirit of Medieval Philosophy*, p. 60. 吉尔松:《中世纪哲学精神》,沈清松译,台湾商务印书馆 2001 年版,第 51 页。

波那文都清楚地看出：上帝的存在"对自己"的必然性，是上帝的存在"对我们"的必然性的唯一可理解的充足理由，上帝的存在是人类心灵中上帝观念的唯一可理解的充足理由。波那文都说，任何基督教哲学家倘若默想上帝本质的同一性，应当首先默想存在自身是自身存在，然后就可以在其中看出，存在自身在自身存在中是绝对自明的，以致基督教哲学家无法把存在设想为非存在。吉尔松指出，在波那文都的哲学陈述背后，隐藏着波拿文都全部光照论的知识形而上学。藉助上帝的神圣存在对于人类心灵的光照，来解释人类心灵对于上帝存在的确认。司各脱的知识论途径不同，却以同样的深邃沉思获得相同的认识论结论。司各脱指出，既然人类理智的适当对象是存在，人类理智以完满的确定性所肯定的存在的无限性及其存在，就是毋庸置疑的。① 对于司各脱而言，上帝存在不是直接而自明的真理。正因为上帝存在不是直接而自明的真理，安瑟伦提出关于上帝存在的本体论证明。司各脱关于存在自身的理解对于安瑟伦上帝存在的本体论证明的意义带来深刻改变。司各脱关于上帝存在的证明，直接奠基于存在的观念及存在的基本性质，奠基于存在的因果联系及其优越性。②

倘若经过中世纪基督教的经院哲学而来到笛卡儿和马勒伯朗士这些近代哲学的先驱，安瑟伦关于上帝存在的本体论证明依然在近代哲学中产生极其重要的形而上学成果。在笛卡儿学说中，基督教哲学家可以观察到从上帝的观念推论上帝的

---

① See Duns Scotus, *Opus Oxoniense*, lib. I: dist. 2. Q1, 2, sect. 2, a. 2, n. 2.

② See Etienne Gilson, *The Spirit of Medieval Philosophy*, p. 60. 吉尔松：《中世纪哲学精神》，沈清松译，台湾商务印书馆 2001 年版，第 51 页。

存在的两个可能途径。在《第五沉思》中，笛卡儿追随安瑟伦，尝试从上帝的先验观念推论出上帝的必然存在。而在《第三沉思》中，笛卡儿首先尝试从人类心灵对于上帝的先验观念证明上帝的存在，毋宁说，把上帝的神圣存在确认为人类心灵对于上帝的先验观念的必然原因。马勒伯朗士所追随的，正是笛卡儿的形而上学道路。对于马勒伯朗士而言，上帝的观念恰恰是上帝自己铭刻在人类灵魂上的永恒痕迹。马勒伯朗士在分析人类心灵对于存在的普遍抽象的观念的一段文字中指出：人类心灵对于存在的观念，是存在本身临在于人类心灵的标记。在这个意义上，人类灵魂对于上帝的先验观念，是上帝自己临在于人类灵魂之中的标记。吉尔松指出，马勒伯朗士真正延续着中世纪基督教经院哲学的形而上学“寻找上帝”的基督教哲学传统：倘若上帝是可能的，上帝就是真实的；倘若人类心灵思考着上帝，上帝就必然存在。[①] 上帝的先验观念必然包含着上帝的神圣存在，这是安瑟伦关于上帝存在的本体论证明的逻辑蕴涵，是中世纪基督教经院哲学形而上学沉思的基石，是中世纪基督教经院哲学形而上学沉思的开端、论题和鹄的。

二、形而上学的实在论

吉尔松对于中世纪基督教经院哲学的形而上学思想遗产的深刻阐述在于指出，中世纪基督教经院哲学的形而上学是一种形而上学的实在论。毋宁说，作为基督教学说根基的存

---

① See Etienne Gilson, *The Spirit of Medieval Philosophy*, p. 61. 吉尔松：《中世纪哲学精神》，沈清松译，台湾商务印书馆 2001 年版，第 52 页。

在论是中世纪形而上学领域的实在论。吉尔松卓越地指出，中世纪基督教经院哲学形而上学的实在论，就思维和存在的关系而言，清楚明确地肯定存在自身的优先地位，肯定在上帝自身中神圣本质与神圣存在的同一性，肯定上帝和存在自身的同一性。吉尔松卓越地指出，中世纪基督教经院哲学家肯定上帝和存在自身的同一性，是中世纪经院哲学形而上学对于希腊形而上学的本体论原理一劳永逸的超越，是中世纪基督教经院哲学家在形而上学领域中区分中世纪基督教经院哲学的形而上学和希腊形而上学的分水岭。对于中世纪基督教经院哲学的形而上学而言，上帝的神圣本质和神圣存在是同一的——上帝的神圣本质就是上帝的神圣存在。上帝是存在自身，上帝是作为存在行动的存在自身，上帝是存在的根基，上帝是存在的现实，上帝是存在的鹄的。吉尔松指出，中世纪基督教经院哲学卓越的思想家对于存在自身的优先地位的明确肯定，在古典形而上学领域具有极其重要而深刻的影响。存在自身的优先地位，一次永远地奠定着中世纪基督教经院哲学形而上学实在论的本体论根基，并且在中世纪基督教经院哲学家殚精竭虑的形而上学沉思中不断涌现着中世纪基督教经院哲学的形而上学在所有哲学领域中必然获得的丰硕成果。“我们不久就有机会看到这些最重要的结果的演进。”①

针对安瑟伦上帝存在的本体论证明，法国修士高尼罗卓越而深刻地指出：在被创造的存在领域，观念的完满性并不包

① Etienne Gilson, *The Spirit of Medieval Philosophy*, p. 61. 吉尔松：《中世纪哲学精神》，沈清松译，台湾商务印书馆 2001 年版，第 52 页。

含现实的存在性，存在者的本质并不必然包含自身的存在。针对高尼罗的观点，安瑟伦卓越地指出，倘若上帝被设想为存在自身，上帝必然存在。那可以设想的无与伦比的上帝，不可能被设想为存在自身而不存在。倘若上帝是可以设的无与伦比的存在者，上帝必然存在。上帝被设想为无与伦比的存在者而不能被设想为不存在，上帝必然存在于现实中，上帝必然具有基督教信仰的神圣实体的无限属性。对于追随安瑟伦本体论论证的中世纪基督教经院哲学家而言，安瑟伦宣称上帝是存在自身，从人类心灵对于存在自身的观念来论证上帝存在的证明依然是最卓越的证明，甚至是唯一可能的证明。吉尔松指出，追随安瑟伦本体论论证的基督教哲学家继续致力于两个方面的哲学目标。第一个哲学目标在于，基督教哲学家把形而上学奠基于深刻阐述的中世纪经院哲学本体论，哲学家遵循安瑟伦的《祷词》和笛卡儿的《第五沉思》，主张对于神圣存在的必然肯定，必然对应着真实的神圣存在。第二个哲学目标在于，基督教哲学家把本体论奠基于存在概念的客观内容，运用归纳方式论证上帝的存在是人类心灵对于上帝的观念的唯一真实原因。这条道路是渊源于奥古斯丁和安瑟伦《论真理》的启迪，由波那文都阐述、由笛卡儿和马勒伯朗士所追随。①

安瑟伦在《宣讲》中的祷文说："上帝啊！我请求你，让我理解你，热爱你，以你为满足的喜乐。倘若在此生无法充分地

① See Etienne Gilson, *The Spirit of Medieval Philosophy*, p. 62. 吉尔松：《中世纪哲学精神》，沈清松译，台湾商务印书馆 2001 年版，第 53 页。

理解你、热爱你并以你为满足的喜乐，至少让我对于你的理解、热爱和喜乐天天增长，直到某一天一切都完满地到来。请让我对于你的理解在今生日益增长，在来世达到完满；请让我对于你的爱在今生日益丰盛，在来世完全满盈。”①安瑟伦将奥古斯丁所阐述的“信仰寻求理解”的基督教认识论奥秘阐述出来，成为中世纪基督教经院哲学的基本精神。安瑟伦《宣讲》的原来书名就是奥古斯丁阐述的基督教认识论奥秘：《信仰寻求理解》。安瑟伦确信，上帝是可以设想的无与伦比的存在者。同时存在于理性中和现实中的存在者要比仅仅存在于理性中的存在者更卓越。因此，可以设想的无与伦比的存在者不仅存在于理性中，而且必然存在于现实中。对于安瑟伦而言，上帝作为可以设想的无与伦比的存在者是如此真实，以至于上帝作为无与伦比的存在者无法被设想为不存在。安瑟伦接着运用中世纪基督教哲学家的祷告文体阐述上帝存在的形而上学真理：“哦，主，我们的上帝！那样的存在就是你。因此，主啊！我的上帝，你是如此真实确凿地存在着，以至于你不可能被设想为不存在。因为，倘若某个心灵可以设想出一个比你更卓越的存在者，那么这个受造存在者将上升到创造者之上，并对创造者作出判断，然而这是极其荒谬的。事实上，除你以外，其他任何存在着的存在者都可以被设想为不存在。唯有你才是万物中最真实的，在万物中拥有着最高的存在性；而其他的一切都没有如此高的真实性，只有次等的

---

① Anselm, *Proslogion*: *Fides quaerens intellectum*, Cap. XXVI.

存在性。”[①]安瑟伦指出，这位可以设想的无与伦比的上帝，是“万有中的最高存在者”，是“唯一自存的存在者”——自身存在而永恒存在的存在者，是“从虚无中创造出万有的存在者”，是从虚无中创造出有形无形的宇宙万物的存在者。[②]

安瑟伦对于法国修士高尼罗的答辩，完全奠基于中世纪基督教经院哲学的形而上学根基，即上帝和存在自身的同一性原理。安瑟伦指出，可以设想的无与伦比的存在者必然存在于现实中，而不是仅仅存在于观念中。安瑟伦所论述的可以设想的无与伦比的存在者，迥然不同于高尼罗所提出的诸如最理想的岛屿的存在者——被创造的存在者。安瑟伦指出，所有被创造的存在者——宇宙万物、理性存在者、时间空间中的任何存在者，甚至时间空间本身，都可以被设想为可以不存在，因为被创造的存在者的本质并不包含自身的存在。迥然不同的是，可以设想的无与伦比的存在者的完满本质必然包含着自身的完满存在。安瑟伦断言，倘若可以设想的无与伦比的存在者可以被设想为存在，可以设想的无与伦比的存在者必然存在——可以设想为存在自身的无与伦比的存在者必然存在。无与伦比的存在者既然可以被设想，无与伦比的存在者必然存在。安瑟伦上帝存在的本体论论证的基本结论揭示着一个深刻而恒久的形而上学真理：像高尼罗提出的诸如最理想的岛屿这般可以被设想却可以不存在的存在者，是被创造的存在者，是有限的存在者；而安瑟伦沉思默想的可

① Anselm, *Proslogion*: *Fides quaerens intellectum*, Cap. II.

② See Anselm, *Proslogion*: *Fides quaerens intellectum*, Cap. V.

以设想的无与伦比的存在者，是作为必然存在的存在者，是作为存在自身的存在者，是作为自身存在而永恒存在的存在者，是作为无限存在的存在者，是作为神圣存在的存在者，是作为完满存在的存在者。毋宁说，是作为创造者的存在者。

中世纪卓越而深刻的经院哲学家波那文都完全同意安瑟伦关于上帝存在的本体论证明。对于波那文都而言，上帝按照自己的神圣形象创造作为智慧存在者的人类，这是人类灵魂得以认识上帝的先验根据。① 人类理性灵魂深处铭刻着关于上帝存在的先验而内在的神圣观念，铭刻着关于上帝存在的先验而内在的先验知识。毋宁说，上帝存在是按照上帝的神圣形象创造的理性灵魂享有的普世性的先验而内在的神圣真理。即使理性灵魂无法把握上帝的神圣本质，理性灵魂无可推诿地确实知道上帝存在。上帝存在的先验观念和内在知识是理性灵魂所渴慕的智慧、良善、幸福和安息的神圣源泉。② 上帝的存在是如此真实，以致于上帝不可能被设想为不存在。凡是确凿可靠而不可能被设想为不存在的真理都是毋庸置疑的真理，上帝的存在就是如此确凿可靠的真理。正如安瑟伦所正确命名的，上帝是可以设想的无与伦比的存在者。倘若上帝的真实意义确实如此，倘若这就是正确真实的上帝观念，设想上帝存在比设想上帝不存在更加确凿可靠。倘若上帝是可以设想的无与伦比的存在者，上帝就无法被设想为不存在。那既存在于观念中亦存在于现实中的存在者比

① See Etienne Gilson, *The Philosophy of St. Bonaventure*, St. Anthony Guild Press, 1963, p. 109.

② See Etienne Gilson, *The Philosophy of St. Bonaventure*, pp. 110-111.

仅仅存在于观念中的存在者更卓越，倘若上帝是可以设想的无与伦比的存在者，上帝必然存在，因为上帝的不存在是不可思议的。

对于波那文都而言，中世纪基督教的经院哲学家对于上帝以及上帝从虚无中创造宇宙万物的理解，都是奠基于中世纪基督教经院哲学的形而上学对于存在观念的深刻理解。对于上帝的真实把握，就是确信上帝是存在自身。在这个意义上，存在自身是中世纪基督教经院哲学形而上学的核心范畴，是中世纪基督教经院哲学阐述的上帝的首要命名。既然上帝是存在自身，上帝存在的形而上学真理就是完全自明的。上帝不可能被设想为不存在，因为存在行动作为谓词已经包含在存在自身的主词中。波那文都宣称上帝存在的谓词已经包含在存在自身的主词中，这是中世纪基督教的经院哲学家对于希伯来圣经《出埃及记》记载的上帝在自我彰显中的唯一命名“我是我所是”的形而上学诠释。摩西询问上帝的名字，上帝回答说：“我是我所是”（我是自有永有的，我是自身存在而永恒存在的存在者）。上帝宣称自己是存在自身。作为存在自身的上帝是创造者，上帝从虚无中创造宇宙万物。卓越的希腊哲学家从未获得作为创造者的上帝观念。对于波那文都而言，基督教的上帝是作为存在自身的上帝，是独一的上帝，是永恒的上帝，是神圣的上帝，是从虚无中（ex nihilo）创造宇宙万物的上帝。上帝从虚无中创造宇宙万物，是上帝从虚无中使宇宙万物获得存在，使宇宙万物站出来现身而成为如其所是的存在者的自由行动。基督教的上帝是全能的创造者，这是希腊哲学家完全不知道的上帝。对于中世纪基督教经院哲学家而言,上帝的神圣本质就是上帝的神圣存在。① 对于波那文都而言,唯独上帝自己的真实存在是人类灵魂深处的上帝观念的神圣源泉,是关于上帝存在的超自然知识的神圣源泉。②

三、存在观念的充足理由

对于吉尔松而言,奥古斯丁和波那文都行走的形而上学道路似乎更为卓越而深刻。倘若像安瑟伦阐述的那样,"对于上帝必然存在的肯定"已经分析地蕴涵在"上帝的观念"之中,正如高尼罗所指出的那样,安瑟伦上帝存在的本体论证明就是指出:"倘若"上帝存在,上帝"必然"存在,这并不能证明上帝"实际"存在,因为对于高尼罗这样的哲学家而言,观念的完满性未必包含着观念对象的真实存在。③ 对于高尼罗这样的哲学家,安瑟伦已经给出充分而完满的答辩。安瑟伦指出,在上帝存在的本体论证明中,安瑟伦所命名的可以设想的无与伦比的存在者和高尼罗提出的诸如最理想的岛屿的受造存在者在本体论上的地位是迥然不同的。在中世纪基督教经院哲学的形而上学中,上帝是存在自身,上帝的神圣本质必然包含着上帝的神圣存在,上帝的先验观念已经包含着上帝的神圣存在——存在的谓词已经包含在存在自身的主词中。毋宁说,存在的谓词已经包含在作为存在自身的上帝的主词中。正确地把握上帝观念的基督教哲学家,绝不会设想上帝不存

① See Etienne Gilson, *The Philosophy of St. Bonaventure*, p. 118.

② See Etienne Gilson, *The Philosophy of St. Bonaventure*, pp. 125-126.

③ See Gaunilo, *Liber pro insipiente*, 7.

在。安瑟伦在《宣讲》中如此说："感谢你，仁慈的主，感谢你。因为靠着你的光照，我已经如此清楚地理解着那先前由于你的眷顾而让我信仰的真理。"①安瑟伦关于上帝存在的本体论证明，对于上帝观念的形而上学涵义的深刻阐述，在中世纪基督教经院哲学史上具有深刻恒久的影响。吉尔松指出，基督教哲学家寻求一个存在观念之所以形成的充足理由，就可以在存在自身的观念中看出上帝的神圣本质彰显着上帝的神圣存在。毋宁说，在中世纪基督教经院哲学的形而上学领域中获得存在先于本质的首要原理，这是中世纪经院哲学领域中富于挑战性的知识论论题。②

笛卡儿（Rene Descartes，1596—1650）开始著述之际，中世纪基督教的经院哲学已经沉寂了两个世纪，奥古斯丁的基督教哲学在学术界受到尊崇，笛卡儿的哲学目标是以纯粹理性重建形而上学。对于笛卡儿而言，第一哲学的确实基础就是上帝存在和灵魂不朽。笛卡儿《第一哲学沉思录》（1641）的哲学目标就是："从我心里有比我完满的一个东西的观念"即至高完满的存在者的观念，推论出这个至高完满的存在者的真实存在。笛卡儿在《第三沉思》中详尽解释用来证明上帝存在的主要论据。笛卡儿论及观念的起源，提到通过表象而分享程度更高的存在性或完满性，由此而体会到一个至高无上的永恒无限的不改变的全知全能的创造者的上帝观念。

---

① See Anselm, *Proslogion*: *Fides quaerens intellectum*, Cap. IV.

② Etienne Gilson, *The Spirit of Medieval Philosophy*, pp. 62-63. 吉尔松：《中世纪哲学精神》，沈清松译，台湾商务印书馆 2001 年版，第 53 页。

如此的上帝观念比表象有限实体的观念拥有更多的客观实在性。[1] 笛卡儿如此获得上帝存在的结论:我是一个有限的存在者,因而我不能有一个无限实体的观念,倘若不是一个真正无限的实体把这个观念放在我心灵之中的话。笛卡儿说,以某种方式在我心灵之中首先拥有的是无限的概念而不是有限的概念,以某种方式在我心灵之中首先拥有的是上帝的观念而不是我自己的观念。因为,倘若不是在我心灵之中拥有一个比作为我自己的存在者更完满的存在者的观念,我就无法看出自己的缺陷、自己的怀疑和希望、自己的缺乏,看出自己不是完满无缺的。这个上帝观念是非常清楚明白的,上帝观念本身比任何其他观念都包含着更多的客观实在性,这个绝对完满的无限的存在者的观念是完全真实的。

笛卡儿阐述得非常清楚:对于一个比我自己的存在者更完满的存在者所具有的观念,必然被一个实际上更完满的存在者放在我心灵之中。笛卡儿询问自己,我是从谁那里获得我的存在呢? 倘若我自己是我的存在的作者,我一定不会怀疑,不再希望,我一定不缺少任何完满性。这样,我就是自己的上帝。笛卡儿的哲学结论是:从我存在和我心灵之中有一个绝对完满的存在者即先验的上帝观念这个事实,就非常明确地证明上帝的存在。因为上帝的观念"是从我被创造那时起与我俱生的"。[2] 笛卡儿说,上帝在创造我的时候把这个上帝观念放在我心灵之中,如同工匠把标记刻印在自己的作品

---

① See Descartes, *Third Meditation.*

② Descartes, *Third Meditation.*

上。上帝按照自己的神圣形象创造我,我用领会自己的功夫去领会其中包含上帝观念的上帝形象。我反省自己而认识到自己的缺乏和渴慕,而我所依靠所渴慕的那位,在那位里面现实而无限地拥有我所渴慕的在我心灵之中拥有其观念的一切伟大的东西,我所渴慕的就是上帝。笛卡儿宣称:倘若上帝不存在,我心灵之中就不可能拥有上帝观念。毋宁说,人类心灵中的上帝观念的唯一原因,就是上帝自己。笛卡儿第一哲学的基本结论是:"单从我存在和我心里有一个至上完满的存在者(上帝)的观念这个事实,就非常明显地证明了上帝的存在。"①

在《第五沉思》中,笛卡儿再度提出关于上帝存在的论证性证明,即和安瑟伦相同方式的上帝存在的本体论论证。笛卡儿指出,对于有限实体而言,存在者的本质固然并不蕴涵着存在者的存在。哲学家习惯于在其他所有存在者中区分存在者的本质和存在,像高尼罗这样的哲学家因此推论上帝的本质并不蕴涵着上帝的存在,把上帝的本质和上帝的存在区分开来,拒绝像安瑟伦那样根据上帝的观念而把上帝理解为是现实存在的。然而,倘若基督教哲学家拥有正确的上帝观念,哲学家将理解上帝的神圣本质和神圣存在的先验同一性,上帝的神圣本质必然蕴涵着上帝的神圣存在,上帝的神圣存在和上帝的神圣本质是无法分开的。因此,上帝是至高完满的存在者,而作为至高完满的存在者的上帝竟然缺少存在性即完满性,这是不可思议的。基督教哲学家只能把上帝理解为

① See Descartes, *Third Meditation*.

存在自身，在这个意义上，存在和上帝是不可分离的，上帝是必然存在的。笛卡儿指出，不是上帝的观念决定着上帝的存在，而是上帝的存在决定着上帝的观念。因为存在自身之中的必然性，就是上帝的存在性的必然性，决定着思维着的心灵拥有如此这般的上帝观念。思维着的心灵无法设想一个不存在的上帝，思维着的心灵无法设想一个缺乏至高完满性的至高完满的存在者。①

对于笛卡儿而言，每当基督教哲学家沉思到至高完满的存在者，并且从内心深处呈现出先验而内在的上帝观念，基督教哲学家必然把全部的完满性赋予至高完满的存在者。这种必然性足以使基督教哲学家在认识到存在性是一种完满性之后获得这样的哲学结论：至高存在者是真正存在的。笛卡儿指出，上帝观念不是仅仅属于思维的心灵，而是关于真实上帝的观念。第一，上帝的存在必然属于上帝的本质。第二，只有一位上帝，是自身存在而永恒存在的上帝。第三，基督教哲学家在上帝之中理解宇宙万物。上帝是至高完满的存在者，在上帝的观念中包含着上帝必然而永恒的现实存在。上帝必然存在，这是笛卡儿形而上学中清楚明确的上帝观念，是安瑟伦上帝存在的本体论证明的近代延续。② 吉尔松卓越地指出："整个笛卡儿系统建立在一个全能的上帝观念上。"这位上帝从虚无中创造了这个宇宙，按照自己的神圣形象创造了人，并用持续的创造作为来保存万物。笛卡儿宣称自己的哲学完全

---

① See Descartes, *Fifth Meditation.*

② See Descartes, *Fifth Meditation.*

不依赖神学或启示,而是以清楚分明的观念为出发点,这些清楚分明的观念都是哲学家的自然理性在专心分析自己的内涵时在自身内部发现的。然而,笛卡儿这些出于纯粹理性的清楚分明的观念,恰恰是作为神圣启示的基督教观念。①

第三节　托马斯的存在学说

吉尔松指出,尝试把中世纪基督教经院哲学的形而上学奠基于上帝观念在人类心灵之中的临在,固然是合乎理性的哲学方法,只要基督教哲学家的形而上学沉思不是以上帝作为先天演绎的开端,而是以人类心灵对于上帝的观念内涵作为后天归纳的开端。在这个意义上,托马斯的形而上学是对于奥古斯丁和安瑟伦奠基的中世纪基督教经院哲学的上帝存在的形而上学原理的必要实现。② 对于托马斯而言,像安瑟伦这样从上帝的观念推论出上帝存在的本体论论证,固然是对于基督教的上帝观念的深刻把握,毋宁说,是对于基督教的存在观念的深刻把握,是奥古斯丁所阐述的"信仰寻求理解"的基督教认识论的卓越典范。

然而,在托马斯自己面对的亚里士多德学说成为基督教神学权威的思想挑战者的时代思潮中,对于那些拒绝基督教

---

① See Etienne Gilson, *The Spirit of Medieval Philosophy*, pp. 13-14. 吉尔松:《中世纪哲学精神》,沈清松译,台湾商务印书馆 2001 年版,第 10—11 页。

② See Etienne Gilson, *The Spirit of Medieval Philosophy*, p. 63. 吉尔松:《中世纪哲学精神》,沈清松译,台湾商务印书馆 2001 年版,第 53 页。

启示的哲学家,上帝存在并不是自明的真理——在上帝自身中观念和存在的同一性也不是自明真理。作为欧洲哲学史上卓越而深刻的形而上学家,托马斯确信上帝存在不是一件自明的事:"凡是自明的事,没有一个人可以设想与之相反的事……可是,与'上帝存在'这句话相反的事,是可以设想的。……所以'上帝存在'这句话并不是自明的。"①亚里士多德学派的哲学家无法从基督教的上帝观念推论出上帝的存在,安瑟伦关于上帝存在的先验证明对于那些拒绝基督教启示的哲学家是没有意义的。② 托马斯也不认为,一旦知道"上帝"这个名词的意义,立刻显明上帝存在。对于安瑟伦而言,没有人可以拥有上帝的观念,并且正确地理解上帝观念,而同时否认上帝存在。对于托马斯而言,不是所有人都拥有正确的上帝观念,"因为古时曾经有许多人说过,世界就是上帝。"③托马斯不认为,形而上学家可以从上帝的观念开始,立刻作出"上帝存在"的结论。托马斯不承认,上帝存在对于人类心智而言是自明的真理。在这个意义上,托马斯把中世纪经院哲学史上关于上帝存在的证明,区分为先验证明和后验证明,阐明关于上帝存在的后验证明的卓越性。

托马斯宣称,关于上帝存在的先验证明是奠基于原因的证明,关于上帝存在的后验证明是奠基于结果的证明。与认识原因相比较,人类心灵更容易认识结果。人类心灵往往通过结果来认识原因,因为结果渊源于原因。对于托马斯而言,

---

① Thomas Aquinas, *Summa Theologica*, Ia:2:1.

② See Thomas Aquinas, *Summa Contra Gentiles*, I:11.

③ Thomas Aquinas, *Summa Contra Gentiles*, I:11.

人类心智必须从感官经验的资料着手。托马斯深信,真正的形而上学家在殚精竭虑地思考这些经验资料时就可以发现,就存在而言,属于经验世界的存在者对于一个超越经验世界的存在者,享有一种隶属的本体论关系。托马斯确信,一个不可知论者的心智,倘若不存偏见而注意那些揭示经验资料内涵的理性论证,就可能看出,这些从未为人真正怀疑过的宇宙万物的存在,暗示着上帝的存在。毋宁说,这个有限存在者的世界,向反复思考的哲学心智彰显出上帝的存在。托马斯援引使徒保罗在《罗马书》中的认识论宣称:藉着上帝创造的宇宙万物,上帝隐秘的永能和神性,是明明可知的。托马斯确信,根据使徒保罗的认识论宣称,藉着上帝创造的宇宙万物,基督教哲学家可以论证上帝的存在。[①] 托马斯深信,人类理智能够在形而上学领域中认识上帝的存在。托马斯主张通过归纳宇宙万物的方法来证明上帝的存在,即从较明显的宇宙万物为根据,证明较不明显的上帝存在,就是托马斯提出的关于上帝存在的宇宙论证明和目的论证明。

一、宇宙论论证和目的论论证

托马斯说:"所以,我们无法从上帝本身来认识上帝的存在,但是我们可以通过所认识的结果加以证明。"[②]托马斯确信,对于这个人人熟知的经验世界中那些平凡常见的存在现象从事殚精竭虑的形而上学思考,可以找到证明上帝存在的

① See Thomas Aquinas, *Summa Theologica*, Ia:2:2.

② See Thomas Aquinas, *Summa Theologica*, Ia:2:2. *Summa Contra Gentiles*, I:12.

许多论据。托马斯关于上帝存在的五种证明被称做通向上帝的"五路"(five ways),托马斯的五种论证集中表述在《神学大全》第1集第2题第3条。① 第2题第3条的论题是:上帝存在吗?托马斯对于上帝存在问题的形而上学阐述如下。第2题第3条面对的问题是,对于许多哲学家而言,似乎上帝并不存在。第一,因为根据矛盾律,凡是无限的,其他都被否定;然而,上帝这个名词就意味着无限美好。因此,倘若上帝存在,则恶不能存在。可是,世界上存在着恶,所以,上帝并不存在。第二,凡是用少数几个原理可以表述清楚的,不必再增加原理。倘若上帝不存在,世界上所有事情亦可以用一些原理表述清楚,因为凡是属于自然的,可以归结为自然的原理,凡是属于设想的,可以归结为人为的原理如人的理智或意志。所以,没有必要提出上帝存在。托马斯指出,希伯来圣经《出埃及记》第3章第14节说:"我是我所是。"(我是自身存在而永恒存在的存在者)托马斯后来指出,这是上帝在自我彰显中的唯一命名。托马斯对于上帝存在论题的回答是:关于上帝的存在,有五种方法可以证明。②

托马斯提出的第一种关于上帝存在的非常显著的论证进路是以存在者的运动原理为基础的"变化的论证"。对于托马斯而言,运动一词并不是指存在者在空间中的行动,而是指存在者从潜能状态进入到现实状态的变化。托马斯指出,因为在这个世界上有些事物在运动,这是确凿的,而且感觉也是

---

① See Thomas Aquinas, *Summa Theologica*, Ia:2:3.

② See Thomas Aquinas, *Summa Theologica*, Ia:2:3.

可以证实的。凡是运动的事物，总是为另一事物所推动。凡是被推动的，无非是自身存在着被推向某一方向的可能性。至于推动者本身则是现实的，因为运动无非是引导事物从潜能变为现实。倘若没有现实的东西，就不可能使事物从潜能变为现实。例如火烧柴，就是由现实的热使潜在的热变为现实的热，火就是这样推动柴、改变柴的。但是，一个东西不可能既是现实的，同时是潜在的，只有在不同的条件下存在。因为，凡是现实的热，不可能同时是潜在的热，但是可能同时是潜在的冷。因此，倘若说一个事物在同一条件下既是推动者又是被推动者，或者说一个事物在同一条件下既是主动者又是被动者，这是不可能的。因此，凡是被动的事物，必定为另一个事物所推动。所以，倘若某事物之运动是被动的，则此事物本身必定为另一个事物所推动。然而，这样的推论无法无限制地进行下去，因为如此就没有第一推动者，因而就没有运动可言；因为第二个运动者，倘若没有第一个运动者去推动，是不会运动的。比如手杖，倘若不是手去推动，手杖是不会运动的。所以，最后必然追溯到一个不为其他事物所推动的第一推动者。大家知道，这个第一推动者就是上帝。①

托马斯提出的第二种关于上帝存在的论证进路是以有效因为基础。因为我们在可观察的经验世界中发现一个有效因的秩序，但没有任何存在者是其自身形成的原因，这是不可能的，因为存在者不可能首先存在于自身之中。至于有效因秩序的系列，也无法无限地延伸下去，因为在一系列有效因的每

① See Thomas Aquinas, *Summa Theologica*, Ia:2:3.

个环节中,最初的有效因是中间因的原因,中间的有效因无论是多或少(可能有许多,也可能只有一个),总会导致最终极的有效因。倘若除掉原因,就等于除掉结果。所以,倘若在有效因秩序系列中不首先存在最初的有效因,就没有中间的有效因,也就没有最终极的有效因。可是,倘若对于有效因秩序系列做无限的追溯,就没有最原初的有效因,这样也就不会有中间的有效因和终极的结果,这种追溯显然是错误的。所以,必须提出一个最原初的有效因。这最原初的有效因,大家都称为上帝。①

托马斯提出的第三种关于上帝存在的论证进路是根据可能性的存在和必然性的存在在本体论方面的必然关系。我们发现有些存在者可能存在,也可能不存在。因为这些存在者处在产生和消逝的过程之中,所以这些存在者可能存在,也可能不存在。至于说这些存在者永恒存在,这是不可能的,因为凡是可能不存在的存在者,总有时候会消逝。所以,倘若一切存在者都是能够不存在的,那么存在者总有时候会归于虚无。但是,倘若这是真实的,那么现在就不会有任何存在者存在,因为存在者倘若不凭藉某种已经存在的存在者,就不会开始存在。所以,倘若什么任何存在者,而某种存在者开始存在,这是不可能的。可是,这样一来,现在任何存在者都不存在,这显然是错误的。因此,一切存在的存在者不仅是可能的,而且其中有些存在者一定是必然的。至于必然的存在者,其必然性有的是由于外在的原因,有的则不是。然而,把外在的必

① See Thomas Aquinas, *Summa Theologica*, Ia:2:3.

然原因无限制地推论下去，这是不可能的，正如上述有效因所证明的。所以，必须提出一个自身就是必然存在的存在者，这个必然存在者在其自身就是必然的而不接受外在的必然原因，这个必然存在者自身却是其他存在者的必然原因，这个必然存在者即独立存在者就是大家所说的上帝。①

托马斯提出的第四种关于上帝存在的论证进路是以在存在者中所发现的等级秩序为根据。存在者都有卓越、良善、真实、尊贵等诸如此类的程度区分。可是，所谓卓越和良善的不同，是按照存在者接近最高标准的不同程度来决定的，比如所谓很热，就是说事物同最热很接近。因此，凡是最真实、最美好、最尊贵的存在，也就是最高的存在。正如《形而上学》第1卷第2章中所说的，凡是最真实的存在，就是最高的存在。凡是一个存在者在同类中称为至高无上的，这个存在者就是这类存在者的原因，例如火是最热的东西，火就是一切热的东西的原因。前面提到的《形而上学》就阐述过这一点。所以，必须存在着一个具有最高的完善性和完满性的存在者作为万事万物存在的原因，也是万事万物的美好和完满的原因，这个具有最高的完善性和完满性的存在者，就是我们所说的上帝。②

托马斯提出的第五种关于上帝存在的论证进路是以宇宙万物存在井然有序的目的性为基础。因为我们看到有些没有意识的存在者(例如自然物体)虽然没有知识，却仍然向某一目标迈进。这些存在者永远按照相同的方式运作，以便达到

① See Thomas Aquinas, *Summa Theologica*, Ia:2:3.

② See Thomas Aquinas, *Summa Theologica*, Ia:2:3.

最大的完善。显而易见,这些自身没有意识的存在者之所以向某一目标迈进,不是出于偶然,而是出于设计,即遵循着一个旨意。自身没有意识的存在者倘若不是受到有意识有理智的智慧存在者的指导,是无法迈向任何目标的,犹如一枝箭必须经由射手才能中的一样。所以,必然存在着一个有智慧的存在者,由于这个有智慧的存在者,所有自然事物才能迈向目标。这个有智慧的存在者,就是我们所说的上帝。①

托马斯在这个论题中对于第一个疑难的解答是,奥古斯丁在《教义手册》第 11 章中曾经说过:"既然上帝是至善的,在上帝的工作中就不允许有什么恶产生,除非上帝既是全能的又是至善的,能够在恶中产生出善来。"②所以,上帝之允许恶存在,并从恶中产生出善来,这说明上帝是无限美好。托马斯对于第二个疑难的解答是:自然界是在一个高级作者的指导下根据规定的目的进行活动的,所以自然界所做的一切都必然归结于上帝,即归结于第一原因。同样,凡是属于设想的事,也应当归结于一个最高原因,这个原因不是人的理智或意志,因为人的理智或意志是变化不定而且会犯错误的。应当把一切变化不定而可能犯错误的东西归结于一个不变的第一原理,这个第一原理本身是必然的原理,正如前面已经证明的。③

在托马斯阐述的关于上帝存在的五种论证中,托马斯毋庸置疑地把五种论证中的第一推动者、最原初的有效因、绝对

---

① See Thomas Aquinas, *Summa Theologica*, Ia:2:3.

② Augustine, *Enchiridion*, 11.

③ See Thomas Aquinas, *Summa Theologica*, Ia:2:3.

必然的存在者、最完善的存在者和设计宇宙秩序的智慧者宣称为上帝，即基督教的上帝。托马斯关于上帝存在的宇宙论论证和目的论论证，在中世纪基督教经院哲学史上享有卓越的地位。然而，对于许多哲学家而言，即使承认托马斯所阐述的第一推动者、最原初的有效因、绝对必然的存在者、最完善的存在者和设计宇宙秩序的智慧者，也无法因此正确而直接地承认，第一推动者、最原初的有效因、绝对必然的存在者、最完善的存在者和设计宇宙秩序的智慧者就是基督教的上帝。这个诘难就是：在五种形而上学论证的结语，托马斯究竟有什么根据，可以作出结论说：这就是我们所说的上帝——这就是基督教所启示的上帝。在托马斯的宇宙论论证和目的论论证中，上帝存在是已经肯定的预期结论。尽管托马斯在关于上帝存在的宇宙论论证和目的论论证中使用亚里士多德的术语和运思，但托马斯明确地把第一推动者理解为基督教的上帝——其他存在者"存在的原因"。① 在这个意义上，托马斯关于上帝存在的宇宙论和目的论证明和安瑟伦关于上帝存在的本体论证明是一脉相承而深刻契合的。毋宁说，托马斯的经验论证和安瑟伦的先验论证是一脉相承而深刻契合的。托马斯阐述的经验证明，托马斯提出的关于上帝存在的宇宙论证明和目的论证明，以形而上学的理性论证把上帝阐述为宇宙万物的根源和归宿，依然奠基于安瑟伦先验的上帝观念，奠基于安瑟伦关于上帝存在的本体论证明。托马斯并不认为对

---

① Thomas Aquinas, *Summa Contra Gentiles*, II: 6; Etienne Gilson, *The Christian Philosophy of St. Thomas Aquinas*, p. 80.

于上帝的信仰是通过形而上学论证而获得的，托马斯也未曾把中世纪基督教经院哲学家的形而上学沉思和基督信仰本身相混淆，托马斯只是以自己的形而上学途径寻求启示和理性的和谐。

第一，托马斯关于上帝存在的宇宙论论证和目的论论证奠基于上帝在《出埃及记》中给摩西的直接启示——上帝在自我彰显中的唯一命名："我是我所是。"在这个意义上，上帝存在的形而上学论证奠基于托马斯作为中世纪基督教的经院哲学家对于圣经启示言辞的信心行动。第二，上帝作为第一推动者、最原初的有效因、绝对必然的存在者、最完善的存在者、设计宇宙秩序的智慧存在者，不是托马斯关于上帝存在的宇宙论和目的论论证的结论，而是托马斯关于上帝存在的宇宙论和目的论论证的前提。第三，托马斯关于上帝存在的经验证明和安瑟伦关于上帝存在的先验证明殊途同归。毋宁说，托马斯关于上帝存在的经验证明堪称关于上帝存在的隐秘的先验证明。在这个意义上，托马斯提出的关于上帝存在的宇宙论论证和目的论论证，依然是奥古斯丁所提出安瑟伦所阐述的"信仰寻求理解"的基督教形而上学的认识论典范。托马斯没有主张关于上帝存在的形而上学论证可以提供关于上帝的信仰，托马斯没有把关于上帝存在的形而上学推论和基督教的上帝信仰自身理解为意义相同的基督教真理。托马斯关于上帝存在的形而上学论证旨在阐明，基督教经院哲学家沉思宇宙万物中的神圣奥秘可以印证上帝的存在，基督教经院哲学家可以在宇宙万物的神圣奥秘中发现上帝的脚踪，确信上帝是宇宙万物的存在根基和存在鹄的。

吉尔松指出，托马斯关于上帝存在的宇宙论论证和目的论论证的形而上学终极意义，在于指出宇宙万物自身中本质和存在的深刻差异。宇宙万物自身中本质和存在的深刻差异恰恰是托马斯形而上学的真正奥秘，是托马斯形而上学的基本原则。对于托马斯而言，宇宙万物自身中本质和存在的深刻差异揭示出这样的形而上学奥秘：宇宙万物只能从作为存在行动(act-of-being)的存在自身获得存在。① 对于托马斯而言，关于上帝存在的宇宙论论证和目的论论证并不在于提供上帝存在的证明(proof)，也不在于获得上帝存在的结论。对于托马斯而言，形而上学沉思的重要性在于揭示中世纪基督教经院哲学家对于第一原因的形而上学直观，就是作为存在行动的存在自身。托马斯关于上帝存在的宇宙论论证和目的论论证，是从最直接的感觉经验出发，引导哲学家的形而上学沉思获得对于形而上学第一原理的光照。② 托马斯形而上学的深刻性在于指出，存在者的卓越在于存在者的存在行动，因为存在者存在的第一原因就是作为存在行动的存在自身。吉尔松卓越地指出，托马斯关于上帝存在的宇宙论论证和目的论论证的真正意义在于，我们藉着经验世界中的存在者来到那位作为存在自身的存在者面前："存在者从上帝获得存在而成为上帝的肖像，这是存在者存在的首要原

① See Etienne Gilson, *The Christian Philosophy of St. Thomas Aquinas*, p. 81.

② See Etienne Gilson, *The Christian Philosophy of St. Thomas Aquinas*, p. 82.

理和普遍原理。”①

二、存在的形而上学

吉尔松指出，中世纪基督教经院哲学家的哲学沉思在于把基督教的启示神学转换为一种作为哲学沉思的形而上学，毋宁说，中世纪基督教经院哲学家在殚精竭虑的形而上学沉思中把作为神圣奥秘的启示信息转换为清晰明确的形而上学原理。吉尔松指出，启示和理性在中世纪基督教经院哲学中的这种深刻契合，发生在超自然的恩典之光和自然的理性之光在卓越的基督教哲学家心灵之中相会聚的动人瞬间。当奥古斯丁、安瑟伦和托马斯这些卓越的基督教哲学家谈论启示和理性的深刻契合时，基督教哲学家心里所想到的，是对于启示和理性两道光明相会聚的重要时刻的一种动人回忆。② 基督教启示和理性沉思在中世纪基督教经院哲学中的深刻契合，基督教启示和理性沉思在中世纪基督教经院哲学中的神圣和谐，是托马斯对于中世纪基督教经院哲学认识论的卓越阐述，亦是作为中世纪哲学史学者的吉尔松毕生阐扬的中世纪基督教经院哲学认识论的神圣奥秘。吉尔松的中世纪经院哲学史研究，就是运用中世纪哲学史的实验方法，揭示基督教启示和理性沉思在中世纪基督教经院哲学中深刻契合的基督教经院哲学认识论的神圣奥秘。

---

① Thomas Aquinas, *Summa Theologica*, Ia:4:3; Etienne Gilson, *The Christian Philosophy of St. Thomas Aquinas*, p. 83.

② See Etienne Gilson, *The Spirit of Medieval Philosophy*, p. 41. 吉尔松：《中世纪哲学精神》，沈清松译，台湾商务印书馆 2001 年版，第 33 页。

作为托马斯所阐述的神圣科学,中世纪基督教经院哲学的形而上学是关于上帝的形而上学,是关于无限存在的形而上学,是关于作为存在行动的存在自身的形而上学,是关于使宇宙万物获得存在的神圣存在的形而上学。在这个意义上,中世纪基督教经院哲学的形而上学是作为上帝创造学说的形而上学。奥古斯丁指出,真实而永恒的存在是上帝的存在:"只有上帝才能真正而恰当地被称为存在。只有上帝才真实地存在,因为上帝是不变的,并且上帝向他的仆人摩西自称这是自己的名字,说:'我是我所是。'又说,'你要对以色列人这样说,那自存者打发我到你们这里来。'"①对于奥古斯丁而言,上帝是至高无上的存在,是真实而神圣的存在。上帝以至高无上的方式存在,上帝是永恒不变的存在者。上帝藉着从无到有的创造赋予宇宙万物存在。宇宙万物作为存在者存在着,因为上帝——作为存在行动的存在自身赋予宇宙万物存在。宇宙万物无法享有上帝永恒而完善的存在,而是在不同等级上分享上帝的存在。在这个意义上,宇宙万物既不是全然地存在,亦不是全然地不存在。宇宙万物存在,因为宇宙万物从上帝获得存在。宇宙万物不存在,因为宇宙万物无法享有上帝的纯粹存在:"因为真正存在的是永恒不变的存在。"②

托马斯关于存在的形而上学,在早年形而上学著述《论存在者与本质》③中已经基本形成。托马斯形而上学的基本

① Augustine, *The Trinity*, 7:10.

② Augustine, *Confessions*, 7:11.

③ See Thomas Aquinas, *On Being and Essence*, Toronto: Pontifical Institute of Mediaeval Studies, 1968.

论题是作为存在的存在。托马斯的存在学说,奠基于作为托马斯形而上学根基的存在观念——上帝是作为存在行动的存在自身。对于托马斯而言,上帝作为存在自身首先是现实的存在行动,是纯粹存在或纯粹现实,包括现实的创造行动——上帝使宇宙万物获得存在并持续存在的创造行动,而不仅仅是可以言说的逻各斯范畴,可以理解的观念实体,可以思维的纯粹形式。对于托马斯而言,存在的首要意义或纯粹意义是存在的动词形态(esse)所表述的存在行动,是作为纯粹现实的存在行动。对于托马斯而言,上帝是存在自身,因为上帝是全部的现实性。就上帝自身而言,上帝是作为全部现实性的纯粹意义的存在行动。就上帝和宇宙万物的本体论关系而言,上帝是宇宙万物获得存在的根源。吉尔松卓越而深刻地指出,把存在理解为纯粹的存在行动,把存在理解为纯粹现实性,是托马斯经院哲学的形而上学对于存在观念的"存在主义"理解超越教父哲学的形而上学对于存在观念的"本质主义"理解的关键所在。[1] 托马斯有时把存在行动作为存在的同义词,以表示存在首先是作为存在行动的纯粹现实性,而不是作为存在主体的存在者。存在者是作为名词形态(ens)的存在主体。存在和存在者的区别在于,存在是作为动词形态的存在行动,存在者是存在行动的主体,是在存在行动中获得现实性的存在主体。存在行动是实体被称为存在者的根据。存在者表达实体的存在状态,即在存在活动中获得的现实。

① See Etienne Gilson, *The Christian Philosophy of St. Thomas Aquinas*, p. 84.

托马斯在自己的形而上学中区分自有的存在者和共有的存在者，这两个概念是对于存在者（ens）涵义作出的区分。存在者是存在行动的主体，是存在着的行动者。作为存在自身的行动者是自有永有的存在者，是自身存在而永恒存在的存在者。自有的存在者即存在者自己是自身存在的根源和原因。在自有的存在者中，存在和存在者之间没有区别。唯独上帝是自有的存在者，唯独在上帝中，存在和存在者之间没有区分。上帝是自有永有的存在者，上帝是作为存在行动的存在自身，上帝是自身完满的存在者，上帝是赋予所有存在者现实的存在行动的纯粹行动。上帝说："我是我所是"，那是说："我是自身存在而永恒存在的存在者。""我是我所是"——上帝在自我彰显中的唯一命名，是亚伯拉罕的上帝、以撒的上帝，雅各的上帝和哲学家的上帝之间的"最初相遇"。对于中世纪基督教经院哲学家而言，亚伯拉罕的上帝、以撒的上帝、雅各的上帝和哲学家的上帝是同一位上帝。① "共有的存在者"是表示所有存在者的普遍概念，表示所有存在者共同享有的存在。所有存在者共同享有的存在状态，即"存在固定于留驻于存在者的东西"。②

托马斯指出，亚里士多德所理解的形而上学研究作为存在的存在。亚里士多德所理解的作为存在的存在，所指的是共有的存在者。在这个意义上，形而上学是最抽象最普遍最高级的科学。亚里士多德把形而上学归结为神学，神学所研

① See Etienne Gilson, *The Christian Philosophy of St. Thomas Aquinas*, p. 86.

② Thomas Aquinas, *Summa Contra Gentiles*, I:20.

究的上帝是自有的存在者,是纯粹的存在,是存在自身,是存在的根源。在这个意义上,神学置身于形而上学的颠峰。“自有的存在者”和“共有的存在者”之间的区别被归结为四个方面。第一,“自有的存在者”指上帝,指作为存在自身的上帝,作为创造者的上帝。上帝的本质就是上帝的神圣存在行动自身。① “共有的存在者”指共同存在着的所有存在者,包括创造者和受造者的共同存在。第二,“自有的存在者”是所有存在者存在的根源,是所有存在者存在的原因,是所有存在者存在的充足理由。毋宁说,“自有的存在者”从虚无中创造万物。② “共有的存在者”是所有存在者的共同存在,犹如共相存在于殊相中。第三,“自有的存在者”是单纯的存在,完满的存在,卓越的存在,至善的存在,无限的存在,不变的存在,永恒的存在,单一的存在。③ “共有的存在者”指存在者的共同存在,包含着不同存在者存在的特殊性。第四,“自有的存在者”是纯粹而单纯的存在观念,包含着纯粹存在的完满性④,是存在的根基,是存在的开端,是存在的源泉。“共有的存在者”是理智抽象的存在概念,是所有存在者所共享的存在行动。

值得深思的形而上学论题是,托马斯关于上帝的形而上学在什么意义上迥然不同于亚里士多德关于存在的形而上学。托马斯关于上帝的形而上学与亚里士多德关于存在的形

① See Thomas Aquinas, *Summa Contra Gentiles*, I:22.

② See Thomas Aquinas, *Summa Theologica*, Ia:45:1.

③ See Thomas Aquinas, *Summa Theologica*, Ia:3-11.

④ See Thomas Aquinas, *On Being and Essence*, VI.

而上学的根本区别首先表述在托马斯对于“是这个”和“其所是”这两个形而上学范畴的重新诠释。关于“是这个”和“其所是”这两个形而上学范畴的语意学分析，根据亚里士多德形而上学的原文理解，“是这个”表示实体的个别存在，“其所是”表示决定实体本质的形式。托马斯深刻认识到亚里士多德形而上学对于这两个范畴的解释是亚里士多德实体论中的理念论表述，是作为古典希腊哲学传统的形而上学领域的观念论或形而上学领域的“本质主义”，而不是托马斯的基督教学说所阐述的以存在为中心的形而上学实在论。托马斯超越柏拉图的理念论和亚里士多德形而上学的原文理解，创造性地解释这两个形而上学范畴的意义。根据托马斯对于这两个形而上学范畴的重新诠释，“是这个”表示实体所具有的本质或形式，“其所是”表示本质藉以获得实现的存在。在这个意义上，“存在是关于现实的名称。”①作为“本质的现实”，存在必然先于本质。如此，托马斯完全颠覆了亚里士多德形而上学对于这两个术语的传统诠释。

对于托马斯而言，“是这个”表示存在者所具有的本质，本质就是定义所指示的东西——存在者的本质就是存在者的定义所指示的东西，就是存在者之所以成为这个存在者的形式。“其所是”表示存在者的本质藉以获得实现的存在，藉以使存在者获得存在的存在行动。托马斯关于存在的形而上学的结论是，凡是其存在不同于其本质的存在者，即有限的存在者，都必须从另一个存在者获得自身的存在。如此推论，有限

① Thomas Aquinas, *Summa Contra Gentiles*, I:22.

存在者的存在，最终必然追溯到作为存在自身的存在者，作为所有存在者存在的原因，即第一存在或纯粹存在，就是上帝自己。托马斯在这里关于“其所是”的理解，指出任何其存在不同于其本质的有限存在者都无法从自身获得存在，无法从自身获得本质，无法从自身获得存在及其本质的根据。在这个意义上，托马斯的上帝迥然不同于亚里士多德的纯粹形式，托马斯的上帝是作为存在行动的存在自身，是使宇宙万物获得存在的创造者。在这个意义上，“创造是上帝自身特有的现实行动。”①作为创造者的上帝是亚里士多德关于“作为存在的存在”的形而上学完全无法理解的作为存在现实的存在自身。②

对于托马斯而言，存在观念的基本涵义是动词“是”所揭示的纯粹存在行动。当哲学家使用谓词“是”表述一个作为存在者的主词时，谓词“是”可以表述三种基本涵义：第一，表述这个存在者“是不是”，即这个存在者是否存在。第二，表述这个存在者“是什么”，即何谓这个存在者的本质。第三，表述这个存在者“何以是”，即这个存在者何以根据自身的本质存在。在古典希腊哲学的形而上学传统中，“是这个”阐述存在者是否存在；“其所是”阐述存在者“是什么”，“是什么”的本质陈述同时阐述存在者“何以是”。与亚里士多德的形而上学迥然不同，托马斯主张“是这个”同时阐述存在者“是不是”和“是什么”的问题，同时阐述存在者的存在和本质两

① Thomas Aquinas, *Summa Theologica*, Ia:45:5.

② See Thomas Aquinas, *On Being and Essence*, IV.

个论题，存在者的存在和本质两个论题是密切相关的。关于存在者存在的知识必然蕴涵着某些关于存在者本质的知识，关于存在者本质的知识经常蕴涵着关于存在者存在的知识。有限存在者中本质和存在的区分是托马斯形而上学的题中应有之义，正如高尼罗提出的最理想的岛屿，其本质并不蕴涵着自己的存在。在这个意义上，有限存在者在本质和存在的概念区分中，实现着现实中有限存在者"本质和存在的结合"。①

对于托马斯而言，存在是有限存在者本质的现实，存在使有限存在者的本质获得存在。在这个意义上，"存在说明一种现实。"②存在者存在，因为存在者事实上处于现实状态。本质是表述存在者"是什么"的东西，存在是本质"藉以实现的东西"。对于有限存在者而言，本质就是规定存在者如其所是地真实存在的东西。对于有限存在者而言，存在和本质既是可以彼此分离的，亦是可以彼此结合的。高尼罗提出的最理想的岛屿，就是本质和存在相分离的典范。上帝创造的有形无形的宇宙万物如日月星辰和河流山川，就是有限存在者的本质和存在相结合的典范。对于有限存在者而言，本质决定着存在者如其所是的存在。有限存在者的存在常常体现为追求自身本质的完满实现。有限存在者的存在和本质的现实结合所涉及的是存在者存在的根源问题。对于托马斯的形而上学而言，上帝的神圣本质就是上帝的神圣存在，上帝的神圣本质和上帝的神圣存在是相同的。③ 对于托马斯的形而上

---

① Thomas Aquinas, *Summa Theologica*, Ia:50:2.

② Thomas Aquinas, *Summa Theologica*, Ia:3:4.

③ See Thomas Aquinas, *Summa Theologica*, Ia:3:4.

学而言,上帝不是柏拉图的"善的理念",上帝不是亚里士多德的"纯粹思维",上帝不是普罗提诺流溢万物的"太一"。上帝是纯粹存在即纯粹的现实性。上帝是作为存在自身的存在行动,上帝是作为存在根源的存在行动,上帝是作为存在归宿的存在行动。上帝的存在是作为存在自身的存在行动,更是作为创造工程的存在行动。上帝自身是永恒而神圣的存在,上帝自身是无限而完满的存在。作为自身存在而永恒存在的存在自身,作为绝对而完善的存在自身,上帝是存在者存在的根源、形式和鹄的。毋宁说,上帝是宇宙万物存在的根源、形式和鹄的。①

在这个意义上,托马斯的形而上学范畴"其所是"阐述"何以是",即存在者何以如此存在的论题。知道存在者"是什么",却未必知道存在者何以如此。"知其然不知其所以然",就是"是什么"和"何以是"这两个论题彼此分离的状态。对于托马斯而言,"是这个"和"其所是"分别是阐述这两组论题的形而上学范畴。"是这个",指示着这个"存在着的存在者",一个实体。"是这个",指示着这个存在者,同时指示着这个存在者的存在。存在者的存在,肯定着这是一个存在者。"这个",肯定着存在着的这个存在者。对于托马斯而言,"是这个"的形而上学范畴,不仅表示实体的存在,而且表示实体的本质。"是这个"的形而上学范畴表示存在和本质现实构成的个别实体,而不是仅仅表示作为实体构成要素的存在或本质。"其所是",指示着"存在者所凭藉者",指示着"存在者

① See Thomas Aquinas, *Summa Theologica*, Ia:2:1.

所以如此存在的缘故”，揭示着存在者的存在和本质的根源。对于托马斯而言，“是这个”，指存在着的存在者，是存在和本质现实结合而构成的实体，包括有形实体和无形实体。“其所是”，指存在者分有存在自身，因为只有分有存在自身的存在者才是个体实体。托马斯宣称：“毋宁说，实体本身才是‘其所是’”。[①] 托马斯用分有存在自身的形而上学范畴来解释存在者何以“是这个”的原因。对于有限存在者而言，犹如高尼罗提出的完满的岛屿，存在者的本质并不必然包含存在者的存在，唯独当存在者从存在自身获得存在，才成为存在和本质现实构成的实体。在这个意义上，“其所是”指有限存在者的本质藉以成为实体的现实性，即有限存在者的本质所获得的存在。托马斯说：“整个实体是‘其所是’。并且存在本身是实体藉以被称作存在者的东西”。[②]

三、存在的卓越性

托马斯关于上帝存在的形而上学阐明，就存在自身的绝对根据而言，唯独上帝是自身存在而永恒存在的存在者，唯独上帝是纯粹存在即作为存在的纯粹现实。对于托马斯而言，存在的首要意义是作为纯粹现实的存在行动，是作为上帝神圣本质的存在行动。在这个意义上，存在的首要意义蕴涵着上帝创造的现实行动，蕴涵着上帝使宇宙万物获得存在的现实行动。在这个意义上，“上帝的本质就是上帝的存在行

---

① Thomas Aquinas, *Summa Contra Gentiles*, II:54.

② Thomas Aquinas, *Summa Contra Gentiles*, II:54.

动。”[1]对于托马斯而言，作为存在的存在自身的特征在于现实性，存在是使潜能变成现实的行动：“存在表示某种活动，因为存在者并不因为其潜在而被称做存在，存在者的存在基于存在者在活动这一事实。”[2]在托马斯的形而上学中，存在高于本质，存在先于本质，存在优于本质——因为上帝的神圣本质是上帝的神圣存在，上帝的神圣存在赋予宇宙万物存在，宇宙万物藉助获得存在而获得本质。在托马斯的形而上学中，存在优于本质——因为上帝的神圣存在是逻各斯可以言说的根源，而不是如同巴门尼德所设想的那样：存在存在，因为逻各斯如此说。在托马斯的形而上学中，存在先于本质——因为上帝存在是柏拉图“善的理念”的根源，上帝存在是亚里士多德“纯粹形式”的根源……上帝存在是黑格尔“绝对精神”的根源。

托马斯关于上帝的形而上学深刻阐明，上帝凭藉自身存在的纯粹性或完满性而区别于宇宙万物的存在，上帝凭藉自身存在的绝对性或独立性而区别于宇宙万物的存在，上帝凭藉自身存在的无限性或永恒性而区别于宇宙万物的存在。宇宙万物仅仅通过上帝的创造而获得存在，进而获得存在者的本质。没有存在，就没有存在者的本质。托马斯指出：“存在者的任何卓越性都是存在的卓越性。”[3]这个意义上，宇宙万物作为存在者存在的卓越性，渊源于上帝存在的卓越性，渊源

---

① Thomas Aquinas, *Summa Contra Gentiles*, I:22.

② Thomas Aquinas, *Summa Contra Gentiles*, I:22.

③ Thomas Aquinas, *Summa Contra Gentiles*, I:28.

于宇宙万物的创造者自身存在的卓越性。对于托马斯而言，上帝是存在自身，是绝对的存在，是单纯的存在，是完善的存在，是卓越的存在，是至善的存在，是无限的存在，是永恒的存在，是神圣的存在。在这个意义上，上帝“在自身中必然包含着整个存在的完善性”。① 对于托马斯的存在学说而言，存在是一切现实的现实，一切完善的完善，是一切卓越性中的卓越性。存在是最卓越的东西，存在的卓越性是无以复加的：存在是“所有存在者中最内在最深刻的东西”。② 在这个意义上，没有存在的现实，就没有本质的实现。唯独存在可以实现本质，存在是本质的实现。

托马斯的存在学说作为形而上学的实在论深刻阐述存在和存在者之间的本体论差异，阐述在有限存在者中存在和本质的深刻区别，而把存在观念首先理解为作为存在主体的存在者的存在行动。在指出有限存在者中本质与存在的深刻区别同时，托马斯强调存在的卓越地位，把形而上学陈述的论题集中在作为绝对现实的存在行动上。在托马斯关于上帝的形而上学中，上帝是存在自身，是作为存在的存在自身，是作为存在自身的存在者，是最完满最卓越最神圣的存在者。上帝自身是存在和存在者的同一，上帝自身是存在和本质的同一。毋宁说，上帝的神圣本质就是上帝的神圣存在，上帝的神圣本质就是上帝完满而卓越的存在行动，上帝的神圣本质就是上帝绝对而纯粹的存在行动。③ 上帝是永恒不变的至高无上的

① Thomas Aquinas, *Summa Theologica*, Ia:4:2.

② Thomas Aquinas, *Summa Theologica*, Ia:8:1.

③ See Thomas Aquinas, *Summa Contra Gentiles*, II:54.

存在者,上帝是完满而无限的绝对存在者。上帝是宇宙万物存在的原因和鹄的,上帝是宇宙万物存在的根源和归宿。对于托马斯而言,作为创造者的上帝自身中神圣本质和神圣存在的同一性,与作为受造物的有限存在者中本质和存在之间的深刻区别,是完全相同的启示奥秘,是完全相同的形而上学原理。① 创造者的本质必然包含着自身的存在,受造者的本质不包含自身的存在。正是在这个意义上,上帝在自我彰显出的唯一命名就是:"我是我所是。"上帝的神圣本质就是上帝自己的存在行动。②

托马斯关于存在的形而上学如此深刻地改变着巴门尼德、柏拉图、亚里士多德以来希腊形而上学领域中存在和本质的传统理解,以形而上学的实在论取代形而上学的观念论。毋宁说,托马斯的存在学说以基督教形而上学的存在论取代希腊哲学形而上学传统的本质论。在这个意义上,基督教形而上学的实在论是托马斯基督教哲学的基石。毋宁说,托马斯关于存在的形而上学就是关于上帝的形而上学,关于上帝的形而上学是中世纪基督教经院哲学的基石。托马斯宣称:"所有认识,在其所认识的任何存在者上,都是隐约地认识上帝。"③托马斯形而上学实在论的哲学阐述,就是对于作为存在自身的上帝存在的形而上学奠基。吉尔松卓越而深刻地指出,托马斯的存在学说是欧洲哲学史中形而上学领域的革命

---

① See Etienne Gilson, *The Christian Philosophy of St. Thomas Aquinas*, p. 93.

② See Thomas Aquinas, *Summa Contra Gentiles*, II:52.

③ Thomas Aquinas, *Summa Contra Gentiles*, I:1.

性变化："作为一种哲学，托马斯主义实质上是一种形而上学，托马斯对于第一原则，即对于存在的解释是形而上学历史上的一场革命。"①托马斯形而上学的存在学说是对于亚里士多德形而上学的观念论的超越。在这个意义上，托马斯的形而上学实在论被吉尔松理解为一种崭新的本体论。

托马斯关于纯粹存在的形而上学所奠基的中世纪经院哲学，揭示着这个奔腾不羁的宇宙实在所固有的永恒而神圣的形而上学奥秘。毋宁说，作为亚里士多德形而上学在基督教创造论语境中的哲学转型，托马斯关于纯粹存在的存在学说是"一种崭新的神学"。作为存在行动的存在自身，是真正的存在和完满的存在。作为存在行动的存在自身，超越神圣逻各斯言说的存在，超越上帝观念指涉的存在，超越存在自身的可理解性。作为存在行动的存在之高于作为存在本质的存在，犹如形式高于质料。对于托马斯而言，形而上学的首要原理是作为存在行动的存在自身。作为存在的存在自身，从自身存在的存在行动获得存在的名称和本质。② 作为存在行动的存在自身是神圣存在的现实性，亦是神圣本质的现实性。托马斯存在学说卓越的创造性，是形而上学领域实在论对于观念论的扬弃。在《存在和诸哲学家》这部卓越的形而上学著作中，吉尔松深刻阐述巴门尼德提出的存在存在的斯芬克斯之谜，阐述形而上学的兴起、衰落和复兴。作为存在存在的斯芬克斯之谜，巴门尼德论题揭开希腊哲学关于存在的形而

---

① Etienne Gilson, *History of Christian Philosophy in the Middle Ages*, p. 365.

② See Thomas Aquinas, *Summa Theologica*, Ia:13:11.

上学帷幕。① 对于吉尔松而言,作为存在的存在,是形而上学的第一原理,是人类知识的第一原理。对于形而上学而言,对于存在奥秘的敬畏是智慧的开端。② 形而上学的衰落,在于哲学家对于形而上学第一原理的误用。③ 关于存在存在的神圣奥秘,关于存在概念的确凿涵义,欧洲哲学史上存在着四种基本的不同理解。根据对于存在论题的不同理解,吉尔松揭示出欧洲哲学史上的四个哲学家族,即形而上学视野中的柏拉图学派、亚里士多德学派、阿维森那学派和托马斯学派。

柏拉图形而上学沉思的基石即巴门尼德的存在存在(being is)。柏拉图理念论阐述的超越存在,是真实的存在(true being),作为存在的存在。柏拉图重复巴门尼德发现的"实在和同一性"之间神秘而必然的关系,理念论的真实范畴即存在的自身同一性。对于柏拉图而言,真实存在的终极标志就是存在者的自身同一性(self-identity)。④ 存在,就是存在者"如其所是"的存在。存在者的本质,存在者的自身同一性使存在成为存在(to be, is to be the same)。柏拉图获得和巴门尼德相同的结论:理念存在。理念是真实的存在,理念是独立而完整的存在。巴门尼德宣称"认识和被认识者是同一者",柏拉图帮助哲学家理解巴门尼德命题的必然性和限度。

---

① See Etienne Gilson, *Being and Some Philosophers*, Toronto: Pontifical Institute of Mediaeval Studies, 1952, pp. 7-9.

② See Etienne Gilson, *Being and Some Philosophers*, p. 2.

③ See Etienne Gilson, *The Unity of Philosophical Experience*, pp. 313, 316.

④ See Etienne Gilson, *Being and Some Philosophers*, pp. 10-11.

对于柏拉图而言，存在的真正本质是保持自身的同一性。[1]存在的自身同一性，是思维和存在的同一性的充足理由，是概念知识的恰当对象。在这个意义上并在这个限度内，存在和思维是同一者，认识和被认识是同一者。[2] 存在自身，被简约为作为概念思维必要基础的纯粹客体性即同一性原理。倘若同一性是存在的根基，同一性的存在就是存在的同一性。真实的存在始终以相同方式享有自身同一性。时间河流中变化着的存在者如何存在，不是柏拉图的兴趣。倘若哲学家追问真实存在是否真实存在，那只是表明哲学家无力理解柏拉图。[3] 对于柏拉图而言，理念是真实的存在——理念整个地存在，理念排他地存在，理念“是其所是”地存在。柏拉图的理念论是希腊哲学形而上学本质主义的典范。从普罗提诺到爱克哈特，对于欧洲哲学史上柏拉图学派的哲学家而言，存在是作为存在的自身同一性（self-identity）。

作为古典希腊哲学时期卓越的形而上学家，亚里士多德的哲学目标，在于以存在（being）为开端，构造关于存在的形而上学科学体系。对于亚里士多德而言，存在的真实名称是实体（substance），实体是作为本质的形式。亚里士多德的实体首先是实存着的可触可见的现实的存在者。亚里士多德强调实体的个别性、现实性和活动性。对于亚里士多德而言，实在的存在是现实存在着的存在者。亚里士多德从对存在（be-

---

① See Etienne Gilson, *Being and Some Philosophers*, p. 12.

② See Etienne Gilson, *Being and Some Philosophers*, p. 13.

③ See Etienne Gilson, *Being and Some Philosophers*, p. 15.

ing）的研究转向对于本质（ousia）的研究，因为存在者的本质使哲学家得以认识存在者，第一哲学首先是关于本质（ousia）的科学。在这个意义上，亚里士多德推进了柏拉图形而上学的本质主义。同时，亚里士多德把实体理解为自主的个体和从潜能到实现的活动着的主体。亚里士多德有时说，实体是本质（ousia），本质是要使实体显现出来。在这个意义上，存在者的本质（ousia）就是存在（being）的第一要义。吉尔松指出，在亚里士多德关于作为存在的存在的形而上学中，作为研究对象中首先遭遇的存在（to be），存在的首要意义即作为存在行动的存在（existence）被视为理所当然而被忽略。① 亚里士多德关于存在的形而上学固然阐述存在者的存在行动，哲学家却必须藉助本质（essence）认识存在者。② 在这个意义上，亚里士多德是不折不扣的柏拉图主义者。亚里士多德形而上学的缺陷在于以单一的意义使用作为动词的存在（to be）——事实上，这个动词具有不同的意义，而无法意识到作为动词的存在（existence）在实体结构中享有和本质同等重要的地位③，无法理解作为存在行动的存在（existence）对于实体的首要意义。从阿维洛伊到布拉邦的西格尔，对于亚里士多德学派的哲学家而言，存在的第一要义不是作为存在行动的存在，而是作为存在本质的实体。把存在理解为作为存在者本质的实体（substance），是亚里士多德形而上学的基本原则。

① See Etienne Gilson, *Being and Some Philosophers*, p. 46.
② See Etienne Gilson, *Being and Some Philosophers*, p. 47.
③ See Etienne Gilson, *Being and Some Philosophers*, p. 48.

亚里士多德的阿拉伯注释者阿维森那(Avicenna)的形而上学以存在自身为研究对象,哲学心灵的纯粹直观是对于存在的直观。阿维森那将存在自身和存在者区分开来,把存在者理解为存在和本质的现实结合,而必然存在的存在者是作为存在自身(Being)的上帝以及藉助上帝的必然性而必然存在的存在者(existing beings)。[①] 存在者在其自身之中只是可能的,在存在者和上帝的存在论关系之中是必然的。对于阿维森那而言,"存在是偶性"。[②] 存在(to be)对于本质而言完全是外在的可能性。存在者的存在(existence)是发生于本质(essence)上的偶性(accident),存在者的本质享有自身的必然性,存在者的本质自在地独一无二地"是其所是",一如柏拉图的理念世界。毋宁说,必然存在(Necessary Being)是其余所有存在者存在的全部原因,是其余所有存在者存在的同一根源。[③] 阿维森那区分存在自身和存在者、存在和本质、必然存在和可能存在,把存在和本质的区别理解为潜在和现实的区别,这一理解成为中世纪和近代哲学的形而上学宿命。倘若关于存在的形而上学就是获得存在的可理解性,倘若可理解性就是存在的基本特征,倘若作为存在的存在自身是纯粹理智性的神圣观念,形而上学的对象必须是可理解的实在,作为存在的存在就必然被化约为作为本质的理念:存在即本质(essence),存在就是本质自身的内在实在性。在这个意义上,哪里有本质,哪里就有存在——存在是本质的确定样态,

① See Etienne Gilson, *Being and Some Philosophers*, pp. 78-79.
② See Etienne Gilson, *Being and Some Philosophers*, p. 79.
③ See Etienne Gilson, *Being and Some Philosophers*, p. 81.

存在是本质的完全现实性，本质的实在性是由其存在的实切性来界定的。可能性是存在的真正根源，存在是可能性的完成。有限存在者的现实存在的充足理由永远不会在这个存在者自身中找到。吉尔松卓越地指出：从阿维森那到司各脱，经过苏阿雷兹（Suarez）到沃尔夫、康德和黑格尔，甚至到克尔凯戈尔的存在哲学，阿维森那所阐述的形而上学本质主义成为欧洲哲学的主要疾病。①

关于作为存在的存在的形而上学的第四哲学家族，是吉尔松所阐述的作为中世纪哲学精神的托马斯的存在学说。对于托马斯而言，作为存在行动的存在是上帝在自我彰显中的唯一命名。② 托马斯对于存在存在的巴门尼德论题的形而上学结论在于：存在存在，因为上帝存在。上帝存在，因为上帝的神圣本质就是上帝的神圣存在。作为存在行动的存在自身，是真正的存在和完满的存在。作为存在行动的存在自身，超越神圣逻各斯言说的存在，超越上帝观念指涉的存在，超越存在自身的可理解性。作为存在行动的存在之高于作为存在本质的存在，犹如形式之高于质料。在这个意义上，形而上学的首要原理是作为存在行动的存在自身。③ 作为存在的存在，从自身存在的存在行动获得存在的名称和本质。④ 作为存在行动的存在自身是神圣存在的现实性，亦是神圣本质的现实性。对于托马斯而言，实存着的有限存在者在自身之中

---

① See Etienne Gilson, *Being and Some Philosophers*, pp. 52-153.

② See Thomas Aquinas, *Summa Theologica*, I:13:11.

③ See Etienne Gilson, *Being and Some Philosophers*, pp. 170-171.

④ See Etienne Gilson, *Being and Some Philosophers*, p. 187.

没有存在的充足理由,因为上帝是有限存在者存在的根源。[1]上帝是纯粹的存在行动,上帝的本质就是上帝的存在,上帝是所有存在者存在的第一因。[2] 对于托马斯而言,存在行动(to be)是所有存在者的现实性。[3] 托马斯的存在学说,是欧洲哲学史上形而上学领域中实在论对于观念论的扬弃。在这个意义上,吉尔松把托马斯的存在学说理解为“形而上学历史上的一场革命”[4]。吉尔松在形而上学的经典著作《存在和诸哲学家》中以深刻犀利的哲学风格阐述托马斯的存在学说:作为存在行动的存在自身,是形而上学的首要原理。

---

① See Thomas Aquinas, *Summa Theologica*, I:104:1.

② See Thomas Aquinas, *Summa Contra Gentiles*, I:10.

③ See Thomas Aquinas, *Summa Theologica*, I:8:1.

④ See Etienne Gilson, *History of Christian Philosophy in the Middle Ages*, p. 365.

第三章

吉尔松的创造论

对于中世纪基督教经院哲学的形而上学而言,上帝就是自身存在的存在自身。① 上帝是作为存在的存在自身,上帝是使宇宙万物获得存在的神圣存在,这是中世纪基督教的教父哲学和经院哲学的形而上学的首要原理。无论是《出埃及记》所记载的亚伯拉罕、以撒、雅各的上帝亲自向摩西启示自己的名称"我是我所是",我是自身存在而永恒存在的存在者,无论是安瑟伦从无与伦比的上帝观念推论上帝的必然存在,无论是托马斯把作为存在的存在自身理解为作为纯粹现实的存在行动,上帝和存在的同一性原理构成中世纪基督教经院哲学的形而上学根基,对于中世纪基督教经院哲学的形而上学,对于吉尔松所谓的中世纪思想的大教堂——中世纪深刻而完整的基督教世界观,具有决定性的深刻影响。② 对于中世纪基督教经院哲学而言,唯独在上帝自身中,本质和存在具有完全的同一性,上帝的神圣本质就是上帝的神圣存在。

---

① See Thomas Aquinas,*Summa Theologica*,I:3:2.

② See Etienne Gilson,*The Spirit of Medieval Philosophy*, p. 64. 吉尔松:《中世纪哲学精神》,沈清松译,台湾商务印书馆 2001 年版,第 59 页。

对于宇宙万物而言,存在是存在者的存在行动,存在者是存在行动的主体。宇宙万物从作为神圣存在的上帝获得存在,在作为宇宙万物的存在者和存在之间存在着海德格尔在形而上学导论中尝试揭示的所谓本体论差异。对于宇宙万物而言,存在者和存在之间的本体论差异,就是中世纪基督教经院哲学的形而上学揭示的作为宇宙万物的有限存在者中本质和存在之间的深刻区别。托马斯形而上学中有限存在者自身之中本质和存在的区分,揭示出有限存在者不是必然的存在,而是可能会不存在。任何有限的存在者,其本质自身并不包含存在者存在的充足理由,必须从自身之外获得存在。恰恰是有限存在者自身本质和存在的深刻区分,将作为宇宙万物的存在者和作为存在根基的上帝自身区别开来。倘若回到巴门尼德的形而上学论题:为什么存在存在,而非存在不存在?托马斯存在形而上学的基本结论是:存在存在,因为宇宙万物从上帝获得存在。[1] 在亚里士多德哲学中,世界是永恒存在而自身完备的。托马斯的存在形而上学所阐述的有限存在者自身之中本质和存在的深刻区分,是对于亚里士多德形而上学的超越和扬弃,是作为基督教学说的创造论的必然推论。托马斯的存在学说赋予宇宙万物的存在以深刻而崭新的形而上学涵义。

第一节 吉尔松的创造学说

对于中世纪基督教经院哲学的形而上学而言,上帝是存

① See Thomas Aquinas, *Summa Theologica*, I:45:1.

在自身,上帝是绝对而真实的存在,上帝是永恒而神圣的存在,上帝是无限而完满的存在,上帝是作为有限存在者存在根源和鹄的的存在自身。在形而上学领域深邃而确凿的本体论涵义上,奔腾不羁而生生不息的宇宙万物确实无法堪当"存在"的名称。感觉经验的现象世界似乎不属于真实的存在,这一深刻的形而上学观察不是基督教哲学首先完成的,而是巴门尼德首先完成的。卓越的希腊哲学家柏拉图提出作为形而上学蓝图的理念论,继承爱利亚学派巴门尼德关于存在和非存在的本体论区分,在本体论和认识论领域揭示出两个世界存在意义的深刻区别。对于柏拉图而言,理念世界是真实存在的世界,是永恒不变而必然完善的存在,是知识的真实对象;而现象世界是介乎存在和非存在之间的宇宙万物,是变易的存在,是可毁灭的存在,是偶然的存在。宇宙万物的存在犹如虚无,只是意见的对象。宇宙万物因为分有理念作为理念的摹本而存在,飘荡在存在和非存在之间,是一种悲惨的朝不保夕的存在。柏拉图著名的洞穴理论指出,倘若哲学家不转向永恒的理念世界,倘若哲学家不是藉助对于理念原型的理性知识,哲学家对于现象世界的感性认识必然是不可靠而充满错误的。对于中世纪基督教的经院哲学家而言,就柏拉图理念论对于理念世界和现象世界的本体论和认识论区分而言,柏拉图的哲学智慧是卓越而真实的。柏拉图的理念论所以真实,柏拉图对于理念世界和现象世界的区分所以真实,那是因为柏拉图自己连猜都未曾猜想过的更深刻的真理。在中世纪基督教经院哲学的形而上学中存在着比柏拉图理念论更深刻的真理,这是卓越而深刻的希腊哲学家柏拉图和亚里士多德未曾猜想过的更深刻的真理，就是基督教独特的上帝观念，就是基督教独特的创造观念，就是上帝从虚无中创造宇宙万物的基督教学说。①

一、万物存在的开端

希腊哲学和中世纪基督教经院哲学的形而上学之间的根本区别，在于中世纪基督教经院哲学的形而上学奠基于基督教的上帝存在的观念，奠基于上帝与存在的同一性原理。吉尔松指出，基督教独特的上帝观念，基督教启示原理中上帝与存在的同一性原理，卓越的希腊哲学家柏拉图和亚里士多德连梦都未曾梦想到。在奔腾不羁而生生不息的宇宙万物中，感觉经验可以接触到的只是这个存在者或那个存在者，是奔腾在诞生和消逝的时间洪流中的有限存在者，而绝对无法接触到作为存在的存在自身，甚至作为整体的浩瀚无垠的宇宙万物亦无法构成作为存在的存在自身，作为绝对存在而永恒存在的存在自身。在这个意义上，基督教的上帝是作为存在自身的上帝。作为存在自身的上帝按照自己的神圣旨意从虚无中（ex nihilo）创造宇宙万物，作为存在自身的上帝按照自己的神圣逻各斯在时间中保存宇宙万物，使宇宙万物获得存在，使宇宙万物获得存在的鹄的。作为存在自身的上帝用无限全能和神圣智慧创造宇宙万物，使作为受造存在的宇宙万物分享上帝自己的神圣美善（divine goodness），使宇宙万物披

① See Etienne Gilson, *The Spirit of Medieval Philosophy*, p. 65. 吉尔松：《中世纪哲学精神》，沈清松译，台湾商务印书馆 2001 年版，第 59—60 页。

戴创造者自己的荣耀华美。①

在这个意义上,基督教的上帝首先是作为创造者的上帝,是作为人类天父的上帝,是有形无形的宇宙万物存在的源泉,是有形无形的宇宙万物存在的主宰,是有形无形的宇宙万物存在的鹄的。有形无形的宇宙万物唯独在上帝的同在中分享上帝的神圣美善,有形无形的宇宙万物唯独以上帝的神圣旨意为自身存在的终极鹄的,才可能确实作为上帝的神圣肖像,经历上帝的神圣同在,在上帝的同在中获得神圣的永恒幸福。② 托马斯指出,宇宙万物存在的终极鹄的就是作为创造者的上帝自己,就是作为宇宙万物存在根源的上帝自己。宇宙万物存在的终极鹄的,就是在上帝自身之中获得上帝的神圣同在。③ 在这个意义上,上帝创造宇宙万物的终极鹄的不在宇宙万物之中,而在于彰显上帝自己的荣耀——上帝藉着创造的奇妙作为向被创造的智慧存在者彰显自己的神圣存在和神圣本质,彰显创造者自己的超越性和卓越性,彰显创造者自己的荣耀。宇宙万物在绚烂华美的神圣秩序中彰显创造者的神圣智慧,智慧存在者在圣洁华美的生命冠冕中彰显创造者的神圣美善,正如使徒保罗的称颂:"万有都是本于他,倚靠他,归于他。愿荣耀归给他,直到永远。"

基督教的上帝是独一的上帝,宇宙万物的创造者。上帝从虚无中(ex nihilo, out of nothing)创造宇宙万物,这是基督

① See Thomas Aquinas, *Summa Theologica*, I:44:4.

② See Thomas Aquinas, *Summa Theologica*, I:26:4.

③ See Thomas Aquinas, *Summa Contra Gentiles*, III:18.

教学说毋庸置疑的开端。上帝从虚无中创造宇宙万物,宇宙万物作为整体存在完全出于上帝的创造。① 毋宁说,在基督教的创造学说中不存在所谓原初质料,上帝从虚无中创造宇宙万物,不需要原初质料。对于宇宙万物而言,原初质料是上帝从虚无中创造出来的——"你创造万有……从虚无中创造无形式的原初质料"②,甚至时间都是上帝的创造——"你是一切时间的创造者"③。在这个意义上,基督教的创造学说不包含任何形式的二元论。奥古斯丁在《上帝之城》中指出上帝创造的神圣作为将存在赋予宇宙万物。上帝是至高无上的存在自身,上帝以至高无上的方式自身存在而永恒存在,上帝按照自己的神圣旨意将存在赋予自己从虚无中创造出来的宇宙万物,使宇宙万物获得存在而成为存在者。④ 在这个意义上,上帝是宇宙万物存在的根源,上帝是宇宙万物存在的归宿。奥古斯丁在《忏悔录》开篇以基督教哲学家卓越而独特的祷告文体揭示出人类心灵存在的形而上学奥秘:"想到你就让人深深地激动,使人除了赞美你以外无法满足,何况我们是为你的缘故而被创造的,除非在你里面,我们的心灵无法获得真正的安息。"⑤对于奥古斯丁而言,按照上帝神圣形象创造的人类心灵唯独栖息在作为创造者的上帝怀里才可能获得真正的安息。在这个意义上,作为基督教启示真实开端的创

① See Thomas Aquinas, *Summa Theologica*, I:45:1.

② Augustine, *Confessions*, XII:27.

③ Augustine, *Confessions*, XI:13.

④ See Augustine, *The City of God*, 12:2.

⑤ Augustine, *Confessions*, 1:1.

造学说是基督教人类学——完整的人道主义的形而上学的神圣奥秘。

在托马斯形而上学中揭示出的有限存在者中本质和存在的深刻区分,指出宇宙万物作为被创造的有形无形的有限存在者,自身不是必然的存在,正如高尼罗提出的所谓最理想的岛屿自身不是必然的存在。在这个意义上,托马斯形而上学揭示的有限存在者中本质和存在的深刻区分,奠基于基督教学说的创造观念。基督教学说的创造观念,奠基于希伯来圣经的神圣启示。有限存在者自身中本质与存在的深刻区分,在托马斯的存在形而上学中获得深刻而卓越的哲学阐述。根据希伯来圣经的创造叙述,上帝从虚无中创造有形无形的宇宙万物。① 有形无形的宇宙万物作为被创造的有限存在者自身中本质和存在的深刻区分是毋庸置疑的。作为被创造的有形无形的宇宙万物,有限存在者的本质自身中并不包含存在者存在的充足理由,有限存在者只能从作为存在的存在自身获得存在,只能从自身存在而永恒存在的存在者那里获得存在。在这个意义上,有限存在者自身之中本质和存在的深刻区分是真实而显著的。这种内在于有限存在者中的本质和存在的区别和结合,足以把有限存在者和作为存在的存在自身区别开来。毋宁说,这种内在于有限存在者中的本质和存在的区别和结合把受造者和创造者区分开来,这种区分就是作为创造者的上帝和作为受造者的宇宙万物之间的本体论差异。在这个意义上,唯独藉着使有限存在者获得存在的创造

① See Thomas Aquinas, *Summa Theologica*, I:46:2.

行动,有限存在者的本质和存在的真实结合即托马斯所谓存在者自身"本质和存在的结合"①才获得实现。在这个意义上,托马斯的存在学说阐述的有限存在者中本质与存在相区别的形而上学,是中世纪基督教经院哲学的创造学说的题中应有之义。

托马斯关于有限存在者之中本质和存在的深刻区别的形而上学,揭示出在上帝自身之外的任何存在者,作为被创造的有形无形的宇宙万物,从浩瀚无垠的遥远星河到奥妙精深的生命基体,从满有智慧的天使天军到尊贵荣耀的人类灵魂,作为被创造的存在者,没有必然的存在,只有可能的存在。毋宁说,作为受造者的有形无形的宇宙万物可以存在亦可以不存在,因为上帝可以创造亦可以不创造,上帝可以创造亦可以毁灭。托马斯说:"因此,正如在万物存在之前,上帝可以自由地不赋予万物存在,不去创造,在万物被创造之后,上帝也可以自由地不在继续万物的存在。倘若如此,万物就会停止存在,这样就可以使得万物归于虚无。"②在这个意义上,有形无形的宇宙万物作为有限存在者的存在,是从作为存在自身的上帝创造而获得存在。在这个意义上,上帝创造的自由旨意是宇宙万物获得存在的充足理由。上帝不仅创造宇宙万物,而且保存宇宙万物。倘若离开作为创造者的上帝的保存(providence)行动,宇宙万物就立刻停止存在。作为有限存在者的宇宙万物对于作为创造者的存在自身,不断持续着存在

① Thomas Aquinas, *Summa Theologica*, Ia:50:2.

② Thomas Aquinas, *Summa Theologica*, Ia:103:3.

论的依赖关系。① 托马斯援引奥古斯丁的说法,声明说:上帝并不像一个人造了一间屋子,然后就可以离开去做其他的事情,任凭那间屋子自己留在那里。上帝对于宇宙万物的保存(providence),是上帝持续的创造作为。

托马斯希望在亚里士多德的形而上学中找到有限存在者自身中本质和存在的深刻区分,却未曾找到。亚里士多德的形而上学阐述的世界是永恒的世界,而不是被创造的世界。在亚里士多德的实体世界中,存在者的本质在永恒之中已经实现,而且除非已经实现就无法理解。对于中世纪基督教经院哲学的形而上学而言,在作为存在自身的上帝之外,有形无形的宇宙万物作为有限存在者可以存在,可以不存在。在托马斯的形而上学中,现实的存在行动是所有存在者中"最内在和最深刻的东西"②。从上帝的神圣创造获得的存在者现实的存在行动,是一切现实的现实,是无以复加的卓越性,是最完满的东西。作为自身存在而永恒存在的上帝自己是宇宙万物的开端、根据和鹄的。尽管上帝创造宇宙万物的神圣行动对于有限的人类理智而言始终是神圣奥秘,托马斯宣称:"以任何方式存在的所有存在者,都源于上帝。"③有形无形的宇宙万物全部源于上帝的创造,即使原初质料同样源于上帝的创造。在作为创造者的上帝自身之外,所有存在者都无法从自身获得存在,只能从上帝获得存在。作为有限存在者的

---

① See Thomas Aquinas, *Summa Contra Gentiles*, III:65.

② Thomas Aquinas, *Summa Theologica*, Ia:8:1.

③ Thomas Aquinas, *Summa Theologica*, Ia:44:1.

有形无形的宇宙万物只能分享上帝的存在。托马斯指出，巴门尼德一元论的困难，在于巴门尼德把存在理解为单义词，而不是作为类比语言的形而上学术语。对于托马斯而言，存在是第一个非单义的类比词汇，因为类比揭示出创造者和受造者之间的相似性。① 吉尔松卓越地指出，对于宇宙万物存在起源的形而上学理解，对于宇宙万物作为受造者的本体论地位的形而上学理解，对于作为创造者的上帝和作为受造者的有形无形的宇宙万物之间本体论差异的深刻理解，蕴涵着作为中世纪基督教经院哲学的存在论根基的形而上学的崭新意义。②

二、启示原理的开端

在希伯来圣经的首卷，《创世记》开宗明义地指出："起初上帝创造天地。"③上帝从虚无中创造有形无形的宇宙万物，上帝的创造是全部存在的首要原理，这是基督教神学的首要原理，是基督教创造神学的首要原理，是基督教神学叙述的首要原理，是中世纪基督教经院哲学的形而上学根基。《创世记》开宗明义地宣告"起初上帝创造天地"，上帝是全部存在的唯一根源，上帝是全部存在的唯一创造者④，其中没有任何哲学形态的形而上学阐述。希伯来圣经在《创世记》的创造

① See Etienne Gilson, *The Christian Philosophy of St. Thomas Aquinas*, p. 105.

② See Etienne Gilson, *The Spirit of Medieval Philosophy*, p. 68. 吉尔松：《中世纪哲学精神》，沈清松译，台湾商务印书馆 2001 年版，第 62 页。

③ Thomas Aquinas, *Summa Theologica*, Ia:45:1.

④ See Thomas Aquinas, *Summa Theologica*, Ia:45:2.

叙述中直接肯定上帝的创造行动，如同希伯来圣经在《出埃及记》的历史叙述中直接肯定上帝自己是存在自身，其中没有任何哲学形态的形而上学论证。吉尔松指出，在希伯来圣经关于上帝是自身存在和上帝创造宇宙万物这两个完全没有形而上学证明痕迹的清楚明确的启示原理中，中世纪基督教经院哲学家看到何等深刻、何等必然而无法避免的形而上学回响！毋宁说，《创世记》关于上帝创造宇宙万物的启示原理对于中世纪基督教经院哲学的形而上学带来历久弥新而荡气回肠的深刻影响。倘若上帝就是存在自身，在作为存在自身的上帝之外的宇宙万物必然从上帝那里获得存在。在基督教的存在观念的这个创造论的瞬间跳跃中，完全不需要形而上学沉思的推动，中世纪基督教经院哲学就一劳永逸地超越了希腊哲学，转化希腊哲学的形而上学根源，更新希腊哲学的形而上学内涵。希伯来圣经的首卷《创世记》开宗明义地指出上帝自己的创造行动，赐予中世纪基督教经院哲学家一个充满神圣奥秘的形而上学术语，中世纪基督教经院哲学家知道无论如何有这个术语，哲学家自己却找不出来，这个充满神圣奥秘的神秘术语所承载的神秘真理也作为珍贵恩典如此赋予中世纪基督教经院哲学家，而且作为一种无法抗拒的启示原理使哲学家可以理解。奥古斯丁深刻揭示从超自然的启示原理转变到自然的理性原理的中世纪基督教形而上学的认识论奥秘。圣经文本是圣灵默示的超自然启示真理，在中世纪基督教经院哲学家的心灵深处必然有理性沉思相呼应。倾听圣言而来的信仰原则，立刻在中世纪基督教经院哲学家的形而上学沉思中唤起哲学理解的共鸣，唤起理性沉思的肯定确认。

上帝的创造使受造的有限存在者在和作为存在者存在根源的创造者的本体论关系中获得现实存在。[①] 关于上帝创造的神圣奥秘，奥古斯丁说："使我听闻使我懂得你如何'起初创造天地'。摩西写了这句话。摩西写下这句话以后，从此世即你所在的地方到达了你身边，现在摩西已经不在我面前。倘若摩西仍在，我一定要拖住摩西，向他请教，用你的名义请摩西为我解释，我一定要倾听摩西口中说出的话语。……在我身内，在我思想的居处，……真理说：'他说得对，'我立刻完全信任摩西，肯定地说：'你说得对。'但是我不能询问摩西，我只能求你……我的上帝，……你既然使你的仆人摩西说出这些话，也使我理解这些话。天地存在着，天地高呼说自己是受造的……'我们所以存在，是受造而存在；在尚未存在之前，我们并不存在，也不能自己创造自己。'天地所说的话是有目共睹的事实。"[②]摩西根据圣灵默示叙述上帝的神圣创造，奥古斯丁在对于启示言辞的信仰中寻求对于创造奥秘的形而上学理解。

吉尔松指出，中世纪基督教经院哲学阐述的创造奥秘是从无到有的创造原理，是上帝使有形无形的宇宙万物获得存在的创造原理——上帝的创造使宇宙万物获得存在，[③]这是希腊哲学卓越的形而上学未曾获悉的创造原理。柏拉图《蒂迈欧篇》中的戴米乌吉神固然非常接近基督教的创造者，常常有柏拉图学派的哲学家用戴米乌吉神附会基督教的创造

---

① See Thomas Aquinas, *Summa Theologica*, Ia:45:3.

② Augustine, *Confessions*, 11:3-4.

③ See Thomas Aquinas, *Summa Theologica*, Ia:45:4.

者。《蒂迈欧篇》关于宇宙起源提出三个原则:第一,必须区分存在而不变动的东西和变动而非存在的东西,毋宁说,必须区分即理性即逻各斯所认识的东西和感觉经验所认识的东西。第二,变动的东西总是生成的东西,而生成的东西总有生成的原因,这生成的原因就是"创造者"。第三,"创造者"要构造事物的形状和性质,必须以永恒不变的东西为原型,才能造出美好的东西。"创造者"的工作就是根据永恒原型赋予可见世界以秩序。《蒂迈欧篇》中"创造者"的工作不是从无到有的创造,而是将无秩序的宇宙变成有秩序的宇宙。在这个意义上,《蒂迈欧篇》中的戴米乌吉神可以赋予宇宙一切,唯独未曾赋予宇宙万物存在。毋庸置疑,《蒂迈欧篇》谈论的宇宙起源迥然不同于基督教的上帝从无到有的创造,因为在柏拉图阐述的创造工作开始以前,已经先存着并不依赖于戴米乌吉神的塑造或制造工作所依赖的原初质料。在这个意义上,《蒂迈欧篇》中戴米乌吉神的活动是塑造性的,而不是创造性的。中世纪基督教经院哲学家非常清楚基督教学说与柏拉图形而上学的区别。中世纪基督教经院哲学家根据《出埃及记》中上帝在自我彰显中的唯一命名,把上帝理解为存在自身,根据《创世记》中的创造叙述把上帝理解为宇宙万物的创造者,指出《蒂迈欧篇》中犹如工匠的塑造者不是基督教的创造者,因为犹如工匠的塑造者需要质料才能活动。托马斯清楚指出柏拉图理念的塑造行动和基督教阐述的上帝从无到有的创造行动之间的根本差别。对于托马斯而言,《创世记》宣称"起初上帝创造天地",上帝的创造是从虚无中创造出宇宙万物,使宇宙万物获得存在。托马斯援引奥古斯丁《忏悔录》的创造诠释，指出天使和原初质料都是出于上帝的创造。[①] 在这个意义上，上帝的创造是从虚无中的创造。[②]

至于亚里士多德形而上学谈论的不被动的第一主动者，在某种意义上似乎是存在的第一因，但托马斯未曾说过亚里士多德已经拥有真正的创造观念，未曾说过亚里士多德以创造为世界的起源。对于亚里士多德而言，世界的永恒性和神圣性固有于世界中，不被动的第一主动者在世界中作为存在者的典范而存在。亚里士多德的第一主动者是内在于宇宙万物中的最高存在者，而不是使宇宙万物获得存在的存在自身。亚里士多德谈论的存在者的第一原理，目的在于解释宇宙现状的原因，而不是解释宇宙存在的原因。希腊哲学提出存在根源的形而上学论题，却没有获得作为存在根源的启示原理。尽管柏拉图和亚里士多德拥有一切存在的原因的观念，但托马斯未曾把基督教自身的创造观念和柏拉图或亚里士多德相提并论，因为柏拉图和亚里士多德阐述的宇宙万物的实体性的普遍原因并不是一种作为创造原理的原因。吉尔松根据托马斯对于创造学说的阐述指出，托马斯承认柏拉图和亚里士多德知道宇宙万物的实体性的普遍原因，但托马斯未曾承认柏拉图和亚里士多德知道这些实体存在的原因。托马斯认为柏拉图学派和亚里士多德学派的哲学家肯定宇宙万物的普遍原因，却未曾获得一个创造因的观念：柏拉图和亚里士多德不谈论基督教学说阐述的上帝从无到有的创造，上帝使宇宙万

① See Augustine, *Confessions*, 12:7.

② See Thomas Aquinas, *Summa Theologica*, Ia:45:1.

物获得存在的创造。基督教学说中上帝从虚无中创造宇宙万物的创造观念是和托马斯形而上学中有限存在者自身之中本质和存在的深刻区分息息相关的。上帝从虚无中创造宇宙万物,"这个真理在圣经中已经确定,经上说:'起初上帝创造天地。'创造不是别的,就是上帝不需要先存质料而把存在者带入存在。"①

吉尔松指出,亚里士多德完全不知道希伯来圣经所启示的创造原理,意味着希腊形而上学在根本原则和开端上的缺乏,亚里士多德完全无法思及创造论。倘若亚里士多德知道上帝就是存在自身,上帝的神圣本质就是上帝的神圣存在,在上帝自身中神圣本质和神圣存在为同一,亚里士多德仍然疏忽创造观念,那就是作为深刻而卓越的希腊哲学家的亚里士多德不可原谅的失败。第一因既是存在自身,而不是宇宙万物存在的原因,这是不可思议的。对于早期教会的基督教哲学家而言,有形无形的宇宙万物作为被创造的存在只能以可能存在的面貌呈现,因为全能的上帝既可以藉助自己荣耀尊贵的神圣逻各斯创造宇宙万物,亦可以藉助自己荣耀尊贵的神圣逻各斯毁灭宇宙万物。托马斯指出,基督教学说承认有一位上帝,一位父,一位主。上帝的名称就词源学而言,来自上帝对于宇宙万物的护理(providence),毋宁说,来自上帝对于宇宙万物的创造主权。② 上帝创造宇宙万物,上帝保存宇宙万物,上帝主宰宇宙万物,上帝引导宇宙万物走向自己的神圣

① Thomas Aquinas, *Summa Contra Gentiles*, II:16.

② See Thomas Aquinas, *Summa Theologica*, Ia:103:3.

鹄的。在这个意义上，有形无形的宇宙万物都栖息在上帝的创造主权中。离开上帝的护理，宇宙万物必将停止存在。在宇宙万物中，拥有理性和意志的人类灵魂尤其需要上帝的眷顾，拥有理性和意志的人类灵魂尤其需要上帝的神圣智慧和神圣意志引导自己走向灵魂的终极鹄的，获得灵魂的永恒幸福。①

即使摩西律法中"十诫"的第一条，以色列的上帝是独一的上帝，已经隐含着希伯来圣经的创造者观念：在宇宙万物之上，只有一位上帝存在，这位上帝就是有形无形的宇宙万物的创造者。这位上帝创造有形无形的宇宙万物，眷顾有形无形的宇宙万物，保存有形无形的宇宙万物。这位全能的上帝就是亚伯拉罕的上帝、以撒的上帝、雅各的上帝，就是和以色列选民缔结圣约的上帝，就是以色列选民必须尽心尽性尽意尽力去渴慕去寻求的上帝，这位上帝同时是中世纪基督教经院哲学家的上帝。在公元2世纪出现的《劝勉希腊人》中，已经出现对于柏拉图哲学的直接批评，因为柏拉图的神明只是宇宙万物的设计者而不是宇宙万物的创造者，柏拉图的神明对于原初质料的存在无能为力。巴门尼德存在存在的斯芬克斯之谜是如此晦涩，然而，上帝从虚无中创造宇宙万物的神圣启示原理对于基督徒而言是如此简单。对于柏拉图和亚里士多德这样卓越而深刻的希腊哲学家如此深奥而晦涩的存在奥秘，对于基督徒而言是如此清晰确凿，因为基督徒有幸阅读而领悟《创世记》的创造叙述，柏拉图和亚里士多德却未曾知道《创世记》。

---

① See Thomas Aquinas, *Summa Theologica*, Ia:103:5.

吉尔松指出，倘若柏拉图和亚里士多德曾经知道《创世记》叙述的创造学说，整个哲学史一定全部重新改写。① 在柏拉图和亚里士多德的形而上学论述中，哲学家固然很容易找到一作为多之根源、必然作为偶然之根源的形而上学原理，然而，这只是古典希腊哲学固有的观念论的形而上学同一性原理，而不是中世纪基督教经院哲学的存在论的形而上学同一性原理。柏拉图的永恒理念是永恒观念，亚里士多德甚至承认四十九个存在者本身，而无法想到真正的创造观念，无法在上帝以外的宇宙万物中发现有限存在者自身中本质和存在的真实区别。对于托马斯而言，唯独上帝自己是宇宙万物的创造者。毋宁说，使宇宙万物获得存在的创造作为唯独属于上帝自己。正如奥古斯丁在《论三位一体》中所阐述的那样，在全能的上帝之外，即使是天使——无论是良善天使还是邪恶天使——亦不是万物的创造者。奥古斯丁说：我们不允许称恶天使或善天使为创造者。天使的作为乃是出于作为创造者的上帝的旨意或限制。毋宁说，天使是是无形的受造者。天使是受造的智慧存在者，是受造的属灵存在者。② 在这个意义上，希腊哲学家中最为卓越的形而上学家柏拉图和亚里士多德真正缺乏的，就是基督教启示原理中“我是我所是”的上帝观念，以及从“我是我所是”的上帝观念而来的创造观念。③

---

① See Etienne Gilson, *The Spirit of Medieval Philosophy*, p. 70. 吉尔松：《中世纪哲学精神》，沈清松译，台湾商务印书馆 2001 年版，第 64 页。

② See Thomas Aquinas, *Summa Theologica*, Ia:45:5.

③ See Etienne Gilson, *The Spirit of Medieval Philosophy*, p. 71；吉尔松：《中世纪哲学精神》，沈清松译，台湾商务印书馆 2001 年版，第 64 页。

三、形而上学的开端

吉尔松指出，中世纪基督教经院哲学与古典希腊哲学相比较而言，在上帝观念上既然已经获得极其深刻的根本突破，在宇宙观上必然经历着同样深刻的突破。感觉经验的现象世界的现实存在，在中世纪基督教形而上学中被理解为上帝创造行动的现实结果。作为有形无形的宇宙万物的有限存在者对于上帝的存在论依赖(existential dependence)，是中世纪基督教经院哲学形而上学的基本原理。上帝从虚无中的创造行动不仅赋予宇宙万物以存在，并且在宇宙万物持续变化的时间绵延中保存并更新宇宙万物的存在。在这个意义上，感觉经验的现象世界完全依赖于上帝从虚无中的创造行动。奔腾不羁而生生不息的宇宙万物不是奠基于亚里士多德所谓"自己思想自己"的必然性，而是奠基于作为创造者的上帝愿意使宇宙万物获得存在并赋予宇宙万物以存在的自由意志，奠基于上帝创造的自由意志。奥古斯丁的创造神学指出，被创造的宇宙万物不断濒于虚无的深渊，唯独倚靠作为创造者的上帝的持续眷顾和保守作为，才免于坠落在虚无之中。有形无形的宇宙万物作为有限存在者既无法获得自身的存在，亦无法保持自身的存在。有形无形的宇宙万物彰显创造者的荣耀，不仅藉助宇宙万物绚烂华美的壮丽景象，而且藉助宇宙万物自身存在的确凿事实。奥古斯丁的创造神学在于："关于我的上帝，我问遍整个宇宙。答复是：'不是我，是他创造了我。'"[①]上帝从虚无中创造有形无形的宇宙万物，上帝按照自

① Augustine, *Confessions*, 10:6.

己的神圣形象创造人类。“耶和华创造诸天”，希伯来诗篇庄严华美的创造宣告未曾在柏拉图和亚里士多德心中回响，奥古斯丁却听见这石破天惊的创造宣告，从此上帝存在的宇宙论证明就全然改观。①

吉尔松指出，中世纪基督教经院哲学的宇宙观不仅表现在托马斯、波那文都、司各脱的形而上学中，而且持续表现在笛卡儿、莱布尼兹、马勒伯朗士这些近代哲学的形而上学中。哲学家历尽艰辛，终于理解近代哲学形而上学预设着中世纪基督教经院哲学对于希腊哲学的宇宙观所实现的深刻改变。中世纪基督教经院哲学家必须面对的基督教认识论论题在于：有限的灵魂如何认识无限完善的上帝？既然上帝和宇宙万物的本体论关系在中世纪基督教的教父哲学和经院哲学形而上学中已经发生深刻的变化，上帝存在的形而上学证明必然获得崭新的意义。中世纪基督教经院哲学关于从上帝创造的作品证明上帝存在的现实性，奠基于使徒保罗的神学宣称：“自从造天地以来，上帝的永能和神性是明明可知的，虽是眼不能见，但藉着所造之物就可以晓得，叫人无可推诿。”使徒保罗在这里揭示的基督教认识论原理恰恰是托马斯在著名的宇宙论论证和目的论论证中炉火纯青地运用的人类心灵从宇宙万物认识上帝的理性途径：人类理智可以凭藉上帝创造的宇宙万物，辨识创造者的存在，认识创造者那看不见的全能和美善。吉尔松深刻而卓越地指出，所有中世纪基督教教父哲

---

① See Etienne Gilson, *The Spirit of Medieval Philosophy*, p. 72. 吉尔松：《中世纪哲学精神》，沈清松译，台湾商务印书馆 2001 年版，第 65 页。

学家和经院哲学家在领悟使徒保罗阐述的基督教认识论原理时，在领悟使徒保罗阐述的基督教启示奥秘自身的形而上学和知识论的时候，中世纪基督教哲学家"事实上便脱离了希腊哲学"①。

中世纪基督教教父哲学家和经院哲学家在领悟使徒保罗阐述的基督教认识论原理时，事实上就脱离了希腊哲学的宇宙论，这是中世纪基督教的教父哲学和经院哲学历史上至关重要的哲学转折，这个至关重要的哲学转折所蕴涵的深刻意义尚未得到充分重视。基督教哲学家倘若要像使徒保罗阐述的那样，凭藉上帝创造的宇宙万物论证上帝的存在，首先必须证明上帝是宇宙的创造者。亚里士多德形而上学中所谓的最初原因，对于基督教的教父哲学家和经院哲学家而言，就是基督教学说关于宇宙存在的创造因，就是基督教形而上学阐述的创造学说。在这个意义上，从上帝创造的宇宙万物来揭示上帝存在的任何论证，尤其是托马斯关于上帝存在的宇宙论论证和目的论论证，必然已经隐含着基督教学说的上帝创造的基本观念。尽管托马斯关于上帝存在的宇宙论论证和目的论论证炉火纯青地使用亚里士多德的哲学语言，运用亚里士多德《物理学》和《形而上学》的论点和论据，但托马斯关于上帝存在的宇宙论论证和目的论论证的崭新根基和神学蕴涵是基督教自己的创造观念。在这个意义上，托马斯炉火纯青地运用亚里士多德的哲学原理，超越亚里士多德哲学而获得基

① Etienne Gilson, *The Spirit of Medieval Philosophy*, p. 72. 吉尔松：《中世纪哲学精神》，沈清松译，台湾商务印书馆 2001 年版，第 65 页。

督教经院哲学自己的形而上学结论。托马斯的创造形而上学指出,宇宙万物和上帝的关系就是受造者和创造者的关系。①

对于托马斯而言,犹如对于任何中世纪基督教经院哲学家而言,上帝和宇宙万物的本体论关系就是宇宙万物从上帝获得存在。关于宇宙万物存在的根源,托马斯宣称:凡存在的存在者,其存在绝对是来源于上帝创造。② 上帝是第一存在者,上帝是绝对完美的存在者,上帝必然是宇宙万物存在的原因。宇宙万物的存在完全出于上帝的创造,而上帝的创造是从虚无中的创造,是从无到有的创造。在这个意义上,中世纪基督教经院哲学家用来证明上帝存在的所有形式因的证明,都是基督教创造论的证明。毋宁说,中世纪基督教经院哲学关于宇宙万物起源的学说(principle of origin),就是作为基督教启示原理的创造学说。③ 托马斯宇宙论论证中最典型的证明是用亚里士多德术语阐述的关于第一主动者的证明。对于托马斯而言,这个第一主动者就是基督教的上帝。变化固然预设着变化主体的存在,而变化主体存在的原因,并不在亚里士多德的形而上学论题之中。即使托马斯的宇宙图景和亚里士多德的宇宙图景在物理学结构上存在着惊人的相似,在宇宙图景的物理学相似之底蕴,托马斯形而上学和亚里士多德形而上学之间的差异却是何等深刻!④

---

① See Thomas Aquinas, *Summa Theologica*, Ia:45:2.

② See Thomas Aquinas, *Summa Theologica*, Ia:45:2.

③ See Thomas Aquinas, *Summa Theologica*, Ia:45:1.

④ See Etienne Gilson, *The Spirit of Medieval Philosophy*, p. 74. 吉尔松:《中世纪哲学精神》,沈清松译,台湾商务印书馆 2001 年版,第 67 页。

吉尔松指出,托马斯形而上学和亚里士多德形而上学之间的深刻差异,就在于托马斯关于上帝存在的宇宙论论证和目的论论证是奠基于希伯来圣经《出埃及记》启示的上帝观念,就是上帝在自我彰显中的唯一命名:“我是我所是。”上帝就是存在自身,上帝就是自身存在而永恒存在的存在者,上帝就是神圣本质和神圣存在的绝对同一,上帝就是宇宙万物存在的根源。托马斯形而上学的根基,就是基督教的上帝观念,就是作为存在自身的上帝。如果说,托马斯形而上学的实在论揭示宇宙万物存在的原因,与托马斯形而上学实在论迥然不同的是,亚里士多德形而上学中“思想自身的思想”固然以目的论的方式吸引万物运动,而宇宙万物的存在并不是来自“思想自身的思想”。在亚里士多德的宇宙图景中,宇宙万物的存在是固有而现成的。在托马斯的形而上学中,作为存在自身的上帝是宇宙万物存在的原因:“上帝是这一切存在者存在的原因。”①吉尔松指出,既然亚里士多德完全没有创造的观念,即使托马斯关于上帝存在的宇宙论论证和目的论论证在字面上援引亚里士多德的形而上学论证,托马斯关于上帝存在论证的形而上学意义是完全独创的。中世纪基督教经院哲学关于上帝存在的宇宙论论证和目的论论证所蕴涵的形而上学意义,“希腊哲学家从来未曾想过”。②

毋庸置疑,托马斯关于上帝存在的宇宙论论证和目的论论证,是关于基督教的上帝创造的证明。托马斯明确指出上

① Thomas Aquinas, *Summa Contra Gentiles*, II:6.

② Etienne Gilson, *The Spirit of Medieval Philosophy*, p. 76. 吉尔松:《中世纪哲学精神》,沈清松译,台湾商务印书馆 2001 年版,第 68 页。

帝是宇宙万物存在的原因:"我们已经运用亚里士多德的论证,证明有第一个动力因,我们称之为上帝。所以,上帝是一切其他万物的存在的原因。"①对于托马斯关于上帝存在的宇宙论论证和目的论论证而言,清楚明确的形而上学原理在于:动力的因果乃是创造的因果。论证第一动力的存在,就是论证基督教学说的创造因。托马斯炉火纯青地运用亚里士多德的形而上学论证而超越亚里士多德形而上学的本体论范畴。在这个意义上,希腊哲学和中世纪基督教教父哲学和经院哲学的根本差异,就是基督教独特的创造观念。托马斯宣称:"在一切藉运动和变化来行动的原因之外,必须有一个存在的原因,我们已经证明这就是上帝。"②无论是中世纪基督教的奥古斯丁学派还是托马斯学派,中世纪基督教哲学家对于希腊哲学和基督教的教父哲学和经院哲学在这方面的根本差异都是非常清楚的。在这个意义上,托马斯赋予亚里士多德形而上学原则崭新而深刻的意义,就是基督教固有的创造论。

吉尔松指出,就基督教固有的创造论而言,中世纪基督教的教父哲学和经院哲学自然地以犹太神学思想为先驱,因为基督教和犹太教拥有相同的希伯来圣经。上帝从虚无中创造宇宙万物的创造论,是基督教和犹太教的共同神学遗产。事实上,基督教固有的上帝观念即上帝就是存在自身的神学观念同样以犹太神学思想为先驱,因为上帝是存在自身的观念渊源于《出埃及记》记载的上帝在自我彰显中的唯一命名。

---

① Thomas Aquinas, *Summa Contra Gentiles*, II:6.

② Thomas Aquinas, *Summa Contra Gentiles*, II:16.

中世纪基督教的教父哲学家和经院哲学家面对的形而上学论题，整个古典形而上学面对的形而上学论题，对于希腊哲学家而言实在不可思议，就是存在者存在的终极根源问题。巴门尼德首先提出这个形而上学的基本论题：为什么存在存在而非存在不存在？巴门尼德以存在存在的斯芬克斯之谜揭开希腊形而上学的序幕。莱布尼兹在《论自然与恩典的原则》①中再度提出这个存在存在的斯芬克斯之谜："为什么不是无，而是在毕竟在？"——为什么存在存在而非存在不存在？对于莱布尼兹而言，存在存在，因为上帝存在。存在存在，因为上帝的自由意志。上帝存在是万物存在的充足理由。对于海德格尔而言，存在者存在就是存在的神圣奥秘，就是形而上学关于作为存在的存在的核心问题。

在中世纪基督教的经院哲学中，巴门尼德存在存在的斯芬克斯之谜依然呈现在目的论的形而上学领域。托马斯关于上帝存在的目的论论证在于承认宇宙秩序是享有神圣导向的存在秩序。真正的形而上学论题在于：倘若宇宙万物的存在中确实存在着神圣秩序，宇宙万物存在的神圣秩序根源何在？对于中世纪基督教经院哲学家而言，上帝藉助全能的创造赋予宇宙万物存在，同时赋予宇宙万物存在的神圣秩序。创造是上帝自身独有的现实行动，上帝从虚无中的创造赋予宇宙万物存在："严格说来，创造就是赋予存在者以存在。"②宇宙万物作为整体更加彰显创造者的神圣智慧的完满性。上帝创

① Leibniz, *Principle of Nature and of Grace, Founded on Reason*, 1934.

② Thomas Aquinas, *Summa Theologica*, Ia:45:6.

造的宇宙万物存在的神圣秩序彰显着整个宇宙的同一性。①对于希腊形而上学而言，宇宙永恒地被赋予形式并被推动实现；对于中世纪基督教的教父哲学家和经院哲学家而言，宇宙万物由于上帝从虚无中的创造而获得获得存在的开端，获得存在的现实，获得存在的秩序。对于希腊形而上学而言，在宇宙万物的内在秩序中拥有内在的目的性；对于中世纪基督教的教父哲学家和经院哲学家而言，在上帝的神圣旨意中存在着超越宇宙万物自身的完善目的，上帝的神圣旨意创造神圣秩序的存在，同时创造拥有神圣秩序的宇宙万物。在这个意义上，基督教的启示原理把中世纪基督教经院哲学家的形而上学沉思提高到对于存在自身的沉思，揭示出形而上学对象的深刻性质。

中世纪基督教的经院哲学家和亚里士多德一样把形而上学的对象理解为作为存在的存在。然而，中世纪基督教的经院哲学家所理解的作为存在的存在，不是亚里士多德形而上学中的共同存在，而是作为存在自身的存在，作为存在根源的存在，作为创造者的存在，作为上帝自身的存在。上帝的神圣本质就是纯粹的终极的实现，就是神圣存在自身。希腊形而上学和中世纪基督教经院哲学形而上学的根本区别，在于基督教的上帝是宇宙万物的创造者。毋宁说，在于基督教独特的创造学说。对于希腊哲学而言，宇宙万物的存在秩序中具有内在的目的性。对于中世纪基督教的经院哲学而言，宇宙万物的存在秩序中存在着作为上帝旨意即天意(Providence)

① See Thomas Aquinas, *Summa Theologica*, Ia:47:3.

的超越目的性。毋宁说，宇宙万物存在的神圣目的，不在宇宙万物自身中，而在宇宙万物的创造者的神圣旨意中。“创造是上帝自身特有的现实行动。”①上帝从虚无中的创造行动，一方面创造具有神圣秩序的宇宙万物，另一方面创造宇宙万物存在的神圣秩序。作为创造者的上帝，“三位一体的痕迹显现在受造存在之中。”②上帝的神圣逻各斯赋予宇宙万物存在的神圣秩序。

吉尔松提出深刻而卓越的基督教哲学的认识论问题：既然中世纪基督教经院哲学确实超越了希腊哲学的真理界限，基督教哲学家应当如何把握中世纪基督教经院哲学和希腊哲学的关系呢？对于基督教学说的德尔图良家族而言，中世纪基督教经院哲学与希腊哲学无疑是迥然有别甚至彼此对峙的两种哲学。例如，伯拉纠对于人类本性的理解完全像一个希腊哲学家，说德性的根源在于理性灵魂，而德性的真正目的却尚未知晓。奥古斯丁完全颠覆了希腊哲学对于人类本性的理解，把德性和幸福都理解为人类灵魂在创造者中的神圣鹄的，即人类灵魂在创造者怀抱中的安息。③ 对于基督教学说的托马斯家族而言，中世纪基督教经院哲学是对于希腊哲学的拓展和完成。中世纪基督教经院哲学家唇边挂着亚里士多德的名字，以亚里士多德的名义说出亚里士多德未曾说过的话。例如，托马斯直接把亚里士多德的“第一推动者”确认为基督

---

① Thomas Aquinas, *Summa Theologica*, Ia:45:5.

② Thomas Aquinas, *Summa Theologica*, Ia:45:3.

③ See Augustine, *Confessions*, I:I.

教的上帝,宇宙万物的创造者。① 对于吉尔松而言,在希腊哲学所奠定的形而上学前提和中世纪基督教经院哲学从希腊哲学的形而上学前提拓展获得的形而上学结论之间,并不存在真实矛盾。中世纪基督教经院哲学的形而上学结论一旦被拓展出来,就显示出自身原先已经蕴涵在希腊哲学的形而上学前提中。②

吉尔松提出深刻而卓越的基督教哲学的认识论问题:那些已经发现形而上学基本前提的卓越的希腊哲学家,为什么竟然无法看出其中所蕴涵的作为存在存在的神圣奥秘的形而上学的必然结论?吉尔松指出,柏拉图和亚里士多德之所以错过自己率先形成的形而上学观念的完整意义,因为希腊哲学家未能深入探讨存在的形而上学论题,未能超越观念的领域而进入存在的领域。毋宁说,希腊哲学的形而上学始终无法真正理解作为存在的存在的真实本质。希腊哲学家提出的形而上学论题都是正确而深刻的论题,希腊哲学家已经准确把握存在的形而上学论题,却无法正确解决存在的形而上学论题。中世纪基督教经院哲学家在希腊形而上学中看到正确提出的存在论题,看到其中蕴涵的神圣奥秘,而以基督教自己独特的思想源泉解决存在存在的斯芬克斯之谜,这是卓越的希腊哲学家连梦都未曾梦想过的形而上学领域中决定性的卓越进步。吉尔松指出,欧洲哲学史上形而上学领域中这个决

---

① See Thomas Aquinas, *Summa Theologica*, Ia:2:3.

② See Etienne Gilson, *The Spirit of Medieval Philosophy*, pp. 81-82. 吉尔松:《中世纪哲学精神》,沈清松译,台湾商务印书馆2001年版,第72页。

定性的卓越进步不是出于基督教哲学家的形而上学沉思，而是出于基督教自身超越而神圣的启示原理。希腊哲学家依然面对着存在存在的斯芬克斯之谜，中世纪基督教的教父哲学家和经院哲学家却已经在犹太—基督教圣经的启示原理中找到真实的上帝，这位真实的上帝就是亚伯拉罕的上帝、以撒的上帝、雅各的上帝，这位真实的上帝就是中世纪基督教哲学家的上帝。这位真实的上帝已经在希伯来圣经中为希腊哲学的存在形而上学论题提供卓越而完满的形而上学结论。①

犹太—基督教固有而独特的启示原理使中世纪基督教的经院哲学经历着彻底更新的转变。在这种彻底转变的意义上，中世纪基督教的经院哲学和希腊哲学两者之间确实存在着某种“绝对对立”的对峙状态。中世纪基督教的经院哲学继承亚里士多德哲学的形式，而在深邃的形而上学内涵方面，中世纪基督教经院哲学继承的是基督教的教父哲学。在这个意义上，中世纪基督教的经院哲学是基督教教父哲学的延续。倘若说，柏拉图形而上学超自然的形而上学蕴涵在奥古斯丁的基督教哲学中获得拓展，那么，亚里士多德形而上学超自然的形而上学蕴涵在托马斯的基督教哲学中获得拓展。倘若中世纪基督教的经院哲学确实成功地使希腊哲学臻于完善，那是因为希腊哲学自身包含着真理片段。用亚历山大的克雷芒的著名论断来阐述：希腊哲学是基督教哲学的预备，犹如摩西律法是基督福音的预备。② 中世纪基督教的经院哲学因为自

---

① See Etienne Gilson, *God and Philosophy*, p. 39.

② See Titus F. Clement, *Clement's Stromata*, I:v:28.

身包含着基督教固有而独特的启示原理而有能力使希腊哲学获得实质性突破。当柏拉图和亚里士多德提出存在起源的形而上学论题时,希腊哲学已经走上真理的正途。因为柏拉图和亚里士多德已经走上形而上学真理的正途,中世纪基督教经院哲学的形而上学对于希腊哲学的超越才可以称做哲学的进步。①

吉尔松指出,希腊哲学卓越的形而上学家柏拉图和亚里士多德在通往存在真理的道路上半途而废,终于无法进入托马斯深刻阐述的以上帝的本质和存在相同、以宇宙万物的本质和存在相殊的形而上学真理。在托马斯阐述的上帝的本质和存在相同而宇宙万物的本质和存在相殊的形而上学存在论中,中世纪基督教经院哲学家获得存在形而上学的首要原理,也是全部中世纪基督教经院哲学的首要原理。在这个意义上,有限存在者自身中本质和存在的深刻区别,不仅对于托马斯的存在形而上学而言至关重要,而且对于基督教哲学的全部形而上学而言亦至关重要。就其形而上学观念的实质蕴涵而言,有限存在者自身中本质和存在的深刻区别,有限存在者自身中本质和存在的形而上学区别,在奥古斯丁的经典著作中随处可见:"受造物之所以存在,是出于上帝的无限美善。"②作为受造存在者的宇宙万物自身的本质并不包含着自身的存在。毋宁说,唯独上帝的神圣本质包含着上帝的神圣存在,唯独上帝是存在自身,唯独上帝是存在的根源。唯独上

① See Etienne Gilson, *The Spirit of Medieval Philosophy*, pp. 82-83. 吉尔松:《中世纪哲学精神》,沈清松译,台湾商务印书馆 2001 年版,第 73 页。

② Augustine, *Confessions*, 13:2.

帝是宇宙万物的创造者:“只有你是绝对的存在”[1],唯独作为创造者的上帝自己是自身存在而永恒存在的存在者,唯独作为创造者的上帝自己是宇宙万物存在的开端和鹄的。宇宙万物是倚靠上帝创造的美善旨意而获得存在,宇宙万物的存在是迥然不同于上帝自身的存在,是倚靠上帝的眷顾和保存而获得持续的存在。

对于托马斯的存在形而上学而言,上帝是自己的神圣本质,上帝是自己的神圣存在——上帝的神圣本质就是上帝的神圣存在,上帝的神圣本质和上帝的神圣存在是先验同一的。[2] 在上帝之外,没有任何存在者可以倚靠自身而存在。吉尔松卓越地指出,柏拉图和亚里士多德的形而上学建立起一座辉煌建筑的拱门,其中所有石块都环绕着作为存在奥秘的形而上学核心论题。由于基督教学说超越而神圣的启示原理,毋宁说,由于希伯来圣经超越而神圣的启示原理,存在存在的神圣奥秘,作为巴门尼德存在存在的斯芬克斯之谜的形而上学结论,作为形而上学的核心真理,作为存在奥秘的辉煌拱门得以奠基于形而上学大厦的正位。实际上把存在存在的神圣真理奠基于形而上学大厦正位的,就是中世纪基督教的教父哲学家和经院哲学家。对于基督教的启示原理给欧洲哲学史的历史进程带来的深刻影响而言,吉尔松指出,中世纪基督教的教父哲学和经院哲学秉承着希腊哲学的存在形而上学传统,希腊哲学藉助基督教固有而神圣的启示原理而在中世

---

① Augustine, *Confessions*, 13:16.

② See Thomas Aquinas, *Summa Theologica*, I:3:4.

纪基督教的教父哲学和经院哲学卓越而深刻的历史进程中获得新生。圣灵完全默示的圣经文本中超自然的启示原理是如此确凿而深邃,以致哲学家时常忘记自己从基督教启示原理中获得的珍贵礼物。①

第二节 吉尔松的宇宙论

倘若说上帝、宇宙和灵魂是中世纪经院哲学关于作为存在的存在的形而上学的基本论题,中世纪基督教经院哲学的卓越成就,首先就是对于上帝和宇宙之间的存在论关系这个基本而深刻的形而上学论题的哲学阐述。运用精确的形而上学概念范畴,深刻而精辟地阐述上帝和宇宙之间的存在论关系,奠基于希伯来圣经的超自然启示原理,凝聚着中世纪基督教的教父哲学家和经院哲学家殚精竭虑的沉思默想,使中世纪基督教哲学家深刻领悟创造学说的启示原理所蕴涵的形而上学涵义。宇宙是善,因为宇宙是存在。上帝是善自身,因为上帝是存在自身。对于托马斯而言,善和存在在指涉上是相同的,仅仅在观念上是不同的。存在者唯独在自身现实的范围内才可能是完美的,存在者唯独在自身存在的范围内才可能是完美的。使所有存在者成为现实的东西就是存在者的存在。在这个意义上,善和存在实际上是相同的。② 基督教哲学家应该确认宇宙万物秉有如何的存在完满性才能真正称宇

---

① See Etienne Gilson, *The Spirit of Medieval Philosophy*, p. 83. 吉尔松:《中世纪哲学精神》,沈清松译,台湾商务印书馆 2001 年版,第 73 页。

② See Thomas Aquinas, *Summa Theologica*, I:5:1.

宙万物为现实的存在者,应该如何确认宇宙万物作为有限存在者自身中本质和存在的形而上学区别才不至于把宇宙万物理解为自足的存在,①使宇宙万物的存在彰显上帝自己的荣耀?

中世纪基督教经院哲学的宇宙论根据上帝的神圣创造理解宇宙存在的起源,根据上帝的神圣智慧理解宇宙秩序的神圣奥秘,根据上帝的神圣旨意理解宇宙存在的终极鹄的。上帝创造宇宙万物的卓越作为对于有限的人类智慧而言是深邃而奇妙的神圣奥秘,宇宙万物从作为创造者的上帝获得存在而成为与上帝自身迥然有别的有限存在者。希伯来《诗篇》作者为上帝创造宇宙万物的神圣智慧而赞叹不已:"诸天述说上帝的荣耀。"浩渺穹苍、绚烂星河,日月星辰以宇宙存在的奇妙秩序的深邃华美向作为智慧存在者的人类灵魂启示上帝创造宇宙万物的神圣智慧。在这个意义上,自然和圣经,被理解作上帝向作为智慧存在者的人类灵魂彰显自己存在的两部大书,就是上帝关于自己存在的普世性启示和特殊启示。奥古斯丁的《忏悔录》是关于神圣救赎奥秘的神学阐述,同时是关于神圣创造奥秘的神学阐述。奥古斯丁援引《诗篇》说:"主啊,你所创造的是多么伟大,你用智慧创造了万有。"②使徒保罗宣称:"自从造天地以来,上帝的永能和神性是明明可知的,虽是眼不能见,但藉着所造之物,就可以晓得。"托马斯关于上帝存在的宇宙论论证和目的论论证,就是从宇宙万物

① See Thomas Aquinas, *Summa Theologica*, I:44:1.

② Augustine, *Confessions*, 11:9.

的存在秩序认识作为创造者的上帝存在的形而上学典范。

一、存在的本体论秩序

吉尔松提出中世纪基督教的教父哲学家和经院哲学家共同确认的形而上学原理，这个形而上学原理包含着整个基督教哲学思想历程的全部哲学思考所获得的形而上学结论。既然宇宙万物是善的，宇宙万物从作为创造者的上帝获得存在，没有任何存在者不是从作为创造者的上帝获得存在，没有任何存在者不是依赖作为创造者的上帝而存在。马勒伯朗士指出，在纠缠有限的智慧存在者的所有诱惑中，最危险的诱惑，最需要智慧存在者顽强拒绝的诱惑，就是智慧存在者渴望宣布自己"独立"于创造者的诱惑。即使马勒伯朗士未必可以确认何处存在着这种诱惑，马勒伯朗士必定知道何处可以拒绝这种诱惑。马勒伯朗士所揭示的这种始终纠缠着有限的智慧存在者的危险诱惑，具有卓越而深邃的形而上学蕴涵，而且只在形而上学领域才可以获得完满的存在论真理阐述。在中世纪基督教的经院哲学家阐述的受造宇宙中，所有存在者的存在对于对于作为创造者的上帝都具有一种完全的"存在论依赖"，即有形无形的宇宙万物从作为创造者的上帝获得存在，有形无形的宇宙万物作为存在整体从作为创造者的上帝获得存在。①

有形无形的宇宙万物作为有限存在者由于上帝的创造而获得存在，有形无形的宇宙万物由于上帝的眷顾(providence)

① See Thomas Aquinas, *Summa Theologica*, I:44:1.

而得以继续存在。上帝的神圣眷顾保守着整个宇宙,同时保守着人类灵魂的个体存在。① 在这个意义上,上帝的神圣眷顾是上帝在宇宙万物中持续而恒久的创造行动。有形无形的宇宙万物作为被创造的有限存在者自身的存在和本质同时来源于上帝的神圣创造,因为宇宙万物的存在和实体性都是上帝创造的完善性。既然宇宙万物之间因果关联的存在奠基于宇宙万物的存在,宇宙万物的因果联系亦必须追溯到上帝创造的神圣秩序。不但是因果关联自身,而且连因果关联的运作也必须追溯到上帝创造的神圣秩序,因为存在者的行动隶属于存在者的存在。最后,因果关联的行动及其所产生的效果都必须追溯到上帝创造的神圣秩序,因为有限存在者的存在和行动是出于上帝的神圣创造和神圣眷顾。托马斯援引使徒保罗说:"你们立志行事都是上帝在你们心里运行,为要成就上帝的美意。"在这个意义上,上帝的神圣本质就是上帝的神圣存在。上帝的神圣创造和神圣眷顾是作为有限存在者的有形无形的宇宙万物的存在原理,同时是作为有限存在者的有形无形的宇宙万物的行动原理。②

作为创造者的上帝从虚无中创造有形无形的宇宙万物。有形无形的宇宙万物作为被创造的有限存在者自身的受造本性使宇宙万物绝对地依赖作为创造者的上帝,作为必然存在的神圣存在,作为自身存在的永恒存在。作为有限存在者的有形无形的宇宙万物不但就现实的存在行动而言绝对地依赖

---

① See Thomas Aquinas, *Summa Contra Gentiles*, III:76.

② See Thomas Aquinas, *Summa Contra Gentiles*, III:66,67.

于上帝，在存在者存在的本质和存在者存在的因果关联方面同样绝对地依赖于上帝，因为宇宙万物的存在秩序同样出于上帝的神圣创造。倘若哲学家拒绝作为有限存在者的宇宙万物对于作为创造者的上帝的绝对依赖性，倘若哲学家拒绝作为有限存在者的人类存在对于作为创造者的上帝的绝对依赖性，就等于原罪再度呈现在人类心灵之中。① 毋宁说，正是因为有限的智慧存在者在人类历史的开端拒绝上帝主权的原罪的悲剧性后果的持续存在，哲学家才那样容易忘记作为有限存在者的有形无形的宇宙万物对于作为创造者的上帝的绝对依赖性。对于奥古斯丁而言，"原罪的铁链"，就是人类在亚当里的死亡。② 人类陷在罪恶中，因为人类在作为受造者的宇宙万物中追求快乐、美丽和真理，而不是在作为创造者的上帝中追求快乐、美丽和真理。③ 在这个意义上，中世纪基督教经院哲学的宇宙论，奠基于中世纪基督教经院哲学的创造学说，深刻而卓越地揭示出作为有限存在者的有形无形的宇宙万物对于作为创造者的上帝的存在论依赖（existential dependence）。

有形无形的宇宙万物的现实存在绝对依赖于作为创造者的上帝，这个首要的形而上学原理拥有另一方面同样充满必然性的真理。有形无形的宇宙万物都是上帝所创造的，也是为上帝而存在的，这是形而上学的真理。就物理学的观点而

① See Etienne Gilson, *The Spirit of Medieval Philosophy*, p. 129. 吉尔松：《中世纪哲学精神》，沈清松译，台湾商务印书馆 2001 年版，第 124 页。

② See Augustine, *Confessions*, 5:9.

③ See Augustine, *Confessions*, 1:20.

言,作为有限存在者的宇宙万物同时是在自身中的存在,为自身的存在,作为自身的存在。作为有限存在者的有形无形的宇宙万物不是上帝,不是虚无,必定拥有作为受造存在者自身的形而上学地位。对于奥古斯丁而言,上帝创造的宇宙万物既不是绝对的存在,也不是绝对的虚无。宇宙万物是存在,因为宇宙万物来自上帝的创造。宇宙万物不是存在,因为宇宙万物不是作为存在自身的存在。真正的存在,是作为自身存在而永恒存在的存在,是创造者自身的存在。① 受造者的存在是出于创造者的无限美善。既是从创造者而来,即亦能够存在。② 宇宙万物是美好的,因为宇宙万物是上帝创造的。宇宙万物的创造者,更是无限美好。③ 有限存在者从作为创造者的上帝那里所获得的存在,当然是存在者自己的存在。有限存在者作为实体,就是作为存在者自己的实体。有限存在者所遵循的动力因和因果律,是属于存在者自己的动力因和因果律,尽管有限存在者的全部存在秩序都是出于上帝的神圣创造。④ 倘若上帝的创造就是赋予宇宙万物以存在的创造行动,有形无形的宇宙万物不仅享有对于创造者的完全绝对的存在论依赖,而且享有有限存在者自己的存在及其本质。有形无形的宇宙万物不是在这种存在论依赖之外获得现实的存在,而是因为这种存在论依赖而获得现实的存在。恰恰是在这种完全绝对的存在论依赖中,有形无形的宇宙万物得以

① See Augustine, *Confessions*, 7:11.
② See Augustine, *Confessions*, 13:2.
③ See Augustine, *Confessions*, 13:20.
④ See Thomas Aquinas, *Summa Contra Gentiles*, III:69.

存在、变化、生活。唯独在上帝之中,宇宙万物才真正拥有存在、变化和生命。唯独在上帝中,宇宙万物才真正拥有这存在者的存在和本质。①

中世纪基督教的教父哲学家已经深刻理解存在形而上学论题的上述两方面真理。奥古斯丁对于这个存在形而上学论题阐述得非常清楚。对于奥古斯丁而言,犹如对于托马斯而言,上帝的全能并不意味着上帝自己取代宇宙万物的存在,上帝的全能并不意味着上帝自己代替宇宙万物的行动。既然上帝创造的宇宙万物的存在不是上帝自己的存在,上帝眷顾宇宙万物的方式,就是以作为有限存在者的宇宙万物自己为行动的真实主体。仿佛上帝不断地创造许多行动主体,这些行动主体在行动中实现自己本性的完美,而且这些行动主体的行动真正从本性中流露,这些行动主体的行动依赖存在者的本性,仿佛以存在者的本性为原因。托马斯深刻揭示出这个存在论题的形而上学根基。倘若哲学家询问:受造的宇宙如何可能充满效力因呢?托马斯的形而上学结论在于:受造的宇宙必然充满效力因。既然宇宙是上帝创造的,宇宙在诞生时就已经带着丰富的生产力的记号,即效果和原因之间的必然类似。上帝的创造是创造"存在的行动",既然因果律是以第二行动的身份,奠基在存在这个第一行动之中,所以,有限存在者既然存在,就先验拥有因果律。既然作为有限存在者的宇宙万物的存在是上帝存在的类比,宇宙万物中的因果律

① See Etienne Gilson, *The Spirit of Medieval Philosophy*, p. 130. 吉尔松:《中世纪哲学精神》,沈清松译,台湾商务印书馆2001年版,第125页。

就是创造性因果律的类比。有限存在者自身成为其他有限存在者的原因,就是对于上帝无限卓越的创造行动的有限分享,就是成为作为创造者的上帝的无限存在的有限肖像。①

作为有限存在者的有形无形的宇宙万物对于作为创造者的上帝的存在论依赖,是中世纪基督教的教父哲学家和经院哲学家共同拥有的形而上学根基。吉尔松指出,强调中世纪基督教经院哲学的形而上学宇宙观和希腊哲学的形而上学宇宙观之间的深刻差别,或许流于肤浅。毋庸置疑,在柏拉图和亚里士多德的希腊哲学的宇宙观和中世纪基督教经院哲学的宇宙观之间的基本差别,在于犹太—基督教启示的存在观念,以及从这个存在观念而来的创造观念。② 对于中世纪基督教经院哲学的形而上学而言,宇宙万物在存在论上完全绝对地依赖于作为创造者的上帝而成为有限的存在者。同时,作为有限存在者的宇宙万物藉着上帝的神圣创造而成为坚实的存在,现实的存在,真实的存在。对于中世纪基督教经院哲学的形而上学而言,绚烂的日出和绚烂的日落同样是坚实的存在,现实的存在,真实的存在。有形无形的宇宙万物在基督教创造学说所揭示的宇宙起源中失去存在论意义的独立性,有形无形的宇宙万物却没有失去作为存在者存在的尊严。在对于创造者的存在论依赖中,有形无形的宇宙万物因为分享上帝创造的神圣逻各斯而重新获得存在的尊严。

对于中世纪基督教经院哲学的形而上学人类学而言,作

---

① See Thomas Aquinas, *Summa Contra Gentiles*, III:70.

② See Etienne Gilson, *The Spirit of Medieval Philosophy*, p. 131. 吉尔松:《中世纪哲学精神》,沈清松译,台湾商务印书馆 2001 年版,第 125—126 页。

为智慧存在者的人类灵魂在基督教创造学说所揭示的人类起源中完全失去存在论意义的独立性，人类灵魂却没有失去作为有限智慧存在者存在的尊严。在对于作为创造者的上帝的存在论依赖中，作为智慧存在者的人类灵魂因为分享作为上帝神圣本质的神圣形象而获得自己先验而神圣的存在尊严："你的慈爱比生命更好。"作为创造者的上帝在神圣历史中为人类灵魂预定的永恒幸福，在于"瞻仰你的荣美"①。有形无形的宇宙万物的现实存在固然完全绝对地依赖于作为创造者的上帝，但无论对于存在者自身的现实存在或存在者存在的现实本质，作为有限存在者的宇宙万物都是立足于坚实的基础上。中世纪基督教经院哲学家探讨的存在形而上学论题在于，上帝在神圣创造中赋予作为有限存在者的宇宙万物普遍性的因果律和效力因，尤其是上帝在神圣创造中特别赋予人类灵魂存在的因果律和效力因，可以延伸到何等程度。吉尔松卓越地指出，上帝的荣耀这个基督教观念的历史，和中世纪基督教哲学的历史一样恒久。上帝的荣耀，这个深邃而独特的基督教观念中蕴涵着两个关键性的存在形而上学奥秘。这两个关键性的相互辉映而相得益彰的存在形而上学奥秘，恰恰分别呈现于奥古斯丁的基督教学说和托马斯的基督教学说中。②

二、存在的形而上学根基

奥古斯丁的基督教学说，从奥古斯丁获得基督教启示原

---

① Augustine, *Confessions*, 11:29.

② See Etienne Gilson, *The Spirit of Medieval Philosophy*, p. 132. 吉尔松：《中世纪哲学精神》，沈清松译，台湾商务印书馆 2001 年版，第 126 页。

理的深刻根源，直到奥古斯丁基督教哲学阐述的结构细节，都取决于一个基本事实：奥古斯丁自己皈依基督的心灵经验。吉尔松在关于奥古斯丁基督教哲学的著作中提出自己的结论：奥古斯丁的基督教哲学根本上是一种“内在经验的形而上学”①。奥古斯丁在《忏悔录》中详尽阐述的自己皈依基督的心灵经验，深刻揭示着人类灵魂中的骄傲和悲剧，深刻揭示着人类灵魂中罪恶和恩典的内在戏剧——这种心灵经验的形而上学是奥古斯丁的基督教哲学卓越的个体性的源泉，同时是奥古斯丁的基督教哲学卓越的普世意义的源泉。在这个意义上，奥古斯丁的基督教哲学就是奥古斯丁自己“皈依的形而上学”，奥古斯丁的基督教学说始终是“皈依的形而上学”。吉尔松指出，对于人类灵魂的内在悲剧和救赎恩典的深刻领悟，构成中世纪基督教经院哲学历史上卓越而深刻的奥古斯丁哲学精神，这种卓越而深刻的奥古斯丁哲学精神在中世纪基督教经院哲学中特别表现在安瑟伦和波那文都的基督教学说中，在近代哲学则表现马勒伯朗士的基督教学说中。②

对于奥古斯丁而言，困难在于如何把这个“皈依的形而上学”和渊源于《出埃及记》的“存在的形而上学”相结合。奥古斯丁在两方面都有所阐述。奥古斯丁自己知道，“皈依的形而上学”和“存在的形而上学”其实是一个相同的形而上学真理。但是，作为基督教学说的真理阐述，从“存在的形而上

---

① Etienne Gilson, *The Christian Philosophy of St. Augustine*, New York: Random House, 1960, p. 240.

② See Etienne Gilson, *The Christian Philosophy of St. Augustine*, pp. 240-241.

学”到“皈依的形而上学”是下降的道路,从“皈依的形而上学”到“存在的形而上学”是上升的道路。奥古斯丁基督教学说的卓越努力在于完成从“皈依的形而上学”到“存在的形而上学”的哲学使命。奥古斯丁《忏悔录》最后三卷的形而上学意义和真理涵义全部在此。《忏悔录》最后三卷长久以来被基督教学者忽视,甚至被理解为是前面10卷的附录而已,但是最后三卷的深邃和华美,却随着世纪的流逝而与时俱增。奥古斯丁荡气回肠的心路历程历来是《忏悔录》脍炙人口的部分,但《忏悔录》最后三卷的导论才是全书最辉煌的部分:“哦,主啊!永恒之君,你对我所说的,是一无所知呢,或者你在时间中看见时间中所发生的一切?我为何向你如此倾心吐意?当然并非为了叫你知道,而只是为了使我的心和读者的心提升到你的眼前,使我们都称颂:‘主,你是伟大的,你配得一切赞美。’”①奥古斯丁深刻阐述“上帝的荣耀”的主题,承接前面10卷阐述“皈依的形而上学”,引用创造的观念和存在的形而上学,阐述“上帝的荣耀”的基督教主题。

上帝从虚无中创造宇宙万物。上帝是美,因为宇宙万物是美丽的;上帝是善,因为宇宙万物是完善的;上帝是存在自身,因为宇宙万物从上帝获得现实存在。② 另一方面,奥古斯丁皈依基督的生存论经验揭示出,有限的智慧存在者是多么无能!多么缺乏!在奥古斯丁发现这个神圣奥秘的领域,在超自然的恩典领域,这是绝对的真理。在超自然的领域,倘若

---

① Augustine, *Confessions*, 11:1.

② See Augustine, *Confessions*, 11:4.

离开恩典，人的意志是完全无能。在奥古斯丁的基督教学说中，这个绝对真理常从神学转向形而上学，从自然本性转向超自然的恩典。对于奥古斯丁而言，承认上帝就是承认上帝的伟大，就是赞美彰显上帝伟大的奇妙创造。奥古斯丁称赞创造，甚至称赞已经堕落的受造存在的全部诗歌，几乎可以编成专著。同时，奥古斯丁有一种形而上学意义的矜持，避免承认本性有足够的美善，免得本性以为自足。受造的存在者不仅在超自然领域依赖恩典，在自然领域同样依赖恩典，这使得奥古斯丁倾向于严格限制受造存在者的能力。从奥古斯丁开始，中世纪基督教经院哲学家致力于指出灵魂本性中的一种虚空，唯独上帝可以添满。这虚空出现在人类心灵深处，揭示出灵魂需要上帝。人类灵魂越是缺乏，越是需要上帝。对于奥古斯丁而言，人类的悲惨比人类的伟大，更能彰显上帝的荣耀。倘若人类的伟大意味着灵魂的自足，人类的悲惨催促着灵魂寻求上帝。①

对于奥古斯丁而言，宇宙万物的现实存在依赖于上帝创造的行动。那位永恒者，在瞬间创造了宇宙万物。奥古斯丁认为上帝创造的神圣工程是在瞬间完成的——上帝创造的神圣工程确实是在瞬间真实而完整地完成的，第七日的安息是永不止息。对于基督教哲学家而言未来要诞生成长的存在者，在上帝创造的瞬间已经存在。奥古斯丁宣称：上帝从虚无中创造宇宙万物是一回事，上帝赋予宇宙万物神圣禀赋使存

① See Etienne Gilson, *The Spirit of Medieval Philosophy*, p. 134. 吉尔松：《中世纪哲学精神》，沈清松译，台湾商务印书馆 2001 年版，第 127 页。

在者在此时或彼时这样或那样生长出来是另一回事。宇宙万物在起初已经创造,到时机成熟才发生出来。"犹如母亲怀孕婴孩,世界本身同样孕育万物的原因,在来日赋予诞生。可见,一切存在者的创造都是藉着最高本质,在其中没有诞生没有死亡,没有开始没有止息。"①奥古斯丁的创造学说揭示出奥古斯丁心中深邃的意念。奥古斯丁深刻阐明:唯独上帝从虚无中创造,自然界的第二因不可以等同于上帝的创造因。自然界的第二因的真实作为是唤醒激励上帝在神圣创造中已经预先赋予的潜能。新的存在产生,只是彰显上帝神圣创造的事实。可见的受造存在者,彰显出上帝在其中的神圣创造作为。对于奥古斯丁而言,父母生育孩子,是上帝藉着父母生育孩子。母亲喂养孩子,是上帝藉着母亲喂养孩子。理性原型的和谐存在于上帝的神圣智慧中。② 即使在纯粹物理秩序中,自然界的因果律必须藉助上帝的创造因来实现。③

倘若基督教哲学家从自然界转向人类灵魂,转向人类灵魂内在本性的理性,也拥有同样的结论。理性的真实功能在于形成判断。当人类思想不仅在经验上肯定事实,而且根据理性原理做出判断,这时思想才拥有真理。真理固然是实然的存在,但实然的存在并不仅仅是事物变迁的面貌,实然的存在同时是事物的规范和法则,毋宁说,实然的存在是事物所分享并且效法的上帝观念。在这个意义上,倘若哲学家的判断

---

① Augustine, *The Trinity*, 3:16.

② See Augustine, *The Trinity*, 3:15.

③ See Etienne Gilson, *The Spirit of Medieval Philosophy*, p. 136. 吉尔松:《中世纪哲学精神》,沈清松译,台湾商务印书馆 2001 年版,第 128 页。

直接依赖于上帝的观念,哲学家就拥有真理的法则;倘若哲学家的判断只依赖于哲学家的理智本身,一切真实的判断永远不能获得。事实上,哲学家在从事真实的判断。例如几何学定义,就超越人类一切可能经验。尽管事物和心灵都在变迁中,真理却置身在必然而永恒的领域。倘若真理蕴涵指涉上帝的观念,怎能不置身在必然而永恒的领域呢?因此,在奥古斯丁的基督教学说中,所有真实判断都假设上帝赋予心灵本性的光照。从虚无中被创造的理智无法产生必然的真理,无法产生真实的存在。上帝藉助自己的圣言来丰富基督教哲学家的思想。上帝不仅是心灵内在的主人,用圣言频频召唤心灵,一如耳提面命;上帝也是心灵藉以看见真理的光明,上帝同时是心灵的粮食。上帝的圣言犹如生命的种子,进入基督教哲学家思想的胎中,与基督教哲学家的思想结合,使思想怀孕而产生真理。上帝孕育真理,不但产生真理,而且产生德行,因为德行奠基于理性的真实判断。真实的道德判断和真实的几何学判断一样是普遍必然的永恒真理。人类心灵中德性的种子和知识的种子一样,必然是从上帝那里获得的。上帝不仅用数学之光照耀哲学家,而且用智慧之光照耀哲学家。在这个意义上,哲学家的道德生命和科学知识一样,证明上帝亲密地临在基督教哲学家的心灵中,上帝就在哲学家形而上学记忆的底蕴。上帝的神圣形象存在于心灵的记忆中。①上帝在所有领域环绕基督教哲学家,上帝穿透基督教哲学家的肺腑心肠。上帝比基督教哲学家的自身存在中最亲密的核心

① See Augustine, *The Trinity*, 14:4:15.

部分更亲密地临在于基督教哲学家的心灵中。上帝在基督教哲学家的心灵里面作为一切基督教哲学家所为、一切基督教哲学家所缺的充足理由。基督教哲学家内心一切的虚空都证明上帝的满盈，基督教哲学家的悲惨和伟大一起称颂上帝的荣耀。奥古斯丁深刻阐述的心灵经验是深刻而恒久的基督教经验，和基督教哲学一样恒久。这种基督教经验对于上帝荣耀的认识彰显在恩典领域，既真实而且必然。但是，在本性的领域，上帝的荣耀如何彰显呢？①

三、神圣智慧的存在印记

对于托马斯而言，上帝在自己创造的有限存在者身上彰显自己神圣形象的光辉："藉着神圣之光在灵魂深处铭刻着的印记，灵魂得以认识一切。"灵魂深处铭刻着的神圣印记，就是从创造者而来的神圣肖像。② 作为创造者的上帝的慷慨和慈悲是如此无限，上帝不但赋予宇宙万物以存在，而且赋予宇宙万物从存在而来的神圣秩序：第一因根据创造者的至高美善，不但赋予宇宙万物以存在，而且使宇宙万物自身成为原因，成为分享第一因的第二因。对于奥古斯丁和托马斯而言，诸天述说上帝的荣耀。诸天述说上帝的荣耀，因为宇宙万物在神圣秩序中披戴着上帝的神圣形象。在托马斯的基督教哲学中，上帝神圣形象的观念首次进入自然的核心，超越秩序、数目和美而充满整个宇宙结构。在这个意义上，托马斯忠实

① See Etienne Gilson, *The Spirit of Medieval Philosophy*, p. 138. 吉尔松：《中世纪哲学精神》，沈清松译，台湾商务印书馆 2001 年版，第 130 页。

② See Thomas Aquinas, *Summa Theologica*, Ia:84:5.

阐述奥古斯丁的基督教哲学精神，基督教哲学家透过作品的伟大才得以认识作者的伟大，基督教哲学家透过宇宙万物的卓越才得以认识创造者的卓越。倘若哲学家回到中世纪基督教经院哲学的最高原则：创造性因果的真实效能就是赋予存在，现实的存在行动是作为有限存在者的宇宙万物从作为创造者的上帝那里获得的一切存在和本质的基础。

作为有限存在者的宇宙万物仅仅获得现实的存在行动，并不意味着完美。唯独上帝自己，存在自身就意味着完美，因为上帝是存在自身，上帝的存在自身就是绝对完美。在这个意义上，宇宙万物唯独藉着存在而成为上帝的神圣肖像。存在者的本性在于成为上帝的神圣肖像。存在者越是成为上帝的神圣肖像，越是秉有本性；存在者越是秉有本性，越是成为上帝的神圣肖像。有限存在者在神圣创造中成为存在者，就是藉着现实的存在行动获得从创造者而来的神圣美善。在这个意义上，作为有限存在者的宇宙万物的终极鹄的，就是有限存在者现实的存在行动(to be)。有限存在者现实存在的终极鹄的，就是成为上帝的神圣肖像。作为有限存在者的宇宙万物的现实存在行动，是对于作为创造者的上帝的现实存在行动的分享。在这个意义上，作为有限存在者的宇宙万物在自身的变化历程中趋向自己存在的终极鹄的，在有限存在者自身现实存在的变化历程中成为作为创造者的上帝的神圣肖像。①

作为有限存在者的宇宙万物现实存在的终极鹄的，就是成为上帝的神圣肖像。成为上帝的神圣肖像，就是分享作为

① See Thomas Aquinas, *Summa Contra gentiles*, III:19.

创造者的上帝的神圣美善,就是分享作为创造者的上帝的神圣完满,就是分享作为创造者的上帝的完满美善。作为创造者的上帝的神圣美善,存在于作为创造者的上帝自身神圣现实的存在行动之中。上帝自身神圣现实的存在行动,就是现实存在着的作为神圣实体的上帝,就是现实存在着的作为神圣本质的上帝。[①] 在这个意义上,上帝的神圣本质就是上帝的神圣存在,作为绝对存在行动的上帝自身就是上帝的神圣本质。在作为创造者的上帝自身中,上帝的神圣存在和上帝的神圣本质具有绝对的同一性。[②] 作为创造者的上帝自身神圣现实的存在行动,就是上帝自身至高无上的完满美善。作为有限存在者的宇宙万物不仅从作为创造者的上帝获得现实存在,而且从作为创造者的上帝获得现实存在的神圣完善。在这个意义上,作为有限存在者的宇宙万物以作为创造者的上帝为自身存在的终极鹄的。作为有限存在者的宇宙万物不仅就现实存在而言成为作为创造者的上帝的神圣肖像,而且在存在的完善性上成为作为创造者的上帝的神圣肖像。[③]

对于亚里士多德而言,宇宙万物的变化是为了获得自己的实体性,在实体性上模仿第一主动者的神圣完美。对于托马斯而言,作为有限存在者的宇宙万物的变化是为了获得自身存在的满盈,实现自身本性的完满,使自己更完美地效法作为创造者的上帝,成为上帝的神圣肖像。任何有限存在者实现自己本性的完满,就是效法作为创造者的上帝,成为作为创

① See Thomas Aquinas, *Summa Contra gentiles*, I:21.

② See Thomas Aquinas, *Summa Contra gentiles*, I:22.

③ See Thomas Aquinas, *Summa Contra gentiles*, III:20.

造者的上帝的神圣肖像。① 吉尔松指出，希腊哲学的实体性观念和中世纪基督教经院哲学的存在观念两者之间的根本差异，在形而上学领域产生着隐秘微妙而极其重要的哲学果实。对于中世纪基督教经院哲学而言，作为有限存在者的宇宙万物中的因果秩序是神圣创造的结果，宇宙万物中的因果秩序是神圣创造作为的持续和延伸。宇宙万物中作为第二因的原因自身虽然不是创造性的原因，依然可以产生存在。每个有限存在者根据自身分享神圣存在的程度，依然可以把自己已经获得的存在给予其他存在者，使自己的存在以效果的身份进入另一个存在者中。原因的意义包含着对于效果的存在的某种影响。在这个意义上，成为原因就是成为上帝神圣创造作为的器皿，就是成为上帝的助手，就是成为作为创造者的上帝的参赞者，帮助宇宙万物达到自身实现的存在鹄的。②

作为创造者的上帝在神圣创造中不仅赋予有限存在者现实的存在行动，而且赋予有限存在者自身存在的神圣肖像，赋予有限存在者自己的现实行动。作为有限存在者的宇宙万物从作为创造者的上帝获得自身的完善性，从作为创造者的上帝获得作为宇宙存在秩序中的第二因的主动行动。上帝在神圣创造中将自己的美善赋予有限存在者，因此，有限存在者可以作为主动的行动者将自己的美善赋予其他有限存在者。③毋宁说，有限存在者作为上帝神圣创造行动的尊贵器皿，作为

① See Thomas Aquinas, *Summa Contra gentiles*, III:20.

② See Etienne Gilson, *The Spirit of Medieval Philosophy*, p. 144. 吉尔松：《中世纪哲学精神》，沈清松译，台湾商务印书馆 2001 年版，第 135 页。

③ See Thomas Aquinas, *Summa Contra gentiles*, III:69.

上帝的参赞者将自己的美善赋予其他有限存在者。作为创造者的上帝是作为存在行动的存在自身,作为创造者的上帝是完善性和卓越性的源泉。在托马斯的基督教学说中,作为有限存在者的宇宙万物的美善彰显作为创造者的上帝自己的荣耀。上帝创造作为有限存在者的宇宙万物,是为了上帝自己的荣耀。上帝创造作为有限存在者的宇宙万物,是为了宇宙万物披戴上帝自己的荣耀。在这种荣耀状态中,作为有限存在者的宇宙万物将以上帝的荣耀为喜乐,甚于以自己的荣耀为喜乐。

对于托马斯的基督教学说而言,上帝从虚无中创造作为有限存在者的宇宙万物,是为了和作为有限存在者的宇宙万物分享自己的无限完满和无限美善,是为了和作为有限存在者的宇宙万物分享自己的神圣卓越性。上帝从虚无中创造作为有限存在者的有形无形的宇宙万物,不是因为上帝自己的需要,而是为了分享自己的无限完满和无限美善,分享自己的无限卓越性。在这个意义上,作为有限存在者的有形无形的宇宙万物就神圣本质而言以作为创造者的上帝为自身存在的终极鹄的,从作为创造者的上帝分享上帝的神圣肖像,从作为创造者的上帝获得自身存在的完满和美善,从作为创造者的上帝获得自身存在的卓越性,从作为创造者的上帝获得自身存在的完满实现。有形无形的宇宙万物存在的神圣秩序,彰显着作为创造者的上帝的神圣智慧。作为创造者的上帝以自己的神圣智慧从虚无中创造有形无形的宇宙万物:"你以智慧创造万物。"①在这个意义上,作为创造者的上帝的荣耀是

① Thomas Aquinas, *Summa Contra gentiles*, II:24.

作为有限存在者的宇宙万物的存在鹄的,犹如作为创造者的上帝的荣耀是作为有限存在者的宇宙万物的存在开端。①

第三节　吉尔松的天意论

上帝的神圣眷顾(Divine Providence)即天意的观念是中世纪基督教经院哲学的基本观念。作为创造者的上帝根据自己创造宇宙万物的神圣旨意,以持续性的奇妙作为保存宇宙万物的延绵存在,以持续性的奇妙作为引导宇宙万物走向自己存在的终极鹄的。上帝的神圣眷顾存在于宇宙万物的神圣秩序中,同时存在于宇宙万物的个体命运中。② 尽管在希腊哲学中存在着某种似乎相似的天意观,但中世纪基督教经院哲学拥有自己特殊的天意观。神圣眷顾的观念,在希腊哲学中可以追溯到柏拉图,中世纪基督教的教父哲学家和经院哲学家经常援引柏拉图。柏拉图在《法律篇》中勾勒的自然神学大致可以归纳为三方面观点:第一,诸神存在;第二,诸神不照管人事;第三,诸神不可贿赂。在上述三方面观点中,第二点直接和基督教启示的上帝眷顾的观念形成鲜明对照,值得详尽探讨。柏拉图所表述的观点是:诸神存在,诸神却不照管人事。在亚里士多德形而上学中,亚里士多德的神不是创造者,神的知识对象是神自己,哲学家在亚里士多德著作中找不到亚里士多德的神对于宇宙的认识。在希腊哲学中,宇宙间

① See Thomas Aquinas, *Summa Theologica*, Ia:44:4.

② See Thomas Aquinas, *Summa Contra gentiles*, II:76.

的所有事物，包括可怜而渺小的人在内，都是为了整体的益处而安排的。人的存在是为了人类整体的益处，为了增进宇宙整体生命的幸福。没有任何事是为你个人而创造的，你却是为宇宙整体而存在的。个人行动的意义在于导向整个人类的共同益处。个体导向全体，而不是全体导向个体。对于个人和全体有益处的，就是普遍必然的永恒法则。没有人可以逃脱诸神设立的普遍必然的永恒秩序。吉尔松提出的问题是：希腊形而上学对于普遍必然的永恒秩序的信念，和基督教以及犹太人上帝眷顾的观念区别何在？①

一、上帝的眷顾：持续创造

吉尔松卓越地指出，倘若中世纪基督教经院哲学家从柏拉图哲学转向希伯来圣经，使中世纪基督教经院哲学家感到震惊的深刻区别在于：在希伯来圣经中，不复存在外邦人宗教中“多元的诸神”，而是单单面对着一位上帝，就是宇宙万物的创造者。希伯来圣经宣告的上帝的首要特征，在于作为创造者的上帝的独一性：“以色列啊！你要听：耶和华我们的上帝是独一的主。你要尽心尽性尽力爱耶和华你的上帝。”②只有一位上帝，上帝从虚无中创造有形无形的宇宙万物。作为创造者的上帝是宇宙万物的主宰，是有形无形的宇宙万物的唯一主宰。作为创造者的上帝亲自拣选亚伯拉罕，亲自拣选摩西，就是和以色列选民缔结圣约的雅威（YHWH）——自身

① See Etienne Gilson, *The Spirit of Medieval Philosophy*, p. 150. 吉尔松：《中世纪哲学精神》，沈清松译，台湾商务印书馆 2001 年版，第 142 页。

② Etienne Gilson, *God and Philosophy*, p. 38

存在而永恒存在的创造者。希伯来圣经的律法书和先知书启示以色列选民和外邦百姓,上帝是有形无形的宇宙万物的创造者,拥有作为创造者的上帝的尊贵荣耀。希伯来圣经宣告创造者的全能,肯定作为创造者的上帝是宇宙万物的主宰,是人类生命的主宰,是世界历史的主宰。作为创造者的上帝在万族万邦万国万民中拣选以色列,因为这位上帝是宇宙万物的创造者,是人类生命的创造者,是世界历史的创造者。日月星辰,河流山川,万族万邦,万国万民都是上帝的创造,都是上帝的产业。作为有限存在者的宇宙万物和作为创造者的上帝之间的存在论关联,比哲学家能够设想的更为深邃而隐秘。上帝的从虚无中创造宇宙万物,是上帝神迹作为的首要诠释——上帝在神圣救赎历史中的神迹作为无非是上帝创造主权的彰显,是上帝为以色列选民立法的救赎主权的彰显。①

上帝在自己创造的神圣作品中,在有形无形的宇宙万物中彰显出作为创造者的上帝的全能和智慧。上帝从虚无中创造宇宙万物的全能使作为创造者的上帝自己有权柄在《福音书》中颁布希伯来圣经中的最大诫命:“第一要紧的就是说:‘以色列啊,你要听,主——我们的上帝是独一的主。你要尽心尽性尽意尽力爱主——你的上帝。’”作为有限存在者的有形无形的宇宙万物,皆出于上帝从虚无中的神圣创造。作为创造者的上帝是唯一的上帝,作为创造者的上帝是无所不知的上帝,是无所不在的上帝,是无所不能的上帝。作为创造者

① See Etienne Gilson, *The Spirit of Medieval Philosophy*, p. 150. 吉尔松:《中世纪哲学精神》,沈清松译,台湾商务印书馆 2001 年版,第 143 页。

的上帝是无所不知的上帝，洞悉人类的肺腑心肠。人类隐秘的心思意念，宇宙万物中的神圣奥秘，都赤露敞开地呈现在作为创造者的上帝面前。毋宁说，宇宙万物在作为创造者的上帝面前，都是赤露敞开的。① 作为创造者的上帝是圣洁公义的上帝，作为创造者的上帝是信实慈爱的上帝。人若承认上帝的全能，人若遵行上帝的旨意，人若认识上帝的主权，都可以坦然无惧地来到上帝的施恩宝座前，凡事相信，凡事盼望。上帝创造的作品都是完善的，上帝预备的道路都是正直的。在上帝创造的宇宙万物中，所有存在者的存在都依赖于上帝的神圣创造和神圣眷顾，对于作为创造者的上帝有一种完全的"存在论依赖"（existential dependence）。

作为有限存在者的有形无形的宇宙万物，因为上帝的神圣创造而获得存在，因为上帝的神圣眷顾而持续存在。然而，倘若被创造的智慧存在者起来违抗作为创造者的上帝，即使这种违抗只是隐藏在内心深处，终究招致存在悲剧。希伯来圣经记载着恶天使原初的尊贵身份，及其从上帝创造恩典中的堕落，同样记载着始祖亚当原初的尊贵身份，及其从上帝创造恩典中的堕落。马勒伯朗士卓越而深刻地指出，在纠缠被创造的智慧存在者的所有诱惑中，最危险的诱惑就是渴望宣布独立存在的诱惑，即拒绝上帝主权而独立于创造者的诱惑。被创造的智慧存在者绝对地依赖上帝的神圣创造和神圣眷顾，依赖作为创造者的上帝的全能。倘若被创造的智慧存在者拒绝上帝的主权，就等于拒绝自身存在的神圣源泉，拒绝自

① See Thomas Aquinas, *Summa Contra gentiles*, I:65.

身存在的神圣根基，拒绝自身存在的神圣本质。在存在形而上学的深刻意义上，拒绝上帝的创造主权，拒绝上帝的神圣眷顾，就意味着智慧存在者自身存在的完善性的缺陷(privation)，犹如盲目意味着人类视力的缺陷。① 在基督教创造神学的形而上学根基上，马勒伯朗士卓越地指出，爱的秩序不只是道德美德的原理，而是唯一的美德，是基础而普遍的美德根基。②

上帝认识一切，上帝看见一切，上帝预知一切，上帝洞悉一切。作为智慧存在者的人类的所是、所思、所行，无论过去、现在、将来，上帝无所不知。上帝对于人类拥有奇妙而深邃的知识，因为上帝按照自己的神圣形象创造人类，上帝全能的右手掌握人类灵魂的存在命运。以色列的美歌者大卫深情赞叹作为创造者的上帝的神圣智慧和神圣眷顾：人如何渺小而遁入海底，人如何卓越而触及高天，都无法隐遁于上帝对于灵魂命运的完全洞悉："耶和华啊，你已经鉴察我，认识我。我坐下，我起来，你都晓得；你从远处知道我的意念。我行路，我躺卧，你都细察；你也深知我一切所行的。耶和华啊，我舌头上的话，你没有一句不知道的。你在我前后环绕我，按手在我身上。这样的知识奇妙，是我不能测的，至高，是我不能及的。我往哪里去躲避你的灵？我往哪里逃去躲避你的面？我若升到天上，你在那里；我若下到阴间下榻，你也在那里。我若展开清晨的翅膀，飞到海极居住，就是在那里，你的手必引导我；你的右手也必扶持我。我若说：黑暗必定遮蔽我，我周围的亮

① See Thomas Aquinas, *Summa Theologica*, Ia:48:3.

② See Etienne Gilson & Thomas Langan, *Modern Philosophy: Descartes to Kant*, New York: Random House, 1963, p. 103.

光必成为黑夜;黑暗也不能遮蔽我,使你不见,黑夜却如白昼发亮。黑暗和光明,在你看都是一样。我的肺腑是你所造的;我在母腹中,你已覆庇我。我要称谢你,因我受造,奇妙可畏;你的作为奇妙,这是我心深知道的。我在暗中受造,在地的深处被联络;那时,我的形体并不向你隐藏。我未成形的体质,你的眼早已看见了;你所定的日子,我尚未度一日,你都写在你的册上了。"希伯来圣经的上帝是位格性的上帝,是和以色列选民缔结神圣契约的上帝。人的先验存在和历史命运,都在于全能的创造者。希伯来圣经充满对于作为创造者的上帝的敬畏和赞美,这是犹太—基督教一脉相承的天意观。上帝的天意是创造性的,也是选择性的。①

作为创造者的上帝在旧约记载中藉着拣选亚伯拉罕而拣选以色列作为上帝的选民,在新约记载中藉着差遣道成肉身的基督耶稣作为救赎主,作为道成肉身的上帝而拣选新人类——万族万邦万国万民中基督的门徒作为普世性的上帝选民。新约应许的从基督耶稣而来的神圣救赎是普②世性的,万族、万邦、万国、万民都是上帝在亚伯拉罕之约中应许的永恒基业的继承者,正如使徒保罗深刻阐述的:福音是上帝拯救的能力。上帝在基督里拯救的世人,是万族、万邦、万国、万民中一切相信的人,先是犹太人,后是外邦人。上帝的圣洁公义在基督耶稣拯救世人的福音上彰显出来。从上帝而来的圣洁公义本于单纯的信心,以致于炉火纯青的信心。正如希伯来

---

① See Etienne Gilson, *The Spirit of Medieval Philosophy*, p. 151. 吉尔松:《中世纪哲学精神》,沈清松译,台湾商务印书馆2001年版,第143页。

② See Thomas Aquinas, *Summa Contra gentiles*, IV:3.

先知书的启示原理:义人必因信靠上帝而获得生命。福音宣告那位拯救以色列选民出埃及的上帝,要拯救信靠基督的世人脱离罪恶、苦难和死亡,活出上帝创造的神圣形象中的圣洁公义和尊贵荣耀。在福音书中,上帝慈父的面容遮蔽着创造者的全能,耶稣教导门徒向天父祷告。人类的存在从天父而来,人类的生活、动作、存留都在乎天父的慈爱。天父眷顾万物,眷顾天上的飞鸟和野地里的百合花,犹如父亲眷顾儿子。

基督教的天意观保留着希伯来圣经奠定的神学基础,而且呈现出深刻崭新的面貌。作为创造者的上帝在旧约世代,尚未赐下基督耶稣十字架成就的救恩,任凭万族、万邦、万国、万民各行其道;然而上帝为自己未尝不显出慈爱的证据,就如常施恩惠,从天降雨,赏赐丰年,叫世人饮食饱足,满心喜乐。对于门徒而言,必须寻求的只有一件事:就是首先寻求上帝的国度和上帝的公义。门徒"日用的饮食",天父必然预备——在耶和华的山上必有预备,上帝的神圣眷顾是确凿可靠的。[①] 耶稣教导门徒向天父祷告的主祷文,倾诉着门徒对于作为全能者的上帝的敬畏,倾诉着门徒对于作为全能者的上帝国度的渴慕。主祷文现在是、将来是、永远是普世基督国度的相同祷告:愿人都尊上帝的名为圣,愿上帝的国度降临,愿上帝的旨意行在地上如同行在天上。毋宁说,唯愿上帝的旨意行在门徒的意志中如同行在天上,因为上帝是人类生命的神圣创造者和神圣眷顾者。上帝旨意的实现必定成为门徒生命的完满祝福,因为作为创造者的上帝是人类的慈父——这是基督

① See Thomas Aquinas, *Summa Contra gentiles*, III:94.

教天意观最深刻的表达:“小小的羊群,不要害怕,因为你们的父愿意把天国赐给你们。”①

吉尔松指出,天父眷顾人类生命这个基督教观念,得以解释何以早期基督教哲学家迅速持守基督教独特的天意观,以基督教独特的天意观作为崭新的基督教世界观的基本特征。中世纪基督教经院哲学家确实感到自己置身在一个崭新世界里面,置身在迥然不同于希腊哲学家所描绘世界的崭新宇宙里面。这个崭新宇宙中的全部存在,都是一位慈悲的天父用深邃而温柔的慈爱所拣选、所创造、所眷顾、所引导的。柏拉图“善的理念”并没有从虚无中创造宇宙万物而使宇宙万物获得存在,只是将存在形式赋予宇宙万物。亚里士多德的“纯粹思想”并没有从虚无中创造宇宙万物。亚里士多德的宇宙万物和“纯粹思想”同样永恒,“纯粹思想”对于自己以外的宇宙万物没有任何知识,宇宙万物在盲目中奔向“纯粹思想”,没有任何获得援助的盼望。亚里士多德学者根据《形而上学》文本,拒绝承认亚里士多德的“纯粹思想”对于这个世界拥有任何知识。在中世纪基督教经院哲学中,创造宇宙万物的上帝是一位天父,天父从虚无中创造宇宙万物以彰显自己的荣耀,天父使宇宙万物在自己的怀抱中获得自我实现。天父充满创造权柄的神圣眷顾,普及到天空的飞鸟和野地里的百合花。在这个意义上,上帝的神圣眷顾意味着作为创造者的上帝对于宇宙万物的神圣护理,上帝的神圣眷顾意味着

① Etienne Gilson, *The Spirit of Medieval Philosophy*, p. 152. 吉尔松:《中世纪哲学精神》,沈清松译,台湾商务印书馆 2001 年版,第 144 页。

作为创造者的上帝对于宇宙万物的神圣掌管。①

吉尔松指出,倘若基督教经院哲学家确信基督教天意观最卓越的历史见证就是早期的基督徒,只要倾听早期基督徒的见证,就足以获得基督教天意观的确据。只是早期基督徒人数太多,中世纪基督教经院哲学家无法逐一倾听。真正重要的神学理解在于肯定,早期基督徒已经清楚确知:基督教的创造观念是基督教的天意观念的终极基础。早期基督教哲学家已经指出,相信上帝的神圣创造而不相信上帝的神圣眷顾是不可思议的。既然作为创造者的上帝从虚无中创造宇宙万物,宇宙万物必定都在上帝的神圣眷顾中。毋宁说,有形无形的宇宙万物必定都浸润在作为创造者的上帝的神圣眷顾中。作为有限存在者的宇宙万物是作为个别存在者而被上帝创造的,因此必定享有天父个别的眷顾保守,获得天父个别的照料护理。作为创造者的天父必定在神圣眷顾中引导每个存在者走向自身存在的终极目标。爱伦纽所阐述的是相同的基督教神学原理:宇宙万物唯独凭藉创造者的神圣旨意才获得独立存在。因此,宇宙万物的获得存在和持续存在同样来自作为创造者的上帝,唯独作为创造者的上帝创造宇宙万物并眷顾宇宙万物。② 离开作为创造者的上帝持续性的神圣眷顾,作为有限存在者的宇宙万物将在顷刻间停止存在而归于虚无。早期基督教哲学家的护教学在于指出:基督教独特的天意观和基督教的一神论原理是必然关联的。毋宁说,基督教独特

① See Thomas Aquinas, *Summa Contra gentiles*, III:64.

② See Irenaeus, *Adversus Haereses*, II:27:2.

的天意观是基督教自身的上帝观念的题中应有之义。在这个意义上,奥古斯丁已经为中世纪基督教经院哲学提供一个完整的学说体系。①

二、上帝眷顾个体的存在者

基督教的上帝是作为存在的存在自身,上帝从虚无中创造有形无形的宇宙万物。上帝藉着神圣逻各斯从虚无中创造有形无形的宇宙万物,上帝同样藉着神圣逻各斯保存有形无形的宇宙万物。起初上帝创造天地,上帝藉着神圣逻各斯创造天地,因为太初有神圣逻各斯,神圣逻各斯与上帝同在,神圣逻各斯就是上帝。神圣逻各斯太初与上帝同在。有形无形的宇宙万物是上帝藉着神圣逻各斯创造的,凡被创造的有限存在者,都是上帝藉着神圣逻各斯创造的。没有任何被创造的有限存在者,可以在神圣逻各斯之外获得存在。在创造有形无形宇宙万物以前,在永恒里,上帝就藉助神圣逻各斯言说自己,上帝藉助神圣逻各斯向自己言说自己,在如此言说自己之际,上帝就藉助神圣逻各斯言说着上帝自身的神圣存在和上帝存在的神圣奥秘。在上帝自身中,上帝神圣智慧的知识和上帝神圣本质的存在,是一回事。毋宁说,上帝的神圣智慧就是上帝的神圣本质,就是上帝的神圣存在,就是作为基督教上帝三位一体的第二位格的神圣存在。圣父和圣子,在永恒里同享作为创造者的上帝的神圣荣耀。圣父和圣子,在永恒

① See Etienne Gilson, *The Spirit of Medieval Philosophy*, p. 154. 吉尔松:《中世纪哲学精神》,沈清松译,台湾商务印书馆 2001 年版,第 145 页。

里拥有完全相同而完满的神圣本质和神圣存在。① 托马斯指出，圣子是上帝以神圣智慧认识自己而在上帝的神圣心灵中形成的神圣逻各斯和神圣言辞，是上帝的神圣心灵在永恒中孕生的神圣智慧，是上帝的神圣心灵在永恒中生出的神圣智慧。②

在这个意义上，在柏拉图形而上学中作为可理解者的神圣存在即独立存在的神圣理念，在基督教三位一体的上帝中，是上帝自身的神圣存在在永恒里生出的神圣智慧，是上帝自身的神圣存在在永恒里生出的圣子，是三位一体的第二位，是从上帝而来的上帝，从真光而来的真光，是完全的上帝，是圣父在永恒里的独生子。吉尔松指出，当年轻的奥古斯丁阅读普罗提诺的《九章集》时，奥古斯丁辨认出《约翰福音》序言中阐述的圣父、圣子和创造这三个实质性的基督教观念。③ 圣父在永恒里生出圣子，圣父和圣子在永恒里拥有完全相同的荣耀，圣父和圣子在永恒里拥有完全相同的神性。圣子是圣父在永恒里的独生子，是完全的上帝。④ 在这个意义上，有形无形的宇宙万物是上帝的神圣智慧的创造工程。在希伯来圣经中，智慧就是上帝藉以创造有形无形的宇宙万物的神圣逻各斯。在耶和华创造的开端，在太初创造宇宙万物之先，就有了神圣智慧。从亘古，从太初，未有世界以前，智慧已经存在。在上帝创造的神圣作为中，智慧在耶和华那里为工师。上帝

① See Thomas Aquinas, *Summa Contra gentiles*, Ⅳ:8.

② See Thomas Aquinas, *Summa Contra gentiles*, Ⅳ:13.

③ See Etienne Gilson, *God and Philosophy*, pp. 44-47.

④ See Thomas Aquinas, *Summa Contra gentiles*, Ⅳ:3.

自身是无限完满的神圣智慧,上帝认识自己藉助神圣逻各斯创造的有形无形的宇宙万物,上帝在永恒里已经完全认识有形无形的宇宙万物。上帝根据自己的神圣旨意从虚无中创造自己在永恒里已经认识的有形无形的宇宙万物。①

上帝全能的神圣眷顾,就是上帝用至高无上的圣洁公义和智慧权柄保存并引导上帝创造的宇宙万物和世界历史走向存在的神圣鹄的。倘若上帝的神圣创造是上帝以无限的智慧权柄赋予宇宙万物存在,上帝的神圣眷顾是上帝按照自己的神圣旨意保守宇宙万物的存在,上帝亲自运行在宇宙万物和世界历史中,引导宇宙万物和世界历史走向上帝在永恒里预定的终极目标。上帝在永恒里所预定的美意,上帝神圣旨意的奥秘,就是按照创造者所安排的,在日期满足的时候,在弥赛亚荣耀降临的时候,使宇宙万物在基督里同归于一,使万族、万邦、万国、万民在基督里同归于一,使万族、万邦、万国、万民在基督里进入上帝在永恒里预定的荣耀国度,这就是中世纪基督教经院哲学阐述的神圣历史的荣耀目标。对于奥古斯丁而言,"我们谈论的上帝之城,圣经依靠神圣旨意的最高安排提供着见证。"根据圣经,我们知道有一座上帝之城,上帝之城的建造者用爱激励我们,因此我们渴望成为上帝之城的国民。② 上帝在宇宙万物和世界历史中的神圣旨意是上帝的奇妙奥秘,上帝神圣旨意的奥秘向人类启示出来,就成为上帝亲自披露的秘密,成为上帝亲自彰显的神圣奥秘,成为基督

---

① See Etienne Gilson, *The Spirit of Medieval Philosophy*, p. 155. 吉尔松:《中世纪哲学精神》,沈清松译,台湾商务印书馆 2001 年版,第 147 页。

② See Augustine, *The City of God*, 11:1.

教普世性的福音,成为中世纪基督教经院哲学固有的神圣历史哲学。

上帝眷顾宇宙万物和世界历史的方式是亲身参与的,上帝亲自彰显着神圣历史的终极目标。上帝在宇宙万物和世界历史中的主权是常常隐藏的,但上帝在宇宙万物和世界历史中的主权是至高无上的。基督耶稣已经在十字架上为人类成就救恩,当基督在荣耀中再度降临的时候,万膝必向基督跪拜,万口必向基督承认,万族、万邦、万国、万民必归于基督,那就是犹太人和外邦人在基督里同归于一的荣耀时刻。在上帝创造的宇宙万物和世界历史中,一切都已经预定,一切都已经安排,万物都按照宇宙法则和历史法则自由地运行在上帝旨意的神圣奥秘中。《诗篇》说:“天地都要灭没,你却要长存;……唯有你永不改变,你的年数没有穷尽”。唯独上帝是自身存在而永恒存在的存在自身,宇宙万物是由上帝的神圣旨意所保存的。倘若离开上帝的眷顾,宇宙万物必不存在。凝神沉思上帝创造奥秘的基督教哲学家,就会循着通往智慧的道路,看到上帝在宇宙万物和世界历史中的全部眷顾。① 对于上帝而言,神圣创造和神圣眷顾是一回事。对于奥古斯丁而言,在上帝创造的宇宙中,一切都已经预定、预备、安排,一切都运行在上帝永恒的神圣旨意中。神圣历史在上帝神圣眷顾中的终极鹄的,就是上帝之城的永久幸福,永久的安息日。②

基督教的天意观具有独特而深刻的位格特征,因为上帝

---

① See Augustine, *On Free Choice of the Will*, Indianapolis: Hackett Publishing Company Inc., 1993, II:17:45.

② See Augustine, *The City of God*, 22:30.

的神圣眷顾无微不至地降临到个体生命。在这个意义上,上帝的神圣眷顾比上帝的神圣创造具有更深邃的生存论的现实涵义。基督教的天意观具有的独特而深刻的位格特征,在希伯来圣经记载的以色列选民历史有详细的阐述。在上帝保守以色列选民的历史中,上帝的神圣眷顾非常显著。① 第一,耶和华藉着永远的慈爱拣选亚伯拉罕,拣选以色列百姓。在以色列下埃及和出埃及的历史中,上帝在约瑟和摩西身上亲自彰显奇妙的作为。在但以理所经历的信心考验中,上帝的保守性作为再度显得令人惊讶。即使以色列选民经历失败、屈辱和苦难,上帝亲自宣告说:上帝对于以色列的爱是永远的。第二,在上帝的神圣救赎历史旨意中,道成肉身的基督耶稣所成就的救恩首先是为以色列选民预备的:先是犹太人,后是希利尼人。新约福音的救恩首先是为犹太人预备的,正如旧约先知预言上帝要把弥赛亚赐给以色列选民一样。第三,使徒保罗指出,尽管以色列选民在新约时代未能认识弥赛亚,救恩如此临到外邦人,以色列的缺乏成为外邦人的富足。然而,上帝的恩赐和拣选是永不改变的。为亚伯拉罕之约的缘故以色列选民是永远蒙爱的。等到外邦人的数目添满,于是以色列全家都要得救。第四,上帝的旨意是以色列的完全复兴。在第一次世界大战之前,犹太人开始回归圣地。在第二次世界大战以后,以色列已经成为现代化的国家。以色列的完全复兴是上帝在神圣世界历史中的旨意。上帝在希伯来圣经中已经应许再度喜悦以色列,祝福以色列,犹如从前喜悦以色列的

① See See Augustine, *The City of God*, 16:1-17:24.

列祖一样。门徒向基督询问上帝复兴以色列国的时候，基督的回答是：上帝复兴以色列国的时候日期，是上帝凭着自己的权柄所定的，是隐秘的奥秘，不是门徒可以知道的。①

基督教的天意观所具有的独特而深刻的位格特征，在新约圣经记载的早期教会历史中同样有详细而深刻的阐述。基督教确认上帝是宇宙万物的创造者，同样确认上帝是宇宙万物的保存者和眷顾者。上帝是个体生命的眷顾者，正如使徒保罗宣称的："我们生活、动作、存留，都在乎上帝。"天父既然喂养天空的飞鸟，装饰野地里的百合花，天父必然眷顾按照自己神圣形象创造的世人，眷顾在基督里信靠上帝的选民。对于奥古斯丁而言，圣徒的荣耀盼望就是上帝之城终极和平的永恒幸福。② 上帝的神圣眷顾就是上帝的创造主权以神圣眷顾的位格行动彰显在人类生命中。使徒保罗论到宇宙万物的创造，指出基督是宇宙万物的创造者，万物倚靠基督而存在，上帝常用基督权能的命令托住万有。宇宙万物的获得存在和持续存在都是出于上帝的神圣旨意和神圣作为。上帝眷顾保守门徒，帮助门徒在患难中持守真道。门徒是上帝的羊群，上帝的羊群倾听上帝的声音，上帝认识自己的羊群，门徒跟随基督的脚踪。上帝已经赐给门徒永生，门徒永不灭亡，没有任何权势可以从上帝手里把门徒夺去。上帝把门徒赐给基督，上帝是宇宙万物的主宰，没有任何权势可以从上帝手里把门徒夺去。使徒保罗指出：上帝的眷顾是使门徒胜过苦难的力量。

① See Augustine, *The City of God*, 18:53.

② See Augustine, *The City of God*, 19:11.

上帝的眷顾是上帝无与伦比的慈爱,是上帝超越死亡的慈爱。没有任何患难可以使上帝的慈爱与基督徒隔绝,上帝的慈爱在基督里浇灌在基督徒生命中,犹如从天而降的瀑布。上帝的眷顾如此真实:倘若天父不许可,连麻雀也不能掉在地上,门徒连一根头发也不会掉落。上帝无与伦比而超越死亡的眷顾,是基督徒在患难中信心、挚爱和盼望的生命源泉。上帝藉着圣灵在基督徒身上不断运行,因此那在浇灌在门徒心灵中的神圣恩典,便得以延续及完成。上帝的神圣眷顾使万事相互效力,使爱上帝的人得益处。在基督里敬虔度日者,必得着上帝的安慰。①

吉尔松指出,基督教的天意观所具有的神圣位格特征,从希伯来圣经和新约圣经进入奥古斯丁的基督教学说,进入中世纪基督教经院哲学。为了理解作为创造者的上帝对于个体生命的眷顾,中世纪基督教经院哲学追溯到奥古斯丁的理念论。托马斯详尽讨论柏拉图理念论对于基督教创造论的意义。对于托马斯而言,理念存在于上帝之中,理念是宇宙万物存在的形式,理念是上帝创造宇宙万物的原型,而不是像柏拉图所理解的那样,理念存在于神明之外。② 对于托马斯而言,理念存在于上帝之中,就是作为神圣逻各斯的上帝自身。在这个意义上,理念和上帝是同一的。理念在上帝之中,就是上帝的神圣本质。毋庸置疑,理念只是就其某个方面被认识而言,才是上帝的神圣本质。上帝是自身存在而永恒存在的存

① See Augustine, *The City of God*, 18:51.

② See Thomas Aquinas, *Summa Theologica*, Ia:15:1.

在自身。在这个意义上,上帝的神圣存在没有原型。上帝的神圣本质是上帝创造的宇宙万物的开端,而不是上帝自己存在的开端。理念是上帝创造宇宙万物的原型,而不是上帝自身存在的原型。作为创造者的上帝并不需要藉助理念认识自己。只有当上帝认识自己的神圣本质是上帝创造的宇宙万物的原型时,才有理念的产生。在这个意义上,上帝的神圣本质是单纯的,上帝完美地认识自己单纯的神圣本质。同时,在上帝的神圣智慧中,存在着作为创造宇宙万物原型的理念世界。在这个意义上,奥古斯丁宣称:个别理念是上帝的神圣创造。上帝在永恒不变的神圣逻各斯中,创造有形无形的宇宙万物。①

上帝以完美的方式认识自己的神圣本质,上帝以所有可能的途径认识自己的神圣本质,不仅在上帝自身中认识自己的神圣本质,而且在上帝创造的有限存在者中认识自己的神圣本质。既然上帝创造的宇宙万物都是对于上帝神圣本质的分享,当上帝认识自己的神圣本质为可以被被创造的有限存在者分享的神圣本质时,上帝所认识的自身本质就是作为被创造的有限存在者原型的理念。在上帝自身单纯的神圣本质中蕴涵着浩瀚深邃的理念世界,这就是上帝创造宇宙万物的艺术所在。上帝自身单纯的神圣本质是上帝创造宇宙万物的原因。② 在中世纪基督教的教父哲学和经院哲学中,离开上帝从虚无中创造宇宙万物的基本原理,离开基督教自身的创

① See Augustine, *Confessions*, 12:23.

② See Thomas Aquinas, *Summa Theologica*, Ia:15:2.

造论，柏拉图的理念论是没有任何意义的。柏拉图发现的理念存在是基督教的上帝从虚无中创造的宇宙万物存在的理念形式。质料不能离开形式而存在，质料在上帝的知识中亦包含在实体的理念中。① 创造宇宙万物的上帝自己如其所是地认识宇宙万物，上帝所认识的恰恰是宇宙万物自身，宇宙万物自身恰恰如上帝所认识的那样存在着。

吉尔松指出，基督教的理念论和柏拉图的理念论之间存在着深刻的差异，这种形而上学差异的深刻性远远超出哲学家的把握。基督教哲学家必须谨记的两者之间基本的形而上学差异在于：第一，在柏拉图的形而上学中，理念独立于戴米乌吉神而存在。在中世纪基督教的教父哲学和经院哲学的形而上学中，理念只能存在于上帝的神圣智慧中。第二，柏拉图学说中的戴米乌吉神在基督教学说中不复存在，基督教的上帝是独一的上帝，是宇宙万物的创造者。上帝的神圣智慧是理念的居所。吉尔松指出，对于柏拉图而言，无论现象世界是否真实，理念依然是理念。即使在理念之外没有宇宙万物存在的可能性，柏拉图的理念依然存在，因为理念是最高实在，是纯粹可理解的本质，是自足的存在，理念自己就是自己的目的。对于奥古斯丁、托马斯、波那文都、司各脱这些中世纪基督教哲学的形而上学而言，情形迥然不同。在中世纪基督教的教父哲学和经院哲学的形而上学中，唯独上帝的神圣本质是单纯而独立的神圣存在。理念的存在完全依赖于上帝的神圣创造，依赖于上帝创造的神圣智慧和被创造的宇宙万物之

① See Thomas Aquinas, *Summa Theologica*, Ia:15:3.

间的原型关系。对于中世纪基督教的教父哲学和经院哲学的形而上学而言,任何存在者,无论其存在等级如何,都在作为创造者的上帝中拥有自己的理念,在上帝自身中存在着所有单独个体的理念。毋宁说,理念奠基于一切个体之上,唯独个体是真正的实在。唯独在个体中,存在者的原型得以存在。吉尔松指出,基督教阐述的天意观的位格特征,上帝亲自眷顾个体生命的天意观,完全奠基在中世纪基督教的教父哲学和经院哲学的形而上学之上。①

中世纪基督教经院哲学的形而上学揭示出创造论和理念论的直接关系,不同的经院哲学家对于创造论和理念论的内在关系拥有各自独特的阐述方式。对于托马斯而言,理念基本上是上帝对于自身本质的认识,是上帝就自身的神圣本质可以作为宇宙万物的创造原型而言的认识。这种认识出自神圣本质的流露,蕴涵着作为创造者的上帝和被创造的宇宙万物之间的存在关系。上帝对于理念的知识,就其作为可能被创造的有限存在者和上帝神圣本质的关系而言,是一种实践知识。② 理念只是可以被分享的上帝的神圣本质,但这种知识仍然是指向行动,而且完全指向可创造者。对于波那文都而言,理念是神圣真理的阐述,其中充满着"圣言神学"所谓"上帝在永恒中阐述自己的神圣行动"的丰富内涵。因此,理念出现在上帝阐述自己于圣言中,同时阐述一切可能存在之整体的行动中。理念是和上帝同等的肖像,是一种主动阐述

① See Etienne Gilson, *The Spirit of Medieval Philosophy*, p. 159. 吉尔松:《中世纪哲学精神》,沈清松译,台湾商务印书馆 2001 年版,第 149 页。

② See Thomas Aquinas, *Summa Theologica*, Ia:15:3.

的圣言,而不是被阐述的圣言。上帝必须在自身中藉助永恒的圣言,生出上帝自身神圣本质可以作为创造原型的观念。波那文都强调在上帝自身产生理念的永恒行动,并且更清楚地规范理念的基本特征:理念是可能的受造存在者的表述。对于波那文都而言,上帝认识自己,上帝对于自己的充分认识是上帝自身存在的完美阐述。上帝自身的完满阐述和上帝的神圣存在同体,就是圣言。上帝藉着圣言即永恒真理认识自己,不仅在自己的神圣存在中,而且在自身存在的一切可能分享者中认识自己。在这个意义上,上帝自己的理念是关系宇宙万物的神圣真理的阐述。①

在司各脱的形而上学中,理念论和创造论之间的关联显得更加显著。司各脱把理念当做可能是上帝创造的受造存在者本身,而且藉着宇宙万物的概念,以可能存在者的身份存在于上帝中。对于司各脱而言,上帝产生作为创造宇宙万物原型的理念,乃是在时间中创造作为有限存在者的宇宙万物的永恒前奏。司各脱的形而上学设定一种直接诉诸柏拉图形而上学的理念实在论。倘若理念就是上帝的神圣理智所认识的宇宙万物本身,那么在上帝中存在着理念。事实上,倘若被认识的存在者本身就是理念,那么在上帝自身中存在着一个作为存在者本质的实在界,在上帝自身中存在着上帝理智所认识的存在者的本质。对于中世纪基督教经院哲学的形而上学而言,作为创造宇宙万物原型的理念的来源是上帝的神圣本

① See Etienne Gilson, *The Spirit of Medieval Philosophy*, p. 159. 吉尔松:《中世纪哲学精神》,沈清松译,台湾商务印书馆 2001 年版,第 149—150 页。

质深度中，上帝藉助自身神圣本质认识宇宙万物，但上帝并非从自身本质中，而是在宇宙万物中看见作为创造原型的理念。① 吉尔松指出，尽管阐述方式不同，中世纪基督教经院哲学家殚精竭虑阐述的天意论论题是：为什么因为上帝从虚无中创造宇宙万物，上帝就必定眷顾宇宙万物呢？②

对于中世纪基督教的教父哲学家和经院哲学家而言，上帝的神圣眷顾是人类生命和世界历史的唯一主宰。中世纪基督教经院哲学家已经把理念——上帝的神圣智慧奠定为上帝神圣创造作为的根基。无论中世纪基督教经院哲学家如何理解个体化原则，经院哲学家同样承认：上帝按照自己的神圣旨意创造个体，因此上帝完全认识个体，上帝按照个体的独特性认识个体。柏拉图学说中的诸神可以把规范个体命运的责任推卸给普遍法则，亚里士多德学说中的第一主动者可以对于宇宙万物的命运不感兴趣，因为柏拉图学说中的诸神和亚里士多德学说中的第一主动者都没有从虚无中创造宇宙万物，无法认识作为个体的宇宙万物。在基督教的上帝从虚无中创造的宇宙万物中，作为创造者的上帝对于作为个别存在者的宇宙万物必然明察秋毫。在这个意义上，上帝的神圣眷顾犹如上帝创造的神圣理念，特别关涉作为个体存在的有限存在者。从虚无中创造宇宙万物的上帝完全认识自己创造的作为个体的有限存在者，从虚无中创造宇宙万物的上帝亲自眷顾

① See Etienne Gilson, *The Spirit of Medieval Philosophy*, p. 160. 吉尔松：《中世纪哲学精神》，沈清松译，台湾商务印书馆2001年版，第150页。

② See Etienne Gilson, *The Spirit of Medieval Philosophy*, p. 160. 吉尔松：《中世纪哲学精神》，沈清松译，台湾商务印书馆2001年版，第151页。

自己创造的作为个体的有限存在者。托马斯指出："上帝对于个体存在者拥有直接而完善的知识。"①

在这个意义上，犹太—基督教传统中的创造论具有一种完美而卓越的持续性。中世纪基督教的教父哲学家和经院哲学家谈论的上帝，就是希伯来圣经启示的那位上帝，就是自身存在而永恒存在的上帝，就是作为存在自身的上帝，就是有形无形的宇宙万物的创造者，就是人类生命和世界历史的唯一主宰。基督教的上帝就是亚伯拉罕的上帝、以撒的上帝、雅各的上帝，基督教的上帝就是中世纪基督教哲学家的上帝。基督教的上帝早已向犹太人启示自己，并且在自我彰显的唯一命名中揭示自己作为创造者的神圣本质和神圣位格。在这个意义上，基督教的上帝观念就是中世纪基督教经院哲学的形而上学的首要原理，就是中世纪基督教经院哲学的首要原理。② 基督教的上帝就是亚伯拉罕的上帝、以撒的上帝、雅各的上帝。一而再、再而三，亚伯拉罕的上帝、以撒的上帝、雅各的上帝应许眷顾自己拣选的百姓，这位上帝和以色列选民的关系始终是位格性的关系，始终是缔结圣约的关系，始终是以马内利的关系。正是在和以色列选民缔结圣约的意义上，基督教的上帝在自我彰显中的唯一名字是雅威（YHWH，I AM WHO I AM，I WILL BE WHO I WILL BE）：我是自身存在而永恒存在的上帝。③ 基督教的上帝是全能而慈悲的上帝，"至高、至美、至能、无所不能、至仁、至义、至隐、无往不在、至美、

---

① Thomas Aquinas，*Summa Contra gentiles*，III：76.

② See Etienne Gilson，*God and Philosophy*，pp. 38-39.

③ See Etienne Gilson，*God and Philosophy*，pp. 39-40.

至坚、至定、无从执持,不变而变化一切,无新无故而更新一切。”①

托马斯把基督教的上帝观念精辟地阐述在完美而卓越的著名篇章中:“我们已经证明:有一位第一存在,拥有一切存在之美善,我们称为上帝。上帝从自己丰盛的美善中,赐给万物以存在,因此上帝不但在存在者中是第一存在者,上帝是存在者的根源。这个神圣存在赐给万物存在,不是出于本性之必然,而是秉其意志之命令,这点前文已经证明。因此我们可以推论,上帝就是这所创造的万物的上帝,正如我们也是那些秉行我们意志的存在者的主人一样。上帝对于自己所创造的万物的统摄主权是绝对的,因为上帝既然从虚无中创造万物……上帝是存在整体普遍的动力因。凡是由于某一动作者的意志而产生的存在者,必被该动作者导向某一目的。因为善和目的是意志的恰当对象,凡出自某一意志者,必定被这个意志者导向某种目的。每个存在者都是藉着自己的行动达到自己的目的,但这个行动必须由赋予万物以行动开端的上帝来赋予导向。上帝既然自身完美,并以自己的全能赋予万物存在,上帝必定是万物的主宰,而上帝自己则不受任何宰治。正如没有任何存在者不是来自上帝,同样没有任何存在者可以脱离上帝的眷顾。上帝的存在和因果是完美的,上帝的眷顾同样完美。”②吉尔松指出,托马斯关于神圣眷顾的精辟阐述,不仅深刻阐述着奥古斯丁全部的创造形而上学,而且深刻

① Augustine, *Confessions*, 1:4.

② Thomas Aquinas, *Summa Contra gentiles*, III:1.

而卓越地根据奥古斯丁的创造形而上学阐述基督教的天意论。

三、神圣眷顾:人的永恒幸福

为了精辟地阐述基督教的天意观,基督教哲学家必须认识上帝神圣眷顾的终极鹄的。上帝从虚无中创造有形无形的宇宙万物,上帝以全能的神圣作为保存宇宙万物,上帝以全能的神圣作为眷顾宇宙万物。中世纪基督教经院哲学家指出上帝的神圣眷顾引导世界,就是说上帝藉着自己的无限慈悲和神圣智慧,引导有形无形的宇宙万物朝向神圣历史的终极鹄的。神圣历史的终极鹄的,就是作为创造者的上帝自己。作为创造者的上帝自己是有形无形的宇宙万物的终极鹄的,上帝自己的神圣眷顾是有形无形的宇宙万物永恒命运的绝对主宰。① 作为有限存在者的有形无形的宇宙万物,都是遵循上帝在永恒里所预定的神圣旨意,在神圣历史进程中朝向上帝自己。上帝是有形无形的宇宙万物的存在根源,上帝是有形无形的宇宙万物的存在鹄的,上帝的神圣眷顾引导作为存在整体的宇宙万物和作为个体存在者的宇宙万物在神圣历史进程中走向自己的神圣鹄的。托马斯说,犹如军队指挥官率领全部军队将士在战争中获得胜利,作为创造者的上帝以神圣眷顾主宰作为存在整体的宇宙万物,引导作为存在整体的宇宙万物走向神圣历史的终极鹄的。②

---

① See Thomas Aquinas, *Summa Contra gentiles*, III:64.

② See Thomas Aquinas, *Summa Contra gentiles*, III:64.

作为创造者的上帝从虚无中创造有形无形的宇宙万物，上帝在创造的神圣旨意中使有形无形的宇宙万物以上帝自己为自身存在的终极鹄的。第一，作为创造者的上帝是全知的上帝，上帝直接而完满地认识个体生命。第二，作为创造者的上帝是全能的上帝，上帝有能力安排个体生命在神圣历史中走向上帝自己。第三，作为创造者的上帝是慈爱的上帝，上帝愿意自己从虚无中创造的有形无形的有限存在者在上帝的神圣眷顾中遵循上帝的神圣旨意在神圣历史中走向上帝自己。在这个意义上，作为创造者的上帝是有形无形的个体存在者的存在根源，作为创造者的上帝是有形无形的个体存在者的存在归宿。① 托马斯指出，作为创造者的上帝的神圣眷顾直接降临在作为个体存在的智慧存在者。上帝对于作为个体存在的智慧存在者拥有直接而完满的认识。毋宁说，上帝对于按照自己神圣形象创造的人，拥有直接而完满的认识。上帝在每个人生命中都有完满而卓越的神圣旨意，上帝的神圣眷顾直接降临在每个人的现实生命中。作为创造者的上帝在神圣历史中亲自眷顾作为个体存在的人，毋宁说，作为慈悲天父的上帝在神圣历史中亲自眷顾作为个体存在的人。上帝对于按照上帝神圣形象创造的人类作为个体存在的神圣眷顾，就是作为创造者的上帝的尊贵荣耀。②

中世纪基督教经院哲学关于“上帝的荣耀”的观念，产生着上帝神圣眷顾的观念以及其中深邃丰富的形而上学意义。

---

① See Thomas Aquinas, *Summa Contra gentiles*, III:75.

② See Thomas Aquinas, *Summa Contra gentiles*, III:76.

倘若作为创造者的上帝在神圣眷顾中安排宇宙万物朝向上帝自己，以上帝自己作为宇宙万物的终极鹄的，那是作为创造者的上帝使有形无形的宇宙万物根据自身的存在梯级分享上帝自己的完善。[①] 在有形无形的宇宙万物中，按照上帝神圣形象创造的人类是卓越而尊贵的智慧存在者。无论就先验本性的完美而言，还是就生命目标的尊贵而言，人类都是尊贵而卓越的智慧存在者，能够分享上帝的完善，所以作为创造者的上帝特别眷顾人类。上帝是全能的创造者，上帝是全能的历史主宰，上帝是宇宙万物的存在根基和存在鹄的。上帝对于宇宙万物的神圣眷顾，不是取消宇宙万物存在的主体性。在自然界，上帝根据普遍必然的自然法则眷顾宇宙万物，上帝装饰野地的百合花，上帝照顾天空的飞鸟。就人类先验本性的完美而言，人是理性的存在者，人是自由的存在者，人是作为行动者的自由主体。就人类生命的存在目标而言，人的终极鹄的在于藉着认识和意志的自由行动，实现宇宙万物普遍必然的神圣目标。对于托马斯而言，一个秩序井然的城邦，君王必定按照人类存在者的先验本性治理公民。基督教哲学家如何可以相信作为创造者的上帝没有能力按照智慧存在者的先验本性眷顾人类呢？[②] 吉尔松提出的问题是：上帝用什么特殊方式眷顾人类？

在上帝从虚无中创造的有形无形的宇宙万物中，人是理性的存在者，人是自由的存在者，人是位格的存在者，人是智

---

① See Thomas Aquinas, *Summa Contra gentiles*, III:97.

② See Thomas Aquinas, *Summa Contra gentiles*, III:111.

慧的存在者,人是宇宙万物的园丁。在这个意义上,宇宙万物以人为存在鹄的,犹如人以上帝为存在鹄的。宇宙万物藉着作为智慧存在者的人实现自己存在的终极鹄的。在某种意义上,理性存在者是为自己而存在,宇宙万物为了理性存在者而存在。宇宙万物藉着作为智慧存在者的人实现自己存在的终极鹄的,犹如一个军队,其全部目标在于获得胜利。军队获得胜利唯独倚靠前线士兵的英勇奋战,至于勤务部队,都是为前线士兵而存在,只有透过前线战士的辉煌胜利才能分享胜利的光荣。在上帝创造的宇宙万物中,宇宙和人的关系亦是如此。宇宙万物的存在鹄的是上帝的祝福,但唯独智慧存在者可以享受上帝的祝福,宇宙万物只能在作为智慧存在者的人类里面,为了作为智慧存在者的人类的缘故而享受上帝的祝福。① 就先验本性的完满和存在鹄的尊贵而言,智慧存在者是宇宙万物的荣耀冠冕。智慧存在者存在的终极鹄的,就是上帝创造智慧存在者的终极鹄的。作为智慧存在者的人类存在的终极鹄的就是认识上帝和爱慕上帝。在这个意义上,上帝眷顾人类的方式是独特而卓越的。②

在这个意义上,作为创造者的上帝的神圣眷顾特别降临在人类生命中,作为创造者的上帝的神圣眷顾特别降临在人类历史中,作为创造者的上帝的神圣眷顾特别降临在人类命运中。作为创造者的上帝用特殊而卓越的方式引导作为智慧存在者的人类在神圣历史中走向自己的神圣鹄的。作为创造

① See Thomas Aquinas, *Summa Contra gentiles*, III:112.

② See Thomas Aquinas, *Summa Contra gentiles*, III:111.

者的上帝是宇宙万物的终极鹄的，宇宙万物必须通过作为智慧存在者的人类才能在神圣历史走向作为创造者的上帝自己。上帝的神圣眷顾如何降临在人类中的每一个人？在有形无形的宇宙万物中，在作为整体存在的人类中，个人灵魂是不朽的，个人灵魂是不可毁灭的。在这个意义上，中世纪基督教经院哲学中的个人必须为自己本身的缘故而存在，而不是像希腊形而上学理解的那样必须为人类整体的缘故而存在。托马斯指出，作为创造者的上帝所眷顾的，作为创造者的上帝所照料的，作为创造者的上帝所保守的，作为创造者的上帝所引导的，作为创造者的上帝所祝福的，是作为个体存在者的每个人本身。① 上帝的神圣眷顾特别在作为智慧存在者的人以个人身份行动的时候表现出来。人是自由的存在者，个人的自由行动完全在上帝的神圣眷顾中。上帝的神圣眷顾降临在所有人身上，上帝完全洞悉所有人的所有个别的自由行动。②

上帝神圣眷顾的形而上学论题，激励中世纪基督教经院哲学家殚精竭虑地沉思作为创造者的上帝赋予人类的崇高价值，同时用最艰难的存在论题向人类挑战，这就是人类命运的形而上学论题。按照上帝神圣形象创造的人是位格的存在者——人是理性的存在者，人是智慧的存在者，人是自由的存在者。按照上帝神圣形象创造的人，被召唤走向自己尊贵而卓越的生命鹄的，有责任实现自己尊贵而卓越的存在鹄的。按照上帝的神圣形象创造的人有能力认识自己存在的尊贵目

---

① See Thomas Aquinas，*Summa Contra gentiles*，III：113.

② See Etienne Gilson，*The Spirit of Medieval Philosophy*，p. 165. 吉尔松：《中世纪哲学精神》，沈清松译，台湾商务印书馆 2001 年版，第 154 页。

标，这个尊贵而卓越的生命目标就是人的永恒幸福。上帝按照自己在永恒里的神圣旨意创造有形无形的宇宙万物，上帝按照自己的神圣形象创造作为位格存在者的人。在这个意义上，唯独作为位格存在者的人可以在上帝的神圣旨意中获得上帝在神圣创造中为人类预定的永恒幸福。在上帝按照自己神圣形象的奇妙创造中，人成为上帝自己的神圣形象。毋宁说，在上帝按照自己形象的奇妙创造中，人成为位格的存在者，人成为智慧的存在者，人成为自由的存在者。在上帝的神圣眷顾中，人在自由的生存论决断中得以确认作为自己存在目标的永恒幸福。①

在奥古斯丁的基督教学说中，作为中世纪基督教形而上学沉思目标的智慧，始终是作为人类生命存在意义的幸福。毋宁说，真正的智慧在于认识人类灵魂存在的终极命运。②在这个意义上，"认识你自己"的苏格拉底格言是奥古斯丁基督教哲学的开端。奥古斯丁赋予苏格拉底"认识你自己"的哲学命题以崭新而深邃的形而上学涵义，因为对于中世纪基督教哲学而言，认识上帝是灵魂认识自己的本性和命运的基本前提，认识上帝是灵魂认识自己存在的本体论地位和形而上学奥秘的基本前提。③ 对于奥古斯丁而言，幸福是从上帝而来的礼物，获得幸福的真正途径就是接受从上帝而来的礼物。在这个意义上，唯独那些拥有上帝的人拥有真正的幸福。上帝是人类的创造者，上帝是人类的天父，上帝以自己无限完

---

① See Etienne Gilson, *The Christian Philosophy of St. Augustine*, pp. 3–4.

② See Etienne Gilson, *The Christian Philosophy of St. Augustine*, p. 3.

③ See Augustine, *The Trinity*, X:5.

满的慈爱呼唤人类灵魂回到上帝自己的怀抱，享受在上帝怀抱中的安息和幸福。在这个意义上，认识上帝就是拥有上帝，认识上帝就是拥有真正的安息和幸福。基督教智慧的终极目标是认识上帝，认识上帝就是拥有上帝，认识上帝就是以上帝为生命的喜乐。以上帝为生命的喜乐就是灵魂可以获得的永恒的喜乐，满足的喜乐，完满的喜乐。在这个意义上，灵魂在作为创造者的上帝怀抱中获得的完满喜乐就是人的永恒幸福。①

按照上帝神圣形象创造的人就先验本质而言是神圣位格（person），按照上帝神圣形象创造的人就先验本质而言是位格的存在者，按照上帝神圣形象创造的人就先验本质而言是拥有智慧、情感、意志的生命主体。在这个意义上，人的行动是作为位格存在者的行动，因为人的行动出于理性存在者的自由决定，完全取决于理性存在者的自由决定。人是自由的存在者，人是自由的智慧存在者，人是自由的位格存在者。上帝对于人的神圣眷顾，必定关涉人作为位格存在者的自由行动。上帝按照自己的神圣旨意引导宇宙万物，把自由决断的尊贵荣耀赋予作为上帝神圣形象的人类，把自由决断的尊贵荣耀赋予作为智慧存在者的人类。上帝在神圣创造中按照自己的神圣旨意赋予作为智慧存在者的人类自由意志，使作为智慧存在者的人类和作为创造者的上帝在神圣位格关系中分享上帝的神圣美善，分享上帝对于宇宙万物的神圣治理。在

① See Etienne Gilson, *The Christian Philosophy of St. Augustine*, pp. 3 – 10.

这个意义上，作为智慧存在者的人类是宇宙万物的修理看守者，作为智慧存在者的人类是宇宙万物的园丁。作为创造者的上帝的神圣眷顾特别降临在作为个体存在者的人类的自由行动中。①

作为上帝自己的神圣形象，作为位格的存在者，作为智慧的存在者，作为自由的存在者，人类尊贵而卓越的生命责任，就是与作为创造者的上帝同在，与作为创造者的上帝同行，与作为创造者的上帝同工，在神圣历史中成为作为上帝的助手。上帝在神圣眷顾中引导作为自由存在者的人类在自由的生存论决断和自由的意志行动中走向作为创造者的上帝为人类预备的永恒幸福。托马斯指出，中世纪基督教经院哲学作为神圣科学的实践目标是人的永恒幸福。②《诗篇》作者赞叹上帝的神圣眷顾："人算什么，你竟顾念他！世人算什么，你竟眷顾他！你叫他比天使微小一点，并赐他荣耀尊贵为冠冕。"从创造者而来的神圣位格是人的尊贵荣耀，人从创造者而来的神圣位格是人的荣耀冠冕。在这个意义上，中世纪基督教的教父哲学和经院哲学把基督教人类学的位格观念带进中世纪基督教哲学。按照形而上学观念演绎的固有秩序，基督教神圣存在的形而上学引导中世纪基督教经院哲学进入基督教的人类学。唯独在基督教的人类学中，中世纪基督教经院哲学可以认识人的先验本质和历史命运，认识作为创造者的上帝对于人类存在的神圣旨意，认识作为创造者的上帝对于人类

① See Thomas Aquinas, *Summa Contra gentiles*, III: 113.

② See Thomas Aquinas, *Summa Theologica*, Ia: 1: 5.

存在的神圣眷顾，认识作为位格存在者和智慧存在者的人类在作为创造者的上帝面前的自由尊严和存在责任。①

① See Etienne Gilson, *The Spirit of Medieval Philosophy*, p. 167. 吉尔松：《中世纪哲学精神》，沈清松译，台湾商务印书馆2001年版，第154页。

第 四 章

吉尔松的人类学说

人类就其自身而言，只是作为有限存在者的宇宙万物中的一种特殊存在而已。在有形无形的宇宙万物中，作为创造者的上帝使人类比天使微小一点，并赐给人类荣耀尊贵为冠冕。在作为有限存在者的宇宙万物中，上帝对于按照自己神圣形象创造的人类有着特殊的神圣眷顾。人类是按照上帝的神圣形象创造的存在者，是按照上帝的神圣形象创造的位格存在者，是按照上帝的神圣形象创造的拥有智慧、情感、意志的位格存在者，按照上帝在永恒里预定的神圣旨意而迈向人类存在的终极鹄的，实现上帝在永恒里按照自己的神圣形象创造人类的神圣旨意。在中世纪基督教经院哲学的存在形而上学中，人类对于作为创造者的上帝的本体论依赖，远远超过人类对于柏拉图的纯粹理念或对于亚里士多德纯粹思想的依赖。由于存在形而上学结构的深刻差异，中世纪基督教经院哲学家理解的人的先验本质和历史命运，和希腊哲学家理解的人的先验本质和历史命运之间存在着极其深刻的差别。①

① See Etienne Gilson, *The Spirit of Medieval Philosophy*, p. 168. 吉尔松：《中世纪哲学精神》，沈清松译，台湾商务印书馆 2001 年版，第 161 页。

中世纪基督教经院哲学中的人类学，是存在于和作为创造者的上帝之间神圣位格关系中的人类学，是中世纪基督教经院哲学独特的存在形而上学超越视野中的人类学。20世纪托马斯学派哲学家马利坦阐述的"完整的人道主义"，就是中世纪基督教经院哲学独特的存在形而上学超越视野中的人类学，就是对于托马斯基督教经院哲学的位格概念、人性论和生命哲学的深刻阐述。人类唯独在上帝的慈悲和恩典中才可能恢复人类在上帝的神圣创造中已经获得的神圣尊严。马利坦阐述的人类在上帝的慈悲和恩典中恢复在上帝的神圣创造中已经获得的神圣尊严，就是奥古斯丁深刻阐述的神圣救赎历史中人类永恒常驻的存在尊严的"复形记"：创造、堕落、救赎。第一，人类在创造中的神圣形象：人类在创造中获得上帝的神圣形象；第二，人类在堕落中的破碎生命：人类在亚当里失去上帝的神圣形象；第三，人类在救赎中的荣耀盼望：人类在基督里恢复上帝的神圣形象。① 中世纪基督教经院哲学在人类学方面的独特视野，深刻影响着中世纪基督教经院哲学的灵魂学说、认识论、自由学说、伦理学和历史哲学。

第一节　吉尔松的人类学

人是什么？这是存在存在的斯芬克斯之谜。对于托马斯而言，中世纪基督教经院哲学作为神圣科学的主题是上帝自

① See Augustine, *The Trinity*, 12-14.

己。[①] 作为创造者的上帝自己是宇宙万物的存在根源和存在鹄的。在神圣科学中,所有存在者都是在和上帝的关联中获得自身存在的本体论地位。在有形无形的宇宙万物中,人是按照上帝的神圣形象创造的。认识人的先验本质,使中世纪基督教哲学家得以更深刻地认识上帝的创造作为,认识作为创造者的上帝自己的神圣位格。作为普世性存在的终极关怀,人的先验本质和历史命运始终是哲学家的共同论题。无论哲学家的形而上学视野如何,无论哲学家的先验理解结构如何,哲学家共同关心的基本论题依然是:我可以知道什么?我应该做什么?我可以期待什么?归根结底,哲学家的基本论题依然是:人是什么?哲学家根据自己的形而上学视野和生存论经验去探索作为人自身本性和命运的斯芬克斯之谜。对于亚里士多德而言,人是理性的存在者。对于康德而言,人是理性的存在者,人是自由的存在者,人是道德的存在者,人是形而上学的存在者。对于马克思而言,人是社会关系的总和。对于弗洛伊德而言,人是性的存在者。对于萨特而言,人是荒谬而绝望的存在者。对于卡尔·拉纳而言,人是生活在世界中的属灵存在者,人是圣言的倾听者。

对于中世纪基督教经院哲学而言,人类学的基本论题在于:何谓上帝的神圣形象。对于奥古斯丁而言,基督教智慧的基本论题是灵魂的本性和命运。毋宁说,是灵魂获得真实幸福的生命途径。[②] 对于托马斯而言,中世纪基督教经院哲学

---

① See Thomas Aquinas, *Summa Theologica*, Ia:1:7.

② See Etienne Gilson, *The Christian Philosophy of St. Augustine*, p. 3

作为神圣科学的实践目标是人的永恒幸福。① 在这个意义上,中世纪基督教经院哲学作为神圣科学的理论陈述,必须致力于在和作为创造者的上帝的神圣位格关系中阐述人的先验本质和历史命运。人是什么?这是基本而核心的存在论题。对于中世纪基督教经院哲学而言,人是上帝的神圣形象,在上帝的神圣眷顾中走向神圣历史的终极鹄的。根据著名拉丁教父德尔图良阐述的作为人类灵魂存在命运的"复形记",在上帝的神圣创造中,人类灵魂从上帝那里获得上帝呼出的圣灵。在始祖堕落中,人类灵魂因为亚当的缘故失去圣灵的内住。在基督耶稣的救赎中,人类灵魂因信称义,与神和好,罪得赦免,成为新人,从作为创造者的上帝那里重新获得圣灵的永远内住——失而复得的圣灵内住,人类灵魂得以恢复上帝的神圣形象,因为人类灵魂原来是上帝的神圣形象。② 中世纪基督教经院哲学的人类学,对于人的先验本质和历史命运作出深刻而精辟的形而上学阐述。

一、拥有肉体的理性灵魂

吉尔松指出,中世纪基督教经院哲学使人惊异的人类学特征在于,中世纪基督教经院哲学非常强调人的身体的圣洁、尊贵和不朽。哲学家通常认为中世纪基督教经院哲学对于人的理解是完全属灵的——属灵的存在哲学,属灵的生命哲学,属灵的存在形而上学,即基督教学说的"唯灵论"

① See Thomas Aquinas, *Summa Theologica*, Ia:1:5.

② See Tertullian, *De Baptismo*, 5.

(spiritualism)。人若赢得全世界而丧失自己的灵魂,对自己有何益处?操练敬虔、洁净灵魂、使灵魂获得从罪恶权势中获得自由,因而拯救灵魂,似乎是基督教学说的全部目标和全部努力所在。在基督教学说中,上帝是灵(Spirit),灵魂只能在圣灵和真理中敬拜上帝,灵魂只能在圣灵和真理中实现与上帝的深刻契合。因此,哲学家会认为中世纪基督教的经院哲学家竭尽全力地强调人的属灵存在,重视灵魂而轻视身体。吉尔松指出,中世纪基督教经院哲学史的事实真相却不是如此。波那文都、托马斯、司各脱,甚至圣弗兰西斯这些卓越的中世纪基督教经院哲学家都赞美自然,珍惜身体,承认身体的尊严,而不愿身体和灵魂有不同的命运。圣弗兰西斯在《日光颂》中亲切地称月亮星辰为姐妹,称空气流云为弟兄,①因为日月星辰、山川河流和人类灵魂共同拥有一位天父,不但现在共同拥有上帝的神圣眷顾,而且将来共同拥有上帝的永恒荣耀。

哲学家如何从中世纪基督教经院哲学史的事实真相去理解基督教对于人性的真正看法呢?这个人类学问题,可以运用中世纪基督教哲学史的术语来提问。在中世纪基督教的教父哲学家看来,仿佛柏拉图哲学是在人类学方面特别吻合基督教学说的哲学。对于柏拉图而言,真正的人就是不朽的灵魂。毋宁说,人就是一个有理性的灵魂,一个使用肉体的灵魂。对于奥古斯丁而言,人就是一个拥有理性而支配肉体的

① See Francis of Assisi, *Canticle of the Sun*.

实体。① 毋宁说，灵魂是一个完满而独立的实体。甚至可以说，没有柏拉图的《斐多篇》，就没有奥古斯丁的《论灵魂不朽》。在中世纪基督教经院哲学家看来，亚里士多德哲学在人类学方面的阐述更吻合真正的基督教学说。对于亚里士多德而言，灵魂是肉体的形式。对于托马斯而言，灵魂就是使肉体成为一个人的肉体的形式，灵魂和肉体共同成为一个实体。作为灵魂和肉体的真实结合，人只是一个实体，而不是灵魂和肉体两个实体的合成。托马斯宣称："与肉体结合，这对于灵魂是有利的。"②灵魂和肉体结合，对灵魂没有损害，而且成全灵魂的本性。吉尔松指出，这种中世纪基督教哲学史自身的微妙变化表明，中世纪基督教的教父哲学和经院哲学的人类学核心命题始终在神圣启示的光照和引导中。③

基督教哲学家多少已经忘记福音（Gospel）一词的原始意义。基督教福音固然是好消息，犹如基督教圣经是道地的经典，基督教福音是道地的好消息。耶稣基督宣称弥赛亚已经来临，救恩已经临近以色列，义人蒙召与基督一同作王。使徒保罗宣称这救恩不是犹太人的特权，而是上帝赐给全人类的普世性救恩。无论贫贱和尊贵、主人和仆人、智慧和愚拙，在基督的救赎中皆是一视同仁。基督教哲学家必须注意福音宣布的救恩并非只是灵魂的救恩，而是全人的救恩。真正的人是灵魂和身体的结合。离开身体，人就成为不可思议的幻影。

① See Augustine, *De Quantitate Animae*, XIII:21.

② See Thomas Aquinas, *Summa Theologica*, Ia:89:1.

③ See Etienne Gilson, *The Spirit of Medieval Philosophy*, p. 169. 吉尔松：《中世纪哲学精神》，沈清松译，台湾商务印书馆 2001 年版，第 162 页。

耶稣基督向犹太人宣称以色列将和弥赛亚一同作王，耶稣所指的不只是以色列选民的灵魂，而是作为全人的以色列百姓。对于使徒保罗而言，耶稣从死里复活是圣徒未来复活的应许和保证："我们既传基督是从死里复活了，怎么在你们中间有人说没有死人复活的事呢？若没有死人复活的事，基督也就没有复活了。若基督没有复活，我们所传的便是枉然，你们所信的也是枉然……我们若靠基督只在今生有指望，就算比众人更可怜。"基督徒的盼望不只在于今世，而且在于永恒，因此圣徒是众人中最快乐的。"死人要复活成为不朽坏的，我们也要改变。这必朽坏的总要变成不朽坏的，这必死的总要变成不死的。"基督教哲学家非常熟悉保罗关于复活奥秘的阐述，但似乎忽略基督教的复活盼望对于中世纪基督教经院哲学的影响。①

保罗书信和新约神学对于人及其救恩的深刻阐述，在中世纪基督教经院哲学上带来两项人类学的基本结论。第一，个人本身的永恒性和尊贵价值；第二，身体的复活。早期基督教护教者强调基督教对于肉体复活的信仰，和哲学上人类实体的统一性命题的必然关联。上帝甚至应许肉体复活，并且应许给人永生。新约圣经向人类应许复活，实际上是指肉体的复活。因为，什么是人？难道不是灵魂和肉体相结合的理性存在者吗？基督教哲学家会说只有灵魂才是人吗？绝不会。基督教哲学家只会说肉体是完整的人的肉体。可见，只

---

① See Etienne Gilson, *The Spirit of Medieval Philosophy*, p. 170. 吉尔松：《中世纪哲学精神》，沈清松译，台湾商务印书馆 2001 年版，第 163 页。

有灵魂或只有肉体都不是人，人是灵魂和肉体两者的结合。当上帝叫人复活而赋予永生时，上帝所复活的不是人的部分，而是完整的人，是灵魂与肉体的结合。身体复活的盼望是基督教圣经的完整启示，是基督信仰的基础。身体复活是被称做基督教"信仰表记"的《使徒信经》的基本论题。① 这种对于永恒生命和身体复活的确信，在帕斯卡那本动人的《耶稣的奥秘》②中表达得最美。帕斯卡根据自己作为基督徒对于基督十字架死亡救赎的人类命运的深刻信仰写道："在我的痛苦中我想的是你：为了你，我流下这些血。"帕斯卡接着提出第二个人类学结论："正是我医治身体，而且赋予身体不死。"

基督教学说肯定灵魂的卓越和永恒，同时肯定完整的人——肉体和灵魂相结合的完整存在。基督降世是为了拯救人类，而不只是拯救灵魂。灵魂和身体合一的重要性，对于早期基督教哲学家而言，是不言而喻的。现代基督教哲学家关心的是如何证明灵魂不死以及永恒幸福的保证。倘若现代基督教哲学家知道有些早期教父对于灵魂不朽的真理非常暧昧，一定非常吃惊。例如达西安说："灵魂若不认识真理便会死，与肉体分解，但最后在世界末日将要复活，与肉体一同接受惩罚，此乃永恒的死亡。但灵魂若认识上帝，便不再死亡，即使有暂时的分解。"③在这个关于复活的阐述中，达西安没有区分圣经中三种不同的死亡，这指出基督教人类学中的要

① See Burn, *An Introduction to the Creeds*, pp. 27-57.

② See Pascal, *Mystery of Jesus.*

③ Tatian, *Discourse to the Greek*, Chap. XIII.

点及其历史发展的沿革。归根结底，倘若基督教学说不谈论灵魂不朽，并非绝对不可思议。真正不可思议的是基督教学说不谈论身体复活。对于基督教学说而言，人会死亡，身体会死亡，这并不意味着不可挽回的损失，福音并不因此成为渺茫。即使灵魂死亡，只要基督教学说应许灵魂和身体的复活，作为整体存在者的人同样可以享受永恒的完满幸福。即使有些教父承认灵魂和身体的死亡，而肯定复活和审判，实在不足惊讶。由于柏拉图哲学的影响，中世纪基督教哲学家很快理解，灵魂不死固有哲学上的理由。因此，基督教学说呈现出新的面貌，从此需要一种人类学的基本观念，一方面理解灵魂不死，同时应许身体复活的盼望。①

希腊哲学在人类学方面为中世纪基督教哲学提供两种选择：柏拉图哲学和亚里士多德哲学。中世纪基督教哲学家首先尝试柏拉图，然后尝试亚里士多德。中世纪基督教的经院哲学终究超越柏拉图和亚里士多德，而在托马斯哲学中呈现出基督教学说的原创性。一般而言，柏拉图哲学以及新柏拉图哲学和基督教学说的人类学非常吻合。对于柏拉图而言，灵魂独立于肉体而存在，灵魂赋予肉体以生命，肉体从灵魂那里获得生命。在灵魂和肉体的组合体中，灵魂是永恒不变的，肉体是短暂、变幻、可毁灭的。灵魂可以独立于肉体而存在，犹如一个人独立于自己的衣着。柏拉图哲学深刻揭示出灵魂对于肉体的独立性。对于奥古斯丁而言，灵魂是一个独立存

① See Etienne Gilson, *The Spirit of Medieval Philosophy*, p. 172. 吉尔松：《中世纪哲学精神》，沈清松译，台湾商务印书馆 2001 年版，第 164 页。

在的实体。[①] 这说明何以早期教父一旦察觉到灵魂不朽的重要性,就立刻和柏拉图哲学结盟。单就灵魂自身而言,这固然是很好的结盟。然而,在柏拉图哲学的人类学中,人是什么?既然只有灵魂具有重要性,那些作为柏拉图哲学忠实解释者的学院派哲学家就把人定义为"一个灵魂利用一个肉体"。奥古斯丁虽然注意防范柏拉图哲学原则的若干后果,但奥古斯丁觉得只能接受这个定义:人是"一个理性灵魂利用一个肉体"。[②] 人是一个理性灵魂利用一个会死的肉体。奥古斯丁写道:人是一个理性灵魂拥有一个肉体。奥古斯丁这样卓越而深邃的基督教哲学家清楚感觉到这个定义背后蕴涵的难题。在阐述身体复活和末世审判的圣经应许时,奥古斯丁指出:理性灵魂和灵魂所拥有的肉体,并不构成两个不同的人,而是单独的一个人。[③] 作为中世纪基督教哲学家的奥古斯丁无疑希望维护人的自身同一性。但是,倘若运用柏拉图哲学的原则,奥古斯丁办得到吗?

吉尔松指出,就奥古斯丁对于灵魂的定义等同于奥古斯丁对于人的定义这一事实而言,奥古斯丁无法维护人的自身同一性。奥古斯丁说,人不是独立的灵魂,也不是独立的肉体,而是一个灵魂利用一个肉体,一个理性灵魂利用一个可朽坏的肉体。关于灵魂本身的定义,奥古斯丁说:灵魂是适于主

---

① See Etienne Gilson, *The Christian Philosophy of St. Augustine*, p. 44.

② Etienne Gilson, *History of Christian Philosophy in the Middle Ages*, p. 174.

③ See Augustine, *On the Gospel According to St. John*, XIX:5, 15.

宰肉体的一个理性实体。① 归根结底，只有人的灵魂是人，只有灵魂本身才是人。对于这样的批评，奥古斯丁可能回答：灵魂只有在利用肉体的时候，才是灵魂；肉体只有在服侍灵魂的时候，才是肉体。在这种情形下，只有灵魂的定义可以等同于人的整体定义。事实上，柏拉图哲学的灵魂学说本身在中世纪基督教的教父哲学和经院哲学中造成的困难，在柏拉图哲学自身中并不存在。对于柏拉图而言，以灵魂作为人自身的定义并不存在困难。柏拉图哲学并不关心保障人作为灵魂和肉体的组合体的自身同一性和永恒性命运。对于柏拉图哲学而言，灵魂和肉体的结合，无非是出于一次偶然的堕落，从此肉体成为灵魂的监牢或坟墓，灵魂的本性受到肉体的奴役，因此哲学的全部努力就在于从肉体中解放灵魂。然而，对于中世纪基督教哲学家而言，灵魂和肉体的结合是拥有神圣本性的，因为那是上帝创造的神圣旨意。上帝宣称自己所创造的一切都是美善的。②

对于中世纪基督教哲学家而言，人作为灵魂和肉体的奇妙结合，是出于作为创造者的上帝从虚无中的奇妙创造，而不是出于柏拉图哲学中灵魂的堕落。中世纪基督教哲学阐述的上帝在基督里的拯救，是拯救完整的人，是拯救作为灵魂和肉体相结合的完整的人。中世纪基督教哲学阐述的拯救，不是像柏拉图哲学那样从肉体中拯救灵魂，而是上帝从黑暗权势

---

① See Augustine, *De Quantitate Animae*, XIII:22.

② See Etienne Gilson, *History of Christian Philosophy in the Middle Ages*, p. 175.

中拯救完整的人。毋宁说,人的肉体藉着人的灵魂而从上帝获得真实的拯救。对于中世纪基督教哲学而言,人是灵魂和肉体相结合的实体,而不是柏拉图设想的灵魂和肉体的偶然并列。肉体是灵魂的居所,灵魂是圣灵的居所。毋宁说,灵魂是上帝的居所。奥古斯丁确信人的自身同一性,却无法证明人的自身同一性。对于奥古斯丁而言,人和自己的肉体仿佛拉同一车的两匹马。“灵魂就是人”的确切涵义,是否犹如马车夫之于马?面对这些难题,奥古斯丁只能承认自己的窘困。① 对于托马斯而言,中世纪基督教哲学家唯独在对于人类灵魂的认识中,而不是在对于人类肉体的认识中考察人的本性,除非基督教人类学涉及肉体和灵魂的现实关系。在这个意义上,对于托马斯而言,基督教人类学考察的第一个对象就是“灵魂的本性”。②

二、理性灵魂:作为不朽实体的形式

尽管柏拉图哲学具有毋庸置疑的卓越性即灵魂不朽论,柏拉图哲学却在中世纪基督教经院哲学中带来潜伏而无法克服的困难,就是灵魂和肉体的统一性问题。如此基督教哲学家立刻理解,为什么亚里士多德对于灵魂的定义,尽管遭遇中世纪基督教柏拉图学派哲学家的严峻批评,依然获得中世纪基督教经院哲学家和神学家的重视和尊重。亚里士多德的灵魂学说指出,灵魂是肉体的形式,灵魂是潜在地具有生命的肉

① See Etienne Gilson, *The Spirit of Medieval Philosophy*, p. 175. 吉尔松:《中世纪哲学精神》,沈清松译,台湾商务印书馆 2001 年版,第 166 页。

② See Thomas Aquinas, *Summa Theologica*, Ia:75:1-7.

体的现实或形式。灵魂和肉体的关系,就是形式和质料的关系的特例。一方面,形式和质料是各自独立的,没有任何个别形式在本质上必然赋形予某些质料。另一方面,形式和质料是相互结合而不可分离的,形式无法在质料之外独立存在。既然灵魂是肉体的形式,灵魂和肉体的统一性问题便迎刃而解。中世纪基督教哲学家不必为人的实体的统一性问题而困扰,因为灵魂和肉体不是两个实体,而是一个实体自身不可分离的两个因素。中世纪基督教哲学家既然关心人作为灵魂和肉体的结合体的同一性和永恒性,亚里士多德哲学对于人的实体性理解同样带来潜伏而无法克服的困难,就是灵魂和肉体的现实结合必然危及灵魂的实体性和不朽性。对于托马斯而言,"我们称之为人类灵魂的理性原则是不朽的。"①

事实上,倘若把人定义为形式和质料的结合,灵魂和肉体都不再是真正的实体。灵魂和肉体结合而实现人的存在,唯独人是真正的实体。一旦灵魂和肉体的结合瓦解,不但人会消亡,灵魂和肉体都停止存在。在这个意义上,尸体不是人的身体。亚里士多德也发现自己学说的困难。这件事值得注意,因为亚里士多德未曾受到基督教学说的影响。不是由于上帝的启示,而是由于理性自身的需要,亚里士多德确认人是理性的存在者,灵魂似乎不只是肉体的形式而已。灵魂具有一种行动原理,就灵魂行动原理的运作而言,灵魂独立于肉体而运作,灵魂比实体形式更为卓越。灵魂的行动原理就是理智。亚里士多德的困惑发生在如何确定理智和肉体的关系。

---

① Thomas Aquinas, *Summa Theologica*, Ia:75:6.

亚里士多德询问:理智和肉体的关系是否犹如舵手和航船的关系？亚里士多德自己未曾获得任何答案。亚里士多德说自己尚未理解灵魂的理智本性。或许理智是唯一与肉体相分离的灵魂部分,肉体死亡,而理智不死。亚里士多德曾经即兴地指出:理智从外面降临在灵魂中,这表示理智可能返回其所来自之居所,并且理智可以不死。①

但如此人的实体统一性又如何呢？个别身体的形式如何可以与个别身体相分离呢？亚里士多德关于这个论题没有答案。在亚里士多德学说中,灵魂是肉体的形式,人是灵魂和肉体的结合。亚里士多德谈论的理智,却是另一种精神实体。理智和人类灵魂有交往,却独立于人类肉体之外,因为理智并不变成作为个体存在的人类实体的组合因素,因此理智是不死的。这是理智自己的不死性,与人类实体有别。事实上,这就是阿维洛伊对于亚里士多德的解释,阿维洛伊在中世纪被认为是最卓越的亚里士多德注释者。阿维洛伊的注释有原文根据,而且和亚里士多德哲学的旨趣相吻合。没有任何中世纪基督教经院哲学家可以同意阿维洛伊所谓"普遍理智"的学说,因为基督教学说阐述的是个人不朽,而不是与个人无关的独立实体的不朽。中世纪基督教经院哲学家波那文都、大阿尔伯特和托马斯都拒绝阿维洛伊,足以显示两种学说完全水火不相容。② 对于托马斯而言,根据众人共同拥有一个普遍理智的学说,完全无法解释,何以不同的人会有不同的思想

---

① See Etienne Gilson, *The Spirit of Medieval Philosophy*, p. 177. 吉尔松:《中世纪哲学精神》,沈清松译,台湾商务印书馆 2001 年版,第 167 页。

② See Thomas Aquinas, *Summa Contra gentiles*, III:43.

信念和不同的理智生活。倘若众人共同拥有一个普遍理智，基督教学说把自由行动的伦理责任归于个人，就毫无意义了。“假定在众人中只有唯一的理智，这是不可能的，也是不正确的。”①吉尔松卓越地指出，基督教哲学家必须注意中世纪基督教经院哲学家努力超越柏拉图和亚里士多德给他们带来的困境，以及中世纪基督教经院哲学家这种努力的哲学果实。②

奥古斯丁始终坚持同时主张灵魂不朽和人的自身同一性，灵魂不朽和人的自身同一性在身体复活的应许中同时获得确认。③ 即使两方面真理的连接点尚未出现，中世纪基督教经院哲学家到底可以像奥古斯丁那样，固执问题之两端。阿维森那的全部哲学在于综合新柏拉图主义伪作《亚里士多德神学》和真正的亚里士多德学说，即综合亚里士多德和柏拉图的尝试。一方面，中世纪基督教哲学家愿意看见阿维森那思想中有柏拉图哲学成分，柏拉图哲学已经经过奥古斯丁基督教哲学而进入中世纪基督教传统。同时，中世纪基督教哲学家需要保障柏拉图的灵魂不朽说和亚里士多德人的统一性学说，阿维森那哲学来临的时机恰好，因此对于中世纪基督教经院哲学具有深刻影响。于是就有基督教哲学家努力铲除阿维森那学说中无法纳入基督教学说的因素，而把阿维森那的哲学原则还原为奥古斯丁的基督教哲学原则，并在其中附属亚里士多德思想中必须保留的成分。就灵魂的定义本身而

① See Thomas Aquinas, *Summa Theologica*, Ia:76:2.

② See Etienne Gilson, *The Spirit of Medieval Philosophy*, p. 178. 吉尔松：《中世纪哲学精神》，沈清松译，台湾商务印书馆 2001 年版，第 168 页。

③ See Augustine, *On the Gospel According to St. John*, XIX:15.

言，初看起来，似乎全部工程已告完竣。阿维森那认为可以有两条途径来思考灵魂。首先，就灵魂自身而言，就灵魂本质而言，灵魂是精神、单纯、不可分割的，因此是不可毁灭的实体。就这方面涵义而言，柏拉图的灵魂定义是完全令人满意的。其次，就灵魂与肉体的关系而言，灵魂在肉体中的基本职能就是作为肉体的形式。就这方面涵义而言，亚里士多德的灵魂学说是正确的：灵魂确实是一个潜能地拥有生命的肉体的形式。①

阿维森那举例说明本质和职能的区分。犹如一个工人，这位工人首先是一个人，然后才是一个工人。这位工人的本质是人，这位工人的职能是工人。② 灵魂的本性完全类似。就灵魂自身而言，灵魂是一个实体；就灵魂的职能而言，灵魂是肉体的形式。在这个意义上，肉体的死亡不会带来灵魂的死亡。肉体死亡之后，灵魂并不死亡，而只是减少了一样职能而已。初看起来，再没有比这更令中世纪基督教经院哲学家满意的灵魂学说了。灵魂既然是实体，就是不朽的。灵魂既然是肉体的形式，人就是肉体的灵魂的统一。吉尔松指出，没有人比大阿尔伯特更明白这种灵魂学说拼凑的性质，也知道这种灵魂学说代表着渴望调和那原本无法调和者的绝望的尝试。大阿尔伯特说："在定义灵魂本身时，我们追随柏拉图。相反的，当我们定义灵魂为肉体的形式时，

---

① See Etienne Gilson, *History of Christian Philosophy in the Middle Ages*, p. 198.

② See Etienne Gilson, *History of Christian Philosophy in the Middle Ages*, p. 198.

我们追随亚里士多德。”①中世纪基督教经院哲学的折中方法始终延续，直到有一天基督教哲学家认识到，调停那些用来证明哲学结论所需要的原则，以及调停这些原则必然涌现的证明，两者是大不相同的。在这方面，托马斯带来新颖的进步。②

灵魂学说的全部难题在于：事实上，人是肉体和灵魂相结合的统一体，中世纪基督教哲学家必须面对这个事实。灵魂的唯一性和人的自身同一性，是灵魂学说的原初事实。对于托马斯而言，“作为人类本性一部分的灵魂，只有当灵魂和肉体相结合时，才拥有自身的完善性。”③当我说“我知道”，我不是说我的肉体藉着灵魂而知道，或者说我的灵魂藉着肉体而知道，而是“我”这个具体的存在，以其肉体和灵魂的统一性知道，以其肉体和灵魂的统一性进行认识的行为。当我说“我活着”，或者只说“我是”，亦复如此。“我”不仅指灵魂，不仅指肉体，而是指灵魂和肉体相结合的这个人。因此，大阿尔伯特的折衷主义不是真正的答案。只要灵魂赋予肉体生命的职能并不包含在作为灵魂本质的定义中，灵魂和肉体的结合就是偶然的，没有任何形式上的必然性。就灵魂作为实体而言，灵魂就是灵魂，无论灵魂是否与肉体结合，都是灵魂。无论如何，灵魂与肉体的结合并不包含在灵魂自身的本质中。

---

① See Etienne Gilson, *The Spirit of Medieval Philosophy*, p. 180. 吉尔松：《中世纪哲学精神》，沈清松译，台湾商务印书馆 2001 年版，第 170 页。

② See Etienne Gilson, *The Spirit of Medieval Philosophy*, p. 181. 吉尔松：《中世纪哲学精神》，沈清松译，台湾商务印书馆 2001 年版，第 170 页。

③ Thomas Aquinas, *Summa Theologica*, Ia:91:4.

倘若如此,人就不是自足的存在,而是偶然的存在。我不能不把"我是"、"我活着"、"我想",理解为"灵魂是"、"灵魂活着"、"灵魂想",而且,即使没有与肉体结合,灵魂照样是、照样活着、照样想,甚至灵魂的存在更完满。在这个意义上,阿维森那是笛卡儿立场的先驱:倘若灵魂在本质上是和肉体分离的,那么,当我说"我思",是指我的灵魂在思想;当我结论说"故我在",我所肯定的只是我的灵魂存在。①

正因为灵魂学说面对的哲学难题,托马斯必须返回本源,重新建设。吉尔松指出,托马斯的灵魂学说是真正的基督徒的哲学事业,整个欧洲思想史上难得找到更美的典范。从来没有更卓越的哲学,一方面是真正的哲学,另一方面是真正的基督教学说。由于相同的缘故,没有任何哲学学说比托马斯的灵魂学说遭到更多的责难。托马斯使用亚里士多德的哲学术语,运用亚里士多德的哲学原则。对于托马斯而言,灵魂就其本质而言,是肉体的形式。② 托马斯拒绝柏拉图哲学的原则,甚至从中世纪基督教经院哲学中排除奥古斯丁学说引进的柏拉图哲学的成分。托马斯照样提议,倘若坚持个别灵魂不朽,唯独柏拉图哲学可以论证。在这个意义上,托马斯的灵魂学说是真正的折中学说。唯一可能的答案,必须在研究托马斯使用的哲学术语,尤其是托马斯赋予这些术语的真实涵义之后,才能获得。最基本的哲学术语解释在于,托马斯所谓的灵魂,既不是以形式为职能的实体,亦不是无法成为实体的

---

① See Etienne Gilson, *The Spirit of Medieval Philosophy*, p. 182. 吉尔松:《中世纪哲学精神》,沈清松译,台湾商务印书馆 2001 年版,第 171 页。

② See Thomas Aquinas, *Summa Contra gentiles*, IV:79.

形式，而是一个自身拥有实体性并且赋予实体性的形式。吉尔松指出，再没有比这更简单的理解了。[①]

在托马斯以前的灵魂哲学中，绝对找不到这样的灵魂观念。倘若有人认为灵魂不可能既是实体亦是实体的形式，这人已经忘记，在真正的亚里士多德哲学中就存在着作为纯粹形式的精神实体，就是神的思想，就是最高的精神实体。在这个意义上，恰恰是灵魂的形式性构成灵魂的实体性的基础。现在的论题是：灵魂何以是肉体的形式？首先需要解决的是灵魂的实体性问题。对于托马斯而言，灵魂是无形体的精神性的独立实体。托马斯说："我们称之为人类灵魂的理解活动原则，必定是无形体的独立存在的原则。"[②]人类灵魂是一种独立存在的精神实体。托马斯曾经引用奥古斯丁学说来作为灵魂的实体性证明的基础，而这段引文显示出问题不在于灵魂是否实体，而在于如何想象没有形体的实体。[③] 对于托马斯而言，倘若灵魂存在，灵魂的无形体性是确凿无疑的，而灵魂的实体性却不相同。托马斯证明隐含的原则是：每一个独特的行动都设定一个独特的实体。实体是藉助自身行动而被认识的，而且行动只能用实体来解释。在这个意义上，托马斯把存在者的行动和实现的原理相等同。毋宁说，倘若存在着思想的行动，必然存在着思想的实体或思想的主体，即思

① See Etienne Gilson, *The Spirit of Medieval Philosophy*, p. 182. 吉尔松：《中世纪哲学精神》，沈清松译，台湾商务印书馆 2001 年版，第 171 页。

② Thomas Aquinas, *Summa Theologica*, Ia：75：2.

③ See Thomas Aquinas, *Summa Theologica*, Ia：75：2.

想者。①

基督教哲学家无法脱离灵魂的行动去认识灵魂的本性。人类行动就自身而言,是可以超越形体的。灵魂的本性是由灵魂的高级行动显示出来的,这说明灵魂是超越形体的,灵魂是无形体的。托马斯说:"倘若理智是有形体的,理智的行动就无法超越形体界。这样,理智就只能认识形体。可是,这显然是不符合事实的。因为人类理智认识许多不是形体的东西。所以,理智不是有形体的。"②对于托马斯而言,倘若理智是有形体的,人类就无法从事纯粹逻辑学和数学研究,也无法获得物理学的抽象原理。倘若理智是有形体的,灵魂就无法提出上帝存在的问题,无法设想关于存在的形而上学。倘若理智是有形体的,灵魂的自我意识也是不可能的。另一方面,"一个人,用自己的心智,可以认识一切形体的本性,这是很明显的事。……倘若那具有理智的本原含有任何形体的本性,这个理智本原就无法普遍认识一切形体。因此,那具有理智的本原,不可能是一个形体。"③所以,实际认识一切形体的具有理智的灵魂必然是无形体的。在这个意义上,灵魂是不朽的。灵魂不会因为自己的缘故而死亡,灵魂也不会因为肉体的分解而死亡。"理智认识绝对而无限的存在。所以,凡是具有理智的东西,自然渴望永久常在。一个自然本性所固

① See Etienne Gilson, *The Spirit of Medieval Philosophy*, p. 184. 吉尔松:《中世纪哲学精神》,沈清松译,台湾商务印书馆2001年版,第173页。

② Thomas Aquinas, *Summa Contra gentiles*, II:49.

③ Thomas Aquinas, *Summa Theologica*, Ia:75:2.

有的愿望不可能是徒然的。所以,每一个有理智的实体是不朽的。"①

三、理性灵魂:人的实体性

以理智为原则的认识行动,就是灵魂的认识行动。藉着理智,心灵才能认识一切有形体的存在者的性质。人类灵魂认识万物能力的首要条件,是认识者自己作为思想实体本身必须是无形体的。倘若存在着会思想的有形体的存在者,其认识活动的原则并不在于存在者自身的形体性。因此,人的理智作为理智,必须被视为一种无形体的实体。无论就理智的存在或理智的活动而言,理智都必须被视为一种无形体的实体。倘若如此,为什么不直接宣称理智就是人呢?使徒保罗宣称:"身体虽然毁坏,内心却一天新似一天。"灵魂自己就是精神实体。人和灵魂的先验同一性在柏拉图哲学和奥古斯丁学说中之所以可能,因为柏拉图和奥古斯丁认为感觉活动是适合灵魂的活动,所以把人定义为"一个灵魂利用一个肉体"。奥古斯丁同时指出:人不是灵魂本身,不是肉体本身,而是灵魂和肉体的结合。② 对于托马斯而言,人是灵魂和肉体的结合。作为无形的精神实体,灵魂就其本质而言是肉体的形式原理,是肉体的形式。③ 对于中世纪基督教经院哲学家而言,真实的困难在于:何以一个以柏拉图哲学为起点的灵

① Thomas Aquinas, *Summa Theologica*, Ia:75:6.

② See Thomas Aquinas, *Summa Theologica*, Ia:75:4.

③ See Thomas Aquinas, *Summa Theologica*, Ia:76:1.

魂学说会以亚里士多德哲学的灵魂学说为终点。

托马斯没有忽略指出是人在感觉,而不是肉体在感觉;是人在思考,而不是灵魂在思考。毋宁说,人藉着肉体感觉,人藉着灵魂思考。① 就理解而言,理智的实体性是充分完备的。倘若理智离开肉体,犹如断臂离开身体一样,灵魂对于肉体无能为力。② 托马斯假定,某些精神实体由于认识能力微弱而无法把握纯粹理念,而只能把握存在于形体中的理念。像人类理智,对于纯粹理念感到眩惑,对于存在于质料中的理念则是开放的。因此,理智实体除非透过形体媒介,无法和其他形体界接触。为了把握可感觉的形式而获得真理,理智实体自身必须变成可感觉形体的形式。理智实体必须下降到形体层面,才可以和有形实体沟通。理智之所以必须如此行动,因为人类理智的实体种类就是如此。对于中世纪基督教经院哲学而言,唯独人是实体,人的全部实体性来自灵魂的实体性。在这个意义上,肉体的毁坏并不意味着灵魂的毁坏。灵魂是不朽的实体。在现世生命中,除非在肉体中,灵魂亦无法成为灵魂。人是灵魂和肉体的结合,灵魂使肉体成为实体而获得现实性,肉体使灵魂获得现世的生存。对于中世纪基督教经院哲学而言,人的存在只有一个,就是灵魂和肉体的结合。在现世生命中,灵魂和肉体不能分开存在,人藉着灵魂的存在而存在。③

---

① See Thomas Aquinas, *Summa Theologica*, Ia:75:2.

② See Thomas Aquinas, *Summa Theologica*, Ia:75:2.

③ See Etienne Gilson, *The Spirit of Medieval Philosophy*, p. 188. 吉尔松:《中世纪哲学精神》,沈清松译,台湾商务印书馆 2001 年版,第 175 页。

托马斯的灵魂学说,倘若用中世纪基督教经院哲学的形而上学范式来阐述,灵魂首先是不朽的精神实体,其次才是肉体的形式。灵魂和肉体的结合不是出于偶然的相遇,而是出于上帝的神圣创造。在托马斯的形而上学中,上帝是有形无形的宇宙万物的创造者。[①] 上帝是无限的精神实体,天使是有限的精神实体,灵魂是有限的精神实体。作为上帝创造的精神实体,天使是无形的精神实体,人是有形的精神实体。[②] 人是灵魂和肉体的结合,这是出于上帝的神圣创造。上帝按照自己的神圣形象创造人,人是拥有肉体的理性灵魂,是拥有智慧、情感、意志的生命主体,是拥有智慧、情感、意志的位格存在者。存在是存在者的存在行动,存在者藉着存在行动肯定自身的存在。存在者就其自身完满的同一性而言就是实体,存在者以实体的方式存在,作为存在者而存在。在这个意义上,灵魂的存在是作为不朽实体自身的存在。作为肉体的形式原理,灵魂是不依赖肉体的独立自存的实体存在。灵魂是无形的存在,是独立的存在,是不朽的存在。在这个意义上,在中世纪基督教经院哲学中,肉体的瓦解并不影响灵魂本身的持续存在。毋宁说,在现世生命中,肉体的消亡并不伴随着灵魂的消亡。这就是为什么使徒保罗说,倘若自己离开世界,就与基督同在,这是好得无比。灵魂的持续存在,意味着生命的持续存在。

在现世生命中,肉体和灵魂是不能分开存在的。无论如

① See Thomas Aquinas,*Summa Contra gentiles*,III:1.

② See Thomas Aquinas,*On Being and Essence*,4.

何，肉体的现实性来自灵魂。肉体不能离开灵魂而存在，肉体和灵魂的分离意味着现世生命的终结。在这个意义上，中世纪基督教经院哲学不仅确信灵魂不朽，而且确信基督再来，应许身体复活和新天新地。身体复活的应许和盼望是中世纪基督教经院哲学迥然区别于希腊哲学的生命哲学。福音意味着基督教宣扬的好消息，基督教宣扬的好消息指基督耶稣带来的普世性救恩。基督耶稣带来的普世性救恩不仅是灵魂的救恩，而且是整个人的救恩。使徒信经宣称：基督教学说赋予生命的真实盼望是身体复活和永恒生命。这里的永恒生命，不仅指灵魂不朽，而且指灵魂和肉体在复活里的再度结合，指灵魂和肉体在永恒里的完满结合。使徒保罗的新约书信根据基督的身体复活阐述圣徒荣耀复活的盼望，奥古斯丁的《忏悔录》记载母亲病故之前，母子俩人在河口长谈，凝神沉思上帝为圣徒预备的荣耀复活，就是“眼睛未曾看见，耳朵未曾听见，人心未曾想到的”永恒生命。母子俩人奋发向上，在心灵的一瞥中，触及超越宇宙万物的永恒智慧：“我们都要复活。”[①]这是奥古斯丁著名的神秘主义经验“奥斯蒂亚异象”，是对于永恒生命的神秘认识。

对于托马斯而言，灵魂按照本性而言是肉体的形式。灵魂作为肉体的形式期待着身体的复活。托马斯说：“所以，灵魂没有身体，是不合乎灵魂本性的。凡是不合乎本性的事，没有一件可以是永久的。因此，灵魂不会是永远没有肉体的。既然灵魂是永远常存的，灵魂必须再度和肉体结合。这就是

---

① Augustine, *Confessions*, 9:10.

身体复活的意义。灵魂的不朽不死,似乎要求身体将来的复活。”①对于托马斯而言,作为精神实体的灵魂是上帝按照自己的神圣形象创造的,灵魂和肉体的结合出于上帝的神圣创造和神圣眷顾。人的灵魂可以和自己的肉体分离。毋宁说,人的死亡意味着灵魂和肉体的分离。灵魂和肉体分离以后,灵魂继续存在,灵魂自身是永远常存的,是不死不灭的,灵魂自身依然可以认识自己和精神实体。对于灵魂而言,与身体结合的存在比不与身体结合的存在更美好,因为灵魂按其本性而言是肉体的形式。所以,在中世纪基督教学说关于身体复活的应许中,灵魂必须再度与肉体结合而成为整个的人,一个有位格的人(a human person)。在这个意义上,身体复活是中世纪基督教经院哲学的灵魂学说的题中应有之义,是托马斯的灵魂学说的题中应有之义。

对于托马斯而言,存在就其自身完满的同一性而言,就是实体,而其以实体的方式存在的性质,就是实体的独立存在。存在的行动决定着实体和实体的独立存在。就使存在者成为这个存在者而不是那个存在者而言,实体的存在是形式的行动。就其形式性而言,实体的行动就是形式。在各种形式中,有些形式拥有足够使自己独立存在的获得现实性,这些就是纯粹形式或独立形式。有些形式只能存在于被形式赋予现实性的质料中,这些就是实体形式。在这种实体形式中,理性灵魂拥有适合于自己形式身份操作的独立存在的原理,是无形实体。人是灵魂和肉体结合而成的有形实体。人不是肉体,

① Thomas Aquinas, *Summa Contra gentiles*, IV:79.

因为肉体唯独藉着灵魂才能生存。人不是灵魂,因为灵魂这个无形实体就其本性而言是肉体的形式,①灵魂离开肉体依然无法实现完满的存在。人是灵魂和肉体的结合,但人的存在只有一个。第一,在人的现世存在中,灵魂和肉体不能分开而独立存在。第二,因为是藉着灵魂的独立存在,人才获得独立存在。因此,灵魂和肉体在生命中扮演的角色完全不同。灵魂离开肉体依然可以独立存在,肉体离开灵魂却无法独立存在。肉体的全部现实性来自灵魂。对于托马斯而言,唯独灵魂和肉体的现实结合,被称做一个有位格的人(a human person)。对于托马斯而言,位格(person)这个名词指"在整个本性上最完美的存在者,就是以理性为本性的个别实体"。② 在这个意义上,位格这个名词不是指灵魂,而是指"实现的本质",指整个圆满的实体,指一个完整的人,指灵魂和肉体结合而成的整体。对于托马斯而言,作为精神实体的灵魂是肉体的实体性形式,灵魂作为身体的实体性形式与身体结合,现实的人是灵魂和肉体的本质性结合。

第二节　吉尔松的位格论

吉尔松指出,人的存在问题,使中世纪基督教经院哲学迈进一个崭新论题的门槛,即个体性和位格观念。③ 希腊哲学

---

① See Thomas Aquinas, *Summa Theologica*, Ia:76:1.

② Thomas Aquinas, *Summa Theologica*, Ia:29:3.

③ See Etienne Gilson, *The Spirit of Medieval Philosophy*, p. 188. 吉尔松:《中世纪哲学精神》,沈清松译,台湾商务印书馆 2001 年版,第 175 页。

从来没有否定个体的实在性,因此为中世纪基督教经院哲学肯定位格的卓越价值而奠定基础。希腊哲学家追求如何把内在生命提高到高度完美的真理,而中世纪基督教经院哲学关于位格的形而上学,实现着哲学真理的成熟历程。在柏拉图哲学中,像苏格拉底这个人并不重要,真正重要的是人类整体。苏格拉底倘若拥有任何的重要性,那是因为苏格拉底幸运而偶然地分享人的理念。人的理念是永恒而必然的,而苏格拉底犹如其他所有个人,只拥有偶然而暂时的存在。个人的价值不在于自身的独特位格,而在于分享永恒而真实的理念。在亚里士多德哲学中,人是唯一实在的实体,但个人和种族的纯粹实现和永恒性比较起来,便显示出个人自身的不实在和偶然的本性。每个人诞生而生活一个短暂的时期,就永远消逝,无迹可寻。继续有新人诞生、生活、消逝,代代相续而已。个体消逝而种族长存。在这个意义上,无论个体的言辞行动如何,个体的存在和消逝,都只是为着保障一个既不诞生亦不消逝的共相的恒久而已。① 对于亚里士多德而言,理智只拥有对于共相的知识,无法拥有对于个体自身的知识。

一、位格存在者的永恒价值

中世纪基督教哲学家在基督教最早期的见证者身上很容易看出,柏拉图哲学和亚里士多德哲学中这种对于个体存在

① See Etienne Gilson, *The Spirit of Medieval Philosophy*, p. 191. 吉尔松:《中世纪哲学精神》,沈清松译,台湾商务印书馆 2001 年版,第 181 页。

价值的轻视，是如何触犯着基督教学说关于人的位格存在的永恒价值的生命尊严。① 吉尔松指出，早期基督教见证者很多。其中经常被不公平地忽略的基督教护教者雅典那哥拉斯(Athenagoras)的《论死者的复活》(*Resurrection of the Death*)，是基督教哲学家知道的基督徒对于身体复活的伟大盼望，第一个证明的尝试。雅典那哥拉斯在《论死者的复活》中证明，在个人死亡之后涣散的身体可以复活，如此的复活工程对于作为创造者的上帝而言既是可能的，亦是轻而易举的。雅典那哥拉斯接着开始证明存在着某些积极的理由，期待复活的来临。基督徒盼望复活的第一个理由，是上帝按照自己神圣形象创造人类的神圣目的。事实上，托马斯同样是"就人被理解为按照上帝的神圣形象创造出来的事实，来理解上帝创造人的终极目"。② 对于雅典那哥拉斯而言，上帝按照自己的神圣形象创造人类的神圣目的，是使作为智慧存在者的人类得以分享上帝的智慧生活，默想上帝的完美和上帝创造的美丽。在今生，这种默想不可能完美。人类诞生的神圣目的保障了人类的不朽，人类的不朽保障了身体复活，因为倘若没有身体复活，人就无法继续存在，无法在永恒里默想上帝的完美和上帝创造的完美。③

在《论死者的复活》中，雅典那哥拉斯提出身体复活的若干积极理由。第一，既然上帝起初创造了人，在神圣创造中赋

---

① See Etienne Gilson, *The Spirit of Medieval Philosophy*, pp. 191–192. 吉尔松:《中世纪哲学精神》，沈清松译，台湾商务印书馆 2001 年版，第 181 页。

② Thomas Aquinas, *Summa Theologica*, Ia:93.

③ See Athenagoras, *On Resurrection*, 18.

予人诞生的生命,上帝同样可以在人失去生命以后再度赋予人类复活的生命。① 上帝有能力赋予人复活的生命,上帝愿意赋予人复活的生命。② 第二,上帝创造的不是单纯的灵魂,而是灵魂和肉身两部分结合而成的人。“第一个人的身体必然是由上帝直接创造出来的。”③灵魂和肉体两部分的起源和目的都是完全相同的。理性认识不仅属于灵魂,理性的永恒存在不仅要求灵魂不朽,而且要求人的永恒存在,人的永恒存在包括灵魂和肉体两方面的永恒存在。④ 第三,上帝按照自己神圣形象创造出来的人必须接受上帝的公义审判。上帝的审判以人的行为为依据。人的行为责任应该由灵魂和肉体共同承担。因此,上帝的公义审判不仅要求灵魂不朽,而且要求身体复活。⑤ 雅典那哥拉斯对于身体复活的基督教学说的论证具有两方面的理论意义:第一,雅典那哥拉斯首先区分基督教学说的两个原则。基督教信仰的直接源泉是上帝的话语,基督教学说确认信仰的真理性。同时,基督教学说以信仰为开端在理性沉思中寻求“信仰的论证基础”。⑥ 第二,雅典那哥拉斯卓越地揭示出,基督教学说关心的是完整的人,而不仅仅是灵魂。雅典那哥拉斯这种对于完整的人的基督教理解可

① See Athenagoras, *On Resurrection*, 3.

② See Athenagoras, *On Resurrection*, 10.

③ Thomas Aquinas, *Summa Theologica*, Ia:91:2.

④ See Etienne Gilson, *History of Christian Philosophy in the Middle Ages*, p. 18.

⑤ See Athenagoras, *On Resurrection*, 21.

⑥ Etienne Gilson, *History of Christian Philosophy in the Middle Ages*, p. 17.

以说明,何以中世纪基督教经院哲学家把人理解为灵魂和肉体的结合,把灵魂理解为肉体的形式,而不是把人的本质归结为灵魂。① 对于托马斯的人类学而言,现实的人,"不单单是灵魂,而是由灵魂和身体相结合而成的存在者。"②

上帝创造人类的神圣目的是雅典那哥拉斯全部学说立足的基本原则,这个原则会导致人性论和知识论方面的重要结论,吉尔松首先分析雅典那哥拉斯的论述原则在人性论方面蕴涵的意义。倘若上帝只创造了灵魂,上帝神圣创造的目的就是灵魂默想上帝的完美和上帝创造的完美。事实上,上帝按照自己神圣形象创造的是同时拥有灵魂和肉体的人,上帝创造的神圣目的就是同时拥有灵魂和肉体的人默想上帝的完美和上帝创造的完美。因此,人的肉体必须分享上帝创造的永恒目的。雅典那哥拉斯指出:"假如禀赋心灵和理性可以认识理性所体察的宇宙万物,不但认识宇宙万物的本质,而且认识那位赋予宇宙万物以本质的上帝的慈善、智慧和公义。既然赋予人理性的原因仍然相同,则与理性不分离的判断能力亦应继续存在。但倘若接受理性,而由理性所居住的肉体不再存在,则理性亦不能继续存在。但接受心灵与理性的是人,而不是灵魂自己,因此,人这个灵魂与肉体的结合体,必须常存。除非人能够从死者中复活,常存是不可能的。"③

① See Etienne Gilson, *History of Christian Philosophy in the Middle Ages*, p. 19.

② Thomas Aquinas, *Summa Theologica*, Ia:75:4.

③ Athenagoras, *On Resurrection*, 15; Etienne Gilson, *History of Christian Philosophy in the Middle Ages*, p. 18.

吉尔松指出,雅典那哥拉斯关于身体复活的论证非常雄辩,充分显示出基督教学说是如何深刻影响着中世纪基督教经院哲学。上帝按照自己神圣形象创造的人是独立的个体,上帝以持续的神圣创造保存这个独立的个体。在这个意义上,人就成为神圣历史戏剧的主角,这神圣历史戏剧就是人自己的永恒命运。人的存在不依赖于自己,人的不存在亦不依赖于自己。上帝的神圣旨意使人获得存在,上帝的神圣创造使人获得存在。上帝的神圣眷顾是上帝的持续创造,上帝的神圣救赎是上帝的再度创造。上帝在基督里为神圣救赎付出的代价是何等昂贵,人在作为创造者的上帝面前只有一个选择:或者幸福,或者悲惨,两种命运皆属于永恒命运。再没有比这更持久的个体性了:由作为创造者的上帝所预定、所喜悦、所选择的个体性,如同上帝创造的神圣旨意一般不可毁灭。再没有比中世纪基督教经院哲学阐述的个体性,距离柏拉图哲学和亚里士多德哲学更为遥远了。在这个意义上,中世纪基督教经院哲学一旦开始寻求用完全合理性的方法来证明自己的盼望,就必然拥有基督教学说自己的原创精神。①

二、位格存在者的个体化原理

在基督教学说尚未形成的若干世纪中,在希腊哲学中,个体性问题已经是一个纯粹哲学的问题。按照亚里士多德哲学原则,一个个体是一个由形式和质料结合而形成的现实存在

① See Etienne Gilson, *The Spirit of Medieval Philosophy*, p. 193;吉尔松:《中世纪哲学精神》,沈清松译,台湾商务印书馆 2001 年版,第 182 页。

者。对于亚里士多德而言，个体化的原则是质料，个体只为种族的缘故而存在。就个体自身而言，并没有真实的独特性。个体的真实独特性，会削弱种族的统一性，忽略"为了有个人，必须先有人类"这一事实。对于基督教学说而言，上帝按照自己的神圣形象创造的人类作为个体存在者的原初性和永恒性是基督教人类学的关键论题。对于托马斯而言，唯独作为独特存在者的个体的人能够披戴上帝创造的神圣形象，能够认识上帝的美善和上帝创造的神圣旨意，能够实现上帝创造的神圣旨意。唯独作为独特存在者的个体的人才是现实存在着的人，才是可以和作为创造者的上帝建立并实现神圣位格关系的人，才具有上帝按照自己神圣形象创造的位格存在者的神圣尊严。在这个意义上，对于个体存在的独特性的理解，对于个人存在尊严的确认，对于人类自由奥秘的阐述，对于作为至善的永恒幸福的盼望①，是中世纪基督教经院哲学的位格学说的基本论题。

肯定个体存在的原初性和永恒性，有两条不同的哲学途径，提供给中世纪基督教经院哲学家。对于司各脱而言，每一个人性的形式，就其作为形式而言，已经显示出特殊个体的性格，而个体化的终极原因存在于形式本身中。司各脱指出，倘若一个人的形式不是个体的，就不会有单独的个人。现在单独的个人确实存在，所以，个人的形式必然是其个体化的原理。毋庸置疑，就某种存在形而上学的观点而言，上帝自身就是作为个体的存在者，天使也是作为个体的存在者。就其本

① See Thomas Aquinas, *Summa Theologica*, Ia:82:1.

身而言，就其精神实体而言，灵魂自身是作为个体的存在者，也是个体性的原因。对于司各脱而言，作为终极现实的形式的个体性是个别实体的个体性原则。① 由于自己，由于自己真实的本质，灵魂不只是“一个”灵魂而已，而且是“这个”灵魂。在这个意义上，灵魂是人的个体化原理。吉尔松指出，司各脱用简单的预设把希腊哲学中的人转化为中世纪基督教经院哲学中的人。在这个意义上，司各脱的个体化原则没有诉诸亚里士多德的哲学权威，司各脱已经注意到主张人的“种类”的统一性的困难。②

托马斯对于个体化问题的解决，在表面上似乎与亚里士多德完全相同。托马斯运用亚里士多德的哲学原则，使用亚里士多德的哲学术语，把种和种之间的差异称做形式差异，把个体和个体之间的差异称做质料差异，个体的存在目的是种类。倘若种类形式可以实现在个体上，个体就构成种类本身。倘若种类形式无法圆满地独立自存，种类形式就是依靠一系列由质料所个体化，在数目上有别的个别实体的生生灭灭来绵延自己。③ 根据托马斯学说，何谓个体？个体是与其他存在者彼此分离而不可分割的独立存在者。在这个意义上，个体不同于种类。例如人性固然存在于每一个人之中，实际上因为有许多个人存在，才有人类的存在。同时，一个个人显然

---

① See Etienne Gilson, *History of Christian Philosophy in the Middle Ages*, p. 462.

② See Etienne Gilson, *The Spirit of Medieval Philosophy*, p. 197. 吉尔松：《中世纪哲学精神》，沈清松译，台湾商务印书馆 2001 年版，第 185 页。

③ See Thomas Aquinas, *Summa Theologica*, Ia:47:2.

与其他个人有区别，而且我们无法把个人分为几个个人而不摧毁此一个人。正因为这个理由，我们把这人称为“个体”。对于托马斯而言，中世纪基督教经院哲学所理解的人，不是作为一般概念的人，而是独特的人，是作为个别存在者的人，是作为个体存在者的人。作为个体存在者的人享有认识上帝和渴慕上帝的先验倾向，上帝创造的神圣形象存在于作为个体存在者的所有人身上。①

对于中世纪基督教经院哲学而言，存在者就其作为个别实体而言，才是一个存在者。② 在这个意义上，人不是一个单纯实体，人是不可分割的个别实体，两者同样真实。人是灵魂和肉体相结合而形成的复合实体。同时，人是拥有神圣位格的个别实体。倘若说肉体是人的个体化原则，那是说使我们每一个人都是自己，那赋予我们的神圣位格以一种我们所愿意认识，并且珍如至宝的特殊性，不是由于我们本性中的精神本质，而是由于我们的身体，这似乎不合乎基督教的人性论，不合乎基督教的崇高精神。但是，托马斯的个体化学说所要解释的只是个体化本身，而不是人的特殊性的来源和个体存在的尊严。倘若基督教哲学家沉思，人这个灵魂和肉体的组合体的实体性在于灵魂，这个论题就开始呈现一种新的光明。托马斯指出，“只有藉着使其获得存在的形式，存在者才是绝对的个体。”③人的形式不能以个别主体的方式独立存在，人的灵魂不能以个别实体的方式独立存在。个别实体的性质由

① See Thomas Aquinas, *Summa Theologica*, Ia:93:4.
② See Thomas Aquinas, *Summa Theologica*, Ia:76:1.
③ Thomas Aquinas, *Summa Theologica*, Ia:76:3.

于其形式而隶属于个别主体，因为正是形式赋予质料以现实存在，使个别实体获得独立存在。① 在这个意义上，形式和质料的组合体的存在正是其形式的存在，形式的存在就是整个组合体的存在，因为形式赋予形式和质料的组合体以存在。毋宁说，人的存在正是其灵魂的存在，灵魂的存在就是人的存在，因为正是灵魂赋予完整的人以现实存在。

吉尔松指出，亚里士多德哲学的固有缺陷是，亚里士多德未曾像中世纪基督教经院哲学那样把个别实体的统一性奠基在精神上。对于托马斯而言，个体化的原则可以是质料，个别实体的个体性原则在于形式。形式分享个别实体的个体性，形式是个别实体中的实体性的来源。使个别实体获得独立存在的，正是个别实体的形式。② 毋宁说，真正的个体就是形式。对于托马斯而言，灵魂是一个个体形式，正是灵魂这个个体形式的独立自存，在赋予肉体以现实存在时，使作为个体的完整的人获得独立存在。在这个意义上，灵魂的个体性，只能在灵魂的位格性中获得理解。③ 对于托马斯而言，根据波埃修（Boethius）的定义，位格指享有理性本性的个别实体。享有理性本性的个别实体享有一个尊贵名称：就是位格（person）。在这个意义上，上帝作为无限的精神实体是位格的存在者。根据亚他那修信经，上帝具有圣父、圣子、圣灵三个神圣位格。作为创造者的上帝是无限的神圣位格。作为神

① See Thomas Aquinas, *Summa Theologica*, Ia:47:2.

② See Thomas Aquinas, *Summa Theologica*, Ia:29:2.

③ See Etienne Gilson, *The Spirit of Medieval Philosophy*, p. 201. 吉尔松：《中世纪哲学精神》，沈清松译，台湾商务印书馆 2001 年版，第 188 页。

圣位格的上帝，是自身存在而永恒存在的存在者，拥有无限完满的神圣智慧。在作为创造者的上帝的神圣位格中拥有存在和本质的神圣完满性。①

在存在类比的意义上，天使作为有限的精神实体是位格的存在者，灵魂作为有限的精神实体是位格的存在者。人类灵魂作为享有理性本性的个别实体，就是作为位格的个体存在者。在这个意义上，灵魂就是具有存在尊严的个体存在者。② 位格这个名称一方面意味着享有理性本性的个别实体，另一方面意味着理性实体之间现实存在着的位格关系。在这个意义上，位格意味着关系。位格存在者的神圣本质就是位格存在者之间的神圣位格关系。上帝的神圣本质，就是圣父—圣子—圣灵三个神圣位格之间彼此相爱的现实关系。在这个意义上，上帝的神圣本质就是爱。对于奥古斯丁而言，人类灵魂中铭刻着的上帝神圣形象就是爱。上帝作为圣父—圣子—圣灵的三位一体，就是爱的团契，爱的位格，爱的奥秘，即“爱者—被爱者—爱”的三位一体。圣父是爱者，圣子是被爱者，圣灵是爱。③ 神圣位格，对于作为创造者的上帝而言，既意味着上帝自身的神圣本质，同时意味着上帝自身神圣位格之间的永恒关系，上帝自身神圣位格之间的永恒关系就是上帝的神圣本质。当位格这个名称指向位格存在者之间的位格关系时，位格始终是一个类比词汇，犹如存在是一个类比

① See Thomas Aquinas, *Summa Theologica*, Ia:29:3.

② See Thomas Aquinas, *Summa Theologica*, Ia:29:1.

③ See Augustine, *The Trinity*, VIII:14.

词汇。[1]

三、位格存在者:上帝的神圣形象

作为位格存在者的人,首先是作为个体的存在者,但不只是作为个体的存在者而已。哲学家谈论一个人物,指作为个别实体的存在者,并且拥有属于自己的存在尊严。作为个体的存在者成为作为位格的存在者,是凭藉存在者的最高价值所在。倘若哲学家寻找人的最高价值,只能在人的理性本性中找到,因此中世纪经院哲学家追随波爱修,把人的位格定义为"享有理性本性的个别实体"[2]。这个对于位格的定义固然令人满意,但中世纪基督教经院哲学家依然殚精竭虑地精确确定其定义,并追寻其结果。共相和个别的区分可以运用在一切存在者身上。个别实体是圆满意义的个别存在者。在这个意义上,实体唯独就其个别存在而言,才是个体。在各种存在者中,人禀赋理性,能够理解对象,能够选择其他存在者无法拥有的可能性。在这个意义上,人的理性本性是人的自由本性的根本原理。人的独特性,在于人是自由的存在者——人是自己行动的主人。在这个意义上,中世纪基督教经院哲学家使用位格一词来定义适合一个自由的存在者所拥有的个体性。[3] 在这个意义上,位格指享有自由本性的个别实体,位格性的本质就等同于自由的本质。

---

① See Thomas Aquinas, *Summa Theologica*, Ia:29:4.

② Thomas Aquinas, *Summa Theologica*, Ia:29:1.

③ See Thomas Aquinas, *Summa Theologica*, Ia:29:1.

人的自由本性固然奠基于人的理性本性上，而人的理性本性是灵魂独立自存的基础，也就是人的独立自存的基础。在这个意义上，在现实而完整的人里面，个体性的原理就是位格的原理，位格的原理就是人的个体化原理。理性灵魂的实现性在灵魂把自己赋予肉体的时候，便决定了作为人的个体存在是一个位格，因此个体灵魂按其定义就拥有位格。托马斯关于自由位格的基督教学说，使中世纪基督教经院哲学家远远超越希腊哲学，无论是柏拉图哲学还是亚里士多德哲学。倘若灵魂是一个个别实体，并且是实体性的原理，那是因为灵魂是一个理智，是形式的存在，是不朽的存在。托马斯可以运用亚里士多德的著名原则："个体是为种类而存在。"然而，在中世纪基督教经院哲学中，灵魂渴慕的，不是永恒种类，而是灵魂不朽。就不朽的实体而言，种类永远绵延，个体灵魂同样永远绵延。在这个意义上，个体生命本身亦作为自然的基本目的。现在，在现实的人身上，灵魂是不朽的部分。作为个体存在的人的繁衍是自然的基本目的，毋宁说，是自然的创造者的神圣旨意。上帝自己是人类灵魂的唯一创造者①。

在中世纪基督教经院哲学的位格学说中，作为个体存在的人既然坚实地奠基于理智的实体性和理智的不朽，就获得永恒存在的一切尊严。享有理智本性的个别实体是不可毁坏的，并且由于这种理智实体的永恒性而区别于其他个体。灵魂作为不朽的理智实体，是理性活动独特的源泉，自由地决定自己未来的命运，并为此而承担责任。中世纪基督教经院哲

① See Thomas Aquinas, *Summa Theologica*, Ia:98:1.

学家固然可以察觉,个人生命的永恒性是作为现实而完整的人的全部精神生活的源头。灵魂的精神生活拥有双重活动:理论活动和实践活动。作为个体存在的人是理性的存在者,因此是一个位格,因而能够获得知识,能够分辨善恶,能够实现道德目标。在这个意义上,基督徒的全部生活在于逐渐进步,持续更新,不断完善自己的位格存在,而现实的位格存在唯独在来生才能达到圆满完善的地步。事实上,位格存在者的本质和存在,都是因为理智灵魂作为自由决定的原理而和肉体结合,形成作为个体存在者的理性实体。在这个意义上,真实的位格学说是中世纪基督教经院哲学固有的学说。上帝按照自己的神圣形象创造的人,就是位格的存在者。作为位格的存在者,人是一个思维实体,而且是一个具有自由意志的思维实体。对于托马斯而言,自由意志的本性就是自由选择的本性。① 作为位格的存在者,人在自己的自由行动中保持着自身同一性,而且由于位格存在自身的现实同一性而实现不朽的存在。

即使位格学说的首要原则已经奠定,但中世纪基督教经院哲学家尚未把灵魂内在生命的全部发展同位格观念深刻连接起来,这表明在中世纪基督教经院哲学关于位格观念的原则规范之下,尚且蕴涵着不竭不尽的哲学思想宝藏。托马斯把位格存在者置于宇宙万物中所有可见的个别实体之上。对于托马斯而言,没有任何存在者可以比中世纪基督教经院哲学家定义的"享有理性本性的个别实体"更卓越。托马斯和

---

① See Thomas Aquinas, *Summa Theologica*, Ia:83:3.

那些使用拉丁语的基督教神学家,同样把位格观念运用到上帝身上。事实上,哲学家对于有关位格形而上学所知道的一切,几乎都是在中世纪基督教哲学家讨论上帝三位一体的神学论题中找到的。在波爱修《论基督的两性》中,出现位格的定义,启发着整个中世纪基督教经院哲学,而且深刻影响近代伦理学的发展。波那文都和托马斯为了确认是否可以把位格定义运用在上帝身上,才对波爱修的定义加以考察拓展。① 倘若回到作为中世纪基督教经院哲学起点的哲学原则,在中世纪基督教经院哲学中,一切存在都依赖于作为神圣位格的上帝的创造行动。② 因此位格不是别的,正是存在获得最高完善性的标记。宇宙万物都是上帝藉着圣言创造的,圣言与上帝同在,圣言就是上帝。上帝是存在自身,因为上帝就是神圣位格。③

上帝是存在自身,上帝是神圣位格,上帝是作为神圣位格的创造者。请看这独特而卓越的神圣位格！上帝在《出埃及记》中亲自对摩西说:"我是自有永有的。"④我是自身存在而永恒存在的存在者,这是上帝在自我彰显中的唯一命名,这是上帝在自我彰显中宣告自己的神圣位格和神圣本质。中世纪基督教经院哲学的位格学说,正如中世纪基督教经院哲学的其他学说,都是奠基于《出埃及记》的存在形而上学。作为现

---

① See Thomas Aquinas, *Summa Theologica*, Ia:29:3.

② See Thomas Aquinas, *Summa Contra Gentiles*, III:1.

③ See Etienne Gilson, *The Spirit of Medieval Philosophy*, p. 205. 吉尔松:《中世纪哲学精神》,沈清松译,台湾商务印书馆2001年版,第190页。

④ Thomas Aquinas, *Summa Theologica*, Ia:13:11.

实而完整的人,我们都是位格,因为我们都是一个无限永恒的神圣位格自己的作品。作为现实而完整的人,我们分享神圣位格的位格,犹如我们分享神圣存在的存在。作为现实而完整的人,我们都是原因,因为我们分享创造者的创造能力。作为现实而完整的人,我们作出智慧的选择安排,因为我们都在神圣天意的眷顾之中。毋宁说,作为现实而完整的人,我们都是分享存在自身的存在者。在这个意义上,成为位格存在者,就是分享神圣位格的最高美善。似乎如此一语道破,再没有任何秘密可言。在全部中世纪基督教经院哲学的道德学说中,没有任何术语像位格一样,为中世纪基督教哲学家如此尊崇,把位格确认为人和宇宙万物中最尊贵的存在标记。①

吉尔松指出,在获得关于位格存在者的存在标记如此重要而深刻的发现之后,中世纪基督教经院哲学家似乎突然停止,放弃一切开拓成功的哲学努力。原因何在?这只是表面现象而已。位格观念似乎在中世纪基督教经院哲学的道德学说中没有扮演什么重要角色。但是,倘若哲学家未曾忘记中世纪基督教经院哲学给予位格的定义是享有理性本性的个别实体,即以理性为本体存在的个别实体,便不会认为位格观念在中世纪基督教经院哲学的道德学说中缺席。中世纪基督教经院哲学的道德生活要求人的生活完全合乎理性,没有任何关于道德的讨论不是和位格学说的历史直接相关。位格存在者的实践理性的活动,直接推动着人类生活。位

---

① See Etienne Gilson, *The Spirit of Medieval Philosophy*, p. 205. 吉尔松:《中世纪哲学精神》,沈清松译,台湾商务印书馆 2001 年版,第 191 页。

格存在者在本质上是赤露敞开的,需要不断用新的智慧、新的美德来充实自己,逐渐进步,终致产生所谓的贤人、英雄、艺术家、圣徒这样的伟大人物。这些伟大人物长存不朽。英雄人物的位格典范恒久不衰,深刻地塑造在一个不朽灵魂的精神实体上。这个不朽灵魂的精神实体,终有一天会重新寻回自己的身体,灵魂和身体同进上帝在永恒里为人类预备的荣耀永生。希腊诗人说:在宇宙万物一切可赞美的存在者中,我不知道还有什么比人更值得赞美。自从中世纪基督教经院哲学降临,哲学家不再谈论人,而是谈论人的位格。根据托马斯的经院哲学表述,"位格是全部存在本性中最完美的存在者。"①

托马斯阐述的位格学说,包含着关于享有理性本性的个别实体的基本概念。第一,托马斯同意波埃修对于位格的定义,把位格理解为享有理性本性的个别实体。毋宁说,位格是享有理性本性的"第一实体"。在这个意义上,位格存在者是理性的存在者,是自由的存在者。上帝、天使和作为个体存在者的人都是享有理性本性的个别实体,都是位格,都是位格存在者。② 第二,在希腊哲学语言中,享有理性本性的个别实体被理解为实体(hypostasis)。在这个意义上,位格就是享有理性本性的个别实体,即作为个别存在者的理性实体。在这个意义上,位格作为享有理性本性的个别实体,是人的个体性原理。③ 第三,上帝是神圣奥秘,超越人类的智慧和语言。在基

① Thomas Aquinas, *Summa Theologica*, Ia:29:3.

② See Thomas Aquinas, *Summa Theologica*, Ia:29:1.

③ See Thomas Aquinas, *Summa Theologica*, Ia:29:2.

督教学说中,作为神圣奥秘的上帝就是三位一体的上帝,就是圣父—圣子—圣灵三个神圣位格的上帝。在这个意义上,位格作为享有理性本性的个别实体,是所有存在本性中最完美的存在者。① 第四,位格是享有理性本性的个别实体,同时揭示出理性实体之间的位格关系。对于享有理性本性的个别实体而言,存在的奥秘就是位格关系。在上帝的神圣本质中,圣父—圣子—圣灵在永恒里的神圣位格关系就是三位一体的上帝的神圣实体。在这个意义上,位格(person)的定义同时揭示出位格存在者的智慧本质及其位格关系。对于作为创造者的上帝而言是如此,对于按照上帝神圣形象创造的天使和人类而言,同样如此。②

对于吉尔松而言,中世纪哲学精神即中世纪基督教哲学精神这个主题是如此深刻而卓越,吉尔松在这个关于自然神学的吉福特讲座(Gifford Lectures)的系列演讲中尝试完成的,只是扼要提出一个中世纪基督教哲学纲要,只是扼要提出一些起源于犹太—基督教启示原理的基本哲学观念,这些基本的基督教哲学观念对于希腊哲学家而言是闻所未闻的,甚至连梦都未曾梦想过。吉尔松尝试在对于这些基本的基督教哲学观念的研究中,扼要考察中世纪基督教经院哲学从希腊哲学继承哪些哲学原理和哲学观念,为希腊哲学增加哪些哲学原理和哲学观念。在这个意义上,中世纪基督教经院哲学不是从虚无中创造出全新而特殊的基督教哲学,而是在希腊

① See Thomas Aquinas, *Summa Theologica*, Ia:29:3.

② See Thomas Aquinas, *Summa Theologica*, Ia:29:4.

哲学的鼎盛时期享有自己深远而悠久的哲学根源。中世纪基督教经院哲学不是救恩的必要原理,而是作为基督教学说的深刻而完整的世界观。对于吉尔松而言,倘若没有圣经的启示原理,就没有中世纪基督教经院哲学关于纯粹存在自身的形而上学。倘若没有希腊哲学的形而上学论题,圣经的启示原理也无法产生中世纪基督教经院哲学关于纯粹存在自身的形而上学。在这个意义上,中世纪基督教经院哲学关于纯粹存在自身的形而上学是圣经的启示原理和希腊哲学的形而上学论题的完美契合。吉尔松的中世纪基督教经院哲学研究在于指出,在何种意义上,中世纪基督教经院哲学深刻改变了欧洲哲学的历史进程。①

第三节　吉尔松的乐观学说

吉尔松指出,把基督教学说理解为对于生命的悲观主义,把基督教学说理解为一种出世精神,这是非常普遍的误解。对于世人可以确定其真实存在的现实世界,基督教学说揭示出这不是上帝应许的神圣国度。根据基督教的末世论,门徒生命的盼望不是奠基于这个世界,而是奠基于上帝应许的永恒国度。对于世人而言,基督教末世论应许的上帝国度或者只是一个梦而已。在福音书中,耶稣鼓励渴慕天国的少年人舍弃财富而跟随基督。使徒保罗指出,属基督的人已经把肉

① See Etienne Gilson, *The Spirit of Medieval Philosophy*, pp. 206–208. 吉尔松:《中世纪哲学精神》,沈清松译,台湾商务印书馆 2001 年版,第 191—193 页。

体和肉体的邪情私欲同钉在十字架上，在新生命中唯独顺服圣灵。因为基督耶稣的十字架，就保罗自己而论，世界已经钉在十字架上；就世界而论，保罗自己已经钉在十字架上。使徒保罗确信自己不属于这个世界，而属于上帝应许的永恒国度。耶稣在分离祷告中指出，门徒不属于世界，正如耶稣基督自己不属于世界。用奥古斯丁的神学术语来阐述，就是存在着“上帝之城”和“现世之城”两个迥然不同的国度。“我们所称上帝之城，是圣经上有证据的。”①圣经启示揭示出有一座上帝之城，上帝之城的创造者激励门徒做上帝之城的国民。现世之城的兴衰无法抗拒上帝之城的拓展，无法抗拒上帝在神圣历史中赐下的恩典和拯救。

对于奥古斯丁而言，上帝之城和现世之城两个国度的分水岭不是空间的界限，而是不同的“爱的秩序”，就是在现世生活的人所爱对象的秩序。人类生命的本质取决于爱的对象，毋宁说，取决于所爱对象的秩序。奥古斯丁说：“两种爱的秩序创建着两座城：爱自己以至藐视上帝的人组成现世之城，爱上帝以至轻看自己的人组成上帝之城。”②上帝之城和现世之城的界限泾渭分明，在上帝之城和现世之城的历史发展却在时间上交融，在空间上融合，在世界历史中并存，“直到藉着最后审判二者才被区分开来。”③上帝国度和现世国度的分水岭不是根据民族和国度，而是根据世人和上帝的位格关系，因此具有普世性的意义。在天使堕落之前，上帝国度独

---

① Augustine, *The City of God*, 11:1.

② Augustine, *The City of God*, 14:28.

③ Augustine, *The City of God*, 18:54.

立存在。在新天新地,上帝国度独立存在。在上帝神圣救赎的普世历史中,上帝国度和现世国度经历同样的现实生命,经历同样的人间苦难,区别在于两者享有"不同的信、望、爱"。①在这个意义上,奥古斯丁说基督徒是两个世界的公民,既是上帝之城的国民,也是现世之城的客旅。② 在这个意义上,"最荣耀的上帝之城"③,是奥古斯丁基督教历史观的主题,是奥古斯丁历史哲学的主题。

一、上帝创造的美善

以安东尼为典范的沙漠教父长期住在沙漠和旷野,在隐退宁静的灵修操练中培植属灵生命的玫瑰花园,安东尼的传记是出于著名神学家亚他那修的手笔④,奥古斯丁在《忏悔录》中特别提到沙漠教父安东尼卓越而非凡的属灵生命对于自己皈依经历的深刻影响。⑤ 沙漠教父成为中世纪隐修传统的先驱者。中世纪修院生活的圣经根据来自福音书中耶稣对于少年人舍弃财富跟随基督的教训。隐修士把这些经文和记载耶稣在旷野受试探的经文联系起来,因此,隐修士的许愿象征着基督对于魔鬼试探的三次拒绝。隐修士许愿贫穷,是表达隐修士甘愿完全倚靠上帝的应许和供应。隐修士许愿贞洁,是表达隐修士深信上帝的爱是超越一切而无与伦比的。

---

① Augustine, *The City of God*, 18:54.

② See Augustine, *The City of God*, 14:9.

③ Augustine, *The City of God*, 1: Preface.

④ See Athanasius, *The Life of Saint Antony*, New York: Newman Press, 1950.

⑤ See Augustine, *Confessions*, 8:6.

隐修士许愿顺服,是表示隐修士愿意顺服上帝的主权,将生命毫无保留地奉献给上帝。近代哲学的乐观主义接纳自然,相信人类本性的尊贵价值,欣赏人类本性中的良善,期待本性自身的进步,这就是近代哲学对于基督教所谓悲观主义的抵制。吉尔松指出,在哲学层面,希腊哲学的乐观主义有自己固有的界限。基督教学说真实而深刻的乐观主义不仅表现在沙漠教父的生命典范,更拥有从教父哲学到中世纪经院哲学悠远的形而上学传统。这方面卓越的见证人是奥古斯丁、波那文都、托马斯和司各脱,尤其是作为中世纪基督教哲学思想源泉的圣经启示。①

吉尔松指出,倘若中世纪基督教经院哲学家阐述基督教学说乐观主义的形而上学基础,只需要指出希伯来圣经《创世记》的开篇叙述。在《创世记》的开篇叙述,基督教哲学家直接面对上帝从虚无中创造有形无形的宇宙万物这个基本事实。作为创造者的上帝自己,在每日傍晚默观自己的创造工程,不但宣告上帝从虚无中创造宇宙万物,而且宣告上帝创造的宇宙万物都是美善的。第六日傍晚,上帝默观自己的创造工程,宣称所有的创造物都是美善:上帝看着一切所造的都甚好。从早期教父爱伦纽开始,中世纪基督教的教父哲学家和经院哲学家便以《创世记》的创造叙述和神学陈述作为基督教学说乐观主义的神学原则不可动摇的形而上学基础。爱伦纽在著名著作《反对异端》中指出诺斯替主义的非基督

---

① See Etienne Gilson, *The Spirit of Medieval Philosophy*, p. 109. 吉尔松:《中世纪哲学精神》,沈清松译,台湾商务印书馆 2001 年版,第 106 页。

教本质。爱伦纽深刻阐明有形无形的宇宙万物是上帝创造的神圣作品。[①] 爱伦纽指出,基督教学说的乐观主义是基督教的创造学说的必然推论。全能的上帝从虚无中创造有形无形的宇宙万物,使宇宙万物获得存在,使宇宙万物获得存在的神圣秩序,使宇宙万物获得存在的神圣本质。在作为创造者的上帝和有形无形的宇宙万物之间,不存在任何媒介。[②] 上帝是有形无形的宇宙万物唯一的创造者,上帝有能力对于宇宙万物的神圣秩序担负完全的责任,因为上帝的神圣创造工程是美善的。对于中世纪基督教的教父哲学家和经院哲学家而言,创造形而上学的深刻意义在于阐述基督教学说的乐观主义。

众所周知的事实是,恶的根源问题长期困扰着年轻的奥古斯丁。奥古斯丁在年轻时代陷入摩尼教二元论式的诺斯替学派中。九年之后,奥古斯丁拒绝摩尼教,却没有完全解决自己的哲学难题。此时奥古斯丁仍然必须解释,为什么在上帝创造的宇宙中,会有恶的存在。倘若没有上帝,善从何而来?[③] 对于这个问题,普罗提诺的回答扎根在希腊传统中,也是在诺斯替学派的影响下形成的。普罗提诺说:为什么不直接承认,质料是罪恶的根源即罪恶的原理呢? 存在是善。在某种意义下,质料就是非存在,就是善的缺乏。质料是非存

① See Irenaeus, *Contra Haereses*, III: 25: 5; V: 18: 2; Etienne Gilson, *History of Christian Philosophy in the Middle Ages*, p. 23.

② See Irenaeus, *Contra Haereses*, I:22:1; II:10:4; Etienne Gilson, *History of Christian Philosophy in the Middle Ages*, p. 23.

③ See Augustine, *Confessions*, III–V.

在，同时是恶的真正来源。奥古斯丁年轻时崇拜普罗提诺，普罗提诺的学说对于奥古斯丁充满魅力。把恶归咎于质料，说质料是非存在，用这种方式来阐述世界必然存在的残缺，是多么简单！为什么不接受如此简单的答案呢？不接受，因为这不是答案。普罗提诺的答案，与希腊哲学完全一致，却不是基督教学说。普罗提诺所谓的太一，不是基督教圣经启示的上帝。对于希腊哲学而言，原初质料的存在，上帝没有责任。原初质料的性质，上帝没有责任。即使原初质料是邪恶的，亦不能推论上帝是邪恶的。奥古斯丁藉着圣经的光照，看出普罗提诺哲学原理的缺陷。① 在基督教的创造学说中，上帝从虚无中创造有形无形的宇宙万物。上帝从虚无中创造质料和形式，倘若原初质料是邪恶的，这是匪夷所思的。在奥古斯丁的心路历程中，中世纪基督教经院哲学家得以看到基督教创造学说固有的乐观主义，如何转变为形而上学的乐观主义。中世纪基督教经院哲学家所需要的，就是在奥古斯丁那里寻求真理奥秘。奥古斯丁教导中世纪基督教经院哲学家，基督教存在形而上学的奥秘全部在于阅读《出埃及记》的原文。②

奥古斯丁在希伯来圣经的《出埃及记》中发现，并且令人赞叹地阐述出来：即使作为尚未定型的可能性原则，原初质料亦不可以被视为邪恶的。倘若原初质料是善的，中世纪基督教经院哲学家可以确信，那是上帝创造的神圣作品。奥古斯丁宣称：上帝荣耀而神圣地对摩西说："我是自有永有的"。

---

① See Augustine, *Confessions*, VII.

② See Etienne Gilson, *The Spirit of Medieval Philosophy*, p. 111. 吉尔松：《中世纪哲学精神》，沈清松译，台湾商务印书馆 2001 年版，第 108 页。

上帝对摩西说:"你要这样对以色列子民说,那自有的打发我到你们这里来。"①上帝自己是真实的神圣存在,因为上帝自己是自身存在而永恒存在的绝对存在者。事实上,变化的涵义是这样的:一度曾经存在,现在不再存在。唯有不变迁者,才是真实的存在。至于上帝创造的有形无形的宇宙万物,都以各自的形式从作为创造者的上帝那里获得现实存在。在这个意义上,上帝是最真实的存在,一切的善都因为上帝而存在。本性的一切都因上帝而获得存在,因为本性的一切都是善的。一言以蔽之,一切本性都是善。既然一切存在都来自上帝,一切本性都来自上帝。上帝创造的一切都是美善:"凡存在者,都是善的。"②奥古斯丁阐述的是基督教创造学说肯定全部存在内在完善性的原则。基督教创造学说蕴涵的完善性原则,已经成为中世纪基督教经院哲学家的共同遗产。

对于托马斯的存在形而上学而言,"善和存在在指涉上相同,仅仅在观念上不同。"③所有存在者只有在存在的范围内才是完美的,因为使存在者成为现实的东西就是存在者的存在。因此,善和存在实际上是相同的。④ 对于托马斯而言,存在者的完美性在于存在者的现实性,存在者的现实性在于存在者现实的存在行动。在这个意义上,所有存在者在自身是现实存在的范围内都是完美的。⑤ 在这个意义上,托马斯

---

① Augustine, *The Trinity*, 1:2.

② Augustine, *Confessions*, VII:12.

③ Thomas Aquinas, *Summa Theologica*, Ia:5:1.

④ See Thomas Aquinas, *Summa Theologica*, Ia:5:1.

⑤ See Thomas Aquinas, *Summa Theologica*, Ia:5:1.

宣称："存在的事实本身就是善的。"①中世纪基督教经院哲学的创造学说蕴涵着全部存在内在完善性的原则，同时用来阐述有限的智慧存在者自身中所发生的罪恶起源。毋庸置疑，基督教学说没有否定恶的存在，而是要阐述恶的消极性格，阐述恶的形而上学原理，阐述中世纪基督教经院哲学自身享有战胜邪恶权势的存在形而上学。② 毋宁说，基督教学说固有的乐观主义，在存在形而上学领域阐述着上帝神圣创造的美善，阐述着上帝神圣眷顾的现实，阐述着上帝的神圣眷顾在神圣救赎历史中"以善胜恶"的末世盼望。

上帝创造的有形无形的宇宙万物都是美善的，这是确凿无疑的。同样确凿无疑的是，宇宙万物美善的程度并不相同。基督教学说如何解释恶的存在呢？上帝创造的宇宙万物是美善的，因为宇宙万物是上帝从虚无中创造的。作为有限存在者的宇宙万物具有变化的可能性，上帝不会取消有限存在者的变迁性，因为被创造的事实就是有限存在者变迁性的终极根源。上帝的全能可以泯除上帝自己创造的效果，但上帝有能力眷顾自己创造的全部存在，事实上，上帝眷顾自己创造的全部存在。倘若上帝愿意，上帝可以使有形无形的宇宙万物继续维持不变的同一状态。但这种恒常性和不变性只是受造存在者的表面状态而已。一切藉助上帝的创造行动而获得存在，藉助上帝持续的创造行动而继续存在的有形无形的宇宙

① Thomas Aquinas, *Summa Contra Gentiles*, III:3.

② See Etienne Gilson, *The Spirit of Medieval Philosophy*, p. 113. 吉尔松：《中世纪哲学精神》，沈清松译，台湾商务印书馆 2001 年版，第 108 页。

万物,都不是必然存在,而是经常伴随着坠入虚无的危险。在这个意义上,唯有善的存在者,才可能坠入虚无。①

上帝创造的有形无形的宇宙万物都是美善。作为有限存在者的有形无形的宇宙万物自身倾向虚无,就是说倾向非存在。上帝创造的有形无形的宇宙万物,倘若离开上帝持续的眷顾行动,就会走向虚无。有形无形的宇宙万物在存在论意义上的非必然性,有形无形的宇宙万物在存在论意义上的无常性,是作为有限存在者的有形无形的宇宙万物变迁性的根源。在这个意义上,有形无形的宇宙万物所有存在的形式和行动都在变迁中。所谓的恶,不幸由于智慧存在者的主动选择而进入世界。使智慧存在者犯罪的不是肉体,而是精神给肉体带来死亡。奥古斯丁说:"既然我们都承认作为罪恶的背离善的运动,是一种缺失的运动,而且,既然一切的缺失都是来自虚无,你就可以想想这一运动出自哪里?你可以肯定,这一运动不是出于上帝。既然这一缺失是自愿的,这一运动就是发生在智慧存在者的能力之中。"②毋宁说,"恶不是实体",而是善的缺乏。作为善的缺乏,恶的真实涵义是智慧存在者"败坏的意志背叛最高本体",是智慧存在者"背叛上帝"的意志选择。③

现在全部问题奠基于新的立足点,有形无形的宇宙万物因为上帝的神圣创造而获得存在,而且都倾向于自己的消亡。所以,上帝创造的神圣工程所遭遇的威胁,存在于有限存在者

① See Augustine, *Confessions*, VII:12.

② Augustine, *On Free Chioce of the Will*, 2:20.

③ See Augustine, *Confessions*, VII:16.

自身变迁的可能性。有限存在者这种自身变迁的可能性，对于作为天使和人类灵魂的智慧存在者而言，意味着实际存在的危险。倘若上帝的神圣眷顾和有限的智慧存在者彼此联结，作为创造者的上帝要求被创造的智慧存在者和上帝一同监护宇宙万物自身变迁的可能性。毋宁说，作为创造者的上帝要求有限的智慧存在者承担自己的道德责任。把恶的可能性和有限的智慧存在者自身存在的变迁性联系起来，是中世纪形而上学的最重要的成就。托马斯卓越地指出，创造者和被创造的智慧存在者之间的深刻差别在于，创造者是自身存在而永恒存在的存在者，是神圣本质和神圣存在的先验同一，被创造的智慧存在者是本质和存在的现实结合。① 托马斯的存在形而上学只是把奥古斯丁深刻阐述的创造学说用精确的形而上学语言表达出来而已。奥古斯丁的基督教哲学成就非常卓越，奥古斯丁讨论罪恶起源的形而上学几乎完全没有改变地进入托马斯和司各脱的基督教经院哲学中。

奥古斯丁探讨罪恶起源的形而上学原则导致的结果是，倘若哲学家确认物理的恶享有内在于事物中的积极性质，按照定义而言，这种恶是完全被排除在自然以外的。在这个意义上，物理的恶被归纳为一种低级的善的概念中，毋宁说，归纳到一种善的概念中。一种善即使是一种低级的善，仍然是一种善，因此是一种存在。恶是善的缺乏。倘若善完全消失，存在亦随之消失。倘若基督教哲学家把恶定义为善的缺乏，即智慧存在者缺乏某种应该拥有的善，应该具备的善，这种缺

---

① See Thomas Aquinas, *On Being and Essence*, 5.

乏倘若与那个应该具备的作为美德的积极善完全无关,依然没有意义。恶是善的缺乏,作为一种否定,仿佛只是在思想中存在,除非与善自身的肯定方面相关联,就没有意义,仿佛恶不是实在的存在。在这个意义上,恶的所有涵义,都是由善本身所限定的。我们可以说,善是恶的主体,以致哲学家希望把恶归于善自身。除非与善本身的存在相关,罪恶即无痕迹可追寻无道理可领悟。这固然是奥古斯丁对于罪恶本质的卓越的形而上学表述。在生存论领域,罪恶的观念是真实的,罪恶的现实是真实的,罪恶的权势是真实的,罪恶带来的悲剧亦是真实的。基督教学说必须面对罪恶的论题,尤其是道德领域的罪恶。毋宁说,基督教学说必须面对生存论领域的罪恶。①

二、奥古斯丁的"复形记"

吉尔松指出,幸福和不幸的观念,对于没有位格的存在者而言,显然没有任何意义。对于没有意识的宇宙万物,甚至存在和消亡对于自身而言亦无关紧要。个体消亡而他者接续,此消彼长而奥秘弥彰。整个宇宙的美善不因个体消亡而减少,整个宇宙的和谐反而更形增加。如此和谐的宇宙整体,犹如一篇动人的演说,声音相续而此起彼落,于是产生整体的美善。正如奥古斯丁所说,物理的恶甚至可以归结为积极的善的和谐。对于托马斯而言,宇宙中可朽坏的存在者的出现,只

---

① See Etienne Gilson, *The Spirit of Medieval Philosophy*, p. 114. 吉尔松:《中世纪哲学精神》,沈清松译,台湾商务印书馆 2001 年版,第 111 页。

是增饰不朽坏的存在者的美善和完满。① 倘若基督教哲学家面对的是享有理性本性的个别存在者，是智慧的存在者，是位格的存在者，问题就变得复杂。作为享有理性本性的个别实体，位格存在者觉察到自己的命运，并且为自己的命运感到痛苦。没有位格的宇宙万物只能经历缺陷和消亡，享有理性本性的位格存在者却必须面对不幸和悲惨，于是产生道德恶的问题。人类的苦难包含苦难中的自然要素：痛苦、疾病和死亡。对于人类苦难的奥秘，中世纪基督教经院哲学家如何阐述?

基督教学说拥有的存在形而上学原则足够提供答案，但必须精确阐述基督教的基本结论。基督教哲学家首先必须阐明，人是理性的存在者，无论就人自身而言，还是就可以期待的人类命运而言，就人可以期待的永恒幸福而言，都是卓越的美善。人是按照上帝的神圣形象创造的，用伯尔纳的话来说，“人是秉有伟大能力的伟大受造者。”②被创造的智慧存在者倘若进入上帝建立的神圣团契，必须具有理智而成为位格存在者。被创造的智慧存在者倘若在上帝建立的神圣团契中感到喜乐，必须具有自由意志。拥有善，就是渴慕善并且用意志的行动获得善。上帝创造可以臻于至善的智慧存在者，就是能够分享神圣幸福的智慧存在者，事实上，就是创造具有意志的存在者，位格的存在者，智慧的存在者，自由的存在者。

① See Thomas Aquinas, *Summa Contra Gentiles*, III:71. *Summa Theologica*, Ia:48:2.

② Etienne Gilson, *The Spirit of Medieval Philosophy*, p. 117. 吉尔松：《中世纪哲学精神》，沈清松译，台湾商务印书馆 2001 年版，第 111 页。

既然自由的真谛就是渴慕理智所认识的存在者，基督教哲学家可以宣称：人若享有幸福，必须同时秉有自由。自由是一项伟大的禀赋，也是一项可怕的禀赋，因为自由的存在者可以获得至善，也可以失去至善。奥古斯丁强调人类自由秉性固有的双重可能性，即自由秉性牵涉的变成伟大或者变成悲惨的不确定的双重可能性。存在是善，在所有因存在而善的宇宙万物中，自由是卓越的善，但存在着比自由更卓越的善。比自由更卓越的善是什么？比自由更卓越的善是德性。人不会滥用德性，不会滥用像节制和公义这样的德性，却很容易滥用自由。事实上，自由意志是善，是最卓越的善的必要条件，而不是最卓越的善的充分条件。人类的终极命运取决于人如何运用意志自由。对于按照上帝神圣形象创造的人而言，对于意志自由的运用本身，亦是自由的。毋宁说，在上帝创造的恩典中，作为智慧存在者的人可以自由地选择犯罪，可以自由地选择不犯罪，这就是有限的智慧存在者的自由秉性牵涉的变成伟大和变成悲惨的双重可能性。在这个意义上，奥古斯丁宣称，在基督里尚未得到上帝赏赐的义人，比那生活在乐园里的最幸福的人，更加幸福。①

倘若第一人顺服上帝，就能获得幸福和永生。倘若第一人悖逆上帝而犯罪，就会遭受死亡的惩罚。② 终于，第一人滥用上帝赋予的意志自由，背约犯罪，罪恶和死亡降临人间。③人和所有被创造的智慧存在者一样，都在存在的变迁中。人

---

① See Augustine, *The City of God*, 11:12.

② See Augustine, *The City of God*, 12:22.

③ See Augustine, *The City of God*, 13:15.

既然秉有意志自由，当然能够反抗上帝。事实上，人起来反抗上帝。对于奥古斯丁而言，罪恶的本质不在于追求“本身就是恶”的对象，而在于为了真实的善而放弃更高级的善。放弃更高级的善，就是不义。被创造的智慧存在者“弃绝作为最高存在的上帝而返回自己，自己却不是这样的至高存在”。在这个意义上，有限的智慧存在者的“骄傲是罪孽的开端”。①毋宁说，罪孽的开端就是存在论秩序的颠覆。在这个意义上，善的涵义在于意志的存在论秩序。上帝创造人是为上帝自己的缘故，人的先验本质的完满实现在于上帝的神圣旨意。作为被创造的智慧存在者，人仍然可能喜欢自己甚于喜欢上帝，爱自己甚于爱上帝，这就是伦理的恶。倘若天使未曾首先堕落，就是人类首先把罪恶带进人间。这种伦理的恶有其特殊的性质，甚至和希腊哲学的道德恶之间存在着深刻的差异。

人滥用天赋的意志自由而颠倒善的秩序，比亚里士多德所谓偏离本性禀赋的理性而减少自己的人性更为严重，比柏拉图所谓因犯罪而伤害自己的命运更为严重。人在存在的神圣秩序中带进混乱，而且藉助自己作为有限的智慧存在者的悖逆作为来对抗存在自身。在基督教学说中，第一个道德恶有自己的特殊名称，延伸用于其余从第一个道德恶而出的其他罪恶，这就是“罪”的涵义。中世纪基督教经院哲学家使用“罪”这个名称表达基督教理解的道德恶，就是藉助自由意志的行动而进入被创造的宇宙中，直接损害被创造的智慧存在者对于作为创造者的上帝的依赖关系。在基督教学说中，罪

① Augustine, *The City of God*, 12:6.

的根源是灵魂的悖逆。[①] 在伊甸园的丰盛食物中，上帝禁止第一人享用其中一种对人没有价值的食物。这个禁令非常简单，对于人没有损失。这个禁令是一个明确的记号，表示被创造的智慧存在者对于上帝的依赖。遵守这个禁令，就是承认自己对于上帝的依赖，违背这个禁令，就是否认自己对于上帝的依赖，宣称被创造的智慧存在者自己的善胜过创造者的善。在这个意义上，意志的邪恶导致亚当的背约犯罪。[②] 每一次，人再度犯罪，就是重复第一人起初违抗上帝主权的行动，表示人喜欢自己甚于喜欢上帝，爱自己甚于爱上帝。人既然喜欢自己甚于喜欢上帝，就使自己离开上帝。离开上帝，人就失去自己生命的唯一目标和永恒幸福，使自己堕落在悲惨中。[③]

在这个意义上，关于道德恶的论题，中世纪基督教哲学家明确宣称：一切的恶，或者是罪，或者是罪的后果。[④] 倘若灵魂误入歧途，使理性屈服于肉体，就是把精神中较高级的部分屈服于较低级的部分。人借着这样的存在论错位，在生命中带来混乱，生命存在的平衡遭到困扰。肉体对于精神的反抗，衰弱、疾病、死亡，这些都是作为人类罪恶的惩罚而降临在人类生命中的痛苦。一切所谓痛苦，或者是罪恶，或者是罪恶的惩罚。奥古斯丁重复使徒保罗的神学陈述："这就如罪是从一人入了世界，死又是从罪来的，于是死就临到众人，因为众人都犯了罪。"使徒保罗对于罪恶和死亡的根源的神学阐述，

---

① See Augustine, *The City of God*, 14:3.

② See Augustine, *The City of God*, 14:13.

③ See Augustine, *The City of God*, 13:2.

④ See Thomas Aquinas, *Summa Theologica*, Ia:48:5.

重复着《创世记》关于第一人的堕落叙述。[①] 本性无法知道的事实真相，神圣启示亲自晓谕人类。神圣启示一旦发出，就开辟着中世纪基督教经院哲学家理性沉思的途径。[②]

中世纪基督教经院哲学家终于再度进入论题的核心。倘若基督教哲学在这个基本论题上可以确证自己的真理，就可以用乐观的方式解释这个事实上存在着罪恶的宇宙。奥古斯丁关于这种问题的答案，不久就招致来自伯拉纠主义的攻击。既然伯拉纠主义对于奥古斯丁学说的攻击是在答复一项永恒的哲学难题，简单的哲学方式就是考虑伯拉纠主义的原始形式。简单的问题陈述在于：基督教学说关于罪恶起源的阐述是否具有摩尼教学说的色彩。承认人是上帝按照自己的神圣形象创造的，承认人起初是圣洁良善的，承认人的罪恶出于人滥用自己的自由意志。倘若人犯罪，因为人愿意犯罪。倘若人愿意犯罪，那么人的自由意志必定是恶的，但基督教学说坚持上帝按照自己的神圣形象创造的人是圣洁公义的。在这个基本论题上，基督教学说用乐观的学说反对摩尼教，因为上帝按照自己的神圣形象创造了人，起初人是圣洁公义而完全正直的。[③] 基督教学说用悲观的学说反对伯拉纠主义，因为人滥用自由意志的第一次犯罪使人离开上帝而陷入罪恶和死亡中，使人陷入罪恶倾向中，使人失去原初的公义正直，使人起

---

① See Augustine, *The City of God*, 14:15.

② See Etienne Gilson, *The Spirit of Medieval Philosophy*, p. 119. 吉尔松：《中世纪哲学精神》，沈清松译，台湾商务印书馆 2001 年版，第 113 页。

③ See Augustine, *The City of God*, 12:24.

初的正直本性受到创伤，使灵魂需要医治。①

问题不在于上帝是否创造不变迁的智慧存在者，因为变迁性是被创造的智慧存在者的本性，正如不变迁性是作为创造者的必然存在者的本质。问题在于上帝从虚无中创造自由的智慧存在者。即使天使和人类未曾把内在缺陷表现出来，天使和人类依然是会变迁的存在者。这种潜在的变迁性可能隐而不显，可能由于上帝的恩典而获得保守，但其变迁性依然存在，作为被创造的有限智慧存在者不可磨灭的标记。既然上帝按照自己的神圣形象创造了人，在上帝神圣创造的颠峰出现自由的智慧存在者，上帝按照自己的神圣形象创造的自由的存在者就蕴涵着道德恶的可能性。那么，上帝为什么要创造自由的智慧存在者呢？②

在上帝创造的有形无形的宇宙万物中，天使和人类作为自由的智慧存在者是有形无形的宇宙万物中最尊贵的存在者。在作为创造者的上帝之外，自由的智慧存在者就是被创造的宇宙万物的目的因。上帝创造有形无形的宇宙万物，用以彰显上帝的荣耀，使被创造的智慧存在者分享上帝的幸福。③ 为了使上帝的幸福成为有限的智慧存在者自己的幸福，需要智慧存在者渴慕上帝的幸福。倘若有限的智慧存在者能够渴慕上帝的幸福，同时能够拒绝上帝的幸福。上帝按照自己的神圣形象创造位格的存在者，为使位格的智慧存在

---

① See Augustine, *The City of God*, 13:3.

② See Etienne Gilson, *The Spirit of Medieval Philosophy*, p. 121. 吉尔松：《中世纪哲学精神》，沈清松译，台湾商务印书馆 2001 年版，第 114 页。

③ See Augustine, *Confessions*, 1:1.

者分享上帝的神性生命,使位格的智慧存在者进入上帝的神圣团契。上帝创造宇宙万物,作为位格的智慧存在者的居所。在这个意义上,位格的智慧存在者倘若必然犯罪,就成为本性和目标背道而驰的荒谬存在者。倘若位格的智慧存在者没有犯罪的自由意志,那就根本无法存在,因为倘若位格的智慧存在者不能犯罪,就成为完全没有变迁的存在者,这是存在形而上学的荒谬。倘若没有犯罪能力而同样可以享有幸福,那是更卓越的善,这是上帝自己,以及那些意志降服恩典的上帝选民的能力。① 人作为被创造的有限智慧存在者,倘若愿意,便可以避免悲剧而获得幸福,这已经是相当卓越的善了。②

基督教学说对于罪恶论题的阐述,取决于基督教学说的存在形而上学。基督教学说阐述罪恶论题的深刻程度,完全取决于基督教学说的存在形而上学。基督教学说对于罪恶论题的阐述,在根本上具有基督教学说固有的乐观性格。根据奥古斯丁的深刻理解,罪恶来自位格的智慧存在者滥用自己的意志自由。③ 人类的自由意志在神圣创造中不是邪恶的,也不是对于善恶漠不关心。意志在神圣创造中是良善的,这良善的意志只要继续行善,便可以获得圆满的幸福。第一人首先得到的是他能够不犯罪的自由意志。④ 威胁意志的良善本性的唯一危险,就是被创造的智慧存在者的形而上学的变迁性,这种变迁只是纯粹的可能性,并没有实际存在的痕迹,

---

① See Augustine, *The City of God*, 22:30.

② See Augustine, *The City of God*, 22:1.

③ See Augustine, *The City of God*, 11:15.

④ See Augustine, *The City of God*, 22:30.

而且应该拒绝。上帝神圣眷顾的奇妙方法,可以运用恩典拯救人类脱离罪恶而实现良善。单单考虑罪恶的根源,中世纪基督教经院哲学家已经殚精竭虑,把罪恶理解为可以避免的意外事件,把罪恶驱逐到宇宙固有的美善之外。对于罪恶起源论题的真实阐述,也可以运用到罪恶进入人间以后的世界价值问题上。

通常认为基督教学说理解的宇宙,在罪恶进入人间以后,本性已经完全败坏。事实上,奥古斯丁并不认为堕落以后的本性状态没有价值。奥古斯丁自己的形而上学原则拒绝这种看法。恶既然是善的缺乏,而且只能依附于善,只要存在着恶,必然存在着善。当然,罪恶离开上帝在神圣创造中赐予世界的秩序、华美和真理太遥远,但没有废除一切善。倘若罪恶废除一切善,一定废除一切存在,世界亦不再存在。在这个意义上,对于中世纪基督教经院哲学家而言,倘若罪恶泯除本性,就是泯除罪恶自身。因此,本性不再存在,罪恶就没有依托,将没有罪恶可言。[①] 因此,本性固然堕落,奥古斯丁仍然赞美本性,实在不足为奇。人类在亚当里所丧失的美善,奥古斯丁虽然悲叹,但人类在创造恩典中仍存的,奥古斯丁并不轻视。在奥古斯丁眼中,人类目前悲惨的状态,并未丧失全部存在的荣耀。

中世纪基督教经院哲学家看到的人类,依然繁衍兴盛而遍满全地。人类自身,是上帝可赞美的卓越工程。人类的理

---

① See Etienne Gilson, *The Spirit of Medieval Philosophy*, p. 122. 吉尔松:《中世纪哲学精神》,沈清松译,台湾商务印书馆2001年版,第116页。

智在童年时代仿佛沉睡，然后陆续觉醒发展，产生科学艺术，充满智慧与创造的思想光辉。在人类本性中应该保留多少美善，才能发明如此惊人的科学技术、工业农业和航空航海，实现语言、诗歌和音乐这些高尚艺术，最后还有道德智慧，把自己置身于永恒之途。甚至连人的身体，奥古斯丁都详尽称赞其美丽，因为即使在堕落以后，身体的美丽依然光辉洋溢。倘若基督教哲学家无法理解奥古斯丁，那是因为基督教哲学家没有达到奥古斯丁的神学高度，窥探堕落以前的美丽世界的辉煌景象，而且这世界还要恢复堕落以前的光辉景象。奥古斯丁因此把这世界的光辉称为"悲惨中的安慰"①，这不是说奥古斯丁轻视这个世界。世界对于奥古斯丁而言，比对于今日基督教哲学家要可爱得多：即使今生被定罪，上帝依然赐福，使今生充满幸福。②

奥古斯丁相信，堕落以前的世界曾经更美丽，上帝应许的未来也将有更美丽的命运，所以奥古斯丁接受今日基督教哲学家所接受的祝福，享受今日基督教哲学家所享受的恩典，但奥古斯丁拥有的盼望比今日基督教哲学家的盼望更为确凿而深刻。对于奥古斯丁而言，根深蒂固的罪恶使世人沉沦，上帝的恩典把世人从罪恶中拯救出来，这件事发生在上帝更新万物的新天新地里。由于第一人在乐园中背约犯罪，生活对于世人而言成为惩罚。整个新约的应许就在于，上帝的选民在

---

① Etienne Gilson, *The Spirit of Medieval Philosophy*, p. 123. 吉尔松：《中世纪哲学精神》，沈清松译，台湾商务印书馆 2001 年版，第 116 页。

② See Augustine, *The City of God*, 22:24.

新天新地中享有新的继承权。[①] 上帝的选民在未来世界中将会看见新天新地,将“面对面”地观看上帝,爱慕上帝,赞美上帝。犹如约伯所说:“我从前风闻有你,现在亲眼看见你。”[②] 那里将有真正的荣耀,那里将有真正的光荣,那里将有真正的和平,那里将有永久幸福的喜乐,那里将有永久歌颂的喜乐,那里将有永久安息的喜乐。[③] 吉尔松指出,倘若今日基督教哲学家缺乏奥古斯丁那样确凿而深刻的盼望,不能因此称奥古斯丁为悲观主义,今日基督教哲学家自己才是悲观主义。[④]

三、神圣创造工程的“复乐园”

奥古斯丁关于人类堕落本性的基督教神学观念,在中世纪托马斯和司各脱的基督教经院哲学中获得精确而深刻的神学表述:本性享有自身稳定的本质和确定的轮廓。奥古斯丁确信罪恶权势没有能力摧毁本性。奥古斯丁没有清楚阐述的,就是人类堕落的事实甚至无法改变本性。托马斯详尽讨论人性堕落的论题。在这个论题上,“堕落的本性”这个词语已经包含着本性和堕落两个方面的涵义。倘若中世纪基督教经院哲学家询问:原罪对于人性的良善产生的后果如何?中世纪基督教经院哲学家首先必须确定“人性的良善”涵义何在。在这个形而上学论题中,托马斯指出,“人性的良善”具

---

① See Augustine, *The City of God*, 21:15.

② Augustine, *The City of God*, 22:29.

③ See Augustine, *The City of God*, 22:30.

④ See Etienne Gilson, *The Spirit of Medieval Philosophy*, p. 123. 吉尔松:《中世纪哲学精神》,沈清松译,台湾商务印书馆 2001 年版,第 116 页。

有三种可能的涵义：第一，“人性的良善”指作为理性存在者的人性本身，例如灵魂的力量。第二，“人性的良善”指从理性灵魂的本性和力量而来的人向善的先验倾向。倘若没有这种先验倾向，人甚至无法继续生存。第三，“人性的良善”指人原初的正直，这原初的正直是上帝在神圣创造中赋予第一人的恩典，也是上帝在神圣创造中赋予人类的恩典。①

对于托马斯而言，根据“人性的良善”的第一种涵义，本性良善的真实意义作为理性存在者的先验本质，是无法被罪恶摧毁和削减的。② 倘若根据“人性的良善”第三种涵义来理解，本性的良善不是指本性自身，而是指上帝创造的超自然恩典，才会被第一人的原罪完全摧毁。③ 倘若根据“人性的良善”的第二种涵义，本性的良善指从先验本性而来的向善倾向，罪恶只能予以削弱，而无法完全摧毁。④ 对于奥古斯丁而言，恶是善的缺乏。倘若离开某种良善，恶就无法存在。托马斯指出，离开美德和恩典，恶就无法存在。在这个意义上，第一人的原罪无法将人性的良善完全摧毁。⑤ 人的每次行动都会引发一种习惯，第一人的最初犯罪行动导致人类继续犯罪的倾向，削弱着人向善的先验倾向。尽管被削弱，从先验本性而来的向善倾向依然存在着。在这个意义上，通往德性的途径依然向堕落的灵魂敞开着。⑥ 否认灵魂深处残存着的向善

① See Thomas Aquinas, *Summa Theologica*, Ia2:85:1.
② See Thomas Aquinas, *Summa Theologica*, Ia2:85:1.
③ See Thomas Aquinas, *Summa Theologica*, Ia2:85:1.
④ See Thomas Aquinas, *Summa Theologica*, Ia2:85:1.
⑤ See Thomas Aquinas, *Summa Theologica*, Ia2:85:2.
⑥ See Thomas Aquinas, *Summa Theologica*, Ia2:85:2.

倾向，等于假定人可以同时是人，同时不再是人。对于托马斯而言，罪恶无法削减人的先验本性。[①] 在这个意义上，人的形而上学地位未曾改变，而且独立于一切降临到人身上的悲剧事故。

在这个意义上，中世纪基督教经院哲学既不是满足于这个堕落的本性状态，亦不是否认堕落的本性具有深远的悲剧性结果，而是在堕落的本性中依然看见残存的上帝形象，看见在上帝的神圣拯救历史中恢复人性良善本性的荣耀盼望。吉尔松指出，基督教学说的乐观主义可以追溯到很久以前。奥古斯丁深知身体是上帝从虚无中创造的，身体是美善的。灵魂的职责在于珍惜肉体，以肉体为灵魂的珍贵居所。身体的职责在于服侍灵魂，从灵魂获得秩序、和谐和美丽。中世纪基督教经院哲学家尊崇自然，珍惜身体。诸天述说上帝创造的荣耀华美，穹苍披戴创造者智慧和慈爱的标记。人类对于上帝创造的宇宙万物的赞美充满希伯来《诗篇》，圣弗兰西斯也是如此赞美日月星辰和宇宙万物。人类灵魂倘若和生活、呼吸、存在于其中的宇宙万物具有兄弟般的情谊，一定在其中如此赞美和祝福。这就是纯粹基督徒的灵魂。同一个灵魂赞美作为创造者的上帝，同一个灵魂赞美上帝的神圣创造。[②]

在中世纪历史上没有人像圣弗兰西斯那样刻苦修行，也没有人像弗兰西斯那样赞美宇宙万物的美善："赞美归于上帝和上帝一切的受造物，特别是我们的太阳弟兄，他带给我们

---

① See Thomas Aquinas, *Summa Theologica*, Ia:98:2.

② See Etienne Gilson, *The Spirit of Medieval Philosophy*, p. 126. 吉尔松：《中世纪哲学精神》，沈清松译，台湾商务印书馆 2001 年版，第 119 页。

白天,带给我们日光。太阳是美好的,发出巨大的光辉:主啊,太阳象征着你自己。”①基督教隐修士的修行生活恰恰是基督教学说的乐观主义的表述。中世纪基督教的隐修士希望通过基督教属灵修行,恢复肉体原有的圣洁完美。倘若基督教隐修士不为世界自身的缘故而爱世界,那是因为基督教隐修士深深知道,享用世界的真实途径,就是恢复世界和作为创造者的上帝之间原初关系的完满性。基督教隐修士远离世界的邪恶,其目的正是为了接近世界原初拥有的秩序、美丽和良善。人必须努力工作,在自己和他人内心恢复本性的良善。人应当以英雄的行径更新世界的面貌,恢复世界起初的光辉,一如上帝的神圣创造。再没有比这种中世纪基督教的苦修主义更积极的道德行径,再没有比这种中世纪基督教的苦修主义更充满盼望,更乐观进取的圣洁生活。

中世纪基督教经院哲学的乐观主义学说和其他哲学的乐观主义学说的差异,不在于世界本身是善是恶,而在于现世世界本身是否自足。毋宁说,在于现世世界对于人类灵魂的永恒幸福而言是否已经足够。基督国度的见证和门徒的生命经验指出,本性若期待不依靠恩典而单凭自己的力量,自身无法实现自己,无法获得完满存在。对于奥古斯丁而言,上帝在神圣救赎历史中拥有至高无上的绝对主权:“全能的上帝甚至在人类内心的最深处即灵魂的意志活动中工作,所以上帝藉着自己选择的中保执行自己的旨意。”②在这个意义上,基督

① Francis of Assisi, *Canticle of the Sun.*

② Augustine, *On Grace and Free Will*, 41.

教学说的乐观主义不是否认罪恶的现实,不是向罪恶现实妥协,而是勇敢地面对罪恶现实,与罪恶现实争战,倚靠上帝而胜过罪恶现实。在这个意义上,基督教学说的乐观主义就是在上帝的神圣眷顾中以善胜恶的信心。吉尔松深刻地指出,上帝创造的神圣工程固然由于人类的堕落已经受到深刻的震撼,宇宙万物的残余碎片仍然是美善的,人类灵魂中残存的上帝形象仍然是美善的。在这个意义上,人的存在尊严奠基于人类灵魂深处依然残存着的上帝的神圣形象;人的荣耀盼望奠基于人类灵魂深处依然残存着的上帝的神圣形象;人的永恒幸福奠基于人类灵魂深处依然残存着的上帝的神圣形象。藉助上帝的神圣眷顾,藉助上帝的神圣旨意,藉助上帝的神圣救赎,上帝创造的神圣工程可以获得重建而完全恢复。①

在这个意义上,上帝在人类历史中的神圣救赎工程就是上帝的再度创造,上帝在神圣启示奥秘中所应许的新天新地就是上帝的再度创造。在这个意义上,荣耀的上帝之城就是奥古斯丁基督教学说的历史哲学的神圣主题。在这个意义上,奥古斯丁基督教学说的核心论题就是肯定作为创造者的上帝至高无上的绝对主权,肯定作为创造者的上帝是有形无形的宇宙万物的绝对主宰,肯定人类灵魂在堕落历史中的悲惨无助,肯定人类灵魂对于上帝神圣眷顾和救赎恩典的存在论依赖。作为创造者的上帝在宇宙万物和人类灵魂中的神圣主权,是奥古斯丁基督教学说的思想纲领,是奥古斯丁基督教

① See Etienne Gilson, *The Spirit of Medieval Philosophy*, p. 127. 吉尔松:《中世纪哲学精神》,沈清松译,台湾商务印书馆 2001 年版,第 119 页。

乐观学说的存在形而上学根基。在人类文明历史的跌宕起伏中,作为上帝之城的荣耀国度永远常存,就是作为神圣历史终极盼望的“上帝之城的永久幸福,永久的安息日”。[①] 在永恒里,人类灵魂将在上帝应许的荣耀国度里安息、观看、爱慕和赞美。[②] 在这个意义上,奥古斯丁的基督教学说意味着基督教教父哲学时代的结束,意味着基督教经院哲学的新纪元的开端。奥古斯丁是古代基督教作家的集大成者,是中世纪基督教经院哲学的开路先锋。

① Augustine,*The City of God*,22:30.

② See Augustine,*The City of God*,22:30.

第五章

吉尔松的灵魂学说

倘若深刻考察人作为理性灵魂的位格存在者，基督教哲学家必须研究人作为理性灵魂的理论活动和实践活动的现实条件，探讨人作为理性灵魂的知识活动和道德生命的现实条件。在这个意义上，吉尔松所阐述的中世纪基督教哲学论题，是中世纪基督教经院哲学如何藉助基督教哲学固有的知识论和伦理学来实现作为中世纪基督教经院哲学开端的形而上学和人类学。① 作为在20世纪的时代精神处境中第一个提出中世纪基督教经院哲学原理纲要的基督教哲学家，吉尔松在如此简短的篇幅中尝试去做的，就是提出起源于基督教学说的基本哲学观念，同时揭示出中世纪基督教经院哲学从希腊哲学所承袭的哲学遗产。中世纪基督教的教父哲学和经院哲学不是从虚无中创造基督教哲学，而是在希腊哲学中有深刻的形而上学根源。尽管中世纪基督教的教父哲学和经院哲学气度恢弘而结构完整的形而上学思想大厦，就是吉尔松所谓

---

① See Etienne Gilson, *The Spirit of Medieval Philosophy*, p. 208. 吉尔松：《中世纪哲学精神》，沈清松译，台湾商务印书馆2001年版，第193页。

的高耸入云的基督教思想的大教堂,并不构成救恩真理的必要条件,中世纪基督教的教父哲学和经院哲学在欧洲哲学历史中的真正意义在于:真正的哲学依然在中世纪基督教学说中继续生存。在这个意义上,基督教学说成为中世纪基督教经院哲学沉思的不竭源泉。①

对于中世纪基督教经院哲学史研究而言,唯一的哲学论题在于:希腊哲学在进入中世纪基督教学说的现实历史环境之后,是否获得崭新的思想源泉而呈现崭新的思想面貌?对于吉尔松而言,基督教哲学的概念自身已经包含着对于这个问题的正确解答。倘若没有圣经启示,就不可能有关于存在自身的基督教形而上学和作为位格存在的基督教人类学。倘若没有希腊哲学,即使有圣经启示,也不可能产生关于存在自身的基督教形而上学和作为位格存在的基督教人类学。在这个意义上,关于作为存在自身的基督教形而上学和作为位格存在的基督教人类学构成中世纪基督教经院哲学的基本特色。就其哲学自身的创造性和建设性而言,中世纪哲学精神就是基督教哲学精神。在这个意义上,中世纪是一个哲学进步的时代,是一个哲学繁荣的时代,是一个哲学创造的时代。尽管中世纪哲学无法道尽全部基督教哲学的本质,无法道尽全部基督教哲学的奥秘,无法道尽全部基督教哲学的蕴涵,只是标示出基督教哲学精神,中世纪基督教经院哲学依然揭示出基督教哲学最出色的本质及其最

① See Etienne Gilson, *History of Christian Philosophy in the Middle Ages*, p. 5.

卓越的原创性。①

第一节　吉尔松的认识论

中世纪基督教的经院哲学关于存在自身的形而上学，决定着中世纪基督教经院哲学固有的人类学，同时决定着中世纪基督教经院哲学固有的认识论。无论是理性灵魂还是理性灵魂的认识对象，两者都依赖作为创造者的上帝，因为在中世纪基督教的教父哲学和经院哲学中，上帝是全部存在的源泉，上帝是全部真理的源泉。中世纪基督教经院哲学作为理性灵魂的理智生活，"在理性认识中，我们的理智可以伸展到无限的对象。……所以，必须存在着一个可知的无限对象，而且这个无限的认识对象必须是万事万物中的最高存在者，就是我们所说的上帝。"②作为被创造的智慧存在者，理性灵魂的理智生活所寻求的真理按其本性而言都是自动自发地指向作为存在自身的上帝，都是理性灵魂寻找上帝的心路历程。"任何知识，在其认识任何事物时，都隐约地认识上帝。"③奥古斯丁在《忏悔录》中赞美作为全部存在根源和全部真理根源的上帝：你是为了自己的缘故而创造我们，我们的心若不安息在你的怀中，便无法获得安息。对于中世纪基督教经院哲学而言，作为存在自身的上帝是全部真理的根源，亦是全部真理的

① See Etienne Gilson, *The Spirit of Medieval Philosophy*, p. 208. 吉尔松：《中世纪哲学精神》，沈清松译，台湾商务印书馆 2001 年版，第 192—193 页。

② Thomas Aquinas, *Summa Contra Gentiles*, I:43.

③ Thomas Aquinas, *Summa Contra Gentiles*, I:1.

鹄的："几乎所有哲学思维都以认识上帝为目的。"①在这个意义上，唯独藉助上帝的普世性启示，作为智慧存在者的理性灵魂才可能获得关于存在自身的形而上学真理；唯独藉助上帝的特殊启示，作为智慧存在者的理性灵魂才获得关于存在自身的完满而深刻的形而上学真理。

一、认识自己

苏格拉底"认识你自己"的哲学格言，经由基督教教父哲学家奥古斯丁到近代基督教哲学家帕斯卡，"认识你自己"始终是欧洲哲学史上悠久而深刻的作为斯芬克斯之谜的人类学论题。苏格拉底从德尔斐神谕（Delphic Oracle）中获得"认识你自己"的命令，把这个哲学论题理解为哲学目标和哲学方法，教导哲学家寻求认识自己，以便成为更良善的人。无论"认识自己"是如何艰难，哲学家决定研究人自己，却没有什么神秘可言。毋宁说，"认识你自己"的命令从神谕之口转到苏格拉底之口，已经完全失去神秘性。直到中世纪基督教经院哲学家严肃思考"认识自己"并赋予"认识自己"以基督教学说的诠释，"认识自己"的哲学论题重新获得自己的神秘性。中世纪基督教经院哲学家思考人性的任何涵义，必然把人指向作为创造者的上帝，把人理解为上帝按照自己的神圣形象创造的卓越作品。就人性自身的卓越和尊严而言，中世纪基督教经院哲学家从圣经启示中获得人性的神圣来源。在《创世记》的创造叙述中，上帝说："我们要照着我们的形象、

① Thomas Aquinas, *Summa Contra Gentiles*, I:4.

按着我们的样式造人，……上帝就照着自己的形象造人，乃是照着他的形象造男造女。”（创1:26—27）在这两节经文中，《创世记》强调上帝按照自己的形象创造人，由上帝的神圣创造作为铭刻在灵魂深处的神圣形象，主宰着人作为人深刻而内在的先验神圣本质。①

吉尔松尝试指出，中世纪基督教经院哲学的创造学说如何深刻转化着“认识自己”的哲学论题。作为上帝创造的神圣形象的首要特征就是人性的普世性。因为上帝创造的缘故，上帝自己的神圣形象构成人性本身先验的神圣本质。对于中世纪基督教经院哲学的人类学而言，人类学的首要原理在于：全部人类，毫无例外地都是按照上帝的神圣形象创造的。② 上帝的神圣形象就是作为神圣位格的智慧存在者，所以，按照上帝神圣形象创造的人，就是作为智慧存在者的神圣位格。③ 托马斯指出，理性灵魂里面的上帝形象可以从三个方面来理解。第一，作为智慧存在者的理性灵魂享有认识上帝和爱上帝的先验倾向。第二，作为智慧存在者的理性灵魂在神圣救赎恩典中寻求认识上帝和爱上帝。第三，作为智慧存在者的理性灵魂在荣耀的上帝肖像中完满地认识上帝和爱上帝。④ 既然《创世记》的创造叙述如此记载，上帝按照自己的神圣形象创造人类的起源学说，就成为中世纪基督教经院哲学人类学的共同遗产。在托马斯、波那文都、司各脱的经典

① See Thomas Aquinas, *Summa Theologica*, Ia:90:2.

② See Thomas Aquinas, *Summa Theologica*, Ia:93:4.

③ See Thomas Aquinas, *Summa Theologica*, Ia:93:4.

④ See Thomas Aquinas, *Summa Theologica*, Ia:93:4.

作品中,可以找到同样的人类学学说。①

上帝的神圣形象指什么?根据《创世记》原文的意思,可以获得简单的观念。《创世记》记载,上帝按照自己的神圣形象创造人,叫人在宇宙万物中做创造者的助手,即宇宙的园丁。上帝亲自创造宇宙万物,人何以作为宇宙的园丁而成为创造者的助手?人是自由的存在者,而宇宙万物不是自由的存在者。那么,人的自由的终极根源何在?人的自由出于理性灵魂拥有的理性认识和选择能力,理性灵魂拥有接受上帝的美德和恩典的能力。在这个意义上,上帝的神圣形象指人性中最高贵的理性和自由。在这个意义上,上帝的神圣形象指人的自由意志。基督教哲学家不可能减损自由而不使自由变质,自由是一种圣洁而永恒的完美,是作为上帝神圣形象的自由。同时,奥古斯丁强调心灵卓越的价值,心灵有能力向上帝的神圣光照敞开自己。在这个意义上,奥古斯丁把上帝的神圣形象理解为灵魂和上帝的直接接触的位格关系。毋宁说,理性灵魂在记忆、理解和爱中,获得完满的创造者的神圣形象。② 人的自由意志与灵魂和上帝之间的神圣位格关系,这是两个密切相关的论题,用来理解人的理性灵魂深处所铭刻着的上帝的神圣形象。③

吉尔松指出,中世纪基督教经院哲学家指出人是上帝的神

---

① See Etienne Gilson, *The Spirit of Medieval Philosophy*, p. 211. 吉尔松:《中世纪哲学精神》,沈清松译,台湾商务印书馆 2001 年版,第 198 页。

② See Augustine, *The Trinity*, 14:5.

③ See Etienne Gilson, *The Spirit of Medieval Philosophy*, p. 212. 吉尔松:《中世纪哲学精神》,沈清松译,台湾商务印书馆 2001 年版,第 199 页。

圣形象,不是简单地说,灵魂是一幅图画,足以完全彰显上帝的神圣奥秘。毋宁说,中世纪基督教经院哲学家在神圣救赎历史中指出人是上帝的神圣形象,不只是在创造论的意义上谈论上帝的神圣形象,而且是在救赎论的意义上谈论上帝的神圣形象。在这个意义上,中世纪基督教经院哲学的核心论题不是上帝按照自己的神圣形象创造人,而是灵魂如何寻找真理而回到创造者面前,恢复灵魂深处的上帝的神圣形象。用奥古斯丁《论三位一体》的基督教人类学范畴来阐述,中世纪基督教经院哲学的核心论题就是灵魂的"复形记"。① 在这个意义上,人并不是仅仅因为自己是上帝的神圣形象而成为上帝的神圣样式,而是由于人意识到自己是上帝的神圣形象,使灵魂藉助真实的上帝神圣形象而达到创造者面前。托马斯指出:"上帝的神圣形象在灵魂中,视灵魂朝向上帝或拥有使自己朝向上帝的能力而定。"②司各脱固然强调上帝的神圣形象是铭刻在灵魂深处的神圣位格,同时指出:铭刻在理性灵魂里面的上帝神圣形象,唯独指向其典范,始得成为完美的上帝神圣形象。③

在这个意义上,中世纪基督教经院哲学的人类起源学说,深刻影响着哲学家对于人性的看法。这种影响是深刻而决定性的,产生着中世纪基督教经院哲学独特的"认识自己"的人类学视野,即基督教的苏格拉底学说。④ 对于哲学家而言,

---

① See Augustine, *The Trinity*, 12:1-14:26.

② Thomas Aquinas, *Summa Theologica*, Ia:93:8.

③ See John Duns Scotus, *Oxoniense*, I:3:11:7.

④ See Etienne Gilson, *The Spirit of Medieval Philosophy*, p. 213. 吉尔松:《中世纪哲学精神》,沈清松译,台湾商务印书馆 2001 年版,第 200 页。

"认识自己"固然是哲学沉思的首要论题,因为唯独对于人自己的确凿知识提供着人类生命的行为规范的人类学基础。对于中世纪基督教经院哲学家而言,灵魂的真实益处在于获得上帝预备的神圣救恩。人若赢得全世界而丧失自己的灵魂,有何益处?① 苏格拉底劝勉哲学家专注于"认识自己",中世纪基督教经院哲学家把"认识自己"的哲学论题理解为认识上帝的神圣创造——认识上帝赋予人的神圣本性,认识上帝赋予人的存在尊严,认识上帝赋予人在宇宙万物中的存在论地位,认识上帝赋予人的存在鹄的,认识上帝赋予人的神圣真理而转回作为创造者的上帝面前。对于哲学家而言,对于"认识自己"的人类学论题感兴趣的,似乎主要是伦理学家,而不是形而上学家。人作为智慧存在者而立足于有形无形的宇宙万物之中,最必要的哲学认识就是对于自己的认识。事实上,从救恩的益处来看,认识自己的必要性是绝对的。对于基督教学说的救恩论而言,认识自己是知识的逻辑开端、知识的真实对象和知识的终极目标。哲学知识倘若不是奠基于对于自己的真正认识,就是无益的。在这个意义上,"认识自己"成为极度重要而影响深远的绝对命令:唯独"认识自己"是真正的哲学智慧。

圣伯尔纳(St. Bernard)深刻而卓越地指出:不为自己而获得智慧者,不是真正的智者。愿每个人都首先饮食自己井中的泉源,首先从思想自己开始,以认识自己为终结。当你的

---

① See Etienne Gilson, *The Spirit of Medieval Philosophy*, p. 214. 吉尔松:《中世纪哲学精神》,沈清松译,台湾商务印书馆 2001 年版,第 200 页。

思想徘徊于别处时,召唤你的思想回到你自己身上。这样将会结出救恩的果实。对于你自己,你是开端,你是终结。① 在这个意义上,中世纪基督教经院哲学家应当首先发掘自己井中的源泉,以认识灵魂的本性和命运为开端,以认识灵魂的本性和命运为归宿。竭力将哲学沉思专注在灵魂自身的本性和命运身上,这样会结出救恩的果实。对于理性灵魂自己,灵魂自己的本性和命运是哲学智慧的开端,灵魂自己的本性和命运是哲学智慧的归宿。吉尔松指出,基督教学说令人惊异的地方在于,中世纪基督教经院哲学家发现:倘若理性灵魂只想认识自己而已,理性灵魂就无法真正认识自己。毋宁说,理性灵魂不认识上帝,就无法认识自己。除非人仰望上帝而谦卑地省察自己,理性灵魂无法清楚地认识自己。除非认识上帝,理性灵魂就无法认识自己。在这个意义上,奥古斯丁宣称:"我渴望认识上帝,认识自己的灵魂。"②奥古斯丁在理性灵魂的创造者面前的真正渴望就是:"使我认识自己,使我认识你!"③

对于奥古斯丁而言,理性灵魂认识自己的奥秘,在于认识理性灵魂的存在论地位,认识上帝、宇宙、灵魂之间的存在论秩序。奥古斯丁在《上帝之城》中指出,存在秩序就是创造者使相同或相异的存在者各得其所的神圣安排。④ 倘若理性灵

---

① See St. Bernard, *De consideratione lib.* II. Cha III, n, 6; Etienne Gilson, *The Spirit of Medieval Philosophy*, p. 215. 吉尔松:《中世纪哲学精神》,沈清松译,台湾商务印书馆 2001 年版,第 201 页。

② Augustine, *The Soliloquies of Saint Augustine*, I:2:7.

③ Augustine, *The Soliloquies of Saint Augustine*, II:1:1.

④ See Augustine, *The City of God*, 19:13.

魂渴望认识自己的本性和命运，就必须认识灵魂自己的存在论地位。归根结底，这是苏格拉底格言的真谛所在。对于中世纪基督教经院哲学家而言，认识自己就是认识理性灵魂在神圣创造秩序中确实的存在论地位。对于基督教哲学而言，“认识自己”的奥秘精辟而深刻地表达在帕斯卡的庄严短语中：“人的伟大和人的渺小。”①对于“认识自己”的人类学主题，中世纪基督教经院哲学家耳熟能详。上帝按照自己的神圣形象创造了人，人一度知道自己的本性，知道自己在宇宙秩序中的存在论地位。不幸，人在寻求真理的历程中曾经遗失这珍贵知识，必须竭尽全力去恢复这珍贵知识。人的伟大在于人是按照上帝的神圣形象被创造的智慧存在者。人是理性的存在者，人是自由的存在者，人是位格的存在者。但是，人的伟大不是出于自己。一旦理性灵魂认识到人作为智慧存在者的卓越不是出于自己，就足以认识人的悲惨。② 理性灵魂若不认识自己的尊严，不足以认识自己。理性灵魂若认识自己的尊严而不认识比自己更伟大的存在，就是不认识自己的渺小。人的伟大在于理性灵魂自身铭刻着上帝的神圣形象，人的悲惨在于灵魂的创伤及其伴随着的苦难。在这个意义上，基督教良心的省察就在于确定人类在恢复灵魂里面上帝神圣形象的神圣救赎历史中，置身何种地位。

在恢复灵魂深处上帝神圣形象的神圣旅途中，在奥古斯

① Etienne Gilson & Thomas Langan, *Modern Philosophy: Descartes to Kant*, pp. 121–124.

② See Etienne Gilson, *The Spirit of Medieval Philosophy*, p. 216. 吉尔松：《中世纪哲学精神》，沈清松译，台湾商务印书馆 2001 年版，第 202 页。

丁所谓灵魂“复形记”的神圣旅途中,中世纪基督教经院哲学家认识自己和世人在“伟大和悲惨”的共同命运中深刻的同胞情谊:“那么退回你的内心吧!……面对你自己如同面对别人一样,为你自己哭泣吧!哭泣你的罪恶、得罪上帝;向上帝倾诉你的一切软弱,你的一切仇敌的奸恶,当你瘫痪在眼泪之中时,请你记起我来。因为我已经认识你,并且在基督里爱你,我记载你每个应罚的恶念和每个应赏的善念。我是罪人,也是神父,战立在上帝台前之时,未尝忘却你。你亦应记起我,爱我,让我分享你的祷告。当你为自己和邻舍祷告时,我也将出现在你的记忆中。你不必惊异‘出现’这个字眼,因为倘若你真爱我,而且因为我是上帝的神圣形象而爱我,那么我就出现在你里面,犹如你出现在自己里面一般。凡实在是你的,亦是真我。每一个理性灵魂实在就是上帝的神圣形象。所以谁若在自己里面寻找上帝的神圣形象,同时就是寻找邻舍。而那个寻找的,若找到了,就发现上帝的神圣形象在全人类中,皆是如此,因为人的理智就是他的眼睛。倘若你看见你自己,你就等于看见我,因为我就是你之所是。倘若你爱这上帝的神圣形象,你必定爱我,因为我就是上帝的神圣形象。而我既爱上帝也必定爱你,我们倘若寻找自己,走向自己,就必经常出现在别人之中,而且在上帝之中彼此相爱。”①

毋庸置疑,这是中世纪基督教经院哲学对于“爱的秩序”的卓越阐述。倘若理性灵魂认识在自己的存在之上尚有神圣

① Pseudo-bernard, *Meditationes de Cognitione humanae conditionis*, Cap. V. art. 14–15. See Etienne Gilson, *The Spirit of Medieval Philosophy*, p. 218. 吉尔松:《中世纪哲学精神》,沈清松译,台湾商务印书馆 2001 年版,第 203 页。

存在,此刻理性灵魂所面对者,实在是幽暗而恐怖的神圣奥秘。问题在于灵魂本身就纠缠在这神圣奥秘中。倘若理性灵魂确实是上帝的神圣形象,倘若灵魂不认识上帝,如何认识自己?倘若理性灵魂确实是上帝的神圣形象,灵魂应当如何认识自己?理性灵魂的深邃使灵魂自己成为不可言喻的神圣奥秘。谁认识作为创造者的上帝的神圣奥秘?谁认识嘴稳智慧存在者的灵魂的神圣奥秘?或者灵魂的神圣奥秘比上帝的神圣奥秘更超越理性灵魂的理解?倘若理性灵魂确实对于自己一无所知,那是因为理性灵魂自己分享着上帝的神圣奥秘。理性灵魂是按照上帝的神圣形象创造的。因为上帝的神圣本质超越理解的形式,灵魂以无法言说而无法认识的姿态彰显上帝的至善。奥古斯丁精辟阐述理性灵魂的神圣奥秘:"上帝在人的灵魂里面铭刻自己的神圣形象,上帝的神圣形象就铭刻在人的灵魂里面,因为灵魂就是上帝的神圣形象,所以灵魂即使对于自己,亦不可思议。"①

对于奥古斯丁而言,理性灵魂自己无法理解自己,因为理性灵魂自己是上帝的神圣形象,理性灵魂自己就是存在的神圣奥秘。在奥古斯丁的记忆学说中,理性灵魂为探求自身本质而逐渐深入彼此连续的感觉—观念—真理的存在层面,从而进入神圣奥秘:我自己完全无法把握我是什么。吉尔松卓越地指出,这是在欧洲哲学史上第一次,人自己作为一个神圣奥秘,一种形而上学惊奇,一个存在论意义的斯芬克斯之谜:

---

① Augustine, *De Symbolo*, I:2; See Etienne Gilson, *The Spirit of Medieval Philosophy*, p. 220. 吉尔松:《中世纪哲学精神》,沈清松译,台湾商务印书馆2001年版,第205页。

"我的上帝,我究竟是谁?我的本性究竟是什么?"①理性灵魂既然倚靠上帝的神圣光照而窥视神圣奥秘,上帝自己必然临现在理性灵魂面前。如此,谈论灵魂的深邃是不够的,因为理性灵魂已经来到作为创造者的上帝面前,看见神圣创造者的真实临在,充满对于作为创造者的上帝的惊愕和圣洁的敬畏——理性灵魂在作为创造者的上帝面前,为灵魂自己而惊愕,认识到在自己灵魂本性的表象下所蕴涵的神圣奥秘:"你认识我,我也将认识你。我将认识你和你认识我一样。"②倘若理性灵魂作为上帝的神圣形象而无法理解自己,那是因为认识灵魂自己的形而上学结论,正是认识上帝的形而上学开端:"你高高在上照耀着我,我将凭藉我的灵魂,上升到你身边。"③由于上帝奇妙的慈爱,上帝的独生子用自己的血救赎我们。"凡追求上帝的人,都将赞美上帝。"④

在这个意义上,中世纪基督教经院哲学的伦理学进而在中世纪基督教神秘主义学说中寻求人类学的终极理解。圣维克多的理查德(Richard of St. Victor)毫不犹豫地这样从事哲学沉思。认识理性灵魂自己本性的要求,是来自上帝的神圣天命。倘若基督教经院哲学家遵行上帝的神圣天命,就是在精神上来到作为创造者的上帝面前。理性灵魂作为被创造的有限智慧存在者享有的知识如何伟大,拿来和作为创造者的上帝的神圣知识相比较,就是微不足道。理性灵魂完美地认

---

① Augustine, *Confessions*, 10:17.
② Augustine, *Confessions*, 10:1.
③ Augustine, *Confessions*, 10:17.
④ Augustine, *Confessions*, 10:43.

识自己是人类知识的颠峰。在这个意义上，柏拉图和亚里士多德未曾攀登到灵魂认识自己的知识颠峰。倘若柏拉图和亚里士多德曾经攀登到灵魂认识自己的知识颠峰，就不会崇拜偶像，屈膝在受造物面前而昂首反抗作为创造者的上帝。①圣维克多的理查德清楚地分辨出希腊哲学卓越的人性论和异教崇拜之间的关系，因为亚里士多德竖立宙斯和戴米德的神像是因为理性灵魂对于认识自己的无知。在这个意义上，唯有中世纪基督教经院哲学家知道人性尊严的神圣根源，知道人自己是创造者的神圣形象，知道人性的深度远超过人的自身认识。理性灵魂对于自己的完满认识，是只存在于灵魂和上帝的神秘契合或者在来生中才能实现的理想。②

基督教哲学家倘若从理性灵魂认识自己奥秘的角度去研究中世纪基督教经院哲学家的著作，莫不惊讶于中世纪基督教经院哲学家对于灵魂自身认识的重视。中世纪基督教经院哲学家并不关心理性灵魂存在的问题，因为奥古斯丁已经把理性灵魂的存在奠定在确凿可靠的经验事实上。中世纪基督教经院哲学家关心的问题，是灵魂如何可以透彻地理解自己的本质，以及理解到何种程度。“理智灵魂如何在自身中认识自己”，③这是托马斯灵魂学说的基本论题。对于托马斯而

---

① See Richard of St. Victor, *Benjamin minor* Cap. LXXV. Etienne Gilson, *The Spirit of Medieval Philosophy*, p. 222. 吉尔松：《中世纪哲学精神》，沈清松译，台湾商务印书馆 2001 年版，第 206 页。

② See Richard of St. Victor, *Benjamin minor* Cap. XIV. Etienne Gilson, *The Spirit of Medieval Philosophy*, p. 222. 吉尔松：《中世纪哲学精神》，沈清松译，台湾商务印书馆 2001 年版，第 207 页。

③ Thomas Aquinas, *Summa Theologica*, Ia:87.

言，理智灵魂不是藉助自身的神圣本质认识自己，而是藉助理智灵魂自身的认识行动认识理智灵魂自己。理智灵魂凝视着永恒真理，在上帝的永恒计划中理智灵魂所凝视的永恒真理。理智灵魂在对于永恒真理的凝视中认识自己。① 理性灵魂按其本性而言，唯独藉着灵魂自己的认识行动认识灵魂自己和灵魂自己的先验倾向。中世纪基督教经院哲学家持续不断提出相同的认识论论题，解决灵魂如何认识自己的问题。灵魂的自我认识在中世纪基督教经院哲学中变得极端重要。倘若哲学家希望在基督教文明诞生以前的希腊哲学中寻找这类作品，等于缘木求鱼。②

对于中世纪基督教经院哲学家而言，灵魂是不朽的精神实体，秉有不朽的位格存在。所有卓越的中世纪基督教学说都拥有相同的结论：灵魂的直观不等于直观的灵魂。虽然理性灵魂直接呈现给自己，却不能直接理解自己，因为在灵魂本质的精神性和理性灵魂对于自己的认识之间，存在着感觉显现的帷幕。灵魂知道自己是无形的精神实体，却看不见自己的精神实体。奥古斯丁学派主张灵魂透过自己的本质认识自己，同时确信，离开媒介，灵魂作为精神实体的灵魂无法理解自己。原因何在？因为理性灵魂的神圣奥秘是上帝的神圣形象。作为创造者的神圣存在是无限的精神实体，永恒地在完满行动中认识自己，这个完满行动就是上帝的圣言。在这个意义上，作为创造者神圣行动的圣言迥然不同于亚里士多德

---

① See Thomas Aquinas, *Summa Theologica*, Ia:87:1.

② See Etienne Gilson, *The Spirit of Medieval Philosophy*, p. 223. 吉尔松：《中世纪哲学精神》，沈清松译，台湾商务印书馆 2001 年版，第 207 页。

的纯粹思想。作为创造者的上帝不是"思想的思想",而是"作为存在自身的思想",所以灵魂必定能够在作为创造者的上帝中认出这个无限实体的临在。上帝藉着自己对于自己的完满认识,把自己显示给自己。人是按照上帝神圣形象创造的精神实体,灵魂是自己认识自己的充足原因。灵魂是自己认识自己的充足原因,却在自己的直接理解之外。灵魂在有限存在的存在论地位寻求神圣知识而呈现自己的本质,而且藉着呈现自身本质而指向灵魂自己。犹如在上帝之中,圣父生出圣言,藉着圣灵将圣言结合于圣父之中。①

灵魂藉着什么途径认识自己?藉着灵魂自身认识永恒真理的"内心颠峰"。灵魂自身认识永恒的内心颠峰就是铭刻在灵魂深处的上帝神圣形象。托马斯把心灵放在理智——人这个个别实体的形式向神圣理念的敞开之处。② 毋宁说,托马斯把心灵放在理智灵魂对于作为创造者的上帝的敞开处,把心灵放在理智灵魂对于神圣启示原理的敞开处。在这个意义上,整个中世纪基督教经院哲学的思想创造力,整个中世纪基督教经院哲学藉助首要原则来建造完整知识大厦的创造性源泉,全部来自并透过灵魂最高级最深邃的内涵,即理智灵魂以被创造的智慧存在者的身份分享作为创造者的上帝的神圣智慧。吉尔松卓越地指出,奥古斯丁、托马斯、波那文都这些卓越的中世纪基督教经院哲学家阐述的光照说彼此之间存在

---

① See Augustine, *The Trinity*, IX:11-12.

② See Thomas Aquinas, *De Veritate*, Iqu. XII, art. 1; Etienne Gilson, *The Spirit of Medieval Philosophy*, p. 225. 吉尔松:《中世纪哲学精神》,沈清松译,台湾商务印书馆 2001 年版,第 209 页。

着细微区别，但对于灵魂直接获得作为创造者的上帝光照这种神秘本性却是异口同声，甚至近代哲学家对于中世纪基督教经院哲学的光照说亦无法忘怀。① 对于马勒伯朗士而言，灵魂是如此完美，以致于心灵无法窥伺灵魂自身的神圣本质。对于笛卡儿而言，似乎清楚明确的"我思"依然充满着中世纪基督教学说的神秘意义。②

对于笛卡儿而言，心灵的无限观念的根源在于神圣光照。上帝在创造我的时候把这个心灵的无限观念放在我心灵之中，"犹如工匠刻印在其作品上的标记。"③可见笛卡儿哲学可以追溯其一切原则的原则，直到上帝的神圣存在。因此，笛卡儿所论述的灵魂并不排斥上帝面容神圣之光的烙印。马勒伯朗士认为，这一烙印由存在观念所构成。帕斯卡把两个分离的论题综合起来。帕斯卡区分两种精神实体的自我认识，其一是默观的，即上帝自身的自我认识；其二是实践的，即苏格拉底"认识自己"的内省方法。吉尔松指出，帕斯卡超越苏格拉底的地方，在于上帝从虚无创造人的基督教观念和作为上帝神圣形象的人类学。帕斯卡论及认识自己的实践亦迥然不同于苏格拉底。帕斯卡说："要知道人不只是人，而应该从你的主人那里学得你原来一无所知的真实条件。倾

① See Etienne Gilson, *The Spirit of Medieval Philosophy*, p. 225. 吉尔松：《中世纪哲学精神》，沈清松译，台湾商务印书馆 2001 年版，第 209 页。

② See Etienne Gilson, *The Spirit of Medieval Philosophy*, p. 226. 吉尔松：《中世纪哲学精神》，沈清松译，台湾商务印书馆 2001 年版，第 209 页。

③ See Descartes, *Third Meditation*; Etienne Gilson, *The Spirit of Medieval Philosophy*, p. 226. 吉尔松：《中世纪哲学精神》，沈清松译，台湾商务印书馆 2001 年版，第 209 页。

听上帝吧!”①帕斯卡以精辟的语言阐述着基督教学说对于苏格拉底论题的陈述和答案:“只认识上帝而无知于我们的悲惨,会产生骄傲;只认识我们的悲惨而无知于上帝,则会绝望无告;但倘若我们认识耶稣基督,我们便会发现两者的平衡,因为在耶稣身上有人的卑微,也有上帝。”②帕斯卡对于这个论题的精辟阐述也是中世纪基督教经院哲学对于苏格拉底论题的答复。中世纪基督教经院哲学“认识自己”的核心论题在于:基督教的真实智慧在于奥古斯丁阐述的“认识自己并认识上帝”的心路历程。③ 灵魂认识自己而真正地认识上帝,灵魂认识上帝而真正地认识自己。毋宁说,灵魂从认识自己的存在奥秘转向认识作为创造者的上帝的神圣奥秘的天路历程。④

二、认识万物

吉尔松指出,中世纪基督教经院哲学所有卓越而深刻的知识论,无论是奥古斯丁阐述的光照论,还是托马斯阐述的理智学说,都是奠基于基督教学说固有的卓越而深刻的实在论。近代笛卡儿哲学以降,观念论哲学即吉尔松理解的“形而上学的本质论”流行三个世纪,20 世纪的新经院哲学以崭新的

---

① Etienne Gilson, *The Spirit of Medieval Philosophy*, p. 227. 吉尔松:《中世纪哲学精神》,沈清松译,台湾商务印书馆 2001 年版,第 210 页。

② Etienne Gilson, *The Spirit of Medieval Philosophy*, p. 227. 吉尔松:《中世纪哲学精神》,沈清松译,台湾商务印书馆 2001 年版,第 210 页。

③ See Augustine, *The Soliloquies of Saint Augustine*, II:1:1.

④ See Etienne Gilson, *The Spirit of Medieval Philosophy*, p. 228. 吉尔松:《中世纪哲学精神》,沈清松译,台湾商务印书馆 2001 年版,第 210 页。

实在论面貌兴起，拒绝笛卡儿哲学“以清晰明确的思想观念为开端”的方法和结论。对于20世纪的新经院哲学而言，中世纪基督教经院哲学实在论的卓越典范就是托马斯深刻阐述的关于存在自身的形而上学。对于托马斯而言，真正的实在就是自身存在而永恒存在的存在自身。自身存在而永恒存在的存在自身，是上帝在自我彰显中的唯一命名①，是全部存在的根源，是全部真理的根源，是中世纪基督教经院哲学的开端、论题和鹄的。对于新经院哲学家而言是昭然若彰的实在论的形而上学原理，对于奥古斯丁、托马斯、波那文都和司各脱这些中世纪基督教经院哲学家，同样是昭然若彰的实在论的形而上学原理。在这个意义上，对于“思想的对象本质”的理解，是作为基督教学说固有的先验而内在的实在论的形而上学知识论根基。②

吉尔松指出，古典形而上学的观念论渊源于柏拉图的理念论，柏拉图永恒的理念世界只能在纯粹思想中呈现而成为知识的对象。对于奥古斯丁而言，纯粹的感觉经验论无可避免地导致普遍的怀疑论：“凡变动不居的存在者都无法被感知到，因为感知实际上是藉着知识去理解，倘若存在者变化不息，就是无法理解的。因此，我们不能期待肉体感官给予我们任何真理。”③对于奥古斯丁的知识论而言，变化不息的存在者无法提供任何普遍必然的确实知识的基础。对于奥古斯丁

① See Thomas Aquinas, *Summa Theologica*, Ia:13:11.

② See Etienne Gilson, *The Spirit of Medieval Philosophy*, p. 229. 吉尔松：《中世纪哲学精神》，沈清松译，台湾商务印书馆2001年版，第213页。

③ Augustine, *De div. Quaest.* 83, Q9.

学派的知识论而言，主动理智藉着主动能力从个别事物中抽象出共相来，从感觉形式中抽象出理解形式来，从实际存在的存在者中抽象出作为共相的本质来。共相作为存在者的本质并不取决于个别存在者的现实存在，甚至并不取决于存在者的时间与空间形式。在这个意义上，主动理智对于存在者本质的抽象知识，和存在者的现实存在无关。毋宁说，即使存在者不存在，理智同样认识存在者的抽象本质。如此，哲学家如何理解理智对象的实在性呢？理智的对象不是存在者的存在，而是存在者的本质——理智的对象是独立于存在者的现实存在以外的本质。倘若哲学家固守哲学观点，理智唯一有保障的知识对象就是概念。倘若理智只能达到概念，就必须承认，理智无法达到实在界而成为没有对象的知识。理智拥有对于概念的知识，而不是关于概念对象的知识。在这个意义上，亚里士多德对于柏拉图理念论的诘问是：既然存在者不同于理念，哲学家对于理念的知识就不是对于存在者的知识。①

概念的内容是什么？概念的内容不是个别存在者，不是纯粹的可能性或纯粹的可知性，而是普遍必然的永恒真理。奥古斯丁说："至于我的身体感官所达到的一切存在者，……我都不知道它们将存在多久。但七加三等于十，现在如此，永远如此，除了十以外，过去不会、将来也不会变成别的。"②必

---

① See Aristotle, *Metaphysics*, I, 9, 991a12; Etienne Gilson, *The Spirit of Medieval Philosophy*, p. 233. 吉尔松：《中世纪哲学精神》，沈清松译，台湾商务印书馆2001年版，第216页。

② Augustine, *De libero arbitrio*, II:8:21.

然知识的存在,不是来自感觉的偶然性,哲学家必须谨记的知识论原理是,存在者的真理只是上帝的神圣真理的彰显而已。奥古斯丁说:任何存在者之为真实,取决于存在者与神圣典范相契合的程度。在这个意义上,理智所理解的个别存在者的抽象本质都指向存在者的神圣典范,理智所理解的观念内容密切关联着永恒典范。对于奥古斯丁学派的知识论而言,理智拥有的是对于概念的知识,作为感觉对象的个别存在者无力提供给人类理智的认识对象,是由神圣光照提供的。理智知识所需要的稳定性和必然性是由神圣光照提供的,而不是感觉经验提供的。在这个意义上,上帝的观念就是知识的确凿基础。认识藉以成为知识的原因,不在于万物,而在于观念。观念并不依赖于万物,即使宇宙万物并不存在,理智依然可以藉助观念获得认识。倘若上帝将宇宙万物的存在景象直接铭刻在人类理智上,人类依然可以认识宇宙万物。①

奥古斯丁学派如此的知识论结论就是承认,纯粹哲学就其自身能力而言无法保障知识的确实基础。毋宁说,除非在神圣启示的光照之中,人类知识没有确实性的保障。在这个意义上,哲学家对于理智禀赋的判断必须谨慎,以免像学院派那样否认理智形成真确判断的能力,或者相信天赋理智对于宇宙万物拥有原始知识,而相信学习就是回忆。② 对于托马斯而言,知识的开端是感官经验获得关于个别存在者的感觉

① See Etienne Gilson, *The Spirit of Medieval Philosophy*, p. 234. 吉尔松:《中世纪哲学精神》,沈清松译,台湾商务印书馆 2001 年版,第 217 页。

② See Etienne Gilson, *The Spirit of Medieval Philosophy*, p. 235. 吉尔松:《中世纪哲学精神》,沈清松译,台湾商务印书馆 2001 年版,第 217 页。

形象。理智从个别存在者中抽象出存在者的理智形式。抽象概念存在于理智之中,即主动理智光照由想象力综合的感觉经验获得的感觉形象,把隐含在感觉形象中的形式因素显示出来而获得作为表象或共相的普遍的抽象概念。在这个意义上,最初为理智所认识的就是普遍概念,就是存在者的理智形式。对于托马斯而言,在人类的现世生活中,感觉形象是理智认识的持久基础,感觉形象是理智认识的经验来源。人类的理智活动是从感觉形象开始的,感觉形象是理智活动的持久基础。离开感觉形象,灵魂甚至无法思考。即使是人类理智对于上帝的认识,人类理智也是经由上帝创造的宇宙万物的感觉形象而获得对于上帝的认识。在这个意义上,感觉形象是理智认识的质料因。[①] 托马斯宣称,在灵魂和肉体相结合的现世生活中,离开感觉形象,人类理智无法认识任何存在者。[②]

对于托马斯而言,完满而真实意义中的真理只能在理智中找到,因为真理意味着存在者和理智相符合。第一,真理首先存在于理智中,真理首先存在于理智判断的行动中。第二,真理的定义是理智和存在者之间的符合。认识理智和对象之间的这种符合,就是认识真理。第三,感官不认识真理本身,因为感觉无法判断感觉和对象的符合。第四,在判断之中,理智认识并宣布真理。严格说来,真理存在于理智判断的行动中,不是在感觉中,也不是在理智对于一个本质的认识中。[③]

① See Thomas Aquinas, *Summa Theologica*, Ia:84:6.

② See Thomas Aquinas, *Summa Theologica*, Ia:84:7.

③ See Thomas Aquinas, *Summa Theologica*, Ia:16:2.

对于托马斯而言,理智和对象的符合是一种真实的符合,唯独在理智中才能实现这种符合。因此,真理必然居住在理智中,没有真理不是居住在理智中。理智符合存在者,存在者自身符合另一个理智,作为存在者范型的神圣理智。真理在本质上居住在那个肯定存在者是否存在,是此存在者而非彼存在者的理智中。理智的本质就在于能够以一种理解的方式肯定"如实般地被知觉到的存在者"。由判断奠定的理智和存在者之间的符合,假定先前概念与存在者之间的符合,奠基于理智和对象之间真实的符合。因此,在理智和对象原初的存在关系和真实符合之中居住的,即使尚未成为"只在判断中出现的完满真理",至少已经存在着这种理智和对象相符合的根源,而且判断已经留意到这个根源,并用清楚的形式阐述这种根源。①

在托马斯的知识论中,"真理"一词具有三种彼此相关的意义。第一,真理是存在者。毋宁说,存在者是真理的基本条件。离开存在者,一切真理皆不可能。在这个意义上,奥古斯丁说:真理就是存在。第二,就其适切而绝对的意义而言,真理是存在者和理智本质之间的符合,是存在者和理智两者在事实上的契合。在这个意义上,安瑟伦说:真理是正确认识存在者的理智。第三,作为这种本体真理的结果,真理是建立在真实关系上的作为判断的逻辑真理。在这个意义上,真理是理智和存在者的现实契合,是理智和存在者之间已经实现的

① See Etienne Gilson, *The Spirit of Medieval Philosophy*, p. 237. 吉尔松:《中世纪哲学精神》,沈清松译,台湾商务印书馆2001年版,第219页。

主体和客体之间的先验同一性。哲学家可以理解，何以中世纪基督教经院哲学坚持作为感觉经验对象的实在界的可理解性。① 真理固然存在于人类理智中。在某种意义上，真理同时存在于宇宙万物中。而且，唯独真理和人类理智相契合时，真理存在于宇宙万物中。论到人，真理首先存在于人类理智中。绝对说来，真理存在于神圣理智中。因此，宇宙万物只有一个真理。

毋宁说，神圣理智的真理是一个，诸多存在者的多元真理，乃是从神圣理智的真理涌流出来。个别存在者固有其存在真理，上帝将神圣真理赋予所有存在者，真理与所有存在者不可分离，因为存在者存在，由于神圣理智从虚无中创造而获得存在，神圣理智从虚无中的创造行动赋予所有存在者存在的真理，这就是人类理智渴望获得契合的存在者的存在真理。毋宁说，获得这个契合的理智本身的存在真理。② 无论如何，除非知识的感觉对象禀赋自己的可理解性，否则没有理智的认识作用而言。中世纪基督教经院哲学的创造学说的知识论涵义在于，神圣创造行动的积极鹄的是存在者及其存在真理同为真实。中世纪基督教经院哲学倘若充分意识到自己形而上学原则的意义，必有一种真理的秩序：存在者的存在出于神圣创造，存在者的本质和拥有本质的存在同样稳定。③ 这种

① See Thomas Aquinas, *De Veritate*, I:1.

② See Anselm, *De Veritate*, XIII; Etienne Gilson, *The Spirit of Medieval Philosophy*, p.239. 吉尔松：《中世纪哲学精神》，沈清松译，台湾商务印书馆2001年版，第220页。

③ See Thomas Aquinas, *De Veritate*, I:4.

"受造真理"的观念是中世纪基督教经院哲学的特征。基督教学说阐述的受造真理,完全隶属于经验存在者和认识经验存在者的知觉。对于托马斯而言,即使显著的真理并不在感觉之中,至少在感觉中有真理的基础。真理在感觉中,犹如感觉行动的结果。感觉是正直的,按照存在者之所是而是。① 哲学家不能根据感官不认识真理而推论感官所认识的存在者不是真理。相反,理智必须运用于感觉对象,从感觉对象中抽象出普遍真理。

吉尔松指出,弗兰西斯学派的卓越哲学家迅速把握托马斯知识论结论的必然性,进而证明这个结论符合弗兰西斯学派的哲学原则,以揭示奥古斯丁学说中蕴涵的知识论奥秘。使徒保罗指出:"自从造天地以来,上帝的永能和神性是明明可知的,虽是眼不能见,但藉着所造之物就可以晓得。"按照奥古斯丁学说,上帝看不见的美善,就是"神性的观念"。司各脱指出,"神性的观念"是从被创造的存在者获得的。因此,在认识"神性的观念"之前,必须拥有对于被创造的存在者的现实认识。② 司各脱如此把奥古斯丁的知识论论题颠倒过来,炉火纯青地论述感官认识的有效性。对于司各脱而言,感觉认识是理智认识的机缘。人置身在被创造的实体世界,倘若达到理念世界,需要首先认识这个可见的实体世界。人无法居住在理念世界中而自满地从理念世界的至高点俯视可见的实体世界。即使自然科学本身必须凭藉经验而获得,依

① See Thomas Aquinas, *De Veritate*, I:9.

② See John Duns Scotus, *Oxoniense*, I:3:4:2.

然包含着普遍必然的因素。① 因此，必须承认建立于经验推理上的经验确实性。司各脱知识论的卓越学说，在于反对赫拉克利特的看法。宇宙万物即使隐蔽自己，宇宙万物固有的逻各斯本性并不隐蔽。在这个意义上，自然科学在宇宙万物中所看到的，正是上帝创造的神圣奥秘。自然科学怀着对于创造者的敬畏观察探索宇宙万物的奇妙奥秘，同时敬虔地保护宇宙万物存在秩序的可理解性。②

吉尔松卓越而深刻地指出，中世纪基督教经院哲学的实在论和亚里士多德哲学的实在论两者之间的生存论动机是迥然不同的。亚里士多德论证感官认识的有效性，因为亚里士多德认为人的国度在此世，人必须首先认识人类命运所在的世界。司各脱论证感官认识的有效性，因为上帝的国度不属于世界，世界却是达到上帝国度的必要起点。倘若哲学家像赫拉克利特那样把经验世界理解为不断消逝的现象之流，就剥夺了灵魂认识上帝的最佳凭藉。倘若上帝创造的宇宙万物是不断流逝而无法理解的，灵魂凭什么认识创造者呢？倘若灵魂面对的只是赫拉克利特所说的现象流变，理智如何设想一种可理解的神圣创造工程？正因为宇宙万物存在着可理解的逻各斯秩序，宇宙万物才会宣扬创造者的神圣智慧。上帝创造的神圣权柄，就彰显在宇宙万物存在秩序的奇妙奥秘中。宇宙万物是现实存在着的存在者，灵魂才得以认识作为创造

① See John Duns Scotus, *Oxoniense*, I:3:4:2,9.

② See Etienne Gilson, *The Spirit of Medieval Philosophy*, p. 243. 吉尔松：《中世纪哲学精神》，沈清松译，台湾商务印书馆 2001 年版，第 223 页。

者的上帝是自身存在而永恒存在的神圣存在。在这个意义上,宇宙万物的存在是上帝神圣本质的表记,作为创造者的上帝是宇宙万物存在的根源、原型和鹄的。对于中世纪基督教经院哲学家而言,作为宇宙万物的结果揭示着作为存在原因的上帝,作为宇宙万物的摹本揭示着作为存在原型的上帝,作为宇宙万物的道路揭示着作为存在鹄的的上帝。① 取消对于人类理智作为结果、摹本、道路的宇宙万物的认识,就是取消人类理智对于作为原因、原型、鹄的的创造者的认识。在这个意义上,中世纪基督教经院哲学的实在论是由基督教启示原理培育的。中世纪基督教经院哲学家从启示原理知道上帝从虚无中创造有形无形的宇宙万物,从启示原理知道人类历史的终极鹄的不在尘世,而在上帝自己的永恒国度。对于吉尔松而言,只要启示原理持续存在,中世纪基督教经院哲学的实在论就必然获得持续存在的真理源泉。②

三、认识上帝

吉尔松指出,人类认识的对象问题,包含着密切相关而彼此区分的两个论题。第一,何谓人类认识的本性对象?第二,何谓人类认识的适当对象?作为人类认识的本性对象,人类认识对象的问题是:哪一类存在者直接而必然地落入人类理智的把握之中?作为人类认识的适当对象,人类认识对象的问题是:按照灵魂本性可知的对象本身是否足以满足人类理

① See Bonaventure, *Itinerarium mentis in Deum*, I:14.

② See Etienne Gilson, *The Spirit of Medieval Philosophy*, p. 247. 吉尔松:《中世纪哲学精神》,沈清松译,台湾商务印书馆 2001 年版,第 226 页。

智的能力？托马斯和司各脱两种卓越而深刻的形而上学综合，各自以独特的方式解决人类知识的对象问题，两者的中世纪哲学精神颇为一致。① 基督教哲学家关心人类灵魂认识上帝能力的保障，最单纯的方式似乎是把上帝作为理智的本性对象，使理智对于上帝的认识成为可能。倘若哲学家不把中世纪基督教经院哲学理解为神学，而是把经院哲学理解为神秘主义，这是对于中世纪基督教经院哲学离谱的曲解。吉尔松指出，上帝是不是人类理智的本性对象，这是决定中世纪基督教经院哲学的知识论命运的核心论题。②

对于柏拉图的知识论而言，人类理智的本性对象就是可理解的理念（intelligible Idea），灵魂应该超越感官经验而达到理念的实在世界。对于柏拉图而言，理念的实在世界是人类理解的适当对象，是人类理解的首要对象。在知识论上，托马斯同意亚里士多德的经验论，宣称在灵魂和肉体相结合的现世生命中，理性灵魂必须首先获得感觉形象才可以形成概念，然后倘若不转向存留在想象中的感觉形象，亦无法回忆起此概念。离开感觉形象，灵魂甚至无法思考。③ 毋庸置疑，在人类理智和存在者的本质之间存在着一种本质关联。即使托马斯承认柏拉图所谓可理解的理念的实在世界，理念世界的本性依然在感觉经验的把握之外而无法成为理智的本性对象。

① See Etienne Gilson, *The Spirit of Medieval Philosophy*, p. 248. 吉尔松：《中世纪哲学精神》，沈清松译，台湾商务印书馆 2001 年版，第 229 页。

② See Etienne Gilson, *The Spirit of Medieval Philosophy*, p. 249. 吉尔松：《中世纪哲学精神》，沈清松译，台湾商务印书馆 2001 年版，第 229 页。

③ See Thomas Aquinas, *Summa Theologica*, Ia:84:7.

把柏拉图可理解的理念世界从理智认识的本性对象驱逐出去，就等于把所有超越感觉经验的对象从理智认识的本性对象驱逐出去。理智的抽象认识固然不等同于对于理念本身的恰当认识。上帝既然完全超越作为认识者的灵魂和作为被认识者的感觉形象，上帝如何可能直接而必然地落入理智本性的把握之中呢？托马斯简单明确的知识论结论是：在本性上面对着感觉对象的理智灵魂，不可能以上帝为本性对象。①

司各脱的知识论学说固然是精细而深邃的，但司各脱的知识论结论和托马斯完全相同。根据灵魂和肉体相结合的现世状态，倘若离开感觉形象，灵魂无法认识任何存在者。因此，人类理智无力认识纯粹的精神实体，因为精神实体不是感觉经验的对象。在这个意义上，精神实体不是人类理智的本性对象。② 在这个意义上，在灵魂和肉体相结合的现世状态，作为无限精神实体的上帝，不是理智认识的本性对象，不是理智认识的首要对象。③ 上帝是全部存在的根源，上帝是全部真理的根源，上帝是全部知识的根源。上帝是真光，照耀一切生在世上的人。然而，在灵魂和肉体相结合的现世状态，作为无限精神实体的上帝不是直接而必然地落入人类理智的把握中，人类理智不是直接而必然地认识无限精神实体的神圣本质。在这个意义上，上帝不是人类理智认识的首要对象。毋宁说，人类理智藉着对于宇宙万物的认识而达到关于上帝的确凿知识。犹如使徒保罗的神学宣称："自从创造天地以来，

① See Thomas Aquinas, *Summa Theologica*, Ia:88:2.

② See Thomas Aquinas, *Summa Theologica*, Ia:88:1.

③ See Thomas Aquinas, *Summa Theologica*, Ia:88:3.

上帝的永能和神性是明明可知的，虽是眼不能见，但藉着所造之物就可以晓得。”在灵魂和肉体相结合的现世状态，人类灵魂深处的上帝形象不是完满而清晰的，而是残缺而模糊的。在这个意义上，作为创造者的上帝不是人类理智的本性对象。①

司各脱和托马斯两种形而上学学说的区别在于对于灵魂和肉体相结合的现世状态的理解不同。对于托马斯而言，灵魂和肉体的现实结合既是人类本性中的现实结合，这种结合状态就是现实而完整的人的本性状态。与这种灵魂和肉体的现实结合状态相关联的“藉助感觉形象而获得抽象概念”的认识方式就是灵魂本性的认识方式。灵魂按其本性必然根据返归感觉形象（sense images）的方式来认识。灵魂一旦离开肉体，灵魂存在的方式必然发生变化，灵魂理解的方式必然发生变化。灵魂呈现的理解方式或者更高尚，犹如其他精神实体卓越而完满的理解方式。灵魂转向纯粹的精神实体，但不是灵魂本性的认识方式。② 司各脱承认，就灵魂和肉体相结合的现世状态而言，人类理智倘若不依靠感觉形象就无法形成任何概念。为什么呢？也许是因为原罪的缘故吧。这是司各脱津津乐道的神学假设。司各脱宣称：无论是理智自身的本性，还是理智和肉体现实结合中的本性，都无法使人类理智自身活动的运作必然地诉诸感觉认识。③ 在这个意义上，不能说感觉事物的本质是理智的本性对象，不能说纯粹理念的

① See Thomas Aquinas, *Summa Theologica*, Ia:88:3.

② See Thomas Aquinas, *Summa Theologica*, Ia:89:1.

③ See John Duns Scotus, *Oxoniense*, I:3:3:24.

可理解性在人类理智的把握之外，不能说唯独感觉对象是理智的本性对象，因此上帝不是人类理智认识的本性对象。

对于司各脱而言，上帝认识自己的神圣智慧，在永恒里生出圣子。上帝爱慕自己的神圣意志，在永恒里发出圣灵。唯独上帝自身从虚无中的神圣创造使宇宙万物获得存在。在这个意义上，上帝对于宇宙万物的认识，不同于上帝对于自身本质的认识。人的存在是藉着上帝的自由旨意，人若认识上帝，同样必须藉着上帝的自由旨意。人若认识上帝，必须藉着上帝的神圣旨意帮助人踏过有限存在与无限存在之间的存在论鸿沟。上帝起初的自由旨意，在于彰显上帝奇妙创造的神圣荣耀。上帝在神圣救赎历史中的自由旨意，在于帮助蒙福者来到上帝面前，面对面地认识上帝。在这两种情况下，人类理智认识上帝，都是因为上帝自己的自由旨意。对于托马斯和司各脱而言，唯独上帝自己可以直观上帝的神圣本质。离开上帝的神圣恩典，被创造的智慧存在者无法达到这样的认识境界。创造者和被创造的智慧存在者之间的本体论差异，延续到中世纪基督教经院哲学的知识论原理。托马斯指出：唯独上帝的神圣理智直观上帝的神圣本质，因为上帝的神圣理智就是上帝的神圣本质。人类理智不是上帝的神圣理智，倘若认识上帝的神圣本质，必须依赖上帝的神圣恩典，使人类理智得以真实地认识上帝。离开上帝的神圣恩典，被创造的智慧存在者的理智自身无法拥有对于上帝的直观。[①] 在这个意义上，上帝不可能是人类理智的首要对象，上帝不可能是人类

---

① See Thomas Aquinas, *Summa Contra Gentiles*, III:52.

理智的本性对象。

托马斯指出，离开上帝的神圣恩典，被创造的精神实体无法认识作为无限精神实体的上帝，无法认识上帝的神圣本质。除非作为神圣本质的上帝赋予被创造的智慧存在者特殊的神圣恩典，被创造的智慧存在者无法拥有对于上帝神圣本质的直观。上帝的神圣存在就是上帝的神圣本质，上帝的神圣智慧可以直观自己的神圣本质。离开上帝的神圣恩典，在理智直观中认识作为创造者的上帝的神圣本质，在理智直观中认识作为创造者的上帝的神圣实体，超越被创造的智慧存在者的理性界限。在这个意义上，使徒保罗说："上帝的恩赐，在我们的主基督耶稣里，就是永生。"托马斯指出，人类的幸福就是永生。永生意味着对于上帝的神圣认识，唯独上帝的神圣恩典可以使被创造的智慧存在者获得对于上帝的神圣认识，唯独上帝的神圣援助可以使被创造的智慧存在者获得对于上帝的神圣认识。在这个意义上，上帝应许要向寻求真理而爱慕上帝的人类显现自己。① 在这个意义上，中世纪基督教经院哲学必须寻找人类理智的本性对象，引导人类理智走向上帝，实现因认识上帝而获得的永恒幸福。

对于托马斯的形而上学知识论而言，人类理智中全部概念的形成，必须藉助感觉直观的帮助。就灵魂和肉体相结合的现世状态而言，人类理智无法拥有感觉直观所无法达到的认识对象。倘若基督教哲学家以感觉经验为出发点，基督教哲学家可以认识的上帝只是作为创造者的上帝，基督教哲学

① See Thomas Aquinas, *Summa Contra Gentiles*, III:52.

家可以认识的上帝本质只能限于透过创造作为的效果获得对于存在者现实存在原因的认识。基督教哲学家固然可以肯定卓越本质的神圣存在,卓越本质的神圣存在作为全部存在的根源完全有别于宇宙万物的存在。人类理智可以认识这个卓越本质的现实存在,人类理智可以认识这个卓越本质现实地存在着,而永远无法知道这个卓越本质自身如何,这就是现世状态中理智知识的终极界限。① 在这个意义上,人类理智认识的上帝,依然是否定神学揭示的不可知的上帝:"我们和作为未知者的上帝彼此结合。"②这就是人类知识的基本处境。人类理智知道上帝存在,知道上帝不是什么,而完全不知道上帝是什么。对于人类理智而言,"上帝存在于幽暗中。"人类理智就其自身本性而言,无法认识上帝的神圣本质。作为被创造的智慧存在者,作为有限的智慧存在者,作为上帝神圣形象的智慧存在者,人类理智无法直接而必然地认识上帝的神圣本质。在这个意义上,托马斯宣称:至于上帝真正是什么,我们仍然完全无知。③

人类灵魂以感觉经验为起点渴望把握作为自身存在而永恒存在的存在自身,而感觉到灵魂自身的无能为力。托马斯的回答是:灵魂本性的渴望不可能是徒然的。灵魂渴望认识上帝,这是灵魂的本性。从思考世界本身到思考世界存在的原因,这是灵魂追求真理的共同经验。世界存在,灵魂渴望知道世界存在的原因。答案就是:宇宙万物存在,因为上帝存

① See Thomas Aquinas, *Summa Contra Gentiles*, III:49.

② Thomas Aquinas, *Summa Contra Gentiles*, III:49.

③ See Thomas Aquinas, *Summa Contra Gentiles*, III:49.

在。既然知道上帝存在,灵魂更渴望认识上帝的神圣本质,这就是哲学认识的极限。无论渴望能否实现,只要有人认识上帝的神圣存在,便有人渴望认识上帝的神圣本质。倘若不认识上帝的神圣本质,灵魂既无法获得安宁,亦无法获得幸福,甚至比别人的遭遇更悲惨,因为不知道自己无知的人,就不知道自己缺乏超越的美善。基督教哲学的终极结论就是确定最高美善的存在,同时确认自己无法拥有最高的美善。灵魂认识上帝的神圣存在,灵魂渴望认识上帝的神圣本质,足以证明灵魂认识上帝神圣本质的现实可能性。① 智慧存在者的彼此分享就是智慧存在者之间的位格关系。圣经应许说:我们如今仿佛对着镜子观看,模糊不清,到那时就要面对面。② 基督教哲学家既然知道理智的本性和灵魂的不朽,由于上帝的神圣恩典,上帝的祝福将成为灵魂的幸福,灵魂认识上帝的理智真理将在上帝的祝福中成为完全。③

即使在托马斯的形而上学中,亦存在着上帝恩典的知识论的真理途径。上帝的神圣恩典赋予理智本性,不是摧毁本性,而是实现本性,把本性带到自己可以胜任的最高完美。人类理智藉助上帝的神圣恩典可以获得如此卓越而深刻的完美,这是理智禀赋的能力,理智的本性就是统摄认识纯粹理念的能力。对于托马斯而言,上帝作为无限的精神实体并不和被创造的有限精神实体彼此隔绝,在作为无限精神实体的上帝和作为有限精神实体的智慧存在者之间存在着神圣的存在

① See Thomas Aquinas, *Summa Contra Gentiles*, III:51.

② See Thomas Aquinas, *Summa Contra Gentiles*, III:51.

③ See Thomas Aquinas, *Summa Contra Gentiles*, III:51.

类比，存在着可能的神圣位格关系。这种可能的神圣位格关系就是作为智慧存在者的灵魂渴慕的真实幸福所在。作为智慧存在者的灵魂渴慕的真实幸福，就是认识上帝的神圣本质。① 作为自身存在而永恒存在的存在自身，上帝无限超越人类理智的全部能力，这是因为上帝作为无限的精神实体无限超越被创造的有限精神实体，而不是因为上帝对于被创造的智慧存在者是完全不可认识的。② 事实上，上帝的神圣本质是人类理智的首要认识对象，是人类理智全部理解的首要原理。藉助上帝恩典的超自然的神圣光照，人类理智得以认识上帝的神圣本质。③ 对于托马斯而言，倘若上帝愿意，上帝就可以赐下超自然的神圣恩典，使人类理智可以藉助上帝的神圣光照认识上帝的神圣本质。在这个意义上，上帝的神圣光照意味着作为创造作者的上帝和被创造的智慧存在者之间的神圣位格关系。如此，托马斯存在形而上学固有而卓越的恩典学说，深刻地改变着亚里士多德知识论的意义。④

对于中世纪基督教经院哲学的形而上学而言，存在是人类心灵达到的第一个可理解的概念。托马斯指出，存在是人类理智的本性对象，存在是第一个可理解的理智对象。⑤ 对于司各脱而言，理智不是因为本性的缘故而转向感觉形象，而是因为理智存在的实然状态。理智可以超越感觉经验的程

---

① See Thomas Aquinas, *Summa Contra Gentiles*, III:54.

② See Thomas Aquinas, *Summa Contra Gentiles*, III:54.

③ See Thomas Aquinas, *Summa Contra Gentiles*, III:54.

④ See Etienne Gilson, *The Spirit of Medieval Philosophy*, p. 263. 吉尔松：《中世纪哲学精神》，沈清松译，台湾商务印书馆 2001 年版，第 240 页。

⑤ See Thomas Aquinas, *Summa Theologica*, Ia:5:2.

度，远远超越托马斯对于理智的理解。[①] 在天赋本性中，理智只以纯粹理念为认识对象。理智直接获得的，就是可理解的本质自身。理智所认识的，就其纯粹可理解性而言，是存在者存在行动的本质。存在的意义就是存在的行动，就是作为存在行动的存在自身。[②] 倘若司各脱对于理智本性的理解是正确的，在心灵的概念中至少有一个概念超越类比层面，就是一切概念中最卓越的概念——存在。在这个意义上，理智的本性对象与理智的适当对象完全契合。理智的适当对象指向上帝，上帝即存在自身。在这个意义上，人类理智的本性认识和人类理智的超自然认识之间存在着一种本质上的连续性。知识论意义上的神圣恩典是必要的，即使在托马斯哲学中亦然。然而，理智认识的存在概念的单义性，不能证明上帝的存在，反而证明上帝的存在超越心灵的把握。心灵所思维的存在既然是作为一切存在者的共同存在，心灵所沉思到的并不是上帝。倘若心灵在思维存在时所沉思的就是上帝，心灵就会把上帝思想成无限存在；心灵就会把上帝思想成纯粹存在。

存在既然被理解为作为创造者的上帝和被创造的智慧存在者的共同存在，司各脱关于上帝存在的本体论证明，才是道地的形而上学证明。司各脱上帝存在的本体论的证明以作为心灵先验直观的存在观念为出发点，并且假设存在的概念不完全意味着上帝存在的概念。对于司各脱而言，人类理智的适当对象既是存在，对于理智以完满的光明所肯定的存在自

---

① See John Duns Scotus, *Oxoniense*, I:3:7:39.

② See Thomas Aquinas, *Summa Contra Gentiles*, I:62.

身的无限性及其现实存在,如何可以怀疑呢?① 对于司各脱而言,上帝存在不是直接而自明的形而上学真理,而是需要上帝启示的超自然的神圣光照。在这个意义上,司各脱深刻改变着安瑟伦关于上帝存在的本体论证明的形而上学涵义。作为创造者的上帝和作为智慧存在者的人的存在论分界在于上帝的神圣创造。倘若上帝自己未曾启示,人如何可能知道自己有使命去拥有无限存在呢?但是,一旦人知道,一切都变得何等清澈!作为创造者的上帝把自己赐予人类,上帝是作为自身存在而永恒存在的存在自身。对于司各脱而言,理智的本性对象是存在,理智的适当对象就是同一个本性对象,就是作为纯粹存在的上帝。灵魂本身的智慧足以肯定无限存在的存在,上帝藉着超自然的神圣恩典赋予灵魂认识上帝的无限性的卓越能力,上帝藉着超自然的神圣恩典赋予灵魂认识上帝存在的神圣本质的卓越能力。②

对于中世纪基督教经院哲学家而言,宇宙万物存在的理智真理完全依赖于上帝的神圣智慧,完全依赖于上帝从虚无中创造宇宙万物的神圣旨意。人类理智的真理同样是真实的真理,人类思想中的真理的确凿性在于人类理智认识宇宙万物的存在本质,犹如在上帝的神圣理智之中。在这个意义上,上帝的神圣智慧藉助宇宙万物存在秩序的媒介,眷顾着人类的理智生活。灵魂中的可理解之光分享着神性之光,灵魂中

---

① See Duns Scotus, *Opus Oxoniense*, lib. I: dist. 2. Q1, 2, sect. 2, a. 2, n. 2.

② See Etienne Gilson, *The Spirit of Medieval Philosophy*, p. 266. 吉尔松:《中世纪哲学精神》,沈清松译,台湾商务印书馆 2001 年版,第 242 页。

的自然理性之光分享着上帝超自然的神圣恩典之光。在这个意义上,理智的抽象能力必然来自上帝。吉尔松指出,中世纪基督教经院哲学家关于神圣光照的知识论学说可能彼此分歧,中世纪基督教经院哲学家异口同声地教导:上帝是人类理智的创造者和主宰者。上帝不但赋予理智存在,而且赋予理智卓越禀赋以构成第一原理。一切知识,无论是理论知识或实践知识,端赖于知识的第一原理。在这个意义上,中世纪基督教经院哲学家可以正确无误地宣称:上帝在认识秩序中是第一主动者,犹如上帝在存在秩序中是第一主动者。① 毋宁说,上帝在认识秩序中是第一主动者,因为上帝在存在秩序中是第一主动者。②

在这个意义上,中世纪基督教经院哲学家谈论的理智对象,已经迥然不同于柏拉图或亚里士多德的理智对象。对于中世纪基督教经院哲学家而言,理智理解的存在是对于上帝存在的分享,理智理解的存在行动是对于上帝存在行动的分享。就知识的获得而言,灵魂的第一个对象是感觉对象。就可理解的理智对象而言,灵魂获得的第一个对象是上帝。就灵魂获得的理智知识而言,上帝是第一个可理解者,因为上帝是知识本身的第一因。倘若对于人类理智而言存在着可认识的存在者,那是藉着存在者和上帝理智之间的深刻契合,因为上帝自身就是真理,上帝自身就是绝对真理和原初真理,上帝

---

① See St. Albert the Great, *De intellectu et intelligibili*, Tr, I, Cap II.

② See Etienne Gilson, *The Spirit of Medieval Philosophy*, p. 268. 吉尔松:《中世纪哲学精神》,沈清松译,台湾商务印书馆 2001 年版,第 244 页。

自身就是全部真理的源泉。① 对于人类理智而言,上帝自己就是道路、真理、生命。② 上帝的神圣智慧认识一切,判断一切,上帝的神圣智慧就包含着全部真理。存在于现实存在者本质中的真理,首先存在于上帝的神圣智慧中。上帝的神圣智慧就是上帝的神圣存在。在这个意义上,存在者存在的真理作为其存在源泉的神圣肖像而存在于上帝中。在这个意义上,上帝是全部存在的源泉,上帝是全部美善的源泉,上帝是全部真理的源泉。③

中世纪基督教经院哲学的存在形而上学和知识论原理蕴涵着的创造观念,是基督教学说的启示原理,是柏拉图和亚里士多德所没有的观念:存在即真理。④ 对于托马斯而言,真理首先按照形式原理存在于理智中,其次根据上帝的神圣智慧而存在于现实的存在者中。在这个意义上,真理根据其符合自身的原因,即作为上帝神圣理智的唯一真理。在这个意义上,人类理智关于现实存在者存在本质的真理,存在于上帝的神圣理智中。⑤ 吉尔松指出,柏拉图的理念论固然启发着奥古斯丁的理念论及其隐含着的圣言论。另一方面,希伯来圣经《出埃及记》启示的深刻而卓越的存在形而上学,始终贯穿着中世纪基督教经院哲学的知识论。无论是理智还是理智的对象,两者皆依赖于作为创造者的上帝。理智和理智对象两

---

① See Thomas Aquinas, *Summa Theologica*, Ia:16:5.

② See Thomas Aquinas, *Summa Theologica*, Ia:16:5.

③ See Thomas Aquinas, *Summa Theologica*, Ia:16:5.

④ See Thomas Aquinas, *Summa Theologica*, Ia:16:6.

⑤ See Thomas Aquinas, *Summa Theologica*, Ia:16:6.

者的真实存在，皆来自作为创造者的上帝。在这个意义上，中世纪基督教经院哲学在存在形而上学和知识论领域卓越的创造性，在于像柏拉图和亚里士多德这样卓越的希腊哲学家并不晓得，被创造的智慧存在者的真理按其本性而言就指向存在自身。存在自身既是被创造的智慧存在者真理的目的，亦是被创造的智慧存在者真理的开端。唯独藉着作为创造者的上帝，被创造的智慧存在者的真理才能存在；唯独藉着作为创造者的上帝，被创造的智慧存在者的真理才能完美和满盈。①

第二节　吉尔松的爱的学说

中世纪基督教经院哲学的知识论揭示出人类理智认识的本性对象是自身存在而永恒存在的作为神圣存在的上帝。中世纪基督教经院哲学的意志学说揭示出人类意志行动的本性对象是拥有智慧、情感、意志的作为神圣位格的上帝。对于托马斯而言，上帝就是爱。② 意志的第一个行动，就是爱。意志的全部行动都以爱为先决条件，意志的全部行动都以爱为原初根源。在这个意义上，哪里存在着意志，哪里就存在着爱。上帝的神圣意志就是上帝的爱。③ 作为智慧存在者，人是爱的存在者。在这个意义上，作为智慧存在者的人类意志的本性行动就是爱上帝。对于托马斯而言，人类理智认识的终极

---

① See Etienne Gilson, *The Spirit of Medieval Philosophy*, p.268. 吉尔松：《中世纪哲学精神》，沈清松译，台湾商务印书馆 2001 年版，第 244 页。

② See Thomas Aquinas, *Summa Theologica*, I:20:1.

③ See Thomas Aquinas, *Summa Theologica*, I:20:1.

鹄的,是在永恒里享见上帝。人类意志行动的终极鹄的,是在永恒里享有上帝。在永恒里享有上帝,就是获得至善,就是实现人的先验本质,就是永恒幸福(beatitude)的形而上学奥秘。在永恒里享有上帝,就是以最卓越的方式,实现人的先验本质,获得完满的永恒幸福(eternal happiness)。对于托马斯而言,人的永恒幸福是中世纪基督教经院哲学作为神圣科学的实践目标。①

对于中世纪基督教经院哲学而言,上帝就是爱。② 上帝的神圣本质既是爱,上帝的神圣位格就是爱,上帝的神圣存在就是爱。上帝在永恒里的爱就是作为三位一体的上帝自己。上帝作为圣灵被称为使圣父和圣子联合并使灵魂和上帝联合的至上的仁爱。在这个意义上,仁爱是上帝的适当名称,因为圣经指出:上帝是爱。③ 作为无限神圣的三位一体上帝,圣父在永恒里生出圣子,圣父和圣子在永恒里发出圣灵。④ 在圣父—圣子—圣灵三位一体的上帝自身中,上帝永恒生命的神圣奥秘就是爱。在这个意义上,圣父—圣子—圣灵三个神圣位格之间爱的团契,就是上帝的神圣实体,就是上帝的神圣位格,就是上帝的神圣本质,就是上帝的神圣存在,就是上帝的神圣幸福。在上帝创造的神圣恩典中,上帝和人类灵魂之间只有纯粹而完满的爱,完全而崇高的爱。在上帝应许的永恒国度中,上帝和人类灵魂之间将面对面地彼此相爱,彼此凝

① See Thomas Aquinas, *Summa Theologica*, I:1:5.
② See Thomas Aquinas, *Summa Theologica*, I:20:1.
③ See Augustine, *The City of God*, 7:6.
④ See Augustine, *The City of God*, 15:48.

视，彼此结合，永远生活在一起而永不分离。[1] 作为上帝的神圣形象，灵魂认识上帝，犹如灵魂被上帝所认识一样。灵魂爱上帝，犹如灵魂被上帝所爱一样。新郎为新妇而欢呼，去认识而且被认识，去爱而且被爱。这是中世纪基督教经院哲学独特的爱的学说。

一、上帝是爱

吉尔松指出，中世纪基督教经院哲学藉助希腊哲学而获得"理智拥有本性对象"的知识论观念。然而，"爱拥有确定的本性对象"的观念，是中世纪基督教经院哲学的独创性观念。中世纪基督教经院哲学尚未发现柏拉图和新柏拉图学派的爱的观念，而亚里士多德关于爱的论题则语焉不详。早在12世纪，被誉为"我们时代最卓越的柏拉图主义者"的夏尔特的圣伯尔纳（St. Bernard of Chartres）及其学派已经建立起基督教经院哲学自身完整的爱的学说。吉尔松指出，耐人寻味的现象在于，这个基督教经院哲学自身完整的爱的学说的开端，是对于赤裸裸的人性欲望的显著事实的直接观察，就是人对于自我中心和身体渴望的共同经验。[2] 在这些中世纪经院哲学大师自己的内在观察中，现实形态的人性欲望的第一个特征就是自我中心。事实上，人性欲望首先转向自己及其和自己相关的一切。自我中心，这是现实形态的人性欲望的基

① See Augustine, *The City of God*, 14:23.

② See Etienne Gilson, *The Spirit of Medieval Philosophy*, p. 269. 吉尔松：《中世纪哲学精神》，沈清松译，台湾商务印书馆2001年版，第247页。

本特征。

伯尔纳卓越地指出，人在现实生活中所拥有的爱必然从自我中心和身体欲望开始，这只是现实人性的实然状态，而不是人性现实的应然状态。人性现实的应然状态如何，这是中世纪基督教经院哲学家必须面对的另一个论题。就人在现实生活中所拥有的爱的实然状态而言，人作为身体而降生，人有生存下去的需要。既然人要生存，就必须把自己当做欲望的对象。既然人把自己当做欲望的对象，就必须把自己身体的需要当做欲望的对象。在这个意义上，人首先爱自己，然后为了自己的缘故去爱其他一切。在这个意义上，人是自我中心而指向肉体的存在者。根据奥古斯丁关于“上帝之城”和“世俗之城”的人类学划分，这种自我中心进而随从肉体欲望生活的人，“爱自己而轻视上帝的人，组成世俗之城。”①倘若中世纪基督教经院哲学家对于人性欲望进行详尽分析，这种自我中心而指向肉体的人性欲望，立刻呈现出自身不是人性的必要特征。人这样尊贵的智慧存在者，人这样尊贵的自由存在者，在宇宙万物中作为“宇宙园丁”的尊贵的位格存在者，倘若无法满足自己的欲望，似乎根本没有道理。

事实上，为了满足人的需要，所需其实不多。甚至希腊哲学家都知道，有智慧的人唯独需要有一点面包和水，就可以像“诸神”一样幸福。毋宁说，人的幸福秘诀“应该”如此。既然人的幸福秘诀如此简单，基督教哲学家可以合理地询问：为什么如此少的人运用这个幸福秘诀？倘若人只需要有一点面包

① Augustine, *The City of God*, 14:28.

和水就“应当”幸福，“实际”上人并不幸福。倘若人不幸福，那不是因为人缺乏智慧，而是因为人心灵深处的意志拒绝自己拥有的智慧。人竭力追求自己的幸福，却没有能力获得幸福。一切对象都可以使人获得快乐，却没有任何对象可以使人满足。追求财富者，永远无法满足；追求美色者，永远无法满足……无论人渴望什么，追求什么，都是在追求美善的目的下去渴望去追求，都是为着满足人性的某种需要，实现人性的某种潜能。在这个意义上，人人渴望良善，人人追求幸福。全部中世纪基督教经院哲学爱的观念所奠基的事实就在于：人类追求的一切快乐都是欲望的对象，但无法令人满足。满足不断逃逸，人心犹不休止地追求，这是出于人性深渊的激荡。迟缓而强烈，不休不止。人竭力寻求幸福，却连平安也无法获得。奥古斯丁说：“因为你创造我们是为了你的缘故。我们的心若不是安息在你的怀中，就无法获得平安。”①

对于中世纪基督教经院哲学家的心灵而言，平安是一个奇妙的字眼，甜蜜而安详地道出心灵可以享有的宝贵而难以捉摸的美善。倘若人无法享有平安，便日夜徘徊，见异思迁。这种见异思迁的现象并非没有理由，因为一个人已经拥有的是善，一个人尚未拥有的依然是善。于是人随波逐流，奔腾不羁，为获得彼善而舍弃此善，饮尽此乐，以尝彼乐；饱尝厌倦而再期待另一种满足……在这个意义上，意志无论选择什么，都是把对象当做善来选择的，尽管意志所选择的不是真正的善，而是外表的善。心灵漫无节制地渴望追求表面的美善而抛弃

① Augustine, *Confessions*, 1:1.

真正的至善，心灵在受造世界的存在者中勇往直前地追求快乐而不是在创造者身上追求快乐，这就是人类心灵的深刻悲剧。① 也许人真正需要的，是在刹那间享尽一切可能的快乐，但死亡随之而至，即使这样的快乐亦不能成为永恒。欲望使人疯狂，甚至由于渴望即将来临的快乐而无法享受已经拥有的快乐。在这个意义上，心灵对于海市蜃楼般的感官快乐的不息追逐，是对于无法获得的平安的幻象，犹如运动是永恒的影象而已。②

根据对于现实世界中人性欲望如此空虚幻灭的经验观察，中世纪基督教经院哲学谈论的“皈依”(conversion)是真正意义的主体转向。皈依作为创造者的上帝——作为存在自身的道路、真理、生命，意味着生命方向的转向，意味着生命目标的转向，意味着生命道路的转向。③ 吉尔松指出，希腊哲学理解的禁欲要求人全部放弃而未曾提供任何补偿，中世纪基督教隐修士的克己功夫却是积极的。中世纪基督教隐修士不是藉助否认欲望的对象来限制欲望，而是藉助彰显欲望的真正意义来实现欲望。倘若人性欲望在这个世界的存在者身上永远无法获得满足，那或者是因为意志的本性对象不在世界之中，而是比全世界更卓越的存在。那么，或者放弃欲望对象，或者放弃欲望本身，只有愚蠢者才会疲劳轰炸自己，去喂一个越喂越饿的饿鬼。倘若放弃欲望，人会得到什么补偿呢？

---

① See Augustine, *Confessions*, 2:5.

② See Etienne Gilson, *The Spirit of Medieval Philosophy*, p. 271. 吉尔松：《中世纪哲学精神》，沈清松译，台湾商务印书馆 2001 年版，第 249 页。

③ See Augustine, *Confessions*, 8:12.

全部。中世纪基督教隐修士克己生活的连续步骤,只是为了驱逐阴影而把握真实猎物。犹如柏拉图的洞穴比喻阐述的认识论转向,一旦灵魂转身而走进外面的世界,就站立在灿烂的阳光。“朝向上帝的道路是容易的,我们只需要放弃重担而勇往直前。倘若什么都要带着走,那就变得沉重。因此,减轻重担,任凭一切离去,最后,放弃你自己。”①

决心如此弃绝自己而走向上帝,人必须做什么?基督教哲学家首先必须理解:人性欲望在现实世界中无法获得满足,拥有一层积极的意义。这层积极意义在于指出,吸引着人类心灵的是一个无限的至善。毋宁说,吸引着人类心灵的是一位无限的存在者。厌倦有限的善只是渴求无限的至善的表达,厌倦只是对于所爱的对象和爱的能力可以获得的对象之间无限鸿沟的预感而已。在这个意义上,中世纪基督教经院哲学阐述的爱的论题,恰恰是基督教知识论的平行论题。灵魂藉着理智可以享有上帝的真理;灵魂藉着爱,可以享有上帝的良善。爱的折磨来自寻求自己不认识的对象,因而亦不知道往何处去寻求。灵魂既不认识爱的对象,亦不知道爱的途径。从这个观点来看,爱的问题可以说是无法解决,也可以说是已经解决。在本性的领域,爱的问题无法解决,因为人对于无限者的渴望尽管模糊,却无法在受造者身上获得满足。在恩典的领域,爱的问题已经解决,因为心灵的所有满足都是来自对于上帝的不自觉的爱。心灵寻求上帝,就是寻求幸福的

① Guigues Le Chartreux, *Meditationes*, II and V.

生命。[1] 在这个意义上，中世纪基督教经院哲学家同时阐述着爱本身和爱失败的缘故。而且，爱的失败恰恰证明着胜利的可能性。只是胜利的条件如何，尚需要确定。

倘若确定胜利条件，必须确定中世纪基督教经院哲学的形而上学原则。作为受造存在者的整体，宇宙万物的存在来自上帝从虚无中的神圣创造，上帝的神圣创造就是创造者的爱的行动。上帝从虚无中创造宇宙万物，渴望人作为被创造的智慧存在者分享上帝的荣耀。在这个意义上，被创造的智慧存在者的意志行动在本质上必然指向上帝，以上帝为终极鹄的。在这个意义上，上帝自己是作为智慧存在者的人的意志行动的本性对象。上帝按照自己的神圣形象创造的智慧存在者，根据存在者存在的事实，根据铭刻在智慧存在者灵魂深处的先验本质而自动地朝向上帝。对于作为智慧存在者的人而言，寻求上帝是有意识的实践行动。人没有足够的理智真理来判断自己是否能够获得至善，人却已经知道自己所寻求的就是至善，同时知道自己寻求至善的理由。倘若如此，即使人类的爱盲目无知，依然是分享上帝对于自己的爱。人的悲哀在于蒙蔽爱的真正对象。即使灵魂背弃上帝而在上帝之外寻求快乐，[2]即使灵魂在被创造的存在者中寻求快乐，仍然是灵魂在寻找上帝。就人类行动的积极意义而言，分享上帝的爱，仍然是上帝自己在人的灵魂里面为了人的缘故而寻找自己。

---

① See Augustine, *Confessions*, 10:20.

② See Augustine, *Confessions*, 2:6.

正如中世纪基督教经院哲学家所期待的，人类灵魂的爱的目标就是人类灵魂的爱的原因。灵魂追求幸福，上帝经常在灵魂面前跨出第一步。灵魂渴慕上帝，上帝推动着灵魂渴慕上帝，上帝和灵魂两者同时而发。① 在这个终极存在的意义上，灵魂对于上帝的爱，是因为上帝自己的缘故。上帝按照自己的神圣形象创造灵魂的时候，创造了灵魂对于上帝的爱。② 上帝是爱，上帝按照自己的神圣形象创造的灵魂就是对于上帝的爱。倘若爱意味着寻求渴望拥有，那么倘若没有上帝灵魂就无法爱上帝。毋宁说，倘若没有上帝灵魂甚至无法寻找上帝。上帝愿意灵魂藉助爱而拥有上帝，使灵魂能够被吸引去寻找上帝。上帝愿意灵魂藉助爱来寻求上帝，使灵魂能够拥有上帝。灵魂寻找上帝，便可以找到上帝。灵魂无法做到的，是在寻找上帝的心灵历程中先上帝而行。因为除非灵魂已经找到上帝，灵魂不会去寻找上帝。伯尔纳的神学宣称在帕斯卡《思想录》中找到深刻的回响，其中蕴涵着基督教学说阐述的爱的深邃涵义：安慰你自己吧！倘若你不是已经找到我，便不会寻找我。③

倘若中世纪基督教经院哲学家使用形而上学语言来阐述上述论题，立刻可以看出其中蕴涵着的形而上学涵义，这个论题的形而上学涵义就是使徒约翰的神学宣称："上帝是爱。"④ 上帝是爱，这是中世纪基督教经院哲学的上帝观念的独特表

---

① See Bernard, *De diligendo Deo*, VII.

② See Bernard, *De diligendo Deo*, VII.

③ See Bernard, *De diligendo Deo*, VII.

④ Augustine, *The City of God*, 7:6.

述,是中世纪基督教经院哲学完整的爱的学说的形而上学根基、论题和鹄的。中世纪基督教经院哲学宣称上帝是爱,不是说上帝不是存在自身,而是在更高级的形而上学领域肯定上帝是存在自身,上帝是位格存在,上帝是充满神圣智慧、神圣情感、神圣意志的神圣位格。上帝的爱是上帝存在本身的至高无上的自由,以上帝完满的丰盈在自己之中和一切被创造的存在者之中,爱上帝自己。在这个意义上,上帝的创造就是爱的行动,同时是创造爱的行动。狄奥尼索斯说:上帝是爱的原因。托马斯指出:上帝是爱的原因,因为上帝在圣父—圣子—圣灵的三位一体中产生爱,并在上帝创造的智慧存在者中产生爱,作为上帝自己的神圣形象。上帝作为存在自身,就是至高无上的完善,就是至高无上的意志对象。因此,上帝渴慕自己,上帝爱自己。上帝所爱的完善就是上帝自己的神圣存在,上帝对于自身完善的爱就是上帝的神圣意志,上帝的神圣意志就是上帝的神圣存在。在这个意义上,上帝就是上帝的爱。

上帝在作为圣父—圣子—圣灵的三位一体自己里面存在的爱,圣父—圣子—圣灵三个神圣位格之间永恒的爱,作为上帝神圣本体的爱,也在上帝创造的智慧存在者中创造出来,在智慧存在者灵魂深处铭刻着对于上帝的完善的渴慕,犹如上帝在永恒里爱自己的意志行动。因此,中世纪基督教经院哲学家能够说,上帝自己激励智慧存在者去爱上帝。基督教经院哲学谈论的第一推动因是创造性的原因,而不是亚里士多德的第一推动因。上帝使智慧存在者爱上帝,就是激励智慧存在者朝向寻找上帝的精神历程。“主啊,请使我得知并理解是否应该先向你呼吁而后赞颂你,或者先认识你然后向你呼吁。”①在这个意义上,上帝配得灵魂爱慕,上帝激励灵魂爱慕上帝,上帝激励灵魂走向寻找上帝的精神历程,都是同一件事。这是伯尔纳早已说过的:灵魂寻找上帝,一定可以找到上帝。奥古斯丁早已说过:“因为寻求主,就会获得主;获得主,就会赞颂主。”②但是,灵魂是否可以领先上帝一步呢?倘若证实基督教传统的统一性,中世纪基督教经院哲学家只能用形而上学的语言来表达:寻找上帝就是已经找到上帝。③

卓越的中世纪基督教经院哲学家宣称:寻找上帝就是已经找到上帝。中世纪基督教经院哲学家把灵魂对于上帝的爱理解为分享上帝的存在。在永恒里,上帝的爱存在于上帝的至善中,藉助自由慷慨的创造行动而倾注于智慧存在者中,再从智慧存在者回到作为创造者的至善中。智慧存在者既然是由上帝的爱所创造,便被上帝的爱所浇灌、激励、鼓舞。上帝无限的慈爱涌流在智慧存在者中,犹如赋予生命的血液涌流在身体中。爱的循环,从作为创造者的上帝开始而回到作为创造者的上帝中。倘若如此,基督教哲学家就无法避免如此的结论:爱上帝就是已经拥有上帝。既然凡寻找上帝的,必定爱上帝;凡寻找上帝的,必定拥有上帝。灵魂对于上帝的寻求,正是上帝在灵魂里面的爱,而上帝在灵魂里面的爱,就是上帝爱自己的无限的爱的有限分享。上帝的爱犹如河流,流

① Augustine, *Confessions*, 1:1.

② See Augustine, *Confessions*, 1:1.

③ See Etienne Gilson, *The Spirit of Medieval Philosophy*, p. 276. 吉尔松:《中世纪哲学精神》,沈清松译,台湾商务印书馆 2001 年版,第 252 页。

过灵魂而回到作为存在源泉的上帝自己。中世纪基督教经院哲学家同样可以和奥古斯丁一同宣称:爱上帝,就是拥有上帝。对于奥古斯丁而言,“爱上帝而轻看自己的人,组成上帝之城。”[①]这种爱的形而上学完全建立在存在形而上学的基础上,对于人类之爱的本质和心理学,亦提出崭新的论题并带来创新的答案。倘若哲学家停留在人性层面和人与有限美善的关系的层面,根本无法产生任何爱的形而上学论题。

中世纪基督教经院哲学家面对着基本的伦理学问题:人性欲望及其不满足的事实。在这个意义上,基督教哲学家可以把希腊伦理学理解为尝试“减轻那无法避免的恶,使其结果无害”的卓越努力。但是,在希腊伦理学中不存在任何消除罪恶的希望。希腊哲学的归宿,就是“弃绝”的行动。希腊哲学家面对的困难是如何确定爱的对象。至于爱的行动及其与对象的关系,希腊哲学家并不觉得有任何奥秘可言。倘若在所有意志对象中确知哪一个是真实的对象,便已经道尽一切底蕴。但是,中世纪基督教经院哲学家的观点完全不同。对于中世纪基督教经院哲学家而言,爱的对象不是问题。意志的第一个行动就是爱,意志的本性对象就是上帝。奥古斯丁宣称,爱上帝而轻看自己的人,得以进入上帝的永恒国度,即“最荣耀的上帝之城”。[②] 至于灵魂是否有能力去爱上帝而轻看自己,爱的真相如何,则恒常存在着顽强甚至痛苦的问题。在中世纪基督教经院哲学自身完整的爱的学说中,爱的

---

① Augustine, *The City of God*, 14:28.

② Augustine, *The City of God*, 1:1.

性质本身成为困难所在。中世纪基督教经院哲学关于“爱的本质”的阐述,总是归结为追问“应该如何去爱”。对于“应该如何去爱”的追问最后总是归结为“爱的秩序”的形而上学论题。吉尔松指出,“爱的秩序”的形而上学论题,提供给中世纪基督教经院哲学珍贵的机会,去彰显中世纪基督教中世纪经院哲学固有而深刻的独创性。①

倘若肯定上帝是绝对的存在者,就是肯定上帝是绝对的至善。既然至善是爱的对象,就必须肯定一种绝对的爱。对于上帝这种绝对的爱已经表达在希伯来圣经中,尤其是十诫中。在这里,基督教哲学家完全超出希腊哲学的领域,有危险遭遇希腊哲学未曾遭遇的困难。有限的存在者渴望有限的善,相对的存在者渴望相对的善。有限存在者缺乏自身所需要者,无法维持自身存在,自然有渴望,为了自身的需要而渴望。在这个意义上,人类的爱自然地都是有所求的爱。即使亚里士多德也未曾梦想过要在人类的爱里面除去一切欲望,让位给“无所求”的纯粹的情谊之爱。一旦承认中世纪基督教经院哲学定义的绝对至善,情形就完全改观。从此,人类灵魂爱的对象是如此伟大,灵魂只能因为对象本身去渴慕对象。如此,在爱的领域里,中世纪基督教经院哲学再度遭遇宇宙万物和存在自身的关系引起的难题。作为智慧存在者的人既然有意志,自然寻求善的对象,寻求对于自己而言是善的对象,寻求自己的善。毋宁说,作为智慧存在者的人在对于自己而

① See Etienne Gilson, *The Spirit of Medieval Philosophy*, p. 277. 吉尔松:《中世纪哲学精神》,沈清松译,台湾商务印书馆 2001 年版,第 253 页。

言是善的对象中寻求自己的幸福,因为人人渴望幸福。①

对于中世纪基督教经院哲学家而言,一切人类的爱都是无意识地爱上帝,都是分享上帝对于自己的爱。上帝因着自己的美善爱自己,为自己的缘故爱自己。倘若作为上帝神圣形象的人忠实于自己的先验本质,人就应当为上帝的缘故去爱上帝,而不是为了自己的缘故去爱上帝。这就是中世纪基督教经院哲学爱的学说的全部结症所在:在本质上无所求的爱中进行一种本质上有所求的分享,但有所求的爱必须变成无所求的爱,才能实现自己的本质。倘若不毁灭自己,似乎无法实现自己的本质。唯独回到中世纪基督教经院哲学的形而上学原则,才可以克服这个难题。中世纪基督教经院哲学家殚精竭虑沉思的目的,是一种爱的行动,人可以如此爱上帝,如同上帝爱自己一样。吉尔松指出,在本性领域,这个难题永远无法解决;在恩典领域,这个难题已经获得解决。倘若上帝的爱不是已经降临在灵魂里面,灵魂就永远无法进入上帝的爱。上帝的爱已经降临在灵魂里面,因为灵魂是藉着上帝的爱创造的,灵魂所有的行动都朝向上帝。对于奥古斯丁而言,作为创造者的上帝是灵魂存在的根源,作为创造者的上帝是灵魂存在的归宿。② 问题不在于如何获得上帝的爱,而在于如何完满地意识到上帝的爱,认识灵魂自己爱的本性对象,以及灵魂自己应当如何对待爱的本性对象。在这个意义上,真正的难题是爱的形而上学。吉尔松指出,熙笃会的密契论全

① See Augustine, *The Trinity*, 13:25.

② See Augustine, *Confessions*, 1:1.

部在面对这个形而上学奥秘。这是中世纪基督教经院哲学爱的形而上学全部沉思的核心论题：如何使人为上帝的缘故而爱上帝，同时继续爱自己？①

二、爱的真实秩序

吉尔松指出，倘若确定"爱的真实秩序"这个形而上学论题，首先必须阐述"爱的奥秘"的形而上学涵义。归根结底，问题在于："无所求的爱"是不是绝对不可能？更接近哲学真理的提问方式在于：真正的爱是否一定意味着"无所求的爱"？哲学家之所以不理解爱的真实涵义，因为哲学家经常把真正的爱和欲望本身相混淆。欲望本身是有所求的，但欲望本身不是真正的爱。在欲望自身中，爱的真实对象是自己。真正的爱是完全为了爱的对象本身的缘故而渴慕对象，以对象本身的美善为心灵满足的喜乐。在这个意义上，真正的爱不寻求任何报答。倘若寻求报答，立刻不再是爱。不寻求任何报答的真正的爱，必然伴随着心灵满足的喜乐。在这个意义上，真正的爱是无所求而有回报的。毋宁说，除非爱是无所求的，就不可能有回报，因为爱的本质是无所求，爱的回报就是心灵满足的喜乐。倘若人在爱里面单单寻求爱本身，一定会获得真正的爱必然伴随着的心灵喜乐。倘若人在爱里面寻求爱以外的任何对象，一定会将爱和喜乐一起失去。在这个意义上，唯独在不求报答时才可能存在真正的爱，一旦存在着

---

① See Etienne Gilson, *The Spirit of Medieval Philosophy*, p. 280. 吉尔松：《中世纪哲学精神》，沈清松译，台湾商务印书馆 2001 年版，第 255 页。

真正的爱就一定有心灵满足的喜乐作为报答。奥古斯丁说：在天父的慈爱中，灵魂深深地安息在天父的怀抱。天父的怀抱是灵魂永远安息的居所。灵魂在天父的怀抱中安享上帝的慈爱，以上帝的慈爱为灵魂满足的喜乐。上帝的慈爱把灵魂带到哪里，灵魂便到达哪里。上帝的慈爱犹如火焰燃烧着灵魂，使灵魂向着上帝冉冉上升，高歌迈进。①

或许一个人只有在忘记自己的时候，才可能无所求地爱上帝。忘记自己如何可能呢？如此的主体转向，作为皈依行动的存在论转向，不是发生在人的本性层面，而是发生在上帝的恩典层面，基本上在哲学沉思的界限以外。但是，本性能够承受这样的主体转向，有能力经历这样的主体转向，基督教经院哲学就可以沉思这种能力。就人类生存论的实然状况而言，人必然首先爱自己，经过逐步超越，才可能爱上帝。但这只是人类生存论的实然状况，是人类的先验本性被原罪扭曲以后的悲剧性结果。毋宁说，这正是原罪的刑罚。② 正是在这个意义上，奥古斯丁说：那些爱自己而轻视上帝的人，那些恋慕肉体而藐视灵魂的人，已经失落生活的完满幸福的人，组成世俗之城。③ 然而在人的心灵深处，上帝始终呼唤人主动地爱上帝更甚于爱自己。正因为如此，人的“爱的秩序”需要接受“调转”，回归到原来的对象上。在这个意义上，熙笃会大师们继续说：人类的爱在原罪的悲剧中固然有堕落的偏离倾向，仍然是以上帝的完美为适当对象。托马斯没有忽略，事

① See Augustine, *Confessions*, 13:9.

② See Augustine, *The City of God*, 22:30.

③ See Augustine, *The City of God*, 14:28.

实上,人类的爱经常屈膝在不配得的对象面前。

托马斯深深理解:已经堕落的人,事实上总是自发地爱自己更甚于爱上帝,这正是人的堕落所在。托马斯没有因此忘记,在上帝创造的神圣恩典中,所有智慧存在者的爱,都是分享上帝的爱。基督教的创造学说隐含着这样的形而上学结论:智慧存在者爱的真正对象是相同的。所以,人在堕落以前,自然地知道应该爱上帝以及如何爱上帝。在堕落以后,便不再记得应该爱上帝以及如何爱上帝,必须重新学习。在这个意义上,作为被创造的智慧存在者,人类的爱的本性对象是上帝。对于熙笃会神学大师和托马斯而言,在上帝创造的神圣恩典中,在希伯来圣经的圣约诫命中,人的爱德在于爱上帝胜过爱自己。这种首先爱上帝的爱尚未成为爱德,而且在本性上愿意被爱德所实现和完善。在这个意义上,上帝的慈爱(charity)作为赋予灵魂的神圣恩典,为了使灵魂爱上帝胜过爱自己,不是摧毁灵魂,而是完善灵魂,使灵魂获得先验本质的完满实现。① 在上帝创造的神圣恩典中,人有能力爱上帝甚于爱自己,因为上帝全部美善的源泉和归宿。倘若在堕落的悲剧中,灵魂为了爱上帝而需要恩典,不是因为灵魂的本性没有能力如此去爱,而是因为倘若离开恩典,灵魂的本性就无能为力。在这个意义上,恩典意味着赋予灵魂认识上帝的超自然真理,恩典意味着照亮灵魂和上帝之间先验神圣的位格关系。恩典首先治愈灵魂本性的创伤,然后使灵魂本性转向自己的真正对象,使灵魂爱上帝甚于爱自己,因为上帝是灵魂

---

① See Thomas Aquinas, *Summa Theologica*, Ia:60:5.

全部祝福的源泉。①

现在的问题在于:人为什么在先验本性上就能够爱上帝甚于爱万物呢?托马斯阐述"人按其先验本性就能够爱上帝甚于爱万物"的时候通常指出:当人根据自己的先验本性去爱自己的美善时,一定爱这个美善的必然原因。人类既然禀赋理智而察觉到自己的存在论依赖,一定爱自己所依赖者,因为自己所依赖者正是自己存在的必要条件。在中世纪基督教经院哲学家的宇宙中,宇宙万物都是作为存在自身的上帝创造的,灵魂在万物的美善中所爱的正是至善。毋宁说,灵魂不可能爱摹本而不爱原型,不可能爱摹本而不更爱原型。在这个意义上,渴慕任何对象,就是渴慕上帝的摹本,就是渴慕上帝自己。在这个意义上,灵魂爱自己就是爱存在于灵魂深处的上帝的神圣形象,就是爱上帝。倘若如此,作为"爱的秩序"的形而上学奥秘,始终萦绕中世纪基督教经院哲学家的"自主性"问题就迎刃而解。倘若某种个别的美善因为与至善相似而成为意志的对象,便不可能为了个别的美善去寻求至善。相反,应该为了至善的缘故去寻求个别的美善。在这个意义上,对于一切本性存在而言,作为自身存在的终极鹄的就是完善自己,完善自己就是使自己更像上帝神圣创造的原型。②

上帝按照自己的神圣形象创造了作为智慧存在者的人,上帝创造人的神圣原型就是上帝自己的神圣形象。上帝在神

---

① See Thomas Aquinas, *Summa Theologica*, Ia2ae:109:3.

② See Thomas Aquinas, *Summa Contra Gentiles*, III:24.

圣创造中将自己的神圣形象铭刻在人类灵魂深处。在这个意义上,人的先验本质就是上帝自己的神圣形象。成为上帝自己的神圣样式,成为上帝自己的神圣肖像,就是人自身的先验本质的完满实现。① 在这个意义上,人类存在的终极鹄的,就是成为上帝的神圣样式,成为上帝的神圣肖像。② 对于作为智慧存在者的人类而言,完善自己就是使自己更像上帝神圣创造的原型,就是上帝自己的神圣形象。作为智慧存在者的人的理智赋予人的先验本性适当的完善,使人按照上帝的神圣形象成为作为位格存在者的人。托马斯指出,认识作为创造者的上帝是按照上帝神圣形象创造的智慧存在者存在的终极鹄的。上帝是智慧存在者现实存在的终极鹄的,上帝是智慧存在者理性认识的终极鹄的,上帝是智慧存在者自由意志的终极鹄的。③ 倘若中世纪基督教经院哲学家沉思默想人类理智在永恒里亲眼"面对面"观看上帝自己的应许,就可以清楚明确地看出:作为智慧存在者的人,将藉助相同的现实存在的行动原理,达到自己完善的颠峰,同时成为上帝的完满肖像。④

托马斯指出,作为智慧存在者的人自身存在的终极鹄的,在于认识作为创造者的上帝,在于认识作为神圣位格的上帝,在于认识作为神圣真理的上帝,在于认识作为神圣智慧的上

① See Thomas Aquinas, *Summa Contra Gentiles*, III:24.
② See Thomas Aquinas, *Summa Contra Gentiles*, III:24.
③ See Thomas Aquinas, *Summa Contra Gentiles*, III:25.
④ See Thomas Aquinas, *Summa Contra Gentiles*, III:25.

帝。① 作为智慧存在者的人自身存在的终极鹄的,在于分享上帝自己的神圣形象。毋宁说,作为智慧存在者的人自身存在的终极鹄的,在于分享上帝自己的神圣生命,在于分享上帝自己的神圣智慧,在于分享上帝自己的神圣美善。在这个意义上,作为智慧存在者的人自身存在的终极鹄的,就是认识上帝。② 对于作为智慧存在者的人类灵魂而言,认识上帝就是认识上帝的神圣存在,认识上帝就是认识上帝的神圣位格,认识上帝就是认识上帝的神圣智慧,认识上帝就是认识上帝的神圣眷顾,认识上帝就是认识上帝的神圣救赎,认识上帝就是认识上帝的神圣旨意,认识上帝就是认识上帝的神圣恩典。对于作为智慧存在者的人类灵魂而言,认识上帝意味着人类灵魂和上帝之间的位格关系,认识上帝意味着人类灵魂和上帝之间的神圣团契,认识上帝意味着人类灵魂在上帝怀抱中的安息,认识上帝意味着人类灵魂在上帝怀抱中的永恒幸福。在这个意义上,对于作为智慧存在者的人类灵魂而言,认识上帝就意味着永生。③

在这个意义上,爱的形而上学奥秘的钥匙在于中世纪基督教经院哲学的类比学说。上帝的神圣形象就是上帝自己的神圣逻各斯,人是按照上帝的神圣形象创造的。这是作为智慧存在者的尊贵特权,使人得以分享上帝的尊贵荣耀。上帝自己的尊贵荣耀存在于人性的先验本质中,因为上帝在赋予

① See Thomas Aquinas, *Summa Contra Gentiles*, III:25.

② See Thomas Aquinas, *Summa Contra Gentiles*, III:25.

③ See Thomas Aquinas, *Summa Contra Gentiles*, III:25.

人类存在的神圣创造行动中赋予人类灵魂如此的尊贵荣耀。人的这种尊贵荣耀同时伴随着悲惨的可能性,就是从恩典中坠落的可能性。作为智慧存在者的人之所以为人,因为作为位格存在者的人可以领受恩典,也可以丧失恩典。在上帝按照自己神圣形象的创造旨意中,上帝首先赋予作为智慧存在者的人意志的敬虔正直,上帝首先赋予作为智慧存在者的人可以持守恩典的自由意志。① 事实上,作为智慧存在者的人已经丧失恩典,因此已经丧失人类灵魂起初"无所求地"爱上帝的自由意志的敬虔正直。自由意志的敬虔正直一旦丧失,人类灵魂在相同的悲剧中便丧失作为上帝神圣形象的完善。既然作为智慧存在者的人的先验本质就是上帝的神圣形象,作为智慧存在者的人一旦丧失上帝的神圣形象,便不再是人自己,这是必然的形而上学结果。

中世纪基督教经院哲学自身完整的爱的形而上学奥秘在于,人只要转向作为创造者的上帝,藉着上帝恩典的帮助,必然立刻恢复上帝的神圣形象,恢复因为堕落而丧失的对于自己在神圣创造恩典中的先验本性的顺服。于是这人再度成为完善,再度成为上帝的神圣形象。中世纪基督教经院哲学家看到人类灵魂"复形记"的形而上学学说,如何奠定着中世纪基督教经院哲学两个彼此区分的爱的观念的先验同一性。因为倘若人是上帝的神圣形象,人越是效法上帝的神圣形象,就越是实现自己的先验本质。作为创造者的上帝是存在的完善,作为创造者的上帝完整地认识自己,完全地爱自己。倘若

① See Augustine, *The City of God*, 22:30.

人渴望完全地实现自己,渴望变成完整的自己,人必定要成为上帝完美的形象。毋宁说,倘若人渴望完全地实现自己,渴望变成完整的自己,人必须为上帝的缘故而爱上帝。只要在中世纪基督教经院哲学的创造论中思考,在上帝神圣创造原型的层面上思考,爱上帝和爱自己就是先验而内在地彼此一致的。在这个意义上,中世纪基督教经院哲学深刻而卓越地指出:无所求地爱上帝,恰恰是人爱自己的卓越方式。毋宁说,无所求地爱上帝,恰恰是人爱自己的真实方式。①

对于奥古斯丁而言,人的永恒幸福在于享有至善。对于灵魂的真正幸福而言,至善存在于德性和智慧中,德性和智慧只能存在于作为创造者的上帝中。对于灵魂而言,上帝就是灵魂的永恒幸福生活所渴慕所寻求的至善。在这个意义上,认识上帝就是享有上帝,享有上帝就是灵魂的永恒幸福。②上帝是拥有神圣智慧、神圣情感、神圣意志的神圣位格,上帝按照自己的神圣形象创造人。在这个意义上,灵魂享有上帝的唯一方式就是认识上帝和爱上帝,就是无所求地爱上帝,就是尽心尽性尽意尽力地爱上帝。在这个意义上,爱上帝的人在对于上帝"无所求的爱"中以拥有上帝的方式重新获得自己,爱上帝的人在对于上帝"无所求的爱"中以拥有上帝的方式完满地实现自己。上帝的爱是从虚无中创造人类的神圣力量,上帝的爱是从堕落中拯救人类的神圣力量,正如奥古斯丁

① See Etienne Gilson, *The Spirit of Medieval Philosophy*, p. 288. 吉尔松:《中世纪哲学精神》,沈清松译,台湾商务印书馆 2001 年版,第 261 页。

② See See Etienne Gilson, *The Christian Philosophy of St. Augustine*, pp. 3-10.

的赞美:“请告诉我的灵魂说:‘我是你的救援’。请你说,让我听到。我的心倾听着,请你开启我心灵的耳朵,请你对我的灵魂说:‘我是你的救援’。”①作为智慧的存在者,人唯独认识上帝,唯独享有上帝的慈爱,才可能在对于上帝“无所求的爱”中实现自己创造恩典中的先验本质,在对于上帝“无所求的爱”中成为真正的人。

中世纪基督教经院哲学阐述的以上帝自己为终极根源和终极鹄的的规范性的“爱的秩序”,奠基于中世纪基督教经院哲学的存在形而上学。中世纪基督教经院哲学的存在形而上学,使作为智慧存在者的个体存在者实现存在论意义的主体转向②,使作为智慧存在者的个体存在者在追求真理的心路历程中认识作为神圣位格的上帝,在上帝的慈爱中享有真实的“爱的秩序”。对于作为智慧存在者的个体存在者而言,真实的“爱的秩序”意味着真实的存在论秩序的奠基。对于作为智慧存在者的个体存在者而言,真实的“爱的秩序”彰显于上帝自己在神圣救赎历史中的启示奥秘:我就是道路、真理、生命。上帝按照自己在基督身上运行的能力,使基督从死里复活,叫基督在天上坐在自己的右边,并差遣上帝应许的保惠师降临。③ 唯独认识上帝的人从自身的生命跳出,进入上帝的神圣生命。唯独认识上帝的人从自身的智慧跳出,进入上帝的神圣智慧。唯独认识上帝的人从自身的道路跳出,进入上帝的神圣道路。上帝的道路就是通往“最荣耀的上帝之

① See Augustine, *Confessions*, 1:5.
② See Augustine, *Confessions*, 8:12.
③ See Augustine, *Confessions*, 9:4.

城”的道路。“最荣耀的上帝之城”，预备着人的永恒幸福，永恒的生命、安息、荣耀、喜乐和赞美。①

三、上帝自己：爱的团契

中世纪基督教经院哲学关于爱的形而上学学说可以用抽象的方式表述：作为智慧存在者的人类是否可能拥有一种不是“自我中心”的爱？倘若可能，这种对于上帝和他者的“纯粹的爱”，和那种作为本性倾向的“自我中心”的爱慕之间，存在着什么关系？中世纪基督教经院哲学家都把对于上帝的爱作为这个形而上学论题的典范，因为上帝是作为人的永恒幸福的终极鹄的。至于人类现实拥有的爱和爱所倾向的目的之间的关系，中世纪基督教经院哲学家徘徊在两种可能的范畴之间——本性之爱和忘我之爱。本性之爱意味着把一切真实的或者可能的爱奠基于存在者寻求自己的善的必然倾向上。事实上，在爱上帝和爱自己之间，存在着一种深刻而隐秘的同一性，这两种爱是同一种生命渴望的双重表达，这种渴望是最深刻最自然的生命渴望，毋宁说是唯一自然的生命渴望。忘我之爱意味着割断人类灵魂享有的爱和人类灵魂的“自我中心”倾向之间的现实牵连。对于忘我之爱而言，一个人越是把作为主体的自己置之度外，这种爱就越是美善，越是卓越，越是崇高，越是奇妙，越是动人，越是真实而深邃的爱。在这个意义上，人应该爱上帝甚于爱自己。毋宁说，人应该爱上帝

① See Augustine, *The City of God*, 22:30.

而轻视自己。[1] 问题在于,本性之爱和忘我之爱的这两种爱的方式如何彼此联结。

吉尔松指出,在伯尔纳的神秘主义著作《爱德书简》(1125)一书中,本性之爱和忘我之爱这两种范畴已经一起出现,并且彼此交融。在同一章中,仅隔数行,伯尔纳首先肯定“人的爱必然从自己开始”,而爱自己的结局是进入上帝的祝福,完全倾心上帝,“仿佛用一种奇妙的方式,人忘却自己。一旦完全忘却自己,人便完全属于上帝。”伯尔纳在《爱德书简》中阐述的爱的奥秘就是如此奇妙的范畴转换:在上帝的奇妙祝福中,爱自己的本性之爱奇妙地转变成爱上帝的忘我之爱,爱上帝的忘我之爱奇妙地实现着爱自己的本性之爱。[2] 伯尔纳所谈论的爱自己的本性之爱,就是人类为自己的缘故而爱自己,这是爱的一切未来拓展的必然开端。并不是因为上帝如此命令,也不是因为爱自己这件事本身如何美妙,而是因为倘若人类不爱自己,人类甚至无法存在下去。伯尔纳说:为了爱上帝人类必须活着,为了活着人类必须爱自己。因此,爱自己的本性之爱只是一个事实,一个开端而已。倘若限制在生活的必需性,爱自己的本性之爱是正直的。在这个意义上,爱自己的本性之爱的合法性奠基在其生活的必需性上。可见,人所置身的生存论处境如此:上帝要求人爱上帝甚于爱自己。然而,由于人自身的脆弱,人不能不首先爱自己。

---

① Augustine, *The City of God*, 14:28.

② See Etienne Gilson, *The Spirit of Medieval Philosophy*, p. 291. 吉尔松:《中世纪哲学精神》,沈清松译,台湾商务印书馆 2001 年版,第 264 页。

为了阐述爱上帝和爱自己之间这种矛盾的形而上学根源,中世纪基督教经院哲学家必须阐述人的脆弱的根源。伯尔纳指出,人首先爱自己,人甚至首先爱自己的身体,不是上帝的命令,不是罪恶本身,而是罪恶的后果。倘若人藐视上帝而爱自己,倘若人轻视灵魂而爱身体,人类爱自己的本性之爱和人的身体欲望,两者就是一个东西。① 在"世俗之城",人类爱自己的本性之爱必然从身体欲望开始。上帝的恩典可以医治这种身体优先的爱自己的模式,而且能够引导人适当地走向最高的精神目标。伯尔纳卓越而深刻地指出,爱自己的"本性之爱"中身体的优先性是原罪的后果。身体优先的"本性之爱"是已经交付在罪恶之下的身体在开始时必须需要的爱。爱自己的"本性之爱"是对于已经堕落的人类而言合乎本性的爱。然而,倘若本性指人的具体的历史处境,就不能只考虑本性的堕落而已,因为堕落是相对于创造的神圣恩典而言,何况残存的神圣恩典仍然是构成本性的部分。因此,倘若完全了解人爱自己的"本性之爱",必须一方面深刻认识人堕落的悲剧,另一方面深刻认识人恢复圣洁公义的上帝形象的可能性。在上帝的神圣旨意中,作为创造者的上帝可以医治人的堕落本性,恢复人起初的良善本性。②

作为创造者的上帝的神圣形象是神圣创造智慧存在者的原型,作为智慧存在者的人是上帝神圣形象的摹本。人是按照上帝的神圣形象创造的,这表示人是在高度尊贵的状态下

---

① See Augustine, *The City of God*, 14:4.

② See Augustine, *The City of God*, 14:11.

诞生的,人是拥有卓越禀赋的被创造的智慧存在者,足以分享上帝的伟大。人的伟大是由上帝的神圣创造行动赋予的,与人的存在不可分离。灵魂的伟大在于灵魂能够认识神圣存在,灵魂渴慕至善。因此,灵魂在上帝创造的神圣恩典中是圣洁正直的。① 但是,自从犯了原罪,灵魂丧失自己的圣洁正直屈膝于身体欲望,于是灵魂从原来的圣洁正直变成弯曲悖逆。② 尽管人失去自己的圣洁正直,依然没有丧失自己的伟大。灵魂即使在弯曲悖逆中,仍然拥有认识永恒存在的能力。倘若灵魂先验本性中的伟大被罪恶完全铲除,灵魂将失去任何获得拯救的希望。因为灵魂的伟大仍然带有认识神圣真理的能力,这种能力正是灵魂的伟大所在。神圣救赎的希望尚未被隐蔽,灵魂存在的伟大和卓越尚未终止。这就是"人类是按照上帝的神圣形象创造"的中世纪基督教经院哲学人类学的形而上学秘密所在。

灵魂作为上帝神圣形象的卓越地位对于基督教密契论的爱的形而上学论题有何关系?③ 首先,灵魂作为上帝神圣形象的卓越地位使中世纪基督教经院哲学家了解,灵魂的内在生命在原罪以后有那些本性被玷污?倘若灵魂要恢复最初的圣洁完满的先验人性,灵魂需要怎样的拯救和医治,藉此灵魂能够使自己再度回到上帝的怀抱?倘若离开上帝拯救的恩

① See Augustine, *The City of God*, 14:11.

② See Augustine, *The City of God*, 14:16.

③ See Etienne Gilson, *The Spirit of Medieval Philosophy*, p. 295. 吉尔松:《中世纪哲学精神》,沈清松译,台湾商务印书馆 2001 年版,第 267 页。

典,人类都将陷入永远的死亡。[1] 其次,即使在灵魂堕落之后,灵魂依然保留着残存的上帝形象,这些残存的上帝形象依然形成灵魂的伟大和卓越。在灵魂堕落的本性中,灵魂对于上帝的悖逆,就是灵魂丧失正直而向尘世屈膝。作为罪孽的刑罚,死亡降临在人类身上:"人居尊贵中不能长久。"[2]伯尔纳深刻而卓越地指出,当灵魂正直地站立的时候,灵魂爱上帝,服从上帝的爱的律法。一旦灵魂转向尘世,灵魂便屈服于恐惧的律法,失去爱的自由。不是恐惧摧毁了灵魂自由选择的能力,因为自由选择的能力就是意志本身,是不能摧毁的。恐惧不能摧毁意志,而仿佛是在意志上罩上外衣,遮住爱所给予灵魂的自由。恐惧无法剥夺灵魂的自由,只是遮蔽自由。此时灵魂所遭受的痛苦,并不能取消上帝在神圣创造中已经赋予灵魂的先天良善,只是将痛苦加添在先天的良善上,困扰灵魂,搅乱灵魂原来的生命秩序,但却无力摧毁上帝创造的生命秩序。

原罪对于灵魂的致命创伤带来深刻的形而上学存在论结果:灵魂的先验本性是上帝的神圣形象,灵魂现在不再是上帝的神圣形象,因此不再是自己。灵魂欺骗自己,灵魂出卖自己,灵魂出卖自己的先验本性即上帝的神圣形象,于是灵魂不再是自己。现在灵魂既然知道在自己里面拥有什么,便既不能忽略自己残存的良善以及再度成为伟大的潜在能力,亦不能忽略自己先验本性能够达到的伟大的悲惨失落。在这个意

---

① See Augustine, *The City of God*, 14:1.

② Augustine, *The City of God*, 13:3.

义上，灵魂认识自己，就是同时认识灵魂自己的伟大和悲惨："这人遍体带着死亡，遍体带着罪恶的证据，遍体证明'你拒绝骄傲的人'。"①只要人类灵魂依然残存着领悟神圣真理的能力，便知道灵魂自己一方面作为上帝的神圣形象，另一方面忠实于自己。同时，在犯罪以后，灵魂亦知道自己既不忠实于上帝，亦不忠实于自己。于是灵魂分裂为两个部分，灵魂自己和自己相冲突，产生一种自我的恐惧，这就是罪人生活的内在悲剧。然后，灵魂渴望藉助抛弃使自己离开上帝的过犯，而恢复自己对于上帝和对于自己的圆满关系。但是，除非藉助上帝的慈爱和恩典，人自己无法获得这种恢复。上帝的慈爱和恩典是灵魂所不配享有的。② 在这个意义上，恢复灵魂的爱德，是由于灵魂对于上帝的亲密认识，恢复由上帝的恩典所修复的上帝的神圣形象，分享上帝面容的圣洁华美。

伯尔纳的《雅歌讲道集》深刻阐述熙笃会密契论的神学观念："上帝的神圣形象可赞可叹，带有对于上帝的幸福凝视，毋宁说，这神圣形象就是幸福凝视本身。因此，灵魂所分享的神圣形象与凝视相同，仿佛凝视上帝就是成为上帝的神圣形象。不过，我说成为上帝的神圣形象、凝视、爱德都是同一件事。因为爱德就是凝视，爱德就是作为上帝的神圣形象。灵魂一度藐视上帝，但上帝的爱德却呼唤那藐视上帝的灵魂。看见如此，谁不觉惊叹？为此，我们刚才提到的恶人，不堪作为上帝的神圣形象，理应接受刑罚，因为恶人喜爱邪恶，既不

---

① Augustine, *Confessions*, 1:1.

② See Augustine, *The City of God*, 14:1.

爱上帝,亦不爱自己。因为经上写道:'爱邪恶的人,憎恶自己的灵魂。'恶人应该从灵魂中除去使自己违背上帝真理的罪恶(因为灵魂的伟大,接受上帝的能力尚存),然后精神才能完美同一,互见互爱。及至那圆满的来到,有限的必要消逝。那时在上帝和灵魂之间将只有纯粹而圆满的爱(完全无所求的爱)。上帝和灵魂将会完全彼此相爱,彼此清楚地凝视,彼此紧密结合,生活在一起,永不分离,而且绝对彼此相似。那时,灵魂认识上帝,好像灵魂被上帝所认识那样。灵魂爱上帝,如同上帝爱灵魂一样。新郎将为新妇而欢呼,去认识而且被认识,去爱而且被爱。我们主耶稣基督超越万物,上帝的祝福直到永远。"①

倘若人是按照上帝的神圣形象创造的,那么人越是忠实于上帝神圣创造的原型,就越是忠实于自己。上帝是什么?上帝是爱。② 上帝的神圣本质既然是爱,上帝的神圣存在就是爱,上帝的神圣旨意就是爱,上帝的爱就是上帝自己。因此,爱就是上帝的神圣生活,爱就是上帝的神圣律法。熙笃会的密契论奠基于神圣三位一体的神学,其中心观念在于:上帝自己的神圣生活有一个神圣律法,这神圣律法就是决定上帝神圣生活的爱。圣父在永恒里生出圣子。圣父对于圣子的爱和圣子对于圣父的爱就是圣灵,圣灵就是圣父和圣子在永恒里发出的爱。在这个意义上,基督教的爱德奠基于上帝内在生活的统一性,享有神圣的平安和幸福。在这个意义上,上帝

---

① Etienne Gilson, *The Spirit of Medieval Philosophy*, p. 297. 吉尔松:《中世纪哲学精神》,沈清松译,台湾商务印书馆2001年版,第269页。

② See Augustine, *The Trinity*, 7:6.

的实体自身就是爱。至于灵魂所分享的爱,不是上帝的实体,而是上帝的赏赐:“爱是从上帝来的。”[1]犹如上帝自己的生活享有爱的律法,爱是宇宙万物的律法,亦是人的律法。上帝是爱,这是全部基督教神学的基石。[2] 倘若人偏爱己意甚过上帝的旨意,便以意志的悖逆模仿创造者。因为人拒绝上帝爱的律法,就把爱的律法转变成折磨自己的刑罚。相反,义人负着上帝的爱之轭,上帝的律法就是义人的律法。义人每天祈祷上帝的旨意行在地上如同行在天上,这个祈祷意味深长。

犹如上帝的神圣生活就是爱自己的完美,人在此世,除了上帝的完美,别无他求。爱上帝如同上帝爱自己,就是真正地行在上帝的旨意中,就是灵魂效法上帝的生命。奇妙的是,灵魂这样效法上帝,就重新变成灵魂自己。灵魂实现自己的真正本质,把那些与灵魂本性不一致的令人痛苦的罪恶连根拔除。灵魂从此重新发现自己存在的满盈,再度如同起初上帝创造的样式。在这个意义上,爱上帝和爱自己彼此一致,人越是为上帝的缘故爱上帝,便越是完满地实现自己。在这个意义上,熙笃会提倡的舍弃自己,既是舍弃亦是满盈。人在舍弃自己的爱上帝之中,仍然坚毅地存在。人的意志在恩典的奇妙作用下,似乎融化而变成上帝的旨意。灵魂本性的这种变化是在一种奥妙而不可言喻的方式下发生的。即使在奇妙恩典中,即使在幸福凝视的状态下,人的实体仍在。人的实体不

---

① Augustine, *The Trinity*, 15:31.

② See Augustine, *The Trinity*, 15:27.

可毁灭而消融在上帝的实体中。一方面成为上帝完善的神圣形象,另一方面实现着人性的满盈。这种恢复神圣本性的工作是由爱德开始的,在此世可以实现的部分,是由舍弃自己的爱上帝所实现,爱德的高峰则是灵魂在永恒里对于上帝"面对面"的幸福凝视。①

熙笃会密契论的根本特征在于:爱德的实现建立在一种成圣功夫上,有意识地运用完全的顺服,使人的意志顺服上帝的旨意,完善灵魂对于上帝神圣本质的追求。在这个意义上,灵魂爱上帝,就是使上帝在灵魂之中爱自己,一如上帝在自己之中爱自己,这就是灵魂和上帝深刻契合的神圣真谛。这种全心全意把灵魂与上帝相结合,灵魂本来就是上帝的神圣形象,灵魂和上帝在本性上本来就一致,灵魂藉助意志而顺服上帝,灵魂和上帝在神圣和谐中两相悦慕。为此,凡因完美而相互爱慕者,乃缔结婚姻。可见,灵魂与上帝的结合,奠基于灵魂和上帝两者意志的结合。灵魂和上帝两者结合,灵魂和上帝两者深刻契合成为一体而同心同德。爱情如死亡之坚强,是爱本身的爱,上帝与灵魂之间并不平等,却渴望成为一个完整的爱。甚至事实上就是一个完整的爱,因为上帝已经给予灵魂上帝自己的爱,灵魂只是因此去爱上帝。上帝就是爱,上帝就是爱的神圣实体。我们爱,因为上帝先爱我们。因为"所赐给我们的圣灵将上帝的爱浇灌在我们心里"②。中世纪基督教经院哲学阐述的"无所求而有回报的爱"的全部道理

① See Augustine, *The City of God*, 22:29.

② Augustine, *The Trinity*, 15:31.

就在于此:基督教固有的爱德不只是灵魂对于一个会回报的存在者的爱而已,而是去爱"爱的实体"本身。[1]

熙笃会密契论强调在恢复上帝神圣形象的灵魂"复形记"中恩典的重要性,以及人在变成上帝的神圣形象时,如何同时变成自己,以及这种行动深刻的同一性。上帝爱灵魂,是为上帝自己的缘故而爱灵魂。神圣律法要求灵魂尽心、尽性、尽意、尽力地爱上帝。只要上帝赐下伟大的恩典,爱上帝的人就能够不为自己的缘故而爱上帝和爱自己,只为了上帝的缘故而爱上帝和爱自己。上帝按照自己的神圣形象创造灵魂,上帝按照自己的神圣形象而更新灵魂。上帝以神圣真理和智慧本性只能为上帝自己的缘故而爱人。倘若人披戴上帝的神圣形象,就等于实现自己本性的渴望。但是,披戴上帝的神圣形象就是渴慕上帝的神圣旨意。一个摹本越是完美地与原型一致,就越是实现自己的完美。披戴上帝的神圣形象,就是人的完满实现所在。灵魂必须不顾一切,激励对于上帝的爱情,保存对于上帝的爱情,因为灵魂是为对于上帝的爱情而创造,为对于上帝的爱情而生活。按照上帝的神圣形象创造的人,是为了披戴上帝的神圣形象。倘若灵魂在爱德中使自己的意志与上帝的旨意深刻契合,倘若灵魂效法上帝而披戴上帝的神圣形象,灵魂由于摹本和原型日愈一致而彰显上帝,何足惊异。

倘若如此,中世纪基督教经院哲学家就可以确定熙笃会

---

① See Etienne Gilson, *The Spirit of Medieval Philosophy*, p. 301. 吉尔松:《中世纪哲学精神》,沈清松译,台湾商务印书馆 2001 年版,第 271 页。

密契论的自身和谐,也可以确定中世纪全部密契论的自身和谐。作为创造者的上帝是作为智慧存在者的人的原型,作为智慧存在者的人是上帝的神圣形象。在这个意义上,作为智慧存在者的灵魂先验本质的完满实现存在于灵魂和上帝之间深刻契合的神圣位格关系中。奥古斯丁在作为创造者的上帝面前如此感谢说:"我感谢你,我的甘甜,我的荣耀,我的依赖,我的上帝。感谢你的恩赐,并祈求你为我保持。你必定保守我,你赐给我的一切亦将日益荣美。我将和你在一切,因为我的存在就是你所赐予的。"①在这个意义上,作为智慧存在者的灵魂尽心尽性尽意尽力地爱上帝的意志行动,作为智慧存在者的灵魂为上帝的缘故而舍弃自己的意志行动,作为智慧存在者的灵魂无所求地爱上帝的意志行动,就是作为智慧存在者的灵魂先验本质的完满实现。托马斯说:"灵魂的行动是为了自己的善,因为灵魂朝向效法上帝而行动。"②上帝按照自己的神圣形象创造人的基督教观念,在托马斯经院哲学和熙笃会密契论中,都保障着灵魂自己的完善和灵魂对于上帝旨意的完全顺服两者的深刻契合。③

第三节　吉尔松的自由学说

根据托马斯对于作为神圣科学的基督教学说的理解,作

① Augustine, *Confessions*, 1:20.

② Thomas Aquinas, *Summa Contra Gentiles*, III:24.

③ See Etienne Gilson, *The Spirit of Medieval Philosophy*, p. 303. 吉尔松:《中世纪哲学精神》,沈清松译,台湾商务印书馆 2001 年版,第 273 页。

为神圣科学的基督教学说既是最尊贵的理论科学,亦是最尊贵的实践科学。[①] 作为神圣科学的基督教学说的理论鹄的在于认识作为创造的上帝,作为神圣科学的基督教学说的实践鹄的在于阐述作为智慧存在者的人类的主体自由,确认作为智慧存在者人类的主体自由,实现作为智慧存在者的人类的主体自由。在作为神圣科学的基督教学说中,中世纪基督教经院哲学的形而上学真理的生存论奥秘,在于实现人类作为自由的位格存在者的先验本质,因为上帝在神圣创造中赋予作为智慧存在者的人以完善而卓越的自由意志。[②] 托马斯指出,人是自由的存在者,是享有自由抉择的先验禀赋的位格存在者。否则,"忠告、劝勉、诫命、奖赏和审判都将成为徒劳无益的东西。"[③]作为神圣科学的基督教学说的实践目标是作为智慧存在者的人的主体自由的完满实现:"真理必叫你们得以自由。"[④]对于奥古斯丁而言,在神圣真理中享有的自由是上帝的恩典,在神圣恩典中享有的自由是上帝的奖赏,上帝的奖赏就是在"最荣耀的上帝之城"享有永恒的敬虔和幸福的卓越而完满的自由。[⑤] 这不是说中世纪基督教经院哲学发明了自由观念,而是说中世纪基督教的教父哲学和经院哲学享有自己独特而深刻的自由观念。早在公元 2 世纪,爱伦纽已经指出:即使基督教哲学家必须在基督教启示原理中获得自

① Thomas Aquinas, *Summa Theologica*, I:1:5.

② See Thomas Aquinas, *Summa Theologica*, I:83:1.

③ Thomas Aquinas, *Summa Theologica*, I:83:1.

④ See Augustine, *Confessions*, 8:12.

⑤ See Augustine, *The City of God*, 22:30.

由的真实涵义,自由的观念在上帝普世性的先验启示中已经颁布。在这个意义上,自由的观念和人类的存在同样悠久。毋宁说,自由的观念和哲学的存在同样悠久。对于中世纪基督教经院哲学家而言,值得首先注意的地方在于:教父哲学家以非常显著的方式强调自由观念的重要性,教父哲学家藉以讨论自由观念的术语也非常特殊。①

一、自由的超然意义:意志的抉择

上帝在按照自己的神圣形象创造人类时就藉着和作为智慧存在者的人类缔结神圣契约而向人类颁布神圣律法,但上帝仍然让人类自由地颁布自己的律法,自由地选择自己的道路。在这个意义上,上帝的神圣律法并不强迫人类的意志。根据托马斯的见解,在现世生命中,没有任何具体的善,包括作为创造者的上帝自己,是如此清楚明确地彰显给人类理性,使人类意志无法不选择这个善的对象。对于任何个别的善,人类理性可以从不同的观点去判断。在这个意义上,人类理性的判断是自由的。在这个意义上,对于具体的善的选择,人类意志是自由的。"倘若一个人,因为爱上帝而完成一个勇敢的行为;就其实质而言,这是一个勇敢的行为;可是,就其决定性的因素而言,这是一个爱德的行为。由此可见,理性多少是先于意志的……所以,意志倾向于理性所提示为善的对象时,自由选择的意志行动就其实质而言固然是一个意志的行

① See Etienne Gilson, *The Spirit of Medieval Philosophy*, p.304. 吉尔松:《中世纪哲学精神》,沈清松译,台湾商务印书馆2001年版,第277页。

为，可是就其决定性的因素而言，却是一个理性的行为。因为选择，是由灵魂趋向所选择的善的某种行动而完成的。由此可见，自由选择是一个属于情感能力的行为。”①

自从中世纪基督教哲学崛起，就有一系列的哲学术语，其语词意义获得普遍运用。上帝按照自己的神圣形象创造了人，赋予人一个理性灵魂和一个自由意志，毋宁说，赋予人一种自由选择的能力。在这个意义上，人和天使一样被上帝按照自己的神圣形象创造为位格的存在者，理性的存在者，自由的存在者，智慧的存在者，形而上学的存在者，属灵的存在者。毋宁说，作为智慧存在者的人是有能力和上帝自己建立完满位格关系的存在者。在这个意义上，自由的直接涵义意味着免于绝对束缚的存在，即使上帝的神圣契约亦不意味着对于人的绝对束缚。自由藉助于人类的理性判断而属于人类，自由的表现在于人类意志的抉择能力。在自由选择的时候，理性和意志这两种能力彼此深刻契合。毋宁说，自由的选择是一个奠基于理性判断而属于意志的行动。对于托马斯而言，唯独自由选择的意志行为可以被理解为真实的人性行为："只有那些以人为主人的行为，可以被称做人性行为。可是，一个人是藉着自己的理性和意志，而成为其行为主人的。所以，自由意志，可以说是同时包含着意志和理性的一种能力。这样，那些出于自由意志或审慎选择的行为，才能真正被称作人性行为。”②

---

① Thomas Aquinas, *Summa Theologica*, Ia2ae:13:1.

② Thomas Aquinas, *Summa Theologica*, Ia2ae:1:1.

在这个意义上，自由、理性、意志和抉择能力这些中世纪基督教经院哲学术语彼此关联，并且有一个中心主题使这些经院哲学术语彼此关联，这个中心主题使中世纪基督教经院哲学家必须使用这些术语。这个中心主题就是作为智慧存在者的人在作为创造者的上帝面前的永恒命运。上帝按照自己的神圣形象创造自由的人类和人类的自由——因为人既然是作为上帝神圣形象的自由存在者，就必须为自己在作为创造者的上帝面前的自由选择是否实现自己的生命目标而承担责任。在上帝的神圣创造中，人先验的自由意志是选择幸福和选择悲惨的自由意志。毋宁说，在上帝的神圣创造中，人先验的自由意志是选择不犯罪和选择犯罪的自由意志。① 在上帝自由赋予人类的两种永恒命运中，选择幸福或者选择悲惨，完全在于作为智慧存在者的人自己在作为创造者的上帝面前的自由抉择。人是必须倚靠自由抉择而勇敢投身存在奥秘的战士，人是必须倚靠自由抉择而勇敢投身存在奥秘的智慧存在者。在这个意义上，人必须倚靠自己，做自己的主人，禀赋生命真实的独立性。毋宁说，人藉助作为真实人性行为的自由抉择而必然勇敢投身在自己的永恒命运中。

倘若中世纪基督教经院哲学家仔细分析自由观念的精确涵义，立刻可以发现自由观念的极端复杂性。亚里士多德哲学非常有助于澄清问题。亚里士多德认为本性是万物活动的内在原理，宇宙万物都具有真正的自发性，至少就其"行动原理存在于存在者自身中"这层意义而言确实如此。就人而

① See Augustine, *The City of God*, 22:30.

言,人的理性可以认识宇宙万物,人的意志指向人的本性目标——人的幸福。人的理性能力尽量获取达到幸福目标的可能途径,人的意志选择其中最恰当的途径:“人具有自由意志是自然的。”①在这个意义上,意志选择的行为在亚里士多德伦理学中占据着核心地位。人类由于善恶的选择而面对道德评价。善恶的选择奠基于理性判断而属于意志决定,可见自由选择是以理性思考为基础的意志行动。毋宁说,自由选择的意志行动“来自理性中的比较活动”。② 中世纪基督教经院哲学家很早就了解亚里士多德的自由观念对于基督教的自由观念是不可或缺的,虽然亚里士多德的自由观念终究无法实现中世纪基督教经院哲学的自由学说。在这个意义上,比较中世纪基督教经院哲学的自由观念和亚里士多德伦理学的自由观念的共同立场和彼此区别,是非常有益的。③

根据亚里士多德的定义,“意志的抉择”这个观念包含着理性的观念。即使唯独在有理性光照欲望的存在领域,才有意志的出现,意志在本质上依然是一种欲望。倘若离开知识,选择是不可能的,但选择依然是固定在可能对象上的欲望行动。按照亚里士多德,欲望本身只是一种本性固有动力的表现,由于理性的介入,深刻地改变着这种固有动力活动的条件。在某种意义下,使得意志可能和本性相对立,犹如正确的选择和错误的选择彼此对立一样。但是,人类也是一种本性

① Thomas Aquinas, *Summa Theologica*, Ia:83:2.

② Thomas Aquinas, *Summa Theologica*, Ia:83:1.

③ See Etienne Gilson, *The Spirit of Medieval Philosophy*, p. 306. 吉尔松:《中世纪哲学精神》,沈清松译,台湾商务印书馆 2001 年版,第 278 页。

的存在者，人的意志只是本性欲望在理性判断的基础上所采取的一种特殊形式而已。正如人在理性选择途径之前，意志必须首先判断目的，在未有意志行动以前，人必须首享有存在的实现性。毋宁说，第一行动是第二行动的根源，存在是行动的根源。在这个意义上，意志只是适合于人的动力因的能力而已，意志的选择首先只是一种包含在自身之中的自动自发的本性而已。倘若说本性是存在者自己的行动原理，那么，"推动意志的是被理解的善"。① 中世纪基督教教父哲学家和经院哲学家很仔细地注意到亚里士多德的结论。

中世纪基督教经院哲学家对于被创造的智慧存在者本性的观念，被创造的智慧存在者因为分享上帝的神圣能力而获得的因果性，使中世纪基督教经院哲学家强调上述结论的重要性。中世纪基督教经院哲学家把第二因理解为丰富的创造力的类比，这是中世纪"自由问题"全部演变的契机。② 中世纪基督教经院哲学家认为意志的选择享有真实的效果，因为中世纪基督教经院哲学家不仅理解亚里士多德分析的结果，而且力求超越亚里士多德的分析。亚里士多德认为意志的选择就是意志在理智判断之后继而作出的决定，无论这种理论如何精致，亚里士多德谈论的选择既不是自由，亦不是自由意志。中世纪基督教经院哲学家阐述的心理自由，亚里士多德曾经想过，当亚里士多德谈到意愿时，亚里士多德实际上已经想到一种从存在的深度中升起的一种行动。亚里士多德的分

---

① Thomas Aquinas, *Summa Theologica*, Ia:82:3.

② See Etienne Gilson, *The Spirit of Medieval Philosophy*, p. 306. 吉尔松：《中世纪哲学精神》，沈清松译，台湾商务印书馆 2001 年版，第 279 页。

析包含着自由思想，却不容易从中分解出一个自由的概念，亚里士多德哲学中甚至没有自由这个术语。然而，对于中世纪基督教经院哲学家而言，特别是对于拉丁教会的中世纪基督教经院哲学家而言，自由显示出极端的重要性。自由意志这个术语的复杂性使得中世纪基督教经院哲学家追问：使得意志同时是一个自由选择的原则何在？

首先，中世纪基督教经院哲学家都同意把自由选择的意志置于意志自身中自己决定的力量。甚至可以说，倘若奥古斯丁以十分自由的方式理解恩典在自己心灵中的运行，那是因为奥古斯丁认为：意志行动的不可强迫性是完全自明的原理。作为智慧的存在者，人类灵魂对于作为创造者的上帝的"悖逆和皈依是自愿的，而不是被迫的"。[1] 在这个意义上，上帝不是干预人类意志的自由选择，而是要求作为智慧存在者的人类为意志的自由选择承担责任。既然意志按照定义就是自由选择的能力，为什么同语反复地说意志的选择来自意志呢？毋宁说，意志就是自由。奥古斯丁在圣经中找到无数经文清楚阐述自由意志，这些经文都是上帝对于人类行为的诫命。事实上，自由意志的奥秘不只是对于救恩不可或缺的基督教真理而已，而是中世纪基督教经院哲学家日常生命经验不断证实的事实。无论意志是不是自己的主人，自由意志都在意志决断的能力中。自由意志是"那种能力，人藉着自由意志，能自由地判断"。[2] 再没有比意志自己更"任凭意志直

① Augustine, *On Free Choice of the Will*, II:19:53.

② Thomas Aquinas, *Truth*, 24:6.

接差遣"的了。这些说法表达出意志及其行动之间不可分离的性质。正因为意志的行动出于意志本身,表述意志本身,所以意志常常是自由的。①

这里,哲学家涉及的是中世纪基督教经院哲学最重要的观念之一:"运作的自由"的根源。意志可以在多重意义下被称做自由的,但其首要意义是意志运作的自由:意志可以接受、可以拒绝;意志可以付出行动、可以拒绝行动。这个第一涵义的自由对于意志是绝对重要的。中世纪基督教经院哲学家用正面的方式表达这一事实,而把自由意志等同于意志,毋宁说,把自由意志等同于意志运作的自由选择行动。因为在自由选择时,意志渴慕;倘若意志渴慕,那表示意志原先也可以拒绝,但现在意志却选择渴慕。中世纪基督教经院哲学家强烈的道德责任使哲学家注意到:那选择渴慕的意志主体,正是自己行动的真正根源。由于这个缘故,意志主体才必须对自己的行动承担责任。倘若人没有自由意志,就不存在公义的奖赏和审判。在这个意义上,"上帝必然赋予人自由意志。"②基督教自身固有的道德原理引导中世纪基督教经院哲学家把主体自由的根源奠基在意志之中,除非连同意志一同毁灭,否则主体自由是无法夺走的。中世纪基督教经院哲学家习惯于这样的表述,即把意志和必然性相对立,仿佛意志和必然性是两个无法化约的相反论题。自由意志拒绝必然性,自由意志拒绝强迫,在这个意义上,意志行动完全不被任何束

---

① See Etienne Gilson, *The Spirit of Medieval Philosophy*, p. 308. 吉尔松:《中世纪哲学精神》,沈清松译,台湾商务印书馆 2001 年版,第 280 页。

② Augustine, *On Free Choice of the Will*, I:1:3.

缚所辖制。

你可以强迫一个人做这个或者做那个，但你绝对无法强迫一个人愿意做这个或愿意做那个。毋宁说，理性存在者的意志倾向是无法强迫的。在这个意义上，有自由意志则没有暴力，有暴力则没有自由意志。强调自由意志就是免于暴力，强调自由意志就是免于必然性，就是首先肯定意志行动自身的自发性，就是揭示自由选择的意志行动和运作自由选择行动的智慧存在者的理性判断之间内在而恒久的一致性。在这个意义上，"自由意志是一种欲望能力。"①对于中世纪基督教经院哲学家而言，意志行动的自发性是如此重要，以致于基督教哲学家有时把自发性混同于意志，这就等于经过长久的世纪之后，再度回到亚里士多德阐述的意志选择。例如在安瑟伦那里，意志、自发性和免于必然都是同义词。自由意志藉着一种自发运动而固定在某个对象上，这种自发运动就是欲望，既然是欲望在选择，欲望就是意志，而意志自由就在于知识光照之中的意志的合理性。安瑟伦所强烈肯定的意志行动的自发性，在法兰西斯会具有独创性的卓越"精细博士"司各脱那里获得确定的表述。

司各脱超越亚里士多德形而上学的动力论，而把遵循必然的本性界同遵循自由的意志界对峙起来。每一本性在实质上都是被决定的，而且也是决定的原理。每一意志本质上都是尚未决定的，而且也是不受决定的原理。但中世纪基督教经院哲学家不可以把这种意志的不受决定的自由状态理解为

① Thomas Aquinas, *Summa Theologica*, Ia:83:3.

一种欠缺的标记，意志的不受决定的自由状态恰恰证明意志能力的卓越性，自由意志拒绝自己被束缚在某一限定行为上。司各脱甚至把理性本身理解为是一种本性，而不承认神圣光照对于自然理性的决定性意义。在这个意义上，意志决定的行动固然取决于理性判断的理智知识可以提供的范围，自由选择属于意志行动的范围。自由选择的偶然性并不依赖于提供各种选择可能性的理性判断，而是依赖于自由意志的行动，藉助于意志行动决定选择具体的意志对象。意志行动在本质上是自由的，意志自由意味着意志选择的偶然性。离开意志选择的自由行动，理性判断就无法有所作为。在这个意义上，意志自由完全奠基在意志彻底的"未决定"上，而意志选择的不可预见性完全涌现于自由意志自身中。意志的本质特征是自由。意志对于理性的卓越性在于意志包括理智对象，意志支配理智对象。意志行动的终极鹄的是上帝的善："热爱上帝，这是实践的第一原则。"①自由意志自身是作为智慧存在者的自由主体拒绝其他事物支配自己的主体性的源泉。②

二、自由的神学涵义：恩典恢复的意志

吉尔松指出，并不是所有中世纪基督教经院哲学家都在意志的自发性这个方向上前进到这么远的地步。许多哲学家对于是否单单凭藉意志来肯定其自发性的自由运作，感到迟

① Duns Scotus, *Opus Oxoniense*, IV:46, I:10.

② See Duns Scotus, *Opus Oxoniense*, II:25, I:22-24; Etienne Gilson, *The Spirit of Medieval Philosophy*, p. 310. 吉尔松：《中世纪哲学精神》，沈清松译，台湾商务印书馆2001年版，第281页。

疑。在亚里士多德哲学中，选择在本质上确实属于意志。甚至亚里士多德自己也指出，倘若理性没有在意志决定之前从事判断，意志的选择行动并不是真正的选择行动。亚里士多德学派特别强调意志选择行动中理性判断的必要因素。倘若没有自然理智之光的照耀，意志就沦为单纯欲望。倘若没有感性认识，意志只是被必然性决定的本性倾向而已。斯多葛派学者甚至认为，在这个严格地被决定的宇宙中，自由只是意味着甘愿顺服宇宙秩序。倘若哲学家争辩说，如此意志便意味着屈服于宇宙秩序的必然性。斯多葛派学者的回答是：无论如何，意志依然是意志。波爱修非常清楚地证明：纯粹的自发性和绝对的决定论及其必然性，可以彼此匹配。倘若为了拥有自由，哲学家只以"成为意志决定的内在源泉"为满足，那么，这些决定如何取决于外在事件，被命运严格地预定，亦无关宏旨。只要是出于灵魂所承担的决定，那就是灵魂自己的决定，而灵魂就是自由的。这一点使波爱修走向理智主义的哲学立场，波爱修深信意志本身的不自足，在必要时只能满足于被必然决定的自发性。为了弥补这一点，波爱修极力强调理性判断因素在自由行动中的重要性。①

单单谈论意志行动的重要性是不够的，波爱修明确地把意志行动的根基奠定在理性判断中。由于首先完成的理性判断，才使得一个选择成为意志的自由选择。于是，对于波爱修哲学而言，意志不只是意志自发的选择而已，而是理性的自由

---

① See Etienne Gilson, *The Spirit of Medieval Philosophy*, p. 311. 吉尔松：《中世纪哲学精神》，沈清松译，台湾商务印书馆 2001 年版，第 282 页。

判断。波爱修把自由意志定义为人类灵魂“意志立法的自由”，可见波爱修视为真正自由的，是理性的自由判断。意志只是在奠基于理性判断时，才有自由可言。① 理智判断知识在自由意志的选择行动中拥有的关键地位，哲学家始终是非常清楚的。奥古斯丁使用许多篇幅的著名著述，揭示出意志本身享有一种神秘预感，走向自己的预定对象：“上帝眷顾着每一个人，仿佛只眷顾着一个人。”②意志不是单纯的欲望。理性灵魂为意志选择提供若干可能的意志对象，以及对于那些意志对象的理性判断，实际地给意志的自由选择拓展无限可能的空间。倘若意志只有一个对象，意志享有行动或者不行动的选择自由。倘若理性判断提供若干可能的意志对象，意志可以公平地选择这个或那个对象。波爱修哲学的新颖之处，在于波爱修意志学说中完整的理性主义特征。

司各脱的自由学说在于阐明，没有任何机会，没有任何可能性，理性判断可以成为自由行动的全部原因。司各脱的真实观点在于：在理性完成判断的时候，当一切可能的选择对象都已经被确定、被衡量、被判断之后，当选择的时刻来临之际，在意志尚未实施选择的瞬间，就意志尚未固定在这个对象或那个对象而言，就意志自身的自由本质而言，意志依然是完全未被决定的。对于司各脱而言，意志对于理性的卓越性在于，意志对于理性的理解行动享有施行命令的主权。在这个意义

① See Boethius, *In lib. de interpret: editio secunda*; Etienne Gilson, *The Spirit of Medieval Philosophy*, p. 311. 吉尔松：《中世纪哲学精神》，沈清松译，台湾商务印书馆 2001 年版，第 282 页。

② Augustine, *Confessions*, 3:11.

上，意志行动自身就形成理性判断的真实原因。毋庸置疑，理性对于意志对象的判断认识，根源于意志本身对于意志对象所享有的意愿。毋宁说，没有意志对于意志对象的意愿，就没有理性对于意志对象的判断。作为自由选择的结果，唯独意志本身承担选择的责任。对于司各脱的自由学说而言，唯独意志本身，是意志的意愿行动的全部原因。① 司各脱阐述的这种超然的自由和意志行动的自发性其实是同一性原则，意志行动的自发性对于理性的决定而言，是唯一可能的不确定因素。毋宁说，对于司各脱而言，离开意志的自由选择，理性的诸般判断，即使彼此矛盾，也无法凝聚成为一个自由行动。

对于波爱修的自由学说而言，情况迥然不同，欲望的选择只是一种盲目的自发性而已。使自发性的欲望成为自由意志的，就是理性的判断。理性的判断对于可能的意志对象进行评估，比较各种可能选择的意志对象，宣布其中一个对象比其他对象更好。意志的真实自由在于理性判断的知识和选择。一个人越是善于运用理性判断，就越是享有完满的自由。人类灵魂是神圣智慧的神圣肖像。意志自由的完满形式就是灵魂的幸福。完满形式的意志自由奠基于灵魂对于上帝神圣旨意的确凿认识，奠基于意志对于上帝神圣旨意的倾心渴慕，奠基于意志对于上帝神圣旨意的完全顺服。② 在这个意义上，作为灵魂幸福的完满形式的意志自由的实现，在于上帝的神

---

① See Etienne Gilson, *History of Christian Philosophy in the Middle Ages*, p. 463.

② See Etienne Gilson, *History of Christian Philosophy in the Middle Ages*, p. 102.

圣眷顾。① 倘若波爱修可以诉诸亚里士多德哲学,那是因为按照亚里士多德的观点,意志不只是追随着理性知识的单纯欲望,而且是藉着理性知识变成一种在诸般可能的意志对象中任意选择的自由能力,就是能够作出真实选择的意志能力。吉尔松指出,意志处于超然的状态,意志的自发性恰恰因为意志自身置身于两个或若干可能的意志行动之间的空间,才享有自由的特征。②

吉尔松指出,波爱修和司各脱对于自由奥秘的哲学阐述迥然不同,哲学结论却相吻合。倘若直接从自发性的欲望走向意志,会把意志的不确定性奠定为自由选择的根基。倘若追随波爱修藉助理性判断的方法,便会把自由意志奠基于理性判断为意志展开的不确定性之中。在自由意志的论题上,托马斯一如既往地在两种对峙的哲学道路之间寻求平衡途径,试图同时保持理性和意志两者在自由的选择行动中的真实地位。托马斯为了忠实于亚里士多德哲学中的一项深刻要求,主张自由选择的本质是意志的行为。在这个意义上,自由意志直接出于意志,毋宁说,自由意志就是意志本身。接受意志面对着的对象或者拒绝意志面对着的对象,选择这个意志对象或者选择那个意志对象,皆在于意志本身;就意志作为灵魂的选择能力而言,意志对于意志对象的多项选择,犹如单纯理智对于理性思辨的关系。同时,倘若离开理性判断,意志就

① See Etienne Gilson, *History of Christian Philosophy in the Middle Ages*, p. 103.

② See Etienne Gilson, *The Spirit of Medieval Philosophy*, p. 312. 吉尔松:《中世纪哲学精神》,沈清松译,台湾商务印书馆 2001 年版,第 283 页。

无法作出选择意志对象的决定。毋宁说，倘若离开确认理性判断的意志决定，或者离开意志确认的理性判断，作为中世纪基督教经院哲学自由学说的意志选择的灵魂奥秘都是无法完整阐述的。①

尽管托马斯用来表述哲学论题的术语是极富弹性的，但托马斯表述的自由学说是清楚明确的。托马斯的自由学说行走在波爱修阐述的理智主义和司各脱阐述的意志主义之间。和波爱修一样，托马斯认为一个自由意志的行动是一个自由的判断，托马斯自己的表述是"所谓自由判断"。因为本质上自由意志的行动是意志渴望的行动，而不是理性判断的行动。和司各脱一样，托马斯承认自由意志本质上属于意志，但托马斯拒绝在定义自由意志时忽略实践理性的判断，而实践理性的鹄的在于终结于意志的选择。托马斯的自由学说卓越地揭示出，自由选择意味着意志的自由抉择。就其实质而论，自由意志是意志的自由选择；就其形式而论，自由意志是理性的自由判断。毋宁说，当人判断意志决定时，是理性在判断。当人的自由意志作出选择时，是意志在决定。② 在任何意义下，自由意志的禀赋和意志本身两者都是完全相同的。在这个意义上，从奥古斯丁到托马斯以及司各脱，对于中世纪基督教哲学家而言，即使在人类堕落以后，这种超然涵义的自由意志依然保留着未曾堕落以前的原初状态。伯尔纳非常强调意志在本性堕落以后依然保留其完整性，托马斯找到适当的词汇，把这

① See Etienne Gilson, *The Spirit of Medieval Philosophy*, p. 313. 吉尔松：《中世纪哲学精神》，沈清松译，台湾商务印书馆 2001 年版，第 284 页。

② See Thomas Aquinas, *Summa Theologica*, Ia:83:3.

种匹夫不能夺志的自由意志称为本性。① 倘若就自由意志的这种超然涵义而言，自由和意志本身共存亡。毋宁说，倘若就自由意志的这种超然涵义而言，自由与作为智慧存在者的人本身共存亡。

这种超然涵义的自由意志在其自然特征中，必然免除任何道德判断。没有自由固然就没有道德，但在超然涵义的自由意志的自然本质中并不包含任何道德因素。既然意志始终拥有选择能力，则意志可以自由地选择善，亦可以自由地选择恶，意志选择的善和恶并不影响意志行动的自由。意志的自由选择，就其作为意志的自由选择而言，在心理上是不确定的，在道德上是超然的。同时，中世纪基督教经院哲学家必然关注作为意志选择的自由行动自身的道德涵义。于是，对于作为自由选择的意志行动的道德涵义的考察对于自由的心理学具有重要的影响。倘若基督教哲学家比较中世纪基督教经院哲学的自由学说阐述的自由意志和亚里士多德哲学阐述的自由意志，亚里士多德谈论的是意志而不是自由。亚里士多德谈论的自由特别意味着独立，即个人在社会领域或政治领域独立于他者的生存论状态。正如亚里士多德指出的，这是民主体制的所谓理想。自由的观念，特别意味着心理学意义的自由或形而上学意义的自由。在亚里士多德首次提出自由观念时，只有政治学涵义或社会学涵义。从斯多葛派哲学家开始就顺从自然律的必然性而言谈论行动自由，哲学家就把这种社会学的自由观和道德学说整合起来。从此，一个人立

① See Thomas Aquinas, *Summa Theologica*, Ia:83:2-3.

足于天地之间,如同希腊公民立足于城邦之间。希腊城邦存在着约束公民的法律,问题在于如何甘愿顺服法律而同时经历心灵自由。斯多葛派哲学家在这方面获得成功,人在使自己独立于命运时实现着心灵自由。斯多葛派哲学家把自由问题变得复杂,遗留给中世纪基督教经院哲学家。①

中世纪基督教哲学家经院同样发现作为智慧存在者的人自己立足于一个存在着神圣律法的宇宙中。并不是说中世纪基督教经院哲学家恐惧命运,而是说中世纪基督教经院哲学家清楚地意识到自己在神圣意志的指导下,愿意顺服作为至高者的上帝的神圣意志,尤其愿意顺服作为至高者的上帝在神圣救赎历史中的神圣意志。使徒保罗根据主宰人类灵魂的不同律法而区分不同涵义的"基督徒的自由"。倘若人做罪恶权势的奴隶,拒绝公义律法的束缚,人所拥有的是免于公义律法的自由。倘若人做公义的仆人,犹如从死里复活的人,上帝的恩典藉着圣洁公义在人的灵魂中作王,人所享有的是免于罪恶权势的自由。根据使徒保罗新约书信卓越而深邃的神学论述,在超自然的属灵国度中灵魂所经历的奴役和自由之间的关系,类似于人类社会中奴役和自由的关系。在这个意义上,中世纪基督教经院哲学学说中的自由,是一个经典的类比概念。中世纪基督教经院哲学家的自由观在本质上是超自然的,是对于超自然的属灵国度的奴役而言的自由学说。在这个意义上,中世纪基督教经院哲学家的自由观,对于哲学领

① See Etienne Gilson, *The Spirit of Medieval Philosophy*, p. 315. 吉尔松:《中世纪哲学精神》,沈清松译,台湾商务印书馆 2001 年版,第 285 页。

域和道德领域的自由意志的论题,依然具有深刻的影响。[①]

吉尔松卓越地指出,奥古斯丁已经发现自由这个语词对于基督教哲学家可能意味着的不同涵义。奥古斯丁指出,在上帝创造的神圣恩典中,作为智慧存在者的人享有的自由是超然涵义的自由,就是由能够不犯罪和能够犯罪两种可能性组成的自由意志。[②] 在上帝救赎的神圣恩典中,作为智慧存在者的人享有的自由是超自然的属灵国度的自由,是更卓越的自由意志,首先是在神圣救赎历史中能够不犯罪的自由意志,最终是在"最荣耀的上帝之城"中不能犯罪的自由意志。[③] 在这个意义上,自由可以意味着自由选择的超然涵义的意志自由。同时,自由可以意味着在上帝的恩典中免除罪恶权势奴役的超自然的属灵国度中灵魂享有的意志自由。就意志自由的超自然涵义而言,人类灵魂面对着彼此区别而彼此联系的两种奴役:罪恶的奴役和死亡的奴役。在这个意义上,中世纪基督教经院哲学的自由学说揭示出两种彼此区别而彼此联系的自由:从罪恶权势中获得拯救的圣洁美德,从死亡权势中获得拯救的复活生命。中世纪基督教经院哲学家仔细分辨自由的不同涵义,除了心理学意义的自由——自由意志本来拥有的超然涵义的自由——免于强迫的自由,还有超自然的属灵意义的自由——拯救灵魂免于罪恶权势的自由,拯救灵魂免于痛苦和死亡的自由。有些神学家希望把自由的诸般涵义

---

① See Etienne Gilson, *The Spirit of Medieval Philosophy*, p. 315. 吉尔松:《中世纪哲学精神》,沈清松译,台湾商务印书馆2001年版,第285页。

② See Augustine, *The City of God*, 22:30.

③ See Augustine, *The City of God*, 22:30.

简约合一,把自由意志规定为超自然的属灵意义的自由,免于罪恶权势奴役而享有的属灵生命的自由。这种简约从神学领域看来似乎容易,其中蕴涵的哲学涵义却更加丰盈而深邃。①

把心理学意义上的超然涵义的自由意志简化,藉助上帝的恩典来赐予拯救,是统一自由这个术语不同涵义的适当方法。倘若把意志行动的自发性视为理所当然,中世纪基督教经院哲学家固然有权利宣称:唯一的自由就是真正的自由,真正的自由就是行善的自由,行善的自由就是不能犯罪的自由,这是超自然的属灵国度的自由,是基督教神学领域的自由。彼得·伦巴(Peter Lombard)证明在12世纪这种观点已经存在,但彼得·伦巴自己偏爱另一种立场,而主张双重自由的存在。肯定双重自由的存在就是承认:一方面存在着一种在道德上超然涵义的自由意志,另一方面存在着一种被上帝的恩典所拯救的自由意志即行善的自由意志,这是两种涵义完全不同的自由意志。对于彼得·伦巴而言,第一种意义的自由意志即道德上超然涵义的自由意志是作为创造恩典的本性能力,无论在堕落状态中人的行善能力是否丧失,这种自由意志皆不会丧失。正是在这个意义上,作为位格的存在者,即使在人类的堕落状态中,人依然是自由的存在者。倘若对于自由意志这样两种理解之间的区别如此深刻,为什么哲学家不能分辨出来?此外,倘若坚持对于自由意志这样两种彼此迥然不同的理解,而不改变术语的运用,必定不断导致对于自由涵

---

① See Etienne Gilson, *The Spirit of Medieval Philosophy*, p.316. 吉尔松:《中世纪哲学精神》,沈清松译,台湾商务印书馆2001年版,第286页。

义准确理解的困惑。于是,中世纪中世纪经院哲学家设法在自由观念中极力分辨已经隐含在其中,直到中世纪基督教经院哲学依然混淆着的不同涵义。①

中世纪基督教经院哲学家在基督教的自由意志学说中依然以使徒保罗的新约书信和奥古斯丁阐述的恩典神学为出发点。使徒保罗在《罗马书》中精辟而深刻地分辨意志意愿的行动和意志行动的效果:"立志为善由得我,只是行出来由不得我。"毋宁说,使徒保罗精辟而深刻地区分行善的愿望和行善的能力。奥古斯丁在使徒保罗新约书信的神学基础上更详尽地作出愿意行善的愿望和能够行善的能力两者的区别,清楚区分行善的愿望和行善的能力。在奥古斯丁的恩典神学以后,意志行善的愿望和意志行善的能力之间的区分已经非常清楚。绝对而言,自由意志不意味着行善的能力,行善能力不意味着自由意志。毋宁说,自由意志与行善能力可以完全分离。对于自由意志的如此理解带来另一个困难。倘若基督教哲学家彻底区分自由意志和行善能力,最后终究可以从超然涵义的自由意志中排除行善能力,以至于中世纪基督教经院哲学家谈论的基督教神学涵义的自由,就其定义为"所行所愿意者的能力"而言,就其定义为行善的能力而言,已经完全超越意志自身的把握之外。对于奥古斯丁而言,人既然已经用自由意志犯罪而屈膝于罪恶权势,就已经丧失了意志自由。唯独意志拒绝罪恶权势时,意志的选择才是真正自由的。除

① See Etienne Gilson, *The Spirit of Medieval Philosophy*, p. 316. 吉尔松:《中世纪哲学精神》,沈清松译,台湾商务印书馆 2001 年版,第 286 页。

非上帝恩典的拯救，意志无法恢复自由。① 如此阐述的基督教神学涵义的自由观念，作为"所行所愿意者的能力"，完全不符合自由观念的日常语言用法，因为在日常语言中哲学家把有效的意志称作自由意志而不是行善能力。而且，这样理解的自由观念与中世纪基督教经院哲学家在意志行动的自由及其效果之间所经验到的密切关系不一致。

中世纪基督教经院哲学家必须另外寻找途径，确立自由意志和行善能力之间的内在关联。在自由意志的论题上，作为"恩典博士"的奥古斯丁的神学理解，依然始终引导着中世纪基督教经院哲学家的沉思方向。奥古斯丁神学就其实质而言是一个"皈依的形而上学"。就奥古斯丁自己的皈依经验而言，上帝的拯救恩典对于人类的自由意志具有深刻而内在的超自然工作。奥古斯丁强调上帝在人类灵魂命运中的绝对主权，人类灵魂的软弱无助，以及真实的自由意志对于上帝恩典的绝对依赖性。奥古斯丁宣称，唯独创造者可以恢复人在堕落状态中已经丧失的真正的自由意志。② 单单把上帝的恩典理解为意志的援助，是远远不够的。上帝的恩典对于人类意志具有直接而深刻的工作，上帝的恩典坚固意志，上帝的恩典医治意志。对于奥古斯丁而言，上帝的恩典坚固意志，意味着上帝在恩典中再度赋予意志行善的能力。上帝的恩典医治意志，意味着上帝在恩典中将意志从罪恶权势的奴役中拯救出来，使意志成为行善的能力。拥有上帝的恩典，不只是在意

① See Augustine, *The City of God*, 14:11.

② See Augustine, *The City of God*, 14:11.

志之上加添恩典的援助而已，而是自由意志自身藉助恩典的超自然医治而再度成为行善能力，实现真实的意志自由。在这个意义上，问题在于重新组合自由意志的构成要素，一方面使自由真正属于自由意志，同时区别两种迥然不同的意志——作为奴隶的意志和得蒙拯救的意志。①

三、自由的形而上学奥秘：人的永恒幸福

深刻阐述自由意志论题的意义及其范围的经院哲学家，是被誉为"经院哲学之父"的圣安瑟伦。安瑟伦首先分析"意志"概念的意义，指出"意志"的三重涵义。第一，意志指灵魂的功能，犹如视力是眼睛的功能，意志是灵魂在不同意志对象之间自由选择的功能。第二，意志指自由选择的倾向，比如父母爱子女是意志的一般倾向。第三，意志指自由选择的实际运作，是灵魂自觉的选择行动。② 在这个意义上，安瑟伦区分选择的自由和选择的倾向。就意志选择的倾向而言，唯独对于渴慕公义的意志倾向可以引导灵魂走向真实的幸福。选择的自由包含着灵魂的两个因素：理性判断和根据理性判断的公义原则而作出选择行动的能力。对于安瑟伦而言，真实的自由意味着意志选择和意志行动的能力，是根据公义原则而保持意志正直的能力。③ 倘若说，选择的自由就是在犯罪或

① See Etienne Gilson, *The Spirit of Medieval Philosophy*, p. 317. 吉尔松：《中世纪哲学精神》，沈清松译，台湾商务印书馆 2001 年版，第 287 页。

② See Etienne Gilson, *History of Christian Philosophy in the Middle Ages*, p. 137.

③ See Etienne Gilson, *History of Christian Philosophy in the Middle Ages*, p. 138.

不犯罪之间作出自由选择的能力，上帝在创造的神圣恩典中已经赋予人保持意志正直的能力。那么，第一人因为自由地选择犯罪而丧失保持意志正直的自由，丧失了灵魂享有的渴慕公义的真实自由，丧失了灵魂自由地运用自由选择的能力，因为渴慕公义的意志能力是自由的真实本质。

安瑟伦的自由学说是对于奥古斯丁所谓“自由选择”和真实的“意志自由”之间经典区分的重新阐述。对于安瑟伦而言，理性知识和判断意味着选择，渴慕公义的意志倾向意味着实现公义的行动能力。选择的自由，就其实质涵义而言，就是作为真实自由(true liberty)的实现公义的行动能力。① 间言之，真实的意志自由就是行善的能力。意志的能力就是意志行自己所愿意行的行动资质。在某种意义下，意志是一种能力，意志是一种意愿的能力。意志越倾向意愿，就越是意志。把这个原理运用到自由意志的论题上，倘若一个意志在意愿，却对于自己的意愿无能为力，这样的意志是没有能力的意志，是被削弱的意志，是被损毁的意志。意志所缺乏的能力正是意志自己的能力，意志所缺乏的是就其作为意愿的能力而言意志应该拥有的行动能力。因此，无论自由意志的倾向是善是恶，意志的功能并不改变，否则意志就无法运行自己所意愿的行动。然而，既然意志在本质上是一种能力，中世纪基督教经院哲学家便不可以把错误的选择和意志的自由相混淆。人是自由的存在者，倘若人运用自己的自由而行恶，人自

---

① See Etienne Gilson, *History of Christian Philosophy in the Middle Ages*, p. 138.

由地选择行恶并不意味着人享有选择的真实自由。毋宁说，人因为自由地选择行恶而放弃了自己的真实自由(true liberty)。①

根据奥古斯丁的自由学说，人在上帝创造的神圣恩典中享有超然涵义的意志自由，人因为有选择自由而能够犯罪，并实际上运用犯罪的能力去犯罪。但这种犯罪的能力并不是真正的自由。对于中世纪基督教经院哲学家而言，真正的自由是作为上帝神圣形象的人不犯罪的自由，是作为上帝神圣形象的人免于陷入罪恶深渊的自由。人的真实自由是在上帝创造的神圣恩典中拒绝罪恶权势的自由。人的自由意志不但自由，而且是有效的意志能力。但人的自由意志在实际犯罪时便丧失了自己不犯罪的真实自由。中世纪基督教经院哲学家是否可以说:这种行善能力的丧失形成人的自由意志呢？一个自由意志倘若削弱自己，即使是出于自愿，依然是违背自由的本质，依然是真实自由的沦丧。一种自由行动倘若运用自由行动本身使自己丧失自由，就是出卖自己的真实自由。因为意志是一种能力，而削弱意志的能力，就是削弱意志自由的自由本质。真正的意志自由在于有效地意愿行善的能力。人在自由地行恶以后，依然保持着自由意志，愿意行善，却没有能力行善，于是变成残废的自由。对于奥古斯丁而言，唯独在人类堕落的悲剧处境中，上帝的恩典才成为可以理解的医治能力。② 上帝拯救的恩典意味着恢复意志已经丧失的行善能

---

① See Etienne Gilson, *History of Christian Philosophy in the Middle Ages*, p. 138.

② See Etienne Gilson, *The Christian Philosophy of St. Augustine*, p. 143.

力,恢复作为自由意志真实涵义的行善能力。上帝拯救的恩典在意志的自发性上,恢复意志的真实自由,恢复意志行善的现实能力。在这个意义上,真正的自由意志就是意志的真实自由,就是奥古斯丁所理解的“基督徒的自由”,就是恢复了对于上帝的爱和对于邻舍的爱的自由。

倘若中世纪基督教经院哲学家根据奥古斯丁的自由学说,不再把人类意志选择犯罪的能力理解为真实自由的基本要素,自由意志的形而上学问题立刻发生着深刻转变。基督教哲学家倘若确定自由的全部条件,就必须和托马斯一样,区别三种不同涵义的自由:第一,对于行动的自由——意志可以行动,可以不行动;第二,对于对象的自由——意志可以选择这个对象,可以不选择这个对象;第三,对于目标的自由——意志可以选择善,可以选择恶。① 关于行动的自由,哲学家不存在任何困难,因为意志是主宰自己选择的自发能力。无论在堕落之前还是堕落之后,即使在恩典中的祝福状态,意志都只是意愿自己所意愿的,因此都是自由的。倘若就选择手段以达到目标的意志而言,即对于行动对象而言,哲学家亦没有困难,意志对于对象的选择无疑是自由的。但是,人事实上不一定正确地选择自己的目标。由于人性的缘故,人人必然渴望幸福的终极实现。② 然而达到幸福的途径很多,人可以根据自己的理解自由地选择获得幸福的现实途径:“有些人追求财产,把财产视做至善;其他的人追求快乐;还有人追求一

① See Etienne Gilson, *The Spirit of Medieval Philosophy*, pp. 318-319. 吉尔松:《中世纪哲学精神》,沈清松译,台湾商务印书馆2001年版,第288页。

② See Thomas Aquinas, *Summa Theologica*, Ia:83:1.

些别的东西。"①

倘若根据途径和目标的关系来判断意志对于途径的选择,情形就发生变化。绝对说来,因为人是自由的存在者,人才会在关于目标的性质和达到目标所需要的途径上欺骗自己。姑且不谈论理性的错误,人通常知道自己应该做什么;姑且不谈论意志的缺乏,人通常不会拒绝做自己应当做的事。理性的错误和意志的缺乏恰恰证明自由意志的存在。但是,构成意志自由的,不是错误和缺乏。即使在不存在错误和缺乏的地方,例如在那些圣者身上,自由意志还是完整地存在。因为倘若犯错误就是自由,不断行善也是自由。② 无论如何,一个会犯错误的意志的自由决定,其自由是出于这个意志行动的自愿性,而不是出于其犯错误的可能性。归根结底,倘若选择行恶的能力只是自由意志的有缺欠的运作方式,那么,选择行恶的能力不是恰恰揭示出自由的削弱和残缺吗?选择行恶的能力恰恰表示着人可以丧失真正的自由——行善的自由。在这个意义上,中世纪基督教经院哲学家必须肯定:意志越不会犯错误,越是自由。毋宁说,真实的意志自由意味着认识真理和实践真理,以实现自己的真实幸福。正如托马斯深刻阐述的:神圣科学的实践目标是人的永恒幸福。③

在自由意志这个形而上学论题上,中世纪基督教经院哲学家坚持主张的"用恩典来恢复自由意志"的奥古斯丁学说,

---

① Thomas Aquinas, *Summa Theologica*, Ia2ae:1:7.

② See Thomas Aquinas, *De Veritate*, XII:6.

③ See Thomas Aquinas, *Summa Theologica*, Ia:1:5.

贯穿着对于自由意志的分析，并且深刻地改变着自由意志的结构。托马斯学派没有对于自由意志的哲学论题获得终极答案，至少鼓励中世纪基督教经院哲学家去尝试。首先，意志就其作为本性而言，必然享有向善的先天倾向。一方面，自由的根源是奠定在意志决断中；同时，自由的根源是存在于理性判断中。意志必然被善所吸引，这是意志所奠基的本性的必然性。因此，由于理性对于善提供不同的判断，使意志置身于选择的责任中。① 倘若理性是使人的本性意志成为自由意志的真实根源，当意志面对着理性完美的限度的时候，自由意志变成怎样？上帝、天使和圣徒的情形固然不同，仍然有助于基督教哲学家理解自由的形而上学论题。上帝的理性当然不会错，托马斯却肯定，上帝的意志对于自己的完美以外的一切，都是自由的。托马斯指出耶稣基督，甚至圣徒的意志都是自由的，因为虽然基督耶稣的意志必定以至善为鹄的，却不限定在这个善或那个善；圣徒的意志必定顺服恩典，仍然必须自己决定自己的行动，以便达到目的。②

良善天使的情形类似，可以帮助基督教哲学家理解圣徒的自由意志。良善天使面对面地瞻仰上帝赞美上帝服侍上帝。天使不但渴慕上帝，而且对于服侍上帝赞美上帝所采取的途径亦符合真理。良善天使的智慧符合神圣真理，揭示出良善天使的自由意志的卓越完美。毋宁说，自由意志的真正根源就是作为神圣睿智的真理。在这个意义上，哪里有神圣

---

① See Thomas Aquinas, *Summa Theologica*, Ia:17:1.

② See Thomas Aquinas, *Summa Theologica*, IIa:52:3.

睿智，哪里就有真实的自由意志。人类灵魂越是享有神圣睿智，便越是享有意志自由。① 在这个意义上，自由的形而上学奥秘在于认识真理和遵行真理，唯独作为神圣睿智的真理使人获得真实的自由。在这个意义上，上帝的神圣恩典就是上帝的神圣真理。在神圣救赎历史中，在上帝的神圣恩典中，圣徒享有卓越的自由意志，就是可以不犯罪的自由意志。② 作为神圣救赎历史的终极鹄的，在永恒的上帝国度，在"最荣耀的上帝之城"，在上帝更丰盛而神圣的恩典和奖赏中，圣徒享有荣耀而卓越的自由意志，就是不能犯罪的自由意志，就是谦卑敬虔而圣洁公义的自由意志，就是作为上帝应许的永恒幸福的自由意志，就是享有完满幸福和神圣安息的自由意志。③ 在这个意义上，自由意志追求神圣真理的终极鹄的，就是认识上帝。认识上帝，就是上帝应许的永恒幸福。上帝应许的永恒幸福，就是神圣恩典赋予人类灵魂的荣耀盼望，就是上帝为圣徒存留在天上的不能朽坏、不能玷污、不能衰残的永恒基业。④

倘若说以托马斯为典范的中世纪基督教经院哲学的自由学说始终充满卓越的哲学成果，中世纪哲学史已经把这些卓越的哲学成果发展出来。事实上，存在着两种可能的解释，强调中世纪基督教自由学说的不同重点。第一，哲学家可以强调自由意志的根源的重要性，即意志行动的自发性。第二，哲

---

① See Thomas Aquinas, *Summa Theologica*, Ia:59:3.

② See Augustine, *The City of God*, 22:30.

③ See Augustine, *The City of God*, 22:30.

④ See Thomas Aquinas, *Summa Contra Gentiles*, III:153.

学家可以强调自由意志的根据的重要性,即理性判断的真理性。在中世纪末期,由于威克利夫(Wycliffe)、路德和加尔文宗教改革运动的出现,基督教哲学家迅速面对自由意志的问题。宗教改革的神学家专注于在基督教救恩领域中谈论自由意志的论题,只对于作为行善能力的自由意志,作为"有能力行所意愿者"的自由意志感兴趣。既然倘若离开恩典,人类的自由意志已经全然没有能力行善,于是宗教改革的神学家就完全否认自由意志。路德《论意志的束缚》可以说是这种神学阐述最完整的表达:一个意志行动倘若失去全部能力,就失去全部自由。天主教教会的基督教哲学家起而和宗教改革的神学家争辩,作出必要修订。基督教哲学家参考在中世纪基督教教父哲学和经院哲学传统中直接和路德表述的"被束缚的意志"相对照的因素,就是诉诸于意志的彻底不决定性和选择能力,奠基于意志的选择能力,建立以超然性为自由的基本特征的学说。①

倘若基督教哲学家强调自由意志的根源在于超然涵义的自由选择,那是忠实于基督教学说在自由论题上的一贯要求。对于路德而言,作为行善能力的自由意志就是基督教自由学说的全部症结所在。对于托马斯而言,作为行善能力的自由意志只是自由论题的一部分。托马斯一方面强调自由意志的根源在于意志的自发性即意志的自由选择能力,另一方面强调自由意志的根据即理性的判断能力。对于托马斯而言,理

---

① See Etienne Gilson, *The Spirit of Medieval Philosophy*, p. 321. 吉尔松:《中世纪哲学精神》,沈清松译,台湾商务印书馆 2001 年版,第 290 页。

性的正确判断不但不摧毁自由意志,而且成全意志的真实自由。在这个意义上,中世纪基督教经院哲学关于自由意志的学说和基督教学说的本性论直接关联。在整个中世纪基督教经院哲学中经常可以感受到基督教的本性论的极端重要性。本性的不可毁灭,构成中世纪基督教经院哲学的基本信念。在这个意义上,中世纪基督教经院哲学的伦理学,正如教父哲学一样,必然奠基于自由意志的不可毁灭上。中世纪基督教经院哲学强调意志行动的自发性的观念,以这种意志的自发性对于真理和良善的天赋能力,而使人成为自由的。中世纪基督教经院哲学强调的自由意志的自发性的观念,比哲学家在希腊哲学中所能找到的,更为丰富而圆满。①

值得注意的是,在吉尔松阐述的基督教自由学说中,仍然保留着中世纪基督教经院哲学中自由观念的双重涵义,就是彼得·伦巴主张的双重自由的存在。对于彼得·伦巴而言,自由观念的第一重涵义是在道德上超然涵义的自由意志,就是道德上超然涵义的自由选择。自由观念的第二重涵义是在基督教学说阐述的在上帝的救赎恩典中实现的行善能力——择善的自由意志以及行善的自由意志,就是恩典所恢复的行善能力,就是路德详尽阐述的自由意志。一方面,中世纪基督教经院哲学把意志的选择能力称做超然的自由,即超越善恶的抉择自由——人可以在善恶之间自由选择——人可以选择善,亦可以选择恶。超然涵义的自由在中世纪基督教经院哲

① See Etienne Gilson, *The Spirit of Medieval Philosophy*, p. 323. 吉尔松:《中世纪哲学精神》,沈清松译,台湾商务印书馆 2001 年版,第 291 页。

学中用以表达心理学意义的自由,即意志选择的自由。超然涵义的自由是对于意志选择的自由空间的描述性术语。第一,自由意志可以选择行动,亦可以选择不行动;第二,自由意志可以选择这个对象,亦可以选择那个对象;第三,自由意志可以选择善,亦可以选择恶。[①] 在这个意义上,超然涵义的自由意志尚未在某一特定的行动、对象和价值上来规定自己的状态,这种自由观念所描述的是意志自由选择的自发性状态。

就神学规范而言,中世纪基督教经院哲学指出只有当自由意志选择善时才是真实的自由,倘若意志选择恶,则是削弱意志,使意志沦为罪恶的奴隶而失去自由,丧失自由,没有真实的自由可言。这第二种自由观念描述的是人在基督教神学阐述的神圣真理和神圣恩典中获得的真实幸福,这种真实幸福就是托马斯所阐述的神圣科学的实践目标——人的永恒幸福。根据奥古斯丁对于自由观念的阐述,在人类堕落的悲剧性处境中,人类意志已经沦为罪恶的奴隶而失去择善的能力,失去行善的能力,在这个意义上,在人类堕落的悲剧性处境中,人类因此已经失去真实的意志自由。在人类意志的被奴役状态中,唯独上帝在基督里的恩典可以坚定意志,治愈意志,使自由意志藉助恩典的医治而恢复择善的能力,恢复行善的能力,使意志在恩典的医治中实现真实的自由。人类在上帝创造的神圣恩典中是圣洁公义的。在人类堕落的悲剧性处境中,人类的善良意志已经沦丧,人类真实的自由意志已经沦

① See Etienne Gilson, *The Spirit of Medieval Philosophy*, pp. 318–319. 吉尔松:《中世纪哲学精神》,沈清松译,台湾商务印书馆 2001 年版,第 288 页。

丧。只有创造者可以恢复人类圣洁公义的自由意志。对于奥古斯丁而言,"除了可以把自由赐予意志的上帝,意志无法恢复自由。"①

在这个意义上,中世纪基督教经院哲学忠实诠释圣经宣称的基督教自由学说的神圣奥秘:"真理必叫你们得以自由。"对于奥古斯丁而言,基督教自由学说的形而上学奥秘,在于上帝藉着自己的独生子把世人从罪恶权势中拯救出来:"天父的儿子倘若拯救你们,你们就真自由了。"②在这个意义上,上帝的独生子是世人的拯救者。毋宁说,由于同样的缘故,上帝的独生子是世人的救世主。③ 对于奥古斯丁而言,离开上帝的恩典,人的意志无法选择真实的存在秩序,无法选择真实的认识秩序,无法选择真实的爱的秩序。毋宁说,离开上帝的恩典,人的意志无法选择自己的真实幸福。在人类堕落的悲剧性处境中,人已经丧失了真实的意志自由。唯独上帝的独生子可以拯救世人脱离罪恶权势。作为"皈依的形而上学",奥古斯丁基督教学说的基本论题是:请你对我的灵魂说:"我是你的救援。"④对于奥古斯丁而言,人类灵魂得以恢复自由意志的真正根源在于上帝的恩典。上帝的恩典藉着内住的圣灵更新医治人类意志,使人类意志在上帝圣灵的超自然工作中再度获得行善的能力。在这个意义上,奥古斯丁神学的核心主题是上帝救赎的神圣恩典:"主,你是伟大的,你

① Augustine, *The City of God*, 14:11.
② Augustine, *The City of God*, 14:11.
③ See Augustine, *The City of God*, 14:11.
④ Augustine, *Confessions*, 9:1.

应受一切赞美。”①

在这个意义上，中世纪基督教经院哲学对于神学规范意义的自由观念的理解和路德对于自由观念的理解完全相同，区别在于路德只在自由的第二种涵义即神学涵义上运用自由这个术语，而不谈论中世纪基督教经院哲学所谓超然涵义的自由意志。毋宁说，路德拒绝在基督教神学的救恩领域中把自由观念运用于这种道德超然涵义的自由意志。在这个意义上，中世纪基督教经院哲学阐述的自由学说的形而上学奥秘，就是托马斯阐述的作为神圣科学实践目标的“人的永恒幸福”。②

① Augustine, *Confessions*, 1:1.

② Thomas Aquinas, *Summa Theologica*, Ia:1:5.

第六章

吉尔松的伦理学

中世纪基督教经院哲学阐述的伦理学具有独特的道德规范。基督教的自然法奠基于上帝的永恒法,奠基于创造者在永恒中的神圣律法。基督教的公义观念奠基于上帝自己的圣洁公义,奠基于创造者自己的神圣位格。中世纪基督教经院哲学阐述的罪的观念在于"矢不中的",在于灵魂错失自身先验神圣的生命鹄的和永恒幸福。毋宁说,罪的本质不仅在于违背健全理性,而且在于作为位格存在者的人以存在论秩序的颠覆,触犯上帝自己。① 罪的本质在于作为位格存在者的人,以神圣创造中存在论秩序的颠覆,触犯上帝的创造主权,触犯上帝的神圣律法,触犯上帝的圣洁公义。罪的本质在于人类灵魂深处的上帝的神圣形象的损毁,在上帝创造的神圣作品中造成震撼,使人类灵魂成为"破碎的镜子"。触犯上帝的悖逆意志在人类生命中带来堕落、罪孽和死亡。② 把人类从罪恶和死亡的悲剧中拯救出来,需要上帝自己为人类的救

---

① See Thomas Aquinas, *Summa Theologica*, Ia2ae:71:6.

② See Augustine, *The City of God*, 14:3.

恩付出昂贵的代价。[1] 在这个意义上，中世纪基督教经院哲学的道德学说把人类永恒幸福的根基奠定在上帝的神圣旨意中。毋宁说，中世纪基督教经院哲学的道德学说把人类永恒幸福的根基奠定在上帝的神圣眷顾中。

按照奥古斯丁的基督教学说，哲学智慧的终极目标在于实现幸福。[2] 作为智慧存在者的人，真实的幸福在于认识上帝，享有上帝，安息在创造者的怀抱。[3] 在这个意义上，人类无法为自己带来幸福生活，只能向上帝寻求幸福的奥秘。对于托马斯而言，人类意志的终极鹄的，在于至善的实现。无论是荣誉、权力还是知识，任何个别的善和目的都是有限的而不完善的，无法满足人类意志的本性需要。[4] 唯独作为创造者的上帝自己是作为人类意志终极目标的至善，唯独作为创造者的上帝自己是作为人类意志终极目标的本性对象。真正的幸福在于作为智慧存在者的理性灵魂真实地认识上帝，真正的幸福在于作为智慧存在者的理性灵魂真实地瞻仰上帝，真正的幸福在于作为智慧存在者的理性灵魂在永恒里“面对面”地凝视上帝。[5] 人类意志享有上帝就是真实的幸福，唯独作为创造者的上帝自己是作为智慧存在者的人类意志的终极鹄的。在这个意义上，唯独按照自己的神圣形象创造人类的上帝，可以赐予人类真正的幸福。唯独按照自己的神圣形象

---

① See Augustine, *Confessions*, 1:4.

② See Etienne Gilson, *The Christian Philosophy of St. Augustine*, p. 3.

③ See Augustine, *Confessions*, 1:1.

④ See Thomas Aquinas, *Summa Contra Gentiles*, III:27–36.

⑤ See Thomas Aquinas, *Summa Theologica*, IIa:3:5.

创造人类的上帝,可以赐予人类永恒幸福。毋宁说,人类的永恒幸福是创造者的珍贵礼物,人类的永恒幸福是创造者的神圣恩典。

第一节　吉尔松的道德律

在亚里士多德的伦理学中,作为伦理学至高范畴的善被称为美丽而高贵的对象,是极其重要的意志对象,出于存在自身而满足自身意义的活动,是配得赞美和尊荣的美德。在一切道德的善中包含着灵魂的美。美是善的特征之一,善把精神的美赋予灵魂。现实行为的美善是出于意志的内在活动,而意志的美善是因为意志为自己确定方向,使意志自己趋向统摄全部生命的目的。① 在这个意义上,亚里士多德的伦理学本身就是目的论视野中的伦理学。中世纪基督教经院哲学伦理学的逻辑进程在于首先把意志行动奠定为道德价值的根本,把行为的美善和尊荣等观念奠基于善的观念,把善的观念奠基于一个配得荣耀的真实而绝对的超越原则。唯独奠基于这个真实而绝对的超越原则,美德才成为配得尊荣的。② 对于中世纪基督教经院哲学的伦理学而言,一个正直的人的灵魂是美的,而且是配得尊荣的,因为这是拥有美德的灵魂。美德配得尊荣,是因为美德把人带向上帝。在这个意义上,道德真理的圆满实现的条件,不只是希腊哲学的“至善”。倘若要

① See Thomas Aquinas, *Summa Theologica*, IIa:145:1,3.

② See Thomas Aquinas, *Summa Theologica*, IIa:145:2.

理解中世纪基督教经院哲学的伦理学这种观念的变化，必须首先确定道德行为的善恶性质的赋予者。对于中世纪基督教经院哲学的伦理学而言，德性来源于上帝而终结于上帝，因此德性是善的，上帝自己是德性的开端和归宿。中世纪基督教经院哲学的伦理学用上帝自己取代希腊哲学的德性作为最高的道德价值，整个"道德目的"的观念因此而改变。理解这种"道德目的"观念改变的基本途径，就是深刻理解恶的本质，就是中世纪基督教经院哲学阐述的罪的观念。①

一、罪的本质：矢不中的

罪(Sin)，这个术语及其同义语，对于现代人而言确实具有道德和宗教涵义，容易使现代人忽视这个术语固有的深邃而基础的形而上学涵义。中世纪基督教经院哲学家在保存希腊道德学说的正确要素时非常谨慎，没有明确阐述中世纪基督教经院哲学家在哪些关键点上扬弃了希腊道德学说。因此，基督教哲学家倘若跟随中世纪基督教经院哲学家指示的真理途径，就是遵循奥古斯丁阐述的基督教哲学的基本原则，在希腊哲学与基督教哲学合流的方面和希腊哲学同进退，在希腊哲学与基督教哲学分殊的方面和希腊哲学分道扬镳。在这个意义上，作为"永恒哲学"的托马斯哲学，即托马斯阐述的中世纪基督教经院哲学，是对于希腊哲学系统而彻底地超越和扬弃。在讨论罪和恶习的伦理学主题中，托马斯明确地

① See Etienne Gilson, *The Spirit of Medieval Philosophy*, p. 325. 吉尔松：《中世纪哲学精神》，沈清松译，台湾商务印书馆 2001 年版，第 296 页。

指出："神学家主要是把罪恶视为触犯上帝的事，而伦理哲学家则把罪恶视为违背理性的事。"①对于托马斯而言，触犯上帝的行为、违背理性的行为和不道德的行为，彼此之间固然存在着密切关系。中世纪基督教经院哲学和希腊哲学的道德学说，是从不同的观点或不同的视角来理解不道德的行为的。

毋庸置疑，罪(Sin)，首先意味着一种恶劣行为。倘若基督教哲学家要理解作为一种恶劣行为的罪的本性，必须首先理解作为恶劣行为的意志根源的恶习。既然恶习意味着与德性相对峙的邪恶习性(Vitium)②，倘若基督教哲学家要理解恶习的本性，就必须首先追溯到德性的本性。根据亚里士多德伦理学的定义，德性在本质上是一种"习性"(habitus)，③是后天逐渐获得的内在于行动者主体的良善倾向，使行动者主体能够遵循良善本性而行事的持久倾向。存在者为实现自己的先验本性而成为自己应当成为的存在者，就是道德的善。因此，行动者主体养成做应当做的事情的良善习惯，就是获得道德上的美德。完成自发地从这种良善习惯作出的行动，就是良好的行为，就是做正直的事情。当一项行动符合行动者本性的真实要求时，这个行动在道德上就是善的，这个行动就是德性的行动。毋宁说，"伦理德性是一种选择性的习性，就是说，习惯于选择实践良善的行为。"④在这个意义上，罪、恶行和恶习三者都是与德性相对峙的伦理学范畴。

---

① Thomas Aquinas, *Summa Theologica*, IIa:71:6.

② See Thomas Aquinas, *Summa Theologica*, IIa:54:3.

③ See Thomas Aquinas, *Summa Theologica*, IIa:55:1.

④ Thomas Aquinas, *Summa Theologica*, IIa:58:4.

就其定义而言，罪（Sin）是一种“矢不中的”的主体性行动，就是违背行动者自身本性的主体性行动。作为一种恶劣行为，罪是直接和善行相对峙的。在这个意义上，作为“矢不中的”的主体性行动，罪必然是邪恶的主体性行动。因为这个缘故，中世纪基督教经院哲学家必须把作为恶劣行为的罪理解为恶习（Vitium）的结果，因为违背本性的恶习，就是缺乏本性所要求的完美，就是缺乏本性所要求的德性。毋庸置疑，违背德性的意志、违背德性的习性、违背德性的行为，就是德性的缺乏。中世纪基督教经院哲学家用这种方式来界定德性和恶习，根据德性和恶习与先验本性的实质关系来定义罪的本质，就不仅停留在亚里士多德伦理学的立场，而且保留奥古斯丁自己明显希望从希腊伦理学的本性主义中保留下来的内容。奥古斯丁指出：恶习之所以是恶习，是因为恶习违背本性而损害本性。在这个意义上，谴责被创造的智慧存在者的恶习，就是谴责被创造的智慧存在者的缺陷，就是赞美被创造的智慧存在者本性的完满。被创造的智慧存在者的恶习，损害智慧存在者值得赞美的完满本性。① 这是中世纪教父哲学和经院哲学的共同立场，是中世纪基督教经院哲学的根本所在。这种伦理学视野实在是纯粹古典的，托马斯在运用亚里士多德的伦理学时，已经准备超越亚里士多德这位给自己带来灵感的哲学大师了。②

中世纪基督教经院哲学的伦理学必须面对的基本问题在

---

① See Augustine, *On Free Choice of the Will*, III:13:38.

② See Etienne Gilson, *The Spirit of Medieval Philosophy*, p. 327. 吉尔松：《中世纪哲学精神》，沈清松译，台湾商务印书馆 2001 年版，第 297 页。

于，何谓本性？按照亚里士多德哲学，本性就是形式，就是理性灵魂。人的本性是从理性而来的正确的人类品格。倘若如此，把道德上的善和德性界定为符合本性，就是把善和德性界定为符合理性。在这个意义上，道德上的罪、恶以及作为罪恶根源的恶意，都可以被理解为习惯中或行为上理性的缺乏。在这个意义上，伦理学就满足西塞罗的定义：道德就是遵循理性以及本性要求而行动的习惯。对于人类而言，善的本质意味着遵循理性而行，恶的本质意味着违背理性而行。在这个意义上，托马斯把中世纪基督教经院哲学的伦理学带到德性概念的终极确定：那使作出善事的人成为善的，以及那使此人作出的事成为善的，就是那使这人在行动时遵循本性，即遵循理性者。毋宁说，善的本质意味着遵循正直理智而行动的良善习性，意味着在理智的正确指导和意志的正确决定中完成的良善行动。① 在这个意义上，"理智是人性行为的原则。"② 毋宁说，理智是伦理行为的原则，理智是道德行为的原则，理智是德性行为的原则。托马斯根据亚里士多德的区分方法，把伦理德性区分为四种基本德性：智慧（Prudentia）、公义（Justitia）、勇敢（Fortitudo）和节制（Temperantia）。③

对于中世纪基督教经院哲学而言，托马斯对于德性概念的这个伦理学定义显然是不足够的，因为这个定义未曾提及上帝，未曾提及那些存在于人的意志和上帝的神圣意志之间的善或恶的关系。事实上，中世纪基督教神学家已经提出基

---

① See Thomas Aquinas, *Summa Theologica*, IaIIae: 71: 2.

② Thomas Aquinas, *Summa Theologica*, IIa: 90: 2.

③ See Thomas Aquinas, *Summa Theologica*, IIa: 61: 1-3.

督教学说的定义。例如奥古斯丁就有一项经常被引用的著名定义:罪(Sin)就是任何违背永恒律法的言语、行动或欲望。[①]上帝在永恒旨意中的神圣律法不是超越本性吗?把罪(Sin)界定为违背那决定本性的神圣律法,不是比把罪(Sin)界定为违背被神圣律法决定的本性更深刻吗?倘若谴责本性中的缺陷就是赞美本性自身的完满,创造本性的上帝就配得更大的赞美。本性成为本性,因为上帝如此创造本性。违背本性的罪,作为"矢不中的"的主体性行动,就是违背创造者创造本性的神圣目的。创造者创造本性的神圣目的,就是上帝至高无上而永恒不变的神圣智慧。[②] 在这个意义上,罪(Sin)作为"矢不中的"的主体性行动,违背自己的本性,就等于违背上帝在神圣创造行动中奠定的神圣律法,就等于违背作为创造者的上帝的永恒律法。

在这个意义上,与其说人类意志的正直在于合乎人类自身的自然本性和理性判断,毋宁说人类意志的正直在于合乎创造者的神圣意志和神圣理性。按照安瑟伦的表述,不但有判断的真理,而且有意志的真理。在根本上,判断的真理和意志的真理两者是同一的真理。因为在判断的真理和意志的真理中,人类意志的正直皆在于遵循上帝的永恒律法。人类意志的正直在于根据上帝的神圣律法治理自己,由此思人所应思,欲人所应欲。毋宁说,上帝的永恒律法是人类理智的本性对象,上帝的永恒律法是人类意志的本性对象。在判断的真

① See Augustine, *Contra Faustum*, XXII: 27; Thomas Aquinas, *Summa Theologica*, IaIIae: 71: 6.

② See Augustine, *On Free Choice of the Will*, III: 15: 42.

理和意志的真理之外，甚至还存在着行动的真理。上帝就是真理，"但行真理的必来就光"①。遵行真理就是去做应当做的事，就是使人类行动符合上帝设立的神圣法则，犹如恶事就是违背上帝设立的神圣法则。倘若中世纪基督教哲学家记得上帝自己就是宇宙万物的创造者，上帝自己就是人类理性的创造者，就立刻可以看出藐视理性设立的规则就是藐视上帝设立的神圣规则。倘若人类意志违背理性、违背本性，就是触犯本性的创造者和理性的创造者。在这个意义上，罪孽和恶行违背理性、违背本性，以及违背上帝的永恒律法，皆基于相同的理由。②

在这个意义上，罪的定义只有一个，就是被创造的智慧存在者"矢不中的"的主体性行动。违背本性的邪恶意志，就是违背创造者神圣旨意的悖逆意志。在相同的意义上，违背理性的邪恶意志，就是违背创造者的永恒律法，而创造者的永恒律法在某种意义上就是上帝自己的神圣理性。藉着把道德行为的两项规范原则合二为一，中世纪基督教经院哲学家得以把希腊哲学的思辨遗产和中世纪基督教经院哲学的创造形而上学契合起来。毋庸置疑，这是清楚地把希腊哲学置于基督教创造形而上学原理中，因为唯独当人类理性在其所有方面（如在本性上的信息、神圣道理或教导等）获得上帝神圣律法的启示，人类理性才可能在道德方面成为具有立法能力者。自然理性必须遵循实践理性的第一原则，而实践理性必须遵

---

① Augustine, *Confessions*, 10:1.

② See Thomas Aquinas, *Summa Theologica*, IaIIae:71:2.

循神圣启示的超自然光照，遵循道德良知的真理规范。由于受到上帝恩典的指引而朝向超自然的目的，人的理性是顺服神圣启示的规范，或顺服神圣恩典的潜移默化。毋宁说，在希腊哲学的伦理德性之外，中世纪基督教经院哲学仍然揭示出作为超自然恩典的神学德性，就是基督教神学涵义的"信、望、爱"，直接从上帝而来的信仰、盼望、仁爱三种神学德性。①

在这个意义上，理性的自然律法确实可以奠基于上帝的永恒律法，上帝的永恒律法却不能奠基于自然理性的规范。托马斯指出："人类理性是直接规则，永恒律法是最高准则。"②毋宁说，在自然理性的命令和戒律之外，尚有上帝超自然的神圣律法的命令和戒律，这两个层面的命令和戒律，只有在人的自然目的和超自然目的密切结合时，才会相互契合。托马斯指出，在伦理德性之外，人需要上帝直接赋予的超自然的神学德性，以便有效地相信上帝、仰望上帝、爱慕上帝而完善自己的本性。③ 倘若离开上帝直接赋予的超自然的神学德性，人的自然目的和超自然目的就无法获得真实契合，人就无法有效地实践善的生活，无法完满地实现生命的终极鹄的。作为上帝恩典的超自然的神学德性，不是摧毁作为本性的伦理德性，而是完善作为本性的伦理德性。④ 毋宁说，唯独享有作为超自然恩典的神学德性，才可能享有完善而卓越的伦理德性。中世纪基督教经院哲学家知道人的自然目的和超自然

① See Thomas Aquinas, *Summa Theologica*, IIa:58:3.

② Thomas Aquinas, *Summa Theologica*, IIa:21:1.

③ See Thomas Aquinas, *Summa Theologica*, IIa:63:3.

④ See Thomas Aquinas, *Summa Theologica*, IIa:63:3.

目的并不同一,所以是上帝的永恒律法萦绕人类理性,赋予人类理性规范、基础和约束。因为哲学家固然可以把罪界定为违背理性,而神学家依然可以把罪界定为对于上帝的触犯。①

对于托马斯而言,哲学理性通过被创造的有限存在者认识上帝,超越理性的神学信仰直接通过上帝启示去认识上帝。神学和哲学属于认识上帝的两个彼此区分而殊途同归的真理领域。② 基督教哲学家依然可以追问:倘若离开成就哲学的基督教神学,哲学自身是否可以依然如此这般地存在? 罪,作为对于神圣律法的违背,作为对于上帝的悖逆,确实是中世纪基督教神学家比希腊哲学家更为关切的伦理学课题。严格意义上的神圣律法指上帝的神圣诫命,而道德神学在界定罪的本质时,必须指涉这项上帝的神圣立法。广义地说,神圣律法包括一切由神圣理性赋予人类的神圣启示,包括道德良知本身。因为这个缘故,基督教的道德学说最终都把自己整合于一种作为神圣律法的形而上学。在这个意义上,希腊哲学伦理学阐述的违背理性,在中世纪基督教经院哲学的伦理学说中,就是违背上帝自己,就是违背作为神圣理性的上帝自己,就是作为人类理性的创造者的上帝自己。在这个意义上,一切的罪都是对于上帝自己的神圣律法的触犯。③

对于中世纪基督教经院哲学而言,上帝是宇宙万物的创造者,是人类生命的创造者,是人类理性的创造者。作为创造

---

① See Thomas Aquinas, *Summa Theologica*, IaIIae:71:6.

② See Thomas Aquinas, *Summa Contra Gentiles*, IV:1.

③ See Etienne Gilson, *The Spirit of Medieval Philosophy*, p. 330. 吉尔松:《中世纪哲学精神》,沈清松译,台湾商务印书馆 2001 年版,第 300 页。

者的上帝是神圣历史的终极目标,作为创造者的上帝是人类生命的终极鹄的。在这个意义上,罪的本质就是被创造的智慧存在者"矢不中的"的主体行动,罪的本质就是被创造的智慧存在者因为背离上帝而丧失自身生命的真实鹄的。对于奥古斯丁而言,被创造的智慧存在者陷在罪孽之中,是因为被创造的智慧存在者陷在存在论秩序的颠覆之中。这种存在论秩序的颠覆就是被创造的智慧存在者"自我中心"的主体转向,毋宁说,就是形而上学的巴别塔:"我的犯罪是由于不在他(上帝)里面,而是唯独在他(上帝)创造的存在者中,在我自身中以及其他被创造的存在者中追求快乐,追求美丽,追求真理,以致陷入痛苦、耻辱和错谬之中。"①在这个意义上,被创造的智慧存在者在"矢不中的"的主体行动中,违背上帝而背离作为创造者的上帝,同时违背本性而失去了作为上帝神圣形象的自己。对于托马斯而言,那些不道德的事就是触犯上帝的事,那些触犯上帝的事就是违背正直理智(right reason)进而违背客观的善的事。人类需要伦理德性和神学德性,使人类意志能够"始终一贯地"、"毫不迟疑地"、"欢欢喜喜地"遵循正直理智而固执于客观的善,因为"理智是人性行为的原则"②。

二、永恒法:道德形而上学原理

在亚里士多德哲学的道德学说中,哲学家无法找到永恒

① Augustine, *Confessions*, 1:20.

② Thomas Aquinas, *Summa Theologica*, IaIIae:90:1.

的神圣律法的形而上学。亚里士多德关于道德学说的详尽阐述未曾把哲学家带到高于人类理性的境界。恰恰是苏格拉底的基本原则,构成亚里士多德伦理学说全部分析和全部结论的基础。对于亚里士多德而言,一切邪恶都是无知:"邪恶的人对于什么是应该做的或什么是不应该做的一无所知。使人成为不义和一般所谓邪恶的,就是这种错误。"①因此,在恶的根源上存在着一种无知或错误,就是起初的判断错误,这种判断错误最后使得行动失去其所指向的鹄的。事实上,亚里士多德认为人都是从事于追求真正的幸福,道德生活的终极目标就是获得真正的幸福。凡是朝向终极幸福目标的行为都是良善的,背离终极幸福目标的行为就是邪恶的。无论如何,亚里士多德这种道德上的善—恶概念,是和成败观念紧密关联的。行为的过失是因为外在原因引起的纯然无知,所以对这些过失人类不需要承担责任。这些由于外在原因引起的无知使人类行动错失自己的目标。正确地说,这是一种挫败,哲学家亦可以称为失败。只要哲学家愿意,哲学家也可以称为不幸。

倘若道德失败的原因在于人类自己,那就不是一种不幸,而是一种过错。故此,一种不幸和一种道德过错之间的唯一区别在于人类行动遭遇挫折的原因。即使是邪恶的动机,亦出于一种深刻的无知。即使是深思熟虑的恶行,依然预设着理性判断中相同的原初错误。对于希腊哲学家而言,罪固然意味着"矢不中的",就是人类意志错失自己的生命目标。希

---

① Aristotle, *Eth. Nic.*, III, I, II10b, 28-30.

腊哲学家从来没有离开人性的层面，希腊哲学家所谓生命目标就是人自己和人追求的真正幸福。在这个意义上，人类犯罪就是错失自己的幸福目标。德性是那种将人类放置在幸福道路上的合乎理性的习惯，恶习是使人类失去幸福的不合乎理性的习惯。亚里士多德哲学的伦理学说未曾暗示存在着任何高于人类律法以上的神圣律法。人类获得理智判断带来的益处，也要忍受理智笨拙带来的后果。对于中世纪基督教经院哲学家而言，罪依然意味着“矢不中的”的主体行动。罪意味着“矢不中的”的主体行动，这个道德范畴立刻唤起基督教的上帝观念。作为“矢不中的”的主体行动，罪的本质意味着触犯上帝自己，触犯上帝作为创造者的神圣主权，触犯上帝的神圣智慧，触犯上帝的神圣意志，触犯上帝的神圣律法。在这个意义上，罪的本质意味着被创造的智慧存在者从上帝无限的至善转向自己有限的善。①

亚里士多德沉浸在自己的哲学沉思中，亚里士多德的第一主动者只是过着自己的幸福生活，从来没有试图为人类立法。在这个意义上，亚里士多德的第一主动者不是超自然启示的创造者，不是十诫的设立者，不是良知的创造者，没有创造出任何神圣光辉来光照人类理智。人类的错误使人类错失自己的幸福目标，不需要基督为背负人类罪孽而受苦。正直的人坚忍不拔，犯罪的人忏悔不已。坚忍不拔并不能带来天堂的喜乐，忏悔也不能获得欢迎。人自己过着自己的道德生活，自己收获自己的果实，亚里士多德的第一主动

① See Augustine, *On Free Choice of the Will*, III:1:1.

者对此没有兴趣。[①] 柏拉图哲学的旨趣似乎与亚里士多德迥然不同。在柏拉图哲学中，诸神是自然界的制造者，并且以种种律法支配自然界。柏拉图哲学和中世纪基督教经院哲学同样承认存在着支配及界定道德秩序的神圣秩序。对于柏拉图而言，服从诸神就是服从"我们存在的不朽部分"[②]。在柏拉图哲学中，理性的自然律是神圣律法的表现，而道德的终极基础在于神圣律法。柏拉图哲学与中世纪基督教经院哲学之间的深刻差异在于柏拉图的宇宙属于诸神，诸神负责组织宇宙而未曾负责创造宇宙。因此，柏拉图的宇宙不是完全依赖诸神，也不是完全可认识的。在这个意义上，基督教的天意观和柏拉图的天意观是不一致的。

在道德形而上学层面，柏拉图哲学和中世纪基督教经院哲学的分歧再度出现。一切道德上的邪恶，都是违背律法。对于柏拉图而言，诸神是人类的立法者，诸神是律法的设立者，但这些支配城邦的律法同时依赖于际遇和时机。这些际遇和时机，与作为立法者的诸神共同支配所有的人类事物。[③] 与诸神为伴的际遇和时机的介入，预设着至少有部分由自己负责的宇宙，同时预设着由神圣律法所支配的人类秩序，而这种支配方式与基督教宇宙中的支配方式是完全不同的。柏拉图的神圣律法也犹如天意一样支配着宇宙，这是一种作为其所支配者的形式的支配。为了巩固其命令的尊严，神圣律法

① See Etienne Gilson, *The Spirit of Medieval Philosophy*, p. 331. 吉尔松：《中世纪哲学精神》，沈清松译，台湾商务印书馆 2001 年版，第 301 页。

② Plato, *Laws*, IV, 713D.

③ See Plato, *Laws*, IV, 709B.

亦犹如天意一样设立种种制裁。但是在两种情况下律法的败坏并不包括着创造秩序的败坏,创造秩序的败坏是柏拉图未曾想过的。根据奥尔菲传统,神是一切事物的开端、中心和终结,神是一直前进不息的。公义之神跟随其后奖善罚恶,公义之神在支配世界时纯粹采取一种无位格的方式。追随诸神步伐的人,会变得酷似诸神,获得和义人共同生活的奖赏。任何人以为自己可以自立自足,就会被诸神唾弃而失去一切:自己、家庭和国家。① 在柏拉图哲学中,神圣秩序的支配的存在,是为了被支配的存在者,这些存在者在操行上的过失唯独伤害自己,而不会影响走在前面的诸神,也不会影响到公义本身。人犯了行为上的过错,诸神是不大为人负责任的。②

永恒律法在中世纪基督教经院哲学的道德形而上学思想体系中的地位是截然不同的。奥古斯丁指出:铭刻在人类心灵中的永恒法律是神圣理性或上帝的意志,被称作最高理性的永恒不变的神圣法律,公义而完美地安排宇宙万物的秩序,规定必须维护自然秩序,禁止扰乱自然秩序。③ 毋宁说,永恒法就是上帝创造的神圣智慧,就是上帝创造的神圣秩序,就是宇宙万物的存在秩序。永恒法就是上帝神圣理智中的智慧原理,上帝根据神圣智慧原理创造宇宙万物并且眷顾宇宙万物,引导宇宙万物走向神圣历史的终极鹄的:"由此可见,永恒法

---

① See Plato, *Laws*, IV, 716CD.

② See Etienne Gilson, *The Spirit of Medieval Philosophy*, p. 333. 吉尔松:《中世纪哲学精神》,沈清松译,台湾商务印书馆 2001 年版,第 303 页。

③ See Augustine, *On Free Choice of the Will*, I:6:15.

无非是指导一切行为和活动的上帝智慧的计划。”①把永恒法理解为上帝创造宇宙的神圣智慧，这是对于作为中世纪基督教经院哲学道德形而上学原理的永恒法律最清楚的阐述，其中包含着深刻的涵义。倘若永恒法律就是上帝自己的神圣意志或神圣理性，永恒律法就和理念紧密地结合起来。事实上，神圣意志、神圣理性和神圣理念都是居住在神圣智慧中的永恒法律，就是在上帝的神圣逻各斯中的永恒法律。毋宁说，上帝的神圣理念就是上帝自己，作为上帝神圣理性的神圣法律本身就是上帝自己。

根据托马斯经常引用的奥古斯丁的表述，神圣法律就是上帝创造宇宙万物并眷顾宇宙万物的神圣艺术。在托马斯的存在形而上学中，上帝犹如一个艺术家或工程师，在宇宙尚未存在之前，已经设计出完满的创造计划并且拟订实现这个计划所运用的方法。毋宁说，上帝在超越时空的永恒里已经计划着宇宙蓝图，规定着作为宇宙万物自身目的的存在本性。上帝按照自己的神圣智慧创造宇宙万物，就是上帝神圣计划的实现。宇宙万物井然有序的现实存在，就是上帝神圣智慧和神圣旨意的实现。在这个意义上，宇宙万物以自身的存在方式遵循上帝的神圣旨意而实现自己的本性。艺术是指导艺术家思想的智慧，决定着艺术家的创造工作。上帝创造宇宙万物和眷顾宇宙万物的神圣艺术，就是上帝的本性自身。上帝在神圣创造中把自己的美善赋予自己创造的宇宙万物，上帝的神圣智慧指导宇宙万物实现自己的存在目的。毋宁说，

① Thomas Aquinas, *Summa Theologica*, IaIIae:93:1.

上帝的永恒法律就是上帝自己，上帝的神圣理性创造宇宙万物，并因此眷顾宇宙万物而引导宇宙万物实现自己的本性。在这个意义上，上帝的永恒法就是上帝创造宇宙万物的原型。① 倘若哲学家忽略上帝的神圣法律和上帝创造性的天意(Providence)两者之间的密切联系，就无法辨认出那种使中世纪基督教经院的道德律区别于柏拉图哲学的道德律的特殊性格。在中世纪基督教经院哲学的道德律和柏拉图的道德律之间，上帝从虚无中创造宇宙万物的基本事实，及其带入人类知识秩序和行动秩序的形而上学涵义再度重新介入。②

在中世纪基督教经院哲学的道德哲学中，永恒法就是那眷顾上帝创造的宇宙万物并将宇宙万物引导向自身存在的终极鹄的的上帝智慧。在上帝创造的有形无形的宇宙万物中，上帝按照自己的神圣形象创造了人。对于托马斯而言，上帝在永恒里规定着上帝按照自己的神圣形象创造的人的先验本性。毋宁说，人的先验本性在上帝创造的神圣旨意中是一个永恒范型。在这个意义上，人在创造恩典中的先验本性就是上帝的永恒智慧的彰显，人在创造恩典中的先验本性就是上帝的永恒旨意的彰显，人在创造恩典中的先验本性就是上帝的永恒计划的彰显。在这个意义上，人遵循自己在创造恩典中的先验本性理解自己，完善自己，实现自己，就是遵循上帝的永恒法。上帝的永恒法就其自身而言固然是超越人类理智的认识能力的。藉助认识作为智慧存在者的人自己的先验本

① See Thomas Aquinas, *Summa Theologica*, IaIIae:93:1.

② See Etienne Gilson, *The Spirit of Medieval Philosophy*, p. 334. 吉尔松：《中世纪哲学精神》，沈清松译，台湾商务印书馆 2001 年版，第 303 页。

性，藉助认识作为智慧存在者的人自己的先验道德良知，藉助认识作为智慧存在者的人自己的先验道德法则，人可以认识上帝的永恒法，而且可以自觉地遵循上帝的永恒法。在这个意义上，人在创造恩典中的先验本性就是人作为被创造的智慧存在者"分享的永恒法"。① 对于托马斯而言，上帝的永恒法是必然存在的，上帝的永恒法是可以认识的。上帝的永恒法是铭刻在人类心灵深处的先验观念。由此可见，"理性存在者在不同程度上都认识永恒法。"②

在这个意义上，中世纪基督教经院哲学家可以跟随奥古斯丁一起宣称：上帝在创造宇宙万物的时候，上帝按照自己的神圣形象创造人的时候，同时创造着作为智慧存在者先验道德良知的自然法。由于上帝创造的神圣智慧，宇宙万物类比地分享着上帝的神性存在。由于宇宙万物活动的神圣法则植根于宇宙万物存在的神圣结构中，宇宙万物就类比地分享着上帝的永恒法。自然法之于永恒法，犹如被创造的存在者之于创造者，无法独立存在。对于中世纪基督教教父哲学和经院哲学而言，自然法是对于永恒法的分享。自然法无非就是被创造的理性存在者分享的永恒法。对于托马斯而言，作为人类先验本性的道德良知，就是铭刻在人类心灵深处的永恒法。③ 上帝按照自己的神圣形象创造人而规定人的先验本性，就是在人的心灵深处铭刻着上帝的永恒法。毋宁说，铭刻在人类心灵深处的永恒法就是作为人类先验道德良知的自然

① Thomas Aquinas, *Summa Theologica*, IaIIae:91:2.

② Thomas Aquinas, *Summa Theologica*, IaIIae:93:2.

③ See Thomas Aquinas, *Summa Theologica*, IaIIae:91:2.

法。在这个意义上，自然法是必然而永恒的道德律，因为自然法来源于上帝创造宇宙万物和人类灵魂的永恒法。对于托马斯而言，作为永恒法卓越摹本的自然法是神圣不可侵犯的。

吉尔松指出，中世纪基督教教父哲学家和经院哲学家无论在道德哲学的基本论题上存在着怎样的分歧，在阐述道德形而上学原理时同样自由地援引圣经：创造者为沧海划定界限；至高者在人的国中掌权；藉着上帝，君王执政，元首秉公行义。圣经中创造宇宙万物的上帝，宣称自己是一切立法的根源。上帝是自然界的立法者，上帝是道德界的立法者，上帝是人类社会的立法者。有形无形的宇宙万物中的永恒法是一位至高无上的立法者的神圣作品。上帝的永恒法就是上帝引导宇宙万物走向自己存在目标的神圣智慧的永恒计划。上帝在自然界中设立自然规则，自然界必然地遵循这些规则，在上帝赋予的自然倾向中彰显上帝的永恒律。同样，上帝在神圣创造中赋予人类智慧。作为享有天赋理性和自由意志的智慧存在者，人类必须在自己理性判断和自由选择的意志行动中遵循上帝亲自设立的理性法则，在上帝赋予的自然法中彰显上帝的永恒律，因为自然法是上帝的永恒法的卓越摹本和荣耀彰显。①

对于托马斯而言，上帝的神圣律法包含着作为上帝神圣智慧的永恒法、作为人类先验良知的自然法和作为神圣契约诫命的启示法。对于托马斯而言，人在创造恩典中享有超自

---

① See Etienne Gilson, *The Spirit of Medieval Philosophy*, p. 335. 吉尔松：《中世纪哲学精神》，沈清松译，台湾商务印书馆 2001 年版，第 305 页。

然的存在鹄的。在人类堕落的悲剧性处境中，人类理智自己无法知道自己实际上享有这个超自然的存在鹄的，也无法知道上帝自己为人类预备的实现这个超自然的存在鹄的的真实途径。这种关于人类存在的超自然鹄的和真实途径的知识，唯独倚靠启示才可以获得。在这个意义上，作为神圣契约诫命的启示法不仅是十分必要的，而且是至关重要的。①托马斯相信，在"摩西十诫"中，上帝已经把这种神圣契约诫命向犹太人启示出来。圣经启示的上帝律法既是普世性的道德根基，亦是具体的道德规范。作为神圣契约诫命的启示法，圣经启示的神圣律法指导人敬虔度日、尊敬君王、孝敬父母、与人和睦、爱人如己、祝福世人、荣耀上帝，这都是无与伦比的道德规范。托马斯确信，为了指导人生，作为神圣契约诫命的启示法是必需的。第一，人生的终极鹄的是永生。第二，就特殊处境而言，人的道德判断力是有限的。第三，神圣契约诫命不仅约束人的外在行为，而且约束人的内心动机。第四，神圣契约诫命是超越时空而永远有效的。②

三、自然法：创造者的神圣律法

对于托马斯而言，作为上帝神圣智慧的永恒律法是铭刻在人类的心灵深处的，毋宁说，永恒律法是铭刻在人类心灵深处的先验公义原理。倘若理性是人类藉以判断衡量意志的意愿之善与恶的规则，理性规则乃是出自至高无上的公义规则，

---

① See Thomas Aquinas, *Summa Theologica*, IIa:109:5.

② See Thomas Aquinas, *Summa Theologica*, IaIIae:91:4.

而这个至高无上的公义规则本身正是神圣理性的一道光芒，神圣理性的这道光芒藉助分享神圣智慧的理智而照耀在人类心灵心中。人类理性的智慧来自神圣光照，人类道德的智慧同样来自神圣光照，因为道德规则和知识规则一样，都是从上帝的神圣启示而来。这些道德规则本身其实就是知识，就是实践理性的首要原理。至于整个道德哲学体系的特别义务，都是作为合理的结果从这些道德规则中产生出来。例如像“行善避恶”这样基本的先验道德原则，本身就彰显着作为上帝神圣智慧的永恒律法。人类理智判断的意义在于认识善的对象，人类意志选择的意义在于实现善的对象。作为人性行为的伦理行为“是藉助于理智和意志”而完成的。① 在这个意义上，实现道德行动的理智判断和意志选择都是从神圣智慧而来的。托马斯说：“我们理性的光辉能够向我们显示出善的事物并引导我们的意志，因为这是上帝面容的光辉，即从上帝面容发出的光辉。所以在永恒律法和人类律法之间，人类意志的善显然主要依赖于上帝的永恒律法。故此，当人类理性无法作出决定时，我们就要回溯到永恒理性。”②

在这个意义上，上帝在神圣契约中向以色列人启示的道德律法，其实就是已经铭刻在以色列选民先验良知中而被以色列人拒绝反省的自然法。上帝在按照自己的神圣形象创造人的行动中，已经把上帝为着人类幸福的缘故而在上帝认为必要的时候启示于人的神圣律法铭刻在人类的先验良知中。

---

① See Thomas Aquinas, *Summa Theologica*, IaIIae: 1: 1.

② See Thomas Aquinas, *Summa Theologica*, IaIIae: 19: 4.

在这个意义上,求教于上帝在神圣契约中启示的道德律法,求教于人的先验良知,求教于人的天赋理性,其实就是求教于上帝自己。在作为上帝神圣智慧的永恒法中,中世纪基督教经院哲学家可以确认所有社会立法的合法性基础所在。对于托马斯而言,唯独上帝自己是君王权威和人间公义的终极根据。① 奥古斯丁指出:属世的法律是可以在时间流逝中根据永恒律法而公正地修订的。作为上帝神圣理性的永恒律法是普世性的,是永恒不变的,是铭刻在人类心灵深处的。② 中世纪基督教经院哲学揭示出,在什么意义上,对于基督教阐述的社会秩序而言,权威可以彰显上帝的主权。中世纪基督教经院哲学确信,除非来源于上帝本身,没有任何权威是合法的。为了使公民顺服自己,权威应该首先顺服上帝的神圣律法。在这个意义上,权威享有的合法性奠基于上帝永恒的神圣律法。

到目前为止,基督教哲学家是在和罪的基本观念相关的伦理学领域思考神圣律法原则的道德哲学结果。在基督教的道德哲学的脉络中,人是一种通过理性知识而分享永恒律法的存在者。由于人认识神圣律法,人藉此神圣律法的光辉引导自己的步伐。人是理性的存在者,藉助天赋理性认识自己本性的需要和目的,认识自己本性中的基本法则,在这理性认识中为自己颁布"行善避恶"的先验道德命令,这种先验道德命令就是自然法。作为人的自然本性,人首要的内在倾向就

① See Thomas Aquinas, *Summa Theologica*, IaIIae:93:3.

② See Augustine, *On Free Choice of the Will*, I:6:15.

是追求合乎自己本性的善。“行善避恶”，是自然法的首要诫命，是自然法所有其他诫命的基础。① 托马斯从三个方面揭示合乎人类先验本性的具体的善，即自然法的基本原则。自然法诫命的秩序是奠基于自然倾向的秩序。第一，就本性而言，人倾向于保存自己的存在。因此保存生命和避免死亡的行为，是符合自然法原则的道德行为。② 第二，就本性而言，人倾向于男女结合和教育子女以及保存人类。因此婚姻生活和教育子女是符合自然法原则的道德行为。③ 第三，就本性而言，作为理性的存在者，人倾向于认识关于上帝的真理并且度社群生活。因此寻求关于生命奥秘的神圣真理以及和他人共度卓越的社群生活是符合自然法原则的道德行为。④

对于托马斯而言，宇宙万物中的存在秩序属于永恒法，人的自然理性认识的自然法同样属于永恒法。自然法是永恒法的一部分，是永恒法在作为智慧存在者的人类的先验人性中的彰显，是永恒法在作为智慧存在者的人的先验道德本性中的彰显。上帝在按照自己的神圣形象创造人的时候，就把永恒法铭刻在作为先验人性的道德良知中。在这个意义上，认识自然法就是认识作为神圣智慧的永恒法，因为对于托马斯而言，自然法就是被创造的理性存在者所分享的永恒法。⑤ 认识作为神圣智慧的永恒法就是认识上帝自己，因为“面对面”地看到上帝

① See Thomas Aquinas, *Summa Theologica*, IaIIae:94:2.
② See Thomas Aquinas, *Summa Theologica*, IaIIae:94:2.
③ See Thomas Aquinas, *Summa Theologica*, IaIIae:94:2.
④ See Thomas Aquinas, *Summa Theologica*, IaIIae:94:2.
⑤ See Thomas Aquinas, *Summa Theologica*, IaIIae:91:2.

是今生不可能实现的事。对于神圣真理的真实知识，都是神圣智慧的光明照耀在人类心灵中。在这个意义上，触犯对于实践理性规范，事实上就是触犯作为实践理性根基的永恒律法，就是在人类意志和神圣理性之间形成对峙。此外，因为在上帝神圣创造的行动中奠定的自然秩序就是神圣律法的真实彰显，所以故意违背自然秩序者，就是故意违背自然秩序所遵循的神圣律法，都构成一种恶意。① 在这个意义上，故意违背自然秩序就意味着故意违背作为上帝神圣创造原型的永恒律法。

真正的德性是本性的，因为德性是合理的，而且人类本性是根据理性获得界定的。德性之所以是合理的，因为德性符合那藉助人类理性为人类意志立法的神圣理性的至高无上的道德规范。在这个意义上，凡是与自然倾向相对峙的就是罪，除非这种对峙的出现是根源于一种更高级的自然倾向。在这个意义上，违背自然律法和理性规范必定危害到人类的幸福，因为这是触犯神圣存在秩序并且触犯上帝自己，而上帝自己是神圣存在秩序和人类立法理性的创造者，上帝是至高无上的立法者。一切存在秩序都是上帝创造赋予的秩序，并且秉有神圣本性。倘若人故意违背神圣秩序，就是已经拒绝上帝创造时赋予存在者自己的神圣目标。倘若人类意志违背神圣意志，其故意拒绝神圣意志的悖逆行动最终可以带来道德位格存在者的自杀——因为上帝创造位格存在者是为了赐给他至高无上的永恒幸福，而被创造的位格存在者却加以拒绝。罪恶的真正核心，正存在于被创造的位格存在者的悖逆意志

---

① See Thomas Aquinas, *Summa Theologica*, IaIIae:142:1.

中，就是拒绝上帝创造的神圣主权而在被创造的存在者中寻求自身存在的快乐、美善和真理，①此外都无非是悖逆意志的不可避免的后果或者赎罪的修复而已。

在中世纪基督教经院哲学中，罪恶的真正涵义在于摧毁上帝创造的神圣作品，以抗拒上帝作为创造者至高无上的绝对主权。事实上，无论罪人如何悖逆犯罪，总是无法触及上帝本身的神圣存在。罪人竭尽全力行摧毁之能事，摧毁上帝创造的神圣作品，藉此反抗远远超越自己的上帝。纵然如此，人类或天使在悖逆意志和悖逆行动中都无法损害上帝的全能，亦无法妨碍上帝神圣意志的完成。上帝的神圣创造，上帝的神圣作为，都完全在上帝的神圣主权中。作为被创造的智慧存在者，人只有在上帝许可的范围内，自由意志才成为可能，触犯上帝的神圣意志才成为可能。在对于上帝的悖逆意志中，人颠覆着爱的秩序，爱自己而藐视上帝。② 人渴望背弃上帝，渴望以自己取代上帝，渴望自己成为自己的上帝，渴望自己成为存在的中心。毋宁说，人渴望建筑形而上学的巴别塔。对于中世纪基督教的教父哲学和经院哲学而言，罪（Sin），作为"矢不中的"的主体行动，作为故意触犯上帝神圣旨意的悖逆意志和悖逆行动，使犯罪者沦为上帝的敌人，沦为一个攻击上帝的人，一个反抗上帝的人。③ 这种故意触犯上帝的敌意，

---

① See Augustine, *Confessions*, 1:20.

② See Augustine, *The City of God*, 14:28.

③ See St. Bonaventure, *In II Sent.*, 35, I, 3, fund2; Etienne Gilson, *The Spirit of Medieval Philosophy*, p. 338. 吉尔松：《中世纪哲学精神》，沈清松译，台湾商务印书馆 2001 年版，第 307 页。

就是故意否定上帝的神圣公义，故意拒绝上帝的神圣主权和神圣意志。

倘若像苏格拉底和亚里士多德这些希腊哲学家阐述的那样，罪确实是纯粹的无知或软弱，其严重性自然就大为减轻。倘若罪的本质完全实现，就意味着明知故犯地否定和拒绝上帝创造的神圣秩序，罪就成为对于上帝的藐视：爱自己而藐视上帝，在自身中获得荣耀。① 吉尔松指出，中世纪基督教经院哲学阐述的罪的本质，揭示出卓越而深刻的形而上学真理，就是作为智慧存在者的人和作为创造者的上帝之间真实的位格关系。这项深刻的形而上学真理是中世纪基督教经院哲学不可或缺的形而上学原理，是缺乏"上帝创造自然法"的创造观念的亚里士多德所梦想不到的。即使在柏拉图的世界中，罪也不像在基督教学说中那样意味着破坏上帝的神圣作品。作为被创造的智慧存在者对于上帝自己的悖逆意志和悖逆行动，罪固然没有能力减损上帝的荣耀，罪乃是拒绝认识上帝的荣耀。倘若作为智慧存在者的人如此拒绝认识上帝的荣耀，就把自己在创造恩典中注定可以分享的神圣荣耀中排除出来，毋宁说，使自己从恩典中坠落。上帝依然保持着自己的神圣和荣耀，罪人却失去自己的幸福，因为罪人堵塞自己通向这种神圣幸福的道路，而且凭藉意志的悖逆而毁灭了这种神圣结果。②

中世纪基督教经院哲学家深刻理解：在中世纪基督教经

---

① See Augustine, *The City of God*, 14:28.

② See Etienne Gilson, *The Spirit of Medieval Philosophy*, p. 339. 吉尔松：《中世纪哲学精神》，沈清松译，台湾商务印书馆 2001 年版，第 307 页。

院哲学的完整世界观中,罪的观念与审判的观念和恩典的观念是彼此密切结合的。无论是义人还是罪人,都必须服从作为上帝创造秩序的神圣律法。无论是遵行上帝的神圣律法的义人,还是拒绝遵行上帝的神圣律法的罪人,都必然降服在上帝神圣律法的主权中。在亚里士多德纯粹本性的哲学层面,道德生活的结果关乎人的现世幸福。在中世纪基督教经院哲学的道德哲学中,保证那施行于人类理性的自然法的运行,决定这些自然法规定着的人类命运者,正是上帝自己,正是上帝自己的神圣理性和神圣意志。自然法是对于神圣律法的分享。在这个意义上,对于自然法的道德规范的故意违背,其罪恶的性质与希腊伦理学完全不同。藉着上帝在十诫中明确启示出来的人的先验道德良知已经规定的基本规范,上帝揭示出人的理性是如何分享着上帝自己的神圣理性。既然上帝已经警告人类:违背天赋理性拥有的自然法,就是违背作为自然法存在根基的神圣律法。在这个意义上,作为神圣的立法者,上帝使人类不可能误解道德律法的真实性以及违背道德律法的真实影响。除非上帝自己承担人类罪恶的刑罚而提供回天妙药,这种罪恶是无可救药的。毋宁说,除非上帝自己承担人类罪恶的刑罚,所有人都将陷入永远的第二次死亡。①

中世纪基督教经院哲学的道德学说中,罪(Sin)的真实涵义,无疑是破坏上帝创造的神圣秩序。在这个意义上,作为智慧存在者的人悖逆犯罪,罪人就毁坏了他自己无法创造或重新创造的神圣秩序。人类意志的正直本身,已经是作为上帝

① See Augustine, *The City of God*, 14:1.

创造恩典的神圣礼物,人因为犯罪而失去意志的正直。人一旦悖逆犯罪而失去作为上帝创造恩典的意志正直,人如何凭藉自己的努力恢复意志的正直呢?凡是上帝赐予的神圣恩典,只要上帝予以恢复,就得以恢复。此外,人因为摧毁上帝的神圣作品而触犯上帝,触犯上帝的无限存在。在罪人的悖逆不法和上帝的圣洁公义之间的无限鸿沟上面,人类自己无论如何努力亦无法架起联结双方的桥梁。毋宁说,在作为罪人的人类方面,没有与上帝和好的现实途径。要恢复人类道德的正直,唯独作为创造者的圣洁公义的上帝自己。在这个意义上,中世纪基督教经院哲学家发现自己置身于如此的生命境地:本性的道德自身要求超越本性的恩典作为必要的成全。在这个意义上,上帝赋予人类三种超越伦理德性的美德,作为超自然恩典的神学德性,就成为伦理德性的必要成全。① 人类不能够诉诸自己的德性、正直和功劳,只能够诉诸自己藉助超自然恩典而获得的一切。

在希伯来—基督教的神学传统中,和神圣创造观念彼此关联的罪的概念,深刻地转化着中世纪基督教经院哲学的道德观念。在完整而深刻的基督教道德观念中包含着超自然恩典的观念,希腊伦理学却不需要恩典观念,因为希腊哲学中道德的恶,并不等同于中世纪基督教经院哲学中道德的恶。波那文都深刻地阐述中世纪基督教经院哲学的伦理学和希腊哲学伦理学之间的根本区别:"希腊哲学家根本不知道罪是对于神圣尊严的触犯,更不知道罪会使我们的才能失去力量。

① See Thomas Aquinas, *Summa Theologica*, IaIIae:51:4.

所以，希腊哲学家主张只要我们实践正直的行为，那由于离弃正直的理性秩序而失去的公义便可以获得恢复。因此，亚里士多德认为：坏人只要努力使行为变成良好，可以获得可观改善，甚至可以把行善的习惯完全恢复过来……然而恰恰相反，那些在信仰的光明中思考这项事情的诉诸圣经权威的基督徒，都清楚地知道罪是触犯上帝，而且在某种程度上更是坠入地狱的原因，因为罪使人从服侍上帝转向服侍魔鬼，最后更摧毁了内在于人类灵魂的上帝神圣形象。据此，基督教哲学家总结说：倘若要将自由意志从罪恶的奴役中拯救出来，恩典是绝对必要的。”①

波那文都阐述的是中世纪基督教教父哲学和经院哲学的基本观念。当基督教哲学家认识到罪如何摧毁人类灵魂里面上帝的神圣形象时，基督教哲学家就深刻认识到罪在上帝创造的神圣作品上摧毁了什么，知道作为智慧存在者的人悖逆犯罪蕴涵的结果就是苦难和死亡，以及赎罪必须付出的无法估量的牺牲。② 上帝差遣自己的独生子在十字架上付出赎罪的牺牲，这是中世纪基督教经院哲学道德学说中作为超自然恩典的神学德性的形而上学根基。在上帝神圣创造的圣洁公义中，人享有的最初的自由意志是由能够不犯罪和能够犯罪的自由选择构成的。③ 在上帝神圣救赎的奇妙恩典中，人享

① Bonaventure, *II Sent.*, 38:1; Etienne Gilson, *The Spirit of Medieval Philosophy*, p. 341. 吉尔松：《中世纪哲学精神》，沈清松译，台湾商务印书馆 2001 年版，第 309 页。

② See Etienne Gilson, *The Spirit of Medieval Philosophy*, p. 341. 吉尔松：《中世纪哲学精神》，沈清松译，台湾商务印书馆 2001 年版，第 309 页。

③ See Augustine, *The City of God*, 22:30.

有的自由意志是更卓越的意志自由，是能够不犯罪的意志自由。① 在上帝神圣救赎的荣耀应许中，人享有的自由意志是最卓越的意志自由，最卓越的自由意志是人不能够犯罪的意志自由。在最荣耀的上帝之城，最深刻的喜乐来源于赞美基督荣耀恩典的新歌，因为天国的公民唯独倚靠基督的宝血而得救。② 在中世纪基督教经院哲学的道德学说中，道德和幸福的深刻关联存在于上帝拯救的荣耀恩典中。

第二节　吉尔松的意向学说

吉尔松指出，希腊伦理学在中世纪基督教经院哲学家眼中具有相当的重要性，中世纪基督教经院哲学家保留希腊伦理学中值得保留的真理遗产，同时超越希腊伦理学的形而上学视野。托马斯认为，亚里士多德的伦理学固然是可取的，同时是不够完善而不够深刻的。亚里士多德固然在哲学沉思中提出人人都趋向善和人人都追求幸福的伦理学命题，揭示出道德学说的目的论和幸福论，但是亚里士多德缺乏对于上帝的认识，缺乏对于至善和永恒幸福的认识，因此无法认识人生的真谛和人生的终极鹄的。对于中世纪基督教经院哲学的道德哲学而言，上帝就是至善，幸福的奥秘在于人类理智真实地认识上帝。③ 唯独上帝自己是神圣真理，人类的终极荣耀和

---

① See Augustine, *The City of God*, 22:30.
② See Augustine, *The City of God*, 22:30.
③ See Thomas Aquinas, *Summa Theologica*, IaIIae:3:5.

完满幸福在于认识上帝。① 在永恒的荣耀国度，灵魂将“面对面”地瞻仰上帝，凝视上帝，享见上帝，这是永恒幸福的神圣奥秘。② 对于托马斯而言，人只有在对于上帝的信仰、盼望和挚爱中实现先验本性的自身完善，实现至善和幸福。在这个意义上，唯独上帝自己是人类生命的真实归宿。

希腊伦理学的核心论题在于研究德性和恶习，而不是研究单独的道德行动。由于希腊哲学的影响，德性和恶习的论题依然在道德哲学领域保留着极端的重要性。希腊哲学家经过缓慢的历程和艰辛的努力，塑造出一个“人”的内在形象，根据生命的全体来判断人的一生。希腊哲学家的道德判断是整体主义的圆满的艺术家的全人判断。除非细节关联于整体，希腊哲学家对于细节没有兴趣。近代人的旨趣完全不同。近代人把自己的全部投注在自己每一个重要的行为中，连同自己意志的本质，无论善恶，把自己的整个人格都投注进去。一个单独的行动可以成为拯救一切罪恶的终极胜利，或者成为取消一切德性的无法弥补的弥天大罪。在古典希腊哲学和现代哲学之间，伦理学固然存在着某种渐进而持久的发展。近代哲学寻找自己的伦理学根基时，忘记中世纪基督教经院哲学的道德学说对于近代哲学的深刻影响，甚至认为近代伦理学的思想源泉就是近代哲学宣称的理性法则，相信自己可以摆脱中世纪基督教经院哲学。③

---

① See Thomas Aquinas, *Summa Theologica*, IaIIae:3:7.

② See Thomas Aquinas, *Summa Theologica*, IaIIae:3:8.

③ See Etienne Gilson, *The Spirit of Medieval Philosophy*, p. 344. 吉尔松：《中世纪哲学精神》，沈清松译，台湾商务印书馆 2001 年版，第 314 页。

一、意向性:道德判断的内在性原理

圣经启示和新约福音对于中世纪基督教经院哲学沉思的影响是极其深刻的,其中相当重要的一个影响,就是中世纪基督教道德原理的内在化。上帝是自身存在而永恒存在的神圣存在,上帝从虚无中创造宇宙万物。上帝不但从虚无中创造宇宙万物的有形存在,而且按照自己的神圣形象创造拥有灵魂的智慧存在者。上帝恒常保持宇宙万物,持续创造宇宙万物,以神圣天意眷顾宇宙万物。上帝以神圣智慧保存宇宙万物、认识宇宙万物,因为上帝自己以神圣智慧创造宇宙万物。倘若没有上帝的创造和眷顾,没有一个灵魂可以独立存在。倘若没有上帝洞悉宇宙万物的神圣智慧,灵魂亦不能有任何思想。任何人倘若口宣和平而心藏奸恶,亦无法逃遁于天地之间,无法逃遁于上帝洞悉一切的眼目。中世纪基督教经院哲学的道德学说与希腊哲学之间最原始、最基本、最深刻的实质性区别在于:对于中世纪基督教经院哲学的道德学说而言,人一旦犯罪,就是触犯上帝。对于奥古斯丁而言,罪的本质就是触犯永恒律法的语言、行动和欲望。在这个意义上,罪的本质就是触犯上帝。① 除非上帝赦免,罪人永远没有赦免的希望。犯罪的人一旦向上帝忏悔,上帝必然赦免而不再追究。既然上帝早已知晓,人如何拒绝忏悔呢?倘若基督教哲学家像以色列选民那样忘记上帝而随从假神,上帝仍然会召唤自己的百姓转向上帝而倚靠上帝,因为上帝鉴察万事,洞悉人心的隐秘。

---

① See Thomas Aquinas, *Summa Theologica*, IaIIae:71:6.

上帝根据自己的神圣形象创造作为智慧存在者的人，作为智慧存在者的人属于自己的创造者。作为智慧存在者的人是上帝的子民，是上帝草场的羊。上帝认识自己作品的正直及其过犯，唯独上帝洞悉人的肺腑心肠。在这个意义上，基督教的上帝直接拥有道德的全部裁判权，这是上帝的神圣创造赋予上帝的道德裁判主权。因为上帝认识一切，人的全部知识都依赖于上帝，连人隐秘的心思意念都在上帝的注视之中。既然人类内心没有任何秘密可以逃避上帝的注视，上帝的道德判断是公平的。上帝是察验人的肺腑心肠而按公义判断是非的。先知耶利米说：人心诡诈而不可救药，谁能识透？唯独上帝自己是鉴察人心而考察肺腑的。因此，中世纪基督教经院哲学家不必惊讶，为什么福音书宣称：真实的罪恶先于外在的罪行。甚至在许多情形下，真实的罪恶与外在行为无关，内在同意已经是呈现在上帝面前的一种意志行动，正如外在的行为呈现在世人的面前。在这个意义上，意志本身是否遵行上帝的神圣律法，足以确定一种在道德上完全明确的对于上帝神圣旨意的顺服或者悖逆。毋宁说，就是自由意志对于永恒律法规定的存在秩序的顺服或者悖逆。①

毋庸置疑，外在的行为仍然具有相当的重要性，但在外在行为发生之前，便已经发生着一系列在世人眼前隐秘着而在上帝眼前极其重要的内在行为。耶稣说：你们为什么心里怀着恶念呢？在违背永恒律法的行为和语言尚未发出以前，邪恶意志早在内心形成罪恶而构成犯罪，因为从心里发出来的，

---

① See Augustine, *On Free Choice of the Will*, I:16:35.

有恶念、凶杀、奸淫、苟合、偷盗、妄证、毁谤。律法禁止奸淫，但上帝禁止心里犯奸淫。中世纪基督教经院哲学的伦理学中道德的内在性原理清楚地叙述在福音书中，立刻被中世纪基督教教父哲学家采用。在第二世纪，护教者查士丁根据《马太福音》教导基督教道德的内在性原理，而在注解时揭示其最后基础所在："不但我们的行为，即使我们的思想，在上帝面前都是昭然若彰。"①为拒绝异教文化的法治主义和犹太人的法利赛主义，早期基督教的护教学者经常指出，单单遵行律法的外在行为无法使人成为公义。早期著名基督教护教者雅典那哥拉斯说："我们无论说什么，想什么，无论在白天或者黑夜，都是在上帝面前言说和思想，我们也知道，上帝既然纯然是光，我们想要隐藏的，上帝却洞若观火。"②

根据奥古斯丁对于罪的本质的卓越定义，作为违背永恒律法的言论、行动和欲望，除了言论和行为上的过犯，还得加上心思意念上的过犯。中世纪基督教经院哲学家容易理解，心思意念上的过犯是言论和行为上的过犯的根源，因此是更为重要的过犯。心思意念上的罪恶，是一切罪恶的开端和根源。从心思意念出来的言论和行为，只是把作为心思意念的罪恶充分实现出来而已。③ 在这个意义上，在中世纪基督教经院哲学的道德学说中，道德善恶的本质开始从外在行为转向意志自身。根据奥古斯丁的理解：一个人的生活是视其意

---

① Justin, *I Apolog.*, 15.

② Athenagoras, *Leg. pro Christ.*, 33.

③ See Etienne Gilson, *The Spirit of Medieval Philosophy*, p. 346. 吉尔松：《中世纪哲学精神》，沈清松译，台湾商务印书馆2001年版，第316页。

义而成为正直或者罪恶。[①] 中世纪基督教经院哲学家所谓的意志指心灵隐秘的意志行动,使意志真正倾向某个对象或者目的。所以《诗篇》使用的字眼,常有心灵对于上帝的"呼喊"这类字眼,中世纪基督教教父哲学家几乎把这些字眼当做术语来使用。一个小偷在黑夜中窥伺等待下手,小偷的心灵早已向上帝"呼喊"出自己的罪恶。因为小偷已经决心下手,上帝立刻知道小偷的邪恶意志,这个罪行已经犯下。甚至一个人很难知道自己的行为是来源于怎样的心思意念,上帝却完全知道。

一个人的道德行动,对于履行这个道德行动的人自己固然可能是隐蔽而难解的,对于上帝永远是赤露敞开而昭然若揭的。意志自行向上帝"呼喊",时常不知道自己的动机何在。意志对于上帝完全敞开自己全部隐蔽的善恶本质,对于意志自己隐蔽而不清楚的,却不能蒙蔽洞悉灵魂的上帝,这就是《诗篇》作者使用"呼喊"一词的意义。倘若基督教哲学家寻找一个经院哲学术语来代替"呼喊",中世纪基督教经院哲学家把意志倾向其目的的真实行动称为意向(intention)。对于托马斯而言,这种作为意志行动的意向就是道德行动的"主观法则"。[②] 在亚里士多德伦理学中,作为意志行动的意向是隐秘的,外在的善对于德行的运作是必要的。离开可见的善行,意志的善恶是无法分辨的。在中世纪基督教经院哲学的道德学说中,作为意志行动的意向是清楚明显的,一切隐

---

① See Augustine, *Retract.*, I:9:4.

② See Thomas Aquinas, *Summa Theologica*, IaIIae:19:5.

秘意向在上帝面前都是昭然若揭的。如此定义的意向,显然是一个内在的意志行动。认识某个目的是倾向这个目的的前提,因此理性判断必然参与在意志行动中。本性倾向在经过理性光照之后,就成为意志。毋庸置疑,意向就本质而言是属于意志的,这是一个自明的中世纪基督教经院哲学的伦理学范畴。①

倘若基督教哲学家反省意向在人类意志行动中的复杂结构中所占的地位,就足以看出意向在其中所扮演的决定性角色。人藉着简单意志行动就可以倾向其目的,但要达到目的,就必须选择途径。但是,这种选择假定着一种合理的努力,需要人类理智和道德的德性参与,直到意志判断自己获得足够的理性光照,而决定采取这个途径而不是其他途径。因此,意志的行动包含着若干不同的因素,但自始至终只是一个行动,就是意向的行动。人类藉着同一个意志行动走向目的,并寻求途径而达到目的。既然对于目的的意向是选择途径的根源,则意向的道德性质必定影响而决定着意志行动的道德性质。倘若人类的意向是邪恶的,决定采取途径的全部系列的意志的选择行动本身就是邪恶的。人类为了某种邪恶目的而做的事情,没有一件不是邪恶的。相反,一个高尚的意向至少可以在相当程度上拯救行为的过失,弥补其理性判断的愚拙。这一切对于中世纪基督教经院哲学家而言,是非常明显的事。当中世纪基督教经院哲学家寻找道德善恶的定义时,立刻尽

① See Etienne Gilson, *The Spirit of Medieval Philosophy*, p. 347. 吉尔松:《中世纪哲学精神》,沈清松译,台湾商务印书馆 2001 年版,第 316 页。

可能往作为意志行动的意向本身的道德性质上去寻找。对于中世纪基督教经院哲学家而言,罪恶的恰当意义是邪恶意志,而不是外在的邪恶行为。

在中世纪基督教经院哲学的道德学说中,作为意志行动的意向比外在的意志行动享有更显著的重要性。意志犯罪是一回事,把意志犯罪执行出来是另一回事。倘若中世纪基督教经院哲学家用人间法律的眼光来看待罪恶的本质,就可以看出人间法律的标准并不等同于道德意向的标准。对于托马斯而言,人间法律是社会管理者为了公共利益而颁布的理智命令。① 作为社会性的存在者,人需要完美的社群生活。为了维护人间和平和伦理秩序,"制订法律是必要的"②。在这个意义上,人间法律是自然法的具体彰显,"倘若些许违背自然法,人间法律就不是法律,而是对于法律的破坏。"③人间法律是有条件的暂时的和可变化的,而道德意向的善是无条件的永恒不变的。人间法律是在特定社会环境下制定的特殊命令,具有一定的局限性。托马斯指出,"人间法律并不禁止所有的恶,尽管从德性来说这些恶是应该排除的。人间法律只禁止比较严重的罪恶,而这些罪恶对于大多数人而言是可以排除的。再者,主要是因为这些比较严重的罪恶损害他人,不加以禁止,人类社会就无法维持下去。例如,人间法律就禁止谋杀、盗窃,等等。"④在这个意义上,人间法律既"无法实现所

① See Thomas Aquinas, *Summa Theologica*, IaIIae:90:4.

② Thomas Aquinas, *Summa Theologica*, IaIIae:94:1.

③ Thomas Aquinas, *Summa Theologica*, IaIIae:95:2.

④ Thomas Aquinas, *Summa Theologica*, IaIIae:96:2.

有的善”，亦“无法禁止所有的恶”。①

人间法律和永恒律法之间更重要的区别是，人间法律只能制裁人外在的邪恶行动，而对于人内在的意志行动是否罪恶是无法过问的。人间法律不是关注道德的善恶，而是关注社会秩序的维持，所以人类法律极端重视实际执行的邪恶行动。可见人间法律是不完善的，无法全面地判断人的道德行动。上帝的神圣律法可以全面地判断人内外的一切行动。上帝不仅仅洞悉人的外在行动。上帝甚至不计较人类的外在作为，而重视人类的心思意念，而且上帝绝对根据人类的意向来衡量人类的罪恶。圣经说：上帝探寻人类的肺腑心肠。上帝以极其奥妙的方式洞察希腊哲学家看不见的人的隐秘意向。上帝惩罚罪恶，不是根据罪人的外在行为，而是根据罪人隐秘的邪恶意向。人间法律无知于人的隐秘意向，亦不考虑人的隐秘意向，只惩罚看得见的人类行为。对于中世纪基督教经院哲学家而言，只有灵魂的罪。在本质上，罪（Sin）意味着灵魂的邪恶意向，罪意味着灵魂中鼓励犯罪的邪恶意向。根据奥古斯丁的卓越定义，罪的本质意味着被创造的智慧存在者违背永恒律法的邪恶意志。在亚当的罪恶中，正是邪恶意志导致邪恶的意志行动。倘若没有邪恶意志，亚当就无法完成背约犯罪的邪恶行动。②

被创造的智慧存在者的先验本性就是在对于上帝的信靠、仰望和挚爱的神学德性中倚靠作为创造者的上帝。在这

① Thomas Aquinas, *Summa Theologica*, IaIIae:96:3.

② See Augustine, *The City of God*, 14:13.

个意义上，离弃上帝就是被创造的智慧存在者的邪恶意志，就是违背智慧存在者先验本性的邪恶意志。对于奥古斯丁而言，即使是被创造的智慧存在者离弃上帝的邪恶意志，也卓越地彰显着上帝创造的智慧存在者先验本性的美善。[①] 上帝按照自己的神圣旨意创造尊贵的天使，那些堕落天使出于天赋的自由意志离弃上帝而堕落为邪恶天使。正如上帝是智慧存在者先验本性美善的创造者，上帝也是堕落天使和罪人邪恶意志的公义的统治者和审判者。正如堕落天使和罪人错误地使用自己在创造恩典中享有的良善本性，上帝甚至在自己的神圣智慧和神圣旨意中卓越而公义地使用堕落天使和罪人的邪恶意志，引导世界历史走向自己的神圣目标。[②] 上帝阻挡骄傲的人，赐恩给谦卑的人。即使在自己“矢不中的”地拒绝上帝主权的邪恶意志中，堕落天使和罪人依然是在“不自觉地行善”[③]。毋宁说，即使在自己“矢不中的”地拒绝上帝主权的邪恶意志中，堕落天使和罪人依然是在不自觉地实现上帝隐秘而深邃的神圣旨意。毋庸置疑，真正的良善存在于灵魂的善良意志中，灵魂自身的善良意志鼓励人行出善事，唯独灵魂自身的善良意志使人行出的善事配称为良善。问题在于，什么东西使作为意志行动的意向本身成为善良意志呢？[④]

① See Augustine, *The City of God*, 11:17.

② See Augustine, *The City of God*, 11:17.

③ Augustine, *The City of God*, 11:33.

④ See Etienne Gilson, *The Spirit of Medieval Philosophy*, p. 349. 吉尔松：《中世纪哲学精神》，沈清松译，台湾商务印书馆 2001 年版，第 318 页。

二、良知:永恒法的先验启示

为了完全决定“道德性质”的观念,中世纪基督教经院哲学家必须把意向的概念和道德良心的观念联系起来,实际上,两者是密切相关的。中世纪基督教经院哲学家在深刻认识意向的卓越地位以后,立刻面对着一个难题。人类的理性,无论是思辨理性还是实践理性,都是同一个理性能力的运作。一方面,上帝的神圣光照使基督教哲学家能够运用必然的第一原理去思想。另一方面,第一原理必须运用到心灵经验或感觉经验提供的经验素材。无论哲学家关心的是存在者“是什么”以便完成一种形而上学知识,或者哲学家关心的是人类行为“应该如何”以便完成一种道德学说,在两种情况下,哲学家都必须运用同样的建构原则和同样的经验材料。倘若问题在于决定道德的善,哲学家就必须考虑到特殊的伦理学范畴,就是存在于天赋理性的道德原则和根据理性原则形成的特殊道德判断两者之间的良心。良心并不表示任何与意志和理性相区别的能力,而是一种判断行动,把理性判断加诸于人类的道德行动。毋宁说,良心是天赋理性原理对于特殊的人类意志行动完成的道德判断。在这个意义上,良知犹如“一种理智命令”,形成人类意志行动的“主观法则”。①

作为人类意志行动的主观法则,良知是根据天赋理性“行善避恶”的基本道德原理对于特殊意志行动完成的道德判断。托马斯指出,当一个人识别出某事已经完成或者尚未完成,就是良心作出判断。当一个人识别出某事应该做或者

---

① See Thomas Aquinas, *Summa Theologica*, IaIIae:19:5.

不应该做,就是良心在命令或者禁止。倘若道德判断涉及已经完成的意志行动,就是良心同意或者不同意。倘若良心同意,就伴随着心灵的喜悦和欣慰。倘若良心不同意,就有后悔声从心灵深处发出。在这个意义上,良知是对于主体行动完成道德判断的理智行动。① 在上述三种道德判断中,良心对于某种意志行动的命令或者禁止,对于决定道德善特别重要。在这个意义上,良知是根据先验道德原理对于人类特殊意志行动完成的道德判断,良知是"良习(Synderesis)的行动",是作为思辨理性的自然法原理的良习的实践理性行动。对于托马斯而言,实践理性和思辨理性并不是两种不同的能力,良知有时也被基督教教父通称为良习,例如耶柔米就把良知称作良习。② 倘若良习意味着人类天赋理性中诸如"行善避恶"的基本道德原理,良知就意味着对于特殊意志行动完成的道德判断。在这个意义上,良知可能出现判断失误,而作为天赋道德原理的良习是不能出现错误的。

对于托马斯而言,作为自然之光的人类理智享有两种天赋能力。第一,作为知识的第一原理,就是作为思辨理性的理智原理。第二,作为行动的第一原理,就是作为实践理性的道德原理的良习(Synderesis)。③ 倘若把天赋理智的第一原理运用在理论领域,则有知识。倘若把天赋理智的第一原理运用在实践领域,则有良知。在这个意义上,良知是运用天赋理性的先验道德原理对于道德行动的实践判断。既然意向决定

---

① See Thomas Aquinas, *Summa Theologica*, Ia:79:13.

② See Thomas Aquinas, *Summa Theologica*, Ia:79:13.

③ See Thomas Aquinas, *Summa Theologica*, Ia:79:12.

意志行动的道德性质，那么，当面对良知完成的理性判断，意志拥有什么态度呢？托马斯指出，自然法是普世而先验的天赋道德原理，对于所有民族、所有文化、所有时代都是放之四海而皆准的。① 作为自然法的实践运用，良知在完成对于意志行动的道德判断时常犯错误。或者由于贪心，或者由于无知，或者由于腐败的风俗习惯，或者由于疏忽大意，人们可能养成不良习惯，逐渐违背天赋的道德观念，导致良知的错误判断。托马斯重复举例说，过去在日尔曼民族那里，由于不良习俗而缺乏理智，不能把普遍先验的基本道德原理运用于具体的道德判断。虽然盗窃明显违背自然法，日尔曼民族却不认为盗窃是犯罪而加以谴责。② 倘若道德良知在运用天赋道德原则到特殊意志行动上时出现失误，意志应该如何选择？

对于中世纪基督教经院哲学的道德哲学而言，良知的每一种指示，都赋予意志服从良知指示的义务。实际上，一旦中世纪基督教经院哲学的道德哲学确认"行动的道德意义取决于意向"，这一点就是不可避免的。意志的道德性质不是被对象本身所决定，而是被理性提出的对象所决定。意志的善恶，决定于根据理性判断为应该遵行的善或者应该避免的恶。本身善的意志对象可以形成恶行，本身恶的意志对象可以形成善行，端在于实践理性提供给意志的良知判断。托马斯引用中世纪基督教经院哲学的典范案例：对于基督的信仰本身是善的，对于救恩是必要的。然而，除非理性如此判断，意志

① See Thomas Aquinas, *Summa Theologica*, IaIIae:94:4.

② See Thomas Aquinas, *Summa Theologica*, IaIIae:94:4.

不会去相信。倘若理性判断信仰是恶事，意志便以恶事对待之。并非因为信仰本身是恶的，而是因为理性如此理解而"偶然"成为恶的。① 对于托马斯而言，倘若意志对待本身为善的对象犹如恶事，错在理性判断。但意志违背理性判断，就成为邪恶的意志。迫害基督显然大错特错，没有办法使这种行为成为善事。但倘若迫害者迫害基督的意志行动只是顺服自己的良知，那么迫害者犯罪只是因为无知。如果迫害者违背良知的呼声而放走被迫害者，迫害者的犯罪更为严重。对于托马斯而言，良知是对于特殊意志行动完成的道德判断。在这个意义上，无论理性判断是否正确，违背理性判断就是违背良知，违背良知的意志就是邪恶的意志。②

在这个意义上，中世纪基督教经院哲学的道德学说接近严格意义的"意向的道德"。对于某些基督教伦理学家而言，意志行动的现实完成，并不影响意志决定的道德性质。然而，中世纪基督教经院哲学的实在论和健康常识使中世纪基督教伦理学家拒绝承认：愿意施舍而未曾施舍，和愿意施舍而且确实施舍，两者一样良善；或者，想要杀人而未曾杀人，和想要杀人而且确实杀人，两者一样邪恶。无论把良知的意向理解为道德核心是如何必要，良知的意向本身不足以定义道德。在人类理性判断可以确认的善恶领域之外，存在着真正良善或者邪恶的实在领域。在这个意义上，唯独正确的良知可以带来真正的善行。在意志服从良知的责任之外，存在着完善良

① See Thomas Aquinas, *Summa Theologica*, IaIIae:19:5.

② See Thomas Aquinas, *Summa Theologica*, IaIIae:19:5.

知的责任,以真正智慧的良知取代"矢不中的"的良知。为了确认善的对象,必须阐述在中世纪基督教经院哲学的道德法则中"人性行为"的目的论原理的优越地位。希腊哲学家撰写《论善恶的目的》,而对于中世纪基督教哲学家经院而言,"善恶的目的"是匪夷所思的,因为在中世纪基督教经院哲学眼中,善和恶的道德性质是由作为意志对象的目的来决定的,意志的良善在于完善地实现善的目的。①

亚里士多德的伦理学包含着目的论和幸福论的道德学说。亚里士多德伦理学的全部目标,在于教导人类达到生命终极目标即幸福的各种途径,而幸福在于按照最良善、最完满的人类德性来度全部生活。亚里士多德伦理学和中世纪基督教经院哲学的道德学说的差异,在于亚里士多德对于途径和目的之间关系的看法与中世纪基督教经院哲学不同,其不同的原则在于两者对于善恶的看法不同。② 亚里士多德的伦理学包含着自己的义务论:有些事应该去做。至于必须做的理由,在于这些事是应该实现的生命鹄的的途径。不履行伦理义务,犹如一个笨拙的弓箭手,瞄准鹄的却不能射中。但是,在亚里士多德哲学的道德学说中,决定"道德行动性质"的目的,决定意志行动道德性质的目的,不是由上帝的神圣律法规定的,不是由创造者颁布给被创造的智慧存在者的神圣意志的目的。对于亚里士多德的伦理学而言,途径和目的的关系只是权宜的关系,而不是义务的关系。对于中世纪基督教经

① See Thomas Aquinas, *Summa Theologica*, IaIIae:57:4.

② See Etienne Gilson, *The Spirit of Medieval Philosophy*, p. 353. 吉尔松:《中世纪哲学精神》,沈清松译,台湾商务印书馆 2001 年版,第 321 页。

院哲学的伦理学家而言，良知是上帝神圣律法的理性表现，良知是上帝赋予人类灵魂的永恒法和自然法，良知是人类意志行动的主观法则。① 在这个意义上，良知规定着意志行动的道德义务。毋宁说，中世纪基督教经院哲学的道德学说的义务观念来源于上帝的神圣律法。

中世纪基督教经院哲学的道德学说清楚地意识到自己在希腊伦理学的基础上增加什么。在希腊哲学的道德学说中，不仅个人，甚至全民族、全人类对于神性律法完全无知。希腊人固然享有伦理德性，希腊人对于福音完全无知，因此无法认识自己存在的真正鹄的。在这个意义上，希腊人恰恰犹如一个笨拙的弓箭手，根本无法瞄准鹄的，永远不能射中目标。亚里士多德虽然拥有目的论和幸福论，却完全不认识上帝，不认识作为上帝的至善，不认识作为神圣科学实践目标的"人的永恒幸福"②。对于亚里士多德而言，沉思形而上学原理的哲学家可以成为完人和幸福的人。对于中世纪基督教经院哲学而言，唯独认识上帝的人可以成为完全的人和幸福的人。对于托马斯而言，幸福的奥秘在于理智直接瞻仰上帝，凝视上帝。③ 在这个意义上，希腊人没有一个行为自然地朝向应该朝向的存在目的。因此，中世纪基督教经院哲学的道德学说必须在自己的伦理学中，考察行为和目的之间的关系。在这个意义上，中世纪基督教经院哲学自身的神学研究再度在哲学的核心论题中发生酵母作用，推动中世纪基督教经院哲学

① See Thomas Aquinas, *Summa Theologica*, IaIIae:19:5.

② Thomas Aquinas, *Summa Theologica*, Ia:1:5.

③ See Thomas Aquinas, *Summa Theologica*, IaIIae:3:5.

深刻而卓越的发展。

吉尔松指出，倘若深刻阐述中世纪基督教经院哲学关于道德善的真实观念，首先必须注意一个显著事实：希腊人和罗马人都是外教人，缺乏实践一种完全明确的道德行动的必要条件。使徒保罗在赞美上帝时说："愿荣耀归给他，直到永远。"对于中世纪基督教经院哲学家而言，只有一位上帝。愿荣耀归于上帝的意义在于：愿至善、至高、至深的赞美归于上帝。上帝越是获得人的赞美尊荣，人越是热切而深刻地爱慕上帝，人越是能够以自信而稳定的脚步进入至善至福的生活中。在中世纪基督教经院哲学的道德学说中，幸福的奥秘在于认识人的至善，就是对于智慧存在者而言作为存在终极鹄的的至善。托马斯指出，作为至善，必须具备三个条件。第一，自身完满；第二，永恒不变；第三，满足人的先验本性。托马斯宣称，唯独上帝自己具备上述三个条件，上帝就是至善。享有上帝，就是真正的幸福。唯独上帝自己是神圣科学的真实主题，因为唯独上帝自己是人类生命的真实鹄的。① 中世纪基督教经院哲学殚精竭虑地用理性沉思和光照理性的神圣权威阐明，上帝自己就是至善。对于人类而言，还有什么比忠实于自己的赐福者更善呢？这位赐福者就是上帝自己，我们用爱情、挚爱和仁爱去忠实于上帝自己。②

奥古斯丁关于上帝自己就是至善的著名阐述对于中世纪

---

① See Thomas Aquinas, *Summa Theologica*, Ia:1:6.

② See Augustine, *De mor. Eccl.*, I:14:24; Etienne Gilson, *The Spirit of Medieval Philosophy*, p. 355. 吉尔松：《中世纪哲学精神》，沈清松译，台湾商务印书馆2001年版，第322页。

基督教经院哲学的道德哲学的重要性，不在于其中肯定的形而上学论题，而在于其中阐述的中世纪基督教经院哲学的道德学说中道德行动和目的之间的关系。希腊哲学家未曾知道的，是人类生活目的的独一性。奠基于这个基本事实和相同理由，希腊哲学家未曾知道人类生活的真实目标的存在。问题不在于希腊哲学家错失道德的目的性质，问题在于希腊哲学家是否曾经想到过一种和中世纪基督教经院哲学大师沉思着的相同意义的目的概念？亚里士多德的目的论和幸福论把幸福安置在与人类全部生命同长久的美善中，毋宁说，把人生的目的安置在生命之中。对于亚里士多德而言，幸福不是伴随着道德完善的喜悦，而是完美本身。亚里士多德认为道德完美是构成幸福的实质因素。正是因为如此，亚里士多德不是把幸福理解为超越人类道德生命而给人类生命加冠的实体。真正应该寻求的目的，真正的至善是道德生命本身，是导致幸福的道德行动或者系列的道德行动。亚里士多德的伦理学强调途径的重要性，途径的善是由于途径帮助人类实现目的。在所有道德行动中，人的意志必然倾向于善，以实现善为目的。①

倘若人的生活顺从先验本性和理性判断，必定可以找到幸福，而人类道德行动的目的并不依赖任何意向性。对于亚里士多德哲学而言，第一原理就是顺从本性和理性的生活。最初的抉择一旦完成，就变成一种德性，就是根据本性要求去行动的尊贵习性。西塞罗清楚地看出，在这种道德生活中，人类必须在两种至善之间作出选择：道德行动所寻求的目的，以

---

① See Thomas Aquinas, *Summa Theologica*, IaIIae:2:1-2.

及寻求目的的道德行动。毋宁说,人类的道德生活必须在目的和途径两种至善之间作出选择。倘若必须在目的和途径两种至善之中舍弃一个,希腊人宁愿舍弃目的,因为目的是永远无法企及的:"事实上,倘若我们谈到一系列善里面的终极目的,我们的立场就像一个弓箭手举箭瞄准一个鹄的。在这种类比的语言中,弓箭手必须尽力去射中目标,而他的终极目的,如同我们在谈论生命的终极鹄的时所谓的至善,便在于尽力实现其鹄的,至于是否实际命中目标,却是无法渴望,只能选择的事实。"①毋宁说,弓箭手无法确实瞄准生命的真实目标,弓箭手无法确实命中生命的真实目标。在这个意义上,希腊伦理学的目的论是一种形而上学目的论的不可知论,希腊人追求至善的意志行动永远只能是"矢不中的"的主体行动。

在希腊哲学的伦理学中,道德行动本身逐渐取代生命的终极目标,道德途径逐渐取代道德目的。亚里士多德的伦理学认为目的内在于生命之中,道德行动本身就是生命的真实目标。对于中世纪基督教经院哲学的道德学说而言,道德行动本身并不构成生命的终极目标。作为智慧的存在者,人终极的生命目标超越人本身。对于奥古斯丁而言,生命的真实鹄的和永恒幸福在于上帝自己。毋宁说,生命的真实鹄的和永恒幸福在于人类心灵安息在作为创造者的上帝怀抱中:"想到你就让人深深地激动,使人除了赞美你之外就无法满足。你创造我们是为了你自己的缘故,除非在你里面,我们的

---

① Cicero, *De finibus*, III:6:20-21; Etienne Gilson, *The Spirit of Medieval Philosophy*, p. 357. 吉尔松:《中世纪哲学精神》,沈清松译,台湾商务印书馆2001年版,第323页。

心灵就无法获得真正的安息。”①奥古斯丁的心灵只有栖息在作为创造者的上帝之中才可能获得安息，这是希腊哲学家连梦都未曾梦想过的幸福奥秘。对于托马斯而言，上帝就是至善，上帝就是人生的终极鹄的。上帝是完美的，上帝是永恒不变的，上帝能够满足人类本性的深刻渴求。上帝就是至善，拥有上帝就是幸福，因为幸福的奥秘在于认识上帝。② 吉尔松卓越地指出，中世纪基督教经院哲学的道德学说赋予目的论以真正的最高地位。

三、幸福论的神圣奥秘：神学德性

吉尔松指出，奥古斯丁在和英国修道士伯拉纠（Pelagius）的著名辩论中令人叹服地击中了批评伯拉纠的哲学思想，就是希腊哲学思想的要害，批评伯拉纠哲学认为“存在着真正的德性，然而，一切德性的真正目的却尚未知晓”的希腊伦理学观念。奥古斯丁指出：“你们都知道，德性与恶习的区别是根据目的，而不是根据正当行动。因此，倘若一个人做了表面上看来无罪的事，但其实做此事的目的并非此事应该有的目的，则我们可以确信他已经犯罪。你不注意这点，而把目的和正当行动分开，自以为可以把没有真正目的的正当行动称为德行。”③对于奥古斯丁而言，离开意志行动的正当目的，就没

---

① Augustine, *Confessions*, 1:1.

② See Thomas Aquinas, *Summa Theologica*, IIa:3:5.

③ Augustine, *Cont Julian Pelagianum*, IV:3:21; Etienne Gilson, *The Spirit of Medieval Philosophy*, p. 357. 吉尔松：《中世纪哲学精神》，沈清松译，台湾商务印书馆2001年版，第324页。

有德性而言。奥古斯丁从皈依开始,就不再把道德奠基于任何会朽坏的有限存在者,而是把道德奠基在坚定指向上帝的卓越意志中,因为上帝是人的唯一目的。在这个意义上,奥古斯丁阐述的基督教伦理学远远超越希腊化的伯拉纠哲学,并且一次永远地奠定着中世纪基督教经院哲学道德学说的目的论的超越本质。倘若说意志的善依赖于意向的目的,对于中世纪基督教经院哲学家而言,就是肯定意志必须从内心命令自己,必须在意向上真正朝向至高而超越的善,就是上帝。毋宁说,对于中世纪基督教经院哲学的道德学说而言,意志的善奠基于被创造的智慧存在者朝向作为创造者的上帝自己的意向性。

作为创造者的上帝的神圣意志是客观而卓越的,迥然不同而且无限超越人类的有限智慧。人类意志的善在于人具有"把自己的意志顺服上帝的神圣意志"的意向。当人类意志的特殊选择中,意愿某种特殊善的时候,应当意愿意志的特殊选择符合上帝的神圣旨意,因为意志行动的道德善,奠基于人类意志符合作为创造者的上帝的神圣意志。托马斯援引奥古斯丁对于希伯来诗篇的注释说:"凡意愿上帝所意愿者,便有正直的心。"在这个意义上,凡是违背上帝神圣旨意的意志就是邪恶意志。① 上帝的宇宙万物的创造者和眷顾者,上帝的神圣旨意就是至善,就是普世性的善,是永恒的善,是无限的善,是人类意志良善的形而上学根基。毋宁说,人类意志的善是对于上帝至善的分享,人类意志的善就是意愿上帝所意愿

---

① See Thomas Aquinas, *Summma Theologica*, IaIIae:19:10.

的意志对象。[①] 上帝是爱,上帝在永恒里的神圣旨意就是爱。在这个意义上,遵行上帝的神圣旨意,爱上帝、爱世人,就是意志的良善。在上帝应许的荣耀国度,人类智慧将完全认识上帝的神圣旨意。在上帝圣洁公义的神圣旨意中,上帝愿意万人得救而不愿一人沉沦。上帝在永恒里的神圣旨意是人类的永恒幸福。[②]

吉尔松指出,奥古斯丁的基督教哲学和伯拉纠哲学在道德学说上的分歧,正如若干相关哲学论题,构成希腊哲学和中世纪基督教经院哲学之间关系的关键性的哲学实验。这个关键性的哲学实验揭示出中世纪基督教经院哲学消融在希腊思想的饱和点。对于奥古斯丁而言,第一,道德的良善奠基于意志行动的目的。意志行动的终极目的就是至善,就是上帝自己。第二,罪恶的本质在于违背永恒律法的邪恶意志。毋宁说,罪恶的本质在于违背上帝神圣旨意的邪恶意志。第三,根据人的邪恶意志,甚至不需要根据人现实的邪恶行动,可以确信他已经犯罪。在这个意义上,邪恶意志是所有罪恶的根源。第四,离开人类生命的真正目的,就没有任何德性可言。在这个意义上,缺乏真正目的的正当行动不配称为德性。离开上帝而转向邪恶的智慧存在者"以自己为乐",就是罪恶的开端。[③] 针对伯拉纠哲学的本性主义的道德学说,奥古斯丁揭示出基督教学说阐述的神学德性的形而上学涵义:义人藉着

① See Thomas Aquinas, *Summa Theologica*, IaIIae:19:10.
② See Thomas Aquinas, *Summa Theologica*, IaIIae:19:10.
③ See Augustine, *On Free Choice of the Will*, III:25:76.

信仰而生活。希腊哲学家作为外教人没有信仰,因此不可能成为义人。倘若希腊哲学家没有从信仰而来的公义,亦无法拥有任何其他德性。在人类的堕落状态中,人的自由意志除了犯罪以外,毫无用处。奥古斯丁指出伯拉纠道德学说的三个缺陷:第一,否定原罪;第二,否定上帝的恩典是救恩的根源;第三,宣称人类藉助自由意志可以在恩典之外实现道德的完善。

伯拉纠阐述的道德哲学犹如希腊哲学家的真正门徒,宣称一切德性的根源在于理性灵魂。智慧、公义、勇敢和节制都在人类心灵中有地位,就是伦理德性的天然地位。无论伦理德性所指向的目的是什么,人类藉此伦理德性而成为善的。外教人并不寻求真正的目的,希腊哲学家不寻求真正的目的,因此亦无法达到真正的目的;也就是说,他们无法获得奖赏,这并不意味着他们不是善人,他们有"无成果的善"。在亚里士多德哲学的道德学说中,智慧、公义、勇敢和节制是善良意志的基本美德。① 智慧(Prudentia)意味着"行为的正直合理",就是明辨是非、分辨善恶、权衡利弊,以正直理智指导人在复杂环境中判断意志对象,完善地实现意志对象。② 公义(Justitia)意味着"坚定而持久的意志维护每个人应有的权利",就是一视同仁地尊重他者权利的"公正抉择",就是坚韧不拔和百折不挠的善良意志。③ 勇敢(Fortitudo)意味着"人遵循理智的德性",就是勇往直前地遵循理智的德性,就是面

① See Augustine, *On Free Choice of the Will*, I:13:27.

② See Thomas Aquinas, *Summa Theologica*, IIaIIae:47:4.

③ See Thomas Aquinas, *Summa Theologica*, IIaIIae:57:4.

对艰难险阻甚至死亡危险时勇往直前地遵循理智而实现公义的德性。[1] 节制(Temperantia)意味着“把生命的必然性作为自己享受事物的尺度,毋宁说,只是为了使生命得以持续而享受事物”,就是遵循理智保存生命的德性。毋宁说,节制是抵御贪心的德性,因为贪心是对于善良意志的损害。[2]

对于伯拉纠本性主义的道德学说而言,亚里士多德伦理学中根源于理性灵魂的智慧、公义、勇敢和节制意味着可以独立于真正目的和神圣意向的伦理德性。伯拉纠阐述的伦理德性是独立于神圣启示和神学德性的伦理德性。问题在于,这样的伦理德性如何可能? 奥古斯丁以真正的基督徒哲学家的身份来思考。奥古斯丁把作为德性的道德及其本质奠基于人类存在的终极目的和神圣意向,把基督教的道德同道德的真实源泉连结起来。奥古斯丁根据自己的皈依经历深刻指出,在亚当堕落的悲剧状态中,人类已经完全败坏而“不可能不犯罪”,对于任何善行都无能为力。人类的盼望唯独在于上帝的慈悲和怜悯。上帝的永恒律法教导人类何谓良善,上帝超自然的拯救恩典帮助人类获得良善。毋宁说,上帝超自然的拯救恩典改变人类意志的邪恶倾向,帮助人类恢复先验本性中上帝的神圣形象。上帝甚至在人类心灵的最深处,即人类的意志活动中动工。上帝藉助圣子和圣灵执行自己拯救人类的神圣旨意。倘若任何人可以在超自然的恩典之外,藉着本性和自由意志从上帝公义的震怒中称义而成圣,基督就是

---

① See Thomas Aquinas, *Summa Theologica*, IIaIIae:123:1.

② See Thomas Aquinas, *Summa Theologica*, IIaIIae:141:1.

白白死了。在这个意义上,奥古斯丁强调上帝救赎的绝对主权,人类灵魂的软弱无助,以及人类灵魂对于上帝救赎恩典的绝对依赖性。①

中世纪基督教经院哲学的道德学说设定作为道德意向的存在形而上学的目的论和幸福论原理,保障着人类生命整体的统一性。在一切纷繁现象的生命核心,存在着一种朝向理性确认的终极目标的意志倾向,这是一种犹如太阳吸引地球的力量。简言之,一种重力(pondus),奥古斯丁和托马斯都如此称呼这个人类生命的终极鹄的。上帝自己藉着爱的吸引,把人和上帝结合起来。倘若这个朝向上帝自己的意向坚持恒久地固守自己的目的,既然其余一切情感皆是从上帝自己的爱的吸引而来,那么,唯有在人心之中,一切欢乐和忧愁、恐惧和希望都是指向上帝。再者,倘若人的生命藉着信心的跳跃进入爱德的层面,这个爱将产生超自然的德性,就是神学德性。这些超自然的神学德性——信心、盼望和仁爱,都是爱的花朵果实,以对于上帝的爱为共同根基。② 因此,奥古斯丁说,人不再寻求"制造"幸福生活,而是直接向上帝自己寻找幸福。毋宁说,真实的幸福就是上帝为人类预备的珍贵礼物。唯独上帝自己能够赋予人真实的幸福。对于作为智慧存在者的人而言,唯独朝向上帝,才有正直行动可言。唯独朝向上帝,才有必要的正直行动。唯独那位按照自己的神圣形象创

① See Augustine, *Confessions*, 3:11.

② See Augustine, *De mor. Eccl. Cath.*, I:15:25; Etienne Gilson, *The Spirit of Medieval Philosophy*, p. 358. 吉尔松:《中世纪哲学精神》,沈清松译,台湾商务印书馆 2001 年版,第 324 页。

造人的上帝，能够赋予作为智慧存在者的人真实的幸福生活。

对于奥古斯丁而言，神圣智慧的涵义就是幸福的奥秘。灵魂无法不认识自己，因为灵魂向自己呈现自己，灵魂无法逃避自己。灵魂认识自己，意味着认识灵魂的先验本性和存在论地位。灵魂的先验命运就是寻找上帝，敬畏上帝，爱慕上帝。倘若灵魂背离上帝，就是陷入罪孽和死亡之中。[①] 毋宁说，灵魂是按照上帝的神圣形象创造的智慧存在者。灵魂认识自己的历程就是灵魂认识上帝的历程。倘若灵魂认识自己而遵循灵魂的先验本性生活，就是顺服作为创造者的上帝，成为上帝的尊贵助手即宇宙的园丁。[②] 人人渴望幸福[③]，这个希腊哲学的伦理学命题在奥古斯丁这里获得一种崭新的形而上学涵义。上帝按照自己的神圣形象创造人的时候，已经把人类对于创造者自己的渴慕放在人类的心灵深处，人类心灵的先验本性就是寻求上帝。在这个意义上，幸福意味着正确的意志对象和享有意志对象的正确途径。对于奥古斯丁而言，人类灵魂正确的意志对象就是上帝自己，而享有上帝的正确途径就是上帝启示的神圣智慧：认识耶和华是智慧的开端。在这个意义上，灵魂的幸福意味着认识上帝，爱慕上帝，以上帝为满足的喜乐。上帝就是至善，上帝就是智慧，上帝就是真理，上帝就是灵魂满足的喜乐。[④]

对于托马斯而言，作为被创造的智慧存在者，人的终极目

---

① See Augustine, *The Trinity*, 10:5.

② See Augustine, *The Trinity*, 10:7.

③ See Augustine, *The Trinity*, 11:8.

④ See Augustine, *On Free Choice of the Will*, II:13:36.

的就是认识上帝。毋宁说，人的终极目的就是获得关于上帝的神圣知识。认识唯一而真实的上帝自己，就是上帝应许的永生。① 作为人类灵魂的终极目的，灵魂渴慕的至善不是存在于灵魂自身中。灵魂渴慕的幸福不是存在于灵魂之中，而是存在于灵魂之外。② 灵魂的终极目的不是灵魂自身。灵魂渴慕的幸福亦不是存在于被创造的存在者中。无论是尊贵天使还是宇宙万物，都不是灵魂幸福的真实源泉。唯独上帝的完满的，唯独上帝是永恒的，唯独上帝是灵魂的栖息地，唯独上帝是灵魂渴慕的至善。在这个意义上，灵魂的幸福唯独存在于作为至善的上帝中。作为创造者的上帝自己是灵魂的祝福。以耶和华为上帝的百姓是有福的。③ 对于托马斯而言，灵魂幸福的奥秘就是灵魂对于上帝的理智直观。在对于上帝的理智直观中，灵魂瞻仰上帝，凝视上帝，沉思上帝，"面对面"地观看上帝，"面对面"地享见上帝，灵魂以上帝为满足的喜乐。④ 毋宁说，灵魂幸福的奥秘在于灵魂对于上帝的深刻认识。

对于上帝的理智沉思给灵魂带来满足的喜乐，对于上帝的理智沉思给灵魂带来永恒的喜乐。对于托马斯而言，上帝是理性灵魂理智沉思的真实对象。作为灵魂的终极目的，灵魂幸福的奥秘在于灵魂对于上帝的理智沉思。毋宁说，灵魂"面对面"地凝视上帝。灵魂在今生尚且敞着脸得以看见上

① See Thomas Aquinas, *Summa Contra Gentiles*, III:25.
② See Thomas Aquinas, *Summa Theologica*, IaIIae:2:7.
③ See Thomas Aquinas, *Summa Theologica*, IaIIae:2:8.
④ See Thomas Aquinas, *Summa Contra Gentiles*, III:26.

帝的荣光,好像从镜子里返照,就变成基督的形状,荣上加荣,如同从上帝的圣灵变成的。在永恒里,灵魂将得以"面对面"地看见上帝的荣耀。① 在这个意义上,灵魂完满的幸福不属于现世,灵魂完满的幸福不属于今生。灵魂幸福的神圣奥秘,不是形而上学的哲学真理,而是神圣启示真理。灵魂幸福的神圣奥秘在于"面对面"地凝视上帝,并且成为上帝荣耀的神圣肖像,这是神圣启示真理的应许。在这个意义上,灵魂幸福的神圣奥秘就是和上帝的真实契合。② 在永恒里,灵魂唯独在对于上帝的凝视中实现完满的幸福:创造者自己的永恒、真理和慈爱。③ 在这个意义上,中世纪基督教经院哲学道德学说的目的论和幸福论,深刻奠基于作为超自然恩典的神学德性,对于上帝的信仰、盼望和挚爱。毋宁说,中世纪基督教经院哲学的幸福论的神圣奥秘,就是作为超自然恩典的神学德性。

第三节 吉尔松的义务论

吉尔松指出,犹太—基督教(Judeo-Christian)超自然启示脉络中的道德学说,完全奠基于奥古斯丁阐述的上帝创造宇宙万物的形而上学原理。中世纪基督教经院哲学的道德学说运用上帝创造宇宙万物的形而上学原理是坚定不渝而不可避免的。上帝创造宇宙万物的形而上学原理使中世纪基督教经

---

① See Thomas Aquinas, *Summa Theologica*, IaIIae:3:5.

② See Thomas Aquinas, *Summa Theologica*, IaIIae:3:8.

③ See Thomas Aquinas, *Summa Theologica*, IaIIae:4:8.

院哲学在道德学说中再度回到自己的哲学开端，并将中世纪基督教经院哲学形而上学开端的性质清楚呈现在基督教经院哲学家面前。在某种意义上，道德生活是一种完全内在的精神生活，因为伦理行为的道德性质在本质上完全奠基于指导伦理行为的意向，而意向自身唯独从意志选择而来。就中世纪基督教经院哲学阐述的自由意志的超然涵义而言，人类意志是自由的。对于奥古斯丁而言，灵魂享有的幸福和不幸福，完全奠基于灵魂自身的意愿，毋宁说，完全奠基于灵魂的意志对象。意愿或者不意愿，都在意志选择的能力中。灵魂的幸福生活存在于善良意志中，善良意志就是灵魂渴望过正直高尚生活的意志。意愿意味着获得，因为意志需要的正是去意愿过正直高尚的生活。当享有善良意志伴随着的喜乐、沉静和平安，当善良意志稳固地支持着灵魂，这就是幸福生活。毋宁说，灵魂的幸福生活就奠基于享有真实而永恒的善。① 在奥古斯丁的道德学说中，灵魂的道德生活完全是内在化的。灵魂的道德生活从外在条件中获得完全自由。甚至即使内在条件不在人类自身的能力中，意志亦能从内在条件中获得自由。

在中世纪基督教经院哲学的道德学说中，意志比在斯多葛派学说中还要自由，因为意志不因世界而获得自由，却因自己而获得自由。斯多葛派的智者，除非自己是自由的，就不是真正的智者。但中世纪基督教经院哲学的智者，只知道应该使自己获得自由仍然不够，而且应该意愿使自己获得自由，才

① See Augustine, *On Free Choice of the Will*, I:13:29.

是智者。在这个意义上，福音宣布好消息的同时，宣布了“善意”，这是完全崭新的，具有无与伦比的价值。福音宣布的善意不仅是足够的，而且是自足的，因为对于上帝而言，善意意味着启示真理的神圣奥秘。[①] 在上帝眼中，一个人在每时每刻的真正面貌，都是在自己的心灵深处。同时，一个人每时每刻在自己心灵深处的真正面貌，就是他在上帝眼中的面貌。吉尔松指出，这里就呈现出中世纪基督教经院哲学的道德学说的崭新面貌。凡人类未曾接受的，人类就无法享有。托马斯和狄奥尼索斯同样如此阐述爱的基本循环：上帝自己把人类的意志转向上帝自己，使人类的意志成为良善的；倘若人类自由地把意志从上帝转向自己，就使人类的意志成为邪恶的。对于托马斯而言，邪恶意志就是违背永恒律法的意志，就是违背上帝神圣智慧的意志，就是违背上帝神圣旨意的意志。毋宁说，邪恶意志就是违背上帝的意志。[②] 在这个意义上，人类全部的道德行动都是被意志选择所引导。即使道德判断的真理在上帝中，人类道德行动的源泉依然是完全内在的，因为主宰人类道德生活的神圣律法是藉助人类的理性能力而彰显出来的。

一、作为神圣奥秘的真理吊诡

吉尔松指出，在希腊哲学的伦理学和近代康德的道德形

---

① See Augustine, *Sermo*. 70:3:3; Etienne Gilson, *The Spirit of Medieval Philosophy*, p.359. 吉尔松：《中世纪哲学精神》，沈清松译，台湾商务印书馆2001年版，第325页。

② See Thomas Aquinas, *Summa Theologica*, IaIIae:71:6.

而上学之间，中世纪基督教经院哲学的道德学说同时超越两者而且综合两者。毋宁说，离开中世纪基督教经院哲学的道德学说，康德的道德形而上学是无法存在的。康德的道德形而上学是中世纪基督教经院哲学的道德学说在近代形而上学主体转向的特殊语境中的伦理学变体。中世纪基督教经院哲学的道德学说的核心论题和伦理学本质就在于深刻揭示出人的先验本性和存在论地位：第一，人享有立法的意志。第二，人臣属于那位至高立法者。对于托马斯而言，人间法律是君王为着公共利益而颁布的理智命令。① 在这个意义上，人间法律的产生可以在作为智慧存在者的人的理智本性中找到根源。人类理智是神圣智慧的彰显，所以人的意志亦是自律自主的。在这个意义上，意志的道德性质完全奠基在善意之上，奠基在意志遵循道德律的行动上。托马斯指出，人间法律奠基于自然法。凡是公正的事，无非是因为其遵循理智准则而被认为是正直的。理智的第一准则就是自然法。所以，人间法律作为法律，完全是因为人间法律"派生于自然法"②。自然法既然是被创造的智慧存在者"分享的永恒法"③，就是人间法律的神圣准则。

在中世纪基督教经院哲学的道德学说中，意志的道德性质唯独奠基于善意之上。在这个意义上，意志的道德性质不仅意味着意志遵循道德律，而且意味着意志渴慕道德律。意

① See Thomas Aquinas, *Summa Theologica*, IaIIae:90:4.

② Thomas Aquinas, *Summa Theologica*, IaIIae:95:3.

③ Thomas Aquinas, *Summa Theologica*, IaIIae:91:2.

志渴慕道德律,就是意志"渴望过正直高尚的生活"[1]。中世纪基督教经院哲学的道德学说藉助理性判断规范人的道德行动,藉助理性判断约束人的道德行动,但人的有限理性迥然不同于上帝的神圣理性。在中世纪基督教经院哲学的道德学说中,作为普世性先验启示的自然法,根源于上帝的永恒法。作为上帝创造的普世性恩典,自然法是铭刻在人类心灵深处的先验道德良知。作为人类先验道德良知的自然法,就是铭刻在人类心灵深处的永恒法。正如使徒保罗深刻阐述的那样,在上帝创造的普世性恩典中,作为世人先验道德本性的是非之心,上帝的永恒法已经铭刻在人类的心灵深处。[2] 在这个意义上,违背人类先验的道德良知,就是违背上帝的自然法。违背上帝的自然法,就是违背上帝的永恒法。违背上帝的永恒法,就是违背上帝自己的邪恶意志。违背上帝自己的邪恶意志,就是违背人自己的天赋理智。托马斯卓越而深刻地揭示出中世纪经院哲学的道德学说和亚里士多德的本性伦理学之间的区别和关联,"神学家主要是把罪恶理解为违背上帝的事,而伦理哲学家把罪恶理解为违背理性的事。"[3]

对于托马斯而言,中世纪基督教经院哲学的道德学说是奠基于基督教的神圣启示,得以认识上帝,认识至善,认识幸福的神圣奥秘,认识人生的终极鹄的,为希腊哲学的本性伦理学带来超自然启示的神圣光照。托马斯并不是说,那些不道

---

① Augustine, *On Free Choice of the Will*, I:13:29.

② See Thomas Aquinas, *Summa Theologica*, IaIIae:91:2.

③ Thomas Aquinas, *Summa Theologica*, IaIIae:71:6.

德的行为不是违背上帝的事,或者违背上帝的事不是违背天赋理智和道德良知的事。托马斯指出,中世纪基督教经院哲学的道德学说和亚里士多德的本性伦理学,乃是从不同的观点、不同的视角来理解不道德的行为。亚里士多德本性伦理学的目的论和幸福论在于揭示出现世可能的良善和幸福,中世纪基督教经院哲学的道德学说的目的论和幸福论在于揭示出作为上帝的至善和人的永恒幸福。在这个意义上,托马斯从亚里士多德的幸福观念开始,以"在天上瞻仰上帝"①的永恒幸福作为神圣科学的伦理学结论。托马斯以亚里士多德关于智慧、公义、勇敢、节制的基本德性开始,以作为超自然恩典的神学德性——对于上帝的信仰、盼望和仁爱②作为神圣科学的伦理学结论。在这个意义上,托马斯"恩典成全本性"③的神圣科学的真理奥秘,才揭示出卓越而深刻的形而上学涵义。无论是中世纪基督教经院哲学的存在论、认识论、伦理学,还是目的论,托马斯阐述的"恩典成全本性"的神圣科学的首要原理,是中世纪基督教经院哲学的神圣奥秘。

吉尔松指出,中世纪基督教经院哲学家在日常敬虔生活中把自己的意志转向上帝的神圣旨意,在"主祷文"的恒切祷告中期待上帝的神圣旨意行在地上如同行在天上,期待上帝的神圣旨意行在现世的生命中如同行在天上,期待上帝的神圣旨意行在现实的生命中如同行在天上,正如客西马尼园的祷告:唯愿上帝自己的旨意成就。在这个意义上,中世纪基督

① Thomas Aquinas, *Summa Theologica*, IIaIIae:167:1.

② See Thomas Aquinas, *Summa Theologica*, IaIIae:62:1.

③ Thomas Aquinas, *Summa Theologica*, IIaIIae:188:8.

教经院哲学的道德学说秉承着希腊哲学的本性伦理学传统，而且在希腊哲学的本性伦理学阐述的伦理德性上，揭示出作为基督教启示的超越的生命规范，就是作为超自然恩典的神学德性，把中世纪基督教经院哲学的道德学说自身的目的论和幸福论奠基在作为超自然恩典的神学德性。吉尔松指出，藉着一种神圣真理的吊诡性格——在基督教真理的神圣奥秘核心经常存在着真理吊诡——中世纪基督教经院哲学家把希腊哲学的本性伦理学内在化于一种顺服上帝旨意的意志行动中。[1] 毋宁说，中世纪基督教经院哲学家把亚里士多德哲学的本性伦理学内在化一种中世纪基督教经院哲学自身固有的恩典学说中。对于中世纪基督教经院哲学家而言，顺服上帝神圣旨意的意志行动，就是按照上帝神圣形象创造的人类自身的先验本质的完满实现。

正如奥古斯丁在《忏悔录》中深刻揭示的那样，在灵魂里面有一位比灵魂自己更亲近于灵魂的自己："你是灵魂的生命，生命的生命。"[2]对于奥古斯丁而言，上帝是存在自身，上帝是永恒生命，上帝是宇宙万物的创造者，上帝是最慈爱的父亲，上帝是生命的生命："你是我灵魂的生命。"[3]第一，上帝藉着圣灵永远住在奥古斯丁的生命中。第二，住在奥古斯丁生命中的上帝比奥古斯丁自己更认识奥古斯丁自己，比奥古斯丁自己更亲近奥古斯丁自己，比奥古斯丁自己更爱奥古斯丁

---

① See Etienne Gilson, *The Spirit of Medieval Philosophy*, p. 360. 吉尔松：《中世纪哲学精神》，沈清松译，台湾商务印书馆 2001 年版，第 326 页。

② Augustine, *Confessions*, 3:6.

③ Augustine, *Confessions*, 3:6.

自己。第三,倾听上帝的声音,顺服上帝的旨意,就是生命的完满实现。在上帝神圣救赎的历史中,上帝是全能而慈悲的天父。上帝以自己的全能和慈悲垂听着奥古斯丁母亲心灵的倾诉,上帝以自己的全能和慈悲安慰着奥古斯丁母亲心灵的忧伤。上帝以自己的全能和慈悲眷顾着每一个人,仿佛只眷顾着一个人。上帝以自己的全能和慈悲眷顾着全人类,犹如眷顾着一个人。[①] 在这个意义上,作为"恩典博士"的奥古斯丁基督教学说的核心主题,就是上帝在神圣救赎历史中至高无上的绝对主权。奥古斯丁阐述的恩典学说,作为启示奥秘的吊诡陈述,致力于沟通启示真理关键性的两端。

奥古斯丁阐述的恩典学说,对于伯拉纠本性伦理学涵义的自由意志论的超越和扬弃,在中世纪基督教哲学思想史上是划时代的里程碑,是基督教伦理学的卓越典范。奥古斯丁指出,在伯拉纠秉承的亚里士多德的本性伦理学中,倚靠天赋理智判断和天赋道德良知而实现美德的人,在亚当堕落的悲剧处境中,因为滥用自由意志而犯的原罪,从亚当而来的本性已经堕落,而成为"可怒之子"。[②] 世人在对于上帝的神圣知识上是"无知"(希腊伦理学承认人类对于作为意志对象的终极目的的无知),在道德实践上是"无能"(《忏悔录》记载奥古斯丁前半生的道德悲剧揭示出世人道德实践的无能),人类摆脱存在困境的唯一盼望在于上帝拯救的真理和恩典,就

---

① See Augustine, *Confessions*, 3:11.

② Augustine, *On Nature and Grace*, 3. Chicago: The Great Books foundation, 1957.

是上帝差遣基督耶稣到世界来拯救罪人。[1] 唯独在基督救赎的神圣真理和神圣恩典中，藉着圣灵的神圣光照，人可能认识上帝而实现善行。对于奥古斯丁而言，罪恶的本质就是违背永恒法的语言、行动和欲望。毋宁说，罪的本质就是违背上帝神圣旨意的邪恶意志。上帝救赎恩典的奥秘就是上帝藉着圣灵在人类心灵深处的奇妙工作亲自帮助人，使人的语言、行动和欲望愿意顺服永恒法，使人的意志愿意顺服上帝的神圣旨意，使人从相信基督而来的新生命结出圣灵的果实。上帝救赎的奇妙恩典就是上帝藉着圣灵在心灵深处的直接工作恢复人愿意顺服上帝神圣旨意的自由意志。在这个意义上，真实的自由意志就是上帝的神圣恩典，就是上帝在基督救赎的神圣恩典中恢复的"能够不犯罪"的自由意志，[2]这是作为"恩典博士"的奥古斯丁阐述的神圣恩典和自由意志内在关联的吊诡真理。

奥古斯丁阐述的恩典学说的深邃奥蕴在于揭示出，在伯拉纠秉承的亚里士多德的本性伦理学中，倚靠天赋理智判断和天赋道德良知而实现美德的人，在亚当堕落的悲剧处境中，本性伦理学阐述的德性伦理固然卓越，却完全不在自然人的现实能力中。世人都犯了罪，亏缺的上帝的荣耀。所以，基督来不是召义人，乃是召罪人悔改。[3] 根据奥古斯丁深刻阐述的人类本性和神圣恩典之间的关系，基督教哲学家必须区分

---

① See Augustine, *On Nature and Grace*, 5.

② See Augustine, *The City of God*, 22:30.

③ See Augustine, *On Nature and Grace*, 1.

本性的两种不同涵义。第一,在上帝创造中的先验本性,人类是上帝的神圣形象,是圣洁公义的智慧存在者。第二,在堕落中的破碎本性,人在堕落的悲剧处境中,作为从亚当而出的族裔"本为可怒之子"[1]。在这个意义上,从亚当而出的族裔需要"良医的救助",是"需要光照和医治的病人"。[2] 用中世纪基督教经院哲学的语言来说,在亚当堕落的悲剧处境中,人的心灵是"破碎的镜子"。毋宁说,人类在堕落悲剧中的本性不再是上帝创造的原初本性,需要上帝恩典的援助以恢复作为上帝创造恩典的原初本性,这就是奥古斯丁阐述的人类灵魂的"复形记"。救赎恩典的神圣奥秘就是:"你要给他起名叫耶稣,因他要将自己的百姓从罪恶里救出来。"[3]在亚当堕落的悲剧处境中,人类的本性已经被罪恶所败坏。[4] 在亚当堕落的悲剧处境中,世人已经丧失了对于上帝的认识,丧失了对于上帝的爱。在亚当堕落的悲剧处境中,人享有的自由意志,只是在此恶和彼恶之间进行的"自由选择",这种选择自由是虚无的自由,无益的自由,空洞的自由,在罪恶奴役中的自由,乐于犯罪的自由,邪恶的自由,而不是真正的自由。奥古斯丁阐述的真实的自由就是基督徒的自由,已经恢复了对于上帝的爱和对于邻舍的爱的意志自由,因为"基督耶稣降世,为要拯救世人"。[5]

---

① Augustine, *On Nature and Grace*, 81.
② Augustine, *On Nature and Grace*, 3.
③ See Augustine, *On Nature and Grace*, 22.
④ Augustine, *On Nature and Grace*, 22.
⑤ Augustine, *On Nature and Grace*, 23.

作为基督教的道德论者,伯拉纠秉承亚里士多德的本性伦理学而完全否认原罪的见解,宣称人类并不是生来就邪恶,而是天生完美无暇。伯拉纠否认人类先天的犯罪倾向,否认人类陷在罪孽过犯中是无可避免的事实。伯拉纠确信人藉着天赋的自由意志可以实现美德,毋宁说,人藉着天然禀赋可以实现圣洁公义的生活。奥古斯丁指出,倘若人类的本性不需要医治,“就不免使基督的十字架落了空。”①对于作为“恩典博士”的奥古斯丁而言,离开上帝在基督中拯救世人的救赎恩典,陷在“自我中心”存在模式的人无论如何努力,其道德行动永远是“矢不中的”的主体行动:“因为他们虽然知道上帝,却不当做上帝荣耀他,也不感谢他,他们的思念变为虚妄,无知的心就昏暗了。”②人滥用自己的自由意志,足以使自己走到犯罪的地步;人既然失去健康,倘若回归公义,就需要一位医生;人既然已经死在罪孽中,就需要一位起死回生的主。③ 在这种绝望的存在处境中,福音意味着上帝救赎的神圣真理和神圣恩典。毋庸置疑,基督教福音带来的神圣真理是希腊哲学未曾获得的超自然的启示真理,就是上帝创造的绝对主权,人类堕落的悲剧处境,上帝救赎的神圣奥秘。基督教福音带来的神圣恩典是希腊哲学未曾获得的超自然的救赎恩典,就是中世纪基督教经院哲学阐述的“神学德性成全伦理德性”的超自然恩典。奥古斯丁全部的“皈依形而上学”在于揭示出深邃奇妙的存在论奥秘,除非藉着恩典因信称义,陷

---

① Augustine, *On Nature and Grace*, 7.

② See Augustine, *On Nature and Grace*, 24.

③ See Augustine, *On Nature and Grace*, 25.

在亚当堕落的悲剧处境中的人无法实现圣洁公义的生活，无法实现上帝神圣律法中的圣洁公义。“律法的总结就是基督。”①上帝的圣洁公义不在乎律法的诫命，而在乎从基督的恩典而来的拯救和帮助。② 在人类堕落的悲剧处境中，人类能够成就的良善，唯独出于上帝的救赎恩典，出于上帝救赎的超自然恩典。

在这个意义上，上帝救赎的恩典就是再度创造的恩典，上帝救赎的主权就是再度创造的主权。对于奥古斯丁而言，倘若实现美德，上帝拯救世人的神圣恩典是绝对必要的。第一，从亚当而出的族类陷在堕落和犯罪的悲剧处境中无力自拔而求告上帝，上帝赋予赦免的恩典。在这个意义上，藉着恩典因信称义是美德的开端。上帝藉着“在上帝和人中间的中保，我主耶稣基督”使罪人得称为义，帮助人过敬虔和公义的生活。③ 第二，上帝藉着圣灵在人心灵深处的工作以无法言喻的奇妙方式使人意愿上帝的良善。上帝藉着圣灵在人的心灵深处工作唤起人相信上帝的意愿和遵行上帝神圣旨意的意愿。在这个意义上，人自由地渴慕遵行上帝旨意的意愿是从圣灵而来的。“因为你们立志行事，都是上帝在你们心里运行，为要成就他的美意。”④第三，上帝藉着圣灵在人心灵深处的工作赐予人足够的意志能力，藉着善良意志完成善行，使人的善行得以完全，在上帝的神圣旨意中实现真实的意志自由。

---

① Augustine, *On Nature and Grace*, 1.

② See Augustine, *On Nature and Grace*, 1.

③ See Augustine, *On Nature and Grace*, 29.

④ Augustine, *On Nature and Grace*, 36.

因为所赐给我们的圣灵将上帝的爱浇灌在我们心里①，这圣灵帮助我们的无能，使我们尽心尽性尽意尽力地爱上帝并且彼此相爱，因为“爱就完全了律法”。② 奥古斯丁指出，这爱本身就是上帝因我们的主耶稣基督而赐的恩典。③ 在这个意义上，真实的自由意志是一种礼物，是上帝的珍贵礼物。毋宁说，上帝的恩典实现人的真实自由。这是作为“恩典博士”的奥古斯丁阐述的神圣恩典和天赋本性内在关联的吊诡真理。

伯拉纠承认，人类完成任何善事，都需要上帝的帮助，但伯拉纠把上帝的帮助理解为良心和律法。根据奥古斯丁的神学阐述，在人类堕落的悲剧处境中，在上帝创造恩典中的先验良知已经成为“破碎的镜子”，不足以使人实现美德。获得圣洁生活的唯一方法，就是倚靠被钉十字架的救主基督的恩典和上帝圣灵的恩赐。④ 在圣经启示中，上帝颁布的神圣律法教导以色列人何谓上帝的圣洁公义。在这个意义上，律法本是叫人知罪。在基督救赎里，上帝拯救的神圣恩典藉着圣灵帮助因信称义的圣徒行出上帝的圣洁公义。在这个意义上，中世纪基督教经院哲学的道德学说的神圣奥秘就是福音成就律法。倘若说摩西律法引导犹太人来到基督面前，那么亚里士多德本性伦理学的伦理德性就是引导外邦人来到基督面前。对于奥古斯丁而言，在亚当堕落的悲剧状态中，人类只有犯罪的自由，而没有不犯罪的自由。作为从亚当而出的族裔，

① See Augustine, *On Nature and Grace*, 84.

② Augustine, *On Nature and Grace*, 83.

③ See Augustine, *On Nature and Grace*, 84.

④ See Augustine, *On Nature and Grace*, 70.

人的本性已经败坏,唯独倚靠上帝的恩典,藉着基督耶稣可以获得医治。① 作为从亚当而出的族类,所有人都"不能不犯罪"。对于堕落的人类,离开基督耶稣的恩典,完全顺服上帝的律法是绝对不可能的,正如使徒保罗阐述的那样:我所愿意的善,我倒不作,我所不愿意的恶,我倒去作。"我真是苦啊!"唯独靠着基督耶稣的恩典,得以脱离犯罪的堕落本性。② 在亚当堕落的悲剧处境中,即使人知道应该做什么,愿意去做,却无法做到。奥古斯丁恩典学说的核心论题就是,不能根据对于本性涵义的荒谬理解,使上帝在基督耶稣里拯救世人的神圣恩典归于徒然。③ 倘若公义是藉着在亚当里的堕落本性而来的,那么"基督就是徒然死了"④。唯独基督拯救世人的神圣恩典把自由意志从罪恶权势中拯救出来,除非上帝拯救的神圣恩典帮助意志战胜邪恶,人无法获得圣洁公义的生命。上帝拯救的神圣恩典藉着圣灵赋予人遵行律法的能力,人就实现了真实的自由。

二、希伯来传统的伦理精神

神圣恩典和先验本性之间的内在关系,神圣恩典和自由意志的内在关系,神圣恩典和永恒律法之间的内在关系——这个作为神圣奥秘的真理吊诡就是:对于中世纪基督教经院哲学家而言,对于上帝的神圣旨意完全顺服的意志行动,恰恰是人类自身在创造恩典中的先验本性的完满实现。上帝的神

---

① See Augustine, *On Nature and Grace*, 69.

② See Augustine, *On Nature and Grace*, 65.

③ See Augustine, *On Nature and Grace*, 81.

④ Augustine, *On Nature and Grace*, 2.

圣形象在基督拯救的神圣恩典中获得修复。这新人,“有真理的仁义和圣洁”①。毋宁说,对于上帝的神圣旨意完全顺服的意志行动,恰恰是人类自身的自由意志的完满实现。对于上帝的神圣旨意完全顺服的意志行动,就是人类自身的伦理德性的完满实现。对于上帝的神圣旨意完全顺服的意志行动,就是人类自身的真实幸福的完满实现。在这个意义上,中世纪基督教经院哲学的道德学说的目的论和幸福论,完全奠基于作为智慧的存在者对于上帝的神圣旨意完全顺服的意志行动,“这就是善良意志”②。在这个意义上,自由的神圣奥秘就是对于上帝的神圣旨意完全顺服的意志行动。毋宁说,自由的神圣奥秘就是对于上帝的神圣旨意完全渴慕的意志行动,自由的神圣奥秘就是对于上帝的神圣旨意完全信靠的意志行动,自由的神圣奥秘就是对于上帝的神圣旨意完全委身的意志行动。在这个意义上,自由的神圣奥秘就是幸福的神圣奥秘,就是使徒保罗所说的“面对面”③。

吉尔松指出,在希腊哲学本性伦理学的道德学说和中世纪基督教经院哲学的道德学说之间如此密切的连续性中,竟然存在着如此深刻的差异,实在是令人震惊的。凡是中世纪基督教经院哲学所秉承的希腊伦理学,已经在中世纪基督教经院哲学的道德学说中获得一种崭新的意义。④ 在中世纪基

① Augustine, *The Trinity*, 14:22.

② Augustine, *The Trinity*, 13:9.

③ Augustine, *The Trinity*, 15:21.

④ See Etienne Gilson, *The Spirit of Medieval Philosophy*, p. 360. 吉尔松:《中世纪哲学精神》,沈清松译,台湾商务印书馆 2001 年版,第 326 页。

督教经院哲学的道德学说中,希腊伦理学中的德性伦理智慧、公义、勇敢和节制,都在基督教超自然真理的光照中获得一种崭新的意义。对于中世纪基督教经院哲学的道德学说而言,智慧的真实涵义意味着认识上帝,敬畏耶和华是智慧的开端,遵行耶和华命令的人就是智者。上帝是宇宙万物的创造者,是全部存在的神圣根源,是全部真理的神圣根源,是全部智慧的神圣根源。人获得智慧唯独倚靠上帝的启示,一切智慧都来自耶和华。人类真正的智慧就是敬虔。① 对于中世纪基督教经院哲学的道德学说而言,公义的真实涵义意味着遵行上帝的神圣旨意,毋宁说,遵行作为上帝神圣智慧的永恒法,遵行作为上帝创造恩典的自然法,遵行作为上帝神圣契约的启示法例如摩西十诫。遵行上帝的神圣旨意,就是在上帝拯救的神圣恩典中再度获得不犯罪的自由意志,最终获得不能犯罪的自由意志。上帝就是至善,上帝自己是一切良善的终极根源。获得公义的德性就意味着因信称义,这是上帝白白赐予的怜悯,这是上帝白白赐予的恩典。② 对于中世纪基督教经院哲学的道德学说而言,勇敢的真实涵义意味着背起自己的十字架跟随基督,这样的勇敢唯独存在于对于上帝的信仰、盼望和挚爱中,是唯独上帝完美的儿女才能达到的境界。③ 对于中世纪基督教经院哲学的道德学说而言,节制的真实涵义意味着在对于上帝的爱中舍弃自己,在对于他者的爱中舍

① See Augustine, *The Enchiridion*: *On Faith*, *Hope*, *and Love*, 1. The Works of St. Augustine. Edinburg: T. & T. Clark, 1883.

② See Augustine, *The Enchiridion*: *On Faith*, *Hope*, *and Love*, 94, 98.

③ See Augustine, *The Enchiridion*: *On Faith*, *Hope*, *and Love*, 73.

弃自己，这样的舍弃自己唯独存在于对于上帝的信仰、盼望和挚爱中，因为圣灵把上帝的爱浇灌在圣徒心里。①

吉尔松指出，凡是中世纪基督教经院哲学道德学说更新的道德原理，都是基督教学说自身固有的不可避免的必然原理。在亚里士多德的本性伦理学中，幸福是人的终极目标。幸福的人生是有道德的人生，人类最终都是幸福的追求者。那么，人如何获得伦理德性呢？对于亚里士多德而言，获得德性的途径就是通过道德实践而获得作为良善习性的德性。对于中世纪基督教经院哲学的道德学说而言，作为超自然恩典的神学美德使伦理德性成为可理解的美德，同时使伦理德性成为可实现的美德。对于奥古斯丁而言，基督教信仰简短而完整的阐述就是：人类应该在信心、盼望和挚爱中敬拜上帝。② 上帝的信仰使人类灵魂苏醒，照亮人类灵魂寻求真理、美善和幸福的理性道路，获得关于上帝的神圣知识，这就是奥古斯丁宣称的“信仰寻求理解”的认识论奥秘，因为一切智慧都来自耶和华；③对于上帝的盼望把人类意志再度引导到自己的本性对象即作为创造者的上帝和人的永恒幸福：愿你的国降临；④对于上帝的挚爱在作为智慧存在者的人和作为创造者的上帝之间修复深刻而亲密的生命契合，这种深刻契合就是永生。在信仰、盼望和挚爱三种神学德性中，对于上帝的

① See Augustine, *The Enchiridion*: *On Faith*, *Hope*, *and Love*, 117.
② See Augustine, *The Enchiridion*: *On Faith*, *Hope*, *and Love*, 3.
③ See Augustine, *The Enchiridion*: *On Faith*, *Hope*, *and Love*, 1.
④ See Augustine, *The Enchiridion*: *On Faith*, *Hope*, *and Love*, 115.

挚爱是最大的恩赐,因为圣灵把上帝的爱浇灌在圣徒心里。① 对于上帝的挚爱是基督徒生命的核心奥秘,尽心尽性尽意尽力爱主基督教的上帝,这是神学德性和伦理德性的根基。

奥古斯丁在晚年著作《论信望爱》中揭示出基督教学说的核心奥秘就是人类应当在信心、盼望和挚爱中敬拜上帝。奥古斯丁在《论信望爱》中深刻揭示信仰、盼望和挚爱的合宜对象。② 基督教信仰的开端和归宿就是对于上帝的信心:人类以今生的信心为开端,以天上"面对面"的眼见为完全。信仰的坚实而正确的根基就是基督:"因为那已经立好的根基,就是基督"③。根据使徒信经,基督教信仰的核心就是圣父圣子圣灵三位一体的上帝,即圣父、圣父所生的圣子以及由同一位父而来的圣灵,这圣灵同为圣父、圣子之灵。④ 上帝是宇宙万物的创造者,人类生命的拯救者,世界历史的审判者。对于奥古斯丁而言,在圣父、圣子、圣灵三个神圣位格之外没有神性存在。道成肉身的基督耶稣,成为上帝和世人之间的中保和救赎主。藉着基督耶稣在十字架上一次永远的赎罪祭,世人藉着恩典因信称义,与神和好,领受赋予蒙赎者成圣恩典的圣灵。基督耶稣的死亡、复活、升天和荣耀都成为圣徒生命的真实范本。基督再来,永远荣耀的弥赛亚国度就要从天降临。对于基督的信心涉及过去、现在和将来。使徒信经宣称,基督耶稣曾经被钉十字架并且第三日从死里复活,基督耶稣现在

---

① See Augustine, *The Enchiridion: On Faith, Hope, and Love*, 117.

② See Augustine, *The Enchiridion: On Faith, Hope, and Love*, 3.

③ Augustine, *The Enchiridion: On Faith, Hope, and Love*, 5.

④ See Augustine, *The Enchiridion: On Faith, Hope, and Love*, 9.

正坐在天父的右边，基督耶稣必将再来，审判活人死人。①

奥古斯丁指出，从信仰中涌流出的是圣徒美好的盼望，伴随着神圣的仁爱。基督教盼望的核心就是福音书记载着主祷文揭示出的七项祝福。② 其中前三项祝福是永恒的祝福，其余四项祝福是现世的祝福，是获得永恒祝福的必要前提，因为人需要首先获得现世的祝福，才能够获得永恒的祝福。③ 三项永恒祝福就是愿人都尊上帝的名为圣，愿上帝的国度降临，愿上帝的旨意行在地上如同行在天上。毋宁说，愿上帝的旨意行在人的身上，如同行在人的灵魂中。这永恒的祝福其实始于今生，但唯独基督再来，这三项永恒祝福可以尽善尽美地完全实现。四项现世祝福就是上帝赐下圣徒生命的必需品——包括身体的需要和灵魂的需要，上帝赦免圣徒生命中的过犯，上帝保守圣徒免于罪恶权势的试探，上帝拯救圣徒脱离恶者。在永恒的幸福中，恶者作为上帝的仇敌及其罪恶权势已经不复存在。④ 毋宁说，现世的祝福就是上帝亲自帮助圣徒奔走天路而得胜有余。永恒的祝福就是上帝弥赛亚国度的荣耀降临和圣徒在荣耀中的永恒幸福。

基督教阐述的挚爱的奥秘就是信仰和盼望的归宿。离开爱，信心是无益的。离开爱，盼望亦无法存在。离开盼望，“使人生发仁爱的信心”自然无法存在。在这个意义上，世界上没有不存盼望的仁爱，没有不存仁爱的盼望，没有不存信心

① Augustine, *The Enchiridion: On Faith, Hope, and Love*, 8.
② Augustine, *The Enchiridion: On Faith, Hope, and Love*, 114.
③ Augustine, *The Enchiridion: On Faith, Hope, and Love*, 115.
④ Augustine, *The Enchiridion: On Faith, Hope, and Love*, 115.

的仁爱和盼望。① 奥古斯丁指出,比信心和盼望更大的恩赐就是仁爱。仁爱在何等程度上住在人的心里,人就是何等的良善。上帝是爱,因此上帝就是至善。上帝赐下的圣灵将爱浇灌在圣徒心里,帮助圣徒顺服圣灵而遵行律法,尽心尽性尽意尽力爱上帝并且爱人如己,这两条诫命是律法书和先知一切道理的总纲,并且是福音书和使徒一切道理的总纲。命令的总归就是爱,因为上帝就是爱。② 圣徒在上帝的神圣恩典中尽心尽性尽意尽力地爱上帝,因上帝的缘故凭着信心而爱弟兄、爱邻舍、爱仇敌,在效法基督的挚爱生命中彰显基督耶稣的荣美:"好牧人为羊舍命"。人为朋友舍命,人的爱心没有比这个大的,这是爱心在今世无以复加的地步。在永恒的幸福中,人对上帝的爱心和对弟兄的爱心将达到何等卓越而辉煌的地步,是无法预见的。③

在福音书中,耶稣宣称拥有真实幸福的人是那些拥有圣洁生命的人,就是虚心的人、哀恸的人、温柔的人、饥渴慕义的人、怜恤人的人、清心的人、使人和睦的人和为义的缘故而忍受逼迫的人。这里,上帝的祝福意味着进入上帝的国度和获得永恒的奖赏。根据奥古斯丁的神圣历史哲学,在圣徒荣耀复活的弥赛亚国度,在荣耀的上帝之城,上帝赋予圣徒永恒完满的平安、喜乐和幸福是完全超越人类理智的。正如使徒保罗阐述的荣耀异象:圣徒如今仿佛对着镜子观看,模糊不清,

---

① Augustine, *The Enchiridion: On Faith, Hope, and Love*, 8.

② See Augustine, *The Enchiridion: On Faith, Hope, and Love*, 121.

③ See Augustine, *The Enchiridion: On Faith, Hope, and Love*, 121.

到那时就要“面对面”了。我如今所知道的有限，到那时就全知道，如同主知道我一样。① 毋宁说，在永恒的荣耀国度中，圣徒在圣灵中看见上帝。② 在最荣耀的上帝之城，圣徒将自由地赞美上帝。上帝之城的荣耀华美赋予圣徒无与伦比的喜乐，点燃圣徒理性的心灵，赞美伟大的创造者。③ 上帝在神圣恩典中赋予圣徒信仰、盼望和仁爱的神学美德，上帝自己就是神圣美德的荣耀奖赏：“我要做你们的上帝，你们要做我的子民。”对于奥古斯丁而言，永恒的荣耀奖赏就是上帝之城的永久幸福，永久的安息日，就是敬虔而公义的自由意志，就是对于上帝拯救的神圣恩典的敬拜赞美。在永恒荣耀的上帝之城，圣徒将安息在上帝中，圣徒将在永恒荣耀中瞻仰上帝，爱慕上帝，赞美上帝。④

吉尔松指出，从欧洲哲学史的眼光来看，希腊哲学的伦理学和近代哲学的伦理学，在欧洲哲学史上为中世纪基督教经院哲学的道德学说所分隔，在伦理学观念上为中世纪基督教经院哲学的道德学说所贯通。希腊哲学的道德学说在本质上是一种理性的幸福论，而道德律、义务、责任这些伦理学观念是渊源于犹太—基督教的超自然启示，这些伦理学观念在本质上是超越性的道德哲学，是超越性的伦理秩序，是超越性的永恒律法，而完全区别于希腊哲学的本性伦理学。康德道德形而上学的全部努力就在于把道德律、义务、责任这些渊源于

---

① See Augustine, *The City of God*, 22:29.
② See Augustine, *The City of God*, 22:29.
③ See Augustine, *The City of God*, 22:30.
④ See Augustine, *The City of God*, 22:30.

犹太—基督教启示传统的伦理学原理重新纳入纯粹理性的哲学陈述,排除中世纪基督教经院哲学的启示规范。这些渊源于犹太—基督教神学启示的伦理学观念,一旦转换为清晰明确的道德学说的理性原理,就成为中世纪基督教经院哲学的道德学说的题中应有之义。这些渊源于犹太—基督教神学启示的道德原理已经在中世纪基督教经院哲学的道德学说中扮演着至关重要的角色。这些渊源于犹太—基督教神学启示的道德原理可以挽救一切在希腊伦理学中值得挽救的一切,而不必牺牲从希腊哲学中发展出来的伦理学思想成果。①

三、义务观念:存在的形而上学秩序

吉尔松指出,对于中世纪基督教经院哲学的道德学说而言,返回希腊哲学和完全放弃希腊哲学同样是不可能的。中世纪经院哲学的道德学说不可能返回希腊哲学,吉尔松著名而卓越的哲学论断是:"在我们现代人和希腊人之间,早已介入了基督信仰,而且基督信仰的介入已经深刻地改变了理性沉思的必要条件,这是一个事实。倘若你一日拥有了基督教启示,怎么可能在从事哲学沉思时,装作从未听闻启示一样呢?柏拉图和亚里士多德的错误,正是纯粹理性所陷入的错误,而且,任何哲学倘若试图自满自足,都会再度陷入这些错误之中,或者陷入更糟糕的错误。所以,从今以后,唯一安全的方法就是把基督教启示作为哲学的向导,而且努力去理解

① See Etienne Gilson, *The Spirit of Medieval Philosophy*, p. 361. 吉尔松:《中世纪哲学精神》,沈清松译,台湾商务印书馆2001年版,第327页。

基督教启示的内容，这种对于启示内容的理解就是哲学本身。信仰寻求理解，这是一切中世纪哲学思想的基本原则。”①中世纪经院哲学的道德学说不可能完全放弃希腊哲学，吉尔松著名而卓越的哲学论断是：“哲学总像其他科学一样，在代代相续耐心经营中缓慢进步，每个人皆得承先，才能启后。”②毋宁说，中世纪基督教经院哲学作为基督教哲学，必须站在希腊哲学的巨人肩上。在迥然不同的意义上，20世纪的基督教哲学的道德哲学返回中世纪基督教经院哲学和完全放弃中世纪基督教经院哲学同样是不可能的。

对于吉尔松而言，希腊哲学的道德学说在本质上是一种本性伦理学，是一种理性的幸福论，而道德律、义务、责任这些伦理学观念渊源于犹太—基督教的超自然启示，这些渊源于犹太—基督教超自然启示的伦理学观念在本质上是超越性的道德哲学，是超越性的伦理秩序，是超越性的永恒律法，而完全区别于希腊哲学的本性伦理学。对于犹太—基督教的超自然启示的道德学说而言，道德律的规范渊源于上帝和人之间的神圣契约。就亚当之约而言，道德律的神圣奥秘就是创造者向被创造的智慧存在者颁布的神圣诫命，毋宁说，就是创造者向被创造的智慧存在者彰显的生命之道。在这个意义上，人的尊贵荣耀在于人是创造者神圣的约民，人的义务在于人必须善用自由意志遵守创造者的神圣契约，人的责任在于人

① Etienne Gilson, *The Spirit of Medieval Philosophy*, p.5. 吉尔松：《中世纪哲学精神》，沈清松译，台湾商务印书馆2001年版，第4页。

② Etienne Gilson, *The Spirit of Medieval Philosophy*, p.425. 吉尔松：《中世纪哲学精神》，沈清松译，台湾商务印书馆2001年版，第386页。

必须善用自由意志遵行创造者的神圣旨意而拒绝犯罪。在上帝创造的神圣恩典中，亚当享有的自由意志是由“可以不犯罪和可以犯罪”组成的自由意志。① 作为被创造的智慧存在者，亚当在创造者面前的义务和责任就是持守善良意志，遵守神圣契约而拒绝犯罪。

在上帝的神圣救赎历史中，上帝藉着拣选亚伯拉罕应许普世性的救赎恩典：地上的万族都要因你得福。② 上帝应许亚伯拉罕：我必使你的后裔极其繁多，国度从你而立，君王从你而出。我要与你并你世世代代的后裔坚立我东岳，作永远的约，是要作你和你后裔的上帝。③ 上帝藉着亚伯拉罕、以撒、雅各拣选了以色列选民，上帝藉着摩西带领以色列选民出埃及，过红海，在西乃山颁布神圣律法。上帝和以色列选民亲自缔结的神圣契约就是以色列历史中的摩西之约。以色列选民逾越节的羔羊预言着基督耶稣的十字架，预言着基督耶稣经过世界而回到天父那里去。④ 就摩西之约而言，道德律的神圣奥秘就是作为创造者的上帝向被拣选的以色列选民颁布的神圣诫命，毋宁说，就是创造者向被拣选的以色列选民彰显的生命之道。在这个意义上，以色列选民的尊贵荣耀在于以色列选民是创造者神圣的约民：“我是耶和华你的上帝，曾将你从埃及地为奴之家领出来。”以色列选民的义务在于以色列选民必须善用自由意志遵守创造者的神圣契约，以色列选

① See Augustine, *The City of God*, 22:30.

② See Augustine, *The City of God*, 16:16.

③ See Augustine, *The City of God*, 16:26.

④ See Augustine, *The City of God*, 16:43.

民的责任在于以色列选民必须善用自由意志遵行创造者的神圣旨意而拒绝犯罪。

先知以赛亚预言弥赛亚被钉十字架和基督教会的诞生。[①] 先知但以理甚至预言弥赛亚降临和受苦的具体时间。关于基督的权柄和基督的教会,但以理说:"我在夜间的异象中观看,见有一位像人子的,驾着天云而来,被领到亘古常在者面前,得了权柄、荣耀、国度,使各方、各国、各族的人都侍奉他。他的权柄是永远的,不能废去,他的国必不败坏。"[②]道成肉身的基督耶稣根据旧约先知的弥赛亚预言降生,被钉十字架、复活升天。[③] 就基督耶稣的新约而言,道德律的神圣奥秘就是作为创造者的上帝向被拣选的新约选民颁布的神圣诫命,毋宁说,就是创造者向被拣选的新约选民彰显的生命之道。在这个意义上,新约选民的尊贵荣耀在于新约选民是创造者神圣的约民:"哪知他为我们的罪过受害,为我们的罪孽压伤。因他受的刑罚,我们得平安;因他受的鞭伤,我们得医治。我们都如羊走迷,各人偏行己路,耶和华使我们众人的罪孽都归在他身上。……耶和华以他为赎罪祭。"[④]新约选民的义务在于新约选民必须善用自由意志遵守创造者的神圣契约,新约选民的责任在于新约选民必须善用自由意志遵行创造者的神圣旨意而拒绝犯罪。毋宁说,新约选民的义务和责任就是顺服圣灵而战胜罪恶。

---

① See Augustine, *The City of God*, 18:29.

② Augustine, *The City of God*, 18:34.

③ See Augustine, *The City of God*, 18:46.

④ Augustine, *The City of God*, 18:29.

中世纪基督教经院哲学的道德学说把渊源于犹太—基督教神学启示的神圣律法、义务、责任这些奠基于作为创造者的上帝和作为智慧存在者的人之间神圣契约的伦理学观念转化成为中世纪基督教经院哲学的道德哲学观念,使这些作为基督教神圣启示的道德观念已经根深蒂固在人类的道德良心中,以致于任何道德哲学忽略中世纪基督教经院哲学的道德学说的伦理学观念,必定被认为是忽略了道德哲学的本质,忽略了道德哲学的核心。吉尔松指出,中世纪基督教经院哲学的道德学说的形而上学根基在于:上帝自己是有形无形的宇宙万物的创造者,上帝是宇宙万物和人类存在的完整而智慧的根源。作为创造者的上帝是全部存在的根源,作为创造者的上帝是全部真理的根源,作为创造者的上帝是全部智慧的根源。在这个意义上,作为创造者的上帝是全部道德原理的根源。一旦中世纪基督教经院哲学的创造形而上学充分阐述人类的存在对于上帝的存在论意义的绝对依赖性,中世纪基督教经院哲学家就可以自由建造一个奠基在义务观念上的道德哲学。① 中世纪基督教经院哲学家阐述的义务观念,是作为智慧存在者和上帝尊贵约民的人,在创造者面前的道德义务。毋宁说,中世纪基督教经院哲学家阐述的义务观念,就是作为智慧存在者的人和作为创造者的上帝之间的位格关系。

为了把人类理性和上帝的神圣智慧联系起来,中世纪基督教经院哲学家必须阐述上帝按照自己的神圣形象创造人的

---

① See Etienne Gilson, *The Spirit of Medieval Philosophy*, p. 362. 吉尔松:《中世纪哲学精神》,沈清松译,台湾商务印书馆 2001 年版,第 328 页。

基督教观念，阐述上帝是唯一的自身存在而永恒存在的神圣存在，是全能而智慧的神圣存在，是有形无形的宇宙万物的创造者和眷顾者，是有形无形的宇宙万物的存在秩序的立法者。倘若中世纪基督教经院哲学家承认基督教全能而无限的上帝观念对于希腊文化的“诸神”观念不仅意味着一种革命，而且意味着一种伟大的革命，倘若中世纪基督教经院哲学家认识的上帝就是犹太人已经认识的上帝，就是犹太人已经认识的独一上帝，①倘若中世纪基督教经院哲学家认识的上帝就是亚伯拉罕的上帝，以撒的上帝，雅各的上帝，就是应许眷顾以色列选民的上帝，就是那位在荆棘火焰中向摩西启示自己的上帝，就是向摩西启示自己名字雅威(I AM)的上帝，②就是带领以色列选民出埃及的上帝，就是差遣自己的独生子为世人被钉十字架的上帝，就是在永恒荣耀中为人类预备新天新地的上帝，中世纪基督教经院哲学家就必须承认中世纪基督教经院哲学的道德学说的义务观念正是基督教的上帝观念的必然结果。

倘若中世纪基督教经院哲学家保存希腊哲学的本性伦理学，而用基督教全能而无限的上帝观念来赐予更新，希腊哲学的道德学说就一定变成中世纪基督教经院哲学的道德学说。毋宁说，中世纪基督教经院哲学关于上帝存在的形而上学必然演绎出基督教的创造形而上学，中世纪基督教经院哲学的创造形而上学必然演绎出中世纪基督教经院哲学的道德学说

---

① See Etienne Gilson, *God and Philosophy*, p. 38.

② See Etienne Gilson, *God and Philosophy*, pp. 39–40.

的义务观念。中世纪基督教经院哲学的道德学说的义务观念，就是作为智慧存在者的人和作为创造者的上帝之间的位格关系，就是作为智慧存在者的人和作为创造者的上帝在神圣契约之中的位格关系。在亚当之约中，亚当在创造者面前的道德义务就是遵守圣约而拒绝犯罪。在摩西之约中，以色列选民在创造者面前的道德义务就是遵守圣约而拒绝犯罪。在新约中，上帝选民在创造者面前的道德义务就是遵守圣约而拒绝犯罪。根据奥古斯丁的深刻阐述，罪的本质就是违背永恒律的语言、行动和欲望，就是违背永恒律的邪恶意志。① 在这个意义上，作为智慧存在者的人在创造者面前的道德义务就是遵循作为上帝神圣智慧的永恒律而拒绝犯罪。

吉尔松指出，在这个意义上，希腊哲学的道德学说的缺陷，就是希腊哲学中存在形而上学的缺陷。中世纪基督教经院哲学的存在形而上学把存在本质的形而上学论题拓展到上帝自身的存在行动的领域，为中世纪基督教经院哲学的伦理学开辟出一条崭新的道路。托马斯深刻而卓越地指出，"神学家主要是把罪恶理解为违背上帝的事，而伦理哲学家则把罪恶理解为违背理性的事。"②毋宁说，希腊哲学的本性伦理学把罪恶理解为违背理性的事，而中世纪基督教经院哲学的道德哲学把罪恶理解为违背上帝的事，就是奥古斯丁阐述的违背永恒法的邪恶意志。因为上帝就是神圣智慧，上帝的神圣智慧是人类理性的源泉。希腊哲学的本性伦理学把幸福理

① See Augustine, *Contra Faustum*, XXII:27. SeeThomas Aquinas, *Summa Theologica*, IaIIae:71:6.

② Thomas Aquinas, *Summa Theologica*, IaIIae:71:6.

解为理性的有德性的生活,而中世纪基督教经院哲学的道德学说把幸福理解为认识上帝,享有上帝,瞻仰上帝。① 希腊哲学的本性伦理学把德性理解为智慧、公义、勇敢和节制,而中世纪基督教经院哲学的道德学说把德性理解为超越本性道德的作为超自然恩典的神学德性,就是对于上帝的信仰、盼望和挚爱。② 吉尔松指出,从中世纪基督教经院哲学的存在形而上学到中世纪基督教经院哲学的道德学说的哲学演绎,是由中世纪基督教的教父哲学家和经院哲学家所完成的。③

① See Thomas Aquinas, *Summa Theologica*, IaIIae:3:5.

② See Thomas Aquinas, *Summa Theologica*, IaIIae:58:3.

③ See Etienne Gilson, *The Spirit of Medieval Philosophy*, p. 363. 吉尔松:《中世纪哲学精神》,沈清松译,台湾商务印书馆 2001 年版,第 328 页。

第七章

吉尔松的目的论

中世纪基督教经院哲学家藉着自己的历史哲学而确定自己的历史地位，正置身于上帝创造宇宙万物以来的神圣历史戏剧中一个决定性的历史时刻。中世纪基督教经院哲学家相信自己置身于一个光明的时代，毋宁说，置身于正在进行中的伟大历史戏剧的倒数第二幕。当神圣历史进行到上帝在永恒里预定的终极结局，新天新地就要揭幕，就像《创世记》记载的第七日一样，神圣救赎历史就要进入永恒安息的序幕，就是进入上帝在神圣救赎历史中为人类预备的"上帝之城的永久幸福，永久的安息日"①。对于中世纪基督教经院哲学家而言，除非中世纪基督教经院哲学家确实理解上帝在永恒里预先设定宇宙万物和世界历史的终极鹄的，哲学家就很难真正理解上帝创造的神圣旨意，很难真正理解上帝在神圣救赎历史中的拯救作为。对于中世纪基督教经院哲学家而言，世界历史不是一直如此持续下去，而是有一个神圣的新纪元。新天新地，作为上帝在基督里的再度创造，是上帝创造宇宙万物

① Augustine, *The City of God*, 22:30.

的神圣旨意的完全实现。在新天新地，上帝歇了自己一切神圣救赎的工作，就安息了。上帝也将把在上帝里面的安息赐予所有进入永恒安息的圣徒，新天新地就是最荣耀的上帝之城，就是圣徒“永久的安息日”①。

对于中世纪基督教经院哲学而言，上帝在基督里的神圣救赎历史的终极鹄的就是基督耶稣在荣耀中再度降临，终结现世历史，把宇宙万物和人类历史带进上帝应许的“新天新地”的新纪元。② 使徒保罗说：“我们若靠基督，只在今生有指望，就算比众人更可怜。”基督徒的盼望不只在于今生，而是在于荣耀复活的永恒生命，在于最荣耀的上帝之城，永恒的弥赛亚国度，圣徒就是众人中最快乐的。奥古斯丁在《上帝之城》中揭示出，普世的基督教会存在于弥赛亚两次降临之间的恩典时代。基督教会作为上帝之城的公民，作为世界的客旅和朝圣者，置身在现世世界中却不属于现世之城，而是持守着属于上帝之城的超越现世的非凡信心和永恒盼望。对于奥古斯丁而言，上帝之城和现世之城，作为人类历史从开始到终结的两个序列或者两个族类，在神圣救赎历史的全部进程中彼此纠缠而争战，直到基督再度降临的最后审判，得以明确区分开来。在这个意义上，上帝之城和现世之城“象征性地”揭示出人类的两个序列或者两个族类，揭示出人类在神圣救赎历史中的两种永恒命运。③ 倘若作为“恩典博士”的奥古斯丁是中世纪基督教经院哲学最卓越而深邃的思想先驱，奥古斯

① Augustine, *The City of God*, 22:30.

② See Augustine, *The City of God*, 15:1.

③ See Augustine, *The City of God*, 15:1.

丁的基督教历史哲学就是中世纪基督教经院哲学的历史哲学的思想根基,同时是中世纪基督教经院哲学的目的论的思想根基。

第一节 吉尔松的自然哲学

按照中世纪基督教经院哲学的上帝观念和创造观念蕴涵的形而上学意义,中世纪基督教经院哲学家的宇宙是上帝创造的神圣作品,有形无形的宇宙万物皆带着上帝神圣创造的痕迹。奥古斯丁指出,根据使徒保罗《罗马书》的神学阐述,在宇宙万物中表现出的"统一、形式和秩序"中可以追溯作为创造者的三位一体上帝的迹象。三位一体的上帝自己是宇宙万物存在的源泉、完满的美善和全然的喜乐。① 波那文都的著作《灵魂步向上帝之旅途》充满着奥古斯丁学说的观念:宇宙万物的三重结构象征着上帝的三位一体。对于托马斯而言,实体、形式和秩序,作为宇宙万物的共同本质,是上帝三位一体的记号。② 对于中世纪基督教经院哲学家而言,宇宙万物具有一种圣礼特征(sacramental character),而且是一种目的性的存在。宇宙万物具有存在的深度,宇宙万物不仅是物理学的存在,而且是形而上学的存在,同时是作为神圣奥秘的存在。中世纪基督教经院哲学的宇宙观奠基于存在论的形而上学原理,因为科学真理和哲学真理都可以成为中世纪基督

① See Augustine, *The Trinity*, 6:12.

② See Thomas Aquinas, *Summa Theologica*, Ia:45:7.

教学说关于上帝本身的真理。一位中世纪基督教经院哲学家,不仅像作为智慧存在者的人一样观看可见的宇宙,例如壮丽的日出和绚烂的日落,不仅像自然科学家一样观看这个可理解的宇宙,例如存在于宇宙结构中的数学逻辑结构,而且有中世纪基督教经院哲学家自己对于宇宙万物的深邃而神秘的理解:宇宙万物是上帝创造的神秘作品。

上帝出于自己的神圣旨意赋予宇宙万物以存在,使宇宙万物分享上帝自己的存在和实现性。上帝在赋予宇宙万物以存在的同时,赋予宇宙万物以存在的神圣秩序。对于中世纪基督教经院哲学家而言,人类居住的宇宙拥有一种区别于宇宙的物理学面貌和数学面貌的另一种隐秘面貌,就是隐藏在宇宙万物中的创造者自己的神圣位格的隐秘面貌。“自从创造天地以来,上帝的永能和神性是明明可知的,虽是眼不能见,但藉着所造之物就可以晓得。”中世纪基督教经院哲学家藉着宇宙万物来认识创造者,就必须把创造者理解为三位一体的上帝,三位一体的上帝的踪迹以尊贵神秘的方式在宇宙万物中彰显出来。① 由于宇宙万物自身拥有的这个隐秘面貌,原来必须根据数学法则和物理学法则来理解的宇宙万物,现在必须根据关于上帝存在的神圣科学的法则来理解。任何人倘若理解宇宙万物在神圣科学中的这个隐秘面貌,就可以理解中世纪基督教经院哲学家心目中的宇宙万物因此而拥有的神圣特质,宇宙万物在自身存在和奇妙运行的数学法则和

① See Augustine, *The Trinity*, 6:12.

物理学法则中铭刻着宇宙万物与上帝自己的存在关系。①

一、宇宙存在的目的论

吉尔松指出，在历史舞台上首先出现的中世纪是浪漫主义的中世纪，绚烂而华美，建筑、雕刻和圣乐都深刻而卓越地表现着中世纪象征主义的神秘风格。自然界这本大书也成为一本圣经，宇宙万物皆按照自身的神秘本质彰显上帝作为创造者自己的荣耀。同时，在中世纪基督教经院哲学作品中揭示的科学而理性的宇宙观中，宇宙万物不仅是神圣存在的神秘象征而已，而且是真实而具体的现实存在。这些真实而具体的现实存在就其本性而言，依然负载着象征神圣存在的形而上学意义。在这个意义上，作为智慧存在者的人越是深刻地认识宇宙万物，就越是深刻地认识上帝铭刻在宇宙万物中的神圣秩序，就越是深刻地认识上帝自己。例如对于波那文都而言，没有一种喜乐比得上在存在的类比结构上默想作为创造者的上帝自己而获得的喜乐。在宇宙万物的存在秩序中，存在着圣父、圣子、圣灵三位一体上帝神圣秩序的存在类比。② 对于波那文都而言，上帝创造宇宙的永恒艺术就是关于宇宙万物的神圣知识，就是上帝的永恒律对于人类灵魂的神圣光照。波那文都从宇宙万物的存在结构默想上帝自己的基督教认识论，就是使徒保罗在《罗马书》阐述的关于上帝存

① See Etienne Gilson, *The Spirit of Medieval Philosophy*, p. 100. 吉尔松：《中世纪哲学精神》，沈清松译，台湾商务印书馆 2001 年版，第 93 页。

② See Bonaventure, *In Hexaem*, II, 23. See Etienne Gilson, *The Christian Philosophy of St. Bonaventure*, p. 194.

在的宇宙论证明：作为创造者的上帝的全能、永恒、智慧和神性，已经在上帝创造的有形无形的宇宙万物中对于追求真理的人类灵魂彰显出来。

甚至对于托马斯这样严谨的中世纪基督教哲学家心灵而言，中世纪基督教经院哲学的自然哲学在于，数学物理学秩序作为宇宙万物存在结构的第二因，是对于上帝从虚无中创造宇宙万物的神圣智慧的一种分享。宇宙万物中数学物理学的因果秩序之对于上帝的神圣创造，犹如存在者之对于作为存在的存在自身，犹如时间之对于永恒一般。在这个意义上，认识作为宇宙万物存在秩序的数学物理学原理，就是认识上帝创造宇宙万物的神圣智慧。认识作为宇宙万物存在秩序的数学物理学原理，就是认识创造宇宙万物的上帝自己的卓越存在。认识作为宇宙万物存在秩序的数学物理学原理，就是认识创造宇宙万物的上帝自己在宇宙万物中的神圣启示，就是谦卑地、崇敬地致力于呈现上帝创造行动的神圣画卷。在这个意义上，认识宇宙万物和认识上帝自己是珠联璧合而相得益彰的。奥古斯丁在《论三位一体》中的著名宣称就是：按照圣经的见证和宇宙万物本身的证据，上帝"以尺度、数目和重量(modus, numerus, pondus)设定宇宙万物"。[①] 奥古斯丁宣称自己喜欢品尝这样一种喜乐，就是在宇宙万物中观察这三者，就是宇宙万物中的"尺度、数目和衡量"，在其中寻找上帝自己的踪迹，就是作为创造者的上帝自己的踪迹。[②]

---

① Augustine, *The Trinity*, 11:18.

② See Etienne Gilson, *The Spirit of Medieval Philosophy*, p. 101. 吉尔松：《中世纪哲学精神》，沈清松译，台湾商务印书馆2001年版，第94页。

倘若中世纪基督教经院哲学家同时承认上帝自己和宇宙万物的共同存在,并且承认上帝赋予宇宙万物以存在的创造形而上学;那么,上帝赋予宇宙万物以存在的理由何在?倘若上帝创造有形无形的宇宙万物是一个慷慨的行动,这种慷慨的涵义是什么?倘若上帝是作为存在的存在自身,上帝能够赋予自己什么呢?倘若宇宙万物不是真正意义的作为存在的存在自身,而是介于作为存在的存在自身和非存在之间的有限存在,毋宁说,是介于上帝和虚无之间的有限存在,①上帝能够赋予宇宙万物什么呢?毋宁说,什么是上帝创造有形无形的宇宙万物的目的因?上帝按照自己的美善旨意创造有形无形的宇宙万物,上帝为了自己的缘故创造有形无形的宇宙万物。唯独在作为创造者的上帝自己身上,创造宇宙万物的原因就是创造宇宙万物的目的,创造宇宙万物的目的就是创造宇宙万物的原因。奥古斯丁的著名宣称就是:"你为着自己的缘故创造我们。"作为智慧的存在者,倘若不是安息在创造者的怀抱,人类心灵就无法获得安息。② 倘若上帝为了自己的缘故创造有形无形的宇宙万物,如何理解上帝创造行动的纯粹自由呢?

毋庸置疑,中世纪基督教经院哲学的宇宙观,是以上帝为中心的宇宙观。倘若基督教哲学家根据存在行动来理解善的涵义,因为"'善'和'存在'在指涉上相同,而仅仅在观念上不同"③,既然目的就在于指向善的完成,目的本身就由于善的

① See Augustine, *Confessions*, 7:11.

② See Augustine, *Confessions*, 1:1.

③ Thomas Aquinas, *Summa Theologica*, I:5:1.

缘故被还原到存在行动。毋宁说,善就是存在自身。倘若基督教哲学家设定宇宙万物的可理解性要求确认上帝创造宇宙万物的原因,那么作为创造原因的目的因只能是作为创造者的上帝自己。上帝从虚无中的创造是纯粹存在本身的行动,上帝从虚无中创造宇宙万物的目的只能是上帝自己。作为上帝创造原因的目的因的善就是存在本身,存在自身因为自己完满的现实性就是创造性的存在自身。存在自身既是完满的实现,上帝从虚无中的神圣创造行动的目的就是赋予宇宙万物存在,"严格说来,创造就是产生存在者的存在"①。上帝从虚无中创造有形无形的宇宙万物,不是为了使宇宙万物为上帝自己的永恒荣耀作见证,而是为了使宇宙万物和上帝共同享受神圣创造,使宇宙万物分享上帝的神圣存在,使宇宙万物分享上帝的永恒幸福。对于托马斯而言,上帝从虚无中创造宇宙万物的目的,就是"分享上帝自己的卓越,就是上帝自己的美善"②。在这个意义上,上帝寻求自己的永恒荣耀不是为了上帝自己,而是为了作为智慧存在者的人类。上帝享有一切,上帝的荣耀是永恒圆满的。上帝所愿意的,是把上帝自己的荣耀赐给作为智慧存在者的人类。③

宇宙万物既然因着上帝创造的目的因而获得诞生,就必然因着上帝创造的目的因而持续存在。在这个意义上,中世纪基督教经院哲学家对于宇宙万物的解释,就奠基在宇宙万

---

① Thomas Aquinas, *Summa Theologica*, I:45:5.

② Thomas Aquinas, *Summa Theologica*, I:44:4.

③ See Etienne Gilson, *The Spirit of Medieval Philosophy*, p. 104. 吉尔松:《中世纪哲学精神》,沈清松译,台湾商务印书馆 2001 年版,第 96 页。

物存在的目的论。即使目的论对于科学研究没有意义,中世纪基督教经院哲学以创造论为中心的宇宙观,依然以自己独特的目的论的形而上学沉思守护着宇宙万物的可理解性,守护着科学研究的形而上学真理根基。在这个意义上,敬畏耶和华就是智慧的开端。① 科学智慧来源于对于创造者神圣奥秘的默想。中世纪基督教经院哲学对于宇宙万物的目的论解释固然不是对于宇宙万物存在结构的科学解释,中世纪基督教经院哲学的目的论解释也不是免除智慧存在者对于宇宙万物存在结构的科学解释。即使现代科学不断拓展着对于宇宙万物存在结构的科学解释,作为智慧存在者的人类心灵依然需要而且永远需要对于宇宙万物的目的论解释。倘若科学无法对于宇宙万物给出目的论的解释,倘若人类心灵需要对于宇宙万物的目的论解释,中世纪基督教经院哲学根据自己的形而上学原理阐明:上帝从虚无中创造宇宙万物,上帝引导宇宙万物走向自己的存在目的,上帝自己就是宇宙万物的存在目的。在这个意义上,作为宇宙万物创造者的上帝,就是作为神圣历史眷顾者的上帝。在宇宙万物和神圣历史中,上帝的神圣眷顾是确凿可靠的。②

中世纪基督教经院哲学不但把上帝理解为宇宙万物的创造者,而且把上帝理解为宇宙万物的存在目的。毋宁说,宇宙万物不仅是上帝创造的神圣作品,而且以作为创造者的上帝自己为万物存在的终极目标。③ 在这个意义上,现代科学宇

① See Augustine, *The Enchiridion*: *On Faith*, *Hope*, *and Love*, 2.

② See Thomas Aquinas, *Summa Contra Gentiles*, III:94.

③ See Thomas Aquinas, *Summa Contra Gentiles*, III:17.

宙观的演进,面对着中世纪基督教经院哲学如此稳定而深邃的创造论和目的论的基本原理,反而变成不那么重要的科学进步。无论宇宙万物的存在结构如何深邃而精致,无论地球是否居于宇宙中心,无论物理化学的因素如何深奥而奇妙,对于中世纪基督教经院哲学家而言,宇宙万物是上帝创造的神圣作品,宇宙万物是上帝创造的神圣踪迹。① 帕斯卡(Pascal)是17世纪著名的科学家,在数学物理学的理论科学和实验科学两方面都作出卓越的科学贡献。关于宇宙万物的科学解释和目的论解释之间的内在关系,帕斯卡如此宣称:"万物含奥秘,若面纱隐上帝。"②对于帕斯卡而言,宇宙万物的神圣奥秘是科学研究的真实对象,宇宙万物的神圣奥秘是上帝创造的神圣智慧,在这个意义上,宇宙万物是作为创造者的上帝自己的神秘面纱。

认识宇宙万物的神圣奥秘,就是认识上帝创造的神圣奥秘,就是认识上帝创造的神圣智慧,就是认识作为创造者的上帝自己的神圣奥秘。作为智慧存在者的人类灵魂藉着宇宙万物来认识作为创造者的上帝,就必须把上帝理解为三位一体,三位一体的踪迹以奇妙的彰显在宇宙万物中。③ 在这个意义上,《诗篇》作者称颂上帝创造宇宙万物的荣耀:"诸天述说上帝的荣耀;穹苍传扬上帝的手段。"认识上帝从虚无中创造宇

---

① See Thomas Aquinas, *Summa Theologica*, I:45:3.

② Pascal, *pensees et Opuscules*. Ed. L. Brunschvieg, 4th Edn. p. 215; Etienne Gilson, *The Spirit of Medieval Philosophy*, p. 106. 吉尔松:《中世纪哲学精神》,沈清松译,台湾商务印书馆2001年版,第98页。

③ See Augustine, *The Trinity*, 6:12.

宙万物,而作为智慧存在者的人类自己是宇宙万物的成员,是宇宙万物的园丁,这是中世纪基督教经院哲学存在论的形而上学根基。① 因为上帝神圣创造作为奇妙的秩序、奥秘和美丽,帕斯卡赞美作为创造者的上帝。倘若作为智慧存在者的人类灵魂藉着圣经启示认识上帝,就必然在宇宙万物的奇妙奥秘中看见上帝创造的神圣荣耀。上帝创造宇宙万物,上帝眷顾宇宙万物,上帝保守宇宙万物,上帝引导宇宙万物走向自己的神圣目标。毋宁说,这是托马斯关于上帝存在的目的论证明的形而上学论题。② 在这个意义上,中世纪基督教经院哲学宇宙观的目的论恰恰是中世纪基督教经院哲学的创造论直接而必然的形而上学结论。中世纪基督教经院哲学宇宙观的目的论唯独在一个奠基于圣经和福音宣称的上帝的自由意志从虚无中创造的宇宙中,才可能获得圆满的意义。在这个意义上,唯独由于宇宙万物的存在是根源于神圣创造的缘故,唯独由于宇宙万物的存在是根源于创造性的神圣位格的缘故,宇宙万物才可能拥有真实而神圣的存在目的。③

二、创造者的神圣眷顾

在中世纪基督教经院哲学的自然哲学中,宇宙万物的自然秩序奠基于上帝创造的超自然秩序,宇宙万物的自然秩序依赖着上帝创造的超自然秩序,宇宙万物的自然秩序以上帝

① See Augustine, *The Trinity*, 10:7.

② See Thomas Aquinas, *Summa Theologica*, Ia:2:3.

③ See Etienne Gilson, *The Spirit of Medieval Philosophy*, p. 107. 吉尔松:《中世纪哲学精神》,沈清松译,台湾商务印书馆 2001 年版,第 98 页。

创造的超自然秩序为神圣根源和神圣鹄的。宇宙万物的自然秩序是上帝眷顾宇宙万物的第二因，作为创造者的上帝藉着作为第二因的自然秩序眷顾宇宙万物。毋宁说，作为第二因的自然秩序彰显着作为创造者的上帝对于宇宙万物的神圣眷顾。① 对于奥古斯丁而言，上帝是自身存在而永恒存在的神圣存在，上帝是至高无上的存在，是永恒不变的存在，上帝藉着从虚无中的神圣创造把存在赋予有形无形的宇宙万物。作为有限的存在者，有形无形的宇宙万物的存在并不是像上帝存在那样的存在自身。作为创造者的上帝以存在等级的方式把存在秩序赋予有形无形的宇宙万物。② 在上帝神圣创造的原型中，作为智慧存在者的人是上帝的神圣形象，人追寻的至高无上的幸福是神圣的幸福，人的理智和意志共同拥有的本性对象，乃是在超越人自己的神圣存在中。在这个意义上，人的整个道德生活是呈现在这个超越人自己的神圣存在面前，并面对神圣存在的审判。这就是早期护教者查士丁皈依基督时面对的基督教论题：创造者的神圣旨意和灵魂的永恒命运。③

藉着上帝从虚无中的神圣创造而获得存在的宇宙万物是通过神圣的自然秩序而走向自己的创造者。在这个意义上，宇宙间所有存在者以及所有存在者的所有行动，时刻依赖着全能的上帝眷顾宇宙万物的神圣意志而维持自己的存在及其

① See Thomas Aquinas, *Summa Contra Gentiles*, III:77.

② See Augustine, *The City of God*, 12:2.

③ See Etienne Gilson, *History of Christian Philosophy in the Middle Ages*, p. 12.

行动。作为创造者的上帝拥有对于宇宙万物的完满知识,作为创造者的上帝藉着作为宇宙存在的自然秩序直接眷顾作为有限存在者的宇宙万物。① 倘若宇宙的自然秩序奠基于上帝从虚无中创造宇宙万物的超自然秩序,中世纪基督教经院哲学如何谈论自然呢?中世纪基督教经院哲学家和希腊哲学家一样,同样相信自然的存在,只是中世纪基督教经院哲学家心目中的自然和希腊哲学家心目中的自然却不尽相同。对于中世纪基督教经院哲学家而言,自然确实存在。但中世纪基督教经院哲学的自然不是希腊哲学的自然,亦不是近代科学的自然。虽然中世纪基督教经院哲学的自然保留着希腊哲学的自然的许多特征,中世纪基督教经院哲学的自然的许多特征也为近代科学的自然所保留,吉尔松的问题是:在中世纪基督教经院哲学家的形而上学论题中,自然的观念经历了怎样的转变?中世纪基督教经院哲学的自然究竟何在?②

在中世纪基督教经院哲学中,自然存在者如同希腊哲学中的自然存在者一样,是为存在者自身本质决定着的活动主体。至于自然界只是种种"自然本性"之总和,因此自然就意味着自然界的特有属性,自然界的属性就是丰富性和必然性。这是千真万确的,中世纪基督教经院哲学家往往倚靠必然性之发现,以求推论出自然法则的存在。在这个意义上,作为必然性的自然法则是上帝创造宇宙万物的

① See Thomas Aquinas, *Summa Contra Gentiles*, III:76.

② See Etienne Gilson, *The Spirit of Medieval Philosophy*, p. 365. 吉尔松:《中世纪哲学精神》,沈清松译,台湾商务印书馆 2001 年版,第 333 页。

永恒法在自然界的彰显。作为必然性的自然法则就是上帝创造宇宙的神圣理性，就是上帝创造宇宙的神圣智慧，就是上帝对于宇宙万物的神圣眷顾，就是作为宇宙万物存在秩序的神圣法则。上帝在永恒中的神圣智慧就是起初创造宇宙万物的"工师"，就是从虚无中创造宇宙万物的艺术家。① 毋宁说，运行在宇宙万物中的自然法则就是上帝创造宇宙的神圣智慧，就是上帝自己的永恒法在宇宙万物中的智慧典范。② 在这个意义上，奥古斯丁指出，上帝的永恒法是铭刻在人类心灵深处的神圣智慧，就是上帝在神圣创造中赋予宇宙万物的存在秩序。③

在这个意义上，每当研究自然界永恒原理的科学，例如，天文学和物理学可能在自然界中认识到某种常规性，每当某自然现象一再重复发生，自然科学就可以肯定这常规性是有原因的，这原因就是存在者本质或自然本性的存在，因此自然本性的运转，经常产生出相同的自然现象。在这个意义上，自然本性的运转是必然的，因为自然本性的确立，恰恰是为着说明自然科学所发现的常规性。在这个意义上，自然概念和必然性概念之间存在着密切关联，因为严格地说，各种自然本性的存在是不需要证明的；感官知觉揭示出根据内在原理而活动的存在秩序，就是揭示出根据自然本性而活动的存在秩序。在这个意义上，自然在其必然性本身中被感知、被发现、被认识，因为必然性是在普遍的自然法则中被揭示，这种普遍性恰

① See Thomas Aquinas, *Summa Theologica*, IaIIae:91:1.

② See Thomas Aquinas, *Summa Theologica*, IaIIae:93:1.

③ See Augustine, *On Free Choice of the Will*, I:6:15.

恰奠基在必然性上。[①] 对于托马斯理解的科学范式而言,"凡为万物所共有者,即是真正自然的事物,因为自然常以相同的样式运转。"[②]

在这个意义上,基督教哲学家很容易理解何以司各脱认为归纳法的根据是普遍必然性:"任何被重复经验到依赖于一个不随意的原因的现象,是这个原因的自然结果。"[③]所有由于某一原因而常规地发生的自然现象,都是这原因的自然结果。除非这个原因并不是自然本性,否则这种常规性是不会中断的:在自然本性的必然性和意志自由之间并不存在中介者。在这个意义上,基督教哲学家很容易把中世纪基督教经院哲学所谓的宇宙,理解为现代意义的科学解释的可能对象。中世纪的科学范围和性质确实如此,但基督教哲学家必须把关于宇宙万物的科学知识和科学诠释的世界观两者清楚地区分开来。中世纪基督教经院哲学家对于宇宙的科学认识并不太多。中世纪科学知识的进步缓慢,因为亚里士多德古老陈旧的形式物理学和中世纪哲学家和神学家普遍赞同的星象学类型的宇宙决定论。中世纪基督教经院哲学家对于自然认识不多,但中世纪基督教经院哲学家对于那些使自然成为理性知识对象的本质特征却非常清楚。甚至可以说,倘若中世纪基督教经院哲学的自然观确实不同于希腊哲学的自然

---

① See Etienne Gilson, *The Spirit of Medieval Philosophy*, p. 366. 吉尔松:《中世纪哲学精神》,沈清松译,台湾商务印书馆 2001 年版,第 335 页。

② Thomas Aquinas, *In VIII Phys.*, 8:15:7. See Etienne Gilson, *The Spirit of Medieval Philosophy*, p. 366.

③ Duns Scotus, *Opus Oxoniense*, lib. I: dist. 3. Q4, sect. 9.

观,那是因为中世纪基督教经院哲学的自然观包含着的决定论成分比希腊的自然观更多。①

托马斯拒绝承认星象式的宇宙决定论的绝对必然性,因为在自然现象中,机缘仍有很大的活动余地。甚至像机缘这种涵义的纯粹相对的不决定性,竟也在中世纪基督教经院哲学的自然概念中消失了。事实上,对于中世纪基督教经院哲学家而言,机缘是不存在的。因为虽然站在人类经验的相对层面上,机缘的概念是可以成立而且应该可以成立的,倘若从上帝的观点来描绘宇宙,机缘的概念就完全失去意义。对于奥古斯丁而言,所谓偶然性意味着没有原因而寻,或者说尽管有原因却不是根据理性秩序出现的事情。② 在中世纪基督教经院哲学家理解的宇宙中,任何自然现象都必须是根据理性秩序的名义而发生的,都必须倚靠理性秩序而存在。在日常语言中,哲学家固然可以谈到机缘,但宇宙万物既然是上帝从虚无中创造的神圣作品,宇宙万物就无法脱离上帝的主权和眷顾,中世纪基督教经院哲学家当然不可能把任何事情理解是真正偶然的。宇宙万物中没有偶然的事情,这就是中世纪基督教经院哲学家对于宇宙存在的神圣秩序的终极态度。③

中世纪基督教经院哲学家可以接受亚里士多德哲学的观点,作出某种有条件的让步。在某种意义上,机缘是存在的,

---

① See Etienne Gilson, *The Spirit of Medieval Philosophy*, p. 367. 吉尔松:《中世纪哲学精神》,沈清松译,台湾商务印书馆 2001 年版,第 336 页。

② See Augustine, *The City of God*, 5:1.

③ See Etienne Gilson, *The Spirit of Medieval Philosophy*, p. 369. 吉尔松:《中世纪哲学精神》,沈清松译,台湾商务印书馆 2001 年版,第 337 页。

机缘可以理解为两项因果系列的意外相遇,这项意外的相遇不是由任何目的决定的。毋宁说,在这个两项因果系列的意外相遇中没有任何人为的目的。然而,神圣目的如何实现呢?上帝从虚无中创造宇宙万物,在宇宙万物中没有任何事件可以发生在上帝的神圣眷顾以外。在上帝全能眷顾的神性层面,没有任何机缘可言,因为甚至两个不同的因果系列所谓的偶然相遇,也是倚靠在永恒不变的神圣秩序上。这永恒不变的神圣秩序,正是"由那位睿智地安排万物在其适当的时间和地点发生的可敬畏的上帝"建立的①。毋宁说,这永恒不变的神圣秩序,就是上帝从虚无中创造宇宙万物的神圣智慧,就是上帝从虚无中创造宇宙万物的永恒律。自然界是上帝创造的神圣作品,其中不可能存在着任何缺陷。倘若自然的缺陷发生,必定是上帝为了某种目的而如此安排的。

面对自然秩序中出现的缺陷,哲学家宁愿否定上帝的神圣设计,也不愿承认自己对于上帝的神圣设计一无所知。哲学家责备违背理性的天性,因为这些天性单单倚靠上帝赋予的更高法则。因此,希腊哲学家容忍一种因缺乏合理性而导致的不确定性,中世纪基督教经院哲学家则把自然界中现象上的不确定性归于一种更高级的理性法则,以巩固自然界的决定论。希腊哲学家承认一种违背理性的必然性,中世纪基督教经院哲学家则因其违背理性而取消这种必然性,把机缘理解为神圣律则的工作,将机缘从命运中解脱出来,因为宇宙

① See Boethius, *De consolat. Philos.*, lib. V, prosa 1; Etienne Gilson, *The Spirit of Medieval Philosophy*, p. 369. 吉尔松:《中世纪哲学精神》,沈清松译,台湾商务印书馆 2001 年版,第 338 页。

万物都有自身的充足理由,这充足理由必须是理性本身。① 奥古斯丁责备宿命论,就是那种把事情的发生归结为某种独立于上帝的意志和人类的意志的必然秩序的宿命论。② 对于奥古斯丁而言,世界历史的主宰就是作为上帝神圣旨意的天命。在这个意义上,基督教哲学家可以谈论的命运就是上帝规定自然必须服从的神圣律法的意志。在这个意义上,作为上帝神圣旨意的天意就是上帝的神圣眷顾,就是决定宇宙万物的存在而且决定宇宙万物本性及其发展法则的神圣智慧本身。③

在某种意义上,宇宙万物的存在秩序和作为上帝神圣眷顾的天意是同一的。在另一种意义上,这个主宰宇宙万物的天意就意味着命运。在这个意义上,一切属于命运的事情就是属于天意的事情,因为命运毋宁说是遵循天意原理而产生的结果,但许多依赖天意的存在者却未必依赖命运:"有许多圆圈环绕同一圆心旋转,最里面的一个圆圈逐渐趋近中心的单纯性……而最外面的一个则沿着较大的轨道运行,并拓展其所占据的空间。于是,离开原来的心灵越远则越陷入命运的泥潭中,越接近中心则越不受命运的羁绊。任何存在者一旦能够紧贴于至尊心灵的绝对不变性,就可以摆脱运动的束缚,超越于命运的必然性。故此,正如理性之升向纯粹睿智,由被造而升向存在,由时间而升向永恒,由圆圈而趋近中心,

---

① See Etienne Gilson, *The Spirit of Medieval Philosophy*, p. 370. 吉尔松:《中世纪哲学精神》,沈清松译,台湾商务印书馆 2001 年版,第 338 页。

② See Augustine, *The City of God*, 5:1.

③ See Augustine, *The City of God*, 5:1.

故变动不羁的命运亦可升向天意的永恒不变和纯洁单一。"①波爱修《哲学的安慰》这段文字精辟地表达出来的天意观念，指向上帝永恒不变而纯洁单一的神圣旨意，只是命运一词具有许多不同涵义。

人类的行为是自由的，一切显然的机缘都可以从神圣天意得到充足理由。在这个意义上，命运是神圣天意的结果而已。奥古斯丁说，倘若哲学家把世界历史进程归结于命运，用命运这个术语来称呼上帝本身的意志或者上帝本身的权能，就让哲学家保持这种观点，但要校正哲学家的用语，因为命运这个术语的日常涵义和基督教上帝眷顾宇宙万物的观念无关。② 命运这个术语，在中世纪基督教经院哲学家和希腊哲学家那里具有迥然不同的涵义，中世纪基督教经院哲学家根据奥古斯丁的建议而完全避免使用这个术语。吉尔松指出，综合这些结论并运用到未来的偶然事件的论题上，可以看出中世纪基督教经院哲学的创造论使希腊哲学的自然概念发生着何等深刻的变化。亚里士多德哲学承认机缘，自然肯定未来的偶然事件的存在。本质上是偶然的事件，既不属于必然的领域，就必然归于偶然的领域。科学是有关原因的知识，偶然的事件既无原因可言，就不属于科学对象，而且无法预测。凡是可以预测的，就是已经被决定的，而已经被决定的就不再是偶然事件。

---

① Boethius, *De consolat. Philos.*, IV, prosa 6; Etienne Gilson, *The Spirit of Medieval Philosophy*, p. 371. 吉尔松：《中世纪哲学精神》，沈清松译，台湾商务印书馆 2001 年版，第 339 页。

② See Augustine, *The City of God*, 5:1.

在斯多葛学派的哲学中情形恰恰相反。斯多葛学派认为未来是可以预知的,斯多葛学派对于占卜非常重视。斯多葛学派把预知奠定在命运理论上,这项命运理论正是要从宇宙中清除一切偶然事件。因此,亚里士多德哲学承认偶然性而否定偶然事件可以被预知,斯多葛学派承认预知的可能性而否认偶然性。中世纪基督教经院哲学同时肯定偶然性及其未来事件的可预知性,因为中世纪基督教经院哲学区分偶然性和机缘这两个概念,区分决定和命运这两个概念。西塞罗不愿承认命运,因此从根本处攻击斯多葛学派的占卜观念。西塞罗为了彻底扫除这种预知观念,甚至不惜主张任何关于未来事物的科学都是不可能的,无论是对于人类而言或者是对于上帝而言都是如此。① 为了维护自由而拒绝命运观念,西塞罗付出的代价可谓高昂。事实上,在西塞罗和斯多葛学派哲学中存在着两种彼此对峙的谬误观念:或者肯定"命运",或者否定对于未来事件的神性预见,而西塞罗正是希望从后者为人类的自由意志获得一个基础。与西塞罗和斯多葛学派迥然不同,中世纪基督教经院哲学家恰恰同时确信自由意志和对于未来的神圣预见。②

对于中世纪基督教经院哲学家而言,上帝是宇宙万物的创造者,上帝是宇宙万物的眷顾者,上帝是宇宙万物的全能主宰,上帝就是天意。上帝从虚无中创造宇宙万物,同时从虚无中创造作为宇宙万物存在秩序的原因。在这个意义上,上帝

---

① See Augustine, *The City of God*, 5:9.

② See Etienne Gilson, *The Spirit of Medieval Philosophy*, p. 373. 吉尔松:《中世纪哲学精神》,沈清松译,台湾商务印书馆 2001 年版,第 340 页。

知道宇宙万物存在秩序中的原因及其结果。倘若上帝创造某些自由的原因,上帝也知道这些自由的原因带来的结果。因此,在物理秩序上,所有因为几种原因相遇而产生的事件,对于人类智慧而言看来意外,其实都已经在安排此意外相遇的上帝的预见中。毋宁说,上帝的神圣眷顾是没有例外的。对于托马斯而言,上帝的神圣眷顾藉着宇宙万物的存在秩序直接降临在所有个体存在者经历的所有个别事件中。① 在自由意志的存在秩序上,"上帝预知人类意志的自由行动"这个事实不但不妨碍人类的自由意志,而且恰恰因为是上帝预知的,人类才应该完成这些意志行动,人类才可能实际地完成这些意志行动。上帝的预知就是上帝的神圣眷顾。上帝眷顾人类的自由意志,不但未曾摧毁人类的自由意志,反而奠定人类的自由意志。事实上,人类意志中的自由决断已经首先被上帝预知。毋宁说,上帝的神圣眷顾不是摧毁自由选择的人类意志,而是成就自由选择的人类意志。②

吉尔松指出,中世纪基督教经院哲学的超自然特征在自由意志和上帝预知内在关联的形而上学论题上表现得最为显著。在亚里士多德哲学中,机缘属于违背理性的层面,自然是不可预知的。在中世纪基督教经院哲学中,机缘却成为遵循理性而且可以预见的。毋宁说,机缘遵循上帝的神圣智慧而置身在上帝神圣眷顾的无限视野中。在斯多葛学派中,命运是可以预知的,但除去机缘和偶然性。在中世纪基督教经院

---

① See Thomas Aquinas, *Summa Contra Gentiles*, III:76.

② See Thomas Aquinas, *Summa Contra Gentiles*, III:73.

哲学中,天意像命运一样可以预知未来,同时尊重发生在神圣眷顾中的机缘。宇宙万物都置身于一种理性秩序中而不改变其本质。上帝确实知道作为原因的宇宙秩序,但这项事实却不会导致人类意志失去选择的自由。事实上,人类的自由意志本身便形成这个为上帝确实知道并包含在上帝预知中的原因秩序的一部分,因为人的自由意志就是作为智慧存在者的人所作所为的原因。在这个意义上,预知宇宙万物所有原因的上帝当然不会在种种原因之中唯独对于人类的自由意志一无所知,因为上帝知道自由选择的人类意志就是人类的所作所为的原因。① 上帝存在,意味着上帝具有关于未来的预见。对于奥古斯丁而言,基督教哲学家承认崇高而真实的上帝,就是承认上帝的神圣意志,承认上帝的神圣旨意,承认上帝至高无上的权能和预见。虔诚的心灵会同时承认上帝的神圣眷顾和人类的自由意志,虔诚的信仰会同时坚持上帝的神圣眷顾和人类的自由意志。毋宁说,人类的自由意志本身已经被包括在上帝确定的原因序列中,包括在上帝的预见中。②

对于中世纪基督教经院哲学而言,上帝认识宇宙万物,各归其类,因为宇宙万物是作为创造者的上帝神圣智慧的杰作。一人一物,作为必然,作为偶然,作为自由,都是上帝创造宇宙万物的神圣智慧和神圣旨意成就的。存在于上帝的神圣意志中的无限全能,藉助智慧存在者的自由意志而帮助善者,审判恶者,支配一切。③ 对于中世纪基督教的教父哲学家和经院

① See Augustine, *The City of God*, 5:9.

② See Augustine, *The City of God*, 5:9.

③ See Augustine, *The City of God*, 5:9.

哲学家而言,上帝眷顾宇宙万物的天意观念来源于基督教的创造观念。存在的形而上学固然使得中世纪基督教经院哲学家主张自由意志,但自由的奥秘仍然是上帝的洞察对象。对于洞悉宇宙万物的上帝而言,宇宙万物的一切存在及其行动都在作为创造者的上帝"永恒的现在"①里。与其说上帝预见一切,毋宁说上帝在"永恒的现在"里看见一切将要发生的事如同正在发生的事。上帝的无限现实性使上帝享有自由创造的神圣意志,宇宙万物的存在奠基于上帝从虚无中创造宇宙万物的全能,宇宙万物的实际存在奠基于上帝从虚无中创造宇宙万物的自由意志。在这个意义上,自由的真正根源在于上帝自己的自由意志,而不在于上帝的全能。事实上,中世纪基督教经院哲学中上帝全能的观念,已经包含着上帝自由的观念。②

三、超自然的存在秩序

吉尔松指出,上帝眷顾宇宙万物的形而上学原理把中世纪基督教经院哲学带到一个奇特观念的门槛,这个观念的奇特程度可以说是前所未有的,而且始终贯穿在中世纪基督教经院哲学家的作品中,希腊哲学家和近代哲学家彼此契合地把这个奇特观念排除于自己的哲学之外,这就是奇迹(miracle)的观念。历史学家充分注意到中世纪分明是一个奇迹的时代。任何出人意表的事件,都会被理解成是上帝自己的直接作为。

---

① Augustine, *Confessions*, 11:13.

② See Etienne Gilson, *The Spirit of Medieval Philosophy*, p. 374. 吉尔松:《中世纪哲学精神》,沈清松译,台湾商务印书馆 2001 年版,第 340—341 页。

倘若根据中世纪基督教经院哲学的观念去考虑，中世纪的奇迹确实证实自然的存在，这是特指中世纪基督教经院哲学和基督教学说的自然，就是上帝从虚无中创造的自然，就是与作为创造者的上帝自己相关联的自然。对于奥古斯丁这样的教父哲学家而言，奇迹的观念固然不存在任何特殊困难。① 在上帝从虚无中创造宇宙万物的意义上，宇宙万物都是奇迹。耶稣在迦拿婚宴上化水为酒，使人惊奇。事实上，雨水都在葡萄树上化为美酒，哲学家却视为理所当然。创造雨水、葡萄树和酒的就是上帝，不过上帝经常性地这样创造，使基督教哲学家熟视无睹而已。倘若上帝说一句话，死者复活，全乡的人都来聚集围观，看个究竟。可是，每日都有初生婴儿，基督教哲学家只是把婴儿的诞生填写到公民登记册上，恍如婴儿的诞生是这世界上最自然的事情。在这个意义上，在上帝创造的宇宙万物中，尽管奇迹依然是超自然的，但在哲学上却是可能的。②

对于奥古斯丁而言，同一位上帝，就是耶稣基督的天父，以上帝的圣言创造并眷顾万事万物。这些基本的奇迹是藉着上帝的圣言做成的。次级的和跟随的奇迹也是同样的圣言做成的。不过，现在圣言已经为我们的缘故道成肉身，降世成人。当我们对于身为人类的耶稣作出的伟大工作感到惊奇时，我们同时应该对于身为上帝的耶稣曾经作出的工作感到惊奇。身为上帝的耶稣从虚无中创造宇宙万物，当灵魂瞻仰

---

① See Augustine, *Confessions*, 9:4,7.

② See Etienne Gilson, *The Spirit of Medieval Philosophy*, p. 375. 吉尔松：《中世纪哲学精神》，沈清松译，台湾商务印书馆 2001 年版，第 342 页。

上帝的创造作为,就当使基督教哲学家的目光转向作为创造者的上帝。① 对于奥古斯丁而言,上帝从虚无中的创造是基本的奇迹,上帝对于宇宙万物的神圣眷顾是基本的奇迹。上帝的神圣救赎历史中的作为是次级的奇迹,道成肉身就是奇迹,十字架的代赎就是奇迹,第三日从死里复活就是奇迹。耶稣在地上行奇迹,对于那些知道这些奇迹是上帝自己的神圣作为的人而言,这些奇迹并不是那样令人惊异的。因为这位在迦拿婚筵中变水为酒的上帝,每年使葡萄树结出葡萄,使流云变成风。上帝在自然界如此的奇妙作为不使人感到惊奇,因为这样的奇妙作为持续发生。②

奥古斯丁指出,上帝在自然界持续而稳定的奇妙作为比变水为酒的奇迹更值得基督教哲学家殚精竭虑的沉思默想。③ 对于奥古斯丁而言,人类处在悲剧的生存状态中,已经丧失了对于上帝神圣创造恩典的敬畏赞叹,已经丧失了对于上帝神圣创造作为的沉思默想。作为创造者的上帝在神圣救赎历史中行出化水为酒这样的奇迹,乃是要唤醒人的灵魂,使灵魂从沉睡中苏醒而瞻仰自己的创造者,赞美自己的创造者。④ 死者复活的奇迹,使人惊异。每日有许多婴孩诞生却没有人感到惊异。倘若基督教哲学家专心致志地沉思默想,上帝从虚无中创造生命的神圣作为比上帝改变生命的神圣作

① See Augustine, *On the Gospel According to St. John*, VIII:1.
② See Augustine, *On the Gospel According to St. John*, VIII:1.
③ See Augustine, *On the Gospel According to St. John*, VIII:1.
④ See Augustine, *On the Gospel According to St. John*, VIII:1.

为更值得惊叹。[1] 上帝在神圣历史中的救赎作为就是上帝改变生命的神圣工程。毋宁说,奇迹就是上帝自己的神圣作为而已。在这个意义上,在作为神圣创造的基本奇迹和作为神圣救赎的次级奇迹之间,并不存在本质上的形而上学差别——上帝自己的全能没有差别地创造着基本的奇迹和次级的奇迹。

毋庸置疑,没有任何中世纪基督教经院哲学家会梦想到把迦拿婚宴的事件和基督教哲学家称为自然的事件放在相同的形而上学基点上,因为只有在某种特殊涵义中,中世纪基督教经院哲学家才可以说万事万物都是奇迹。中世纪基督教经院哲学家对于真正奇迹应有的惊奇,是由于这些奇迹的发生实在超出通常的自然秩序和自然进程。奇迹的现象本身未必比日常的自然景观更值得赞叹。作为创造者的上帝眷顾宇宙万物而巨细不遗,如此全能而智慧的神圣作为比起使"五饼二鱼"神奇地化成足以供应五千人的食物远为奇妙。奥古斯丁指出:就使"五饼二鱼"化成供应五千人的食物而言,使基督教哲学家感到震惊的,不是这个事实的宏伟壮观,而是这个事实的超乎寻常。[2] 这位使"五饼二鱼"化成供应五千人的食物的上帝,就是从虚无中创造宇宙万物的上帝,就是以智慧权柄眷顾宇宙万物的上帝。对于奥古斯丁而言,上帝在神圣救赎历史中藉着"五饼二鱼"这样可见的奇迹作为,把人类追求真理的灵魂转向不可见的上帝,转向宇宙万物的创造者,就是

① See Augustine, *On the Gospel According to St. John*, VIII:1.
② See Augustine, *On the Gospel According to St. John*, XXIV:1.

道成肉身的上帝，引导人类追求真理的灵魂认识上帝。①

上帝创造的宇宙万物充满神圣奥秘，上帝创造宇宙万物的神圣智慧就是神圣奥秘。在这个意义上，人本身就是一个伟大的奇迹。作为创造者的上帝在秩序井然的自然界中如此行奇迹，是为了激励灵魂去敬拜不可见的上帝，因为灵魂的幸福生活唯独存在于上帝之中。② 将这个观念加以拓展，奥古斯丁区分出两种彼此重叠而对峙的自然秩序，这两种自然秩序都是上帝的创造，唯独创造一切存在者和未来自然事件的潜在种子的上帝自己知道这两种自然秩序。从这个立场来看，从起初的创造到再度的创造，都是奇迹。③ 尽管如此，奇迹作为奇迹，只是对于基督教哲学家而言；对于上帝自己而言，则没有奇迹可言。上帝的创造作为和上帝的救赎作为，上帝的直接作为和上帝的间接作为，都是上帝的神圣作为。倘若存在着某事物显得违背已经确立的自然秩序，对于确立自然秩序的上帝而言，则无所谓违背自然秩序而言。因为对于上帝而言，上帝创造的就是自然的。④

中世纪基督教经院哲学既然把自然理解为上帝的神圣意志从虚无中的创造，那么任何从这神圣意志而产生的事物又

① See Augustine, *On the Gospel According to St. John*, XXIV:1.

② See Augustine, *The City of God*, 10:12.

③ See Augustine, *De Gen. ad litt.*, VI:17:32; Etienne Gilson, *The Spirit of Medieval Philosophy*, p. 376. 吉尔松：《中世纪哲学精神》，沈清松译，台湾商务印书馆2001年版，第342页。

④ See Augustine, *De Gen. ad litt.*, VI:13:24; Etienne Gilson, *The Spirit of Medieval Philosophy*, p. 376. 吉尔松：《中世纪哲学精神》，沈清松译，台湾商务印书馆2001年版，第343页。

如何可能违背自然呢？对于奥古斯丁而言，相信奇迹的根据是创造者的全能。上帝创造了充满奇迹的世界。上帝被称作全能者确实因为上帝可以做上帝愿意做的任何事情。上帝确实可以做现在人们认为不可能的事情，因为上帝预言自己将会这样做，上帝将实现自己的应许，使不信的列国可以相信。① 在这个意义上，所谓违背自然的所有异常事物，其实并没有违背自然之处，因为根据上帝的神圣意志产生的事情不可能违背本性。从虚无中创造天地的创造者严格规定着星辰的有序运行，建立起稳定不变的运行法则。然而，只要上帝愿意，星辰就可以改变现有的大小、亮度、形状甚至运行轨道。约书亚祷告太阳停留在空中，上帝就垂听约书亚的祷告。因此，正如上帝可以根据自己的意愿创造出任何本性，上帝也可以根据自己的意愿改变自己以任何方式创造出来的本性，这就是奇迹的真实原因。② 倘若给奇迹概念一个完全的定义，只需要澄清：倘若自然可以还原为上帝的意志，自然就可以还原为拥有神圣秩序的意志。虽然在其创造者手里，自然是极富弹性的，甚至哲学家在阅读中世纪奥古斯丁学派的著作时，会询问形而上学的必然性是否还有存留的余地。然而，自然也逐渐获得一种可理解的受造存在的性格。

在托马斯和司各脱的中世纪基督教经院哲学中，宇宙万物的超自然存在秩序的学说获得圆满的发展。以前，自然的定义就是上帝意志成就的作为第二因的自然秩序；倘若上帝

---

① See Augustine, *The City of God*, 21:7.

② See Augustine, *The City of God*, 21:8.

的意志确实如此，则可能会有一个不同的自然秩序；倘若上帝的意志确实如此，则已经确立的自然秩序就可以藉另一自然秩序获得完成，因为上帝是作为第二因的自然秩序的创造者，作为创造者的上帝自己根本不受作为第二因的自然秩序的约束。既然自然不是上帝的必然流溢，而是上帝自由意志的创造行动所成就，所以上帝可以自由地成就第二因的结果而不需要第二因本身的帮助，而且可以成就另外一些超越这些第二因存在秩序的结果。即使奇迹被严格界定为完全超越第二因存在秩序的事物，从作为创造者的上帝观点看，奇迹依然是完全遵循理性的。第二因的自然领域属于作为创造者的上帝领域，那些不属于第二因的自然领域依然属于作为创造者的上帝领域。上帝在超越自然法则的同时，遵循着更高级的智慧法则。作为创造者的上帝的任何行动，即使违背作为第二因的自然法则，却不会违背神圣法则，因为上帝自己和神圣法则是完全同一的，上帝不会违背作为宇宙万物存在的第一因的创造者自己。① 毋宁说，倘若上帝的直接作为超越作为第二因的自然秩序，中世纪基督教经院哲学家把这些特殊的上帝作为称作上帝卓越而神奇的工作，毋宁说，就是奇迹。②

为表达中世纪基督教经院哲学中自然秩序的这种超自然特性，中世纪神学家发明著名经院哲学术语，就是顺服能力(potentia obedientialis)，这个经院哲学术语揭示出中世纪基督

① See Thomas Aquinas, *Summa Theologica*, Ia:105:6.

② See Thomas Aquinas, *Summa Theologica*, Ia:105:7.

教经院哲学关于自然秩序的深刻观点。可能性(possibility)的观念经常具有两种涵义。倘若从自然原因的立场去看可能性,有主动的被创造的第二因存在,有被动的能够接受主动因的活动的存在者存在,于是自然的可能性领域就被界定为所有能够在被创造的第二因的自然领域发生的事物。但作为第二因的自然领域的可能性不是全部的可能性。除了被创造的第二因本身可以导致的自然事物,在上帝创造的宇宙中依然有更多可能的事物发生。对于波那文都而言,在个别的自然领域之上,还有一个只依赖神圣智慧和神圣意志的普遍领域。那些唯独上帝自己才能加诸自然领域的种种,从自然秩序的立场看是不可能的,然而从上帝的观点看却是可能的。① 所谓顺服能力就是内在于上帝创造的自然中,变成上帝能够愿意和确实愿意存在者成为的事物的可能性。所谓顺服能力纯粹是一种被动的可能性,根据定义顺服能力已经排除任何自我实现的能力。然而,顺服能力是一种实在的可能性,因为这种顺服能力契合于上帝从虚无中创造的自然以及上帝保留着用于实现这种顺服能力的力量。②

藉着把顺服能力设定在一个普遍而神圣的领域,中世纪基督教经院哲学家得以对于奇迹在自然中的地位作出规范性的界定。将顺服能力的观念运用于恩典的核心论题上,中世

---

① See Bonaventure, *In I Sent.*, 42: I: 3-4; Etienne Gilson, *The Spirit of Medieval Philosophy*, p. 378. 吉尔松:《中世纪哲学精神》,沈清松译,台湾商务印书馆 2001 年版,第 344 页。

② See Augustine, *De Gen. ad litt.*, IX: 16: 30-17: 32; Etienne Gilson, *The Spirit of Medieval Philosophy*, p. 378. 吉尔松:《中世纪哲学精神》,沈清松译,台湾商务印书馆 2001 年版,第 344 页。

纪基督教经院哲学家就成就了若干世纪以来一直在形成中的综合，并且完成中世纪基督教经院哲学的宇宙图景。对于中世纪基督教经院哲学家而言，在某种意义上，一切都是奇迹。同样地，在某种意义上，一切都是恩典。毋宁说，上帝创造的神圣恩典和上帝救赎的神圣恩典都是恩典。奥古斯丁深刻而卓越的神学洞察力在于，在本性和恩典之间内在关系的形而上学论题上，区分上帝创造的神圣恩典和上帝救赎的神圣恩典。对于奥古斯丁而言，在上帝创造的神圣恩典之外，还有上帝救赎的神圣恩典。毋宁说，在宇宙万物藉以如其所是地存在的普世性恩典之外，另有一种基督徒独有的特殊恩典，就是基督耶稣拯救世人的救赎恩典。这种上帝救赎的特殊恩典对于基督徒具有极端的重要性，因此中世纪基督教经院哲学家已经把恩典的名称保留给基督耶稣拯救世人的特殊恩典。这种救赎恩典并不等同于使自然存在的恩典，毋宁说，这种恩典恰恰是拯救自然的恩典，这种恩典恰恰是拯救本性的恩典。

使自然获得存在的创造恩典虽然不是最伟大的恩典，却实在是一种神圣恩典。对于奥古斯丁而言，因为亚当堕落的悲剧，作为创造恩典的人类本性已经败坏，人类本性需要救赎恩典的拯救和援助而获得成全。唯独藉着基督的宝血和人对于福音的信心，人类本性可以因信称义。① 在这个意义上，除了那种人类天性所奠基的创造恩典即基督徒和非基督徒共同拥有的恩典，还有这种伟大的恩典，就是中世纪基督教经院哲学家藉助圣言而获得对于道成肉身的信仰，而不只是藉助上

① See Augustine, *On Nature and Grace*, 2.

帝的圣言被创造成为人的恩典。① 吉尔松指出,“无代价地被创造的自然”是上帝的神圣恩典,“无代价地被救赎的自然”是上帝的神圣恩典。作为“恩典博士”的奥古斯丁学说的深刻性在于区分这两种神圣恩典。在安瑟伦、托马斯和波那文都所谓“灵魂容纳上帝”的论述中,已经认识恩典预设的自然概念。基督教哲学家需要一个哲学性术语,把这种能力还原为托马斯阐述出来的顺服能力,以作为这项陈述的结论表述。②

正如基督教哲学家在波那文都的分析中看到的,自然具有双重的能力。中世纪基督教经院哲学家既然在自然之上添加奇迹的范畴,就必须思考这种用类比的方式添加的超自然的存在秩序。在作为第二因的自然秩序能够自己掌握的那些事物之外,还有许多事物是能够在上帝意志的直接实现中变化的。中世纪基督教经院哲学家心目中的自然有自己独特的本质和必然性,而就必然性而言,中世纪基督教经院哲学的自然和希腊哲学的自然完全等量齐观。在某种意义上,中世纪基督教经院哲学的自然比希腊哲学中的自然更具有必然性,因为自然是依赖于自然界分享的存在自身的必然性,就是神圣理念的必然性。奥古斯丁固然偏爱自然,奥古斯丁却清楚地看出,上帝从虚无中创造宇宙万物的圣言就是神圣理念。

① See Augustine, *Sermo*. XXVI: V: 6; Etienne Gilson, *The Spirit of Medieval Philosophy*, p. 379. 吉尔松:《中世纪哲学精神》,沈清松译,台湾商务印书馆 2001 年版,第 345 页。

② See Etienne Gilson, *The Spirit of Medieval Philosophy*, p. 380. 吉尔松:《中世纪哲学精神》,沈清松译,台湾商务印书馆 2001 年版,第 346 页。

起初上帝在源于上帝本体的神圣智慧中,从虚无中创造宇宙万物而肇成品类。① 恰恰是上帝藉以创造宇宙万物的神圣理念赋予自然严格的稳定性。上帝创造的神圣本质固然存在于自然领域中,同时存在于超自然的领域中。

作为被创造的智慧存在者,倘若自由意志的顺服行动可以取悦自己的创造者,使创造者拓展自己存在的命运,则被创造的存在者可以顺服创造者的神圣意志。因而在顺服行动中获得拓展的正是智慧存在者的本性,这种拓展不是改变智慧存在者的本质,而是实现智慧存在者的本质。在这个意义上,人类本性中能够达到完善幸福的能力,非言语所能尽其深邃奇妙。这种本性能力是按照上帝的神圣形象创造的人性本身的一部分,而人性的认识能力就是出于上帝的神圣创造。作为智慧存在者的人获得恩典的能力也是难以言喻的。倘若人类的灵魂无法承受恩典,上帝自己亦无法把恩典赐予人类。在这个意义上,本性自动地顺服上帝的神圣意志,在顺服上帝以外,便没有其他作为。② 在自然领域中,绝对没有任何已经属于超自然领域的能力,没有任何引发超自然作为的能力,更没有任何要求超自然作为的能力。在这个意义上,顺服能力依然是绝对被动的能力。顺服能力最重要的形而上学意义在于:顺服能力深刻揭示出中世纪基督教经院哲学中的自然特征,就是向着自然的创造者开放自己。

向着自然的创造者开放自己,这就是中世纪基督教经院

---

① See Augustine, *Confessions*, 12:7.

② See Thomas Aquinas, *Summa Theologica*, IIIa:1:3.

哲学家认识的自然。中世纪基督教经院哲学家认识的自然所蕴涵的内容并不少于希腊哲学或现代科学中的自然。但中世纪基督教经院哲学的自然拥有更多的希望。倘若基督教哲学家需要一句话来表达中世纪基督教经院哲学千年以来对于自然论题的形而上学沉思获得的结论,也许只有托马斯能够提供如此精辟的阐述。谈到超越理性的自然,托马斯时常评论说:超越理性的自然就好像上帝手中的一种工具。① 然而,有理性的存在者是秉有自由意志的,上帝自己不会把秉有自由意志的人类作为工具。上帝自己是享有神圣智慧和自由意志的上帝,上帝同样尊重按照自己神圣形象创造的有理性的自由存在者。② 上帝能够从作为智慧存在者的灵魂深处推动灵魂、呼唤灵魂、激励灵魂。对于中世纪基督教经院哲学的天意概念的形而上学研究,引导基督教哲学家在结论中肯定神圣眷顾的事实。对于中世纪基督教经院哲学的自然概念的研究显示出自然的可能性,就是自然向着创造者开放自己的可能性,就是超越自然的可能性。③

第二节　吉尔松的历史哲学

中世纪基督教经院哲学既然以超自然的神圣鹄的来理解宇宙万物在神圣秩序中自然运行的方向,以超自然的神圣鹄

---

① See Thomas Aquinas, *Summa Theologica*, IaIIae:1:2.

② See Thomas Aquinas, *Summa Theologica*, IaIIae:6:1.

③ See Etienne Gilson, *The Spirit of Medieval Philosophy*, p. 381;吉尔松:《中世纪哲学精神》,沈清松译,台湾商务印书馆 2001 年版,第 347 页。

的来理解作为宇宙万物的成员的人类在神圣秩序中运行的历史方向，就难免改变通常理解的历史观，甚至改变通常理解的历史概念。倘若作为“恩典博士”的奥古斯丁是基督教教父哲学的卓越典范和中世纪基督教经院哲学的思想先驱，那么奥古斯丁的巨著《上帝之城》就是中世纪基督教经院哲学的神圣历史哲学的卓越典范。对于奥古斯丁而言，圣经启示说“有一座上帝之城”，就是“最荣耀的上帝之城”。上帝之城具有无与伦比的荣耀，倚靠其卓越的品格，已经稳操最终胜利和完全和平的胜券。① 圣经宣称：“上帝之城啊，有荣耀的事乃指着你说的。”上帝之城的创造者用爱激励我们，使我们盼望成为“上帝之城的公民”。② 作为奥古斯丁基督教学说的神圣历史哲学，《上帝之城》的基本主题就是神圣历史和世界历史的起源、发展和命定的结局。毋宁说，就是上帝之城和现世之城的起源、发展和命定的结局。③

吉尔松指出，许多学者完全不理解中世纪基督教经院哲学的历史观念，以为中世纪基督教经院哲学完全缺乏历史意识，对于历史事件的演进缺乏自觉意识。根据这种对于中世纪基督教经院哲学深刻误解的流行观念，中世纪基督教经院哲学最深刻的特征就在于中世纪基督教哲学对于存在者的“不变性的信仰”。支配着希腊哲学时代的思想，尤其是希腊哲学古末期思想的，正是不断毁灭的观念；而近代哲学的推动力，从开端就是来自近代哲学对于无限进步的信仰；可是中世

① See Augustine, *The City of God*, 1: Preface.

② Augustine, *The City of God*, 11: 1.

③ See Augustine, *The City of God*, 11: 1.

纪基督教经院哲学对于希腊历史哲学的沮丧和近代历史哲学的盼望两者均一无所知。因为对于中世纪时代的哲学家而言，世界常是自己眼中的模样，直到末日审判来临，世界依然是那个样子——中世纪作者绘制的上古风景画所以显得如此朴素，正是这个缘故。中世纪之所以作为“中”世纪，就是作为过渡性的历史世纪而缺乏深刻的历史意识。吉尔松指出，对于中世纪基督教经院哲学的历史观念的无知而轻率的表述，显示出现代学者常常以一种何等漫不经心的态度来处理中世纪基督教经院哲学的核心思想。①

一、对于道成肉身的延绵回忆

倘若哲学家在中世纪基督教经院哲学的著作中寻找近代哲学涵义的历史观念，必定徒劳无功。倘若缺乏近代哲学的历史观念就等于完全没有历史概念，哲学家就可以承认，中世纪基督教经院哲学没有任何历史概念而言。不过，以相同的方式，哲学家可以宣称中世纪没有诗歌、没有艺术、没有哲学，即使中世纪的教堂和思想家就呈现在哲学家眼前。真正的问题在于：到底有没有一种与希腊哲学和近代哲学迥然不同而确凿真实的历史概念，就是中世纪基督教经院哲学独特的历史概念呢？基督教哲学家固然可以判断，认为当哲学家涉及这样一个历史时期的时候，在这个历史时期中，一切人的心灵皆生活在对于一项历史事件②的回忆中——就是一项由全部

---

① See Etienne Gilson, *The Spirit of Medieval Philosophy*, p. 384；吉尔松：《中世纪哲学精神》，沈清松译，台湾商务印书馆 2001 年版，第 351 页。

② See Augustine, *On the Gospel According to St. John*, II:15.

先前的神圣历史凝聚而成,而且计划出一个崭新时代的历史事件,这项几乎可以说是标示着上帝自己的大日子的独特事件,就是上帝圣言的道成肉身,就是耶稣基督的降生这个独一无二的历史事件,就是耶稣基督的降生这个无与伦比的历史事件,就是耶稣基督的降生这个决定神圣救赎历史进程的历史事件——情况就是如此。毋宁说,基督教哲学家完全可以断言,中世纪基督教经院哲学拥有一种与希腊哲学和近代哲学迥然不同而确凿真实的历史概念,就是中世纪基督教经院哲学独特而卓越的历史概念。

吉尔松指出,中世纪基督教经院哲学家可能未曾察觉到希腊人的服饰与中世纪的不同,更可能是中世纪基督教经院哲学家知道这个区分却不甚介意。中世纪基督教经院哲学家关怀的是希腊人知道什么和相信什么。毋宁说,中世纪基督教经院哲学家更关怀的是希腊人不能知道什么和不能相信什么。毋庸置疑,对于耶稣基督的降生这个无与伦比的历史事件,对于耶稣基督的降生这个决定神圣救赎历史进程的历史事件,希腊人未曾知道,未曾相信。正是耶稣基督的降生这个无与伦比的历史事件决定着中世纪基督教经院哲学独特而深刻的历史观念。远古时期,在上帝创造宇宙万物和亚当背约犯罪以后,人类只是生活在没有信仰和没有律法的状况下,后来在上帝亲自颁布的神圣律法下生活的以色列选民经历长期的艰辛,然后基督教诞生,揭开神圣救赎历史的新纪元。对于奥古斯丁而言,从亚当到基督,人类历史已经经历许多重要历史时期:从亚当到挪亚,从挪亚到亚伯拉罕,从亚伯拉罕到大卫,从大卫到耶利米,从耶利米到基督耶稣的降生,就是圣言的道成肉身。①

事实上，整个基督教时代已经充满着重大的历史事件，例如罗马帝国的倾覆和查理曼大帝帝国的奠立。吉尔松指出，作为基督教神圣启示的圣经和福音书既然是历史书卷——作为历史书卷的圣经和福音书记载着上帝从虚无中创造宇宙万物的神圣作为，记载着上帝在神圣救赎历史中的神圣作为，记载着上帝拣选和眷顾以色列选民的神圣作为，记载着上帝的独生子基督耶稣道成肉身、被钉十字架、从死里复活的神圣作为，记载着圣灵引导着基督门徒宣扬福音的神圣作为——中世纪基督教经院哲学如何可能相信事物是固定不变的呢？基督教哲学家可以探讨中世纪基督教经院哲学如何构想人类历史的变化。毋宁说，就是基督教的神圣启示阐述的神圣救赎历史从何处来，往哪里去。根据奥古斯丁历史哲学的经典阐述，就是神圣历史和世界历史的起源、发展和命定的结局，就是上帝之城和现世之城的起源、发展和命定的结局。② 基督教哲学家可以探讨的神圣历史哲学论题就是：对于中世纪基督教经院哲学而言，自己置身的历史时代在从过去通往未来的道路上占据什么位置。③

中世纪基督教经院哲学把人类生命的终点放在现世生命的界限以外，中世纪基督教经院哲学同时不容许任何历史事件脱离上帝眷顾的神圣旨意。在这个意义上，中世纪基督教

---

① See Augustine, *The City of God*, 22:30.

② See Augustine, *The City of God*, 11:1.

③ Etienne Gilson, *The Spirit of Medieval Philosophy*, p. 385；吉尔松：《中世纪哲学精神》，沈清松译，台湾商务印书馆 2001 年版，第 352 页。

经院哲学必须承认在个体生命中，以及在个体生命组成的社会生命中的任何事物，都必定要趋向这个超越现世生命的神圣历史终点。这种神圣历史的规定性的第一个条件就是历史事件必须在时间中常规地展现，于是作为历史形态的时间乃当然之事。在这个意义上，时间不是那种事物在其中持存的抽象形式，至少，时间不仅是事物在其中持存的抽象形式。对于中世纪基督教经院哲学而言，在本质上，时间是被创造的有限存在者固有的存在模式，因为被创造的有限存在者不能在一种稳定的现在的恒久性中实现自己。毋宁说，时间是上帝从虚无中创造的，时间是被创造的有限存在者的存在形式。上帝从虚无中创造作为有限存在者存在形式的时间："你创造了一切时间，你在一切时间之前，而不是在某一时间中没有时间。"①

上帝是自身存在而永恒存在的存在自身。上帝是永恒不变的神圣存在，上帝不能变成任何其他事物，因为上帝的存在就是上帝的本质。在这个意义上，对于作为自身存在而永恒存在的上帝而言，变化和绵延都是不存在的。至于被创造的存在者，是对于存在自身的有限分享。在这个意义上，被创造的存在者是片段的存在、不完全的存在。为了完成自己的存在，被创造的存在者必须行动，于是存在者经历着变化，结果形成时间中的绵延。在这个意义上，奥古斯丁把宇宙万物理解为一种时间之中的呈现，这种呈现就是在时间的流逝中对于上帝生命的永恒存在以及同时呈现的一种模仿，一种作为

① Augustine, *Confessions*, 11:13.

存在者存在行动的模仿。作为创造者的上帝是永恒的上帝："你永不改变，你的岁月没有穷尽。"上帝的现在就是永恒。①上帝的存在是永恒的存在，上帝在现在的瞬间就是永恒的现在，就是同时呈现过去、现在、未来的永恒的现在。被创造的存在者在时间流逝中的呈现，就是对于上帝永恒存在而同时呈现的一种模仿。

作为按照上帝形象创造的智慧存在者，人的有限存在既不同于上帝，亦不同于其余宇宙万物。人不像宇宙万物中的其余存在者那样跟随着必然规定中的时间之流而发生变化，人可以认识到自己正置身于这个时间之流中，并且在思想中把握这个时间之流本身。一个接着一个的瞬间在人的回忆中得以凝聚和保持，不至于转瞬即逝而消逝于无形；而绵延就是如此形成，恰如视觉凝聚分散的景象而形成一个空间图景。藉着记忆，作为智慧存在者的人类把世界从变化之流的冲激中局部拯救出来，并从而拯救自己，在思考宇宙万物和人类生命的过程中，记忆衍生出一种居间的存在者。这种居间的存在者是介于瞬间的存在者和上帝的永恒存在之间。人类记忆具有的稳定性非常脆弱，倘若离开上帝的支持和眷顾，必然坠入虚无，人自己则随着时光消逝。因为这个缘故，中世纪基督教经院哲学不但没有忽视宇宙万物的变化，而且对于有限存在者转瞬即逝的悲剧命运深感痛苦。毋宁说，有限存在者转瞬即逝的悲剧命运就是死亡的奥秘："我为我自身成为一个

① See Augustine, *Confessions*, 11:13.

不解之谜。"①

对于作为智慧存在者的人类灵魂而言，唯有瞬间是实在的。思想在这实在的瞬间中凝聚过去的记忆，其中拥有未来的预示。在这里，这实在的瞬间同时构成这过去和这未来，于是记忆在时间之流中所伸展的，对于真正恒久性所成就的，摇摆不定的影象本身以及获得此影象之挽救而不至于坠入纯粹虚无的存在者，反而获得此时间之流的催迫："谁能遏止这种思想，而凝神伫立，稍微揽取卓然不移的永恒的光辉，和川流不息的时间做一比较，可知永恒和时间两者绝对不能比拟，时间无论如何悠久，不过是流光的相续，不能同时伸展延留，永恒却没有过去，整个只有现在，而时间不能整个是现在。"②对于奥古斯丁而言，"一切过去都将被将来驱除，一切将来随着过去而过去，而一切过去和将来却出于永远的现在。谁能够把握人的思想，使人的思想驻足凝视无古往无今来的永恒怎样屹立着调遣将来和过去的时间?"③在这个意义上，过去唯独在绵延的思想瞬间中避免死亡，可是瞬间当下就在现在中，却不得不推移到未来，而在未来中瞬间仍然无法驻留；最后，历史猝然中断，一种永恒命运如此固定下来。④

对于中世纪基督教经院哲学家而言，人的存在是为了一个不会消逝的永恒目的而消逝其一生。但这还不是全部。福

---

① See Augustine, *Confessions*, 4:4.

② Augustine, *Confessions*, 11:11.

③ Augustine, *Confessions*, 11:11.

④ See Etienne Gilson, *The Spirit of Medieval Philosophy*, p. 386；吉尔松：《中世纪哲学精神》，沈清松译，台湾商务印书馆 2001 年版，第 353 页。

音书在宣扬好消息时,不仅应许赐给义人一种个人的至高幸福,而且应许义人会进入一个神圣国度,就是由义人共同的至高幸福联结而成的义人的神圣国度。哲学家很早就理解到基督教学说是对于一种完美而公义的社会生活的承诺,这种完美公义社会的建立,则被理解为道成肉身的终极目的。毋宁说,上帝的圣言道成肉身的终极目的,就是上帝之城的永久幸福,永久的安息日。① 在这个意义上,中世纪基督教经院哲学家都知道自己得到召唤,要进入一个比任何自己所归属的人类社会更为广阔的社群,并成为这个社群的国民。所有的现世国度对于上帝的国度都感到陌生,但上帝的国度却从所有的现世国度呼召自己的国民,上帝之城在世界存在之日逐渐自行建立,而世界所以存在,因为世界期待着自己在上帝的神圣旨意中的终极完成。世界历史在上帝神圣旨意中的终极完成,就是"永久的安息日"②。

在这个无形而奇妙的天国中,人就是石块,而上帝自己就是建筑师。天国在上帝的神圣眷顾中茁壮成长,上帝奠基的神圣律法都以上帝应许的天国为终极目标。为了确保天国的降临的应许实现,上帝自己成为以色列选民的立法者,公开颁布上帝在神圣创造中已经铭刻在人类心灵里面的神圣律法,将上帝的神圣律法带到现世的人类社会必需的基本秩序以外,却不足以构成上帝国度的社会秩序。毋宁说,中世纪基督教经院哲学阐述的上帝国度的社会秩序,存在于作为上帝拯

① See Augustine, *The City of God*, 22:30.

② Augustine, *The City of God*, 22:30.

救的超自然恩典的神学德性中。吉尔松指出,倘若基督教伦理学关注的某些德性,例如谦卑,并不存在于希腊伦理学的德性清单中,那是因为希腊伦理学的道德原理是以现世的社会生活为终极目标的。亚里士多德的目的论和幸福论都是以现世的社会生活为终极目标的,是认识不到上帝和至善的,是认识不到生命的真谛和终极目标的,因为对于中世纪基督教经院哲学而言,生命的真谛和终极目标就是认识上帝。[①] 在这个意义上,基督教伦理学的道德原理的终极目标,是高于人间的现世社会而由作为创造者的上帝和作为智慧存在者的人类组成的上帝国度的社会生活。

在这个意义上,对于希腊哲学家根本不存在的形而上学奥秘,乃成为整个基督徒生命的必要基础。谦卑就是承认上帝的至高无上的主权,就是承认被创造的智慧存在者对于创造者的绝对依赖。在这个意义上,对于奥古斯丁而言,基督教学说的第一原理是谦卑,基督教学说的第二原理是谦卑,基督教学说的第三原理是谦卑,因为上帝的国度赐予谦卑的人:“一个人,受造者中渺小的一分子,愿意赞颂你;这人遍体带着死亡,遍体带着罪恶的证据,遍体证明‘你阻挡骄傲的人’。”[②]在这个意义上,托马斯把上帝的神圣律法精辟而深刻地称作“在上帝之下的人类共和国”。[③] 吉尔松指出,在莱布尼兹、马勒伯朗士、孔德和康德哲学中,“心灵共和国”、“永恒社会”、甚至“人性”和“目的王国”等神圣历史概念,无不渊源

① See Thomas Aquinas, *Summa Theologica*, IaIIae:3:5.

② Augustine, *Confessions*, 1:1.

③ Thomas Aquinas, *Summa Theologica*, IaIIae:100:5.

于中世纪基督教经院哲学的上帝国度观念。在这个意义上，基督教哲学家可以作出这样的推论：对于一个纯粹属于精神本质的普遍社会的梦想，正是缠绕着形而上学残垣的"上帝之城"的神圣历史哲学影像。吉尔松现在的课题是从上帝之城的方面认识那些和中世纪基督教经院哲学有关的论题，以及中世纪基督教经院哲学家认为自己在神圣历史中占有怎样的地位。①

二、神圣历史的终极鹄的

吉尔松指出，倘若基督教哲学家从上帝之城的神圣国度观念去考察中世纪基督教经院哲学的神圣历史哲学，第一项结果就是中世纪基督教经院哲学以一种崭新的永恒观念来取代绵延的旧意义；中世纪基督教经院哲学的永恒观念的崭新意义，迥然不同于希腊哲学的宿命论理解的永恒轮回。对于中世纪基督教经院哲学而言，人的存在具有一种个体性的历史，一种真正的本性历史，这种个体性的本性历史在一个可以预料的直线系列中，一个阶段一个阶段地展开，至死方休。这种阶段性的成长和老化历程同时是一种受到人类寿命限制的从幼到老的稳定进程。随着年龄的增长，每个人都会积聚一些理智的资源，会把自己藉以获得这种理智资源的认识能力琢磨得更加完美，并且在其认识能力范围内拓展自己心灵的存在空间。一个人的生命完结，个体存在的努力不会因此而

① See Etienne Gilson, *The Spirit of Medieval Philosophy*, p. 388；吉尔松：《中世纪哲学精神》，沈清松译，台湾商务印书馆 2001 年版，第 354 页。

消逝,因为对于个人生命为真实的,对于寿命比个人生命更长的人类社会,对于寿命比人类社会更长的自然科学和道德科学同样是真实的。在这个意义上,托马斯经常指出,政治和社会的文明领域与科学和哲学的理智领域同样是有进步的,崭新的一代总是前人积聚的真理的获益人,即使前人的错谬,亦会给后人带来益处。另一方面,每一代人都承担着把一种日益增长的精神遗产传给后代的历史责任。①

对于中世纪基督教经院哲学家而言,单单考虑个人、社会和科学获得的文明进步是不够的,因为上帝在神圣启示中亲自颁布了一个历史目的,就是作为整个人类历史进程的终极鹄的。中世纪基督教经院哲学家必须把这一切文明成就归于同一的观念,把人类文明整体进步归于上帝在神圣救赎历史的终极旨意中的安排。毋宁说,作为上帝普世性祝福的人类文明进步,是上帝在基督里拯救世界的特殊恩典的根基和预备。在这个意义上,唯独根据上帝在神圣救赎历史中终极的神圣旨意,中世纪基督教经院哲学家可以衡量文明的进步。倘若背离上帝在神圣救赎历史中的终极旨意,人类文明进步本身就丧失终极意义,犹如弓箭手偏离自己预定的靶心。根据上帝之城的神圣国度观念,中世纪基督教经院哲学家和奥古斯丁和帕斯卡一样确信,人类生命犹如个人生命,从亚当到新天新地,都是一系列彼此接续的历史状态,有规律地生长成熟,同时凝聚起自然知识和超自然知识的丰盛,直到上帝应许

① See Etienne Gilson, *The Spirit of Medieval Philosophy*, pp. 388-389. 吉尔松:《中世纪哲学精神》,沈清松译,台湾商务印书馆2001年版,第355页。

的完美时代降临，那是人类荣耀的未来，就是“最荣耀的上帝之城”①。奥古斯丁卓越地揭示出，从亚当到新天新地的神圣救赎历史，其中包含着的历史阶段，就是从亚当到挪亚，从挪亚到亚伯拉罕，从亚伯拉罕到大卫，从大卫到耶利米，从耶利米到基督耶稣的道成肉身，从基督耶稣的道成肉身到基督在荣耀中的再度降临。②

根据中世纪基督教经院哲学的神圣历史哲学，必定肯定神圣救赎历史的现实进程。对于中世纪基督教经院哲学家而言，人类历史不是希腊哲学观念中不断毁灭的历史，人类历史也不是近代哲学观念中无限进步的历史。中世纪基督教经院哲学确信人类历史的进步朝向上帝预定的神圣完美，以上帝预定的神圣完美为神圣救赎历史的终极鹄的，人类历史是一种朝向确定终点而进步的神圣历史。毋宁说，神圣救赎历史的终极鹄的是“没有终结的永恒国度”。③ 吉尔松指出，近代哲学中存在着一种普遍看法，认为在中世纪基督教经院哲学的历史观念中，一切事物都保持不变，直到最后审判来临，这种看法是缺乏历史根据的。把中世纪经基督教经院哲学的进步性的历史观念阐述得最清楚的是，奥古斯丁的《上帝之城》以及奥古斯丁学派的哲学家。在中世纪基督教经院哲学的历史观念中，人类文化是一种独特的团契性存在，在文化的构造中，古代哲学家的贡献比现代人具有更多的成分，文化经常在

---

① Augustine, *The City of God*, 1: Preface.

② See Augustine, *The City of God*, 22: 30.

③ Augustine, *The City of God*, 22: 30.

一种朝向日益实现完美的进步中。人类文化的历史进程既然置身于一种作为超越而内在的终极目标的神圣眷顾,享有一种超越而内在的独一无二的神圣意向,神圣历史意义上的世代相继就获得一种真实而深邃的统一性,而且获得一种观念上可理解的神圣历史哲学涵义。在这个意义上,在中世纪基督教经院哲学中蕴涵着一种真正的历史哲学。中世纪基督教经院哲学拥有自己真正的神圣历史哲学,而且近代哲学的历史哲学对于中世纪基督教经院哲学的神圣历史哲学的承袭,远远超越哲学家的想象。①

中世纪基督教经院哲学的历史哲学和希腊哲学和近代哲学的历史哲学之间的首要区别在于,中世纪基督教经院哲学的神圣历史哲学确信自己深刻理解神圣历史进程的真实开端和真实归宿。毋宁说,倘若历史哲学家不了解历史的开端和归宿,就不可能理解历史的意义,甚至会怀疑历史本身是否真正具有意义。吉尔松指出,中世纪基督教经院哲学家深信圣经,深信福音书,深信《创世记》启示的历史起源,深信上帝应许的永恒国度,就是"最荣耀的上帝之城"②,所以中世纪基督教经院哲学家能够将人类历史整体综合起来,给人类历史整体提供一种神圣理智的解释,以说明人类文化的来源,规范人类文化的目的。无论历史哲学的目标如何雄心勃勃,纯粹构想是不够的。倘若中世纪基督教经院哲学家要实现神圣历史哲学的目标,就必须接受神圣历史哲学的必要条件。倘若中

---

① See Etienne Gilson, *The Spirit of Medieval Philosophy*, p. 390. 吉尔松:《中世纪哲学精神》,沈清松译,台湾商务印书馆 2001 年版,第 356 页。

② Augustine, *The City of God*, 11:1.

世纪基督教经院哲学的神圣历史哲学确认作为创造者的上帝眷顾宇宙万物①,作为创造者的上帝不会让现世的国度随缘生灭,中世纪基督教经院哲学家就会感到自己有足够的能力在细微的历史事实中识别出上帝天意所在,因此有能力解释神圣历史事实。在这个意义上,陈述神圣历史事件和阐述神圣历史意义的神圣历史哲学是合二而一的工作,一切历史事件都自动走向上帝在永恒里的神圣计划指定的历史位置。上帝眷顾人类历史的神圣旨意是普世性的,上帝决不能把人类的国度和国度的兴衰置身于作为上帝神圣旨意的神圣律法之外。②

对于奥古斯丁而言,有如此如此的一个民族将会住在一个特殊的地理环境中,性格如此如此,有如此如此的善性和恶性,这个民族会在历史的某一特定时刻出现,并在上帝天意的神圣智慧要求的历史时期中生存。不但民族是如此,即使是个人、宗教或哲学都是如此。尽管罗马人不认识上帝,罗马帝国的保存和兴盛,完全出于上帝的神圣救赎历史中的神圣意志。③ 在奥古斯丁卓越而深刻的神圣历史哲学的引导下,中世纪基督教经院哲学把人类历史理解为一篇伟大的诗篇。一旦中世纪基督教经院哲学家认识到世界历史的神圣终结,世界历史就获得一种完整而理智的意义。固然在许多历史环节上,世界历史隐藏的意义会超越中世纪基督教经院哲学家的把握:中世纪基督教经院哲学家假定那“不可名状的音乐家”

① See Thomas Aquinas,*Summa Contra Gentiles*,III:76.

② See Augustine,*The City of God*,5:11.

③ See Augustine,*The City of God*,5:12.

经常隐藏自己的秘密，然而，中世纪基督教经院哲学家对于世界历史蕴涵着的这种神圣意义已经能够获得相当程度的把握，因此可以肯定一切历史事件皆有意义，并可以判断历史事件如何与上帝主宰世界历史整体的神圣律法即托马斯所谓“在上帝之下的人类共和国”①相关联。这种历史研究的工作无疑是艰苦卓绝而充满陷阱的，可是在神圣历史哲学的原则上是正确的，并且是现实可行的。

在中世纪基督教经院哲学中出现许多历史作品，中世纪基督教经院哲学历史作品的数量是前人无法想象的。这些中世纪基督教经院哲学的历史作品包含着全部可获得的历史事实，并且以独特的神圣历史哲学原则来融会贯通。奥古斯丁的《上帝之城》以及后继者的基督教历史哲学，都难以掩饰地表现出一种卓越的雄心，这卓越的雄心是无法掩饰的，因为这卓越的雄心就是神圣历史作品整体存在的充足理由。奥古斯丁在写作《撤消录》(*Retractations*)时期用寥寥数语把《上帝之城》第二部分(11—22 卷)的写作计划和目的概括起来：“在这十二部中，首四部是描述上帝之城和现世之城的诞生，其次四部是描述上帝之城和现世之城的进展，最后四部是描述上帝之城和现世之城的目的。”②奥古斯丁晚年用 14 年的时间完成基督教的神圣历史哲学著作《上帝之城》。在《上帝之城》前 10 卷完成对于罗马帝国历史的基督教评述，《上帝之城》的 11—14 卷阐述上帝之城和现世之城从两个属灵国度而

---

① Thomas Aquinas, *Summa Theologica*, IaIIae: 100: 5.

② Etienne Gilson, *The Spirit of Medieval Philosophy*, p. 392. 吉尔松：《中世纪哲学精神》，沈清松译，台湾商务印书馆 2001 年版，第 357 页。

获得的历史起源,《上帝之城》的 15—18 卷阐述上帝之城和现世之城在世界历史中的发展进程,《上帝之城》的 19—22 卷阐述上帝之城和现世之城在永恒中的命定结局,就是人类在神圣救赎历史中的两种永恒命运。作为奥古斯丁的晚年作品,《上帝之城》可以说是奥古斯丁毕生基督教思想的结晶,是奠基全部中世纪基督教经院哲学的经典作品。①

对于基督教哲学家而言,像奥古斯丁《上帝之城》这种经典基督教历史哲学阐述的神圣历史哲学观念和近代基督教哲学家帕斯卡那种把人性看成一个独一无二的人的观念之间存在着异常密切的关系,奥古斯丁阐述的恰恰是基督教超越而神圣的普遍历史观念。普遍历史的概念,不但出现在帕斯卡的著作中,而且在基督教早期作家的著作中早已触目皆是。甚至在巴尔扎克(Balzac)的演说中,基督教哲学家同样可以发现基督教的普遍历史观念。对于中世纪基督教经院哲学的历史哲学而言,基督教神圣历史哲学的卓越性并不是在于基督教的神圣历史观念,而是在于基督教的神圣历史观念的实践领域,因为在现实历史的科学研究中实践基督教的神圣历史哲学需要极度广博的学识、卓越的理智禀赋、逻辑和技巧。在这个意义上,倘若对于人类历史发展进程持有这种基督教的神圣历史观念,只要成为基督徒即可,倘若要在这个基督教的神圣历史观念上构造出卓越的历史著作,那就必须成为卓越的历史学家。吉尔松充满幽默地指出,在中世纪基督教经

① See Etienne Gilson, *The Christian Philosophy of St. Augustine*, Foreword.

院哲学的历史哲学论题上，唯一可以补充者，就是这项结语也可以颠倒过来：倘若在基督教的神圣历史观念上构造出卓越的历史著作，只要成为卓越的历史学家即可，但要获得奥古斯丁《上帝之城》阐述的基督教自身的神圣历史观念，一个人必须成为一个基督徒。①

中世纪基督教经院哲学对于欧洲哲学史中历史概念的深刻影响，实在是历久弥新。17 世纪以后，某些不再属于基督教甚至和基督教对峙的思想家的作品中，中世纪基督教经院哲学的历史观念的思想影响仍然是昭然若揭的。即使是那些拒绝基督教启示的哲学家，其精心描绘的历史哲学藉助基督教神圣历史哲学模式的"时间与世代"而运作，世代之相续恍然犹如世界历史的自身进展，不需要中世纪基督教经院哲学的上帝来眷顾世界历史的进展。某些近代哲学的哲学性观念来源于基督教学说，哲学家却认为自己是这些观念的发明者，并将这些观念作为武器用来对付作为自身学说渊源的基督教学说。例如孔德对于人类文明三阶段的叙述导致一种人本主义的宗教，几乎使基督教哲学家想到孔德就是把奥古斯丁的神圣历史哲学颠覆为人本主义的历史哲学，把奥古斯丁的上帝之城颠覆为现世之城。根据奥古斯丁《上帝之城》精辟阐述的两种"爱的秩序"，孔德的历史哲学就是在中世纪基督教经院哲学的神圣历史哲学鼎盛时期的绚烂夕阳中，建立"爱自己而轻视上帝的现世之城"②。

---

① See Etienne Gilson, *The Spirit of Medieval Philosophy*, p. 392. 吉尔松：《中世纪哲学精神》，沈清松译，台湾商务印书馆 2001 年版，第 358 页。

② Augustine, *The City of God*, 14:28.

至于谢林的泛神论则从一开始就从内部确证“世界年代”决定的相续性，由此在存在者的形而上学核心确立一种神圣的内在性。故此在谢林的哲学体系中，历史所能做到的只是使这个神圣本性在时间的发展中彰显出来。黑格尔这位目光深邃的哲学天才看出一种历史哲学其实包含着一种地理哲学，把地理哲学纳入黑格尔自己那种神圣理性整体辨证的综合中。希腊哲学家已经感觉到即使是物理世界也是受着一个心灵支配，黑格尔承认希腊哲学家这方面的贡献，但也看出把神圣眷顾运用在历史哲学方面是中世纪基督教经院哲学的工作。黑格尔拒绝基督教的天意观念，认为这个天意观念基本上是神学的，而使基督教的天意观念成为一项真理的推论，并不是理性推论。对于奥古斯丁而言，上帝的神圣眷顾不是作为理性推论的哲学真理，而是个体生命和选民历史的生命经验。上帝的神圣眷顾就是上帝以自己的全能和智慧眷顾着每一个人，仿佛只眷顾一个人，上帝眷顾着全人类，犹如眷顾一人。①

黑格尔认为基督教的天意观念缺乏确定性，对于那些原原本本地接受基督教的天意观念的人也缺乏实用的意义：因为确信世界历史完全置身于超越人类理性的神圣计划的支配，并不能帮助哲学家运用理智运思把那些历史事件彼此关联起来。对于奥古斯丁而言，从上帝从虚无中的神圣创造，到荣耀的上帝之城永久的安息日，上帝的神圣眷顾已经在神圣

① See Augustine, *Confessions*, 3:11.

救赎历史中清楚而深刻地彰显出来。① 对于上帝的神圣眷顾的确信不是出于基督教哲学家的理智运思,而是出于作为基督教神圣真理源泉的圣经启示。② 即使黑格尔的历史哲学拒绝拥护天意的信理的真实性,黑格尔仍然从事证明这个信理的"正确性"。像黑格尔这类历史哲学理应如此证明,因为历史哲学正是藉此而生存的。黑格尔的历史哲学所提供的是一种普遍的历史观,其中理性辨证取代着基督教的上帝。黑格尔雄心勃勃,希望为哲学家提供一个对于历史整体的理性诠释,这种雄心实际上已经带着一个时代的明显标记。在这个时代,理性深刻地孕育在中世纪基督教经院哲学中,才能够想象自己可以凭藉理性自身的力量实现这种雄心。对于吉尔松而言,倘若没有中世纪基督教经院哲学的历史哲学,黑格尔这种历史哲学便永远连梦都无法梦到自己竟会有勇气有这种雄心。③

三、历史戏剧中的光明时代

研究中世纪基督教经院哲学的历史概念,自然提出的问题就是:中世纪基督教经院哲学家对于自己在神圣救赎历史中承前启后的地位,持有怎样的看法。吉尔松指出,中世纪基督教经院哲学获得这种程度的规模,神圣历史哲学必然拓展自己的论题空间,足以把哲学史的历史演进涵括在神圣历史

---

① See Augustine, *The City of God*, 22:30.

② See Augustine, *The City of God*, 22:30.

③ See Etienne Gilson, *The Spirit of Medieval Philosophy*, p. 394. 吉尔松:《中世纪哲学精神》,沈清松译,台湾商务印书馆 2001 年版,第 359 页。

哲学中。回到“中世纪哲学精神”这个基本哲学论题的开端，就是基督教哲学家必须询问：中世纪基督教经院哲学家认为自己和希腊哲学的关系是纯粹偶然的，或者是对于理智真理的必然要求的回答，并且在一项神圣计划的渐进展现中占据着确定的地位。中世纪基督教经院哲学并未留下任何“普遍的哲学史论”，但留下许多残篇断论，并且小心翼翼地在这个可能的哲学历史发展总体中指出中世纪基督教经院哲学自身的位置。倘若中世纪基督教经院哲学家听见自己竟然生活在一个叫做“中”的世纪中，就是生活在一个过渡性的历史时期中，也绝不会感到震惊。在某种意义上，每一个时代都是过渡性的时代。倘若一个时代不是过渡性时代，而是作为神圣历史终极结局的新纪元，这样的新纪元只能出现在基督教末世论的神圣应许中，而不会出现在历史科学的现实叙述中。对于中世纪基督教经院哲学而言，这样的新纪元就是作为神圣救赎历史终极结局的“最荣耀的上帝之城”①，就是“永久的安息日”②，就是作为荣耀的弥赛亚国度的“没有终结的王国”③。

中世纪基督教经院哲学家确认自己只是继承希腊哲学精神遗产的一代，而不是“从虚无中”开始哲学创造的世代。毋宁说，希腊哲学的基本论题，希腊哲学的概念范畴，希腊哲学的全部真理“碎片”，都是中世纪基督教经院哲学的思想源泉，尽管中世纪基督教经院哲学拥有自身独特的神圣启示原

① Augustine, *The City of God*, 1: Preface.

② Augustine, *The City of God*, 22: 30.

③ Augustine, *The City of God*, 22: 30.

理，从而获得超越和扬弃希腊哲学的创造性哲学思想源泉。事实上，无论在启示神学、形而上学和伦理学的领域，中世纪基督教经院哲学家都不认为自己已经将全部真理整体阐述完毕。中世纪基督教经院哲学家对于人类进步的统一性的看法，使中世纪基督教经院哲学家确信自己是承前启后而继往开来的过渡时代而已。即使在超自然启示的基督教神学领域，中世纪基督教经院哲学家同样在新约启示中辨认出全部旧约启示，因此感觉到自己正获得神圣启示原理的眷顾。在这个意义上，当基督教哲学家谈论中世纪基督教经院哲学时，就不可能把圣经和福音分离开来，因为新约启示蕴涵着旧约启示，以旧约启示为真理根基，同时成全着旧约启示的神圣应许。在这个意义上，基督教哲学家不可能单单在新约福音的基础上建立一种基督教哲学，因为即使在福音没有援引旧约启示的时候，也预设着旧约启示的神圣真理基础。奥古斯丁在《上帝之城》中详尽阐述旧约先知的弥赛亚预言，就是神圣救赎启示的历史渐进性。毋宁说，就是渐进性的神圣救赎启示。①

在这个意义上，基督福音的宣扬在新约使徒心目中的天意计划中，开辟着世界历史的新纪元。作为世界历史新纪元的基督教时代，承续着旧约世代的神圣救赎历史，凝聚着旧约世代的神圣启示奥秘，并且拓展着神圣救赎历史的新篇章。作为基督教时代的神圣救赎历史的新篇章，就是弥赛亚两次降临之间的恩典时代，就是弥赛亚两次降临之间的圣灵时代，

① See Augustine, *The City of God*, 18:27-35.

弥赛亚两次降临之间的教会时代。在奥古斯丁的《上帝之城》中，弥赛亚两次降临之间的基督教时代，就是神圣救赎历史中的“第六日”。在作为“第六个时代”的基督教时代之后，就是作为永久安息日的“第七日”①。在这个意义上，弥赛亚两次降临之间的基督教时代，就是神圣救赎历史的光明时代，因为基督耶稣就是道成肉身的弥赛亚，是以色列的荣耀，是外邦人的光：“他的辉煌如同日光。”②弥赛亚道成肉身的第一次降临，是预备弥赛亚国度“永恒的安息日”③。先知但以理说：“我在夜间的异象中观看，见有一位像人子的，驾着天云而来，被领到亘古常在者面前，得了权柄、荣耀、国度，使各方、各国、各族的人都侍奉他。他的权柄是永远的，不能废去，他的国必不败坏。”④

在这个意义上，道成肉身的弥赛亚就是上帝的荣耀，就是新约的荣耀，就是上帝拯救世人的荣耀。道成肉身的弥赛亚就是上帝拯救世人的光，就是上帝启示世人的光，就是上帝照耀世人的光。上帝按照自己的神圣形象创造人，道成肉身的弥赛亚就是按照自己的神圣形象创造人的上帝，就是上帝照耀世人的真光，就是上帝启示世人的真光，就是上帝拯救世人的真光。⑤ 在这个意义上，弥赛亚两次降临之间的基督教时代，就是神圣救赎历史的圣灵时代，就是神圣救赎历史的恩典

---

① Augustine, *The City of God*, 22:30.

② Augustine, *The City of God*, 18:32.

③ Augustine, *The City of God*, 22:30.

④ Augustine, *The City of God*, 18:34.

⑤ See Augustine, *On the Gospel According to St. John*, I:18.

时代,就是神圣救赎历史的光明时代。在这个意义上,中世纪基督教经院哲学家确信自己所置身的正是这个时代,就是弥赛亚两次降临之间的光明时代,就是历史戏剧中的光明时代。在基督教神圣历史哲学的领域中,弥赛亚两次降临之间的光明时代,就是历史戏剧中的光明时代,就是基督教神圣历史哲学中的"终极时代"。毋宁说,就是作为神圣救赎历史颠峰的"第六日"。[1] 在这个意义上,弥赛亚的道成肉身意味着作为神圣救赎历史颠峰的"终极时代"降临,因为唯一能够接踵而至的就是永恒的上帝国度。

中世纪基督教经院哲学家同样承认自己是自然知识的继承人,中世纪基督教经院哲学家知道自己何以如此。中世纪基督教经院哲学家确信在世代相续之际,哲学确实进步。中世纪基督教经院哲学家认识这项极其显著的事实,是因为哲学史自身的见证。亚里士多德的著作已经具备前苏格拉底哲学的充分资料,足以使中世纪基督教经院哲学家深知,前苏格拉底思想家"就像学语的幼儿,只能发出牙牙之声"一般,留给哲学后继者的只有对于世界解释的失败尝试。作为中世纪基督教经院哲学的卓越典范,托马斯乐于追溯问题的历史,指出人类如何一步步地征服各种哲学领域,逐渐逼近真理。中世纪基督教院哲学家深觉自己有义务对这个难以完全成功的征服工作融会贯通,拓展前进。对于中世纪基督教经院哲学家而言,自己在神圣天意的眷顾下置身于文明历史的交汇点:在中世纪基督教经院哲学中,希腊哲学的思想遗产已经被基

① Augustine, *The City of God*, 22:30.

督教启示全部吸收,从中世纪基督教经院哲学中将获得百倍拓展。查理曼大帝的时代在世人心里犹如一个黎明时代的来临。波那文都在13世纪说:“这个时代是一个光明的理论时代。”[①]毋宁说,这是神圣历史戏剧中的光明时代,这是人类理智生活的光明时代,这是中世纪基督教经院哲学历史的光明时代。

当古典希腊哲学作品的翻译研究已经完成,罗马和雅典的学术传到法国,法国的学术重镇巴黎和夏特尔(Chartres)等地担负着把希腊哲学遗产融会贯通于基督教智慧的责任。中世纪基督教经院哲学家对于自己身为古典希腊哲学文化的守护者和传承者而深感骄傲。1164年,大学尚未出现,学术尚未百花齐放之时,一位名叫沙利斯堡的约翰的英国人目睹巴黎学术界的繁荣景象,当下就承认正在巴黎进行的学术工作实在就是神圣天意的安排:上帝确在这里,而我竟一无所知。[②] 在这个意义上,中世纪基督教经院哲学藉着自己的神圣历史哲学而确认自己的历史地位,是置身在自从上帝创造宇宙以来的神圣历史戏剧中一个决定性的时刻。毋宁说,把希腊哲学的精神遗产融会贯通在基督教智慧中,这是神圣救赎历史中独一无二而无与伦比的哲学使命,这是基督教智慧独一无二而无与伦比的哲学阐述。对于吉尔松而言,欧洲哲学史上出现过三位卓越的形而上学家,就是柏拉图、亚里士多

---

① Etienne Gilson, *The Spirit of Medieval Philosophy*, p. 396. 吉尔松:《中世纪哲学精神》,沈清松译,台湾商务印书馆2001年版,第361页。

② See Etienne Gilson, *The Spirit of Medieval Philosophy*, p. 397. 吉尔松:《中世纪哲学精神》,沈清松译,台湾商务印书馆2001年版,第361页。

德和托马斯。柏拉图和亚里士多德未曾听闻福音,未曾获得基督教的启示原理,未曾认识基督教的上帝,因此无法把握真实而深邃的创造观念,无法深入存在自身的神圣奥秘。在这个意义上,中世纪基督教经院哲学是欧洲哲学历史中无与伦比的形而上学,是唯一真实的存在哲学。在这个意义上,托马斯的形而上学就是作为基督教智慧的永恒哲学。①

中世纪基督教经院哲学固然不是确信经院学术会始终保持着查理曼大帝时期的模样,也不是以为进一步的进步是不可能的。中世纪基督教经院哲学同样不相信世界虽然已经进步到 13 世纪那种地步,仍会任凭纯粹自然力量或后天学得的力量,而无限地进展下去。根据中世纪基督教经院哲学的神圣历史哲学,人类自降生以来便不断改变,并且会一直改变下去,只不过这种改变已经达到一种伟大变化的前夕。毋宁说,中世纪基督教经院哲学确信神圣救赎历史已经进入一种新纪元的前夕,就是奥古斯丁阐述的作为神圣救赎历史颠峰的"第六日"。在"第六日"之后,神圣救赎历史就要进入上帝应许的"永久的安息日"②。虽然有人曾经宣告圣灵的新福音,但中世纪基督教经院哲学家很快就辨识出:在基督耶稣的福音以后,别无任何其他福音。经过古典希腊哲学的漫长准备,真正的哲学论题在要点上已经定型。真正的哲学既不是柏拉图哲学,也不是亚里士多德哲学,而是通过把柏拉图哲学和亚里士多德哲学两者融会贯通于基督教智慧中而产生出来的基

---

① See Etienne Gilson, *The Christian Philosophy of St. Thomas Aquinas*, Foreword.

② Augustine, *The City of God*, 22:30.

督教哲学。在这个意义上,真正的哲学就是中世纪基督教经院哲学,就是独一无二而无与伦比的中世纪基督教经院哲学。作为基督教哲学第一人的护教者查士丁宣称:“我发现只有这个哲学是可靠而有益的,我因此而成为哲学家。”①查士丁对于基督教哲学的宣称揭示出中世纪基督教经院哲学蕴涵着的永恒真理。

亚伯拉罕宗教的其他中世纪哲学是通过与中世纪基督教经院哲学的交融而形成的。犹太哲学家麦蒙尼德、阿拉伯哲学家阿维森那,都曾在自己的立场上从事和中世纪基督教经院哲学彼此平行的工作。那么,在种种面对相同哲学题材,并且诉诸相同神圣启示源泉的理论之间,必然存在着相当的类似性,甚至存在着一种实在的亲缘关系。在这个意义上,中世纪基督教经院哲学不仅只和希腊哲学相关联,犹太教哲学家和伊斯兰教哲学家也像希腊哲学家一样,对于中世纪基督教经院哲学具有相当的贡献。吉尔松指出,因为新约启示蕴涵着旧约启示,离开基督教智慧的犹太根源,基督教智慧的本质必然荡然无存。同时,中世纪基督教经院哲学的神圣启示原理是蕴涵着旧约启示的新约启示的神圣奥秘,这是中世纪基督教经院哲学迥然不同于犹太人和阿拉伯人的地方。犹太人和阿拉伯人都在旧约圣经和希腊哲学的双重光明中工作,因此对于中世纪基督教经院哲学的形成具有卓越的贡献。然而,中世纪基督教经院哲学自身的学术工作不久就要在根本

---

① Justin, *Dialogue with Trypho*, 8; Etienne Gilson, *History of Christian Philosophy in the Middle Ages*, p. 12.

上获得一种确定的形式。①

中世纪基督教经院哲学家确信这项“伟大的工作”即将完成。中世纪基督教经院哲学家期望的，是一个光明时代。在这个光明时代中，社会日益基督化，社会与教会日益密切结合，中世纪基督教经院哲学本身会在基督教智慧的怀抱中逐渐完成。可是，这段时间有多长呢？没有人敢于自称知道，但中世纪基督教经院哲学家皆知这是正在进行中的伟大戏剧的倒数第二幕。在神圣历史戏剧的倒数第二幕之后，将是敌基督的恐怖政权的来临。到底查理曼大帝是教会的最后一个维护者，还是另一个维护者仍会接踵而至呢？没有人知道。唯一可以肯定的，就是最后的胜利者——无论胜利者是谁——来临以后，伟大的苦难就要开始，随之而来的就是颠沛和黑暗的苦难。不过，苦难只会在一个指定的时间内持续。正如耶稣受难只是两天之内的黑暗，恶对于善的攻击同样将宣告败绩。接着就是人类文化的“第七世代”②揭幕，这个神圣救赎历史的“第七世代”就像《创世记》记载上帝神圣创造的“第七日”一样，将是一个永无终结的永恒安息的序曲。

在神圣救赎历史的“第七世代”，上帝将要安息，就好像上帝神圣创造的“第七日”③。上帝歇了神圣救赎历史的拯救工作，进入自己的安息，也把在上帝里面的安息赐予进入神圣救赎历史的“第七日”的人。神圣救赎历史的“第七世代”就

① See Etienne Gilson, *The Spirit of Medieval Philosophy*, p. 398. 吉尔松：《中世纪哲学精神》，沈清松译，台湾商务印书馆 2001 年版，第 362 页。

② Augustine, *The City of God*, 22:30.

③ Augustine, *The City of God*, 22:30.

是上帝自己的安息日，也是上帝赐予圣徒的安息日。① “到那时，我们将安息和观看，我们将观看和爱慕，我们将爱慕和赞美。”神圣救赎历史的第七世代就是处在一个“没有终点的终结处”，抵达一个“没有终结的王国”②。波那文都说：“那时候，这个城——不是高天之上，而是在此世上的城——就会从天而降，在此生此世中，战斗之城将完全迎接胜利之城。上帝会重新建设此城，并恢复其原初的景况，这时候，全城会弥漫着一片和平。至于和平会持续多久，则唯有上帝知道。”③毋宁说，在神圣救赎历史的第七世代，最荣耀的上帝之城必将从天而降，上帝要在新天新地恢复起初创造的神圣景况，这就是作为基督教神圣历史哲学的神圣救赎历史的“复形记”。这些都是基督教末世论的神圣历史哲学，其重要性不在于细节，而在于末世论的历史精神，在于基督教末世论对于作为神圣救赎历史终极目标的新纪元的确立，以及总结并冠冕全体的应许。

对于中世纪基督教经院哲学而言，真正的和平是奠基在十字架根基上的和平，道成肉身的弥赛亚自己就是“全能的上帝，永在的父，和平之君”。上帝自己应许说：“我留下平安给你们，我将我的平安赐给你们。”奥古斯丁指出，唯独在以马内利的上帝中，门徒可以获得从上帝而来的平安。唯独从

---

① See Augustine, *The City of God*, 22:30.

② Augustine, *The City of God*, 22:30.

③ Bonaventure, *Collat. In hexaemeron*, XVI: 29 – 30. See Etienne Gilson, *The Spirit of Medieval Philosophy*, p. 398. 吉尔松：《中世纪哲学精神》，沈清松译，台湾商务印书馆 2001 年版，第 362 页。

以马内利的上帝那里，门徒可以获得上帝赐予的平安。唯独从以马内利的上帝而来的平安是帮助门徒获得胜利的平安，唯独从以马内利的上帝而来的平安是永不止息的平安。毋宁说，以马内利的上帝自己就是门徒的平安。无论是在现世的信心生命中，还是在永恒的安息日，唯独以马内利的上帝自己是门徒的平安。① 吉尔松指出，这种从上帝自己而来的平安是哲学完全不能给予的，不过中世纪基督教经院哲学至少可以藉着纳入基督教智慧，使这种平安的胜利获得拓展。在这个意义上，中世纪基督教经院哲学运用自己的方式为上帝神圣计划的完成而殚精竭虑，并且铺平通向“最荣耀的上帝之城”②的道路。中世纪基督教经院哲学阐扬“公义”的神圣奥秘，已经是在为“爱德”开辟道路。在这种意义上，中世纪基督教经院哲学不仅在神圣历史上占据一个地位而已，中世纪基督教经院哲学在上帝神圣计划的轴心上建立自己，殚精竭虑地促进上帝在神圣救赎历史中的神圣计划。③

对于中世纪基督教经院哲学而言，只要伸张社会公义，就可以实现公义的社会秩序并凝聚公民意志。倘若基督教哲学家愿意，也可以说和谐亦可能实现。对于托马斯而言，“平安的涵义蕴涵着和谐，平安的涵义超越和谐。”有平安固然必定享有和谐，有和谐却未必享有平安。只有和谐未必足以成就

---

① See Augustine, *On the Gospel According to St. John*, LXXVII:3.

② Augustine, *The City of God*, 1:Preface.

③ See Etienne Gilson, *The Spirit of Medieval Philosophy*, p. 399. 吉尔松：《中世纪哲学精神》，沈清松译，台湾商务印书馆2001年版，第363页。

和平之治，即使在某种邪恶秩序中也可以获得相当程度的和谐。① 世人一般所谓的和平，其实只是两次战争之间的间隙。其实这是一种朝不保夕的平衡，一旦相互的恐惧无法压抑相互的不睦，这种平衡就无法继续维持。这种剑拔弩张的恐惧固然可以支撑某种秩序，却永远无法为人类带来平安。倘若社会秩序无法成为人类心灵深处内在平安的自发性表现，人类心灵是无法获得安息的。倘若人类心灵能够彼此一致，所有人的意志可以在至善的爱中获得内在统一，那时人类将看到内部不和的消失，代之以内在的统一和内在的秩序，最后出现从内在秩序产生的宁静形成的和平。在这个意义上，和平就是内在秩序的宁静，和平就是心灵秩序的平安。倘若每一意志都和自身一致，则所有的意志就会彼此一致，而每个意志都会在志同道合的情况下获得和平。②

在中世纪基督教经院哲学的神圣历史哲学涵义的永久和平中，人类将臻于一个真正的社会，这个真正的社会奠基于对于同一目的之爱的统一性。爱慕善就是享有善，全心全意地爱慕善，就是在真实的平安中享有善，在恒久宁静而喜乐的深刻平安中享有善。在这个意义上，中世纪基督教经院哲学殚精竭虑地为自身无力赋予的和平国度的降临的预备道路。在建构一项人人皆能接受的理论，为统一心灵而努力时，中世纪基督教经院哲学希望能够保证各个灵魂的内在统一性，以及各个灵魂相互之间的一致性。中世纪基督教经院哲学宣称宇

---

① See Thomas Aquinas, *Summa Theologica*, IIaIIae:29:1.

② See Thomas Aquinas, *Summa Theologica*, IIaIIae:29:1.

宙万物都仰望而期待着上帝，中世纪基督教经院哲学要求人类在自身行动的无限繁杂中找出那激励人类行动的秘密源泉时，中世纪基督教经院哲学要人类首先准备自己的灵魂，以便迎接爱德到自己的心灵中，并希望爱德的国度拓展到全地。毋宁说，爱德的统治国度到全人类。真正的和平何在？真正的平安何在？爱慕神圣律法的人享有从上帝而来的平安。[①]对于托马斯而言，真正的和平奠基于人类心灵对于真理和至善的共同渴慕。毋宁说，真实的平安就是仁爱的成就。[②]

倘若中世纪基督教经院哲学正是为着和平的缘故而工作，那是因为中世纪基督教经院哲学就是和平本身的作品。一切历史无非是以上帝国度至高的宁静为历史前进的终极鹄的，因为上帝就是和平本身。上帝是宇宙万物的创造者，上帝是人类的创造者。上帝就是人类在神圣历史进程中探寻的目标，上帝自己就是和平本身。和平本身不是人类历史中那种动荡不安朝不保夕的相对和平，和平本身不是任何内部统一的代价能够换取的：上帝就是和平本身，因为上帝就是一，上帝就是存在自身。在这个意义上，上帝创造了存在者和存在者之间的相对和平。上帝在引导人类的理智和意志藉着知识和挚爱来走近上帝自己时，上帝自己作为人类知识和挚爱的至高对象，上帝赋予人类良知以宁静，从上帝而来宁静统一人类良知，使人类良知彼此结合为一。对于托马斯而言，作为上帝自己的和平创造的结果，从上帝而来的真正和平就以自己

---

① See Thomas Aquinas, *Summa Theologica*, IIaIIae:29:3.

② See Thomas Aquinas, *Summa Theologica*, IIaIIae:29:2.

的方式阐述着作为自己存在源泉的至高而恒久的和平本身的创造权能。① 上帝的和平就是上帝自己,上帝自己就是上帝的和平。在这个意义上,真正的和平是现世人类不能亲睹的,但中世纪基督教经院哲学家在种种本质的统一中,在种种律法的和谐中,在社会和谐中,看见人类心灵对于上帝的和平的有限分享。因为和平本身遍及宇宙万物,把宇宙万物彼此联结,温柔地眷顾宇宙万物。

吉尔松指出,倘若基督教哲学家从作为上帝自身的和平国度这个神圣理念去理解中世纪基督教经院哲学,就需要把中世纪基督教经院哲学放在欧洲哲学历史中去考察中世纪基督教经院哲学如何在哲学历史中作出贡献,因为中世纪基督教经院哲学确实已经在欧洲哲学历史中作出自己的贡献。中世纪基督教经院哲学尚未完成自己渴望完成的一切工作,甚至可以说中世纪基督教经院哲学尚未完成自己应该完成的工作,因为中世纪基督教经院哲学归根结底只是一种哲学。毋宁说,只是一种人类精神的辛劳努力,但中世纪基督教经院哲学所从事的是一项超越人类自身的神圣工程。然而,中世纪基督教经院哲学是伟大的、是有尊荣的,因为中世纪基督教经院哲学对于自己的本质表现出忠贞不渝的忠诚。在这个意义上,中世纪哲学精神就是基督教哲学精神。② 在这个意义上,

---

① See Thomas Aquinas, *In de Div. Nom.*, Cap. XI: Lect. I. See Etienne Gilson, *The Spirit of Medieval Philosophy*, p. 400. 吉尔松:《中世纪哲学精神》,沈清松译,台湾商务印书馆 2001 年版,第 363 页。

② See Etienne Gilson, *The Spirit of Medieval Philosophy*, p. 401. 吉尔松:《中世纪哲学精神》,沈清松译,台湾商务印书馆 2001 年版,第 365 页。

中世纪哲学精神就是作为“永恒哲学”的基督教哲学精神。①就中世纪基督教经院哲学自觉地和一种藉助作为神学德性的信德和爱德而存在的基督教智慧相结合而言，中世纪基督教经院哲学是成果丰硕且富于创造力的。

中世纪基督教经院哲学家为了中世纪基督国度的狭隘而烦扰。然而，基督国度的领域纵然狭隘，中世纪基督教经院哲学依然可以生存。中世纪基督教经院哲学的倾覆首先来自内部的倾轧，一旦中世纪基督教经院哲学开始把哲学自身理解为目的本身，而不是把神圣智慧本身理解为真正的目的和源泉，这些不和与倾轧便增多。当中世纪基督教经院哲学家忽视真理的追求，忽视维系中世纪基督教经院哲学统一性的基督教精神，而把精神力量消耗在关于用来表达真理的语句意义的琐屑争论上，经院哲学家就毁灭了中世纪基督教经院哲学。当维系中世纪基督教经院哲学的统一性的基督教精神变得晦涩甚至失落，中世纪基督教经院哲学就成为空壳，摧毁了作为自身唯一基础的真理根基。中世纪基督教经院哲学曾经是基督国度的伟大工程，这个中世纪基督国度一方面依赖中世纪基督教经院哲学而存在，另一方面是中世纪基督教经院哲学赖以存在的根基。一旦中世纪基督教经院哲学无法维持一种合理而且属于基督教智慧的哲学统一性，中世纪基督教经院哲学和中世纪基督国度便一同被自己的重量所压碎。②

---

① See Etienne Gilson, *The Christian Philosophy of St. Thomas Aquinas*, Foreword.

② See Etienne Gilson, *The Spirit of Medieval Philosophy*, p. 402. 吉尔松：《中世纪哲学精神》，沈清松译，台湾商务印书馆 2001 年版，第 365 页。

吉尔松指出，真正摧毁中世纪基督教经院哲学的，不是现代科学，现代科学是人类心灵伟大而卓越的杰作。按照上帝神圣形象创造的人，担负着宇宙园丁的责任。在这个意义上，认识作为宇宙存在秩序的神圣奥秘，就是认识上帝从虚无中创造宇宙万物的神圣奥秘，就是认识上帝从虚无中创造宇宙万物的神圣智慧。在这个意义上，在科学巨匠牛顿那里，认识宇宙奥秘的科学智慧和认识上帝自己的基督教智慧是珠联璧合而相得益彰的，犹如在作为“恩典博士”的奥古斯丁那里，认识灵魂奥秘的基督教苏格拉底智慧和认识上帝自己的基督教智慧是珠联璧合而相得益彰的。牛顿在著名经典《自然哲学的数学原理》之余，著有《但以理书和启示录预言研究》。吉尔松指出，在康德哲学中，知识概念已经被还原为科学知识的概念，科学知识的概念已经被还原为牛顿物理学提供的知识范型。[1] 这不是牛顿自己的知识概念，不是奥古斯丁的知识概念，也不是中世纪基督教经院哲学的知识概念。在这个意义上，一个遗失基督教的上帝的世界，只能犹如一个过去未曾找到基督教的上帝的世界，就是犹如希腊哲学的世界。[2] 事实上，许多人因为可理解的科学魅力而完全丧失对于形而上学和基督教智慧的兴趣。[3]

吉尔松指出，当现代科学诞生时，中世纪基督教经院哲学已经不再活生生的存在。当现代科学诞生时，中世纪基督教经院哲学已经无力迎接现代科学，将现代科学的卓越文明融

---

① See Etienne Gilson, *God and Philosophy*, p. 109.

② See Etienne Gilson, *God and Philosophy*, p. 136.

③ See Etienne Gilson, *God and Philosophy*, p. 143.

会贯通在永恒神圣的基督教智慧中，犹如作为“恩典博士”的奥古斯丁把柏拉图哲学融会贯通在永恒神圣的基督教智慧中，犹如作为“天使博士”的托马斯把亚里士多德哲学融会贯通在永恒神圣的基督教智慧中。在这个意义上，和平的建设者已经在战争中阵亡。这个战争是由于国家本位主义对于基督教学说的对抗，这种对抗本来是中世纪基督教经院哲学可以抵御的，但由于中世纪基督教经院哲学内部的不和以及倾轧的折磨，而忘记了自己应该属于基督教智慧的本质。在自行分裂的悲剧中，中世纪基督教经院哲学的整幢建筑猝然倾覆。吉尔松指出，20 世纪的基督教哲学家尝试重建基督教哲学的思想大厦也许不算太迟。但是，为了使基督教哲学获得新生，必须要获得崭新的基督教哲学精神，基督教哲学必须学习吸收维持真正的基督教哲学精神。真正的基督教哲学精神是基督教哲学唯一可以生活呼吸的精神氛围。①

第三节　吉尔松的哲学史观

吉尔松指出，从启蒙运动的观点理解欧洲哲学史的哲学家通常把欧洲哲学历史区分为三个阶段：希腊哲学的黄金时期、中世纪哲学的野蛮时期（gothic ages）和近代哲学的启蒙时期。希腊哲学和近代哲学的相同范式是纯粹理性的哲学沉思。在中世纪基督教经院哲学中，纯粹理性的天然运用在基

① See Etienne Gilson, *The Spirit of Medieval Philosophy*, p. 402. 吉尔松：《中世纪哲学精神》，沈清松译，台湾商务印书馆 2001 年版，第 366 页。

督教启示原理的绝对真理中丧失自主性。① 在这个意义上，近代哲学倘若不和中世纪基督教经院哲学彻底决裂，哲学就无法获得任何进展。这种否定中世纪基督教经院哲学的态度是启蒙运动的基本立场。20 世纪新经院哲学的崛起，中世纪基督教经院哲学对于欧洲哲学的深刻影响和历史贡献才成为中世纪基督教经院哲学研究的基本论题。吉尔松指出，自己或许是启蒙运动以来第一位哲学家，系统而完整地揭示中世纪基督教经院哲学纲要，藉助对于中世纪基督教经院哲学第一手的个案研究，勾勒中世纪基督教经院哲学的卓越主题和形而上学思想蓝图。② 对于黑格尔而言，中世纪基督教经院哲学文本是如此浩瀚而晦涩艰深，没有哲学家能够通过第一手研究就通晓中世纪基督教经院哲学。吉尔松指出，勾勒中世纪基督教经院哲学纲要，勾勒中世纪基督教经院哲学的形而上学蓝图，揭示中世纪哲学精神，事实上是在中世纪基督教经院哲学史的领域中从事哲学研究。

中世纪基督教经院哲学不是从虚无中的哲学创造，而是在希腊哲学中获得深刻的思想根源。吉尔松中世纪基督教经院哲学研究的基本论题在于：第一，揭示出起源于犹太—基督教启示原理的基本哲学观念；第二，揭示出中世纪基督教经院哲学从希腊哲学秉承的形而上学论题和哲学观念；第三，揭示出中世纪基督教经院哲学对于希腊哲学的超越和扬弃。中世

---

① See Etienne Gilson, *Reason and Revelation in the Middle Ages*, pp. 1–2.

② See Etienne Gilson, *The Spirit of Medieval Philosophy*, p. 206. 吉尔松：《中世纪哲学精神》，沈清松译，台湾商务印书馆 2001 年版，第 191 页。

纪基督教经院哲学秉承着希腊哲学的形而上学遗产，作为希腊哲学的纯粹哲学依然在中世纪基督教神圣启示原理中持续生存。对于吉尔松而言，中世纪基督教经院哲学研究的基本论题在于，希腊哲学在进入基督教启示原理的环境中如何获得新的发展动力和新的思想面貌。对于吉尔松而言，“基督教哲学”的概念蕴涵着对于中世纪基督教经院哲学历史地位的深刻阐述。由于基督教神圣启示原理的奠基，哲学才得以成为中世纪基督教经院哲学。倘若说希腊形而上学为中世纪基督教经院哲学提供形式，基督教神圣启示原理为中世纪基督教经院哲学阐述真理。离开希腊哲学传统，基督教神圣启示无法获得形而上学的哲学形态。离开基督教的神圣启示原理，中世纪基督教经院哲学就无法实现纯粹存在的形而上学。

吉尔松指出，倘若奥古斯丁不是单单抄袭柏拉图，而是在基督教神圣启示原理的光照中对于柏拉图哲学有卓越的拓展，倘若托马斯和司各脱不是单单抄袭亚里士多德，而是在基督教神圣启示原理的光照中对亚里士多德哲学有卓越的拓展，中世纪基督教经院哲学的历史研究就有确凿可靠的研究对象。就中世纪基督教经院哲学的逻辑蕴涵而言，吉尔松指出，中世纪哲学精神就是道地的基督教哲学精神。吉尔松的中世纪基督教经院哲学研究指出：基督教的神圣启示原理是中世纪基督教经院哲学的真理源泉和智慧源泉。中世纪基督教经院哲学奠基于作为圣经启示原理的神圣光照，凝聚着经院哲学家对于启示奥秘殚精竭虑的理性沉思，揭示出作为基督教学说的世界观，建造起作为基督教原理的形而上学大厦，就是中世纪基督教经院哲学"思想的大教堂"[①]。倘若今日基督教哲学家认识中世纪基督教经院哲学的真实面貌，就可以确认"中世纪哲学精神"是一个自足的论题，因为中世纪基督教经院哲学确实为欧洲哲学史研究揭示出一个惊人繁荣的历史景象。[②] 对于吉尔松而言，倘若中世纪哲学精神就是基督教哲学精神，那就确定着中世纪是欧洲哲学的鼎盛时代，是欧洲哲学的崭新时代，是欧洲哲学的光明时代。

一、存在存在的斯芬克斯之谜

吉尔松指出，中世纪基督教经院哲学从柏拉图和亚里士多德的存在形而上学获得深刻哲学启迪，引用柏拉图和亚里士多德的形而上学原则，却从希腊哲学的存在形而上学中提出柏拉图和亚里士多德连梦都未曾梦见过的中世纪基督教经院哲学的形而上学结论。对于中世纪基督教经院哲学而言，存在(Being)是形而上学的首要原理，是人类知识的首要原理。[③] 在这个意义上，作为存在存在的存在行动(Existence)，是存在存在的形而上学根基，是存在本质(Essence)的形而上学根基，是神圣存在(Being)的形而上学根基，是神圣存在(Being)中存在(Existence)和本质(Essence)的先验同一性的形而上学根基，是中世纪基督教经院哲学的存在形而上学的首要原

① Etienne Gilson, *The Spirit of Medieval Philosophy*, Preface. 吉尔松:《中世纪哲学精神》,沈清松译,台湾商务印书馆 2001 年版,原作者序。

② See Etienne Gilson, *The Spirit of Medieval Philosophy*, p. 407. 吉尔松:《中世纪哲学精神》,沈清松译,台湾商务印书馆 2001 年版,第 372 页。

③ See Etienne Gilson, *The Unity of Philosophical Experience*, pp. 313, 316.

理。毋宁说,作为存在存在的存在行动(Existence),是托马斯存在形而上学的首要原理。① 在欧洲哲学的存在形而上学历史进程中,作为存在形而上学的巴门尼德哲学卓越而深刻地提出存在存在的斯芬克斯之谜,中世纪基督教经院哲学的神圣启示原理赋予存在存在的斯芬克斯之谜确凿可靠的形而上学答案。② 在这个意义上,中世纪基督教经院哲学的神圣启示原理,赋予存在存在的斯芬克斯之谜确凿可靠的形而上学原理。

中世纪基督教经院哲学的形而上学结论,是在希腊哲学中不可能获得地位的形而上学结论。倘若将中世纪基督教经院哲学的形而上学结论安置在希腊哲学中,必将摧毁希腊哲学的形而上学系统。吉尔松指出,尤其显著的形而上学论题是中世纪基督教经院哲学中关于本质和存在的基本区分,无论采取任何意义,本质和存在之间的基本区别对于中世纪基督教经院哲学都是绝对必要的,而在亚里士多德的形而上学中,完全无法设想这种区分。就一以贯之的亚里士多德哲学而言,所有非质料的存在者必定是纯粹实现(pure act),毋宁说,一个"神明"。对于中世纪基督教经院哲学家而言,一个非质料的存在者尚未成为纯粹实现,存在者在自存的存在涵义方面依然在潜在状态。托马斯和司各脱对于亚里士多德的潜能和实现的观念都赋予崭新的形而上学涵义,把中世纪基督教经院哲学的存在形而上学奠基于中世纪基督教经院哲学的创造观念。因为中世纪基督教经院哲学固有的创造观念,

① See Etienne Gilson, *Being and Some Philosophers*, p. 215.

② See Etienne Gilson, *Being and Some Philosophers*, p. 215.

存在形而上学奠基在一种纯粹的语义双关即语言类比上。毋宁说，因为中世纪基督教经院哲学固有的创造观念，托马斯和司各脱的存在形而上学已经获得和亚里士多德的存在形而上学迥然不同的本体论理解。①

因着存在形而上学的缘故，中世纪基督教经院哲学中从存在形而上学演绎而来的宇宙论、人类学和伦理学，都获得和亚里士多德哲学迥然不同的本体论理解。毋庸置疑，中世纪基督教经院哲学中从存在形而上学演绎而来的认识论、自由学说、自然哲学、历史哲学和目的论，都获得和亚里士多德哲学迥然不同的本体论理解。托马斯和司各脱这些卓越的中世纪基督教经院哲学家不是把自己封闭在亚里士多德哲学的固有结论中，而是以向基督教神圣启示原理开放的形而上学视野把亚里士多德哲学作为中世纪基督教经院哲学的逻辑起点，从希腊哲学的存在形而上学论题中引申出亚里士多德自己完全无法预见的中世纪基督教经院哲学的形而上学结论，与亚里士多德哲学具有深刻的形而上学差异，形成中世纪基督教经院哲学卓越而独特的基督教哲学精神。② 作为 20 世纪最卓越的中世纪经院哲学史学者，吉尔松以卓越而非凡的形而上学勇气称自己是现代基督教哲学的第一人，来探讨中世纪基督教经院哲学的思想纲要，③来勾勒中世纪基督教经

① See Etienne Gilson, *The Spirit of Medieval Philosophy*, p. 410. 吉尔松：《中世纪哲学精神》，沈清松译，台湾商务印书馆 2001 年版，第 374 页。

② See Etienne Gilson, *The Spirit of Medieval Philosophy*, p. 411. 吉尔松：《中世纪哲学精神》，沈清松译，台湾商务印书馆 2001 年版，第 375 页。

③ See Etienne Gilson, *The Spirit of Medieval Philosophy*, p. 206. 吉尔松：《中世纪哲学精神》，沈清松译，台湾商务印书馆 2001 年版，第 191 页。

院哲学的形而上学蓝图,来揭示中世纪基督教经院哲学的伟大主题,来阐述中世纪基督教经院哲学的基本观念,来呈现中世纪基督教经院哲学作为欧洲哲学历史鼎盛时刻(Golden Age)的真实面貌。

吉尔松卓越地指出,作为存在的存在是人类知识的首要原理,作为存在的存在是形而上学的首要原理。欧洲哲学历史上形而上学的失败,在于哲学家无法正确把握形而上学的首要原理——作为存在的存在。毋宁说,欧洲哲学历史上形而上学的失败,在于哲学家无法正确把握"作为存在的存在"的神圣奥秘,就是作为存在自身的存在行动。① 对于吉尔松而言,作为存在的存在是形而上学的神圣奥秘。在这个意义上,全部欧洲哲学历史的形而上学逻辑进程在于揭示出,对于作为神圣存在自身的存在现实(Existence)奥秘的理解是"哲学智慧的开端"②。倘若说希腊哲学是人类纯粹理性沉思的辉煌时代,希腊智慧的深刻性就在于正确提出存在存在的斯芬克斯之谜。对于吉尔松而言,"对于存在(Being)的敬畏是智慧的开端"③。巴门尼德卓越而深刻地提出存在存在的斯芬克斯之谜,毋宁说,巴门尼德卓越而深刻地提出存在存在的形而上学论题:为什么存在存在而非存在不存在——揭示出希腊哲学家对于作为存在的存在(Being)的敬畏。吉尔松指出,对于存在的敬畏是智慧的开端。在这个意义上,作为爱智

① See Etienne Gilson, *Being and Some Philosophers*, p. 2. See Etienne Gilson, *The Unity of Philosophical Experience*, pp. 313, 316.

② Etienne Gilson, *Being and Some Philosophers*, p. 214.

③ Etienne Gilson, *Being and Some Philosophers*, p. 2.

者的希腊哲学家的存在形而上学是对于智慧的爱慕，是对于智慧的追求，是对于智慧的渴慕。在这个意义上，希腊哲学的存在形而上学起源于对于作为存在的存在（Being）的神圣奥秘的深刻惊诧。作为希腊哲学开端的形而上学尝试就是希腊哲学家前赴后继地追寻万物存在的本原或始基，毋宁说，就是希腊哲学家前赴后继地追寻作为万物存在根基的终极实在。

对于巴门尼德而言，作为存在的存在（Being）是全部实在的根基。巴门尼德的形而上学论题是：何谓存在？毋宁说，巴门尼德提出存在存在的斯芬克斯之谜：为什么存在存在而非存在不存在？在欧洲哲学的形而上学历史中，存在的神圣奥秘就是生命的神圣奥秘，存在的形而上学真理就是生命的形而上学真理，存在的形而上学原理就是生命的形而上学原理。在这个意义上，为什么存在存在而非存在不存在？就是存在存在的斯芬克斯之谜。对于巴门尼德而言，作为存在的存在（Being）揭示出完整实在（Reality）的原始奥秘和终极踪迹。[1]在巴门尼德哲学诗篇的第一部分，存在（Being）的神圣奥秘在于存在者对于作为存在行动的存在自身（Existence）的分享。对于巴门尼德而言，存在存在，因为逻各斯如是说。希腊哲学家面对着一个实实在在的现实世界。无论希腊哲学家如何思考实在（Reality）自身，人类心灵对于实在（Reality）的基本直观是对于存在的直观。对于巴门尼德而言，存在存在（being exists），非存在不存在（non-being does not exist）。在存在（Existence）和非存在（Non-Existence）之间，没有形而上学的

① See Etienne Gilson, *Being and Some Philosophers*, p. 6.

中间道路。① 既然没有人主张存在不存在，那么通往哲学的唯一道路就是“存在存在”（being exists）。②

吉尔松指出，存在存在而非存在不存在，这是巴门尼德关于存在形而上学的惊人发现。倘若巴门尼德宣称实在（Reality）的真实根基在于“存在存在”，那么，何谓存在（what is being）？毋宁说，存在自身（Being）是何种实在（Reality）？③巴门尼德惊人的形而上学勇气和形而上学智慧在于提出欧洲哲学历史中最深邃、最晦涩、最艰深的形而上学论题。对于巴门尼德而言，存在存在，就是形而上学的终极奥秘。对于把门尼德而言，存在存在没有开端和终结，在这个意义上，存在意味着永恒，意味着永恒不变的存在。存在是单纯而完满的。在这个意义上，巴门尼德的存在形而上学命题就是直接宣称：“存在存在而非存在不存在。”④巴门尼德对于“存在存在而非存在不存在”的形而上学直观，揭示出人类心灵深处的形而上学底蕴，揭示出人就其先验禀赋而言就是形而上学的存在者。巴门尼德形而上学命题的真实意义在于指出，无论哲学家如何认识实在（Reality），实在的首要原理是实在自身的存在行动（very existence）。⑤ 巴门尼德坚持宣称：存在存在（being exists）。毋宁说，实在自身的存在行动是存在形而上学的首要原理。在这个意义上，哲学沉思的唯一道路就是：存

---

① See Etienne Gilson, *Being and Some Philosophers*, p. 8.
② See Etienne Gilson, *Being and Some Philosophers*, p. 8.
③ See Etienne Gilson, *Being and Some Philosophers*, p. 7.
④ Etienne Gilson, *Being and Some Philosophers*, p. 7.
⑤ See Etienne Gilson, *Being and Some Philosophers*, p. 8.

在存在(namely, being exists)。巴门尼德揭示的存在形而上学奥秘就是:存在存在,存在的首要原理就是存在自身的存在行动。

吉尔松指出,巴门尼德、柏拉图、亚里士多德这些卓越而深刻的希腊哲学家已经正确地提出存在存在的根源问题以及何谓存在的形而上学问题。对于巴门尼德而言,存在的神圣奥秘是存在自身的同一性。倘若只有真正配称存在(Being)之名称者享有存在(Existence),那么人类直接面对着的感觉世界就无法享有存在(Existence)。倘若人类心灵对于作为绝对同一而永恒不变的存在(Being)无法拥有感觉经验,真正的实在(Reality)作为存在(Being)自身就仅仅是心灵的对象。巴门尼德深刻揭示出作为完整实在(Reality)的不同领域之间的巨大张力,使"存在存在"的斯芬克斯之谜成为欧洲哲学的形而上学历史中的永恒论题。① 巴门尼德的存在形而上学奠定着柏拉图形而上学大厦的根基。对于柏拉图而言,存在存在的神圣奥秘就是存在存在的自身同一性(Identity)。毋宁说,存在存在的自身同一性(Identity)和形而上学实在(Reality)之间存在着神秘而必然的先验关系。倘若自身同一性是实在(Reality)的神圣本质,那么存在自身(Being)必然显现为同一、单纯、永恒和不变。柏拉图提出"两个世界"的本体论区分:"始终以同一方式享有自身同一性"的永恒不变的理念世界,以及由不断产生和不断消逝的感性存在者构成的经验世界。倘若永恒不变的理念世界存在(exists),那么奔腾

① See Etienne Gilson, *Being and Some Philosophers*, p. 8.

不羁的经验世界不存在(do not exist)。对于柏拉图而言,永恒不变的理念世界在整个地且排他地“是其所是”的意义上存在着。①

对于亚里士多德而言,存在存在的神圣奥秘,“作为存在的存在”的神圣奥秘就是作为存在行动和源泉的实体(Substance)。对于亚里士多德的实在论而言,实在(Reality)首先是可见可触的存在者:这个人,这棵树,这块木头,等等。毋宁说,实在(Reality)始终是一个特殊的现实存在着的存在者。亚里士多德的形而上学论题是:在具体存在着的存在者中,何谓存在者的本质(*ousia*)? 毋宁说,*ousia* 之作为 *ousia* 的根据何在? 对于存在者本质问题的追问,使亚里士多德巩固而推进着柏拉图本质主义的形而上学,同时揭示出存在行动(Existence)进入存在形而上学视野的空间。亚里士多德在《形而上学》中强调实体就是本质,就是使存在者成为实体的本质。在这个意义上,作为形而上学研究对象中首先被遭遇的存在现实,作为存在行动的存在自身(Existence)被视作理所当然而被亚里士多德的存在形而上学忽略了。② 对于亚里士多德的阿拉伯注释者阿维森那(Avicenna)而言,形而上学必须在存在自身和存在者之间作出区分。倘若在存在者(Being)自身中存在着存在(Existence)和本质(Essence)的形而上学区分,存在者就意味着自身本质和存在的现实结合。毋宁说,除非本质(Essence)获得存在(Existence),就不配享有存在(Be-

① See Etienne Gilson, *Being and Some Philosophers*, p. 15.

② See Etienne Gilson, *Being and Some Philosophers*, p. 46.

ing)之名。在这个意义上,本质和存在的形而上学区分意味着存在(Being)自身两种形而上学涵义的区分。离开现实存在,本质只是一种单纯的可能性而已:一个可能的存在者。对于阿维森那而言,上帝是自身存在而永恒存在的必然存在者。在存在者自身中,宇宙万物的存在只是可能的;在上帝的神圣创造中,宇宙万物的存在是必然的。毋宁说,宇宙万物的存在完全没有必然性。在这个意义上,存在存在的神圣奥秘只是发生于本质上的偶性(*to be* is an accident)。①

对于托马斯而言,存在存在的神圣奥秘是作为全部实在根基的存在者的存在行动(Existence)。毋宁说,存在存在的神圣奥秘就是以色列选民的上帝亲自向摩西启示自己的奇妙名字:YHWH——I Exist,就是自身存在而永恒存在的作为必然存在者的上帝自己的存在行动,就是自身存在而永恒存在的作为必然存在者的作为有形无形的宇宙万物的创造者的上帝自己的存在行动。② 托马斯的存在形而上学是中世纪基督教经院哲学的形而上学颠峰,是欧洲哲学形而上学历史独特而珍贵的真理宝藏。在这个意义上,吉尔松指出:对于作为存在自身(Being)的存在行动(Existence)的认识是哲学智慧的开端。③ 对于托马斯而言,神圣存在(Existence)和神圣本质(Essence)的先验同一性奠基于自身存在而永恒存在的存在自身(Being)的存在行动中(the very act of existence of being)。托马斯的存在形而上学阐述着存在和本质的先验同一性,时间

① See Etienne Gilson, *Being and Some Philosophers*, p. 80.
② See Thomas Aquinas, *Summa Theologica*, I:13:11.
③ See Etienne Gilson, *Being and Some Philosophers*, p. 214.

和永恒的先验同一性。托马斯的存在形而上学揭示着唯一的存在根基，哲学家得以正确地提出"存在存在"的形而上学论题，基督教神圣启示原理得以正确地揭示"存在存在"的形而上学奥秘。①

对于吉尔松而言，中世纪基督教经院哲学家把亚里士多德的实体问题推到存在层面，因此赋予实现性的观念以完满的意义，这就是中世纪基督教经院哲学独特而卓越的存在形而上学进程。中世纪基督教经院哲学独特而卓越的创造精神来源于中世纪基督教经院哲学的存在形而上学，并因此成为真正的基督教哲学，中世纪基督教经院哲学的深刻影响已经远远超越中世纪本身的历史时期。倘若依然有哲学家继续确信形而上学真理的确凿性，中世纪基督教经院哲学就会在哲学史中继续获得自己作为存在形而上学的深刻影响。倘若确认中世纪基督教经院哲学在欧洲哲学历史中的真实存在，基督教哲学家必须研究中世纪基督教经院哲学的卓越典范，这些卓越的经院哲学家拥有基督教哲学原理的自身完备性而且实践着一种真正的哲学生活。基督教学说自身固有的神圣启示原理，在中世纪基督教经院哲学中获得深邃而恢弘的学院派哲学阐述。吉尔松指出，在中世纪基督教的教父哲学和经院哲学中，希腊哲学的存在形而上学和犹太—基督教启示的存在观念及其创造观念实现着卓越而完满的深刻契合。在以托马斯为典范的中世纪基督教经院哲学中，存在形而上学实

① See Etienne Gilson, *Being and Some Philosophers*, p. 215.

现着深刻革命。①

吉尔松卓越而深刻地指出，希腊哲学家困惑于存在形而上学的哲学沉思中，犹太人已经找到了上帝。希腊哲学家困惑于存在形而上学的哲学沉思中，犹太—基督教的上帝已经在以色列历史中为希腊哲学的存在形而上学问题，提供着完满而卓越的终极性解答。早在巴门尼德沉思存在的形而上学论题之前，上帝已经面对面地向犹太人启示自己，上帝亲自向摩西启示自己的名字，向以色列百姓启示自己的本性。这位犹太—基督教的上帝的首要特征，是上帝的独一性："以色列啊，你要听！耶和华我们的上帝，是独一的主。"在这个意义上，任何思考宇宙万物第一原理的哲学家，应该把犹太—基督教的上帝确认为真实的上帝。在中世纪基督教的经院哲学中，哲学家的上帝就是亚伯拉罕的上帝，以撒的上帝，雅各的上帝，就是和亚伯拉罕缔结神圣契约的上帝，就是向摩西启示自己奇妙名字 YHWH（我是我所是：I Exist）的上帝，就是在基督耶稣里拯救世人的上帝。希伯来圣经的历史叙述，已经成为中世纪基督教经院哲学历史上具有里程碑意义的形而上学陈述。中世纪基督教经院哲学的形而上学的首要原理就是上帝在自我彰显中的唯一命名："我是我所是"（I AM WHO I AM：I Exist）。②

当摩西向犹太人宣告这位独一上帝的存在时，犹太人就认识这是亚伯拉罕的上帝，以撒的上帝，雅各的上帝。一而再、再

① See Etienne Gilson, *Being and Some Philosophers*, p. 174.

② See Etienne Gilson, *God and Philosophy*, pp. 38–40.

而三,以色列的上帝向自己的选民证实,上帝眷顾自己的百姓。上帝和以色列选民的关系,始终是位格性的关系。关于以色列选民的上帝,犹太人仍然渴望知道的一件事,就是上帝的名字。摩西没有从事深奥的存在形而上学沉思,只是直接向上帝求问上帝的名字。上帝在自我彰显中的唯一命名就是 YHWH——"我是我所是"——I Exist。① 基督教的上帝是自身存在而永恒存在的存在者。基督教的上帝从虚无中创造有形无形的宇宙万物。在这个意义上,中世纪基督教经院哲学就其先验本质而言,就是毋庸置疑的存在形而上学,就是唯一真实的存在形而上学。② 吉尔松指出,倘若基督教哲学家在关于神圣存在的形而上学领域完整地持守真理,唯一的形而上学道路就是:基督教哲学家的上帝,就是那位亲自向摩西启示自己奇妙名字的上帝,就是亚伯拉罕的上帝、以撒的上帝、雅各的上帝。③

倘若基督教哲学家在宇宙科学的前沿领域阐述神圣存在的形而上学真理,唯一的形而上学道路就是:科学家的上帝,就是那位亲自向摩西启示自己奇妙名字的上帝,就是亚伯拉罕的上帝、以撒的上帝、雅各的上帝。在这个意义上,近代科学奠基者牛顿的基督教宇宙观,就是宇宙科学的形而上学道路。托马斯的存在形而上学卓越而深刻地揭示出神圣实在(Reality)自身恒久不变的形而上学结构。托马斯的存在形而上学使基督教神圣启示原理和希腊哲学的存在形而上学论题两者获得深刻契合,同时使关于神圣实在的存在形而上学和

---

① See Etienne Gilson, *God and Philosophy*, p. 40.

② See Etienne Gilson, *God and Philosophy*, p. 41.

③ See Etienne Gilson, *God and Philosophy*, p. 144.

现代科学的理性探索两者获得深刻契合。毋宁说,托马斯奠基的存在形而上学就是作为永恒真理的基督教神圣启示原理和作为时代精神的现代科学文明之间确凿可靠的形而上学桥梁。在这个意义上,托马斯奠基的存在形而上学是现代科学的形而上学原理,是基督教神圣启示原理和现代科学精神的神圣和谐原理。在这个意义上,吉尔松宣称托马斯的存在形而上学是作为基督教神圣启示原理形而上学阐述的永恒哲学:“托马斯·阿奎那形而上学的基本主张依然远远领先于被认为是我们时代最先进的思想。”①

二、雅典和耶路撒冷

中世纪基督教经院哲学面对的基本论题是作为基督教神圣启示原理的福音奥秘的真理阐述;毋宁说,是基督教神圣启示原理的形而上学阐述。在这个意义上,中世纪基督教经院哲学面对的基本认识论论题就是中世纪基督教经院哲学史上著名的“雅典和耶路撒冷”之间的关系,就是中世纪基督教经院哲学史上希腊哲学和希伯来启示神学之间的关系。毋宁说,中世纪基督教经院哲学史上著名的“雅典和耶路撒冷”的关系,就是基督教哲学如何可能的问题。毋宁说,为什么基督教的中世纪需要哲学?② 从上帝对于按照自己神圣形象创造的人类的神圣启示的终极视野来看,中世纪基督教经院哲学

---

① Etienne Gilson, *The Christian Philosophy of St. Thomas Aquinas*, Foreword.

② See Etienne Gilson, *The Spirit of Medieval Philosophy*, p. 419. 吉尔松:《中世纪哲学精神》,沈清松译,台湾商务印书馆 2001 年版,第 381 页。

的认识论论题"雅典和耶路撒冷"之间的关系,可以被理解为上帝在神圣创造主权中的普世性启示和上帝在神圣救赎历史中的特殊启示之间的关系。在这个意义上,作为人类智慧辉煌时刻的希腊形而上学是上帝在神圣创造主权中的普世性启示,而作为基督教信仰犹太根源的希伯来圣经神学是上帝在神圣救赎历史中的特殊启示。上帝在神圣创造主权中的普世性启示彰显在宇宙万物、世界历史和人类灵魂中。第一,宇宙万物存在的神圣秩序述说创造者的荣耀。第二,万国万邦的历史命运彰显出世界历史的主宰。第三,人类灵魂中先验的上帝观念和先验的道德彰显出人类灵魂深处上帝的神圣形象。上帝在神圣救赎历史中的特殊启示,作为基督教信仰犹太根源的希伯来圣经神学,彰显出上帝在基督里为人类预备的救恩奥秘。

在 2000 年的基督教哲学史上,首先揭示出"雅典和耶路撒冷"之间深刻对峙关系的拉丁教父德尔图良,可以说是路德十字架神学的思想先驱。对于德尔图良而言,基督教的神圣奥秘就是被钉十字架的基督。基督教的神圣奥秘是上帝在基督里的特殊启示,是超自然的特殊启示,是超越理性的特殊启示,是超越希腊形而上学的特殊启示。针对那些以十字架为羞耻的人,德尔图良在《论基督的肉身》中指出:"上帝之子被钉在十字架上,我不感到羞耻,因为人必须为之感到羞耻。上帝之子死了,这是完全可信的,因为这是荒谬的。上帝之子被埋葬又复活了,这一事实是确实的,因为这是不可能的。"①

① See Tertullian, *On the Flesh of Christ*, 15; *The Ante Nicene Fathers*, ed. by A. Roberts and J. Donaldon, Buffolo, 1885, III:525.

对于德尔图良而言,基督耶稣的十字架是基督教的神圣奥秘,因此是基督教会的神圣道路。基督教会面对着形形色色的异端,基督教在公开场合必须持守自己的真理立场:“教会正在为生存而争战……教会的正统派和她的孩子一样,正在经受火的煎熬。”①德尔图良深刻而卓越地指出:作为基督教的神圣奥秘,以耶路撒冷为表记的教会真理即作为救恩奥秘的特殊启示和以雅典为表记的柏拉图学园即作为形而上学的普世性启示是迥然不同的真理陈述。基督教的神圣奥秘就是基督的十字架。基督的十字架是上帝在神圣救赎历史中拯救人类的智慧,却是世人以为愚拙的智慧。上帝的智慧迥然不同于世人的智慧,这是保罗书信的基本信息。

吉尔松在关于中世纪基督教经院哲学的认识论著作《中世纪的理性和启示》一书中深刻揭示出中世纪基督教经院哲学历史中存在着三个典型的基督教神圣家族,就是德尔图良家族、奥古斯丁家族和托马斯家族,代表着基督教哲学历史中三种典型的认识论形态。毋宁说,中世纪基督教哲学历史中的德尔图良家族、奥古斯丁家族和托马斯家族,代表着中世纪基督教哲学历史中对于基督教神圣启示原理三种典型的理解和诠释模式。吉尔松深刻而卓越地揭示出,在中世纪基督教经院哲学历史中,对于中世纪基督教经院哲学中“雅典和耶路撒冷”之间关系的基本论题,存在着三种典型的基督教认识论原则。对于中世纪基督教经院哲学而言,与其说这三种

① *The Ante Nicene Fathers*, ed. by A. Roberts and J. Donaldon, Buffolo, 1885, III:4.

典型的基督教认识论原则是彼此对峙的,毋宁说这三种典型的基督教认识论原则是彼此深刻契合而相得益彰的。对于吉尔松而言,托马斯哲学作为"永恒哲学"的卓越性在于以托马斯为典范的中世纪经院哲学深刻实现着对于德尔图良家族和奥古斯丁家族的基督教认识论模式的创造性综合。吉尔松深刻而卓越地指出,托马斯哲学作为"永恒哲学"的卓越性在于托马斯哲学即托马斯的存在形而上学卓越而深刻地实现着中世纪基督教经院哲学中理性和启示的神圣和谐。①

对于吉尔松而言,中世纪基督教哲学历史上的德尔图良家族是基督教神学的第一种典型模式。从基督教在希腊罗马帝国的诞生到基督教神学的现代阐述,基督教神学的德尔图良神圣家族是始终存在着的。② 德尔图良神圣家族的基本特征在于确认基督教神圣启示原理的超自然来源,确认基督教启示原理的超自然维度,确认基督教神圣启示原理作为上帝在神圣救赎历史中的特殊启示的独特性和完备性。毋宁说,德尔图良神圣家族的基本特征在于确认基督教神圣启示原理对于希腊哲学形而上学原理的超越性和对峙性。③ 在这个意义上,德尔图良强烈抵制希腊哲学对于基督教启示神学的渗透。因为对于德尔图良而言,希腊哲学是外邦人的智慧,在基督教会中轻率运用希腊哲学,必然导致异端。德尔图良在《异端准则》中就雅典和耶路撒冷作出著名的精辟对照,揭示

① See Etienne Gilson, *Reason and Revelation in the Middle Ages*, pp. 81-83.

② See Etienne Gilson, *Reason and Revelation in the Middle Ages*, p. 5.

③ See Etienne Gilson, *Reason and Revelation in the Middle Ages*, p. 6.

希腊哲学和基督教神圣启示原理之间的深刻对峙:“雅典和耶路撒冷之间有何相同之处? 学院和教会之间有何相通之处?”①吉尔松指出,在中世纪基督教哲学历史上,德尔图良神圣家族的基督教神学陈述模式总是出现在基督教神圣启示原理和希腊哲学之间发生尖锐冲突并遭遇严峻挑战的历史时刻。② 毋宁说,德尔图良神圣家族的基督教神学陈述模式是一种典型而简单的基督教神学的护教形态。

在中世纪基督教哲学历史中,基督教神圣启示原理和哲学家理性沉思深刻契合的前期范式,是奥古斯丁的基督教神学模式,毋宁说,是作为奥古斯丁基督教神学传统的神圣家族。③ 在使徒保罗《罗马书》的神学陈述中,即使外邦人亦有能力获得关于上帝存在的自然知识:“上帝的永能和神性是明明可知的,虽是眼不能见,但藉着所造之物就可以晓得,叫人无可推诿。”在使徒约翰《约翰福音》的神学陈述中,上帝在神圣救赎历史中的神圣启示是赐给全人类的:“那光是真光,照亮一切生在世上的人。”毋庸置疑,早期卓越的希腊教父查士丁、克雷芒和奥里根都在中世纪基督教哲学中致力于基督教神圣启示原理和哲学家理性沉思的深刻契合。在这个意义上,奥古斯丁是教父哲学的集大成者。当年轻的奥古斯丁作为基督教的皈依者开始阅读普罗提诺的《九章集》时,新柏拉

① Tertullian, *On Prescription against Heretics*, 7; Etienne Gilson, *Reason and Revelation in the Middle Ages*, p. 9. See Etienne Gilson, *History of Christian Philosophy in the Middle Ages*, pp. 44-45.

② See Etienne Gilson, *Reason and Revelation in the Middle Ages*, p. 8.

③ See Etienne Gilson, *Reason and Revelation in the Middle Ages*, p. 16.

图哲学形而上学沉思的理性之光和基督教神圣启示原理的恩典之光——这两道光明之间划时代的相遇就戏剧性地发生在奥古斯丁身上。① 对于奥古斯丁而言,基督教学说的开端是神圣启示原理,而不是理性沉思。基督教学说的神圣启示真理始于信仰而转向"信仰寻求理解"的思想历程。吉尔松指出,奥古斯丁以"信仰寻求理解"的基督教认识论原则,把基督教神圣启示原理理解为哲学家追寻的真实智慧,把基督教智慧理解为确凿可靠的哲学,开辟着西方思想史的新纪元。②

基督教神圣启示原理成为哲学家理性沉思的必要开端,这是希腊哲学家闻所未闻的。对于希腊智慧而言,哲学是宗教思想的最高形态。在奥古斯丁的基督教学说中,对于基督教神圣启示原理的信仰行动,与对于基督教启示真理的理性沉思是迥然不同的认识行动。奥古斯丁所谓信仰所寻求的理解,就是理性的自然之光进入超理性的基督教启示的神圣奥秘。在这个意义上,理解是信仰的奖赏(reward)。③ 对于奥古斯丁的基督教神圣家族而言,不是理解寻求信仰,而是信仰寻求理解。除非信仰,对于基督教神圣启示原理的理解是不可能的。基督教神圣启示原理阐述的救恩奥秘就是认识上帝:"认识你独一的真神,认识你所差来的基督耶稣,这就是永生。"认识上帝是从接受基督教神圣启示原理开始的,对于基督教神圣启示原理的沉思和理解是基督教哲学家毕生的心路历程。信仰寻求理解,就是基督教的神圣启示真理在殚精

---

① See Etienne Gilson, *God and Philosophy*, pp. 44-49.

② See Etienne Gilson, *Reason and Revelation in the Middle Ages*, p. 17.

③ See Etienne Gilson, *Reason and Revelation in the Middle Ages*, p. 20.

竭虑的沉思默想中在某种意义上转换为哲学家的理性真理的心路历程。在这个意义上,奥古斯丁深刻改变着希腊人关于哲学智慧的观念。希腊哲学家爱智慧而尚未获得智慧,基督教学说直接从神圣启示原理获得从上帝而来的神圣智慧。毋宁说,基督教哲学家直接从神圣启示原理获得理性沉思的可靠指导者。①

奥古斯丁奠定的中世纪基督教哲学的基本认识论原则是:离开信仰,对于基督教神圣启示原理的理解是不可能的。对于奥古斯丁学派的基督教哲学家而言,神圣启示原理的内涵是相同的,信仰寻求理解的认识论原则是相同的,但基督教哲学家对于神圣启示原理的理解模式却是不同的。② 对于奥古斯丁而言,信仰寻求理解的可能形式是基督教学说对于柏拉图哲学的重新诠释。奥古斯丁对于肉体和灵魂关系的理解,奥古斯丁对于理性知识的理解,毋宁说,是奥古斯丁对于基督教启示原理的柏拉图式理解。③ 作为经院哲学的第一人,安瑟伦再度阐述奥古斯丁信仰寻求理解的基督教认识论原则。但是,安瑟伦没有奥古斯丁的"皈依的形而上学",没有奥古斯丁的柏拉图哲学范式。在安瑟伦的时代,理性知识是逻辑知识,科学规范是逻辑学。在安瑟伦自己的时代精神处境中,安瑟伦的"信仰寻求理解",是对于基督教神圣启示原理的逻辑学证明。毋宁说,就是安瑟伦关于上帝存在的本体论证明。安瑟伦自己把同样的方法运用于对于三位一体和

① See Etienne Gilson, *Reason and Revelation in the Middle Ages*, p. 21.

② See Etienne Gilson, *Reason and Revelation in the Middle Ages*, p. 22.

③ See Etienne Gilson, *Reason and Revelation in the Middle Ages*, p. 23.

道成肉身的论述。① 在这个意义上,基督教神圣启示原理和"信仰寻求理解"的深刻契合始终开拓着基督教智慧的无限空间,中世纪基督教哲学家在"信仰寻求理解"的殚精竭虑的心路历程中获得对于神圣启示奥秘的深邃洞见。

在13世纪,由于阿维洛伊(Averroe)对于亚里士多德哲学的著名评注,中世纪基督教神学家中存在着把神圣启示原理和哲学理性沉思相分离的思想倾向,就是把基督教启示知识和哲学理性知识相分离的思想倾向。13世纪亚里士多德哲学的学术权威意味着中世纪基督教哲学中理性沉思脱离神圣启示原理的"理性法庭",把哲学真理理解为真理的最高形态,蕴涵着希望把神学和哲学相分离的思想倾向。毋宁说,13世纪激进的亚里士多德哲学是中世纪基督教哲学历史中以哲学真理取消神学真理的思想倾向,是现代理性哲学的思想先驱。② 以法兰西斯会学者为典范的保守的奥古斯丁学派神学家希望把哲学神学化,巴黎大学艺术院激进的亚里士多德学派哲学家希望把神学哲学化。对于吉尔松而言,如此彼此对峙的两个阵营的基督教学者的相同特征就是对峙立场中基督教真理陈述的片面性(onesideness)。③ 在13世纪阿维洛伊阐述的亚里士多德哲学的时代精神处境中,托马斯基督教学说的认识论尝试就是以基督教哲学的方式思考基督教哲学问题,以基督教神学的方式思考基督教神学问题。④

---

① See Etienne Gilson, *Reason and Revelation in the Middle Ages*, p. 26.
② See Etienne Gilson, *Reason and Revelation in the Middle Ages*, p. 65.
③ See Etienne Gilson, *Reason and Revelation in the Middle Ages*, p. 69.
④ See Etienne Gilson, *Reason and Revelation in the Middle Ages*, p. 72.

托马斯是中世纪基督教经院哲学的第一人,深刻认识基督教神圣启示原理和哲学家理性沉思之间神圣契合的困难根源。吉尔松指出,作为中世纪最卓越的神学大师,波那文都的天赋是令人惊叹的。“波那文都不仅是神秘主义历史上最伟大的人物之一,也是一位哲学家。……透过波那文都大部分神学著作所传承的绝大多数形而上学讨论,都成为中世纪哲学史的重要部分。”①波那文都推崇真正的形而上学:形而上学讨论流溢、原型以及存在者的深奥本质和终极鹄的,即在精神之光的照耀下返回高处。如此,哲学家才是真正的形而上学者。吉尔松深深感叹,倘若波那文都对于基督教神圣启示原理和哲学沉思之间深刻契合的艰难性有充分的理解,他在神学和形而上学“这两项学问上令人侧目的成就,将更为卓越”。② 基督教神圣启示原理和哲学沉思的深刻契合是如此艰难,神学家常常不堪忍受这种艰难而以言简意赅的方式阐述神学难题。在这种严峻处境中,神学家锲而不舍地阐述基督教真理的核心信息而忽略基督教真理的完整陈述。吉尔松不无遗憾地感叹,波那文都凝神于恩典之光而忽略对于自然之光的充分阐述。关于恩典和自由的同一性,波那文都凝神于恩典论而忽略对于自由涵义的充分阐述;关于因果律,波那文都凝神于创造论而忽略对于存在秩序的充分阐述;关于认识的起源,波那文都凝神于光照论而忽略对于理性禀赋的充分阐述。③

① Etienne Gilson, *The Unity of Philosophical Experience*, p. 49.

② Etienne Gilson, *The Unity of Philosophical Experience*, p. 51.

③ See Etienne Gilson, *The Unity of Philosophical Experience*, pp. 51–56.

为了解决基督教神圣启示原理和基督教哲学沉思之间深刻契合的认识论问题，基督教哲学家必须明确基督教信仰的真实涵义和理性沉思的真实涵义。信仰意味着因为上帝启示而确认启示真理，哲学沉思意味着因为自然理性之光而确认理性真理，这是两种完全不同的知识。基督教神圣启示原理和基督教哲学理性沉思是两种迥然不同而无法彼此取代的认识途径。对于托马斯而言，一个真理对象不可能同时是哲学沉思的对象，亦是超自然信仰的对象。在这个意义上，神圣实在的真实秩序对应着人类认识的真实秩序。倘若神圣实在自身蕴涵着超自然实在、理性实在和感性实在，人类认识自身同样蕴涵着超自然认识、理性认识和感性认识。在作为神圣科学的基督教学说中，基督教神圣启示原理和基督教哲学理性沉思已经充分揭示出人类认识神圣实在的两个不同维度。吉尔松指出，托马斯精辟阐述的基督教神圣启示原理和基督教哲学理性沉思之间的认识论区分，是“西方思想史上的一个里程碑”①。毋宁说，托马斯精辟阐述的基督教神圣启示原理和基督教哲学理性沉思之间的认识论区分和神圣和谐原理，是中世纪基督教经院哲学史上的一个里程碑。

托马斯指出，就基督教神学自身而言，基督教神学是神圣科学，基督教神学从自身的神圣启示原理引申出自己确凿可靠的神圣知识结论。基督教神学原理是信仰命题，信仰是对于上帝启示言辞的赞同性的确认。倘若基督教神圣启示真理要求必要的理性证明，就不再是基督教的神圣启示真理。毋

① Etienne Gilson, *Reason and Revelation in the Middle Ages*, p. 74.

宁说，基督教的启示神学就不再存在，只留下自然神学即形而上学。① 在这个意义上，上帝自己的启示言辞对于托马斯而言具有超验本性和无与伦比的神圣尊严。信仰命题奠基于上帝自己的启示言辞，而不是奠基于理性证明。离开上帝自己的神圣启示言辞，理性沉思必然陷入二律背反。在这个意义上，托马斯把全部必要的纯粹理性证明排除在基督教神学之外。基督教神圣启示原理是自身完备的真理，基督教神圣启示真理的终极根基是神圣权威，而不是自然的理性之光。② 神圣启示原理和哲学理性沉思之间的认识论区分，对于托马斯而言并不意味着基督教神圣启示原理和基督教哲学理性沉思的彼此分离，而意味着基督教神圣启示原理和基督教哲学理性沉思在中世纪基督教经院哲学中的深刻契合和神圣和谐。

对于托马斯而言，在上帝的神圣救赎历史中确实存在着真实的基督教神圣启示原理。基督教会的生命和成长，见证着上帝的真实存在，上帝启示的基督教真理和上帝默示的恒久性。③ 在这个意义上，基督教神圣启示原理是为所有人预备的。对于上帝、人和人类命运的神圣启示知识，是神圣救恩的真理基础。在神圣救恩的确凿知识中，依然可以区别出两个方面。神圣启示真理的第一部分，既是特殊启示，亦可以藉助纯粹理性获得。例如上帝存在和上帝的本质属性，灵魂存

① See Etienne Gilson, *Reason and Revelation in the Middle Ages*, p. 76.

② See Etienne Gilson, *Reason and Revelation in the Middle Ages*, p. 77.

③ See Etienne Gilson, *Reason and Revelation in the Middle Ages*, pp. 81-82.

在和灵魂不朽的形而上学命题。托马斯提出的基督教认识论论题是:这些藉助纯粹理性可以获得的神圣真理,上帝为什么在特殊启示中再度启示出来?因为形而上学是少数人的哲学事业,而上帝的神圣救恩是为全人类预备的。藉助特殊启示,上帝以绝对的确凿性和完满的纯洁性使所有人可以立刻获得全部救赎真理。确切地说,这部分启示真理应该被理解为信仰的必要前设,而不是信仰命题。那些藉助理性之光无法把握这些神圣真理的人,藉助对于特殊启示的单纯信仰获得这些确凿可靠的神圣真理。①

对于托马斯而言,基督教神圣启示真理的第二部分,包含着所有基督教信仰命题,完全超越人类理性的理解范围。在这个意义上,基督教神圣启示原理意味着完全超越纯粹理性限度的基督教。例如,作为基督教神圣启示原理的三位一体、道成肉身、堕落和救赎的神圣奥秘,都是完全超越纯粹理性限度的神圣奥秘。在这个意义上,任何基督教哲学沉思都无法达到这样的神圣启示真理,任何基督教哲学结论都无法从这些信仰命题推演出来,因为这些基督教神圣启示真理是信仰原理及其神学结论,而不是理性原理及其理性推论。对于作为基督教神圣启示原理的信仰命题及其神学结论,理性无法证明,亦无法证伪。② 在这个意义上,托马斯同样确认奥古斯丁阐述的基督教认识论原理:"信仰寻求理解"。倘若一位真正的基督徒同时是一位真正的哲学家,倘若这人的信仰和理

① See Etienne Gilson, *Reason and Revelation in the Middle Ages*, p. 83.

② See Etienne Gilson, *Reason and Revelation in the Middle Ages*, p. 83.

性之间存在些微冲突，问题必定出于这人的哲学沉思而不是出于这人的基督信仰。因为基督信仰不是哲学知识的原理，而是理性沉思的安全指南和确凿保护。基督信仰和理性沉思在基督教哲学家身上可以获得深刻契合和神圣同一，因为基督信仰和理性沉思出于相同的神圣源泉。这就是托马斯关于神学真理和哲学真理的和谐原理，就是托马斯神圣家族的认识论原理。① 吉尔松指出，倘若托马斯关于神学真理和哲学真理的和谐原理被中世纪基督教神学家和哲学家充分领悟，西方思想的历史必然迥然不同。

毋庸置疑，对于作为中世纪基督教经院哲学真理根基的神圣启示原理而言，"基督的哲学"是唯独基督的哲学。毋宁说：真正的基督教哲学就是福音。教宗格列高利九世（Gregory IX）严厉地提醒巴黎大学的神学大师，哲学原是阐述神学的语言，现在却要成为神学的规范！神学家原来是研究神学，现在却沦落成玩弄神学。对于这些神学大师而言，本性优先于恩典，哲学家的作品取代上帝启示的言辞。为了用自然理性来肯定信仰，信仰本身已经丧失意义。相信已经证明的真理，并不是真实的基督教信仰。因此，不要让神学家变成哲学家，这是教宗格列高利九世在1228年对于巴黎大学的严肃警告和全力保护。中世纪基督教经院哲学家警觉到形而上学沉思的潜在陷阱在于把人类知识再度置身于古典希腊哲学的本性主义，而忘记福音的神圣奥秘，忘记保罗神学的精髓，忘记作为基督教神圣奥秘的恩典学说。就中世纪基督教经院哲学本身而

① See Etienne Gilson, *Reason and Revelation in the Middle Ages*, p. 84.

言，没有比这更真实的原则，就是永恒而必然的基督教认识论原则：不要泯除基督的十字架，泯除十字架就是泯除基督教的本质。中世纪基督教经院哲学不应该泯除福音，福音本身就是真实的基督教哲学。①

对于路德而言，中世纪基督教经院哲学的神学阐述是失败的，因为路德宣称"亚里士多德的伦理学是恩典的最大敌人"②。基督教学说不是哲学，没有任何哲学可以和基督教学说相匹配。毋庸置疑，基督的十字架彰显的基督教奥秘对于所有哲学，甚至对于所有的基督教哲学，都拥有绝对超越的特性。路德理解的基督教学说拒绝任何形式的自然神学。另一方面，某些基督教哲学家却期待把全部基督教真理纳入哲学之中。对于这些基督教哲学家而言，真正的基督教哲学应该严格地合乎理性，同时在基督教哲学中容纳作为基督教学说的全部真理，包含构成基督教本质的一切超越经验。本性和恩典的内在戏剧，爱德深邃的生命，上帝和灵魂里面神性生命的奥秘，倘若离开这一切神圣奥秘，基督教学说就不是基督教学说。吉尔松指出，这一切作为基督教奥秘的超越经验，永远无法综合在基督教哲学中。在那些已经诞生的基督教哲学中，无法拥有这些作为基督教奥秘的超越实在。正因为缺乏这些超越实在，基督教哲学才是一种哲学，而且只是哲学而已。

---

① See Etienne Gilson, *The Spirit of Medieval Philosophy*, p. 415. 吉尔松：《中世纪哲学精神》，沈清松译，台湾商务印书馆 2001 年版，第 378 页。

② Etienne Gilson, *The Spirit of Medieval Philosophy*, p. 415. 吉尔松：《中世纪哲学精神》，沈清松译，台湾商务印书馆 2001 年版，第 378 页。

基督教信仰的奥秘经验与基督教哲学沉思的全然综合是自相矛盾的原理，因为基督教哲学并不意味着基督教智慧，基督教哲学只是基督教神圣智慧的一部分。毋宁说，基督教的神圣智慧包含着超越基督教哲学领域的许多真理。倘若部分要求吸收全体而继续忠实于全体的本质，必然同时破坏部分和全体。① 吉尔松指出，并不是基督教神圣启示原理的所有论题都可以成为基督教哲学沉思的素材。即使在中世纪，基督教信仰和基督教哲学对于安瑟伦、托马斯和司各脱都不是相同的基督教认识论领域。中世纪基督教经院哲学沉思中信仰和理性的关系，就是基督教启示神学和基督教哲学的认识论关系。基督教哲学沉思不是把基督教超自然启示的神圣奥秘理性化，而是藉着因超自然信仰而接触神圣奥秘的理性把神圣实在合理化。基督教哲学享有不尽的神圣奥秘，毋宁说，由于基督教哲学接触到神圣奥秘，使基督教哲学自己和基督教的神圣奥秘一样无穷无尽。在这个意义上，基督教哲学的沉思不是取消神圣奥秘，不是把不可思议的神圣奥秘变成可以思议的哲学真理，而是藉助基督教神圣启示原理帮助理性拓展形而上学哲学沉思的疆界，获得形而上学论题的基督教解答，对于自己拥有的深刻形而上学真理获得更圆满的理解。

对于吉尔松而言，上帝从虚无中创造有形无形的宇宙万物的基督教原理本身，基本上是一个作为基督教超自然启示原理的神圣奥秘，却必然由基督教哲学家殚精竭虑的理性沉

① See Etienne Gilson, *The Spirit of Medieval Philosophy*, p.417. 吉尔松：《中世纪哲学精神》，沈清松译，台湾商务印书馆 2001 年版，第 380 页。

思确认为巴门尼德作为“存在存在的斯芬克斯之谜”的形而上学论题的唯一可能的超自然真理答案。上帝在对于自己神圣存在和神圣本质的超自然启示言辞中依然保持着自己的神圣奥秘,但作为上帝神圣奥秘的创造行动本身,是作为形而上学存在者的人类理性本性的必然要求。这就是基督教哲学道地的园地所在,这就是基督教哲学道地的精神所在。因为在这些基本的形而上学论题中,基督教哲学是真正的哲学,基督教哲学是完全属于基督教的哲学。倘若基督教哲学家责备中世纪基督教经院哲学对于自然的哲学沉思或者对于实体的哲学沉思对于神圣救恩工程没有任何重要意义,倘若基督教哲学家责备凡是对于神圣救恩工程具有重要意义的基督教启示原理,在中世纪基督教经院哲学中没有地位,那只是表明这样的基督教哲学家既不理解基督教神圣启示原理,亦不理解基督教哲学的本质。吉尔松指出,中世纪基督教经院哲学家对于基督教神圣启示原理和基督教哲学两者都具有深刻理解,所以中世纪基督教经院哲学家果断而勇毅地秉承希腊哲学的形而上学遗产,成功地予以拓展。①

三、中世纪哲学精神

作为上帝在神圣救赎历史中的特殊启示的基督教学说的真正涵义不是更新哲学,而是超越全部哲学。基督教阐述的福音在于宣布神圣救恩的来临。基督教福音带给人的神圣礼

---

① See Etienne Gilson, *The Spirit of Medieval Philosophy*, p. 417. 吉尔松:《中世纪哲学精神》,沈清松译,台湾商务印书馆 2001 年版,第 380 页。

物,不是解决质料论题的钥匙,而是普世性救恩的真理途径。在上帝的独生子道成肉身以降的救恩时代,中世纪基督教经院哲学家的形而上学沉思依然以希腊哲学为起点,以希腊形而上学为自己的开端、论题和语言范式。在这个意义上,中世纪基督教经院哲学依然是希腊哲学的继续。吉尔松指出,唯一重要的历史事实在于:倘若希腊哲学在基督徒哲学家手里而经由基督徒哲学家的形而上学沉思而获得保存延续,正因为中世纪基督教经院哲学家是基督徒。毋宁说,中世纪基督教经院哲学家是基督徒哲学家。① 基督教福音本身未曾带来任何新的哲学,但基督教福音使基督徒成为新人。基督教福音在基督徒内心造成的新生命,必定带来哲学的新生。毋宁说,哲学的新生需要人的新生。柏拉图哲学、亚里士多德哲学以及斯多亚哲学的道德训练已经产生自己的果实,尽管只是同类的结果。吉尔松指出,每一次,特别是在早期基督教的若干世纪中,老树似乎重新注入新血,滋发新绿,都是因为有新的宗教经验赋予鼓舞的缘故。在早期教会时期,这新血常常是基督徒的生命②,犹如护教者查士丁那样的生命。

当中世纪基督教教父哲学家和经院哲学家开始自己的基督教哲学工作时,新柏拉图哲学呈现的新面貌可能已经和福音有关。外邦哲学家固然拒绝基督教学说,但外邦哲学家清楚基督教学说是无法忽视的力量,而且必须赋予关注。普罗

---

① See Etienne Gilson, *The Spirit of Medieval Philosophy*, p. 418. 吉尔松:《中世纪哲学精神》,沈清松译,台湾商务印书馆 2001 年版,第 380 页。

② See Etienne Gilson, *The Spirit of Medieval Philosophy*, p. 418. 吉尔松:《中世纪哲学精神》,沈清松译,台湾商务印书馆 2001 年版,第 381 页。

提诺虽然生活在第3世纪,普罗提诺的思想却是和基督教学说迥然不同的。普罗提诺的世界,是一个希腊人的哲学世界。① 普罗提诺和基督教著名哲学家奥里根同样在亚历山大城师从著名的柏拉图哲学家阿曼纽斯(Ammonius Saccas)。普罗提诺在基督教学说迅速传播的希腊罗马帝国致力于论证"太一、理智和灵魂"为三个首要本体或三个首要原理,以消解而对抗基督教神圣启示原理作为圣父、圣子、圣灵三个神圣位格的三位一体的上帝论。作为亚历山大学派著名希腊教父的奥里根在《论第一原理》中,致力于阐述深刻而完整的基督教学说,在基督教神圣启示原理和希腊哲学理性沉思的深刻契合中,建构第一个完整的基督教神学体系。尽管奥里根对于圣经诠释学和三位一体论的神学视野存在着显著缺陷,但作为思想深刻而才华横溢的希腊教父,奥里根对于中世纪基督教经院哲学的历史贡献是独特而卓越的。在著名护教著作《反塞尔修斯》中,针对希腊哲学家对于基督教学说的误解和敌意,奥里根对于基督教学说的深刻阐述堪称空谷足音。②

早期基督教教父站在希腊哲学和基督教神圣启示原理之间的分界线上。就其本身而言,基督教神圣启示原理不是哲学沉思,而是关于神圣救恩的真理途径。中世纪基督教哲学,诞生在希腊哲学理性沉思和基督教神圣启示原理的深刻契合。③ 作为皈依者的年轻奥古斯丁在普罗提诺的《九章集》中

---

① See Etienne Gilson, *God and Philosophy*, p. 49.

② See Etienne Gilson, *History of Christian Philosophy in the Middle Ages*, pp. 35-43.

③ See Etienne Gilson, *God and Philosophy*, p. 43.

发现基督教三位一体的上帝："太初有道，道与神同在，道就是神。万物是藉着他造的，凡被造的，没有一样不是藉着他造的。"吉尔松指出，当作为皈依者的年轻奥古斯丁在普罗提诺的《九章集》中发现《约翰福音》序言作为基督教神圣启示原理的圣父和圣子以及上帝的神圣创造这三个基督教神圣启示原理的实质概念时，基督教神圣启示原理和希腊哲学理性沉思之间划时代的深刻契合就奇妙地发生了。① 毋宁说，当作为皈依者的年轻奥古斯丁在普罗提诺的《九章集》中发现《约翰福音》序言作为基督教神圣启示原理的圣父和圣子以及上帝的神圣创造这三个基督教神圣启示原理的实质概念时，作为上帝普世性启示的希腊哲学理性沉思和作为上帝特殊启示的基督教神圣启示原理之间划时代的深刻契合就奇妙地发生了。中世纪基督教经院哲学家重拾希腊哲学的古典形而上学论题而注入基督教神圣启示原理的崭新精神，情形如何呢？中世纪基督教经院哲学家固然不会在希腊哲学中寻找自己基督教生命的秘密，因为基督教生命的源泉来自圣经。中世纪基督教经院哲学家同样不会拒绝使自己的基督教生命贡献于形而上学讨论并且提供形而上学讨论的思想纲领。在这个意义上，中世纪基督教经院哲学家的全部工作，只是继续早期基督教护教者和教父哲学家的工作，并且使之更臻完善而已。②

倘若哲学本身，甚至基督教哲学，对于基督教神圣启示原

---

① See Augustine, *Confessions*, 7:9; Etienne Gilson, *God and Philosophy*, pp. 44-49.

② See Etienne Gilson, *The Spirit of Medieval Philosophy*, p. 419. 吉尔松：《中世纪哲学精神》，沈清松译，台湾商务印书馆 2001 年版，第 381 页。

理而言,都不是必然的,那么基督教哲学为什么要存在?毋宁说,为什么中世纪的基督教需要一种基督教哲学?吉尔松指出,只要存在着作为哲学家的基督徒,就必然存在着基督教哲学。没有人强迫基督徒从事哲学思考,同样没有人禁止基督徒从事哲学思考。中世纪基督教哲学史的真相在于:只要存在着基督徒,只要存在着从事哲学沉思的基督徒,基督教哲学的形成就是不可避免的,即使今天依然如故,未来亦必然如此。在这个意义上,中世纪基督教经院哲学的不可避免性不是来自基督教神圣启示原理的本质即作为神圣恩典的基督教奥秘,而是来自作为恩典接纳者的人的本性。神圣恩典的接纳者——人有自己的本性,本性是基督教哲学的适当对象。一旦基督徒开始以神圣恩典接纳者的主体身份来从事殚精竭虑的理性沉思,立刻就会成为基督教哲学家。在这个意义上,基督教神圣启示原理和希腊哲学理性沉思的"神圣和谐",只能存在于同时享有基督教神圣启示原理和理性沉思天赋的基督徒哲学家身上。① 中世纪基督教经院哲学的卓越成就,是在殚精竭虑的深刻反省以后,确认本性即创造恩典中亦存在着内在固有的实在性和美善,这点和希腊哲学一致,但希腊哲学家无知于自己的来源和归宿,只有模糊的预感而已。把中世纪基督教教父哲学家和中世纪经院哲学家深刻阐述的本性堕落,当做是作为神圣创造恩典的本性本身,这是一种普遍的明显误解。②

---

① See Etienne Gilson, *Reason and Revelation in the Middle Ages*, p. 99.

② See Etienne Gilson, *The Spirit of Medieval Philosophy*, p. 420. 吉尔松:《中世纪哲学精神》,沈清松译,台湾商务印书馆 2001 年版,第 382 页。

无论对于犹太人而言，还是希腊人而言，基督教福音并不否认作为上帝神圣创造恩典的本性，并不否定作为上帝神圣创造恩典的本性良善，本性的良善是上帝按照自己的神圣形象创造人的神圣恩典。吉尔松指出，在早期教会，基督徒必须在否定本性良善的摩尼派和否定本性创伤的伯拉纠派两者之间作出真理抉择。伯拉纠学派和半伯拉纠学派否认本性的创伤，因而否认治疗本性创伤所必须的救赎恩典。奥古斯丁因为反对伯拉纠本性主义的著名论战而被称为教会的“恩典博士”。吉尔松指出，奥古斯丁同样可以被称为教会的“自由意志博士”，因为奥古斯丁深刻而完整地阐述神圣恩典和自由意志之间的内在关系。① 上帝在神圣救赎历史中的神圣恩典拯救世人，必须藉着圣灵的奇妙工作改变人心；上帝的神圣公义救赎堕落的人类本性，必须恢复人在神圣创造恩典中的圣洁公义；基督的十字架赦免作为亚当后裔自招创伤的罪人，必须在救赎恩典中治愈灵魂的伤口。倘若中世纪基督教经院哲学否定“本性即使在罪恶的损毁下，仍然有稳定的存在”，就不会去严肃地关心物理学和伦理学的建设，并在物理学和伦理学的基础上建设形而上学。中世纪基督教经院哲学家确信，即使在罪孽过犯中，本性作为“残存的上帝形象”依然持存如故，而且一旦被救赎恩典所恢复，本性就能够行动、进步、工作。②

在这个意义上，中世纪基督教经院哲学家热烈地为上帝

---

① See Augustine, *The City of God*, 22:30.

② See Etienne Gilson, *The Spirit of Medieval Philosophy*, p. 422. 吉尔松：《中世纪哲学精神》，沈清松译，台湾商务印书馆 2001 年版，第 383 页。

在神圣救赎历史中的奇异恩典辩护，同时热烈地为作为上帝创造恩典的自然本性辩护，自然本性享有双重的价值，因为上帝差遣自己的独生子为了拯救人类本性而死亡在十字架上。中世纪基督教经院哲学家使基督徒同时记住人性的伟大和渺小。人越是认识到自己的尊严，越是对于在上帝创造恩典中人性的尊贵荣耀有高度深刻的自身意识。事实上，倘若人从作为上帝创造恩典的人性的尊贵荣耀去推论上帝，人必须对于作为上帝创造恩典的本性自身的尊贵荣耀获得深刻认识。奥古斯丁在《论自由意志》中提出上帝存在的著名论证，其根据就是灵魂存在的秩序井然的三层现实：存在、生命和理性。① 对于奥古斯丁而言，倘若存在着比理性灵魂更高级的存在者，这个存在者就是上帝，这是奥古斯丁上帝存在证明的大前提。② 奥古斯丁假设人类心灵中存在着心照不宣的上帝概念，可以如此表述：上帝是所有实在中最伟大的存在者。这样的上帝概念不是论证起点，而是论证的终点，用来连接论证的前提。因为整个论证的力量，在于大前提和其余部分的关系。

奥古斯丁关于上帝存在的灵魂论证的小前提非常简单：存在着比理性更高贵的存在者。数学的奥秘和智慧的原理揭示出人类精神栖身于某种更高级的智慧即必然真理的法则。既然人的精神本身是变化无常的，这些超越人自身的必然真理的存在根据就不是在人的精神之中，而是在人的精神之外，

---

① See Augustine, *On Free Choice of the Will*, II:7-13.

② See Augustine, *On Free Choice of the Will*, II:14.

在人的精神之上。奥古斯丁论证的重点在于这些必然的永恒真理对于人类精神生活的作用,使人能够肯定一个高级的超自然的真正实现的存在。这个高级的超自然现实对于人的精神生活事实上存在着现实关系,可以说是从人的精神生活中看出来的。[①] 奥古斯丁获得的结论是:存在着一个高于人类精神的现实存在,这个现实存在是一切现实中最高的现实存在。既然这个最高的现实存在是人类精神中真理的基础和规范,故可以称之为"真理自身"或"至上真理"(La Verite)。中世纪基督教哲学家也可以称奥古斯丁揭示出的这个高于人类精神的最高现实为智慧,这也是奥古斯丁常用的一个名称。[②] 奥古斯丁从前提到结论的关于上帝存在的论证方式是如此简单而精辟,使基督教哲学家确认那是一种直觉。事实上,奥古斯丁的论证是真正的上帝存在的证明。奥古斯丁关于上帝存在的灵魂论证的力量在于充足理由原理,是充足理由原理把前提和结论联系起来。奥古斯丁从内心真理的哲学路线找到上帝,这哲学路线是妥善而稳固的。

圣伯尔纳说:"拥有自己一无所知的东西,有何荣耀可言。"[③]圣伯尔纳不是过分沉湎于本性中的基督教神学家。中世纪基督教神学家确信,倘若上帝创造的神圣工程尚未摧毁,就可以在宇宙万物中追寻创造者的踪迹。犹如医生必须精心诊断,才可以对症下药。除非中世纪基督教经院哲学家知道如何解剖灵魂,亦无法知道如何用药。除非认识肉体,如何认

---

① See Augustine, *On Free Choice of the Will*, II:14-34.

② See Augustine, *On Free Choice of the Will*, II:35-39.

③ Bernard, *De diligendo Deo*, II.

识灵魂？除非认识宇宙，如何认识肉体？除非认识宇宙的创造者，如何认识宇宙？奥古斯丁从上帝存在的基督教真理推论出的第一个生命原则就是生命秩序的神圣原理："身体顺服灵魂，灵魂顺服上帝。"奥古斯丁宣称："正如身体的整个生命是灵魂，灵魂的幸福生命是上帝。"①对于奥古斯丁而言，生命的神圣奥秘在于"灵魂顺服上帝"，因为上帝是灵魂的创造者，上帝是灵魂的神圣形象，上帝是灵魂的根源和归宿，上帝是灵魂的生命，上帝是灵魂幸福生活的唯一源泉，因为唯独上帝能够使灵魂获得真实幸福，唯独上帝能够使灵魂获得永恒幸福。在这个意义上，奥古斯丁的基督教哲学是中世纪基督教独特而深邃的心灵哲学，是深刻阐述神圣救赎奥秘的"皈依的形而上学"，是作为基督教自身卓越而深刻的目的论和幸福论的神圣科学。② 奥古斯丁的上帝，是基督教的上帝，是从虚无中创造有形无形的宇宙万物的上帝，是作为创造者和全能者的上帝，是在对于以色列选民的神圣眷顾中亲自向摩西启示自己奇妙名字 YHWH 的上帝。③

托马斯阐述的基督教经院哲学，在 13 世纪意味着崭新的中世纪基督教经院哲学，意味着作为中世纪基督教经院哲学"宗教改革"的基督教哲学。托马斯的某些思想主张，不仅在法兰西斯会的奥古斯丁学派中遭到神学家和哲学家的抵制，即使在托马斯自己的多米尼克会中也遭到神学家和哲学家的

① Augustine, *On Free Choice of the Will*, II:41.

② See Etienne Gilson, *The Christian Philosophy of St. Augustine*, pp. 3-10.

③ See Etienne Gilson, *God and Philosophy*, pp. 60-61.

质疑。77禁令以后,英国坎特伯雷大主教,多米尼克会学者罗伯特·科尔瓦比(Robert Kilwardby)来到牛津大学,颁布谴责30条命题的禁令,其中包含着托马斯的哲学命题。1323年托马斯被册封为圣徒以后,在多米尼克会中,托马斯的神学思想和哲学思想再度获得崇高地位。吉尔松卓越地指出,倘若基督教哲学家不能深刻认识13世纪以阿维洛伊(Averroes)阐述的亚里士多德哲学为典范的"中世纪理性主义"①对于基督教神圣启示原理造成的思想冲击,倘若基督教哲学家不能深刻认识13世纪中世纪基督教经院哲学中法兰西斯会的奥古斯丁学派和巴黎大学艺术院教授的亚里士多德哲学之间尖锐的思想对峙,倘若基督教哲学家不能深刻认识13世纪中世纪基督教经院哲学在"奥古斯丁或者亚里士多德"之间两者择一的不幸的"精神分裂症"的时代精神处境,就完全无法理解作为中世纪基督教经院哲学思想大师的托马斯完成的基督教神圣启示原理和希腊哲学形而上学之间"神圣和谐"的综合性学术工作的卓越贡献和不朽价值。②

作为13世纪卓越而深刻的中世纪基督教经院哲学思想大师,托马斯对于作为永恒真理的基督教神圣启示原理具有深邃而活泼的深刻信仰,同时对于人类理智的天赋能力以及形而上学沉思的真理价值具有深刻而稳健的信心。托马斯能够迅速在人类知识的崭新领域看出真理并且谦卑接受真理,无论这真理是在什么地方发现或如何发现的,托马斯同时坚

---

① Etienne Gilson, *Reason and Revelation in the Middle Ages*, pp. 37-38.

② See Etienne Gilson, *Reason and Revelation in the Middle Ages*, p. 66.

持作为永恒真理的基督教神圣启示原理,而不是单单为了13世纪“时代精神处境”的缘故而趋附那些昙花一现的时髦思想。在这个意义上,作为13世纪卓越而深刻的中世纪基督教经院哲学思想大师,托马斯是罕见的谦卑而勇毅的基督教思想家。托马斯作为基督教哲学家的谦卑在于他总是“如其所是”地按照实在的真实面貌去认识实在,托马斯作为基督教哲学家的勇毅在于他总是按照实在的真实面貌赋予实在以真实秩序。① 毋宁说,作为13世纪卓越而深刻的中世纪基督教经院哲学思想大师,托马斯确信基督教神圣启示原理是上帝自己对于人类的启示言辞,托马斯确信作为雅典智慧的形而上学沉思是上帝赋予人类的普世性启示。在这个意义上,托马斯确信基督教神圣启示原理和希腊形而上学沉思的深刻契合和神圣和谐。②

托马斯的存在形而上学固然是人类心智殚精竭虑的卓绝努力,致力于认识人自己的本性和人的生存处境,以及人所生活其中的现实世界。托马斯的存在形而上学强调存在的现实,就是有形无形的宇宙万物赖以获得存在的神圣现实。托马斯的存在形而上学给托马斯的中世纪基督教经院哲学盖上一个特别的印记,使托马斯的存在形而上学成为卓越而深刻的中世纪基督教经院哲学,就是吉尔松所谓作为基督教神圣启示原理的思想大教堂的本体论、认识论、宇宙观、人类学、伦

① See Etienne Gilson, *Reason and Revelation in the Middle Ages*, pp. 71-72.

② See Etienne Gilson, *Reason and Revelation in the Middle Ages*, pp. 98-99.

理学、目的论、幸福论和历史哲学。毋宁说，托马斯的存在形而上学意味着中世纪基督教经院哲学家的一种努力，就是致力于从基督教神圣启示原理的深邃视野去理解经验事实，尤其是作为真实经验世界的现实存在。托马斯的存在形而上学对于中世纪基督教经院哲学的卓越贡献在于，托马斯的存在形而上学深刻揭示出：在这个奔腾不羁而变化无常的宇宙中，存在着一个恒久不变的形而上学根基。这个恒久不变的形而上学根基就是作为基督教神圣启示原理的上帝存在和神圣创造。毋宁说，上帝从虚无中创造有形无形的宇宙万物。① 因为基督教神圣启示原理的认识论根基，这个恒久不变的形而上学根基是可以为中世纪基督教经院哲学家所理解，可以由中世纪基督教经院哲学家来阐述的。在这个意义上，吉尔松确信托马斯阐述的中世纪基督教经院哲学，意味着阐述基督教神圣启示原理的永恒哲学。②

对于吉尔松而言，托马斯的中世纪基督教经院哲学是永恒哲学，是中世纪基督教经院哲学的典范，因为托马斯的存在形而上学是基督教的形而上学。在《存在和诸哲学家》③中，吉尔松深刻阐述欧洲哲学史上晦涩而艰深的形而上学问题：何谓存在。吉尔松卓越地揭示出，根据哲学家对于“存在存在”的形而上学斯芬克斯之谜的解答，欧洲哲学史上存在着

---

① See Etienne Gilson, *The Christian Philosophy of St. Thomas Aquinas*, pp. 120–129.

② See Etienne Gilson, *The Christian Philosophy of St. Thomas Aquinas*, Foreword.

③ See Etienne Gilson, *Being and Some Philosophers*, Toronto: Pontifical Institute of Mediaeval Studies, 1952.

四大形而上学家族：柏拉图、亚里士多德、阿维森那和托马斯。柏拉图理念论阐述的超越存在是“如其所是”的存在，作为存在的存在。从普罗提诺到爱克哈特，对于柏拉图学派的哲学家而言，存在是作为存在的自身同一性。① 对于亚里士多德而言，存在的真实名称是实体，实体是作为本质的形式。从阿维洛伊到布拉邦的西格尔，对于亚里士多德学派的哲学家而言，存在不是作为存在行动的存在，而是作为存在本质的实体。把存在理解为作为本质的实体，是亚里士多德形而上学的基本原则。② 阿维森那的形而上学以存在自身为研究对象，心灵的纯粹直观是对于存在的直观。阿维森那将存在自身和在者区分开来，把在者理解为存在和本质的结合，而必然存在的在者是作为存在自身的上帝以及藉助上帝的必然性而必然存在的在者。倘若形而上学就是获得存在的可理解性，形而上学的对象必须是可理解的实在，作为存在的存在必然被化约为作为本质的理念：存在即本质（essence）。③ 形而上学的第四家族是托马斯的存在学说。对于托马斯而言，存在就是作为存在自身的存在行动。作为存在的存在行动是上帝在自我彰显中的唯一命名。存在存在，因为上帝存在。上帝存在，因为上帝即存在。④ 作为存在自身的存在行动，是真正的存在和完满的存在。托马斯的存在学说，是形而上学领域

① See Etienne Gilson, *Being and Some Philosophers*, pp. 1–40.
② See Etienne Gilson, *Being and Some Philosophers*, pp. 41–73.
③ See Etienne Gilson, *Being and Some Philosophers*, pp. 74–107.
④ See Thomas Aquinas, *Summa Theologica*, I:13:11.

中实在论对于观念论的扬弃。[①] 在这个意义上,吉尔松把托马斯的存在学说理解为“形而上学历史上的一场革命”[②]。吉尔松以一以贯之的犀利风格阐述托马斯的存在学说:作为存在自身的存在行动,是形而上学的首要原理。

毋庸置疑,宣讲救恩和获得救恩,没有必要充分认识这样卓越而深邃的存在形而上学。然而,倘若中世纪基督教经院哲学家殚精竭虑地建造“救恩的科学”,即作为神圣科学的基督教形而上学,倘若要指出上帝如何拯救世界,基督教哲学家就无法轻视上帝决定拯救的世界。[③] 关于福音宣称拯救的世界的神圣科学,并不包含在福音中。在这个意义上,中世纪基督教经院哲学家意识到自己面对着双重责任:第一,维持希腊哲学的形而上学;第二,建立超自然的基督教启示神学,同时把两者综合在融会贯通的神圣科学体系中。倘若中世纪基督教经院哲学家事先假定这项工程会摧毁其中任何一个,就是忽略启发全部科学工程的神圣原则所在。在这个意义上,作为本性原理的自然哲学和作为恩典原理的超自然神学是相辅相成,而唯一享有的哲学开端就是希腊哲学。中世纪基督教经院哲学不可能以希腊哲学为满足,而是以柏拉图和亚里士多德哲学为开端,沿途吸收其他真理源泉。柏拉图和亚里士多德都停留在历史的过去,而柏拉图和亚里士多德的哲学却

---

① See Etienne Gilson, *Being and Some Philosophers*, pp. 108–215.

② Etienne Gilson, *History of Christian Philosophy in the Middle Ages*, p. 365.

③ See Etienne Gilson, *The Spirit of Medieval Philosophy*, p. 423. 吉尔松:《中世纪哲学精神》,沈清松译,台湾商务印书馆 2001 年版,第 384 页。

要经历新的生命，参与自己从未梦想过的哲学工程。由于柏拉图和亚里士多德的哲学开端，中世纪才能建立起一个基督教哲学。基督教神圣启示原理和希腊哲学分享自己的活力，促使希腊哲学进入新的生涯。①

这就是中世纪基督教经院哲学令人惊异的卓越特征。基督教哲学家越是阅读中世纪基督教经院哲学家对于亚里士多德哲学的评注，就越是感到这些基督教评注者知道自己评注的用意何在。例如托马斯撰写亚里士多德形而上学评注时，从来没有说过亚里士多德教导过创造学说，也没有说亚里士多德否认创造学说。托马斯深深知道亚里士多德从未教导过创造学说，亚里士多德从未把握这个作为基督教神圣启示原理的创造学说真理。亚里士多德形而上学原理原封未动，完全有潜能去接受这个基督教神圣启示原理。为了这个目的，亚里士多德哲学必须经过拓深的工夫，这是亚里士多德自己无法预见的。在基督教神圣启示原理中拓深亚里士多德原理，正是使亚里士多德的形而上学原则更加符合自身本质而变得更为真实。托马斯在自己的存在形而上学沉思中揭示出存在的神圣奥秘就是作为存在自身的存在行动(esse)，就从亚里士多德的形而上学拓展出基督教的形而上学。② 犹如福音成全犹太律法，福音同样成全希腊形而上学。作为特殊启示的基督教神圣启示原理在中世纪基督教经院哲学中成全着作为普世性启示的希腊形而上学原理。在这个意义上，中世

① See Etienne Gilson, *The Spirit of Medieval Philosophy*, p. 424. 吉尔松：《中世纪哲学精神》，沈清松译，台湾商务印书馆 2001 年版，第 385 页。

② See Etienne Gilson, *God and Philosophy*, p. 63.

纪基督教经院哲学家不是以哲学史学者的身份研究希腊哲学。历史上的柏拉图和亚里士多德有自己的成功和失败，柏拉图和亚里士多德的成功和失败在于柏拉图和亚里士多德自己看见的真理，而不在于柏拉图和亚里士多德原理可能带来的真理。欧洲哲学的真实历史同时揭示出柏拉图和亚里士多德的伟大和限度。①

在这个意义上，中世纪基督教经院哲学家在希腊哲学中寻找的只是真理本身。至于希腊哲学家尚未获得真理之处，中世纪基督教经院哲学家便去寻求使希腊哲学获得成全的方法。中世纪基督教经院哲学的思想工程固然异常艰辛而深邃，但中世纪基督教经院哲学的思想大师波那文都、托马斯和司各脱总是显示出坚定的毅力，拓展希腊哲学的形而上学原则，揭示其中蕴涵的真实而深刻的形而上学真理。中世纪基督教经院哲学家唇边挂着柏拉图和亚里士多德的名字，并用柏拉图和亚里士多德的名义说出柏拉图和亚里士多德未曾说过的基督教形而上学真理。在这个意义上，中世纪基督教经院哲学家宁愿做哲学思考，而不只是哲学史的思考。哲学是在代代相续的耐心经营中缓慢进步。只有继承先哲，才能启发未来。根据奥古斯丁的基督教学说，基督教哲学就是作为神圣奥秘的基督教智慧。② 在这个意义上，中世纪哲学精神就是基督教哲学精神。对于吉尔松而言，基督教哲学精神就是以托马斯存在形而上学为典范的"永恒哲学"精神。作为

① See Etienne Gilson, *The Spirit of Medieval Philosophy*, pp. 424–425. 吉尔松:《中世纪哲学精神》，沈清松译，台湾商务印书馆 2001 年版，第 385 页。

② See Etienne Gilson, *The Christian Philosophy of St. Augustine*, pp. 9–10

吉尔松中世纪基督教经院哲学研究的基本结论，托马斯的存在形而上学就是形而上学的永恒真理。①

① See Etienne Gilson, *The Christian Philosophy of St. Thomas Aquinas*, Foreword.

附录一

吉尔松论形而上学的首要原理

作为20世纪国际公认的中世纪哲学史权威，吉尔松（Etienne Henri Gilson，1884—1978）毕生致力于阐述中世纪经院哲学的形而上学传统。吉尔松著作等身，他的卓越著作《托马斯主义》（1919）、《中世纪哲学》（1922）、《中世纪哲学精神》（1932）和《基督教哲学概论》（1960）等深刻阐述这位20世纪法国哲学家毕生的哲学信念。1937年，吉尔松出版《哲学经验的同一性》①，深刻分析经院哲学的解体和近代哲学的兴衰，揭示作为“哲学经验的同一性”的形而上学原理。1949年，吉尔松出版《存在和诸哲学家》②，详尽阐述欧洲哲学历史上对于存在（Being）概念的四种典范的本体论诠释，即欧洲哲学历史上柏拉图学派、亚里士多德学派、阿维森那学派和托马斯学派对于存在（Being）概念的本体论诠释。作为中世纪经院哲学历史研究的哲学鹄的，吉尔松深刻而卓越地揭

① See Etienne Gilson, *The Unity of Philosophical Experience*, New York: Charles Scribner's Sons, 1937.

② See Etienne Gilson, *Being and Some Philosophers*, Toronto: Mediaeval Studies of Toronto, Inc., 1949.

示出作为存在行动的存在自身，就是作为托马斯经院哲学形而上学首要原理的存在论题，就是巴门尼德存在存在的形而上学论题的确凿原理。吉尔松在65岁的年纪以《存在和诸哲学家》的出版，获得哲学家的卓越地位。

一、中世纪形而上学的解体

吉尔松在《哲学经验的同一性》中指出，欧洲哲学史已经发展成哲学意识，就哲学知识自身的性质去界定哲学史的意义。在漫长的25个世纪的精神探索中，欧洲哲学对于渊远流长的形而上学真理获得深刻的哲学经验。对于吉尔松而言，哲学史是人类寻找存在意义的心灵历程。在这个意义上，上帝观念是中世纪经院哲学形而上学的开端，在上帝信仰中构造形而上学是基督教哲学的首要原理。早期教父查士丁、克雷芒和德尔图良都是在寻求真理的哲学历程中找到上帝的希腊哲学家。奥古斯丁和托马斯对于中世纪基督教神学的卓越贡献在于启示和理性深刻而完美的结合。事实上，在中世纪经院哲学的发展中始终存在着启示与理性分道扬镳的倾向，启示与理性分道扬镳的倾向最终导致经院哲学的解体。为了藉助“具体哲学试验”的个案分析反思经院哲学的解体，吉尔松选择三位著名而典型的经院哲学家：阿伯拉德（Peter Abailard）、波那文都（St. Bonaventura）和奥卡（William of Ockham）。

在中世纪哲学历史上，阿伯拉德地位的伟大在于他是详尽研究共相论题的第一位哲学家。[①] 阿伯拉德与安瑟伦的冲

---

① See Etienne Gilson, *The Unity of Philosophical Experience*, p. 4.

突不在于辩证法能否运用于神学，而在于辩证法如何运用于神学。在安瑟伦，基督教神学的奥秘是奥古斯丁陈述的认识论原则："信仰寻求理解"。理解的开端和鹄的都是信仰，理解沐浴在信仰的光照中。在阿伯拉德，基督教神学应当"在理解中信仰"。理解的开端是对于信仰的置疑，理解的归宿是对于信仰的判断，理解沐浴在理性的光照中。阿伯拉德和安瑟伦冲突的焦点在于：信仰和理性，孰为本原？"阿伯拉德的伟大在于：他对于哲学难题具有敏锐的感受。"①在哲学上，阿伯拉德致力于探讨共相问题。何谓共相？共相如何存在于个体之中？阿伯拉德确信，作为探求一切根本真理的途径，辩证法必然能够解决这个难题。然而，阿伯拉德的哲学结论是：我们只能认识作为感官对象的个体而无法认识共相。哲学家从阿伯拉德在共相问题上的失败中获得的结论是，纯粹逻辑无法解决形而上学难题："阿伯拉德试验的结果：哲学无法从纯粹逻辑获得"②。康德《纯粹理性批判》深刻揭示的形而上学二律背反，不过是阿伯拉德悲剧的再现。阿伯拉德作为哲学家的悲剧在于，"他不是一位柏拉图主义者；其实，他对于柏拉图差不多一无所知。他也不是一位亚里士多德主义者"③。

作为中世纪弗兰西斯修会卓越而深邃的神学大师，波那文都的天赋是令人惊叹的。"波那文都不仅是神秘主义历史上最伟大的人物之一，也是一位哲学家。人们时常可以发现，

① Etienne Gilson, *The Unity of Philosophical Experience*, p. 6.
② Etienne Gilson, *The Unity of Philosophical Experience*, p. 29.
③ Etienne Gilson, *The Unity of Philosophical Experience*, p. 9.

过波那文都大部分神学著作所传播开的绝大多数形而上学讨论,都成为中世纪哲学史的重要部分。"①对于波那文都而言,人类的诸般学艺都应该还原成神学,都应该还原给作为创造者的上帝自己。吉尔松深深感叹,波那文都身为神学家和哲学家具有令人难以思议的恩赐,倘若波那文都充分理解基督教神圣启示原理和哲学家理性沉思之完美结合的艰难性,他在神学和形而上学"这两项学问上令人侧目的成就,将更为令人惊愕。"②基督教神圣启示原理和哲学家理性沉思之间的完美结合是如此艰难,神学家常常不堪忍受这种艰难而以言简意赅的精辟方式阐述神学论题。在这种艰难处境中,神学家锲而不舍地阐述真理的核心信息而忽略神圣启示原理的完整结构。吉尔松感叹,波那文都凝神于超自然的恩典之光而忽略对于自然之光的充分阐述。关于恩典和自由的同一性论题,波那文都凝神于恩典论而忽略对于自由涵义的充分阐述;关于因果律论题,波那文都凝神于创造论而忽略对于存在秩序的充分阐述;关于认识的起源论题,波那文都凝神于光照论而忽略对于理性禀赋的充分阐述。③ 波那文都的形而上学是以基督教神学的柏拉图主义扬弃亚里士多德,法兰西斯修会的司各脱和奥卡后来采取意志论的神学陈述,恐怕是波那文都始料不及的。

奥卡的哲学目标在于取消作为普遍实在的共相。奥卡对于共相的实在性提出的诘难"对于后世的中世纪哲学甚至近

① Etienne Gilson, *The Unity of Philosophical Experience*, p. 49.

② Etienne Gilson, *The Unity of Philosophical Experience*, p. 51.

③ See Etienne Gilson, *The Unity of Philosophical Experience*, pp. 51-56.

代哲学具有惊人的重要性"①。奥卡以词项逻辑取消了共相的指称功能,以唯名论取消了共相的实在性,把经验直观和逻辑自明性作为知识的两项标准,以"经济思维原则"取消作为普遍实在的共相:"若无必要,切勿增设实体"。奥卡剃刀的锋芒直指柏拉图的理念论,奥卡"是一位道道地地反对柏拉图的人"②。取消柏拉图的理念论,是奥卡哲学的全部真相。亚里士多德把个体视为第一实体而把属和种视为第二实体,奥卡仍要向亚里士多德宣战。对于奥卡而言,真实的实在是个体:"他下决心把实在论连根拔除;即使那种实在论是出于上帝的意念。"③奥卡以"经济思维原则"从神学中驱逐形而上学。奥卡取消作为普遍实在的共相,取消作为创世原型的神圣逻各斯,取消神学与形而上学相结合的真实契机。奥卡摧毁了以神圣逻各斯为基石的神学传统,摧毁了"信仰寻求理解"的神学原则,摧毁了关于上帝和世界的全部形而上学。奥卡哲学标志着经院哲学鼎盛时代的终结:"理性形而上学死于非命"④。经院哲学从此支离破碎,关于存在的形而上学实在论悄然隐遁。经院哲学的解体,使形而上学怀疑论的思潮弥漫着整个中世纪晚期。蒙田的怀疑论,标志着那个时代"普遍怀疑论的彻底胜利。"⑤

① Etienne Gilson, *The Unity of Philosophical Experience*, p. 68.
② Etienne Gilson, *The Unity of Philosophical Experience*, p. 68.
③ Etienne Gilson, *The Unity of Philosophical Experience*, p. 74.
④ Etienne Gilson, *The Unity of Philosophical Experience*, p. 118.
⑤ Etienne Gilson, *The Unity of Philosophical Experience*, p. 119.

二、近代形而上学的实验

笛卡儿开始著述之际,经院哲学已经沉寂了两个世纪。作为对于蒙田怀疑论的回答,笛卡儿的哲学目标是以纯粹理性重建形而上学。蒙田无法找到发现真理的途径,笛卡儿在耶稣会的数学训练中获得对于数学真理的非凡信心,笛卡儿相信数学的明证性可以解决形而上学难题,对于数学明证性的信念是"笛卡儿哲学讳莫如深的根源"①。笛卡儿从简单直观获得形而上学的阿基米德点:"我思故我在"。奥古斯丁以"我怀疑,故我存在"的命题挑战怀疑论者,因怀疑而存在的命题在奥古斯丁是确定性的表记,其根据在上帝的启示真理中。笛卡儿则把"我思故我在"作为确实性的基础和形而上学的基石,笛卡儿哲学及其命运都包含在这个阿基米德点的抉择中。笛卡儿决心根据数学般的逻辑明证性,从我的存在推出上帝的存在,进而推出世界的存在。

笛卡儿关于上帝存在的本体论证明是安瑟伦论证的延续,笛卡儿尝试从我的存在推出世界的存在,就遇到困难。第一,我是什么?我是思维着的心灵。心灵与质料彼此平行,心灵无法成为世界存在的理由。第二,心灵与身体是彼此平行的实体,心灵和身体无法相互作用。笛卡儿哲学的难题是:我的存在无法说明世界的存在,无法说明实体间的相互作用。为解决实体间相互作用的难题,莱布尼茨提出前定和谐说,斯宾诺莎提出身心平行论,马勒伯朗士提出偶因说诉诸上帝的自由旨意而缓解了笛卡儿难题,却隐藏着足以摧毁笛卡儿哲

① Etienne Gilson, *The Unity of Philosophical Experience*, p. 133.

学的思想要素。第一,我们通过上帝获得存在于上帝智慧中的关于实体的观念,我们的知识与实在无关;第二,作为外部世界的部分,我的身体和我的心灵无关;第三,上帝并未给心灵这种倾向,使心灵相信世界的存在。马勒伯朗士的结论是:世界的存在无法证明。在贝克莱,关于世界存在的证明既无可能,亦无必要。在心灵的观念之外,并无世界的存在。作为笛卡儿观念论的必然结论,"贝克莱使笛卡儿'高贵的试验'戛然中止"①。

上帝是运动的唯一推动者,这是笛卡儿哲学颠扑不破的真理。上帝是运动的唯一因,意味着物理因果律的崩溃。偶因论的潜在意义,是以上帝的旨意取消物理因果律。离开上帝的存在,马勒伯朗士的体系必然支离破碎:"那位敬虔而神秘的马勒伯朗士神父,如何能预料他的世界有朝一日将落入某位人士的手中?"②在休谟,心灵无法认识自然秩序,因果律不过是观念的习惯性联系。倘若因果律并不存在,最高存在的解释既无必要,亦无可能。休谟以他无可辩驳的结论摧毁了笛卡儿学派最后的生机:"由于休谟哲学的观念,笛卡儿哲学时代必然戛然中止。这实在是一个哲学圆环,笛卡儿哲学的终结即其开端:怀疑论。"③笛卡儿哲学始于蒙田的怀疑论而止于休谟的怀疑论。笛卡儿哲学无法从"我思故我在"出发建立起关于心灵、上帝、世界的形而上学大厦,却以哲学观念的必然性陷入休谟的怀疑论。笛卡儿学派的解体,揭示出

---

① Etienne Gilson, *The Unity of Philosophical Experience*, p. 197.
② Etienne Gilson, *The Unity of Philosophical Experience*, p. 216.
③ Etienne Gilson, *The Unity of Philosophical Experience*, p. 219.

观念论原理自身崩溃的形而上学必然性。

康德宣称:"我坦率地承认,就是休谟的提示在多年以前首先打破了我的教条主义的迷梦,并且在我对思辩哲学的研究上给我指出来一个完全不同的方向"①因为休谟的怀疑论,康德再度踏上笛卡儿开辟的理性主义道路。康德哲学的目标不是重建而是取消古典形而上学。面临着整个时代"对形而上学知识普遍化的绝望",康德殚精竭虑地发现"促使形而上学知识因此终结的捷径。"②康德哲学的奥秘是对于牛顿物理学的信念,以牛顿范式完成哲学领域的哥白尼革命:"形而上学的道道地地的方法,雷同于牛顿介绍给自然科学的那项方法;这项方法在那里已经产生如此硕果累累的成就。"③倘若牛顿范式成为形而上学的阳关大道,"则是否若干世纪以来所未能成就之事业,立能于本世纪终结以前成就;即关于'人类理性始终以其全力热烈从事迄今尚无所获之事',使之能完全满足是也。"④康德致力于三个哲学目标:第一,把科学从怀疑论中拯救出来;第二,把形而上学从哲学知识中驱逐出去;第三,澄清思辩理性的"先验幻相"。在确立自己的哲学原则之际,哲学家康德"便跨越死亡线而迈向任何形而上学都无法生存的不毛之地"⑤。

康德承认纯粹理性的先验形而上学倾向:"人类理性具

① 康德:《未来形而上学导论》,商务印书馆1978年版,第9页。

② Etienne Gilson, *The Unity of Philosophical Experience*, p. 224.

③ Etienne Gilson, *The Unity of Philosophical Experience*, p. 227.

④ 康德:《纯粹理性批判》,商务印书馆1997年版,第583页。

⑤ Etienne Gilson, *The Unity of Philosophical Experience*, p. 228.

有此种特殊运命,即在其所有知识之一门类中,为种种问题所困,此等问题以其为理性自身之本质所加之于自身者,古不能置之不顾,但又因其超越理性所有之一切能力故又不能解答之也。”①康德先验哲学藉助纯粹理性批判澄清形而上学幻相。根据“思维建立对象”的原则,康德提出基本的哲学结论:第一,科学的客观实在性,植根于统觉的先验统一性和范畴的普遍必然性;第二,作为形而上学对象,上帝、宇宙和灵魂无法呈现在经验直观中,只能成为思维的对象而无法成为知识的对象;第三,作为知性的运用法则,先验理念没有自己的经验对象,设想先验理念的对象性质是纯粹理性的先验幻相。康德以先验统觉为自己的知识原理,把形而上学从普遍必然的先天知识中驱逐出去。吉尔松评论说,这位驱逐形而上学的哲学家,自己根本不熟悉形而上学。②

“康德实践理性的首要原理,是道德论的清晰论据。这是那些对于哲学绝望的人对于怀疑论的古典规避”。③ 自由、不朽和上帝,这些思辩理性无法确认的形而上学对象,成为实践理性的道德公设。作为“道德主义所补遗的物理主义”④,康德哲学中牛顿的科学范式和卢梭的道德激情,始终无法融合于完整体系中。自在之物和先验统觉的二元预设,先验认识论和道德形而上学的分离,作为本体论难题使康德哲学充

① 康德:《纯粹理性批判》,商务印书馆 1997 年版,第 3 页。

② See Etienne Gilson, *The Unity of Philosophical Experience*, p. 310.

③ Etienne Gilson, *The Unity of Philosophical Experience*, p. 234.

④ Etienne Gilson, *The Unity of Philosophical Experience*, p. 236.

满“自然法则与道德律之间戏剧性的斗争。”①从康德、费希特、谢林、黑格尔到费尔巴哈,德国古典哲学是从理性主义到人类学的逻辑进程。作为“实证知识的主观综合”,孔德的实证论是康德哲学的延伸。第一,将实证原则奠基于“人性的最高祭司”②,科学的客观精神荡然无存;第二,取消形而上学,“简言之,这是哲学自杀的可能形式之一。”③作为学院派的不可知论或怀疑论,20 世纪的逻辑实证主义流派都是休谟怀疑论的变体。现代哲学支离破碎的景象,早已隐藏在康德哲学的开端中。

三、哲学经验的同一性

作为真正的哲学意识,哲学史必须揭示隐藏在哲学观念历史之中的形而上学的必然性。在这个意义上,有关欧洲哲学史的终极解释,必须成为哲学本身。吉尔松为着哲学原理的旨趣选出一系列具体的哲学试验,这些哲学试验荟萃形成哲学经验,即隐藏在人类精神深处的“哲学经验的同一性”。欧洲哲学史自身蕴涵着哲学观念的内在历史。欧洲哲学史上若干确定哲学形态的反复再现,揭示出形而上学的必然性。欧洲哲学史揭示出的触目惊心的反复再现的历史真相是:怀疑论的危机和形而上学哲学思辩的肇兴的往复循环。从柏拉图的理念论到皮浪的怀疑论,从托马斯的实在论到奥卡剃刀,

① Etienne Gilson, *The Unity of Philosophical Experience*, p. 238.
② Etienne Gilson, *The Unity of Philosophical Experience*, p. 266.
③ Etienne Gilson, *The Unity of Philosophical Experience*, p. 280.

从笛卡儿的第一哲学到休谟的不可知论，从康德的先验哲学到孔德的实证论。“至今我们连续观察到的最引人瞩目的再现，即是每项怀疑论的危机定期伴随产生的哲学思辩的复兴。”①在欧洲哲学史中怀疑论和形而上学之间触目惊心的反复循环的背后，何谓形而上学的必然性？作为“哲学经验的本质和同一性”，吉尔松卓越而深刻地提出形而上学的必然性原理。

第一，哲学始终埋葬自己的肇始者②；康德为着拯救科学而定意牺牲形而上学。事实上，哲学家对于科学自身客观有效性的信仰，和哲学家对于形而上学客观有效性的信仰休戚相关。在这个意义上，真正的哲学论题在于：形而上学何以是不可或缺的。第二，就天性而言，人是形而上学的存在者③；无论形而上学彼此之间如何分歧，形而上学致力于寻找存在的终极根源。柏拉图的“善”，亚里士多德的自我思维的“思想”，普罗提诺的“太一”，托马斯的“存在”，……形而上学是人类心灵对于实在自身的殚精竭虑的终极理解。第三，形而上学就是藉助与生俱来的超越理性，从感官经验的所有存在者探索存在的第一原理的知识④；康德确信对于理性的超验运用是形而上学幻想的永远根源。康德深刻揭示出人类理性与生俱来的先验倾向就是超越经验的极限而获得作为存在原理的超验的形而上学概念。在这个意义上，怀疑论在哲学上

① Etienne Gilson, *The Unity of Philosophical Experience*, p. 305.
② See Etienne Gilson, *The Unity of Philosophical Experience*, p. 306.
③ See Etienne Gilson, *The Unity of Philosophical Experience*, p. 307.
④ See Etienne Gilson, *The Unity of Philosophical Experience*, p. 308.

是一种失败主义。第四,形而上学旨在超越所有的特殊知识,没有一项特殊科学足以解决形而上学问题或判断形而上学结论①;倘若哲学家以任何特殊科学的基本概念取代形而上学的概念,诸般形而上学的尝试就注定失败。第五,形而上学的失败,源于哲学家轻率使用呈示于人类心智中的同一性原理②;康德本人一味忙于质询形而上学,自己对于形而上学却不感兴趣。对于康德而言,自然界存在于牛顿的著作中,形而上学存在于沃尔夫(Wolff)的著作中。康德阐述的形而上学的三项超验理念并不是形而上学原理,而是道德公设。第六,作为存在的存在(Being)是人类知识的第一原理,是形而上学的第一原理③;通往形而上学的斯芬克斯(Sphinx)路径,布满着哲学家的尸首。绝对的虚无,是断然地不可思议。在所有人类理解中,那最初获得的,和全部知识终极还原而成以及包含着的唯一理解,就是对于存在者的理解。第七,形而上学的一切失败应该追溯到这项事实:形而上学家忽略或误用形而上学的第一原理④;形而上学的第一原理具有作为存在者的存在者的形而上学的确凿性。作为存在的存在,作为存在者的普遍性,以真实而唯一的形态,属于所有个别的存在者。

倘若哲学家由于诉诸哲学上错谬的第一原理而重蹈形而上学的覆辙,往昔的失败必然是今日的失败。在所有错谬的

① See Etienne Gilson, *The Unity of Philosophical Experience*, pp. 309 - 310.

② See Etienne Gilson, *The Unity of Philosophical Experience*, p. 312.

③ See Etienne Gilson, *The Unity of Philosophical Experience*, p. 313.

④ See Etienne Gilson, *The Unity of Philosophical Experience*, p. 316.

第一原理中，最动人心弦者是蕴涵在心灵表象中的观念，而不是作为存在的存在(Being)。观念与存在，孰为本原？这是观念论与实在论的冲突。“倘若理智证据不足以指示我们的抉择，历史在那儿提醒我们：没有人能够将自己锁在自己的部分中而能够再度夺回实在的整体。”①吉尔松的形而上学信念如是说：“自始存在着三位最伟大的形而上学家柏拉图、亚里士多德和阿奎那，未曾拥有以观念论语言阐述的体系。他们的雄心不是一次永远地完成哲学，而是在自己的时代持守哲学而款待哲学；犹如我们在自己的时代必须持守哲学而款待哲学。对于我们而言，犹如对于他们而言，伟大的事业不是完成某项世界体系，仿佛可以从思想中推论存在；而是使如同我们所知的实在关涉永恒原理。科学、伦理和艺术之变易的难题，根据永恒原理便得以迎刃而解。”②在人类心灵追寻存在原理的终极意义上，“哲学不过是智慧的另一项讯息，因为爱智慧而爱科学和睿智。哲学藉着自身寻求那存在于每颗心灵中而与所有心灵冥契相通中的宁谧。”③

四、形而上学的首要原理

巴门尼德石破天惊而振聋发聩的形而上学论题是：何以存在存在而非存在不存在？作为存在存在的形而上学斯芬克斯之谜，巴门尼德的存在论题揭开欧洲哲学的形而上学帷幕。巴门尼德形而上学论题的奥秘在于：心灵的基本直观是对于

---

① Etienne Gilson, *The Unity of Philosophical Experience*, p. 317.

② Etienne Gilson, *The Unity of Philosophical Experience*, p. 317.

③ Etienne Gilson, *The Unity of Philosophical Experience*, p. 320.

存在的直观,通往真理的道路是:存在存在而非存在不存在。对于巴门尼德而言,存在存在而非存在不存在,因为"关于真理的可靠的逻各斯和思想"如是说,能够被表述被思维的必定是存在,这是通往真理的可靠途径。思想只能是关于存在的思想,哲学家无法找到没有思想所表述的存在的思想。对于巴门尼德而言,存在是在逻各斯中呈现的。在这个意义上,思维和存在是同一的,思维和存在同一于逻各斯。存在藉着思维而得以彰显,思维藉着存在而得以表述。形而上学实在的终极奥秘是存在存在。何谓存在(being)?[①] 何谓作为形而上学实在的存在?巴门尼德揭示的存在形而上学论题,是欧洲哲学历史上最首要、最晦涩、最原始的形而上学论题。吉尔松在《存在和诸位哲学家》中详尽阐述哲学家对于存在概念的四个本体论诠释或欧洲哲学历史中的四个家族,就是欧洲哲学形而上学视野中的柏拉图学派、亚里士多德学派、阿维森那学派和托马斯学派。

柏拉图形而上学的基石即巴门尼德的存在,就是无始无终的永恒不变的连续充满的单一完整的存在。柏拉图理念论阐述的存在是作为形而上学实在的存在,是"如其所是"的存在,是作为心灵对象的存在,是作为存在的存在。[②] 柏拉图确信巴门尼德揭示的实在和同一性之间神秘而必然的关系,柏拉图理念论的真实范畴即存在的自身同一性。毋宁说,自身同一性是真实存在即形而上学实在的终极标志。对于柏拉图

---

① See Etienne Gilson, *Being and Some Philosophers*, p. 7.

② See Etienne Gilson, *Being and Some Philosophers*, p. 10.

而言,神圣本质使存在成为存在。时间河流中奔腾不羁的感性世界的现实存在如何存在,不是柏拉图的哲学兴趣。倘若哲学家追问感性世界的现实存在是否存在以及真实的存在秩序,那表明哲学家没有理解柏拉图。① 柏拉图达到和巴门尼德相同的形而上学结论:理念存在。作为形而上学实在的存在,理念是独立而完整的存在。巴门尼德宣称"认识和被认识者是同一者",柏拉图作为哲学家理解巴门尼德命题的必然性和限度。存在的自身同一性是概念知识的真实对象。在这个意义上并在这个限度内,"存在和思维是同一者"②。在柏拉图哲学,存在自身被化约为作为概念思维必要基础的纯粹客体性的同一性原理,作为形而上学实在的理念"始终以同一方式享有其自身同一性",具有真实的可理解性。在这个意义上,存在意味着可理解性。倘若自身同一性是存在的根基,同一性的存在就是存在的同一性。从普罗提诺到爱克哈特,对于柏拉图学派的哲学家而言,存在就是作为存在的自身同一性。

对于亚里士多德而言,存在的真实涵义是实体,实体就是作为本质的形式。亚里士多德强调实体的个别性、现实性和活动性。实在的存在是现实存在着的可见可触的存在者:这个人、这棵树等。在决定性的意义上,是存在者的本质(ousia)使哲学家能够认识存在者,关于作为存在的存在的第一哲学首先是关于本质(ousia)的科学。亚里士多德的形而

① See Etienne Gilson, *Being and Some Philosophers*, p. 15.

② Etienne Gilson, *Being and Some Philosophers*, p. 13.

上学论题是:存在者的本质之作为本质的根据何在?正是对于这一形而上学论题的追问使亚里士多德推进柏拉图的本质主义。在《形而上学》中,亚里士多德强调实体是本质。吉尔松指出,在亚里士多德关于作为存在的存在的形而上学中,作为研究对象中首先遭遇的存在(existence),存在的首要意义即作为存在行动的存在(to be)被视为理所当然而被忽略。[①]亚里士多德存在形而上学的缺陷在于作为动词的存在涵义的单一运用,使亚里士多德无法意识到作为动词的存在(existence)在实体中享有和本质同等重要的地位,无法理解作为存在行动的存在(existence)对于实体的首要意义。亚里士多德的存在形而上学空前地重视存在活动,亚里士多德却不认识任何高于形式的存在活动。在这个意义上,亚里士多德的形式就是柏拉图的理念,形式就是真正的形而上学实在,亚里士多德的存在依然等同于本质。从阿维洛伊到布拉邦的西格尔,对于亚里士多德学派的哲学家而言,存在的基本涵义不是作为存在行动的存在,而是作为存在本质的实体。把存在理解为作为本质的实体,是亚里士多德形而上学学派的基本原则。

阿维森那的形而上学以存在自身为研究对象,心灵的纯粹直观是对于存在的直观。阿维森那将存在自身和存在者区分开来,把存在者理解为存在和本质的结合,而必然存在的存在者是作为存在自身的上帝以及藉助上帝的必然性而必然存在的存在者。在阿维森那,本质无法被设想为存在者自身,唯

① See Etienne Gilson, *Being and Some Philosophers*, p. 46.

独当本质获得“偶然”存在(exist)时才成为存在者。除非本质(essence)获得存在(existence),就无法享有存在者(being)之名,离开现实的存在,本质只是纯粹的可能性,只是可能的存在者。在这个意义上,有限存在者自身存在着本质和存在的形而上学区分,存在(existence)无非是发生于本质上的一种偶性(an accident)①,本质享有自身的必然性,自在地是其所是,一如柏拉图的理念世界。阿维森那区分存在自身和存在者、存在和本质、必然存在和可能存在,把存在者自身中存在和本质之间的形而上学区分理解为潜在和现实的区分,这一理解成为中世纪和近代哲学的形而上学宿命。倘若形而上学就是获得存在的可理解性,形而上学的对象必须是可理解的实在,作为存在的存在必然被化约为作为本质的理念:存在即本质(essence)。吉尔松评论说,从阿维森那到司各脱,经过苏阿雷兹(Suarez)到沃尔夫、康德和黑格尔,甚至到克尔凯戈尔,阿维森那形而上学的本质主义成为欧洲哲学的主要疾病。②

形而上学的第四家族是作为中世纪哲学精神的托马斯的存在学说。对于托马斯而言,作为存在行动的存在自身是上帝在自我彰显中的唯一命名。存在存在,因为上帝存在。上帝存在,因为上帝就是自身存在而永恒存在的存在自身,上帝的神圣本质就是上帝的神圣存在,上帝享有自身的神圣存在

① See Etienne Gilson, *Being and Some Philosophers*, p. 80.

② See Etienne Gilson, *Being and Some Philosophers*, pp. 52-153.

犹如享有无限存在的海洋。① 作为存在行动的存在自身,是真正的存在和完满的存在。作为存在行动的存在自身超越神圣逻各斯言说的存在,超越上帝观念指涉的存在,超越存在自身的可理解性。作为存在行动的存在自身高于作为神圣本质的存在,犹如形式高于质料。在这个意义上,形而上学的首要原理是作为存在行动的存在自身。② 存在者存在,因为存在者从作为存在自身的上帝获得存在,上帝的名称就是作为存在自身的存在。作为存在的存在,从自身存在的存在行动获得存在的名称和本质。③ 作为存在行动的存在自身是神圣存在的现实性,同时是神圣本质的现实性。托马斯作为存在行动(existence)的存在概念,是托马斯经院哲学形而上学真理大厦的形而上学基石。④ 托马斯的存在学说,是欧洲哲学的形而上学领域中实在论对于观念论的扬弃。吉尔松把托马斯的存在学说理解为"形而上学历史上的一场革命"⑤。吉尔松以20世纪新托马斯学派哲学家一以贯之的犀利风格阐述托马斯的存在学说:作为存在行动的存在自身,是形而上学的首要原理。

① See Thomas Aquinas, *Summa Theologica*, New York: Cambridge University Press, 2006, I:13:11.

② See See Etienne Gilson, *Being and Some Philosophers*, pp. 170-171.

③ See Etienne Gilson, *Being and Some Philosophers*, p. 187.

④ See Etienne Gilson, *The Christian Philosophy of St. Thomas Aquinas*, New York: Random House, 1956, p. 357.

⑤ Etienne Gilson, *History of Christian Philosophy in the Middle Ages*, New York: Random House, 1955, p. 365.

附 录 二

吉尔松著作年表

一、Gilson 法文著作年表(按出版时间排序)

1.《笛卡尔思想中的自由与神学》,1913 年。

La Liberté chez Descartes et la Théologie, Alcan, 1913.

2.《托马斯主义:圣托马斯·阿奎那哲学体系导论》,1919 年。

Le thomisme, introduction au système de saint Thomas, Vrin, 1919.

3.《中世纪哲学研究》,1921 年。

Études de philosophie médiévale, Université de Strasbourg, 1921.

4.《中世纪哲学 卷一:从司各脱·爱留根纳到圣波纳文都》,1922 年。

La philosophie au moyen-âge, vol. I: De Scot Erigène à saint Bonaventure, Payot, 1922.

5.《中世纪哲学 卷二:从圣托马斯·阿奎那到威廉·奥康》,1922 年。

*La philosophie au moyen-âge, vol. II: De saint Thomas d'

Aquin à Guillaume d' Occam, Payot, 1922.

6.《圣波纳文都哲学》,1924 年。

La philosophie de saint Bonaventure, Vrin, 1924.

7.《笛卡尔——谈谈方法:文本与评注》,1925 年。

René Descartes. Discours de la méthode, texte et commentaire, Vrin, 1925.

8.《圣托马斯 · 阿奎那》,1925 年。

Saint Thomas d' Aquin, Gabalda, 1925.

9.《圣奥古斯丁导论》,1929 年。

Introduction à l' étude de Saint Augustin, Vrin, 1929.

10.《中世纪思想在笛卡尔思想体系中的地位研究》,1930 年。

Études sur le rôle de la pensée médiévale dans la formation du système cartésien, Vrin, 1930.

11.《中世纪哲学精神》,1932 年。

L' Esprit de la philosophie médiévale, Vrin, 1932.

12.《观念与文字》,1932 年。

Les Idées et les Lettres, Vrin, 1932.

13.《论天主教圣统制之唯一》,1934 年。

Pour un ordre catholique, Desclée de Brouwer, 1934.

14.《圣伯尔纳的神秘主义神学》,1934 年。

La théologie mystique de saint Bernard, Vrin, 1934.

15.《作为方法论的实在论》,1935 年。

Le réalisme méthodique, Téqui, 1935.

16.《基督教与哲学》,1936 年。

Christianisme et philosophie, Vrin, 1936.

17.《海洛伊丝与阿伯拉尔》,1938 年。

Héloïse et Abélard, Vrin, 1938.

18.《但丁与哲学》,1939 年。

Dante et la philosophie, Vrin, 1939.

19.《托马斯主义的实在论与知识批判》,1939 年。

Réalisme thomiste et critique de la connaissance, Vrin, 1939.

20.《灵修神学及其历史》,1943 年。

Théologie et histoire de la spiritualité, Vrin, 1943.

21.《我们的民主》,1947 年。

Notre démocratie, S. E. R. P. , 1947.

22.《存在与本质》,1948 年。

L' Être et l' essence, Vrin, 1948.

23.《圣伯尔纳文本选荐》,1949 年。

Saint Bernard, textes choisis et présentés, Plon, 1949.

24.《缪斯学院》,1951 年。

L' École des Muses, Vrin, 1951.

25.《邓·司各脱:基本观点导论》,1952 年。

Jean Duns Scot, introduction à ses positions fondamentales, Vrin, 1952.

26.《上帝之城的嬗变》,1952 年。

Les Métamorphoses de la cité de Dieu, Vrin, 1952.

27.《绘画与现实》,1958 年。

Peinture et réalité, Vrin, 1958.

28.《哲学与神学》,1960 年。

Le Philosophe etla Théologie, Fayard, 1960.

29.《基督教哲学导论》,1960 年。

Introduction à la philosophie chrétienne, Vrin, 1960.

30.《智慧书中的平安》,1960 年。

La Paix de la sagesse, Aquinas, 1960.

31.《上帝存在问题三讲》,1961 年。

Trois leçons sur le problème de l' existence de Dieu, Divinitas, 1961.

32.《存在与上帝》,1962 年。

L' Être et Dieu, *Revue* thomiste, 1962.

33.《美之艺术导论》,1963 年。

Introduction aux arts du Beau, *Vrin*, 1963.

34.《质料与形式》,1965 年。

Matières et formes, *Vrin*, 1965.

35.《苏菲的磨难》,1967 年。

Les Tribulations de Sophie, *Vrin*, 1967.

36.《大众社会及其文化》,1967 年。

La société de masse et sa culture, *Vrin*, 1967.

37.《致敬柏格森》,1967 年。

Hommage à Bergson, *Vrin*, 1967.

38.《语言学与哲学》,1969 年。

Linguistique et philosophie, *Vrin*, 1969.

39.《从亚里士多德到达尔文及其返归》,1971 年。

D' Aristote à Darwin et retour, *Vrin*, 1971.

40.《但丁研究:但丁和贝雅特丽齐》,1974 年。

Dante et Béatrice, études dantesques, *Vrin*, 1974.

41.《道德论的圣托马斯》,1974 年。

Saint Thomas moraliste, *Vrin*, 1974.

二、Gilson 英文著作年表(按出版时间排序)

1.《哲学经验的同一性》,1937 年。

The Unity of Philosophical Experience, Scribner's, 1937.

2.《中世纪的理性和启示》,1938 年。

Reason and Revelation in the Middle Ages, Scribner's, 1938.

3.《上帝和哲学》,1941 年。

God and Philosophy, Yale, University Press, 1941.

4.《存在和诸哲学家》,1949 年。

Being and Some Philosophers, Toronto, Pontifical Institute of Mediaeval Studies, 1949.

5.《2000 年的惊骇》,1949 年。

The Terrors of the Year Two Thousand, Toronto, St. Michael's College, 1949.

6.《中世纪基督教哲学史》,1955 年。

History of Christian Philosophy in the Middle Ages, Toronto, Pontifical Institute of Mediaeval Studies, 1955.

附 录 三

吉尔松传略

吉尔松(Étienne Henry Gilson,1884—1978)于1884年6月13日出生于法国巴黎。作为20世纪最卓越的天主教学者之一,吉尔松不仅是公认的最卓越的中世纪哲学史权威之一,阿德勒(Mortimer J. Adler)认为吉尔松是我们时代屈指可数的卓越哲学家。吉尔松早年在家中接受良好的天主教教育。1890年,吉尔松进入圣克罗蒂尔德(Ste-Clotilde)的基督教弟兄牧区学校,在那里学习拉丁语和基督教教义。1895年,吉尔松离开圣克罗蒂尔德(Notre-Dame-des-Champs)而开始在诺特丹德尚天主教初等神学院为期七年的学习,在那里学习希腊语和拉丁语、罗马历史和法国历史、数学和物理学,礼拜仪式和音乐。1902年,吉尔松离开圣克罗蒂尔德进入亨利四世(Lycée Henri IV)高中学习一年,在那里亨利·德勒(Henri Dereux)教授成为吉尔松的哲学启蒙老师。1903年,吉尔松从亨利四世高中毕业,获得许可继续在巴黎大学所在地索邦学习。1903—1904年间,吉尔松完成大学前的教育而开始为期一年的军队服役,这期间吉尔松阅读雷昂·布伦士维格(Léon Brunschvicg)的《灵修生活导论》和笛卡儿的《第一哲学沉思录》。1904年吉尔松在索邦注册并在那里完成为期三年的学习。这一时期对于吉尔松具有深远影响的学术经历是列维·布吕勒(Lévy-Bruhl)的笛卡儿课程以及亨利·贝尔格松(Henri Bergson)在法兰西公学院讲授的关于笛卡儿的系列讲座。列维·布吕勒的笛卡儿课程对于吉尔松发生如此深刻的影响,以致吉尔松决定在列维·布吕勒的指导下撰写关于笛卡儿的博士论文。这时期吉尔松研究的主要思想家是艾米尔·涂尔干(Émile Durkheim)和维克多·德勒博斯(Victor Delbos)。

1907年8月,吉尔松通过哲学专业的教师资格考试,在拉朗德高中获得临时哲学教授职位。1908年2月,吉尔松在默伦(Melun)和蒂乐丝·拉维瑟(Thérèse Ravisé)结婚。1912年9月,吉尔松来到昂热(Angers)的里尔(Lycée)教授哲学。这期间吉尔松发表两篇论文:一篇是,笛卡尔的自由与神学;另一篇是,经院哲学—笛卡尔哲学索引。吉尔松还撰写一篇非常有价值的论文:笛卡儿的先验性和神学:形而上学与道德评论。吉尔松在这篇论文中在托马斯教导的光照中研究笛卡儿关于内在观念的学说,吉尔松的研究兴趣开始从笛卡儿转向托马斯。1913年7月11日,吉尔松签约于1913年10月1日到1914年10月31日期间在里尔大学(the University of Lille)教授哲学。在里尔大学,吉尔松开设题为"托马斯·阿奎那思想体系"的公开课程,受到出人意料的普遍欢迎。这时期吉尔松亦开始研究圣波那文都(St. Bonaventure)的神秘主义,并在法国哲学协会为吉尔松关于笛卡儿的论文答辩。

第一次世界大战的爆发打断了吉尔松的学术生涯。1914

年8月2日，吉尔松在里尔从军，吉尔松在军中阅读随身携带的波那文都著作。这时期，吉尔松撰写《艺术与形而上学》，该论文于1916年发表于《形而上学和道德评论》。在战俘营中，吉尔松向狱友学习俄语和其他语言，并且继续从事哲学研究。吉尔松这时期依然设法在《巴黎评论》和《法国与外国哲学》发表论文《美学判断基础》。1918年2月，吉尔松来到苏林根（Strölen-Moohr，Kreis Sulingen）的战俘营。吉尔松在这里为狱友开设关于柏格森的哲学讲座。世界大战结束，吉尔松恢复在里尔大学的教学，为《法国与外国哲学评论》修订书稿。1919年，吉尔松担任法国著名大学斯特拉斯堡大学（the University of Strasbourg）的哲学史教授。在这一年（1919年），吉尔松出版《托马斯主义：圣托马斯·阿奎那哲学体系导论》的第一版。1921年，吉尔松出版《中世纪哲学研究》。同年，吉尔松在巴黎成为法国科学院中世纪基督教哲学史的通讯院士，在索邦成为中世纪哲学和神学负责人。不久，吉尔松被指定负责高等研究实践学院的宗教科学的历史研究。在1921—1923年间，由于吉尔松的国际学术声誉开始增长，他结识许多学生和日后挚友，例如亨利·古耶尔（Henri Gouhier）。这时期吉尔松在索邦（巴黎大学）和高等研究实践学院的工作，专注于奥古斯丁研究和波那文都研究。1922年，约瑟夫·弗兰（Joseph Vrin）在巴黎出版吉尔松《托马斯主义》的第二版。

1924年，吉尔松出版他的权威著作《波那文都哲学》（巴黎）。1925年，吉尔松出版著名著作《笛卡儿——谈谈方法：文本和评注》。在1924—1925年间，吉尔松在索邦教授关于托马斯道德学说的课程，这个课程成为吉尔松1925年关于托马斯道德思想的著作的基础。1926年,吉尔松在巴黎和国际学术界获得良好的学术声誉,吉尔松第一次访问北美,在加拿大蒙泰尔(Montreal)的国际会议上提交论文《教育和公民资格》。在蒙泰尔期间,吉尔松在圣叙尔皮斯(Saint-Sulpice)神学院举行公共讲座,开始中世纪思想研究项目并组织中世纪研究。回到欧洲,在七月底之前,吉尔松创办致力于中世纪思想和历史研究的学术期刊:《中世纪教义史和中世纪文学文献资料》(*Archives d' histoire doctrinale et littériare du moyen âge*)。1926年7月20日,吉尔松离开法国来到美国维吉尼亚大学(the University of Virginia)教授两门课程并关于两个主题的举行30次讲座:《从12世纪到16世纪的思想发展》和《16世纪以来法国思想的发展》。1926年9月9日,吉尔松来到哈佛大学,在第六届国际哲学会议上提交两篇论文。第一篇论文题目是《哲学在文明历史中的角色对于理解哲学本性的重要性》,第二篇论文题目是《论阿拉伯哲学家及其在经院哲学解释地位的研究》。在访问哈佛大学期间,吉尔松住在派瑞(Ralph Barton Perry)教授家中。从1926年9月到1927年1月,吉尔松教授两门课程:第一,笛卡儿在法国哲学中的地位;第二,中世纪经院哲学。这期间,哈佛大学提供吉尔松全时间教授职位,吉尔松没有接受。吉尔松同意作为客座教授在1927年和1928年的秋季学期在哈佛大学授课。

在1926—1927年间,吉尔松在美国和加拿大的几个城市举行公共讲座。1926—1927年间,吉尔松在美国著名大学举行学术讲座。第一,当代法国文学中的属灵运动;第二,论卢梭;第三,中世纪哲学的演进和意义;第四,大阿尔伯特关于自由意志的学说;第五,论当代法国文学;第六,论中世纪的知识论;第七,论法国哲学;第八,论经院哲学。1927 年,吉尔松在加拿大举行的学术讲座是:第一,圣伯尔纳:中世纪修道主义的奠基者;第二,当代文学领域的观念论;第三,圣托马斯的知识论;第四,论托马斯主义;第五,论圣伯尔纳的神秘主义;第六,多明我会和法兰西斯会;第七,论中世纪的知识论。1927 年 2 月 5 日,吉尔松离开纽约回到巴黎,致力于对于奥古斯丁著作和司各脱著作的教学和研究,修订《圣托马斯主义》的第三版,探讨《托马斯学说中论美的本性》。

1927 年 4 月,在美国中世纪学会(the Mediaeval Academy of America)第二次年会上,吉尔松被选为美国中世纪学会通讯会员。1927 年 6 月 30 日,牛津大学授予吉尔松荣誉文学博士。1927 年 9 月 15 日,吉尔松再度离开法国来到哈佛大学从事为期三个月的教学。这期间,吉尔松开始感到自己无法深刻把握并清楚阐述奥古斯丁思想。1927 年 11 月,吉尔松在多伦多举行关于奥古斯丁心理学思想的学术讲座,吉尔松把奥古斯丁心理学讲座分为三个主题:第一,感觉的本性;第二,观念的起源;第三,记忆及其形而上学意义。

这期间,吉尔松开始创建致力于中世纪研究的研究所,吉尔松称作"中世纪文明历史的实验室"。这期间吉尔松决定接受多伦多大学圣迈克尔学院(St. Michael's College)的聘请而不再如期回返哈佛大学。1928 年,吉尔松受邀在欧洲,特别是英国许多大学举行学术讲座并教授中世纪课程。1931—1932 年间,吉尔松来到苏格兰的亚伯丁大学(the University of Aberdeen),举行著名的关于自然神学的吉福特讲座,讲座题目是《中世纪哲学及其现代价值》。吉尔松这次著名的吉福特讲座以《中世纪哲学精神》为书名出版。在 1928—1931 年间，吉尔松在英国和德国的著名大学举行学术讲座。第一，中世纪和文艺复兴；第二，笛卡儿哲学中的上帝；第三，熙笃会的神秘主义；第四，圣伯尔纳和上帝的爱。1928 年年底，吉尔松在多伦多大学举行学术讲座。第一，卢汶和新经院主义；第二，罗格·培根学说的历史解读和文本解读；第三，中世纪的实在论；第四，早期基督教哲学家。1929 年年初，吉尔松出版《圣奥古斯丁研究导论》。吉尔松宣称奥古斯丁主义是基督教哲学而在天主教和非天主教哲学家中引起争议。1929 年夏，吉尔松离开法国赴多伦多大学建立中世纪研究所（后来成为教宗中世纪研究所，the Pontifical Institute of Mediaeval Studies [PIMS]）。1929 年 9 月 29 日，多伦多大学中世纪研究所正式宣告成立。作为中世纪研究所所长，吉尔松的责任包括每年秋季的讲座课程和专题研讨会，指导研究所学生在中世纪历史、法律、语言文学、古文学以及礼拜仪式等领域的学术研究，组织研究所学者的学术研究（中世纪研究所的基本目标是致力于学术研究，而不是授予学位）。1929 年秋，吉尔松讲座课程的题目是：13 世纪的牛津学派。这一年，吉尔松在美国举行关于圣伯尔纳、法兰西斯会和多明我会的学术讲座。

出版《圣奥古斯丁研究导论》之后，1930 年 4 月 22—30 日，吉尔松接受邀请赴罗马参加纪念圣奥古斯丁逝世 1500 年的"奥古斯丁—托马斯主义者纪念周"。

在赴罗马之前，吉尔松发表重要论文《阿维森纳化的奥古斯丁主义的希腊—阿拉伯来源》。1930 年,吉尔松出版《中世纪思想在笛卡尔思想体系中的地位研究》。吉尔松在罗马发表的论文题目是《奥古斯丁和托马斯·阿奎那的哲学思想》。同年,吉尔松出版第二篇纪念圣奥古斯丁的论文《奥古斯丁形而上学的未来》。1928 年,吉尔松在比利时举行学术讲座期间,吉尔松在索邦的哲学史同事埃米尔·布雷耶尔(Émile Bréhier)提出争辩说,"基督教哲学"这个术语用于中世纪思想运动是不恰当的。1930 年年初,吉尔松尝试将"基督教哲学"的概念运用于中世纪思想的某些领域。吉尔松认为,在对于古典哲学的研究中,中世纪基督教神学家所完成的工作不仅是在希腊哲学上增加基督教信仰。就形式和内容而言,中世纪基督教神学家已经创造出一种基督教哲学。大约在 1930 年,吉尔松在《理智生活》发表两篇文章。第一,奥古斯丁的基督教哲学思想;第二,基督教哲学问题(后来作为《中世纪哲学精神》第一章)。1931 年 3 月 21 日,在法国哲学协会的会议上,"基督教哲学"的概念引起重要争论。吉尔松和马利坦坚持维护"基督教哲学"的概念。布雷耶尔(Bréhier)和布伦施维格(Brunschvicg)坚持反对"基督教哲学"的概念。经历这场争论,吉尔松发现哲学体系对于自己已经失去意义。哲学家,像亚里士多德、托马斯和柏格森,却变得日益重要。对于吉尔松而言,真正的哲学意味着哲学化的行动。1931 年 2 月,在这场重要争论之前一个月,吉尔松已经开始在苏格兰基督教背景的阿贝丁大学(the Protestant University of Aberdeen)探讨经院哲学本质的吉福特讲座(Gifford Lectures)。吉尔松认为,"基督教哲学"的概念对于复原教思想具有重要意义。在这个影响深远的吉福特讲座之后，吉尔松开始研究作为基督教宗教改革运动的复原教神学，包括阅读路德、加尔文和卡尔·巴特。1932年，吉尔松开设题为《路德和基督教哲学》的课程。1933年，吉尔松在巴黎的基督教（复原教）神学界举行讲座《神学的本性或信仰寻求理解》，其中谈到加尔文主义。1934年，卡尔·巴特在巴黎对于吉尔松的讲座作出回应。1932年，吉尔松获得法兰西学术院院士的席位，开始吉尔松学术生命的新纪元。在20年间，法兰西学术院成为吉尔松学术生命的中心。1932年，吉尔松举行题为《古代自然论和中世纪哲学》的学术讲座。

1931—1969年间，吉尔松在多伦多大学中世纪研究所开设许多课程和学术讲座。基督教哲学导论（1931）；基督教道德哲学（1932）；基督教哲学的社会功能（和 Gerald B. Phelan 教授共同教授，1933）；13世纪的认识论学说（1934）；邓·司各脱哲学（1931）；圣伯尔纳和熙笃会的神秘主义（1932）；圣波那文都：追寻上帝的心灵旅程（1934）；邓·司各脱（1935）；大阿尔伯特著作中的理智学说（1937）；普罗提诺和圣奥古斯丁（1938）；从西塞罗到伊拉谟斯的罗马古典文化（1939）；上帝和哲学（1940）；存在和本质；中世纪哲学中关于存在和本质之区分的文本（1946）；早期英国人文主义和邓·司各脱《牛津评注导言》（1947）；邓·司各脱论无限存在和关于无限存在概念的文本（1948）；托马斯哲学中的存在概念和邓·司各脱自由论辩第七题（1949）；中世纪哲学史 和圣奥古斯丁的《忏悔录》（1951）；从传统主义到托马斯主义和圣奥古斯丁《忏悔录》第11—12卷（1961）；“第一道路”导言（1963）；托马斯主义精神(1964);形而上学的复兴(1966);无神论问题(1968);语言是形而上学的;语词和意义;诗歌和形而上学(1969);目的论问题(1970);进化论问题(1971)。在1932—1946年间,吉尔松在法国大学举行许多学术讲座:中世纪道德精神(1932);熙笃会学校与圣伯纳德的影响和圣安瑟伦学说(1933);中世纪的社会理想和邓·司各脱的形而上学(1934);大阿尔伯特的心理学研究和中世纪认识论(1935);中世纪实在论的基础(1936);人文主义思想:中世纪观念史的研究(1937);从索尔兹伯里的约翰到彼得拉克的人文主义和哲学(1937);奥古斯丁与新柏拉图主义和中世纪思想的危机(1938);关于托马斯·阿奎那的问题讨论(1941—1942);大阿尔伯特(1942—1943);中世纪柏拉图主义的拉丁资料来源和基督教及其哲学传统(1943);圣奥古斯丁关于存在和存在者的辩证法(1945—1946)。

1933年11月,吉尔松在哈佛大学举行讲座《神学的社会功能》。1934年,吉尔松出版《圣伯尔纳的神秘主义神学》。1934年9月,吉尔松发表论文《论天主教圣统制之唯一》。吉尔松撰写论文,评论切斯特顿(G. K. Chesterton)的圣托马斯·阿奎那传记:《圣托马斯·阿奎那:哑牛》。吉尔松对于切斯特顿深刻把握托马斯思想本质的能力感到惊讶。同时,吉尔松撰写并编辑系列论文:托马斯主义的实在论。在早期,西门(Y. R. Simon)将这些论文以《哲学(研究)哲学课程与文献》编辑出版。吉尔松日后出版两部著作《作为方法论的实在论》和《托马斯主义的实在论与批判知识论》。吉尔松在这两部著作中强调指出作为哲学方法论的实在论的首要原理就是全部人类知识的首要原理:存在行动中的存在者,存在者的存在行动。在这个意义上,倘若托马斯主义者认为必须以康德的知识批判或者某种形而上学的理性主义作为哲学沉思的开端,就是自欺。吉尔松出版题为《作为中世纪哲学的首要真理和首要方法的实在论》的第一篇论文,论证作为哲学方法论的实在论。吉尔松日后出版《作为中世纪哲学真理和方法的实在论》。1935 年 2 月,吉尔松在英国伦敦不列颠学术院发表论文《圣托马斯·阿奎那》。不久,法国授予吉尔松"荣誉军团骑士勋章"和"科学研究高等评议会委员"职位,吉尔松在维也纳法兰西学术院,萨尔茨堡天主教学院和里约热内卢的大学人文学院举行系列学术讲座。1935 年夏,吉尔松举行关于法国哲学史的由 14 次讲座组成的概论课程。

1935 年 9 月,吉尔松回到多伦多,课程讲座和学术讲座都专注于邓·司各脱研究,这些研究成果发表于两篇关于邓·司各脱的学术论文中。1936 年 9 月 2 日,吉尔松在哈佛大学举行讲座:《中世纪哲学的普世性及其现代价值》。吉尔松指出:第一,中世纪哲学的普世性奠基于四个根基——理性沉思、实在论、位格论以及对于普世真理自身权利的哲学追求。第二,现代人唯独藉助中世纪的哲学方法通过理智的、位格的、普世的知识理解真理。1936—1937 年间,吉尔松在哈佛大学哲学系举行关于形而上学首要原理的威廉·詹姆士(W. James)讲座。1937 年,讲座以《哲学经验的同一性》为书名在美国出版。1937 年,吉尔松在法国以阿伯拉德著名的爱情故事为背景开设课程《中世纪的人文主义》。1937 年,吉尔松在中世纪研究所开设关于大阿尔伯特的研讨会。1938 年,吉尔松开设关于普罗提诺和奥古斯丁的研讨会。1937 年，吉尔松在维吉尼亚大学（the University of Virginia）举行关于中世纪基督教哲学认识论的系列讲座，这个系列讲座作为《中世纪的理性和启示》出版。

对于吉尔松而言，真正的人道主义意味着结束所有战争，在个人自由的涵义中实现人类的救赎。实现人类自由的现实途径是真实的伦理学和基督耶稣的真理。对于吉尔松而言，中世纪的普世主义，或者马利坦（Maritain 所谓“真正的人道主义”，是开启人类终极存在处境问题的钥匙。在这个意义上，在中世纪哲学文本中阐述基督教人道主义（Christian humanism）的哲学论题对于吉尔松显得尤其重要。1939 年秋，吉尔松在多伦多中世纪哲学研究所为学生开设由 12 次讲座组成的公开课程《从西塞罗到伊拉姆斯的罗马古典文化》，阐述从古典人道主义到中世纪基督教人道主义的转变。1939 年 11 月 11 日，吉尔松参加美国天主教大学五十周年庆祝活动。1940 年 1 月，吉尔松在多伦多中世纪研究所为学生开设题为《上帝和哲学》的系列讲座。第一，上帝和希腊哲学；第二，上帝和基督教哲学；第三，上帝和近代哲学；第四，上帝和当代哲学。在这个系列讲座中，吉尔松致力于阐述托马斯的存在形而上学和上帝存在问题的相关性。1940 年 3 月，吉尔松在哈佛大学举行题为《上帝和哲学》的系列讲座。在这个系列讲座中，霍金（Ernest Hocking）教授关于加百列·马塞尔（Gabriel Marcel）存在主义的提问使吉尔松意识到自己和马塞尔在思考方式上的共同性。吉尔松日后说马塞尔或许是我们时代最真实的哲学家：马塞尔所说的存在主义哲学出于马塞尔自己的生命深度。在多伦多中世纪研究所课程的基础上，吉尔松在法国举行关于人文主义传统的六次讲座。第一，西塞罗《论演讲者》中的观念；第二，拉丁教父传统；第三，中世纪时期的教父传统；第四，七艺的战争（12—13 卷）；第五，雄辩术与经院哲学的冲突；第六，教父传统与文艺复兴的源头。1942 年《托马斯主义》第四版刚刚出版，吉尔松再度根据自己对于托马斯哲学中存在和本质的形而上学区分的新理解修订该著作。1943 年，吉尔松出版《奥古斯丁研究》和《波那文都哲学》的修订版。1944 年，吉尔松出版《14 世纪晚期中世纪哲学的教父哲学渊源》的修订版。1942—1943 年间，吉尔松在法国教授课程：第一，圣托马斯哲学；第二，大阿尔伯特；第三，中世纪的柏拉图主义；第四，基督教和传统哲学；第五，科学哲学和神学；第六，追寻上帝。这时期，吉尔松的关注从哲学转向信仰。吉尔松撰写论文《道德与社会》，称智慧是圣灵的恩赐。

1945 年，吉尔松致力于研究圣托马斯的存在形而上学和 20 世纪存在主义之间的关系。第一，哲学在存在论上的局限；第二，彼得 · 伦巴德和关于本质的神学；第三，托马斯主义及其哲学存在论。1945—1946 年间，吉尔松在法国教授课程《奥古斯丁关于存在和存在者的辩证法》和《存在和本质》，研讨会课程是《中世纪哲学中关于存在和本质的区分的文本》。1946 年 10 月 24 日，吉尔松被选举为法兰西学术院院士。11 月 20 日，吉尔松在牛津大学举行讲座《 彼得拉克和他的缪斯》，11 月 21—22 日，吉尔松在伦敦大学举行讲座《存在判断及其和上帝问题的关系》。1947 年 4 月，吉尔松赴罗马参加教宗托马斯·阿奎那学院的学术会议,发表论文《关于存在的知识》,在旨在建立"罗马和平"的国际会议上发表讲演《基督教中的理智主义》。1947 年秋,吉尔松在多伦多开设关于邓·司各脱的新课程和公开讲座。吉尔松在 1948 年从事自己最卓越的形而上学研究工作,出版关于形而上学的兴起、衰落以及复兴盼望的著作《论存在和本质》。1949 年该著作以《存在和诸哲学家》为书名出版英文版,晚年吉尔松认为这部著作是自己最卓越的著作。有些哲学家确认吉尔松的《中世纪哲学精神》是吉尔松最卓越的著作。尽管吉尔松经常争辩说自己只是一位中世纪哲学史学者,《存在和诸哲学家》的出版奠定着吉尔松作为哲学家的地位,作为哲学家的吉尔松在《存在和诸哲学家》中阐述自己独特的存在哲学。1948 年,吉尔松出版一篇关于邓·司各脱的论文,这篇论文后来成为吉尔松的著作《邓·司各脱的形而上学对象》的第一章。

1950 年春夏之间,吉尔松为 9 月将在罗马举行的托马斯国际学术会议准备两篇文章。第一,历史研究中的邓·司各脱;第二,历史研究和经院哲学的未来。吉尔松在罗马举行的纪念经院哲学期刊的国际学术会议发表的论文是邓·司各脱的《牛津评注导论》,发表学术演说《关于论存在者和本质的论证》。在《历史研究和经院哲学的未来》中,吉尔松坚持经院哲学就自身权利而言不是哲学,经院哲学必须转向神学以正确地实现自身功能。吉尔松坚持作为基督教神学的结果,中世纪经院哲学发展转向将基督教神圣启示的恩典之光照耀在古典哲学家的形而上学。在这个意义上,经院哲学是神学的婢女,神学必须持续对于科学的反思,无论是现代意义上的科学还是古典意义上的科学。1950 年 3—4 月，吉尔松在瑞典举行关于圣奥古斯丁的八次学术讲座。1950 年 9 月，吉尔松在多伦多开设两门课程。第一，理智和意志；第二，司各脱的光照学说。1950 年 11 月 16 日，吉尔松在温哥华举行题为《中世纪研究在西方文明历史中的地位》的四次讲座。1951 年 7 月，吉尔松在多伦多中世纪研究所开设关于《中世纪哲学史》的课程讲座，开设关于圣奥古斯丁《忏悔录》的研讨会课程。1951 年吉尔松出版美学著作《缪斯学院》。1952 年，吉尔松举行三个主题的学术讲座。第一，伦理和教育；第二，当代科学和哲学；第三，作为上帝之城的基督教国度。2 月 2 日的讲座是《道德衰落和基督教教育》。4 月中旬在美国天主教哲学协会（ACPA）年会发表论文《科学、哲学和宗教智慧》。4 月 23 日，吉尔松来到比利时，举行关于《上帝之城》的十次系列学术讲座，并担任卢汶大学的曼尔西埃教席。1953 年 8 月 26 日，吉尔松在布鲁塞尔第十一届国际哲学会议发表演说《记录体验形而上学的点滴》。

1954 年 2 月，吉尔松在多伦多耶稣会神学院发表关于哲学和艺术的自由演说。1954 年 6 月，吉尔松在弗罗伦萨参加主题为《和平和基督教文化》的第三次年会，发表论文《普世主义与和平》。1954 年 8 月，吉尔松在普瓦捷（Poitiers）新建的中世纪文明高等研究中心举行六次学术讲座。1954 年秋，吉尔松在美国哥伦比亚大学参加主题为《知识的同一性》的学术会议。1955 年，吉尔松出版《神学和知识的同一性》。1955 年，时年 70 岁的吉尔松出版著名著作《中世纪基督教哲学史》。1957 年，吉尔松出版关于艺术的形而上学分析著作

《绘画和实在》。在美国华盛顿期间,吉尔松在美国天主教大学向大约750位听众发表学术演说。1955年夏,吉尔松为圣奥古斯丁的《忏悔录》教程撰写导论。1956年4月,吉尔松举行题为《圣托马斯·阿奎那论存在》的系列学术讲座。1956年夏,吉尔松为罗马的圣托马斯·阿奎那学院准备题为《论上帝,反思的主题》(*Sur deux themes de réflexion*)的论文,该论文在1957年卷出版。1958年5月,吉尔松完成论文《环绕在托马斯主义的四周》,该论文后来在教宗中世纪研究所以《基督教哲学的未来》为题目发表。1958年6月,吉尔松撰写出版关于加百列·马塞尔的论文《单数的哲学》。1958年9月18日,吉尔松发表论文《批评判断与艺术作品》,发表主题为《论灵魂不朽》的学术演说。

1959年11月,吉尔松在布鲁塞尔举行两个学术讲座。第一,圣托马斯:一位直面诸哲学家的神学家;第二,亨利·柏格森:一位直面诸神学家的哲学家。这期间,吉尔松发表演说《伯拉纠主义哲学》。在1959年关于天主教思想的巴黎会议,吉尔松阐述自己关于神学和人类思想之间关系的理解:对于信仰者而言,哲学是不可能的。吉尔松提供最卓越的解释,何以自己坚定不移地宣称圣托马斯是一位神学家,是一位运用哲学的神学家。对于吉尔松而言,神学是理性和寻求理解的基督教奥秘自身相遇的地方。在这样的信仰和神圣奥秘中成长,吉尔松,犹如托马斯,渴望自己成为一位神学家。毋宁说,渴望成为哲学式的神学。1959年年底,吉尔松开始把《哲学家和神学》翻译成英文。接下来的三年,吉尔松致力于完成四卷本《哲学史》的编辑工作。1960年3月,吉尔松举行讲座《和平之路》,这个讲座成为吉尔松1964年的著作《托马斯主义精神》的第一章和最后一章。1961年,吉尔松出版《哲学家和神学》,出版论文《上帝存在问题三讲》和《对于原理的认识》。吉尔松计划在哈佛大学神学院教授秋季课程《圣托马斯神学导论》。吉尔松在给莫惹(Armand A. Maurer)的信中幽默地说:他乐意谈论神学家而不讳言自己是一位神学家。1962年,吉尔松出版《存在和上帝》,关于中世纪研究的一些文章,以及《论存在和本质》的第二版。1963年3月,吉尔松在中世纪研究所的研讨会题目是《"第一道路"导论》。1963年5月,举行讲座《托马斯的教育学说》。1963年11月,举行讲座《路德宗教改革的诞生》。吉尔松1963年11月回到法国,在圣博诺瓦舒尔卢瓦尔(Saint-Benoit-sur-Loire)福勒里的圣本笃修道院(Abbaye Saint Benoit de Fleury)为修道士举行六次学术讲座。12月3日,吉尔松发表谈话《塞尔体朗日神父的回忆》。塞尔提朗日(Père A. D. Sertillanges, 1863—1948)是法国天主教哲学家和灵修作家,致力于阐述托马斯的道德学说。

1964年2—3月,吉尔松在多伦多中世纪研究所举行关于《托马斯主义精神》的四次讲座。这个系列讲座成为吉尔松1964年的著作《托马斯主义精神》的基础。同年,吉尔松在多伦多为大学文学美学协会举行学术讲座《论道德进步》。1964年11—12月,吉尔松在加拿大举行学术讲座。第一,《路德的开端》;第二,《个人经验和神学》;第三,《论基督徒的自由》;第四,《苍蝇和大象》。1965年,吉尔松出版《托马斯主义》的第六版即最后一版。1965年9月6日,吉尔松在罗马的第六届国际托马斯会议发表关于托马斯哲学精神的论文。教皇保罗六世说:“托马斯现在是、过去是、并将永远是普世教会的博士和完整真理的思想大师。”为纪念但丁诞辰700周年,1965年吉尔松撰写三篇论文。第一,《但丁的神秘幻象》;第二,《何谓幽暗?》;第三,《〈神曲〉中的诗歌和神学》。1965年9月,Gilson举行学术讲座《托马斯精神》。1966年秋,吉尔松带着七篇论文来到多伦多。其中六篇论文的主题是《形而上学的复兴》,第七篇论文的主题是《13世纪的文化革命》。1967年,吉尔松发表论文《作为婢女的哲学》和《中世纪的自由艺术和哲学》。1969年1月,在柏克利,吉尔松在《神学大全》的基础上讲授《论真实的托马斯主义》,吉尔松的学术研讨会主题是《阿维森那和圣托马斯的文本研究》。在1969—1970年间,吉尔松的形而上学立场和Mortimer J. Adler有许多共识。吉尔松非常赞赏Adler对于有形实在中无形因素的确认,认为这是形而上学领域的长足进展。1971年5月15日,美国天主教大学授予吉尔松荣誉博士学位(Human Letters)。1972年3月,吉尔松完成关于“质料问题”的讲座稿,预备在第二学年在多伦多的讲座课程。这个讲座稿由关于质料问题的三种方法组成:第一,希腊哲学;第二,中世纪基督教哲学;第三,笛卡儿哲学。1974年,吉尔松出版《但丁研究:但丁与贝阿特丽丝》。吉尔松在法国克拉旺(Cravant)乡间度过余年,这期间吉尔松接待许多来访者。1975年2月20日,吉尔松来到巴黎,法兰西学术院授予90岁高龄的法兰西学术院院士吉尔松金质奖章。1978年9月,95岁的吉尔松从克拉旺乡间家中来到在奥克谢尔(Auxerre)的中心医院。尽管身体持续衰弱,但吉尔松依然保持清晰的头脑和谈吐,直到 1978 年 9 月 19 日离开世界。在默伦公墓,吉尔松安详地栖息在心爱的妻子身旁。①

① 吉尔松传略翻译得到武汉大学哲学学院博士研究生徐玉明和硕士研究生彭斯羽的友情帮助,谨致谢忱。

主要参考文献

1. Etienne Gilson, *The Spirit of Medieval Philosophy*, New York: Charles Scribner's Sons, 1936.

2. Etienne Gilson, *The Unity of Philosophical Experience*, New York: Charles Scribner's Sons, 1937.

3. Etienne Gilson, *Reason and Revelation in the Middle Ages*, New York: Charles Scribner's Sons, 1938.

4. Etienne Gilson, *God and Philosophy*, London: Yale University Press, 1941.

5. Etienne Gilson, *Wisdom and Love in saint Thomas Aquinas*, Milwaukee: Marquette University Press, 1951.

6. Etienne Gilson, *Being and Some Philosophers*, Toronto: Pontifical Institute of Mediaeval Studies, 1952.

7. Etienne Gilson, *History of Christian Philosophy in the Middle Ages*, New York: Random House, 1955.

8. Etienne Gilson, *The Christian Philosophy of St. Thomas Aquinas*, New York: Random House, 1956.

9. Etienne Gilson, *The Christian Philosophy of St. Augustine*,

New York: Random House, 1960.
10. Etienne Gilson, *The Christian Philosophy of St. Bonaventure*, Paterson, NJ: St. Anthony Guild Press, 1963.
11. Etienne Gilson, *Elements of Christian Philosophy*, New York: Doubleday & Company, 1960.
12. Etienne Gilson & Thomas Langan, *Modern Philosophy: Descartes to Kant*, New York: Random House, 1963.
13. Augustine, *Confessions*, Oxford: Oxford University Press, 1992.
14. Augustine, *The City of God*, New York: Cambridge University Press, 1998.
15. Augustine, *The Trinity*, New York: New City Press, 1991.
16. Augustine, *On the Gospel According to St. John*, Peabody: Hendrickson Publishers, Inc., 2004.
17. Augustine, *The Soliloquies of Saint Augustine*, New York: Cosmopolitan Science & Art Service Co., Inc., 1943.
18. Augustine, *On Free Choice of the Will*, Indianapolis: Hackett Publishing Company Inc., 1993.
19. Augustine, *On Nature and Grace*, Chicago: The Great Books foundation, 1957.
20. Augustine, *The Enchiridion: On Faith, Hope, and Love*, The Works of St. Augustine. Edinburg: T. & T. Clark, 1883.
21. Thomas Aquinas, *Summa Theologica*, New York: Cambridge University Press, 2006.
22. Thomas Aquinas, *Summa Contra Gentiles*, Notre Dame: University of Notre Dame Press, 1975.

23. Thomas Aquinas, *On Being and Essence*, Toronto: Pontifical Institute of Mediaeval Studies, 1968.

24. Thomas Aquinas, *On the Power of God*, Maryland: The Newman Press, 1952.

25. Frederick C. Copleston, *A History of Medieval Philosophy*, New York: Harper & Row Publishers, 1972.

26. Lawrence K. Shook, *Étienne Gilson*, Toronto: Pontifical Institute of Mediaeval Studies, 1984.

责任编辑:洪　琼

图书在版编目(CIP)数据

吉尔松哲学研究/车　桂　著. -北京:人民出版社,2012.9
(经院哲学与宗教文化研究丛书)
ISBN 978-7-01-011193-3

Ⅰ.①吉…　Ⅱ.①车…　Ⅲ.①吉尔松,E.(1884～1978)-哲学思想-研究　Ⅳ.①B565.59

中国版本图书馆 CIP 数据核字(2012)第 213294 号

吉尔松哲学研究

JIERSONG ZHEXUE YANJIU

车　桂　著

人民出版社 出版发行
(100706　北京市东城区隆福寺街 99 号)

环球印刷(北京)有限公司印刷　新华书店经销

2012 年 9 月第 1 版　2012 年 9 月北京第 1 次印刷
开本:880 毫米×1230 毫米 1/32　印张:23.5
字数:420 千字　印数:0,001-2,000 册

ISBN 978-7-01-011193-3　定价:58.00 元

邮购地址 100706　北京市东城区隆福寺街 99 号
人民东方图书销售中心　电话 (010)65250042　65289539